U0925617

CHONG QING ECONOMY YEAR BOOK

2022

重庆经济年鉴

重庆市人民政府办公厅 主管　　刘嗣方 主编

CHONG QING ECONOMY YEAR BOOK

社会科学文献出版社
SSAP
SOCIAL SCIENCES ACADEMIC PRESS (CHINA)

踔厉奋发　笃行不怠

刚刚过去的2021年，是党和国家历史上具有里程碑意义的一年，也是重庆发展进程中不平凡的一年。一年来，我们坚持以习近平新时代中国特色社会主义思想为指导，全面贯彻落实习近平总书记对重庆提出的营造良好政治生态，坚持“两点”定位、“两地”“两高”目标，发挥“三个作用”和推动成渝地区双城经济圈建设等重要指示要求，认真落实党中央、国务院决策部署，坚持稳中求进工作总基调，全市疫情防控成果持续巩固，经济发展保持良好态势，社会大局保持和谐稳定，如期打赢了脱贫攻坚战、全面建成小康社会，开启了社会主义现代化国家建设的新征程。

提升创新平台，壮大创新主体。超瞬态实验装置、中科院重庆科学中心等科研平台加快建设，广阳湾智创生态城启动建设长江模拟器、野外科学观测站，有研发机构的规上工业企业占比达到30%，全社会研发经费支出占比达到2.21%，科技进步贡献率达到59.5%。

加快产业转型升级，推动高质量发展。全市规上工业增加值增长10.7%，高技术制造业和战略性新兴产业分别增长18.1%、18.2%，数字经济增加值增长15%以上，“一链一策”建设33条重点产业链，汽车产业增加值增长12.6%，电子信息制造业增加值增长17.3%，新集聚大数据智能化企业1000余家，服务业增加值增长9.0%。

推进成渝地区双城经济圈建设，加快产业协同协作发展。设立300亿元双城经济圈发展基金，共同实施85项年度重点任务，推进67个重大合作项目，打造10个区域合作平台，双城经济圈建设成势见效，组建成渝地区高新区联盟、技术转移联盟和协同创新联盟，启动第二批便捷生活行动，210项“川渝通办”事项全面实施。

建立健全“一区两群”协调发展工作调度机制，促进各片区协同发展。主城新区工业化主战场作用进一步显现，巫山五里坡国家级自然保护区列入世界自然遗产，“三峡库心·长江盆景”等跨区域合作平台加快建设，组建武陵山文旅发展联盟。

拓展开放通道，提升开放平台。西部陆海新通道通达107个国家（地区），中欧班列（成渝）开行超过4800班，开行量和货值货量均居全国首位，中新互联互通项目累计签约商业项目250亿美元、金融项目232亿美元，果园港口岸通过国家验收，寸滩港口岸功能有序转移，累计落户世界500强企业312家，全市新设立市场主体57.9万户、总量达到320.4万户。

全面推进乡村振兴，大力推进城市提升。创

建3个国家级农业现代化示范区和2个国家现代农业产业园，荣昌、潼南入选全国农业科技现代化先行县，新改建“四好农村路”3330公里，改造农村危房5097户，中心城区建成“4桥2隧”，寸滩邮轮母港开工，果园港二期及扩建工程完工，累计完成老旧小区和棚户区改造3568万平方米，老旧小区累计加装电梯3440部。

加强生态环境保护，严抓减污治污。实施“两岸青山·千里林带”建设32万亩，全市森林覆盖率达到54.5%，渝北、北碚入选“两山”实践创新基地，空气优良天数达到326天，其中优的天数146天，整改“两高”项目122个，上线“碳惠通”生态产品价值实现平台。

推进社会事业发展，加快改善民生。全年城镇新增就业75.1万人，城镇调查失业率控制在5.5%以内，教育评价改革、“县管校聘”改革稳步推进，新增互联网医院18家、三级中医院5家，红岩文化公园首期项目对外开放，城市社区养老服务基本实现全覆盖，15件重点民生实事完成年度任务，36件重点民生项目取得积极成效。

筑牢疫情防控防线，防范化解重大风险。建立疫情常态化防控和局部应急处置转换机制，实施常态化安全监管“十条措施”，制定加强基层治理体系和治理能力现代化建设的实施意见，深化市域社会治理现代化试点，开展政法队伍教育整顿，实施“全民反诈”专项行动。

过去一年，3400万重庆人民听党话、跟党走，顽强拼搏、埋头苦干，每个人都出了力，每个人都了不起。新的一年，巴渝儿女将凝聚起昂扬奋斗的精神力量，在应对挑战中主动作为，在爬坡上坎中砥砺攻坚，一起开新局，一起向未来。

是为序。

目　录

第一编　特载

第二编　部门经济运行与管理

第三编 产业发展

第四编 开发区与园区建设

第五编 区县经济

第六编 附录

CONTENTS

第一编　特载

重庆市人民政府工作报告

——2022 年 1 月 17 日在重庆市第五届人民代表大会第五次会议上

重庆市人民政府代市长　胡衡华

各位代表：

现在，我代表市人民政府向大会报告工作，请予审议，并请市政协委员和其他列席人员提出意见。

一、2021 年工作回顾

刚刚过去的 2021 年，是党和国家历史上具有里程碑意义的一年，也是重庆发展进程中不平凡的一年。一年来，在以习近平同志为核心的党中央坚强领导下，在中共重庆市委直接领导下，在市人大、市政协关心支持下，我们坚持以习近平新时代中国特色社会主义思想为指导，全面贯彻习近平总书记对重庆提出的营造良好政治生态，坚持“两点”定位、“两地”“两高”目标，发挥“三个作用”和推动成渝地区双城经济圈建设等重要指示要求，认真落实党中央、国务院决策部署，坚持稳中求进工作总基调，立足新发展阶段、贯彻新发展理念、融入新发展格局、推动高质量发展，扎实做好“六稳”工作、落实“六保”任务，全市疫情防控成果持续巩固，经济发展保持良好态势，社会大局保持和谐稳定，如期打赢脱贫攻坚战、全面建成小康社会，较好完成了市五届人大四次会议确定的目标任务。

——这一年，我们扎实开展党史学习教育，从百年党史中汲取智慧力量。全市上下隆重庆祝中国共产党成立一百周年，深入学习贯彻党的十九届六中全会精神和习近平总书记“七一”重要讲话精神，学史明理、学史增信、学史崇德、学史力行。3400 万重庆人民更加满怀信心地听党话、跟党走，把“两个确立”的政治成果转化为坚决做到“两个维护”的政治自觉，转化为对习近平新时代中国特色社会主义思想的忠实践行，转化为履好职责、做好工作的实际行动。

——这一年，我们开局“十四五”、开启新征程，在战略上布好局、在关键处落好子。积极配合国家层面规划编制，《成渝地区双城经济圈建设规划纲要》《国家综合立体交通网规划纲要》《“十四五”推进西部陆海新通道高质量建设实施方案》等重大规划公开发布，明确成渝地区为全国交通四极之一，赋予重庆国家重要先进制造业中心、西部金融中心、国际性综合交通枢纽城市等新定位。精心编制全市“十四五”规划纲要和 52 个市级专项规划，储备重大项目 532 项，启动实施 233 项、累计完成投资超过 3000 亿元，为“十四五”开局起步打下坚实基础。

——这一年，我们统筹疫情防控和经济社会发展、统筹发展和安全，谱写高质量发展高品质生活新篇章。面对疫情常态化、防控常态化，我们坚持“外防输入、内防反弹”，慎终如始抓好疫情防控，因时因势调度经济运行，坚决守住安全发展底线，两起本地疫情均在 1 个潜伏期内得到有效控制，新冠疫苗基本实现“愿接尽接”“应接尽接”，为经济社会发展创造了良好条件。初步测算，全市地区生产总值达到2.78万亿元、增长8.3%，固定资产投资、社会消费品零售总额、进出口总值分别增长6.1%、18.5%、22.8%，全体居民人均可支配收入增长9.7%，融入和服务新发展格局迈出新步伐，推动高质量发展、创造高品质生活取得新成效。

一年来，重点抓了九个方面工作。

（一）扎实推进科技创新能力提升

落实科技自立自强要求，贯彻市委五届十次全会部署，深入推动科技创新，创新资源加速集聚，发展新动能持续增强。提升创新平台。西部（重庆）科学城建设提速，超瞬态实验装置、中科院重庆科学中心等科研平台加快建设，北京大学重庆大数据研究院、重庆医科大学国际体外诊断研究院等研发机构建成投用；两江协同创新区新引进科研院所10家，集聚院士团队14个，分布式雷达验证试验场启动建设，西工大重庆科创中心投入运营；广阳湾智创生态城启动建设长江模拟器、野外科学观测站；15个高新区引进重大科技产业项目474个、总投资2604亿元。壮大创新主体。新增2所高校，新引进研发机构16家、累计达到104家，新增4个国家级工业设计中心，联合微电子中心获批成为国家级制造业创新中心，市畜科院获批建设国家生猪技术创新中心，国家级“专精特新”小巨人企业、高新技术企业、科技型企业分别达到118家、5108家、3.69万家，有研发机构的规上工业企业占比预计达到30%。优化创新生态。获批建设全面创新改革试验区，编制科技进步路线图，制定实施基础研究行动计划，组建科技创新投资集团，推出“科技成果转化24条”，累计启动10个环大学创新生态圈建设，获批设立国家海外人才离岸创新创业基地和中国重庆数字经济人才市场，新引进急需紧缺人才超过5万名，知识价值信用贷款和商业价值信用贷款累计分别达到223.5亿元、81亿元，科技企业融资近4000亿元，预计全社会研发经费支出占比达到2.21%，科技进步贡献率达到59.5%。

（二）扎实推进产业转型升级

多措并举增强产业链稳定性和竞争力，预计规上工业增加值增长10.7%，高技术制造业和战略性新兴产业分别增长18.1%、18.2%，数字经济增加值增长15%以上。推动制造业高质量发展。实施支柱产业提质工程、战略性新兴产业集群发展工程和产业链供应链现代化水平提升工程，“一链一策”建设33条重点产业链，启动建设首批6个市级重点关键产业园，加快推动产业向高端化、智能化、绿色化升级；汽车产业实现“整车＋零部件”双提升，博世庆铃氢燃料电池发动机等项目开工，比亚迪动力电池二期等项目建成，长安UNI-K、福特野马Mach-E等新车型上市，汽车产业增加值增长12.6%；电子信息产业加快补链成群，计算机年产量首次突破1亿台，京东方第6代柔性显示面板产线正式投产，华润微电子12英寸功率半导体晶圆生产线、康宁显示玻璃基板前段熔炉等项目落地，电子信息制造业增加值增长17.3%；医药产业集群逐步成型，博唯生物预防性重组蛋白疫苗等项目加快推进，重庆国际生物城、水土生物医药创新基地等建设提速，医药产业增加值增长14.5%；装备、材料、消费品产业转型步伐加快，增加值分别增长16.8%、5.9%、8.9%。推动大数据智能化发展。加快建设国家数字经济创新发展试验区和新一代人工智能创新发展试验区，成功举办中国—上合组织数字经济产业论坛、2021智博会；“芯屏器核网”全产业链不断壮大，新集聚大数据智能化企业1000余家，新认定智能工厂38个、数字化车间215个，工业互联网标识解析国家顶级节点（重庆）接入二级节点20个，国家级互联网骨干直联点带宽达到590G、骨干互联网直连城市达到38个；“云联数算用”全要素群加速聚集，京东、中科曙光等高性能算力设施相继布局，建成5G基站7.3万个，上云企业达到10.1万户；“住业游乐购”全场景集不断丰富，部署建设城市信息模型基础平台，打造城市安全、智慧交通、基层智慧治理等融跨平台，提档升级礼嘉智慧公园，我市成功入选全国“双智”试点城市。大力发展现代服务业。《成渝共建西部金融中心规划》获批，启动合格境内有限合伙人等改革试点，获批跨区域外债管理便利化试点，推出科技跨境贷、汇保通等创新服务，落地中国农业银行数字化风控中心和一批金融科技总部，国家金融科技认证中心加快建设，新增上市企业6家；获批培育建设国际消费中心城市，深入实施“巴渝新消费”八大行动，消费市场持续回暖，新业态不断涌现；国家物流降本增效综合改革试点深入推进，进出口整体通关时间较2017年压缩60%以上，全社会物流总费用占地区生产总值比重低于全国平均水平；培育市级软件产业园7个，软件业务收入增长24.6%；大都市、大三峡、大武陵旅游发展升级版启动实施，文化和旅游产业增加值预计分别增长8.3%、9.2%；研发设计、检验检测等新兴服务业蓬勃发展，全市服务业增加值预计增长8.8%左右。

（三）扎实推进成渝地区双城经济圈建设

全面落实双城经济圈建设规划纲要，召开两次川渝党政联席会议，设立300亿元双城经济圈发展基金，共同实施85项年度重点任务，推进67个重大合作项目，打造10个区域合作平台，双城经济圈建设成势见效。推动基础设施互联互通，多层次轨道交通规划获批启动实施，成渝中线建设启动，成达万、渝万、渝昆、渝湘高铁重庆至黔江段建设提速，郑万高铁重庆段开展联调联试，渝西高铁可研获批，渝宜高铁重庆段完成可研编制，大足至内江高速、合川至安岳高速重庆段建成通车，涪江双江航电枢纽、川渝电网一体化等项目取得积极进展。推动科技创新区域协同，成渝综合性科学中心启动建设，集中开工40个重大科技项目，合作共建6个重点实验室，组建成渝地区高新区联盟、技术转移联盟和协同创新联盟。推动产业发展协同协作，制定汽车、电子、装备制造、工业互联网高质量协同发展实施方案，获批共建工业互联网一体化发展示范区和全国一体化算力网络国家枢纽节点。推动生态环保联建联治，共同实施长江干流生态保护修复重大工程，开展跨界河流污染专项整治和大气污染联防联控。推动公共服务共建共享，启动第二批便捷生活行动，210项“川渝通办”事项全面实施，跨省医疗结算、公积金异地贷款等实现“一地办”，企业和群众享受到更多同城化便利。

（四）扎实推进“一区两群”协调发展

建立健全“一区两群”协调发展工作调度机制和区县对口协同发展机制，促进各片区发挥优势、彰显特色、协同发展。提升主城都市区极核功能，中心城区国际交往、科技创新、先进制造、现代服务功能加速集聚，主城新区工业化主战场作用进一步显现。推动渝东北三峡库区城镇群生态优先绿色发展，巫山五里坡国家级自然保护区列入世界自然遗产，“三峡库心·长江盆景”等跨区域合作平台加快建设，万开云同城化发展成效明显。推动渝东南武陵山区城镇群文旅融合发展，组建武陵山文旅发展联盟，成立武陵文旅融合发展公司，举办首届中国武陵文旅峰会，新增3个4A级景区，全年接待游客8673.7万人次，旅游总收入达到841.2亿元。

（五）扎实推进改革开放

坚持向改革要动力、向开放要活力，加快建设改革开放新高地。拓展开放通道。西部陆海新通道通达107个国家（地区）、315个港口，运输箱量增长54%；中欧班列（成渝）开行超过4800班，开行量和货值货量均居全国首位；获批空港型国家物流枢纽，国际航线增至106条，国际货邮年吞吐量突破20万吨。提升开放平台。中新互联互通项目编制实施五年发展规划，累计签约商业项目250亿美元、金融项目232亿美元；自贸试验区新形成自主培育改革创新成果16项，启动建设10个联动创新区；两江新区服务贸易额超过70亿美元、跨境电商交易额预计增长50%，万州、永川综保区获批建设，果园港口岸通过国家验收，寸滩港口岸功能有序转移，高新区、经开区等各类开放园区引领辐射功能持续增强。发展开放型经济。实施与东盟经贸合作行动计划，开展跨境贸易便利化专项行动，成功承办纪念中国—东盟建立对话关系30周年特别外长会、澜湄合作第六次外长会、中国—拉美企业家高峰会，继续办好西洽会、中新金融峰会、重庆英才大会，累计落户世界500强企业312家，国际友城增至52对，实际利用外资105亿美元以上。以开放促改革。获批营商环境创新试点城市和服务业扩大开放综合试点，深入推进要素市场化配置、国资国企、“放管服”等重点领域改革，出台“促进生产经营27条”“助企纾困17条”等政策，为企业新增减负超过600亿元，金融系统为实体经济让利160亿元，全市新设立市场主体57.9万户、总量达到320.4万户。

（六）扎实推进乡村振兴和城市提升

建立健全城乡融合发展体制机制和政策体系，加快建设高品质生活宜居地。分层分类全面推进乡村振兴。做好巩固拓展脱贫攻坚成果同乡村振兴有效衔接，健全防止返贫监测帮扶机制，“一县一策”支持4个国家乡村振兴重点帮扶县发展；大力发展现代山地特色高效农业，创建3个国家级农业现代化示范区和2个国家现代农业产业园，荣昌、潼南入选全国农业科技现代化先行县，全市粮食产量创近13年新高，生猪产能恢复至正常年份水平，“巴味渝珍”授权农产品累计达到637个，农产品加工业产值、网络零售额预计分别增长12%、15%；启动农村人居环境整治提升五年行动，新改建“四好农村路”3330公里、新完成农村公路安防工程4011公里，改造农村危房5097户，农村卫生厕所普及率、生活垃圾分类示范村占比分别达到84%、40.5%；“三变”改革试点扩大到2234个村，“三社”融合发展提速，基本消除集体经济“空壳村”。大力推进城市提升工作。全市国土空间总体规划、“一区两群”国土空间规划以及綦江—万盛等跨行政区规划编制完成。坚持以轨道交通引领城市发展格局，加快交通强国建设试点和交通强市建设，高铁建设五年行动方案持续推进，在建里程929公里、营业里程达到839公里，开行公交化列车35对；“850＋”城市轨道交通成网计划提速实施，在建里程308公里、通车里程达到417公里；“三环”高速全线贯通，高速公路通车总里程达到3841公里，省际出口通道增至27个，高速公路交通安全执法权划归公安部门；中心城区建成“4桥2隧”，打通未贯通道路35条，整治交通堵乱点62处，城市道路通车里程超过6000公里；江北机场T3B航站楼及第四跑道进入主体施工，重庆新机场前期工作取得积极进展；忠县新生港开港运营，寸滩邮轮母港开工，果园港二期及扩建工程完工；两江燃机电厂二期、丰都栗子湾抽水蓄能电站启动建设。推进以“两江四岸”为主轴的城市更新，长嘉汇、艺术湾、枢纽港等城市功能名片加快建设，市规划展览馆新馆建成，江北嘴江滩公园、雅巴洞湿地公园等十大公共空间建设成效显现，渝中、九龙坡入选全国首批城市更新试点城市，全市31个城市更新试点示范项目全面启动，累计完成老旧小区和棚户区改造3568万平方米，老旧小区累计加装电梯3440部，109个城市边角地建成社区体育文化公园，2278公里山城步道建成投用，309个坡坎崖滩项目得到治理提升，磁器口后街、十八梯等历史文化风貌街区建成开街。深化"大城三管"，完成市容环境整治专项行动，中心城区隧道、道路护栏美化亮化实现全覆盖，建成110个"劳动者港湾"示范点，生活垃圾全生命周期管理链条建成，"马路办公"整改问题82.6万个，建成区数字化城管覆盖率达到95%，4个区县荣获全国文明城市，建设"近者悦、远者来"的美好城市取得新进展，越来越多的人到重庆"行千里·致广大"。

（七）扎实推进生态环境保护

坚持共抓大保护、不搞大开发，全面落实长江保护法，加快建设山清水秀美丽之地。强化生态保护修复。推进生态保护红线评估调整和自然保护地优化调整，全面推行河长制、林长制，实施"两岸青山·千里林带"建设32万亩，国土绿化营造林510万亩，全市森林覆盖率达到54.5%；长江经济带废弃露天矿山生态修复全面完成，长江禁捕退捕成果持续巩固，渝北、北碚入选"两山"实践创新基地，重庆山水林田湖草工程试点入选中国特色生态修复案例，广阳岛生态修复主体完工、入选全国生态修复典型案例。强化减污治污。开展提升污水"三率"专项行动和"散乱污"企业整治，建设改造城镇排水管网1900公里、新增日污水处理能力27.5万吨，强化大气多污染物协同控制和联防联治，深化中央生态环保督察反馈问题整改，全面淘汰锰行业落后产能，长江干流重庆段水质保持为优，74个国考断面水质优良比例达到98.6%，空气优良天数达到326天，其中优的天数146天，土壤环境质量稳步提升，污染防治攻坚战年度考核为优秀。强化节能降碳。制定碳达峰碳中和工作方案，整改"两高"项目122个，累计建成绿色园区15个、绿色工厂171个，发行绿色债券142亿元，上线"碳惠通"生态产品价值实现平台，能耗"双控"进度总体符合国家下达目标要求。

（八）扎实推进社会事业发展和民生改善

在财政收支压力较大的情况下，坚决压减非急需非刚性支出，保持基本民生投入只增不减。坚持就业优先，落实减负稳岗扩就业政策，全年城镇新增就业75.1万人，城镇调查失业率控制在5.5%以内。深化教育改革，学前教育普惠率不断提升，义务教育"双减"成效明显，坚决制止教育乱收费，教育评价改革、"县管校聘"改革稳步推进，新高考"首考"顺利实施，"公参民"、校外培训机构问题得到有效整改。推进健康中国重庆行动，新增互联网医院18家、三级中医院5家，"三通"医共体建设覆盖所有区县，跨省异地就医住院费用直接结算全面推开。发展文化体育事业，《尘埃落定》《仙豆》等舞台艺术作品获国家级奖项，完成"红色三岩"31栋文物建筑保护展示，红岩文化公园首期项目对外开放，推进媒体深度融合发展，改造提升39个基层综合文化服务中心，新建一批24小时城市书房；出台建设体育强市实施意见，成功举办市第六届运动会，我市运动健儿在东京奥运会获2枚金牌。优化养老服务供给，新建乡镇养老服务中心223个，提档升级乡镇敬老院150家，城市社区养老服务基本实现全覆盖。加强社会保障，持续提高城乡低保、特困人员供养、重点优抚对象抚恤补助标准，继续上调退休人员基本养老金。扎实开展“我为群众办实事”实践活动，15件重点民生实事完成年度任务，36件重点民生项目取得积极成效，“为科技工作者办实事20条”全面完成。

（九）扎实推进安全稳定各项工作

牢固树立安全发展理念，全力防风险保安全护稳定。筑牢疫情防控防线，建立疫情常态化防控和局部应急处置转换机制，强化“人”“物”同防、闭环严防、关口细防、横向联防、社会谨防，疫情防控成果持续巩固。坚决防范化解重大风险，加强平台经济规范监管，开展房地产市场秩序专项治理，妥善处置单体企业风险，入选全国城市治理风险清单管理试点，重点领域风险总体可控。毫不放松抓好安全生产，实施常态化安全监管“十条措施”，开展大排查大整治大执法，建立暗查暗访和督办交办机制，综合整治高层建筑、古镇古寨、厂房库房、老旧小区消防和危化品、道路运输、食品药品、城市内涝、地质灾害、森林防火隐患，安全生产形势稳定向好。打造共建共治共享的社会治理格局，制定加强基层治理体系和治理能力现代化建设的实施意见，深化市域社会治理现代化试点，完善社会工作服务体系和矛盾纠纷大调解体系，推进信访“治重化积”专项工作，开展政法队伍教育整顿，实施“全民反诈”专项行动，常态化推进扫黑除恶斗争，刑事案件和治安案件实现“双下降”，人民群众安全感和满意度得到“双提升”。

过去一年，我们坚持把党的政治建设贯穿政府自身建设全过程，扎实推进中央巡视、审计和国务院大督查等反馈问题整改，坚决肃清孙政才恶劣影响和薄熙来、王立军流毒，肃清邓恢林流毒影响，旗帜鲜明讲政治、对标对表抓落实的政治氛围更加浓厚。严格落实向市委请示报告制度，主动接受人大监督和政协监督，办理市人大代表建议1219件、市政协提案1020件。严格依法行政，出台法治政府建设实施方案，开展法治政府建设示范创建，提请市人大常委会审议地方性法规草案13件、立改废政府规章16件。严格执行中央八项规定精神和市委实施意见，落实纠治“四风”十项举措和过紧日子要求，持续为基层松绑减负。完成第七次全国人口普查和村（社区）换届。国防动员、双拥共建、退役军人事务工作迈出新步伐，民族宗教、国家安全、外事、侨务、港澳台、审计、统计、档案、保密、参事、史志、人防、气象、地震等工作取得新成效，工会、妇女、儿童、青年、老龄、慈善、残疾人、红十字等事业实现新发展。

各位代表！回顾过去一年，我们在应对挑战中主动作为，在爬坡上坎中砥砺攻坚，成绩来之不易，历程令人难忘。我们深刻体会到，做好重庆工作、推动重庆发展，最坚强的保证是习近平总书记掌舵领航和党中央坚强领导，最根本的遵循是习近平新时代中国特色社会主义思想的科学指引，最突出的主线是把习近平总书记殷殷嘱托全面落实在重庆大地上。我们也深刻感受到，过去一年取得的成绩，得益于市委的正确领导、科学决策，离不开3400万重庆人民的顽强拼搏、埋头苦干，每个人都出了力，每个人都了不起。在这里，我代表市人民政府，向全市各族人民，向人大代表和政协委员，向各民主党派、工商联、人民团体和社会各界人士，向驻渝部队和武警官兵、公安干警、消防指战员，向关心支持重庆发展的中央各部门、兄弟省区市及港澳台同胞、海外侨胞和国际友人，表示崇高的敬意和衷心的感谢！

在看到成绩的同时，我们也清醒认识到，重庆经济社会发展还面临不少困难和问题，主要是：需求恢复有所放缓，经济稳增长压力较大，部分企业特别是中小企业生产经营困难增多；科技创新能力还不强，科技、产业、金融良性循环尚未形成；产业发展能级整体不高，产业链供应链稳定性和竞争力有待提升；城乡区域发展差距依然较大，交通、能源、水利等基础设施还有不少短板；融入国内国际双循环在软硬联通上仍有堵点卡点；绿色低碳转型任务艰巨；就业、教育、医疗、养老等民生领域还有不少薄弱环节；安全稳定风险隐患依然较多；政府系统工作人员的专业水平和解决实际问题能力也有待进一步提高。我们一定重视发展中的困难、正视工作中的差距，采取有力措施，切实加以解决。

二、2022年工作安排

今年是“十四五”承上启下的关键一年，我们党将召开二十大，我市也将召开第六次党代会，需要保持平稳健康的经济环境、风清气正的政治环境、国泰民安的社会环境，做好政府工作责任重大。我们要以习近平新时代中国特色社会主义思想为指导，全面贯彻党的十九大和十九届历次全会精神，扎实落实中央经济工作会议精神，进一步增强“四个意识”、坚定“四个自信”、做到“两个维护”，弘扬伟大建党精神，坚持稳中求进工作总基调，立足新发展阶段，完整、准确、全面贯彻新发展理念，积极融入和服务新发展格局，全面深化改革开放，坚持创新驱动发展，推动高质量发展，坚持以供给侧结构性改革为主线，统筹疫情防控和经济社会发展，统筹发展和安全，继续做好“六稳”“六保”工作，持续改善民生，保持经济运行在合理区间，保持社会大局稳定，推动成渝地区双城经济圈建设向纵深发展，以优异成绩迎接党的二十大和市第六次党代会胜利召开。

今年经济社会发展的主要预期目标是：地区生产总值增长5.5%左右；规上工业增加值增长6%左右，固定资产投资增长6%左右，社会消费品零售总额增长7%左右，进出口总值增长5%左右；一般公共预算收入增长3%左右；城镇新增就业60万人，城镇调查失业率全年控制在5.5%以内；居民消费价格涨幅控制在3%以内；全体居民人均可支配收入增长7%左右；能耗强度下降目标在“十四五”规划期内统筹考虑。

上述预期目标，与全国经济走势和我市“十四五”预期目标相衔接，同全市经济潜在增长水平相适应，充分考虑了各种变量，兼顾了需要和可能，有利于引导预期、提振信心、调动各方面积极性。实现上述目标，必须坚持稳字当头、稳中求进，在战略上更加主动、战术上更加精准，注重稳定经济大盘、稳住社会大局，注重融入新发展格局、推动高质量发展，努力在推进新时代西部大开发中发挥支撑作用、在共建“一带一路”中发挥带动作用、在推进长江经济带绿色发展中发挥示范作用。

（一）全力以赴稳增长，保持经济运行在合理区间

重庆经济和全国一样，面临需求收缩、供给冲击、预期转弱三重压力，必须把稳增长放在更加突出的位置，切实稳住经济基本盘。

积极扩大有效投资。抓好项目储备，加强政策对接，抢抓国家加大政府投资规模、适度超前开展基础设施投资的“窗口期”，争取更多项目纳入国家“盘子”。抓好基础设施投资放量，深入实施抓项目稳投资专项行动，聚焦“两新一重”、城市更新、民生补短板等领域布局一批重大项目，开工一批成熟项目，加快在建工程进度，形成更多工作实物量。抓好工业投资提质增效，用好产业链招商等方式，引进一批牵引性强、可持续发展的项目，提高招商签约项目开工

率和资金到位额，引导企业加大设备更新和技改投入。抓好资金保障，管好用好地方政府专项债券，创新政府投融资机制，开展基础设施 REITs 试点，提高资产证券化水平，更好撬动社会资本参与，确保社会融资规模合理增长。

促进消费升级扩容。抓住国际消费中心城市培育建设契机，实施国际消费载体提质等“十大工程”，深化“巴渝新消费”八大行动，巩固消费回暖势头。培育品质消费，推进解放碑—朝天门、观音桥等商圈建设，提档升级中央商务区，优化商圈业态布局，发展智慧商圈。激发县乡消费，加快发展县域商业，鼓励区县开展新能源汽车促销、绿色智能家电下乡和以旧换新，推动育幼、护理、家政、住房租赁等生活性服务业补短板上水平。培育新型消费，挖掘重庆特色文化、特色美食和特色旅游资源，推动消费产业联动融合，提质发展电子商务，促进线上线下融合、商旅文体跨界发展。优化消费环境，完善现代商贸流通体系，健全社区商业配套设施，发展农村物流配送，完善消费者权益保护机制，释放居民消费潜力。

激发市场主体活力。市场主体是经济的力量载体，要完善企业意见收集、办理、反馈良性机制，营造重商、亲商、安商良好氛围，千方百计把各类市场主体保护好、发展好。构建更优产业生态，整合产业创新资源，建设一批公共研发服务平台，完善研发设计、成果孵化、小试中试、检验检测等科技服务体系，推进应用场景建设，支持首台（套）装备、首批次材料、首版次软件推广应用，为市场主体厚植发展沃土。推动大中小企业协同发展，做强做大“链主”企业，大力培育领军企业，实施“专精特新”中小企业高质量发展专项行动计划，培育发展优质中小企业。加大助企纾困力度，落实国家新的组合式减税降费政策，继续执行现行纾困政策，实施中小微企业助力工程，对受疫情影响较重的服务业等困难行业实施精准帮扶；建立完善科学用能政策，优化煤电油气保供机制，推广高速公路差异化收费，健全面向小微企业、覆盖所有区县的政府性融资担保体系，扩大制造业中长期贷款和商业价值信用贷款规模；强化初级产品供给保障，帮助企业解决缺煤、缺电、缺芯、缺柜、缺工等要素短缺问题，让企业增强信心、轻装上阵、加快发展。

（二）统筹成渝地区双城经济圈建设和“一区两群”协调发展，持续释放区域经济发展布局优化效应

聚焦“两中心两地”战略定位，集中精力办好重庆自己的事情，齐心协力办好川渝合作的事情，努力构建优势互补、高质量发展的区域经济布局。

纵深推进双城经济圈建设。加强全方位协同、全领域合作，唱好“双城记”、共建经济圈。推动重大规划编制，配合国家部委编制出台双城经济圈国土空间、生态环境保护、巴蜀文化旅游走廊等专项规划，联动四川编制完成水安全保障、国际消费目的地建设等规划方案。推动重大改革政策落地，争取获批国家科创金融改革试验区、绿色金融改革创新试验区等试点试验，联动推进成渝地区高标准市场体系建设，探索经济区与行政区适度分离改革，启动实施第三批“川渝通办”事项。推动重大合作平台建设，争取国家批复万达开川渝统筹发展示范区、川南渝西融合发展试验区建设方案，推进川渝高竹新区、明月山绿色发展示范带等建设，加快首批 20 个产业合作示范园区建设，深化川渝产业链、供应链配套协作。推动重大合作项目实施，聚焦现代产业体系、西部科学城、西部金融中心等共建领域，实施 160 个引领性标志性项目，以高质量项目支

撑双城经济圈高质量发展。

持续推进“一区两群”协调发展。落实三个片区建设行动方案，做大做强“一区”、做优做特“两群”。主城都市区，突出强核提能级、扩容提品质，构建国土空间规划“一张图”、基础设施“一张网”、公共服务“一张表”、城市管理“一平台”，统筹布局科技创新、先进制造、现代服务等重大功能设施，促进中心城区和主城新区交通同网、产业同链、服务同标、发展同步。渝东北三峡库区城镇群，突出生态优先绿色发展，推动万州建设区域性中心城市，推进万开云同城化发展，加快“三峡库心·长江盆景”等跨区域合作平台建设，推动奉节巫山巫溪城口等板块协同发展，强化沿江区县城市互动、产业联动，做靓三峡制造、三峡农家、大三峡旅游等特色品牌。渝东南武陵山区城镇群，突出文旅融合发展，推动黔江建设渝东南区域中心城市、秀山建设渝鄂湘黔毗邻地区中心城市，支持武隆开展国际化旅游试点，引导各区县建设精致山水城，合力建设乌江画廊旅游示范带和武陵山区民俗风情生态旅游示范区，促进民族地区加快发展。

（三）更大力度推动科技创新，加快建设具有全国影响力的科技创新中心

科技创新是调结构、转方式的根本之策，要坚持创新在现代化建设全局中的核心地位，围绕“四个面向”，争取国家战略科技力量布局，强化科技创新支撑作用，以创新赢得主动、赢得优势、赢得未来。

建设一流创新平台。高水平建设西部（重庆）科学城，紧扣“五个科学”“五个科技”，聚焦科学主题铸魂，建设金凤实验室和国家应用数学中心，推动国家实验室基地、中科院重庆汽车软件创新研究平台落地，支持高校研究生院和特色研发机构在科学城集聚；面向未来发展筑城，提速建设科学会堂、科学公园等功能设施，建成投用科学大道一期；联动全域创新赋能，强化“一核引领、五区联动”，统筹规划布局、政策协同、重大项目和环境营造，建设“科学家的家、创业者的城”。高标准建设两江协同创新区，瞄准新兴产业、未来产业发展方向，集聚开放式、国际化高端研发机构，开工建设卫星互联网等科创项目，建成投用分布式雷达验证试验场、北理工重庆创新中心等科创平台，打造全国重要科技创新和协同创新示范区。高质量建设广阳湾智创生态城，聚焦“智慧+”“创新+”“绿色+”，建设重庆脑与智能科学中心、广阳湾实验室，探索打造零碳示范产业园，培育零碳工厂、智慧交通、智慧建造等应用场景。统筹推进各类产业园区创新发展，加快重庆高新区及拓展园建设，支持潼南、涪陵、合川、大足、綦江、铜梁创建国家高新区，推动市级高新区建设，促进各类园区创新转型、提能升级。

培育一流创新主体。强化企业创新主体地位，启动科技型中小企业创新发展行动计划，推进规上工业企业研发机构倍增计划，支持企业创建国家技术创新中心、制造业创新中心、产业创新中心，力争国家级“专精特新”小巨人企业达到140家、高新技术企业突破5500家、科技型企业突破4万家，全社会研发经费支出占比提高到2.3%左右。增强高校创新能力，加大“双一流”建设力度，鼓励市属高校建设特色高水平大学，布局建设基础学科研究中心，优化重组现有国家重点实验室，创建大数据与智能计算国家重点实验室。发展新型科研机构，加强与名校名院名所名企的科技合作，支持国家生猪技术创新中心、重庆高新技术产业研究院、重庆国际免疫研究院等研发机构建设，鼓励外资企业在渝设立全球研发中心。深化产学研合作，加快构建龙头企业牵头、高校院所支撑、各类创新主体相互协同

的创新联合体，协同开展关键核心技术攻关，提升科技创新体系整体效能。

营造一流创新生态。完善政策、集聚人才、优化服务，促进科技、产业、金融良性循环，加快创新成果产业化、商业化。深化科技体制改革，实行“揭榜挂帅”“赛马”等制度，赋予科研单位更多自主权，赋予科学家更大技术路线决定权和经费使用权，让有真才实学的科技人员有用武之地。优化科技金融服务，完善种子、天使、风险投资全链条创投体系，创新科技企业融资增信机制，扩大知识价值信用贷款规模，支持科技企业利用多层次资本市场直接融资，促进科技与金融有效对接。推动科技成果转化，健全环大学创新生态圈功能，启动科技成果展示平台建设，完善“众创空间+孵化器+加速器”全流程孵化体系，加快建设国家科技成果转移转化示范区，打通创新技术到产业应用的“最后一公里”。强化科技人才集聚，完善科技人才培养、使用、评价、服务、支持、激励等体制机制，深入实施重庆英才计划，持续办好重庆英才大会，打造全国地方科协综合改革示范区，构建“近悦远来”人才生态，大力引育战略科学家、一流科技领军人才和团队、国防科技人才、青年科技人才、卓越工程师，加快建设全国重要人才高地，让重庆成为各类人才的向往之地、创新之都、圆梦之城。

（四）加快构建现代产业体系，增强产业链韧性和竞争力

推动高质量发展，要把重点放在推动产业转型升级上，加快产业基础高级化和产业链现代化，促进经济循环和产业链畅通。

提高制造业核心竞争力。围绕国家重要先进制造业中心建设，突出支柱产业提质增效、战略性新兴产业发展壮大、产业链供应链现代化水平提升，建好市级重点关键产业园，抓实产业链升级重构，稳步提升制造业占比。汽车产业，抓住智能新能源汽车发展机遇，加快长安、金康、吉利、理想等高端新能源整车项目建设生产，推进长安汽车软件园、国家氢能动力质量监督检验中心等项目建设，培育引进高端新能源整车配套项目，完善充换电设施，试点建设车路协同体系，加快建设国家级车联网先导区，构建智能新能源汽车产业新生态。电子产业，以发展集成电路、电子核心元器件为重点，进一步做优做强产业集群，推进华润晶圆制造及先进封装、四联传感器MEMS制造等项目建设，加快康佳MicroLED关键技术研发。装备制造产业，以“智能+”为方向，以“整机+零部件”为路径，做大做强数控机床、轨道交通装备等高端装备，提升通机等优势产品竞争力，推动新能源装备、山地农机装备产业发展，加快三一重庆智能装备产业园等项目投产上量。医药产业，聚焦化学药、中药、生物药、医疗器械等重点领域，促进产学研一体、医工理融合发展，加快博唯生物宫颈癌疫苗、智翔金泰创新抗体药物等产业化进程，构建以重庆国际生物城为重点的“1+5+N”医药产业体系。材料产业，做优先进有色合金，做强高性能合成材料及复合材料，推进中铝高端制造、华峰己二胺等项目建设。消费品产业，升级粮油食品等优势消费品产业集群，培育个护美妆、渝派服装、巴渝美食工业化等特色消费品产业集群，促进消费品产业品牌化、个性化发展。

大力发展数字经济。推动数字技术同经济社会发展深度融合，高水平建设“智造重镇”“智慧名城”。加速软件产业发展，突出工业软件、基础软件、信息安全软件、行业应用软件等重点方向，实施“千家软件企业培育工程”，支持重庆软件园产业集聚，创建中国软件名园、国家网络安全产业园区。深化智能制造实施，加快生产

设备、关键环节智能化改造，新培育10个智能工厂、100个数字化车间，完善工业互联网产业生态，实施制造业“一链一网一平台”试点示范。推进产品智能升级，紧跟5G、AI +、云化赋能、软件定义产品趋势，扩大智能家居、超高清视频终端等市场份额，导入智能监测、智能安防等新产品，推动智能产品向中高端迭代升级。丰富智能化应用场景，构建“8611”一体化场景建设体系，打造10个“5G + 工业互联网”试点示范项目，创建国家级工业互联网创新展示中心。夯实数字基础设施，深化“云长制”改革，出台《重庆市数据条例》，持续加大5G规模组网，提速建设中科曙光、华为、京东等计算中心和城市大数据资源中心，规划布局空间互联网，建成投用西部数据交易中心。

推动现代服务业高质量发展。促进生产性服务业向专业化和价值链高端延伸、生活性服务业向高品质和多样化升级。加快建设西部金融中心，围绕健全现代金融体系和提升金融服务实体经济能力，促进各类金融要素资源合理流动和高效集聚，推动与新加坡之间债券、基金、理财等业务创新合作，深化境内外金融市场互联互通，引进境内外金融机构，实施企业上市“育苗”专项行动，推动股权投资基金发展，完善科创金融、普惠金融、绿色金融、消费金融、供应链金融等金融服务体系。加快建设内陆国际物流枢纽，整合市属重点港口物流资源，引育综合物流服务集成商，壮大国际物流、供应链物流、专业化物流等新业态，建设一批分拨运营基地，完善物流配送体系。加快建设国际知名文化旅游目的地，推动巴蜀文化旅游走廊建设，打造文化产业示范基地，积极创建5A级景区、国家级旅游度假区和国家文旅消费示范城市，提升大都市、大三峡、大武陵旅游品牌影响力。推进其他服务业高质量发展，加快国家工业设计示范城市、国家服务外包示范城市建设，引育研发设计、知识产权、技术转移等科技服务机构，发展会计、法律、审计等专业中介服务，做大远程医疗、数据处理、文化创意等外包服务，打造长嘉汇、两江国际等高端专业服务集聚区。

（五）推动改革落地见效，激发市场活力和发展内生动力

无论是应对经济短期下行压力，还是促进经济持续健康发展，都要依靠改革应对变局、开拓新局。要抓好各项改革协同，发挥改革整体效应，推动改革更好服务经济社会发展大局。

深化财政金融改革。推进预算管理一体化改革，加强财政资源统筹，优化财政支出结构，保障重大战略任务和民生支出，提升财政政策效能。健全依法适度举债机制，加强政府债务风险排查，防范化解政府债务风险。加强财政金融政策协调联动。推动区域性股权市场改革创新试点落地，扩大中新双向投融资规模，争创国家普惠金融改革试验区，促进金融政策、工具、平台叠加集成。加强金融法治建设，开展虚拟货币、私募基金、第三方财富管理等风险排查，落实防范和处置非法集资条例，压实金融风险处置各方责任，持续防范化解金融风险。

深化国资国企改革。完成国企改革三年行动任务，启动区域性国资国企综合改革试验。加快市属国企战略性重组、专业化整合，培育壮大主责主业突出的优势国有企业集团。推动国有控股上市公司高质量发展，整合用好战略性新兴产业等国资基金。深化国企混合所有制改革。“一企一策”支持市属国有企业转型发展，完成能源集团引入战略投资者。深化经营性国有资产集中统一监管，运用智能化手段提升国资监管效能。

推动民营经济高质量发展。创建民营经济示范城市，提速建设渝商综合服务平台，完善常态

化政企沟通联系机制，落实领导干部联系商会、非公经济接待日、走访服务民营市场主体等制度，畅通民营企业反映诉求渠道。支持龙头企业自主创新、发展壮大，引导大型民营企业带动配套小企业共同发展。弘扬企业家精神，建设高素质企业家队伍，构建亲清政商关系，对企业“无事不扰、难时出手、有呼必应”。

加快营商环境创新试点城市建设。深化“放管服”改革，落实营商环境创新试点100项首批改革事项，持续营造国际一流营商环境。加快市场化改革，探索“一业一证（照）”改革创新，深入推进要素市场化配置综合改革，加强反垄断和反不正当竞争，支持和引导资本规范健康发展；推进政务服务事项通办改革，提升“渝快办”效能，深化“全渝通办”“跨省通办”，丰富“一卡通一码通”应用场景。推进法治化建设，推广法治化营商环境司法评估指数体系，加强社会信用体系建设，治理恶意拖欠账款和逃废债行为，严格执行知识产权侵权赔偿制度。提升国际化水平，跟踪对接高标准国际经贸规则，深化软硬件互联互通，推进国际贸易和投资便利化，加快引育国际学校、国际医院、国际社区，让城市展现国际范、彰显重庆味。

（六）扩大高水平开放，更好融入国内国际双循环

重庆是国内国际双循环的重要节点，要全面融入共建“一带一路”和长江经济带发展，加快建设内陆开放高地，让重庆与世界精彩互动。

提升开放通道效率。完善出海出境大通道体系，强化内陆国际物流枢纽支撑。南向，推动西部陆海新通道增线扩能，强化物流和运营组织中心功能，加密重庆至钦州港等铁海联运班列，稳定开行重庆至越南、老挝国际铁路班列，拓展跨境公路直通班车，加快境内外枢纽和集货分拨节点建设。西向，推进中欧班列扩容提质，加快建设集结中心示范工程，推动海外仓发展，拓展线路网络，构建定点、定线、定时、定价、定车次的稳定运转体系，深挖高品质回程货源，提升班列货值规模和影响力。东向，深化智慧长江物流工程，加密沪渝直达快线、渝甬班列，发展长江干支联运，推广江海直达集装箱船型。北向，强化渝满俄班列沿线货源组织集结，优化运输货品结构，探索开行更多货物品种公共班列。空中，加密重庆至东南亚、南亚和欧美的全货运航线，引进川航物流、南货航设立基地公司，支持航空公司拓展“客改货”和航空中转业务，争取万州机场航空口岸获批，加快建设临空经济示范区。枢纽，完善港口型、陆港型、空港型国家物流枢纽功能，创建生产服务型、商贸服务型国家物流枢纽，实施果园港铁公水联运示范工程，推动“无水港”建设，促进客运“零换乘”、货运“零换装”。

提升开放平台能级。中新互联互通项目，加快中新金融科技合作示范区、国际航空物流产业示范区、大数据智能化产业示范园区等项目建设，依托中新国际数据通道促进跨境数字贸易，拓展实施商务、农业、人才培训、文旅等合作计划。自贸试验区，加快建设川渝自贸试验区协同开放示范区，推进联动创新区发展，持续开展首创性、差异化探索，全面提升开放度和竞争力。两江新区，完善两路果园港综合保税区、悦来国际会展城等功能，推进两江数字经济产业园、寸滩国际新城建设，做实上合组织国家多功能经贸平台和欧洲重庆中心，争创进口贸易促进创新示范区。高新区、经开区及各类园区，整合开放通道和口岸资源，加快海关特殊监管区域、保税监管场所创新升级，建设一批跨国产业转移平台。

提升开放型经济质量。促进外贸创新提质，壮大一般贸易规模，推动加工贸易提质升级，建

设国家加工贸易产业园，大力发展“保税+商品展示交易”“保税+维修”等保税贸易新业态。提高利用外资质量，健全外商投资全流程服务体系，加强重大外资项目落地和重点外资企业服务保障，加大先进制造、现代服务等领域外资引进力度，促进外资企业增资扩产。推动制度型开放，编制出台高质量实施RCEP行动计划，深入推进服务业扩大开放综合试点、服务贸易创新发展试点和跨境电子商务综合试验区建设。加快建设中西部国际交往中心，深化国际人文、科技等领域交流合作，培育引进国际组织和商协会，办好智博会、西洽会、“一带一路”陆海联动发展论坛、中新金融峰会、国际创投大会、中国国际“互联网+”大学生创新创业大赛，拓展国际友城务实合作，持续提升国际交往能力和水平。

（七）全面推进乡村振兴，加快农业农村现代化

重庆推动高质量发展，最艰巨最繁重的任务在农村，最大潜力和后劲也在农村。要牢牢把握稳住农业基本盘的总要求，突出抓好粮食安全、耕地保护和巩固拓展脱贫攻坚成果等重点任务，扎实推进乡村发展、乡村建设、乡村治理，努力开创“三农”工作新局面。

持续巩固拓展脱贫攻坚成果。保持帮扶政策总体稳定，完善和落实监测帮扶机制，防止规模性返贫和新的致贫。实施特色种养业提升行动，强化就业帮扶、消费帮扶和易地搬迁后续扶持，加强扶贫项目资产运营管理。深化东西部协作和中央单位定点帮扶，支持乡村振兴重点帮扶县、重点帮扶乡镇建设，让脱贫基础更加稳固、脱贫成效更可持续。

提升农业综合效益和竞争力。抓紧抓实粮食和重要农产品供给，严格落实“米袋子”“菜篮子”责任制，落实耕地保护建设硬措施，严格耕地保护责任，加强耕地用途管制，坚决遏制耕地“非农化”、防止“非粮化”；实施种业振兴行动和“千年良田”建设工程，加快农田宜机化示范改造，稳定粮食播种面积和产量，扩大油料作物种植面积，健全生猪产业平稳有序发展长效机制，保障重要农产品供给。提高现代山地特色高效农业发展水平，壮大柑橘、柠檬、榨菜、生猪、中药材等特色产业集群，打造重点农产品全产业链，建设成渝现代高效特色农业带，统筹推进农业现代化示范区和现代农业产业园建设，大力发展农产品精深加工、农村电商和乡村旅游，促进农村一二三产业融合。加强品种品质品牌建设，引育名优特新品种，扩大农业标准化生产，健全农产品质量安全追溯体系，推广“巴味渝珍”“三峡柑橘”等区域公用品牌，让农产品卖得出、卖得远、卖得好。

推进乡村建设行动。优化乡村规划，深入推进“三师”下乡，有序推进乡镇国土空间规划编制，完善实用性村庄规划，强化村庄风貌引导。加强农村基础设施建设，持续推进农村饮水安全“一改三提”行动，新建农村公路安防工程4000公里，动态消除农村低收入群体等重点对象危房，推进“智慧农业·数字乡村”建设工程。持续实施农村人居环境整治提升五年行动，扎实开展“村庄清洁行动”和“五清理一活动”专项行动，推进农村改厕、生活垃圾和污水治理，实施小城镇环境提升工程，新建200个美丽宜居乡村。提升农村公共服务水平，新增教育、卫生、文化、体育等社会事业经费向农村倾斜，推进城乡基本公共服务标准统一、制度并轨，以农村公共服务有效供给提升农民获得感。

深化农业农村改革。稳慎推进宅基地制度改革试点，扩面推进“三变”改革，创新“三社”融合发展机制，壮大新型集体经济。推进国家城乡融合发展试验区重庆西部片区改革试点。加

快培育新型农业经营主体，加强农村基层组织建设，健全农业社会化服务体系、农村物流配送体系、农村信用体系和农业农村工作体系。创新人才下乡激励机制和政策体系，实施农村致富带头人培养行动，引导各类人才在乡村振兴中建功立业、尽展所长。

（八）持续推进城市提升，提高城市功能品质

深入推进以人为核心的新型城镇化，敬畏历史、敬畏文化、敬畏生态，加强城市规划、建设、管理，努力建设国际化、绿色化、智能化、人文化现代大都市。

强化规划引领。出台全市国土空间总体规划，完成区县国土空间总体规划和分区规划，实施国土空间生态修复、城市更新、嘉陵滨江生态长廊等专项规划，统筹划定落实永久基本农田、生态保护红线和城镇开发边界。

构建现代基础设施网络。建设“米”字型高铁网，持续实施高铁建设五年行动方案，加快推进成渝中线、渝万、渝昆、成达万、渝湘高铁重庆至黔江段、重庆东站等在建项目，启动建设渝西、渝宜高铁，提速渝贵、渝湘高铁黔江至吉首段等项目前期工作，二季度开通运行郑万高铁重庆段、完成渝万城际提质改造，四季度建成铁路枢纽东环线正线、新田港集疏运铁路等普速铁路，力争启动巫溪至奉节铁路，高铁营业里程突破 1000 公里。建设“轨道上的都市区”，统筹实施 308 公里城市轨道交通续建项目，新开工第四期项目 44 公里，推进 TOD 综合开发，力争城市轨道交通运营和在建里程实现“850 +”，其中运营里程突破 500 公里；加快城际铁路、市域铁路规划建设，拓展开行公交化列车，深入推动“四网融合”。建设国际航空门户枢纽，提速推进江北机场 T3B 航站楼及第四跑道工程，力争开工重庆新机场综合交通枢纽，基本建成万州机场 T2 航站楼，完成黔江机场改扩建，研究布局支线机场、通用机场。建设长江上游航运中心，推进长江、嘉陵江、乌江、涪江等干支流航道建设，完成渠江重庆段航道整治主体工程，力争开工黄磏港一期等项目，打造多式联运的集疏运体系。建设高速公路网，开工垫丰武高速等项目，推进渝湘复线高速等 1346 公里项目建设，建成城开高速城口段、万州环线等 117 公里项目，实现县县通高速公路。建设城市路网，推进黄桷坪大桥、白市驿隧道等“6 桥 7 隧”和坪山大道、茶惠大道等 233 公里快速路建设，加密东西部槽谷骨架路网，加快建设两江新区至长寿区快速通道。建设多渠道能源网，畅通北煤入渝通道，启动川渝特高压交流工程，推进三峡电、川电、疆电入渝，提升页岩气勘探开发力度，开展水电、风电、光伏发电等内部挖潜，确保能源安全稳定供应。建设现代水网，实施“一核两网·百库千川”水利行动，推进渝西水资源配置、跳蹬水库等重大水利工程，力争开工建设藻渡等大中型水库，推动城市供水管网向镇村覆盖，创建国家节水型城市。

深入实施城市更新行动。优化城市空间，做靓“两江四岸”主轴，高品质建设城市功能名片，推进两江四岸核心区整体提升，完成磁器口滨江片区、花溪河湿地公园等项目。完善城市功能，持续推进城市更新试点示范项目，新开工改造 1277 个城镇老旧小区，实施 1.5 万户棚户区改造，开展城市管道更新改造和生命线工程专项治理，实施城市内涝治理五年行动。修复城市生态，推进“四山”保护提升，统筹生态园林城市系列创建，推动坡坎崖滩治理向区县延伸，做靓山城步道、山城花境等特色品牌，打造社区体育文化公园、口袋公园等休闲空间。改善城市路网，启动中心城区路网更新和停车治理专题年行动，推动老城区堵点、重要交通节点、街巷交通

路网一体规划、一体更新，落实公交优先战略，新开通一批同城公交、小巷公交和接驳公交，建设一批小微停车场，完善提升1500公里人行步道。传承城市文脉，坚持整体保护和活化利用相结合，推进大田湾—文化宫—大礼堂等历史文化风貌街区保护修缮，加强古建筑、老宅子、老街区保护，为城市留住根脉、留存记忆，让城市更有人文范、书香味、烟火气。

推动城市管理改革创新。树立全周期管理意识、同城化管理理念，推动“大城三管”“马路办公”等实践成果转化为制度标准，提升区县城市管理水平。实施老城区环境“小而美”惠民提升行动，建设“门前三包”“五长制”示范道路112条，推动生活垃圾分类覆盖全市所有镇街。加快城市综合管理服务平台建设，推进城市建成区数字化管理全覆盖，构建“一云承载、一图呈现、一网统管、一端服务”的城市智管新格局。

（九）加快建设山清水秀美丽之地，筑牢长江上游重要生态屏障

人不负青山，青山定不负人。要学好用好“两山”理论，走深走实“两化路”，持续加强生态环境保护，促进经济社会发展全面绿色转型，让绿色成为重庆最动人的色彩。

提升生态系统质量和稳定性。统筹山水林田湖草系统治理，建设“两岸青山·千里林带”50万亩，科学推进石漠化、消落区、水土流失综合治理和矿山生态修复。严格落实长江“十年禁渔”政策，加强自然保护地建设管理和生物多样性保护。深化广阳岛片区长江经济带绿色发展示范，建成广阳岛国际会议中心、长江生态文明干部学院、大河文明馆，精心打造“长江风景眼、重庆生态岛”。

深入打好污染防治攻坚战。打好碧水保卫战，加强重点流域水环境综合治理，实施城市排水管网精细化排查，补齐城镇污水处理设施短板，深入推进长江入河排污口整治，巩固城市黑臭水体治理成效。打好蓝天保卫战，聚焦臭氧污染和细颗粒物协同控制，强化工业废气、交通污染、扬尘和露天焚烧等领域管控，加强区域联防联治。打好净土保卫战，开展双城经济圈“无废城市”共建，强化建设用地、农用地等土壤污染防治，有序推进农村黑臭水体整治。健全问题发现机制，常态长效推进生态环境问题整改，提高生态环境监管执法效能。

有序推进“双碳”工作。制定碳达峰碳中和实施意见、碳达峰实施方案，调整优化能源、产业、交通运输、用地结构。落实“三线一单”制度，严格“两高”项目准入要求，统筹做好能耗“双控”和能源保供。全面推进绿色制造、绿色建造，开展绿色低碳技术攻关，加快重点行业清洁生产改造和煤电机组节煤减排改造，建设绿色建筑产业园，大力培育循环经济、生态产业和节能环保产业。落实全面节约战略，开展绿色生活创建行动，推广装配式建筑和新型材料，建设低碳发展示范城市。

深化生态文明体制改革。推进气候投融资试点，完善“长江绿融通”大数据综合服务系统，拓展“碳惠通”平台功能，培育优化地方碳排放权交易市场，统筹推进碳排放权、排污权、用能权、用水权交易，推动川渝共建区域性环境权益交易平台，深入推进“厂网河”一体化改革，健全生态产品价值实现机制。

（十）推进以改善民生为重点的社会建设，以更有效举措促进共同富裕

千头万绪的事，说到底是千家万户的事。要坚持以人民为中心的发展思想，大力发展社会事业，持续办好民生实事，着力解决人口“一老一小”、住房“一旧一危”、就业“一生一困”等

实际问题，让老百姓的日子越过越红火、一天比一天好。

科学精准做好疫情防控。坚持“外防输入、内防反弹”总策略和“动态清零”总方针，坚持常态化精准防控和局部应急处置相结合，落实“四早”要求，压实“四方”责任，加快建设全市疫情防控信息平台，严格落实人、物、环境同防和空港口岸分流措施，强化重点人员健康管理和重点场所疫情防控，继续推进疫苗接种，引导群众做好个人防护，全力守护人民群众生命安全和身体健康。

加强就业和社会保障。落实就业优先政策，解决高校毕业生、农民工、退役军人等重点群体就业问题，健全灵活就业劳动用工和社会保障政策。坚持房子是用来住的、不是用来炒的定位，全面落实稳地价、稳房价、稳预期长效管理调控机制，发展长租房市场，推进保障性住房建设，解决好新市民、青年人等群体住房困难问题，促进房地产业良性循环和健康发展。积极应对人口老龄化，建立基本养老服务清单制度，开展家庭养老床位照护服务试点，实现城乡社区居家养老服务全覆盖。健全退役军人政策制度和工作运行机制。推动社保扩面提质和最低生活保障提标，完善社会救助机制，发展妇女、儿童、残疾人、慈善等福利事业，建立健全未成年人保护体系。

促进教育高质量发展。以教育评价改革为牵引，纵深推进教育改革。规范和支持普惠性幼儿园发展，力争学前教育普惠率巩固在90%以上。巩固和扩大义务教育“双减”成果，创建国家义务教育优质均衡发展区县。深化普通高中课程改革，推进普通高中多样化特色发展。实施“双优”“双高”计划，发展职业本科教育，建设技能型社会。建成重庆中医药学院，开工建设长江音乐学院，推进高校分校区建设。发展在线教育、老年教育、社区教育，办好特殊教育。

强化全方位全周期健康保障。创建国家医学中心和国家区域医疗中心，实施区县医院综合能力提升行动。加快4家应急医院建设，开展等级疾控中心创建。深化医药卫生体制改革，加强区县域“三通”医共体运行监测和绩效评价，全面推进公立医院薪酬制度改革，扩大长期护理保险制度试点范围，提升医保服务水平。完善三孩生育配套支持措施。适时启动适龄女性免费接种宫颈癌疫苗工作。促进中医药传承创新发展。

推动文化体育事业高质量发展。培育和践行社会主义核心价值观，深化新时代文明实践中心建设，推动文明创建提质扩面。支持文艺创作和展演，实施文艺作品质量提升工程。制定公共文化服务高质量发展实施意见，推动城乡公共文化服务体系一体化建设，建成重庆青少年活动中心。加强革命文物保护利用，加快长征国家文化公园（重庆段）、红岩文化公园二期建设。推动文化产业发展。繁荣哲学社会科学。倡导全民阅读。建设重庆国际传播中心。落实深化体教融合发展实施意见，编制竞技体育发展意见，完成大田湾体育场保护利用工程，建成龙兴专业足球场，筹备2023亚洲杯，办好2022年世界举重锦标赛，促进群众体育、竞技体育、体育产业协调发展。

加强和创新社会治理。坚持和发展新时代“枫桥经验”，强化基层治理能力建设。深化“五社联动”。完善信访制度，优化矛盾纠纷化解一站式服务。深入开展民族团结进步创建。依法管理宗教事务。开展城市治理风险清单管理试点。完成安全生产和消防安全专项整治三年行动，持续开展“两重大一突出”集中整治，全面开展燃气安全排查整治，推进自然灾害风险普查和防治能力提升“八项工程”。加强食品药品安全监管。健全社会治安防控体系，强化公民个人信息保护，防范打击电信网络诈骗、跨境赌博等新型犯罪，推动扫黑除恶长效常治，建设更高水平的平安重庆。

三、提升政府治理能力

今年是本届政府履职的收官之年，目标在前，使命在肩。必须坚持和加强党的全面领导，落实全面从严治党要求，切实加强政府自身建设，以政府治理能力提升促进既定目标实现。

（一）把政治建设摆在首位

深学笃用习近平新时代中国特色社会主义思想，深刻认识“两个确立”的决定性意义，增强“四个意识”、坚定“四个自信”、做到“两个维护”，不断提高政治判断力、政治领悟力、政治执行力。持续深入肃清孙政才恶劣影响和薄熙来、王立军流毒，坚决肃清邓恢林流毒影响，营造风清气正的政治生态。推进中央巡视、审计反馈问题整改。严格落实意识形态工作责任制。巩固拓展党史学习教育成果，弘扬伟大建党精神，增加历史自信、增进团结统一、增强斗争精神，更好把握和运用党的百年奋斗历史经验，更加坚定自觉地践行初心使命，以实际行动兑现市委“三个确保”政治承诺。

（二）把法治建设推向纵深

全面落实法治政府建设实施纲要，推动法治政府建设督察反馈问题整改。自觉接受人大监督、政协监督、监察监督、司法监督，主动接受社会监督和舆论监督，强化审计监督。严格执行人大及其常委会决议决定，支持人民政协履行职责，认真办理人大代表建议和政协提案。规范行政决策程序，完善重大决策事前评估与事后评价制度，科学决策、依法用权。加强新兴领域、民生领域政府立法，开展行政执法监督体系建设试点，深化政务公开，强化政务诚信建设，努力使法治政府各方面制度更加健全、更加完善。

（三）把效能建设抓紧抓实

注重学习提能，及时跟进科技变革新趋势、产业发展新动态、国际经贸新规则，学习历史知识、厚植文化底蕴、强化生态观念，不断提高专业能力和解决实际问题能力。加强调查研究，倾听群众呼声，回应现实需要，作决策尊重客观实际，干工作综合考虑各方面因素，防止简单化、单打一。激励担当作为，在招商引资前线、项目建设一线、攻坚克难火线锻炼干部、识别干部，鼓励创造性干工作，让敢干者有舞台、实干者有平台，让担当者无忧、奋斗者无憾。强化效率意识，牢固树立“今天再晚也是早、明天再早也是晚”的时间观念，发扬马上就办和钉钉子精神，对作出的决策、部署的工作、定下的事情，都要明确具体时间节点，立说立行、紧盯不放、一抓到底，以高效率赢得高效益、以快节奏换来大发展。做好跟踪问效，抓而不紧等于不抓，抓而不实等于白抓，“致广大而尽精微”是成事之道，要做到谋划时统揽大局、操作中细致精当，完善目标分解、台账管理、督查考核、总结评估等工作闭环，把工作整巴适、不吹壳子，确保干一件成一件、落实一件销号一件。

（四）把廉政建设贯穿始终

严格落实中央八项规定精神和市委实施意见，深化整治形式主义、官僚主义，持续为基层松绑减负。严肃财经纪律，落实过紧日子要求，把每一分钱都用在“刀刃”上。聚焦重点领域、重要部门、关键岗位，聚焦群众身边腐败和损害群众利益问题，持之以恒正风肃纪反腐。深化拓展“以案四说”“以案四改”，健全一体推进不敢腐、不能腐、不想腐有效机制。全市政府系统工作人员要克己奉公、以俭修身，明大德、守公德、严私德，讲担当、讲情怀、讲奉献，永葆为民务实清廉的政治本色，做到不负历史、不负时代、不负人民。

各位代表！百年征程再出发，拼搏奋斗正当时。让我们更加紧密团结在以习近平同志为核心的党中央周围，坚持以习近平新时代中国特色社会主义思想为指导，踔厉奋发、笃行不怠，坚定信心、勇毅前行，奋力谱写重庆高质量发展高品质生活新篇章，以优异成绩迎接党的二十大和市第六次党代会胜利召开。

让我们一起向前进，一起向未来！

关于重庆市 2021 年国民经济和社会发展计划执行情况及 2022 年计划草案的报告

——2022 年 1 月 17 日在重庆市第五届人民代表大会第五次会议上

重庆市发展和改革委员会

各位代表：

受市人民政府委托，现将 2021 年国民经济和社会发展计划执行情况及 2022 年计划草案提请大会审查，并请各位政协委员提出意见。

一、2021 年国民经济和社会发展计划执行情况

2021 年是党和国家历史上具有里程碑意义的一年，也是重庆发展进程中不平凡的一年。一年来，在以习近平同志为核心的党中央坚强领导下，全市上下坚持以习近平新时代中国特色社会主义思想为指导，全面贯彻习近平总书记对重庆提出的营造良好政治生态，坚持“两点”定位、“两地”“两高”目标，发挥“三个作用”和推动成渝地区双城经济圈建设等重要指示要求，认真落实党中央、国务院决策部署，坚持稳中求进工作总基调，立足新发展阶段、贯彻新发展理念、融入新发展格局、推动高质量发展，扎实做好“六稳”工作、落实“六保”任务，全市疫情防控成果持续巩固，经济发展保持良好态势，社会大局保持和谐稳定，如期打赢脱贫攻坚战、全面建成小康社会，较好完成了市五届人大四次会议确定的目标任务。

——主要经济指标好于预期，经济恢复态势更加稳健。常态化疫情防控有力有效，快速精准处置市外输入病例引发的本土新发疫情。牢牢把握扩大内需这个战略基点，实施“抓项目稳投资”专项行动，培育建设国际消费中心城市，加快建设内陆开放高地，保持经济运行在合理区间。地区生产总值达到 27894 亿元，增长 8.3%，高于预期目标 2.3 个百分点，固定资产投资、社会消费品零售总额、进出口总值分别增长 6.1%、18.5% 和 22.8%，一般公共预算收入增长 9.1%。

——创新引领趋势明显，高质量发展动能更加强劲。召开市委五届十次全会专题研究部署科技创新工作，扎实推进以大数据智能化为引领的科技创新，持续壮大“芯屏器核网”全产业链，大力培育“云联数算用”全要素群，积极打造“住业游乐购”全场景集，倾力打造“智造重镇”“智慧名城”，数字经济增加值增长 15% 以上。加快建设具有全国影响力的科技创新中心，一批重大科技基础设施启动建设，国家制造业创新中心、国家技术创新中心实现“双突破”，大众创业万众创新活力增强，高新技术企业达到 5108 家，高技术制造业增加值增长 18.1%，全社会研发经费支出占地区生产总值比重提升至 2.21% 左右，科技进步贡献率提升至 59.5%。

——经济结构持续优化，国民经济循环更加畅通。坚持以深化供给侧结构性改革为主线，着

力培育实体经济新动能。传统产业加快转型升级，制造业智能化、高端化、绿色化、融合化趋势更加明显，规上工业增加值增长10.7%，战略性新兴产业增加值增长18.2%。现代服务业发展势头强劲，先进制造业和现代服务业加快融合，信息传输、软件和信息技术服务业与科学研究和技术服务业等蓬勃发展，全市服务业增加值增长9%。经济效益结构不断优化，规上工业企业利润增长40%左右，全体居民人均可支配收入达到33803元，增长9.7%，高于经济增速1.4个百分点。

——政策效应加快释放，发展信心更加坚定。国家重要先进制造业中心、西部金融中心、国际性综合交通枢纽等新定位，以及营商环境创新试点城市、国际消费中心城市、服务业扩大开放综合试点、全面创新改革试验区等系列试点示范任务，为经济社会发展不断注入强大动力。高质量编制“十四五”规划纲要和52个市级专项规划，储备重大项目532项，为“十四五”开局起步打下良好基础。智博会、西洽会、中新金融峰会、重庆英才大会等对外影响力持续增强，市委五届十次和十一次全会、推动成渝地区双城经济圈建设重庆四川党政联席会议第三次和第四次会议、优化营商环境大会、推动制造业高质量发展大会、交通强市建设工作推进会、市委人才工作会议等系列重要会议相继召开，各项重点工作提速推进。出台“促进生产经营27条”“助企纾困17条”等政策措施，为企业新增减负600亿元以上，新登记市场主体增长19.4%，新增上市企业6家、累计达到81家，国家级“专精特新”小巨人企业达到118家。工业用电量、货运量和中长期贷款余额等先行指标分别增长11.2%、18.8%和9.6%，市场信心不断提振。

一年来重点抓了以下工作。

（一）更大力度推动科技自立自强，在创新驱动发展上迈出新步伐、取得新成效。坚持把科技创新摆在全局的核心位置，创新氛围日渐浓厚，创新动能持续增强

一是创新平台加快建设。紧扣“五个科学”“五个科技”，加速布局大装置、大平台、大院所，西部（重庆）科学城集中签约国家电投西部生态能源研究院等11个科创项目，北京大学重庆大数据研究院等14个项目建成投用，中科院重庆科学中心、中国自然人群生物资源库等14个科研平台启动建设，西永微电园获评中国集成电路高质量发展十大特色园区。两江协同创新区累计引进大学大院大所40家，集聚高端创新人才1500余人，分布式雷达验证试验场启动建设，西北工业大学重庆科创中心等建成投用，落户国家工信安全中心·西部中心。广阳湾智创生态城新增4个市级重点实验室，启动建设野外科学观测站、碳捕集与利用技术创新中心等。15个高新区引进重大科技产业项目474个、总投资2604亿元，新一代信息技术、高端装备、生物医药、新能源汽车等高新技术产业发展取得新突破。

二是创新主体加快培育。加大科技创新企业、科研机构引育力度，新引进中国机械科学研究总院等研发机构16家、累计104家，新培育科技型企业10568家、累计36939家。实施企业研发机构倍增计划，有研发机构的规上工业企业占比提高至30%左右，规上工业企业研发投入强度达1.65%。遴选100家培育企业清单化推进科创板上市，推动科技型企业发展壮大成为规上高新技术企业、独角兽企业和隐形冠军企业。加快推进“双一流”建设，新增国家一流学科1个，新增博士、硕士学位授予单位各1所，新增博士学位授权点10个、硕士学位授权点50个，实现14个学科门类全覆盖。

三是创新人才加快引育。完善“塔尖”“塔基”人才政策。推进博士、博士后“直通车”科研项目，获批设立国家海外人才离岸创新创业基地，新增中国工程院院士 1 名，“两院”院士总数达到 18 名，遴选第三批重庆英才计划 418 人、创新创业示范团队 93 个，新增外国高端人才（A 类）344 人，累计 1498 人，新引进急需紧缺人才 5 万名。制定出台“巴渝工匠 2025”行动计划，高技能人才加快培育。持续办好重庆英才大会、开展“重庆市杰出英才奖”评选表彰，召开科学技术奖励大会、开展“最美科技工作者”宣传活动，激励广大科技工作者勇攀科技高峰。

四是创新成果加快转化。制定实施基础研究行动计划，在医学、材料等领域取得一批重大原创性理论突破。有序推进超瞬态实验装置等重大科技基础设施建设。实行“揭榜挂帅”“赛马”等制度推进“卡脖子”技术攻关，推动一批关键核心技术取得重大突破。出台“科技成果转化 24 条”，举办供需对接活动 150 场，技术合同成交额实现倍增。与中科院签约共建汽车软件创新研究平台，联合微电子中心获批成为国家级制造业创新中心，新增国家科技创新基地 4 个、累计 97 个，新增国家级工业设计中心 4 个、累计 10 个。

五是创新生态加快优化。建立健全科技创新体制机制，印发实施《关于深入推动科技创新支撑引领高质量发展的决定》，修订完善《重庆市科技创新促进条例》，编制科技进步路线图，设立重庆知识产权法庭、涉外知识产权调解中心、知识产权保护中心。建设 10 个环大学创新生态圈、入孵企业团队 3275 个，新增国家大学科技园 1 家、累计 3 家。持续提升科技孵化能力，新增国家级科技企业孵化器 3 家，累计建设市级及以上科技企业孵化器 99 家。不断强化科技创新资金保障，组建科技创新投资集团，知识价值信用贷款达到 223.5 亿元，种子、天使、风险基金投资项目 1445 个、金额 178.5 亿元。

（二）推动成渝地区双城经济圈建设成势见效，在城乡区域协调发展上迈出新步伐、取得新成效。牢固树立“一盘棋”思想和一体化发展理念，推动成渝地区双城经济圈建设走深走实，持续推动“一区两群”协调发展，统筹抓好城市提升和乡村振兴，全市经济进一步融入国内大循环

一是成渝地区双城经济圈建设步伐加快。全面落实《成渝地区双城经济圈建设规划纲要》，共同实施 85 项年度重点任务，制定加强重庆成都双核联动引领带动成渝地区双城经济圈建设行动方案，出台《成渝地区双城经济圈体制机制改革创新方案》，设立 300 亿元双城经济圈发展基金。深化交通基础设施互联互通，《成渝地区双城经济圈综合交通运输发展规划》《成渝地区双城经济圈多层次轨道交通规划》获批启动实施，启动建设成渝中线，提速建设成达万、渝万、渝昆、渝湘高铁重庆至黔江段，郑万高铁重庆段开展联调联试，渝西高铁安康至重庆段可研获批，渝宜高铁重庆段完成可研编制。大足至内江高速、合川至安岳高速重庆段建成通车，成渝高速扩能、渝遂高速扩能二期、渝宜高速长寿至梁平段扩能加宽等项目前期工作有序推进。深化科技创新区域协同，启动建设成渝综合性科学中心，合作共建 6 个重点实验室，组建成渝地区高新区联盟、技术转移联盟和协同创新联盟，举行两省市共建具有全国影响力的科技创新中心 2021 年重大项目集中开工活动，集中开工 40 个重大科技项目，集中发布 41 项产学研创新成果。深化产业协同，共同制定出台汽车、电子信息、装备制造、工业互联网高质量协同发展实施方案，获批共建工业互联网一体化发展示范区和全国一体化算力网络国家枢纽节点。深化生态环保联

建联治，共同启动双城经济圈碳达峰碳中和联合行动，共同实施长江干流生态保护修复重大工程，开展跨界河流污染专项整治和大气污染联防联控。深化公共服务合作，深入实施交通通信、户口迁移、就业社保、教育文化、医疗卫生、住房保障六大便捷生活行动，启动第二批便捷生活行动，210 项“川渝通办”事项全面实施，两地群众和市场主体享受更多“同城待遇”。深化重大项目合作，实施川渝合作共建重大项目 67 个、总投资 1.57 万亿元，已开工或启动建设项目 65 个、完成年度投资 1030.9 亿元。深化毗邻地区合作，加快推进 10 个区域合作平台建设，制定支持川渝高竹新区改革创新发展的若干政策措施。

二是“一区两群”协调发展态势良好。进一步完善“一区两群”协调发展机制和三个片区建设行动方案政策体系，“一区”与“两群”人均地区生产总值比值预计为 1.80∶1 以下。着力提升主城都市区综合承载能力和资源配置能力，中心城区制造业呈现高端化、创新化、服务化，服务业高端化转型趋势明显，主城新区持续发挥工业主战场作用。加快推进渝东北三峡库区城镇群生态优先绿色发展，巫山五里坡国家级自然保护区列入世界自然遗产，国控断面水质优良比例稳定在 100%，绿色建材、食品加工、电子信息等绿色产业集群培育形成，风电、光伏等清洁能源快速发展，“三峡库心·长江盆景”等跨区域合作平台加快建设，万开云同城化发展成效明显。深入推进渝东南武陵山区城镇群文旅融合发展，组建武陵山文旅发展联盟，成立武陵文旅融合发展公司，举办首届中国武陵文旅峰会，“文旅 +”引领的食品加工、纺织服装、生物医药等特色产业逐步壮大，绿电发电量占全市绿电量的 70%，新增 3 个 4A 级景区，全年接待游客 8673.7 万人次，旅游总收入达到 841.2 亿元。建立“一区两群”区县对口协同发展机制，“一区”和“两群”结对区县产业协同成效明显，城乡互动日趋密切，科技协作初见成效，市场互通全面推进，实施对口帮扶项目 184 个、落实到位对口帮扶资金 4.2 亿元。

三是乡村振兴分层分类全面推进。做好巩固拓展脱贫攻坚成果同乡村振兴有效衔接，对 4 个国家乡村振兴重点帮扶县实行“一县一策”帮扶，明确市级乡村振兴重点帮扶乡镇 17 个以及区县级乡村振兴重点帮扶乡镇 131 个、村 286 个，有序推进 40 个市级乡村振兴示范镇村建设。深化农村改革，稳妥推进集体经营性建设用地入市改革，“三社”融合发展纵深推进，新增农村“三变”改革试点村 1643 个，355 万名农民变股东，基本消除集体经济“空壳村”。有序推进乡村建设，接续实施农村人居环境整治提升，新改建“四好农村路”3330 公里，实施农村危房改造 5097 户，农村卫生厕所普及率达到 84%，行政村生活垃圾有效治理率达到 99.9%，新建及改造农村电网超 2500 公里，创建美丽庭院 10569 个、绿色示范村 103 个，梁平等 5 个国家级水系连通及水美乡村建设试点全面推进。加强和创新乡村治理，3 个国家级乡村治理示范区通过国家中期评估。

四是城市提升工作深入推进。编制完成全市国土空间总体规划、主城都市区各圈层国土空间规划等，提升国土空间治理体系和治理能力现代化水平。开展交通强国建设试点，加强交通强市建设。加速构建“米”字型高铁网，高铁营业里程 839 公里，开行公交化列车 35 对。提速实施“850+”城市轨道交通成网计划，加快打造“轨道上的都市区”，轨道交通通车里程达到 417 公里。“三环”高速全线贯通，高速公路通车总里程达到 3841 公里，省际出口通道增至 27 个，高速公路交通安全执法权划归公安部门。水土嘉陵江大桥、蔡家嘉陵江大桥、礼嘉嘉陵江大桥、白居寺长江大桥、土主隧道、龙兴隧道“4 桥 2 隧”

建成，打通未贯通道路 35 条，城市道路通车里程超过 6000 公里。江北机场 T3B 航站楼及第四跑道建设提速，重庆新机场前期工作取得积极进展，仙女山机场实现通航。忠县新生港开港运营，寸滩邮轮母港开工，果园港二期及扩建工程完工。加快推进以“两江四岸”为主轴的城市更新，高水平打造长嘉汇、广阳岛、科学城、枢纽港、智慧园、艺术湾等六张城市功能名片，市规划展览馆新馆建成，开放磁器口滨江老码头等公共空间，全面启动城市更新试点示范项目 31 个，实施老旧小区改造 841 个、棚户区改造 20100 户，消除高层建筑供电设施火灾隐患 1906 处，新治理提升坡坎崖 181 万平方米，新建成山城步道 100 公里，渝中区、九龙坡区入选全国首批城市更新试点城市。持续强化城市治理，深化“大城三管”，完成市容环境整治专项行动，“马路办公”整改问题 82.6 万个，治乱拆违近 300 万平方米，新增数字城管覆盖面积 80 平方公里，建成“劳动者港湾”示范点 110 个。加快创建国家生态园林城市、国家森林城市，新增城市绿地 2854 万平方米。着力提升城乡防洪能力，加强流域防洪调度。

五是城乡融合发展成效显现。进一步完善城乡融合发展体制机制和政策体系，相继出台《关于建立健全城乡融合发展体制机制和政策体系的实施意见》《国家城乡融合发展试验区重庆西部片区实施方案》，扎实推进国家城乡融合发展试验区各项改革试验。推动城乡要素高效配置，建立土地承包经营权、农村集体资产股权的流转退出机制，促进进城落户农民依法自愿有偿转出农村权益。推动公共资源均衡配置，坚持城乡一体规划，推动城市基础设施向乡村延伸、公共服务和社会事业向乡村覆盖。推动产业协同发展，因地制宜发展都市农业，推动生产、加工、科技、品牌一体化发展。深入实施以人为核心的新型城镇化战略，4 项新型城镇化综合试点经验向全国推广，垫江、忠县、彭水加快开展国家县城新型城镇化建设示范，区县城补短板强弱项工作加快推进，引导特色小镇规范健康发展，常住人口城镇化率预计达到 70% 左右。

（三）全力提升产业链供应链现代化水平，在建设现代产业体系上迈出新步伐、取得新成效。实施支柱产业提质工程、战略性新兴产业集群发展工程和产业链供应链现代化水平提升工程，产业结构不断向中高端水平迈进，质量效益稳步提高

一是先进制造业加快发展。出台《关于进一步推动制造业高质量发展加快建设国家重要先进制造业中心的意见》和《支持制造业高质量发展若干政策措施》，加快打造国家重要先进制造业中心。推动支柱产业迭代升级，汽车产业增加值增长 12.6%，长安 UNI-K、福特野马 Mach-E、问界 M5 等车型上市，比亚迪动力电池二期等项目建成，博世庆铃氢燃料电池发动机等项目开工。电子产业增加值增长 17.3%，京东方第 6 代柔性显示面板产线正式投产，华润微电子 12 英寸功率半导体晶圆生产线、康宁显示玻璃基板前段熔炉等项目落地，计算机年产量首次突破 1 亿台。医药产业增加值增长 14.5%，博唯生物预防性重组蛋白疫苗等加快推进，重庆国际生物城、智睿生物医药产业园、水土生物医药创新基地等建设提速。装备、材料、消费品产业增加值分别增长 16.8%、5.9%、8.9%。推动产业链现代化水平提升，“一链一策”推动 33 条重点产业链补链强链，集成电路、工业软件等首批 6 个市级重点关键产业园启动建设，70 家领军企业（含“链主”企业）合计产值增长 30% 左右。

二是数字经济和实体经济加速融合。务实推进国家数字经济创新发展试验区、国家新一代

人工智能创新发展试验区和西部数据交易中心建设，加快建设两江数字经济产业园、中国智谷（重庆）科技园、仙桃大数据谷、高新软件园，成功举办中国—上合组织数字经济产业论坛、2021智博会。京东、中科曙光等高性能算力设施相继布局，大数据智能化企业达8000余家，重点平台企业超过370家。实施制造业数字化转型行动，三一“灯塔工厂”等项目建成投用，累计建成智能工厂105个、数字化车间574个，工业互联网标识解析国家顶级节点（重庆）标识注册量累计超过60亿个、接入企业1900余家，上云企业达到10.1万户。加快打造智能场景，提档升级礼嘉智慧公园，创新开发50个应用场景，全国首条无人驾驶“云巴”投入运营，我市成功入选全国“双智”试点城市。

三是现代服务业发展水平持续提升。建立健全服务业高质量发展体制机制，出台支持服务业集聚区加快建设若干政策措施，获批成为中西部地区唯一开展服务业扩大开放综合试点的省市。《成渝共建西部金融中心规划》获批，提速中新金融科技合作示范区建设，促进国家金融科技认证中心功能发挥，推出科技跨境贷、汇保通等创新模式，落地中国农业银行数字化风控中心和一批金融科技总部，人民币贷款余额增速保持西部前列。深入推进国家物流降本增效综合改革试点，获批建设空港型国家物流枢纽，成为全国首个同时拥有港口型、陆港型和空港型国家物流枢纽的城市，全社会物流总费用占地区生产总值比重低于全国平均水平。实施千家软件企业培育工程，培育市级软件产业园7个。加快推进大健康产业融合发展示范区建设，生物医药、医疗器械、健康美妆、健康食品、健康养老等产业快速发展。启动实施大都市、大三峡、大武陵旅游发展升级版，举办第七届中国西部旅游产业博览会，打造“舞动山城”文旅品牌，成功创建西部首个文化和旅游部重点实验室，文化产业、旅游产业增加值预计分别增长8.3%、9.2%。

四是农业发展质量效益和竞争力明显提高。粮食和重要农产品保障更加有力，粮食总产量109.3亿公斤，创近13年新高，生猪产能恢复至正常年份水平，蔬菜、水产等重要农产品量足价稳。农业高质量发展态势更加明显，创建3个国家级农业现代化示范区、2个国家现代农业产业园和4个国家优势特色产业集群。农业品种、品质、品牌建设成效明显，累计制定农业地方标准517个，“巴味渝珍”累计授权637个产品，“三峡柑橘”品牌加快打造。农村产业融合步伐加快，农产品加工业产值增长15.8%，累计培育50亿级以上农产品加工示范园区15个，农产品网络零售额增长17.5%。农业科技创新强劲发力，启动国家生猪技术创新中心建设，组建水产、畜禽、种植科技创新联盟，建成14个农业产业技术体系创新团队，荣昌、潼南入选全国农业科技现代化先行县。

（四）推动建立健全内需体系，在扩大内需上迈出新步伐、取得新成效。牢牢把握扩大内需这个战略基点，聚焦“两新一重”和短板领域扩大有效投资，大力促进消费平稳回暖，内需潜力持续释放

一是有效投资不断扩大。扎实开展“抓项目稳投资”专项行动，投产项目抓达产、竣工项目抓投产、在建项目抓进度、签约项目抓开工，固定资产投资增长6.1%。基础设施投资增长7.4%，农林水利投资增长17%。工业投资增长9.1%，高技术制造业投资占制造业投资的比重超过30%。新基建持续发力，累计建成5G基站7.3万个，建成全国首个5G新型基础设施大数据平台。民间投资活跃度持续上升，占比达54%左右。重大项目加快推进，轨道15号线启动建设，

白马航电枢纽、渝西水资源配置工程、ABB 迁建等项目加快建设，涪江双江航电枢纽、川渝电网一体化等项目取得积极进展。强化资金要素保障，争取地方政府专项债券 1215 亿元，为近年来新高。

二是消费市场持续回暖。获批开展国际消费中心城市培育建设，实施国际消费载体提质等“十大工程”，国际购物、美食、会展、旅游、文化“五大名城”建设步伐加快，中央商务区提档升级、寸滩国际新城建设有序推进，全市实现社会消费品零售总额 13967.7 亿元。出台《关于培育发展“巴渝新消费”的实施意见》等文件，重庆连续两年位列“中国十大夜经济影响力城市”榜首，解放碑步行街获批成为全国首批 5 条示范步行街之一。稳住大宗商品消费、深挖线上消费、发展新型消费，新能源汽车和 5G 智能手机产量分别增长 252.1% 和 194.4%，限上单位网络零售额增长 27.3%。持续优化消费环境，光环购物中心、两江国际商务中心首期等商场开业运营，十八梯、戴家巷、磁器口后街等开街营业，城市更新塑造一批新消费场景。文旅消费持续回暖，3 个区入围第二批国家文化和旅游消费试点城市名单，6 个集聚区获评首批国家级夜间文化和旅游消费集聚区，巴谷宿集入选全国首批甲级民宿，接待境内外游客人次、实现旅游收入分别增长 11.2%、14.6%。

（五）持续深化改革开放，在激发市场活力上迈出新步伐、取得新成效。坚定不移推动更深层次改革，实行更高水平开放，加快建设改革开放新高地，市场主体活力不断激发，对外开放程度不断提高

一是全面深化改革纵深推进。获批营商环境创新试点城市，不断深化“放管服”改革，大幅压减企业办事环节、时耗、成本，全覆盖开展“双随机、一公开”监管。深化公共资源交易监管改革，建成投用全市统一的网上中介服务超市，入驻中介机构超过 5400 家，完成交易金额超过 14 亿元。出台《重庆市社会信用条例》，构建事前信用承诺、事中信用分级分类监管、事后信用惩戒的监管机制，“信易贷”“信易批”“信易游”等“信易 +”惠民便企场景相继落地，巴南、江津、铜梁纳入国家信用示范城市创建范围。“渝快办”平台实名认证用户达到 2200 万户、累计办件量超过 2.2 亿件，市级行政许可事项“最多跑一次”比例超过 99%，全程网办占比超过 80%。国企改革三年行动深入推进，出台国企科技创新政策“20 条”，开展“科改”试点示范。深化财政金融改革，建立健全政府性融资担保（再担保）体系，实施商业保理、融资租赁行业名单制管理，推动“空壳”“失联”机构出清，企业贷款利率处于历史低位，金融系统为实体经济让利 160 亿元。探索建立“六个统筹”的政府投资项目管理机制，开展多个领域投融资模式创新试点。

二是内陆开放高地建设扎实推进。加快建设中欧班列集结中心示范工程，中欧班列（成渝）开行超过 4800 班，开行量和货值货量均位于全国首位。西部陆海新通道通达全球 107 个国家（地区）、315 个港口，运输箱量增长 54%。江北机场新增国际航线 5 条、累计 106 条，国际货邮吞吐量增长 40%。编制实施中新互联互通项目五年发展规划，中新互联互通项目新签约商业合作类项目 50 个、总金额 33.6 亿美元。自贸试验区新形成自主培育改革创新成果 16 项，启动建设 10 个联动创新区。果园港口岸通过国家验收，寸滩港口岸功能有序转移，获批建设万州综合保税区和永川综合保税区，成为西部首个可办理化学药品首次药品进口备案的口岸城市。两江新区服务贸易额超过 70 亿美元，高新区、经开区等各

类开放园区能级持续提升。开放合作持续深化，承办纪念中国—东盟建立对话关系30周年特别外长会、澜湄合作第六次外长会、中国—拉美企业家高峰会等，在渝世界500强企业312家，国际友城增至52对。

三是开放型经济稳步提升。开展跨境贸易便利化专项行动，进出口整体通关时间较2017年压缩60%以上，笔电出口量全国第一，进出口总值保持高速增长。获批国家首批加工贸易产业园，新设4家国家外贸转型升级基地。推动一般贸易转型创新发展，一般贸易增长33.5%。积极开拓多元化市场，实施与东盟经贸合作行动计划，对东盟、欧盟和美国三大贸易伙伴进出口分别增长15.2%、19.5%和11.4%。加速发展新业态新模式，持续深化服务贸易创新发展试点。持续完善外商投资全流程服务体系，增强外商投资合法权益保护，新增外商投资企业超300家。

（六）全面推动生态优先绿色发展，在建设山清水秀美丽之地上迈出新步伐、取得新成效。学好用好“两山”理论、走深走实“两化路”，统筹山水林田湖草系统治理，长江上游重要生态屏障进一步筑牢，生态环境质量持续改善

一是生态系统保护修复扎实推进。推进生态保护红线评估调整和自然保护地调整优化，全面推行河长制、林长制，大力开展国土绿化行动和森林资源“四乱”突出问题专项整治，实施“两岸青山·千里林带”建设32万亩，国土绿化营造林510万亩，森林覆盖率提升至54.5%。全面完成长江经济带废弃露天矿山生态修复。长江禁捕退捕成果持续巩固。渝北区、北碚区创建国家“绿水青山就是金山银山”实践创新基地。重庆山水林田湖草工程试点入选中国特色生态修复案例。广阳岛生态修复主体完工、入选全国生态修复典型案例。

二是减污治污工作扎实开展。开展提升污水“三率”专项行动和“散乱污”企业整治，新增日污水处理能力27.5万吨，长江干流重庆段水质保持为优，74个国考断面水质优良比例为98.6%。狠抓中央生态环境保护督察反馈问题整改和长江经济带生态环境突出问题整改，全面淘汰锰行业落后产能，锰污染治理工作获国家肯定并在沿江11省市推广。强化大气多污染物协同控制和联防联治，空气质量优良天数达到326天，评价空气质量的六项指标浓度均达标。土壤、地下水环境质量稳定提升，化肥、农药使用总量连续5年“双递减”，畜禽粪污和秸秆综合利用率分别达到80%和87%以上。污染防治攻坚战年度考核为优秀。

三是碳达峰碳中和工作有序开展。开展全市及能源、工业等6个重点领域能耗、二氧化碳排放基础数据测算，系统分析碳排放结构及主要排放源，明确工作路径和目标举措。加快构建“1+2+6+N”政策体系，建立统筹协调工作机制，开展碳达峰碳中和实施意见、碳达峰实施方案、六大领域专项行动方案和科技、碳汇等支撑保障方案编制工作。全面梳理形成在建、拟建、存量“两高”项目清单，扎实推进“两高”项目节能审查不规范问题整改，能耗“双控”进度总体符合国家下达目标要求。作为西部唯一省区市参与全国碳市场联建联维，优化培育重庆碳市场，建成并上线全国首个覆盖碳履约、碳中和、碳普惠的“碳惠通”生态产品价值实现平台，组建全国首个区域性气候投融资产业促进中心。

四是能源绿色低碳转型稳步推进。持续推进燃煤减量替代，全年清洁能源电量消纳占比超过50%。加快推进新能源开发利用，因地制宜发展抽水蓄能，两江燃机电厂二期、永川港桥燃机热电联产、丰都栗子湾抽水蓄能电站等大型清洁能源项目核准开工，新增风、光等新能源装机规模

超30万千瓦。铜锣峡储气库首次参与冬季调峰，城口、巫溪天然气管道开工建设，加速补齐储气能力短板，提升偏远区县供气能力，全年天然气产量增长7.6%，天然气消费量增长13.5%。

五是绿色生产生活方式逐渐形成。实施制造业绿色发展行动，在全国率先研发投入使用“三线一单”智检服务系统，创建国家绿色工厂17家、绿色园区2个。持续深入推进七大重点领域绿色生活创建行动，在全国率先建成生活垃圾全生命周期管理链条，累计建成公共充电桩1.8万个、换电站72座，获批全国首批新能源汽车换电模式应用试点城市。加快发展绿色建筑、绿色生态住宅小区，实施装配式建筑1500万平方米，推动94项绿色建材取得国家评价标识。深化“无废城市”建设，启动成渝地区双城经济圈“无废城市”共建。落实国家节水行动，系统修订发布400余个用水定额，累计12个区县获评国家县域节水型社会达标区县。

（七）持续创造高品质生活，在保障和改善民生上迈出新步伐、取得新成效。认真践行以人民为中心的发展思想，认真做好普惠性、基础性、兜底性民生建设，人民群众获得感、幸福感、安全感更加充实、更有保障、更可持续

一是脱贫攻坚成果持续巩固。落实“四个不摘”要求，健全防止返贫监测帮扶机制，开展“两不愁三保障”巩固情况回头看，累计识别监测对象2.6万户7.7万人，累计消除风险1.2万户4.7万人。促进脱贫人口持续稳定增收，落实后续产业扶持政策和就业帮扶政策，延续小额信贷政策，创建国家和市级现代农业产业园22个，新增发放小额信贷7.1亿元，实现消费帮扶62.1亿元。加大易地扶贫搬迁后续扶持力度，产业覆盖5.4万户，实现就业11.99万人。加强衔接资金管理使用和扶贫资产监管，安排市级以上财政衔接资金54.2亿元，开工建设衔接项目9250个，清理扶贫项目资产540余亿元。深化东西部协作和中央单位定点帮扶，落实山东财政援助资金7.3亿元，帮助农村劳动力就业8006人，互派挂职干部113名、专业技术人才1349名，9家中央单位已投入和引进帮扶资金3.4亿元，精准实施各类项目160个。

二是就业形势总体稳定、稳中向好。深入实施就业优先政策，探索建立“一库四联盟”，城镇新增就业75.1万人，超年初预期目标15.1万人。切实做好重点群体稳就业工作，重庆户籍高校毕业生综合就业率96.5%，实现脱贫人口就业77.8万人。扎实提高就业服务效能，发放职业培训券20万张，开展职业技能提升行动培训64万人次，打造全国首个省级网络直播招聘公共服务基地“重庆英才·职等您来”线上平台，促进17.7万人就业。持续加大创业扶持力度，做大做强“渝创渝新”品牌，全面取消创业担保贷款申请人户籍限制，发放贷款超54亿元，直接扶持2.9万人创业。

三是教育公平发展和质量水平进一步提升。推进学前教育普惠发展，构建公益普惠学前教育体系，新增公办幼儿园147所，学前教育普惠率达到91%以上。推动义务教育优质均衡发展，九年义务教育巩固率达到95.5%以上，残疾儿童少年毛入学率达到97.4%。推进高中教育特色发展，立项建设普通高中新课程新教材实施示范区6个、示范校30所、课程创新基地20个、校本教研基地20个。推动职业教育高质量发展，召开职业教育大会，出台《关于推动重庆职业教育高质量发展促进技能型社会建设的意见》，立项建设市级高水平高职学校20所和专业群60个，参加全国技能大赛成绩取得历史性突破，职业院校学生就业率达到92%以上。深化教育领域综合改革，出台深化新时代教育评价改革若干措

施，稳步推进“县管校聘”改革，新高考“首考”落地实施。义务教育“双减”成效明显，坚决制止教育乱收费，“公参民”、校外培训机构问题得到有效整改。

四是社会事业加快发展。发布《重庆市基本公共服务标准（2021年版）》，持续推进基本公共服务均等化实施。深入实施健康中国重庆行动，制定《重庆市中医药条例》，建设国家区域中医（专科）诊疗中心3个，新增三甲医院3家、累计达39家，新增互联网医院18家、三级中医院5家、国家临床重点专科5个、市级临床重点专科39个，“三通”医共体建设覆盖所有区县，跨省异地就医住院费用直接结算全面推开，药品和耗材集中带量采购价格平均降幅50%以上。全面实施全民参保计划，全面提升社保待遇，城乡居民基本养老保险基础养老金标准提高到125元/月，惠及344万人。大力发展文化事业，《尘埃落定》《仙豆》等舞台艺术作品获国家级奖项，完成“红色三岩”31栋文物建筑保护展示，长征国家文化公园（重庆段）建设有序推进，对外开放红岩文化公园首期项目，改造提升39个基层综合文化服务中心，新建12个24小时城市书房，公共文化服务满意度居全国第5位。出台体育强市实施意见，成功举办市第六届运动会。深化精神文明创建工作，推动城市环境面貌和群众精神风貌不断改善、物质文明与精神文明协调发展。

五是社会高度关切的民生问题逐步解决。扎实开展“我为群众办实事”实践活动，15件重点民生实事完成年度任务，36件重点民生项目取得积极成效，“为科技工作者办实事20条”全面完成，一批群众“急难愁盼”问题得到解决。持续深化收入分配制度改革，城乡居民人均可支配收入分别达到43502元和18100元，分别增长8.7%和10.6%。健全以“一老一小”为重点的人口服务体系，印发《重庆市促进养老托育服务健康发展实施方案》，新建乡镇养老服务中心223个，提档升级乡镇敬老院150家，养老床位增至23万张，城市社区养老服务基本实现全覆盖，健全普惠托育服务体系，修正《重庆市人口与计划生育条例》，推进三孩政策落地。全力做好保供稳价，居民消费价格指数温和上涨0.3%。

六是重点领域风险有效防范。实行加强版疫情防控机制，着力补齐机场、院感、冷链物流等防控短板，两起本地疫情均在1个潜伏期内得到有效控制，新冠疫苗基本实现“愿接尽接”“应接尽接”。实施粮食安全党政同责，全面落实粮食安全省长责任制，压紧压实保障粮食安全政治责任。实施177个优质粮食工程项目，地方粮食储备规模处于历史最高水平。强化粮食监测预警和应急能力，初步建成粮食流通管理信息平台。切实做好能源保供，围绕中长期电力保障需求，加快推动川电、疆电、藏电和新增三峡电等外电入渝工作，三峡电站增发电量入渝实现制度化。开展房地产市场秩序专项治理，妥善处理单体企业风险。开展平台经济规范监管。扎实做好金融风险防控工作，银行业不良率、小贷不良率、担保代偿率均处于全国较低水平。严肃查处违规举债融资行为，坚决遏制隐性债务增量，政府债务风险可控。实施常态化安全监管“十条措施”，深入推进安全生产“两重大一突出”综合治理，综合整治高层建筑、古镇古寨、厂房库房、老旧小区消防和危化品、道路运输、食品药品、城市内涝、地质灾害、森林火灾隐患，安全生产形势稳定向好。健全社会治理体系，制定加强基层治理体系和治理能力现代化建设的实施意见，深化市域社会治理现代化试点，推进信访“治重化积”专项工作，实施“全民反诈”专项行动，常态化推进扫黑除恶斗争，刑事案件和治安案件实现“双下降”。

成绩来之不易，成之惟艰。得益于以习近平

同志为核心的党中央坚强领导。面对百年变局和世纪疫情，在习近平总书记掌舵领航下，在以习近平同志为核心的党中央坚强领导下，在习近平新时代中国特色社会主义思想科学指引下，我国经济发展和疫情防控保持全球领先地位，国家战略科技力量加快壮大，产业链韧性得到提升，改革开放向纵深推进，民生保障有力有效，生态文明建设持续推进，为我市经济行稳致远提供了根本保证。得益于建党一百周年激发出的强大精神力量。全市上下隆重庆祝中国共产党成立一百周年，深入学习贯彻党的十九届六中全会精神和习近平总书记“七一”重要讲话精神，扎实开展党史学习教育，不断从党的百年奋斗历程中汲取智慧和力量，把“两个确立”的政治成果转化为坚决做到“两个维护”的政治自觉，转化为对习近平新时代中国特色社会主义思想的忠实践行，转化为履好职责、做好工作的实际行动，奋力谱写高质量发展高品质生活新篇章。得益于市委、市政府科学决策、周密部署。注重从讲政治的高度做经济工作，注重保持高质量发展的战略定力，注重推动规划、政策、项目落地落实，注重抓好统筹协调，在战略上布好局、在关键处落好子，统筹兼顾、精准施策、砥砺攻坚，奋力推进改革发展各项工作，经济社会发展延续了好势头，释放了新动能，凸显了高质量，防范化解了各类风险。得益于全市各区县、各部门和广大干部群众的众志成城和拼搏奋进。各区县、各部门坚持守土有责、守土尽责，广大群众积极响应号召，在各条战线上无私奉献，形成了共促发展的强大力量，融入和服务新发展格局迈出新步伐，高质量发展取得新成效，实现了“十四五”良好开局。

市五届人大四次会议批准的 2021 年计划草案明确的 36 项指标总体完成情况较好。根据国家有关指标调整变化，在 7 项约束性指标中，1 项指标暂不执行，1 项指标在“十四五”规划期内统筹考虑，1 项指标国家暂未下达 2021 年目标值，1 项指标暂无统计数据，其余指标全部完成。29 项预期性指标除民营经济增加值占地区生产总值的比重外，其余指标都能够完成。具体情况详见附件（一）。

2021 年，建立重大项目“五年储备、三年滚动、年度实施”工作机制，累计实施我市“十四五”规划纲要重大项目 233 项（项目包），其中 20 项完工投用或试运行。经年中优化，实施年度市级重大建设项目 861 个，总投资 2.6 万亿元，全年完成投资 4093 亿元，占年度计划的 115.8%。从重点板块看，科技创新、成渝地区双城经济圈、产业提升、乡村振兴、城市提升、生态能源、社会民生领域项目分别完成投资 370 亿元、290 亿元、603 亿元、242 亿元、2132 亿元、221 亿元、235 亿元。从投资来源看，269 个政府投资项目、592 个企业投资项目，分别完成投资 1349 亿元、2744 亿元，分别占年度计划的 110.1%、117.1%。

二、2022 年国民经济和社会发展计划总体考虑

2022 年将召开党的二十大，重庆也将召开第六次党代会，因此做好经济工作具有特殊重要的意义，这需要保持平稳健康的经济环境、国泰民安的社会环境、风清气正的政治环境。要稳定经济大盘、稳住社会大局，坚持稳字当头、稳中求进，积极推出有利于经济稳定的政策举措，全力以赴防风险、保安全、护稳定，确保经济运行在合理区间，确保社会安定有序、人民安居乐业。

（一）宏观形势判断

2022 年，我市经济社会发展仍然面临不少

困难和挑战。从国际形势来看，世纪疫情冲击下，百年变局加速演进，外部环境更趋复杂严峻和不确定。从国内形势来看，受制于外部环境影响，经济发展面临需求收缩、供给冲击、预期转弱三重压力。从我市来看，一方面，经济稳增长仍然存在压力，需求恢复有所放缓，保持投资、消费、外贸外资稳定增长仍需加力，企业生产面临缺煤、缺电、缺芯、缺柜、缺工等要素短缺问题，部分企业特别是中小企业生产经营困难增多。另一方面，高质量发展仍然存在挑战，产业转型升级仍需持续用力，创新发展能力仍然有待提升，城乡区域协调发展差距仍然较大，绿色低碳转型任务仍然艰巨，融入国内国际双循环在软硬联通上仍然存在堵点卡点，民生领域仍然存在短板，安全稳定风险隐患仍然较多。

既要正视困难，又要坚定信心。从发展环境看，我国经济韧性强，长期向好的基本面不会改变，实施减税降费、加快地方政府专项债发行等宏观政策效应继续显现，有利于促进我市经济平稳较快增长，特别是党的二十大召开将为全市发展注入强大精神力量。从战略机遇看，习近平总书记对重庆所作重要讲话和系列重要指示批示精神已成为稳增长的重要支撑，成渝地区双城经济圈建设、共建“一带一路”、长江经济带发展、新时代西部大开发、西部陆海新通道等国家战略深入推进，中央各部委在项目、资金、政策上给予有力指导和重大支持，为全市经济社会发展蓄势聚能。从经济基本面看，经过4年多积势蓄能，传统支柱产业在大数据智能化创新引领下转型趋势明显，战略性新兴产业、高技术产业规模不断壮大，一批试点示范取得重大突破，一批重大项目提速放量，一批新签约招商引资项目陆续开工投产，经济保持平稳健康发展有坚实的基础。从内生动力看，融入和服务新发展格局将极大程度畅通国民经济循环，碳达峰碳中和工作的有序推进将加快形成节约资源和保护环境的产业结构、生产方式、生活方式、空间格局，落实推动共同富裕政策要求将进一步促进人的全面发展，全面推进乡村振兴和巩固拓展脱贫攻坚成果将加快释放农村市场潜力，营商环境持续优化将进一步激发市场活力。

（二）总体要求

以习近平新时代中国特色社会主义思想为指导，全面贯彻党的十九大和十九届历次全会精神，扎实落实中央经济工作会议精神，进一步增强“四个意识”、坚定“四个自信”、做到“两个维护”，弘扬伟大建党精神，坚持稳中求进工作总基调，立足新发展阶段，完整、准确、全面贯彻新发展理念，积极融入和服务新发展格局，全面深化改革开放，坚持创新驱动发展，推动高质量发展，坚持以供给侧结构性改革为主线，统筹疫情防控和经济社会发展，统筹发展和安全，继续做好“六稳”“六保”工作，持续改善民生，保持经济运行在合理区间，保持社会大局稳定，推动成渝地区双城经济圈建设向纵深发展，以优异成绩迎接党的二十大和市第六次党代会胜利召开。

（三）主要发展目标

2022年国民经济和社会发展计划指标在整体沿用2021年指标体系的基础上进一步优化调整，优化调整后的指标共计35项，其中约束性指标6项、预期性指标29项，具体情况详见附件（二）。贯彻落实中央经济工作会议“稳字当头、稳中求进”要求，兼顾需要与可能、长期与短期、速度与质量、总量与结构，2022年地区生产总值增速预期目标为5.5%左右，城镇调查失业率控制在5.5%以内，居民消费价格涨幅控制在3%以内，全体居民人均可支配收入增长7%

左右，能耗强度下降目标在“十四五”规划期内统筹考虑。

（四）重大项目安排

2022 年，计划实施市级重大建设项目 850 个，总投资约 2.5 万亿元，年度计划投资约 3570 亿元（暂列）。重点投向领域包括：科技创新项目 15 个，年度计划投资 14 亿元；产业转型升级项目 227 个，年度计划投资 781 亿元；乡村振兴项目 33 个，年度计划投资 113 亿元；城市提升项目 352 个，年度计划投资 2293 亿元；生态环保项目 53 个，年度计划投资 129 亿元；社会民生项目 170 个，年度计划投资 240 亿元。从投资来源看，政府投资项目 330 个，年度计划投资 1535 亿元；企业投资项目 520 个，年度计划投资 2035 亿元。计划推进市级前期论证项目 257 个，总投资约 1.3 万亿元。

三、2022 年实现国民经济和社会发展计划的重点工作

为确保国民经济和社会发展达到预期目标，2022 年要坚持稳字当头、稳中求进，积极推出有利于经济稳定的政策，政策发力适当靠前，扎实推进各项任务落实，推动经济实现质的稳步提升和量的合理增长。

（一）聚焦扩大内需持续用力，全力畅通经济循环，着力稳住经济基本盘。把稳增长放在更加突出的位置，实施好扩大内需战略，充分发挥投资对优化供给结构的关键作用和消费对经济发展的基础性作用，把经济基本盘筑得更稳更牢

一是积极扩大有效投资。深入开展“抓项目稳投资”专项行动，抢抓国家加大政府投资规模、适度超前开展基础设施投资的“窗口期”，全力对接国家“十四五”规划的 102 项重大工程，加快我市“十四五”规划明确的 532 项重大项目转化，争取更多项目纳入国家“盘子”。狠抓工业投资，抓好招商引资工作，实施新一轮重大技术改造升级工程，加大关键核心设备购置投入。强化基础设施投资，提速建设交通强市重大工程。加快“米”字型高铁网建设，全力推进成渝中线、渝万、渝昆、成达万、渝湘高铁重庆至黔江段等高铁及重庆东站建设，启动渝西、渝宜高铁建设，加快渝贵高铁、兰渝高铁、万黔高铁、渝湘高铁黔江至吉首段以及渝遂绵城际铁路、广垫忠黔铁路、长垫梁铁路、梁忠铁路、达万铁路扩能等前期工作，研究论证市域铁路 C7 线，推进高铁 TOD 综合开发，二季度开通运行郑万高铁重庆段、完成渝万城际提质改造，四季度建成铁路枢纽东环线正线、新田港集疏运铁路等普速铁路，加快推动安张铁路前期工作，力争启动奉节至巫溪段建设，高铁营业里程突破 1000 公里。提速公路网络建设，开工垫丰武高速、万州—云阳滨江快速路、开州—云阳小江快速路等项目，推进渝湘复线高速、巫云开、万州至开州南雅等 1346 公里项目建设，建成城开高速城口段、万州环线、黔江环线、巫山至大昌等 117 公里项目，加快推进成渝高速扩能、渝遂高速扩能二期等项目前期工作。加快国际航空门户枢纽建设，加快江北机场 T3B 航站楼及第四跑道建设，完成黔江机场改扩建，基本建成万州机场 T2 航站楼，力争开工重庆新机场综合交通枢纽，布局支线机场、通用机场。建设长江航运中心，推进长江、嘉陵江、乌江、涪江等干支流航道建设，完成渠江重庆段航道整治主体工程，抓好嘉陵江、乌江白马、涪江航电枢纽建设，加快果园港重大件码头、万州新田港二期、涪陵龙头港、长寿港、丰都港建设，力争开工黄磏港一期等项目。建设现代水网，实施“一核两网 · 百库千川”水利行

动，加快推进渝西水资源配置、跳蹬水库等重大水利工程，力争开工建设藻渡、向阳等大中型水库，开展重庆中部和渝南水资源配置工程等项目研究论证，推动城市供水管网向镇村覆盖，创建国家节水型城市。加强新型基础设施建设，制定卫星互联网发展规划，规划布局空间互联网，积极部署区块链、人工智能、北斗、量子保密通信等基础设施，打造国际一流的信息通信枢纽城市。强化资金保障，坚持以市场化为原则创新投融资模式，积极开展基础设施 REITs 试点，提高资产证券化水平，管好用好地方政府专项债券。

二是促进消费升级扩容。抓住国际消费中心城市培育建设契机，深入实施国际消费载体提质等“十大工程”，深化“巴渝新消费”八大行动，加快打造富有巴渝特色的国际消费目的地。培育品质消费，推进解放碑—朝天门、观音桥、杨家坪等商圈建设，提档升级中央商务区，优化商圈业态布局。打造“重庆消费”名片，持续扩大“爱尚重庆·渝悦消费”系列消费促进活动影响力，积极引导“渝货精品”进街区、进商超、进平台。发展文旅消费，加快推进巴蜀文化旅游走廊建设，积极推动国家文旅消费示范城市、试点城市创建，持续打造国家和市级夜间文旅消费集聚区，培育武隆等一批市级区域性旅游消费中心城市，举办重庆文化旅游惠民消费季活动。培育新型消费，推动实体商业数字化、智能化改造和跨界融合，积极发展智慧门店、自助终端、智能机器人等“无接触”零售，打造体验式消费场景。有效拓展县域乡村消费，加快品牌消费、品质消费进农村，挖掘消费潜力。加强县域乡镇商贸设施建设，升级消费场景。鼓励有条件的区县开展新能源汽车促销、绿色家电下乡和以旧换新等活动，推动农村耐用消费品更新换代。合理增加公共消费，提高教育、医疗、养老、育幼等公共服务支出效率。研究制定持续提升居民消费能力、增强居民消费意愿的政策举措，健全消费者权益保护机制。

（二）聚焦成渝地区双城经济圈建设持续用力，加快推动区域协调发展，着力优化发展格局。聚焦“两中心两地”战略定位，做强“双核”、联动“双圈”、融入和服务“双循环”，深入推进“一区两群”协调发展，加快打造带动全国高质量发展的重要增长极和新的动力源

一是纵深推进成渝地区双城经济圈建设。深化重庆成都双核联动，聚焦国际性综合交通枢纽、世界级先进制造业集群、西部科学城、西部金融中心、现代化国际都市等 5 个共建领域，加快推动 28 个合作事项落地。加快推动重大规划编制，配合国家部委编制出台双城经济圈国土空间、生态环境保护、巴蜀文化旅游走廊等专项规划，联动四川编制完成水安全保障、国际消费目的地建设等规划方案。加快推动重大合作项目，提速建设两省市领导联系的 8 个重大基础设施项目，实施共建双城经济圈 2022 年度 160 个重大项目。加快推动重大合作平台建设，争取万达开川渝统筹发展示范区、川南渝西融合发展试验区等两个国家级平台获批建设，全面启动川渝高竹新区、遂潼川渝毗邻地区一体化发展先行区、明月山绿色发展示范带、内荣现代农业高新技术产业示范区、泸永江融合发展示范区平台建设，加快推动城宣万革命老区振兴发展示范区、合广长协同发展示范区、资大文旅融合发展示范区建设。落实汽车、电子信息高质量协同发展实施方案和共建世界级装备制造产业集群实施方案，支持重庆两江新区、四川天府新区深化合作，加快首批 20 个产业合作示范园区建设，谋划第二批示范园区。共建全国一体化算力网络国家枢纽节点，加快建设成渝地区大数据产业基地、工业互联网一体化发展示范区。高水平建设川渝自贸试

验区协同开放示范区，聚焦金融、科技、医疗、贸易等领域开放，联合开展一批重大制度创新试验。加快共建“一带一路”进出口商品集散中心、对外交往中心，联动做强中欧班列（成渝）品牌，共同争取班列年度线条计划保障和带电产品运输试点。科学规划干线铁路、城际铁路、市域（郊）铁路，加快国家高速公路繁忙路段扩能改造，加快实现铁路网覆盖 20 万以上人口城市。继续探索经济区与行政区适度分离改革，探索战略一体实施、政策协同联动、要素跨区域流动、成本共担利益共享机制，争取获批国家科创金融改革试验区、绿色金融改革创新试验区、清洁能源高质量发展示范区等试点试验，支持设立双城经济圈科创母基金子基金。持续完善川渝地区数据共享机制、公共资源配置机制，推进第二批便捷生活行动事项落地实施，建设就业、社会保障公共服务平台，推动金融、能源、电信、教育、公共卫生和医疗等跨行政区布局建设和高效服务，启动实施第三批“川渝通办”事项。

二是加快推动主城都市区同城化发展。突出“强核提能级、扩容提品质”，梯次推动主城新区与中心城区功能互补和同城化发展，促进中心城区和主城新区交通同网、产业同链、服务同标、发展同步，加快建设国际化、绿色化、智能化、人文化现代大都市。提速打造“轨道上的都市区”，优先利用铁路资源开行公交化列车，做好“四网融合”文章，统筹各类基础设施一体化布局建设、运营维护。推动产业链供应链优化升级，形成高效明确、配套紧密的产业协同发展格局，强化关键核心技术攻关。在推动六张城市功能名片打造的同时，研究策划更多城市功能名片。加快推进綦万一体化发展，有序推进东部槽谷一体化发展先行示范区前期工作。推动主城新区共享中心城区优质教育医疗资源，增强支点城市区域性公共服务能力，强化城市安全联防联治。落实好“一区两群”区县对口协同发展机制，抓好产业和城乡两个协同，加强土地配置、融资扶持、市场对接等全方位协作，用好用活帮扶资金、推动帮扶项目尽早完工见效。强化“一区两群”分类指导，做好重大基础设施、科技创新、开放平台、公共服务等功能设施布局，推动落实好各片区差异化政策措施。

三是全力推动渝东北三峡库区城镇群生态优先绿色发展。积极推动生态产品横向补偿、生态修复工程参与碳汇交易等改革试点。全力推进基础设施补短板，有序推进抽水蓄能电站、光伏等清洁能源开发。推动存量产业绿色转型、强化增量产业绿色导向，抓紧培育壮大“三峡制造”绿色工业、“三峡农家”特色高效农业、“大三峡”全域旅游业。强化科技创新引领，开展农业科技提升行动，推进零散工业向园区聚集，建设一批绿色园区、绿色工厂。推动“江城”特色城镇化发展，推动万州建设区域性中心城市，推进万开云同城化发展，推动垫江梁平、丰都忠县、奉节巫山巫溪城口等板块协同发展，加快“三峡库心·长江盆景”建设，有序推进长江三峡“黄金三角”文旅协同发展示范区前期工作，推进沿江城镇带建设，加快建设一批生产空间集约高效、生活空间宜居适度、生态空间山清水秀的山水城市。

四是全力推动渝东南武陵山区城镇群文旅融合发展。持续推动景点提档升级，加快文化生态保护示范点建设，打响“大武陵”旅游品牌。围绕旅游消费特征，建设民俗特色商业聚集区，大力发展以旅游文化商品、绿色康养产品等为代表的绿色加工业，促进生态康养旅游业发展。加快冷链物流、电商物流、智能物流发展，推动秀山建设武陵山区商贸物流中心。建设喀斯特博物馆。加快建设快旅慢游交通网络，研究论证仙女山旅游轨道交通等项目。推动清洁能源项目建设。推动黔江建设渝东南区域中心城市、秀山建设渝鄂湘黔毗邻地区中心城市，支持武隆开展国际化旅游试点，有序推进武隆—南川毗邻地区一体化发展示范区前期工作，引导各区县建设精致山水城，合力建设乌江画廊旅游示范带和武陵山区民俗风情生态旅游示范区，促进民族地区加快发展。

（三）聚焦科技自立自强持续用力，加快提升自主创新能力，着力释放发展潜力。坚持创新在现代化建设全局中的核心地位，落实高水平科技自立自强要求，围绕“四个面向”，争取国家战略科技力量布局，加快建设具有全国影响力的科技创新中心

一是实施科创平台领航行动。高水平建设西部（重庆）科学城，深化五区联动工作机制，聚焦建设成渝综合性科学中心，提速建设超瞬态实验装置等重大科技基础设施和长江上游种质创制科学装置等重大科技创新平台，建设金凤实验室和重庆应用数学中心，推动国家实验室基地、中科院汽车软件创新研究平台落地，提速建设科学会堂、科学公园等功能设施，建成投用科学大道一期，打造原始创新集群和科技体制机制改革试验田。高标准建设两江协同创新区，瞄准新兴产业设立开放式、国际化高端研发机构，开工建设卫星互联网等科创项目，建成投用分布式雷达验证试验场等科创平台，加快建设东方红低轨卫星通信系统等重大项目，推动联合产业孵化基地等投入运营，打造全国重要科技创新和协同创新示范区。高质量建设广阳湾智创生态城，建设重庆脑与智能科学中心、广阳湾实验室、数字转型促进中心和软件产业公共服务平台，探索打造零碳示范产业园，着力打造国家绿色产业示范基地、国家智能产业密码应用示范与科技创新基地和重庆软件园，培育壮大数字经济绿色产业。高质量推进特色产业园区发展，加快重庆高新区及拓展园建设，支持重庆经开区大数据智能化产业创新发展，璧山高新区建设科技创新小镇和创新生态社区，永川高新区建设科技生态城，荣昌高新区打造以食品、医药等消费品为主导的工业集群，推动涪陵、合川、大足、綦江、铜梁、潼南等创建国家高新区，渝北创建国家级农业高新区，巴南建设长江流域具有影响力的国际生物城，推动市级高新区建设，促进各类园区创新转型。

二是着力突破关键核心技术。面向世界科技前沿实施基础研究行动，积极创建大数据智能计算等国家重点实验室，“一室一策”优化重组国家重点实验室，瞄准人工智能、量子信息、生命科学、生物育种、空天科技等前沿领域，创造更多“从0到1”的原创成果。面向经济主战场实施关键核心技术攻坚行动，支持重庆高新技术产业研究院建设，积极创建轻金属等国家技术创新中心，组织实施集成电路、智能汽车、高端装备、新材料、生物医药等重大科技专项，提升产业生成能力。面向国家重大需求主动争取承担重大科技任务，在集成电路、移动信息网络、新材料、智能制造、长江上游生态环境修复等方面，承担更多国家重大项目，推进战略高技术、装备和系统集成攻关。面向人民生命健康实施民生保障科技专项行动，围绕建设国家医学中心，创建病理诊断、感染性疾病等国家临床医学研究中心，支持重庆国际免疫研究院、先进病理研究院等研发机构建设，推进碳达峰碳中和、污染防治、重大传染病防治等技术攻关。

三是壮大优势创新力量。实施科技企业成长工程，启动科技型中小企业创新发展行动计划，推进规上工业企业研发机构倍增计划，实施科创板上市企业梯次培育计划，推动科技型企业创新能力提升和发展级次持续攀升，力争国家“专精特新”小巨人企业达到140家、高新技术企业5500家以上、科技型企业4万家以上。提升高

校原始创新能力，加大“双一流”建设力度，加强重点学科培育，完善市级一流学科认定标准，推动成渝地区优势特色学科开展学科共建，实施“六卓越一拔尖”等计划，鼓励市属高校建设高水平大学和优势学科，布局建设国家基础学科研究中心，推动高校与中科院所属院所等深化合作，支持发展一批科教融合、产教融合平台。加快发展高水平科研机构，深入实施引进科技创新资源行动计划，加快建设西南检验检疫科学研究院，鼓励外资企业在渝设立全球研发中心。

四是激发人才创新活力。深入实施重庆英才计划、引进高端外国专家倍增行动计划，建立海外引智工作站，高质量办好重庆英才大会、百万英才兴重庆等活动，在关键核心技术领域培育引进一批战略科技人才、一流科技领军人才和创新团队。加快建设对标国际、国内一流的“重庆英才服务港”，打造人才服务综合体。深入开展“科技人员兴园兴企兴乡村”“为科技工作者办实事、助科技工作者作贡献”等行动，提供“贴心式”人才服务。完善科技人才培养、使用、评价、服务、支持、激励等体制机制，实施更加积极、更加开放、更加有效的人才政策，构建“近悦远来”人才生态。

五是营造良好创新生态。深化科技体制改革，深入推进全面创新改革试验区建设，深化科研经费管理改革，创新关键核心技术攻坚机制，形成支持全面创新的基础制度。加强知识产权保护，制定知识产权强市建设纲要，实施高价值发明专利质量提升行动，建设中国（重庆）知识产权保护中心、重庆知识产权运营中心。加强科技金融服务，完善种子、天使、风险投资全链条创投体系，创新科技企业融资增信机制，壮大创投基金规模，推进知识价值信用贷款扩面放量。加强科技成果转化，健全环大学创新生态圈功能，完善“众创空间 + 孵化器 + 加速器”全流程孵化体系，实施科技成果进区县行动，启动科技成果展示平台建设，支持首台（套）装备、首批次材料、首版次软件推广应用，推进应用场景建设，加快建设国家科技成果转移转化示范区，支持重庆国际生物城建设成果转化首选地。实施“渝悦来”行动计划，唱响重庆双创活动品牌。推动创新开放合作，深入实施成渝科技创新合作计划，推进建设“一带一路”科技创新合作区和国际技术转移中心，谋划举办“一带一路”科技交流大会。

（四）聚焦振兴实体经济持续用力，加快建设现代产业体系，着力夯实经济根基。坚持以大数据智能化为引领，加快传统产业转型升级，加快产业基础高级化和产业链现代化，构建市场竞争力强、可持续的现代产业体系

一是着力推动制造业高质量发展。深入实施支柱产业提质工程、战略性新兴产业集群发展工程、产业基础再造和产业链供应链现代化水平提升工程，启动实施龙头企业稳链保链工程，建好市级重点关键产业园，抓实产业链升级重构，稳步提升制造业占比。加速新能源及智能网联汽车发展，加快长安、金康、理想等高端新能源整车项目和吉利电池、比克电池等新能源电池项目建设生产，推进长安汽车软件园、国家氢能动力质量监督检验中心、重庆弗迪电池研究院、博世庆铃氢燃料电池发动机等建设，完善充换电设施，试点建设车路协同体系，加快建设国家级车联网先导区。进一步壮大电子信息产业集群，加快康佳 MicroLED 关键技术研发，推进华润晶圆制造及先进封装等项目建设，量产京东方第 6 代柔性显示面板。以“智能+”为方向发展装备制造业，做大做强数控机床、轨道交通等高端装备，提升通机等优势产品竞争力，推动新能源装备、山地农机装备产业发展，加快投产上量三一重庆智能

装备产业园等项目。全力做大医药产业，提速建设国内一流的疫苗、抗体研发中心等产业创新平台，推动博唯生物宫颈癌疫苗、智翔金泰创新抗体药物、精准生物免疫细胞药物等产业化进程，培育发展数字医疗设备、康复康养器械等产品，构建以重庆国际生物城为重点的“1+5+N”医药产业体系。大力发展材料产业，做优先进有色合金，做强高性能合成材料及复合材料，做强装配式建筑和先进钢铁材料，加快中化学华陆硅基气凝胶、上海恩捷高性能锂离子电池微孔隔膜、中铝高端制造、中科润资气凝胶、华峰己二胺等项目建设。做大消费品产业，培育个护美妆、渝派服装、巴渝美食工业化等特色消费品产业集群，促进消费品产业品牌化、个性化发展。

二是着力推动数字经济高质量发展。深入推进国家数字经济创新发展试验区和国家新一代人工智能创新发展试验区建设，不断激发数字经济创新发展活力。升级完善数字基础设施，大力推进5G网络规模化部署，加快推进中新（重庆）国际超算中心、西部科学城重庆大学超算中心等重点项目建设，提速建设中科曙光、华为、京东等计算中心和城市大数据资源中心。持续增强数据要素的集聚和利用效率，深化“云长制”改革，出台《重庆市数据条例》，完善公共数据资源共享交换体系，建成投用西部数据交易中心。做优新兴数字产业，深入实施“千家软件企业培育工程”，创建中国软件名园、国家网络安全产业园区，力争软件业务收入达3000亿元，积极发展人工智能、先进计算、数字内容、区块链和网络安全产业。推动工业智能化发展，继续实施1250项智能化改造项目，新培育10个智能工厂、100个数字化车间，实施制造业“一链一网一平台”试点示范。加快培育智能化应用场景，构建“8611”一体化场景建设体系，打造10个“5G＋工业互联网”试点示范项目，建设40个新模式示范项目，创建国家级工业互联网创新展示中心。

三是着力推动服务业高质量发展。积极构建优质高效、布局合理、融合共享的现代服务业体系。加快建设西部金融中心，实施企业上市“育苗”专项行动，加快江北嘴—解放碑—长嘉汇金融核心区建设，推动设立“一带一路”金融资产交易服务平台。加快完善现代物流体系，整合市属重点港口物流资源，统筹物流信息平台建设，发展智慧物流新业态新模式，引进培育物流网络化运营龙头企业，支持本地物流企业拓展网络布局。加快国际知名文化旅游目的地建设，精心塑造钓鱼嘴音乐半岛、九龙美术半岛，建设国家级美术、音乐产业基地，推进长江生态岛链都市旅游线路开发建设，推动歌乐山·磁器口大景区等重大项目建设，推动濯水古镇、茶山竹海等景区建设，推进涪陵武陵山大裂谷景区、巫山巫峡·神女景区、歌乐山、磁器口、合川钓鱼城等创建国家5A级景区，推进北碚北温泉、酉阳桃花源、长寿湖、明月山·百里竹海、黄水等申创国家级旅游度假区。加快打造文化产业示范基地，用好用活川剧院、铜梁龙舞、綦江版画等本土特色文化品牌，办好“重庆日”“重庆周”“印象武隆”等品牌文化活动。加快推进国家先进制造业和现代服务业融合发展试点，建设国家服务外包示范城市、国家工业设计示范城市，建设服务型制造公共服务平台，发展会计、法律、审计等专业中介服务。

四是着力推动现代农业高质量发展。全力抓好粮食生产和重要农产品供给，加强耕地保护和质量建设，落实耕地保护建设硬措施，加强耕地用途管制，启动实施“千年良田”建设工程，建好高标准农田。大力实施种业振兴行动，持续推进农业种质资源普查、收集和鉴定，建设国家区域性生猪种业创新基地、国家重点区域性畜禽基因库、种质资源库圃（场区）等。大力发展现代山地特色高效农业，打造 19 条农业重点产业链，加快建设国家级柑橘交易市场、三峡柑橘交易中心和三峡橘乡田园综合体，扎实推进农业产业强镇示范建设，争创中国（重庆）国际农产品加工产业园。加快建设成渝现代高效特色农业带，建设国家优质粮油保障基地、国家重要生猪生产基地等。大力实施农业品牌提升工程、地理标志农产品保护工程，开展有机农产品认证，推广“巴味渝珍”“三峡柑橘”等区域公用品牌。大力推进农业关键核心技术攻关，推进国家生猪技术创新中心、国家畜牧科技城、国家级重庆（荣昌）生猪大数据中心、国家数字农业农村创新分中心等国家级平台建设。大力推进农产品产地冷藏保鲜设施建设，开展乡（镇）、村“客、货、邮”一体化建设试点，推进农村物流网络“多网合一”。

（五）聚焦深化改革开放持续用力，加快营造良好发展环境，着力增强发展动能。深入抓好改革开放，大力推进深层次改革，不断扩大高水平开放，持续优化营商环境，加快建设改革开放新高地

一是大力推进营商环境创新试点城市建设。深入实施《重庆市优化营商环境条例》，“事项化、清单化”推进营商环境创新试点，有效承接国家下放或授权的 100 项试点任务，力争形成一批可复制、可推广的试点经验。持续推进高标准市场体系建设，实施统一的市场准入负面清单制度。深入推进公平竞争政策实施，加强反垄断和反不正当竞争，支持和引导资本规范健康发展。深化招标投标和政府采购等公共资源交易监督管理改革，推动主城都市区公共资源交易平台一体化改革，构建全市统一的公共资源交易平台体系。持续优化政务服务，深化“放管服”改革，探索开展“一业一证（照）”改革创新，打响“渝快办”政务服务品牌，深化“全渝通办”“跨省通办”，丰富“一卡通一码通”应用场景。持续优化法治环境，加强政策文件解读和公开，完善公共法律服务体系，满足群众和企业多元法律服务需求。推进“智慧法院”建设，推广法治化营商环境司法评估指数体系，治理恶意拖欠账款和逃废债行为，纠正处罚畸轻畸重等不规范行政执法行为，严格执行知识产权侵权赔偿制度。持续激发市场主体活力，落实国家组合式减税降费政策，继续执行现行纾困政策，强化初级产品供给保障，有效解决要素短缺问题。优化纾困基金考核，扩大制造业中长期贷款和商业价值信用贷款规模，完善联合授信、应急转贷机制。实施中小微企业助力工程，开展“专精特新”中小企业高质量发展专项行动，加大对中小微企业特别是餐饮、住宿、旅游等服务型企业的帮扶力度，健全面向小微企业、覆盖所有区县的政府性融资担保体系，分层分类支持“个转企”“微升小”“小升规”，专班推动、专业辅导企业上市。

二是大力推进更深层次改革。深化土地、劳动力、资本、技术、数据等要素市场化配置改革，积极争取国家综合改革试点。深化财政体制改革，推进预算管理一体化改革，持续深化财政事权和支出责任划分改革、收入划分改革和转移支付改革，完善财政收入分享机制，加快绩效管理标准化进程。深化金融体制改革，推进区域性股权市场改革创新试点和合格境内有限合伙人试点（QDLP），争创国家普惠金融改革试验区，优化完善重大战略、重点项目再贷款再贴现和风险分担机制。加强社会信用体系建设，贯彻落实《重庆市社会信用条例》，持续推广告知承诺制度，深入推进信用分级分类监管，推广“信易贷”融资模式，基本建成融资信用服务平台，发挥信用服务实体经济作用。深化国资国企改革，全面完成国企改革三年行动任务，启动区域性

国资国企综合改革试验，“一企一策”支持市属国有企业转型发展，深化国有资本投资、运营公司改革，整合用好战略性新兴产业等国资基金，完成能源集团引入战略投资者工作。深化收费公路制度改革，加快建设和完善高速公路收费体系，推广差异化收费，在主城都市区探索完善准自由流收费模式。推动民营经济高质量发展，创建民营经济示范城市，推进民营经济综合改革示范试点，提速建设渝商综合服务平台，完善常态化政企沟通联系机制，落实领导干部联系商会、非公经济接待日、走访服务民营市场主体等制度，全面清理涉政府机构拖欠市场主体账款、不兑现政策、未履行承诺等情况，构建亲清政商关系。

三是进一步畅通开放通道。加快构建“4向”国际综合运输大通道。推动西部陆海新通道增线扩能，强化物流和运营组织中心地位，加快推进西部陆海新通道公共信息服务平台建设，加密重庆至钦州港等铁海联运班列，新开行重庆至广东湛江、海南洋浦铁海联运班列，稳定开行重庆至越南、老挝国际铁路班列，拓展跨境公路直通班车，提升南向铁路通道能力，完善南向高速公路通道。推动中欧班列扩容提质，加快建设集结中心示范工程，推动开辟重庆—乌克兰—匈牙利—欧洲线路，推动杜伊斯堡海外仓扩能，推广多式联运“一单制”，构建定点、定线、定时、定价、定车次的稳定运转体系，强化国际物流陆路运输骨干功能。提升长江黄金水道效率，建设智慧长江物流工程，缩短船舶港口作业、江上航行、三峡过闸时间，形成稳定的水运物流预期，加密沪渝直达快线、渝甬班列，发展长江干支联运，构建以长江黄金水道和铁路、高速公路为主的沿江综合立体交通走廊。强化渝满俄班列沿线货源组织集结，优化运输货品结构，探索开行更多货物品种公共班列，推动重庆产业优势与蒙俄资源优势互补促进。强化航空物流大通道，进一步加密重庆至东南亚、南亚、欧美的全货运航线，引进川航物流、南货航设立基地公司，支持航空公司拓展“客改货”和航空中转业务，争取万州机场航空口岸获批，加快建设临空经济示范区。加快内陆国际物流枢纽建设，持续完善港口型、陆港型、空港型国家物流枢纽功能，积极创建生产服务型、商贸服务型国家物流枢纽，实施果园港铁公水联运示范工程。

四是进一步提升开放平台能级。高标准实施中新互联互通项目，继续聚焦金融、航空、物流、信息四大领域，加快中新金融科技合作示范区、国际航空物流产业示范区、大数据智能化产业示范园区等项目建设，依托中新国际数据通道促进跨境数字贸易，拓展实施商务、农业、人才培训、文旅等合作计划。创新推进中国（重庆）自由贸易试验区建设，持续开展陆上贸易规则、多式联运等首创性、差异化改革探索，推动《区域全面经济伙伴关系协定》（RCEP）在自贸试验区落地生效。推进两江新区进一步做大做强，完善两路果园港综合保税区、悦来国际会展城等功能，力争完成鱼嘴铁路货运站南场建设，推进两江数字经济产业园、寸滩国际新城建设，做实上合组织国家多功能经贸平台和欧洲重庆中心，争创进口贸易促进创新示范区。加快推进高新区、经开区及各类园区建设，整合开放通道和口岸资源，探索建设铁路口岸综合保税区，加快海关特殊监管区域、保税监管场所创新升级，建设一批跨国产业转移平台。

五是进一步提高开放型经济质量。推进高水平制度型开放，深入对接 RCEP、CPTPP、中欧 CAI 等，编制出台高质量实施 RCEP 行动计划，建设更高水平开放型经济新体制。加快外贸转型升级，加大一般贸易产品出口力度，促进加工贸易向中高端延伸，加快建设国家加工贸易产业园。优化外贸国际市场布局，深耕欧美、日韩等传统市场，开拓东盟等“一带一路”新兴市场，加快东盟贸易服务总部基地建设。全面深化服务贸易创新发展试点，建设全国重要的服务贸易基地。探索打造数字贸易内陆国际枢纽港，建设跨境电子商务综合试验区，支持消费品工业、汽摩零部件等传统企业向跨境电商转型，做大 B2B 出口规模。促进产品“同线同标同质”，探索开展内外市场双地展销，促进国内外商品市场互动发展。健全外商投资全流程服务体系和外商投资促进机制，全面推进服务业扩大开放综合试点，加大先进制造业、现代服务业、现代农业、科技、物流等领域外资引进力度，打造高质量外资集聚地。加快建设中西部国际交往中心，大力培育引进国际学校、国际医院、国际社区以及国际组织和商协会，高标准办好智博会、西洽会、“一带一路”陆海联动发展论坛、中新金融峰会、国际创投大会、中国国际“互联网 +”大学生创新创业大赛。

（六）聚焦城乡融合发展持续用力，加快提升城市功能品质，着力全面推进乡村振兴。提升新型城镇化建设质量，全面推进乡村振兴，加快形成工农互促、城乡互补、协调发展、共同繁荣的新型工农城乡关系

一是持续巩固拓展脱贫攻坚成果。牢牢守住不发生规模性返贫的底线，聚焦重点群体，完善和落实监测帮扶机制，将脱贫不稳定户、边缘易致贫户和突发严重困难户及时全部纳入监测对象，确保应纳尽纳、应扶尽扶、有序退出。采取“一县一策”方式，加大对城口县、巫溪县、酉阳县、彭水县等 4 个国家乡村振兴重点帮扶县的支持力度。深化实施产业就业提质增效行动，推动产业扶贫向产业振兴转变，支持发展特色种养业，因地制宜引入一批重点企业落户脱贫区县，加大脱贫人口有组织劳务输出力度，促进脱贫农户持续稳定增收。扎实做好易地扶贫搬迁后续扶持，以 253 个集中安置点为重点，抓好搬迁群众稳岗就业和社区融入，强化属地管理，确保 25.2 万搬迁群众稳得住、能致富。进一步完善落实东西部协作和中央单位定点帮扶机制、市级帮扶集团机制，深化推进社会协同帮扶，实施“万企兴万村”行动。强化消费帮扶，大力开展农产品产销对接行动。加强扶贫项目资产运营管理，充分发挥扶贫项目资产效益。

二是持续全面推进乡村振兴。多措并举促进乡村发展，制定乡村产业发展规划，因地制宜发展山上经济、林下经济、水中经济、气候经济，打造城乡联动的产业集群，完善联农带农利益联结机制。推进乡村建设行动，逐步使农村具备基本现代生活条件。有序推进乡镇国土空间规划编制，完善实用性村庄规划，合理布局乡村“三生”空间。补齐农村基础设施短板，深化农村饮水安全“一改三提”行动，实施“四好农村路”4000 公里，新建农村公路安防工程 4000 公里，动态消除农村低收入群体等重点对象危房，推进“智慧农业 · 数字乡村”建设工程。推进农村人居环境整治提升，扎实开展“村庄清洁行动”和“五清理一活动”专项行动，持续用力抓好农村厕所革命，基本完成常住人口 200 户或 500 人以上的农村聚居点污水处理设施建设，新建美丽宜居乡村 200 个。深化农业农村改革，稳慎推进宅基地制度改革试点，加大农村“三变”改革成功案例宣传推广力度，鼓励具备条件的乡镇全域推进农村“三变”改革，创新“三社”融合发展机制，壮大新型集体经济。加强和改进乡村治理，新推选一批乡村治理示范乡镇和示范村，加强农村基层组织建设，创新农村精神文明建设有效平台载体，维护好农村社会和谐稳定。创新人才下乡激励机制和政策体系，实施农村致

富带头人培养行动。

三是持续提升城市功能品质。出台全市国土空间总体规划，实施江城江镇江村滨江地带品质提升等专项规划，完成区县国土空间总体规划和分区规划。统筹实施308公里城市轨道交通续建项目，新开工第四期项目44公里，加快轨道15号线、18号线等项目投资放量，建成江跳线、4号线二期等项目，大力推进轨道交通TOD综合开发，力争城市轨道交通运营和在建里程实现“850+”，其中运营里程突破500公里。提速建设城市路网，力争完工一纵线北碚段、红土地立交、通江立交、新牌坊立交、六纵线（机场东联络线至六横线段）主线、坪山大道等项目，加快推进新燕尾山隧道、江南隧道、郭家沱大桥及六纵线南段、渝武高速拓宽改造工程、渝黔复线连接道内环至绕城段等项目，开工建设白市驿隧道等项目，加快推进两江新区至长寿区、涪陵区等快速通道项目建设，启动实施中心城区路网更新和停车治理专题年行动，首批实施150个“投资小、见效快”的次支道路堵乱点整治，建设1万个小微停车泊位，完善提升1500公里人行步道。优化城市空间，推进两江四岸核心区整体提升和109公里岸线治理提升，完成磁器口滨江片区、长江书院等项目，加快推进重庆美术公园、长江音乐厅、江北嘴江滩公园等重点项目建设，把解放碑—朝天门片区打造成为“重庆第一街”。加快城市更新，指导渝中区、九龙坡区开展国家城市更新试点，推进城市更新试点示范项目实施，探索建立城市体检与城市更新打通运行机制，增加万州区、黔江区为城市体检区域。完善城市功能，新开工1277个、3090万平方米城镇老旧小区改造，实施1.5万户棚户区改造，开展城市管道更新改造和生命线工程专项治理，实施城市内涝治理五年行动。推进智慧社区建设，建设便民惠民智慧服务圈。修复城市生态，持续推进“四山”保护提升，统筹生态园林城市系列创建，推动坡坎崖滩治理向区县延伸，做靓山城步道、山城花境等特色品牌，打造社区体育文化公园、口袋公园等休闲空间。推动城市文脉传承，提速推进大田湾—文化宫—大礼堂、慈云寺—米市街—龙门浩等历史文化风貌街区保护修缮，推进长江国家文化公园项目建设，实施文艺作品质量提升工程和文化惠民工程。推动“大城三管”“马路办公”等实践成果转化为制度标准，实施老城区环境“小而美”惠民提升行动，建设“门前三包”“五长制”示范道路112条，推动生活垃圾分类覆盖全市所有镇街，推进城市建成区数字化管理全覆盖。

四是持续推动城乡融合发展。深入推进国家城乡融合发展试验区重庆西部片区建设，建立健全城乡融合发展体制机制和政策体系，争取更多相关改革试点和政策落地。发挥财政性涉农资金、开发性政策性金融撬动作用，引导工商资本参与城乡融合发展及平台载体建设。培育发展城乡产业协同发展支撑平台，健全城乡建设用地增减挂钩节余指标、补充耕地指标跨区域交易机制。规范引导特色小镇健康发展，打造城乡协同发展支撑平台。加快推进以人为核心的新型城镇化，着力提高农业转移人口市民化质量，推动垫江县、忠县、彭水县县城新型城镇化建设示范尽快出成果，力争常住人口城镇化率达到71%左右。

（七）聚焦绿色低碳发展持续用力，加快建设山清水秀美丽之地，着力筑牢绿色发展本底。坚决贯彻“共抓大保护、不搞大开发”方针，把修复生态环境摆在压倒性位置，深入打好污染防治攻坚战，加快建设山清水秀美丽之地

一是扎实推动碳达峰碳中和工作。加快出台碳达峰碳中和“1+2+6+N”政策文件，进一

步完善投资、财政、市场、金融、税收、统计核算等政策措施。深入推进产业结构绿色低碳转型升级，实施绿色产业筑链工程，做大节能电器、节能建材、节能装备、低碳消费品等产业规模，积极培育风能、光能、氢能装备及储能产业链，稳步推进智能电网、碳捕集与封存技术的开发和利用，推动电网侧储能合理化布局，提升系统灵活调节能力和安全稳定水平，加速发展废钢铁、废铝、废旧轮胎、废塑料等再制造产业，持续推进农业生产废弃物“减量”“利用”“循环”。着力构建清洁低碳安全高效的能源体系，推进燃煤减量替代，抓好奉节分水岭风电、城口光伏等新能源开发利用，积极推动天然气、页岩气高效利用，推动低碳能源替代高碳能源、可再生能源替代化石能源。加快构建绿色低碳交通运输体系，推进大宗货物运输“公转铁”“公转水”，力争实现成本、能耗“双下降”和运量、效率“双提升”。全面提升城乡建设绿色低碳发展水平，落实“三线一单”硬约束，严格“两高”项目准入要求，强化工业用地总量和强度双控，多措并举挖掘森林、湿地等固碳潜力，稳步提升生态碳汇能力。积极构建绿色低碳发展制度保障支撑，推进重大绿色技术研发与示范工程，优化完善能耗双控制度，建立健全碳排放强度考核机制体制，加快完善市级、区县、企业能源和碳排放相关统计核算体系，推进气候投融资试点，培育优化地方碳排放权交易市场，拓展“碳惠通”平台建设。深入推进绿色生活创建行动，倡导简约适度、绿色低碳的生产生活方式，鼓励引导市民绿色出行、绿色消费。

二是切实筑牢长江上游重要生态屏障。统筹山水林田湖草系统治理，实施国土空间生态修复专项规划，完善生态产品价值实现、生态保护补偿实施等制度机制，划定落实生态保护红线、永久基本农田和城镇开发边界，推动生态系统质量全面提升。全面推行林长制，协同推进长江、嘉陵江、乌江、岷江、涪江、沱江等生态廊道建设，扎实推进国家储备林、石漠化综合治理、水土流失综合防治等重点生态工程，建设“两岸青山·千里林带”50万亩，争创国家森林城市，森林覆盖率达到55%。深化开展三峡后续工作，启动三峡水库消落区生态修复模式试点，全面禁止消落区土地耕种。严格落实长江“十年禁渔”政策。深化广阳岛片区长江经济带绿色发展示范，建成广阳岛国际会议中心、长江生态文明干部学院、大河文明馆。支持创建国家生态文明建设示范区县、“绿水青山就是金山银山”实践创新基地。

三是深入打好污染防治攻坚战。深化落实河长制，加快推进“智慧河长”建设和“一河一策”方案实施，创建市级示范河流，确保长江干流重庆段水质保持为优。加强重点领域水环境综合治理，实施城市排水管网细化排查，加快建立地下水环境管理体系，城市集中式饮用水水源地水质达标率100%。加强大气污染治理，深化工业废气、交通污染、扬尘和露天焚烧等重点领域管控，确保空气质量优良天数稳定在320天以上。加强土壤和固体废物管理，深入推进成渝地区双城经济圈“无废城市”共建，建立以排污许可为核心的固定污染源环境管理制度，持续推进11座生活垃圾焚烧设施建设，加强秀山、酉阳、城口锰污染综合治理和生态修复，深入开展农业农村污染治理，有序推进农村黑臭水体整治，有效保障重点建设用地安全利用，受污染耕地安全利用率达到90%以上。实施噪声污染防治行动，加快解决群众关心的突出噪声问题。

（八）聚焦创造高品质生活持续用力，加快提高保障和改善民生水平，着力推进发展成果共享。坚持以人民为中心的发展思想，加强民生保障和安全稳定工作，加快补齐民生领域短板，扎实推动共同富裕，不断增强人民群众获得感、幸福感、安全感

一是持续抓好常态化疫情防控。坚持“外防输入、内防反弹”总策略和“动态清零”总方针，固化并推广常态化疫情防控快速反应、数据分析、协查管控、人文关怀等“四项机制”，模块化、流程化、标准化落实各项防控措施。落实疫情防控四方责任，强化重点人员健康管理和重点场所疫情防控，加强医疗机构院感防控基础设施和流调队伍建设，提升核酸检测能力，推进疫情防控信息平台建设。继续推进疫苗接种，逐步扩大免疫接种范围，稳妥有序推进加强免疫接种和3~11岁人群疫苗接种，加快构建人群免疫屏障。

二是积极稳就业促创业。落实就业优先政策，细化减负稳岗扩就业政策，多渠道分类帮扶高校毕业生、农民工、脱贫人口、退役军人等重点群体稳定就业。支持多渠道灵活就业和新就业形态发展，健全灵活就业劳动用工和社会保障政策。鼓励创业带动就业，加大创业担保贷款支持力度。充分发挥“一库四联盟”作用，促进供需对接。做强“重庆英才·职等您来”直播品牌，做优“就在山城、渝创渝新”服务品牌，做靓一批劳务品牌。全面推广“智能就业”平台，探索建设产业人才大数据平台。城镇新增就业60万人以上，城镇调查失业率控制在5.5%以内。

三是健全完善公共服务体系。滚动实施青少年心理健康教育、老年人照顾服务计划等重点民生实事。深化新时代教育评价改革，开展教育评价改革试验校和实验区建设。大力发展公办幼儿园，规范和支持普惠性民办幼儿园发展。巩固和扩大义务教育“双减”成果，创建国家义务教育优质均衡发展区县。深化普通高中课程改革，推进普通高中多样化特色发展。研究出台推动职业教育高质量发展政策举措，实施中职“双优”计划和高职“双高”计划。深入推进健康中国重庆行动15个专项行动，创建国家医学中心和国家区域医疗中心，分梯次打造三级临床重点专科。实施区县医院综合能力提升行动，创建市级区域中医医疗中心4~6个、新增三级医院5家，持续推进二级以上公立医院“智慧医院”示范建设，新迁建一批基层医疗卫生机构，推进乡镇标准化卫生院（社区卫生服务中心）建设。加快4家应急医院建设，开展等级疾控中心创建。建成重庆中医药学院，促进中医药传承创新发展。深化医药卫生体制改革，加强区县域“三通”医共体运行监测和绩效评价，全面推开公立医院薪酬制度改革，扩大长期护理保险制度试点范围。深化新时代文明实践中心建设，制定公共文化服务高质量发展实施意见，建成青少年活动中心，建设重庆国际传播中心，加快长征国家文化公园（重庆段）、红岩文化公园二期建设，加快区县文化体育设施建设。落实深化体教融合发展实施意见，完成大田湾体育场保护利用工程，建成龙兴专业足球场，筹备2023年亚洲杯，办好2022年世界举重锦标赛。积极应对人口老龄化，发展普惠托育养老服务体系，完善三孩生育政策配套支持措施，推动新的生育政策落地见效，新增托位1万个，每千人口拥有托位数达到1.8个。建立基本养老服务清单制度，开展家庭养老床位照护服务试点，实现城乡社区居家养老服务全覆盖。发展长租房市场，加快推进保障性住房建设，解决好新市民、青年人等群体住

房困难问题。健全退役军人政策制度和工作运行机制，做好退役军人优抚褒扬服务。健全多层次社会保障体系，推动社保扩面提质，合理调整最低生活保障等社会救助标准，完善社会救助机制，发展妇女、儿童、残疾人、慈善等福利事业，推进儿童友好型城市建设试点，建立健全未成年人保护体系。

四是扎实做好重要民生商品保供稳价及粮食、能源安全保障工作。全力做好重要民生商品保供稳价工作，密切关注节假日市场运行态势，加强重要储备物资管理，健全应急保供协调机制，保持物价水平基本稳定，消费价格指数增幅控制在 3% 以内。夯实粮食安全基础，优化粮食管理体制，压紧压实粮食安全党政同责，用好地方储备粮与中央储备粮协同联动机制，建立健全粮食应急供应网络体系，加快万州、涪陵中储粮集团 160 万吨粮食仓储项目，中粮集团 60 万吨小麦、20 万吨稻谷加工项目建设进度，在更高水平上实现粮食供需动态平衡。健全粮食法治体系建设，出台《重庆市地方粮食储备管理办法》，推动《重庆市粮食安全保障条例》立法相关工作。落实《粮食节约行动方案》，加强粮食安全宣传教育，推动粮食全产业链各环节节粮减损。完善煤电油气保供机制，为中长期能源保供提供有力支撑。实施好煤炭中长期供需平衡方案，畅通北煤入渝通道，加大与陕、晋、疆、黔等煤炭资源大省合作力度。持续推进“外电入渝”，确保新增三峡电足额落地消纳，加快推进川渝电网一体化发展，核准建设川渝特高压交流工程，积极推动疆电入渝配套特高压直流工程和配套电源前期工作，启动藏电入渝特高压工程论证，逐步构建多元化外电保障格局。有序推进中航油西南战略储运基地建设，全力推进伏牛溪油库搬迁，进一步优化调整成品油应急储备，提高成品油保障能力。会同四川加快推进川渝天然气（页岩气）千亿立方米产能基地建设，扩大天然气资源有效供给，加快铜锣峡、黄草峡储气库建设，积极推进城口、巫溪天然气管道建设并尽快建成投运，进一步完善天然气基础设施。

五是着力防范化解苗头性、倾向性、潜在性风险。持续推进防范化解重大金融风险工作，开展虚拟货币、私募基金、第三方财富管理等风险排查，落实好防范和处置非法集资条例，加强市场准入、交易市场、机构运行、市场退出等制度建设。加强政府债务风险预判和重大风险管理，健全依法适度举债机制，持续规范政府举债融资行为，坚决遏制新增地方政府隐性债务。全面落实稳地价、稳房价、稳预期的长效管理调控机制，促进房地产良性循环和健康发展。开展新一轮安全生产大排查、大整治，完成安全生产和消防安全专项整治三年行动，持续开展“两重大一突出”集中整治，全面开展燃气安全排查整治，切实加强重点领域、重点行业安全监管，坚决遏制特大事故发生，切实保障人民群众生命财产安全。推进自然灾害风险普查和防治能力提升“八项工程”，从防御工程建设、监测预警、会商研判、救援处置、救灾救助各环节着力，促进全市自然灾害防治能力整体提升。加强食品药品生产、流通等各环节安全监管。坚持和发展新时代“枫桥经验”，深化“五社联动”，完善信访制度，优化矛盾纠纷化解一站式服务，依法、有效、快速化解各类社会矛盾。深入开展城市治理风险清单管理试点。加快推进立体化智能化社会治安防控体系建设，推动扫黑除恶长效常治，防范打击电信网络诈骗、跨境赌博等新型犯罪，建设更高水平的平安重庆。

附件（一）

2021年国民经济和社会发展计划主要指标预期目标完成情况

市五届人大四次会议批准的2021年计划草案明确的36项指标总体完成情况较好（2021年部分数据还未发布，为预计数）。7项约束性指标中，1项指标暂不执行，1项指标在“十四五”规划期内统筹考虑，1项指标国家暂未下达2021年目标值，1项指标暂无统计数据，其余指标全部完成。29项预期性指标除民营经济增加值占地区生产总值的比重外，其余都能够完成。具体情况如下。

一、部分指标情况说明

一是第18项“非公经济增加值占地区生产总值比重”指标，因国家统计分类调整，从2021年下半年开始不再统计该项指标数据。二是由于“十四五”期间，国家层面不再将能源消费总量增速作为硬性约束指标，同时强调能耗强度根据经济发展实际跨年度调节，因此第31项指标“能源消费总量增速”暂不执行，第32项指标“单位地区生产总值能耗下降”按照市委经济工作会议精神在“十四五”规划期内统筹考虑。三是第33项指标“单位地区生产总值二氧化碳排放下降”2021年目标值国家尚未正式下达。四是根据国家“十四五”主要污染物总量减排工作安排，第34项指标“主要污染物排放总量减少”调整为“主要污染物重点工程减排量”。

二、指标完成情况

地区生产总值增速达到8.3%，好于预期目标2.3个百分点，经济稳中加固、稳中向好态势明显。得益于我市外贸产品竞争优势不断增强、开放通道不断拓展、疫情有效防控吸引外贸订单集聚，进出口总值增速完成情况大幅超预期17.8个百分点、达到22.8%。得益于国际消费中心城市培育建设的深入推进、消费促进政策的落地落实，社会消费品零售总额增速完成情况超预期11.5个百分点、达到18.5%。得益于“促进生产经营27条”“助企纾困17条”等政策措施，最大限度地把政策红利转化为企业效益，民间投资增速完成情况好于预期约7.3个百分点、达到9.3%，新登记市场主体增速完成情况好于预期7.4个百分点、达到19.4%。得益于我市雄厚的工业经济发展基础及推动制造业高质量发展各项政策举措落地见效，规上工业增加值增速完成情况好于预期4.7个百分点、达到10.7%，规上工业企业利润增速完成情况好于预期约34个百分点、达到40%左右，工业经济质量效益稳步提升。

此外，战略性新兴产业增加值、数字经济增加值均保持两位数高速增长，经济发展新动能支撑能力不断增强。就业、居民消费价格指数等与民生相关的指标完成较好，人民群众的获得感、幸福感、安全感明显增强。民营经济增加值占地区生产总值比重由于国内外宏观环境不确定不稳定因素增多、原材料价格上涨挤压民营工业企业利润空间、海运价格居高不下影响民营外贸企业利润、新冠肺炎疫情零星散发对住宿餐饮等民营企业占比较高的行业造成影响等，略低于预期目标。

附表 1　2021 年国民经济和社会发展计划主要指标预期目标完成情况

序号	指标名称	2021 年预期	2021 年实际
1	地区生产总值增速（%）	6 以上	8.3
	一、推动高质量发展		
2	农业增加值增速（%）	4	7.8
3	规上工业增加值增速（%）	6	10.7
4	战略性新兴产业增加值增速（%）	10 以上	18.2
5	高技术产业增加值占工业比重（%）	19.5 左右	19.1
6	数字经济增加值增速（%）	15	15 以上
7	“一区”与“两群”人均地区生产总值比值	1.83 : 1	1.80 : 1 以下
8	规上工业全员劳动生产率（万元 / 人年）	36 左右	39 左右
9	科技进步贡献率（%）	59.5 左右	59.5
10	规上工业企业利润增速（%）	6 左右	40 左右
11	新登记市场主体增速（%）	12 左右	19.4
12	服务业增加值增速（%）	6	9.0
13	固定资产投资增速（%）	6	6.1
	# 民间投资增速（%）	2 左右	9.3
14	社会消费品零售总额增速（%）	7	18.5
15	全社会研发经费支出占地区生产总值比重（%）	2.15 以上	2.21 左右
16	万人发明专利拥有量（件）	12 左右	13.2
17	高新技术企业数量（家）	4500 以上	5108
18	非公经济增加值占地区生产总值比重（%）	70 左右	○
	# 民营经济占比（%）	60 以上	59.6
19	一般公共预算收入增速（%）	5	9.1
	# 税收增速（%）	6	7.9
20	常住人口城镇化率（%）	69 左右	70 左右
	二、创造高品质生活		
21	全体居民人均可支配收入增速（%）	7	9.7
	# 农村居民人均可支配收入增速（%）	8	10.6
22	城镇新增就业（万人）	60 左右	75.1
23	城镇调查失业率（%）	5.5 左右	5.5 以内
24	居民消费价格指数（%）	103.2 以内	100.3
25	文化产业增加值增速（%）	8 左右	8.3 左右
	三、内陆开放高地建设		
26	进出口总值增速（%）	5	22.8
27	服务贸易增速（%）	由负转正	实现转正
28	实际利用外资（亿美元）	100 左右	105 以上
	四、山清水秀美丽之地建设		
29	空气质量优良天数（天）*	320 以上	326

续表

序号	指标名称	2021 年预期	2021 年实际
30	森林覆盖率（%）*	54 左右	54.5
31	能源消费总量增速（%）*	1.8	▽
32	单位地区生产总值能耗下降（%）*	3.1	▽
33	单位地区生产总值二氧化碳排放下降（%）*	—	—
34	主要污染物重点工程减排量（万吨）*	—	▽
	# 化学需氧量（万吨）	0.65	□
	# 挥发性有机物（万吨）	0.16	□
	# 氨氮（万吨）	0.027	□
	# 氮氧化物（万吨）	0.55	□
五、安全发展			
35	粮食产量（亿公斤）	108	109.3
36	每亿元地区生产总值生产安全事故死亡人数*	0.035 左右	0.031

注：①加“*”为约束性指标，其他为预期性指标。

②加“○”为不再纳入统计体系的指标，第 18 项“非公经济增加值占地区生产总值比重”指标，因国家统计分类调整，从 2021 年下半年开始不再统计该项指标数据。

③加“▽”为依据国家对省市考核指标进行调整变化的指标。因国家层面不再将能源消费总量增速作为硬性约束指标，同时强调能耗强度根据经济发展实际跨年度调节，暂不执行第 31 项“能源消费总量增速”指标，第 32 项“单位地区生产总值能耗下降”按照市委经济工作会议精神纳入“十四五”规划期内统筹考虑。根据国家“十四五”主要污染物总量减排工作安排，第 34 项“主要污染物排放总量减少”调整为“主要污染物重点工程减排量”。

④加“—”为国家暂未下达目标值的指标。

⑤加“□”为暂无统计数据。

附件（二）

2022 年国民经济和社会发展计划草案

2022 年国民经济和社会发展计划指标在整体沿用 2021 年指标体系基础上进一步优化调整，优化调整后的指标共计 35 项，含空气质量优良天数、森林覆盖率、单位地区生产总值能耗下降、单位地区生产总值二氧化碳排放下降、主要污染物重点工程减排量、每亿元地区生产总值生产安全事故死亡人数等 6 个约束性指标，是政府履行公共职能必须达到的，其余 29 个为预期性指标，体现导向性。指标设置情况具体如下。

一、指标调整情况

一是考虑国家层面不再将能源消费总量增速作为硬性约束指标，2022 年计划指标中删除“能源消费总量增速”指标。二是根据国家统计局制定的《数字经济及其核心产业统计分类》，将“数字经济增加值增速”调整为“数字经济核心产业增加值增速”。三是对照市委经济工作会议精神，将“新登记市场主体增速”调整为“新发展市场主体增速”。四是因国家统计分类调整，非公经济增加值占地区生产总值比重不再纳入统计，将“非公经济增加值占地区生产总值比重（含民营经济占比）”调整为“民营经济增加值占地区生产总值的比重”。五是参照国家考核体系，将“主要污染物排放总量减少”调整为“主要污染物重点工程减排量”。

二、目标值设置情况及主要考虑

2022 年地区生产总值增长预期目标为 5.5% 左右，主要考虑：一是与全国经济走势相衔接，2021 年以来我市经济走势与全国基本一致，综合考虑了 2022 年国内外经济形势、宏观政策取向和经济增长支撑因素。二是与我市“十四五”规划目标相衔接，我市“十四五”期间增长目标为 6% 左右，2021 年我市地区生产总值实现了 8.3% 的较快增速，为后续几年奠定了良好的基础。三是确保经济平稳运行的客观需要，以上预期目标属于中高速增长，体现了主动作为，有利于调动各方面的积极性。四是同我市潜在经济增长水平相适应，充分考虑了基数效应以及大宗商品价格、产业链供应链等外部环境和基础条件方面制约，有利于把注意力放在提高发展质量和效益上来。

其余 34 项指标中，一是“单位地区生产总值二氧化碳排放下降”“主要污染物重点工程减排量”等指标国家尚未下达 2022 年目标值。二是“规上工业全员劳动生产率”“社会消费品零售总额增速”等指标目标值设置高于或相当于 2021 年的目标值，凸显了稳中求进工作总基调。特别是“战略性新兴产业增加值增速”“科技进步贡献率”“全社会研发经费支出占地区生产总值比重”“高新技术企业数量”等科技创新类指标，基于我市科技创新发展势头强劲的现状及进一步促进科技创新支撑引领高质量发展的考虑，设置了高于 2021 年的目标值。三是“单位地区生产总值能耗下降”在“十四五”规划期内统筹考虑，不设置年度目标值。

附表 2　2022 年国民经济和社会发展计划

序号	指标名称	2022 年预期
1	地区生产总值增速（%）	5.5 左右
	一、推动高质量发展	
2	农业增加值增速（%）	4 左右
3	规上工业增加值增速（%）	6 左右
4	战略性新兴产业增加值增速（%）	12 左右
5	高技术产业增加值占工业比重（%）	20 左右
6	数字经济核心产业增加值增速（%）	10 左右
7	“一区”与“两群”人均地区生产总值比值	1.8 左右: 1
8	规上工业全员劳动生产率（万元 / 人年）	40 左右
9	科技进步贡献率（%）	60.3 左右
10	规上工业企业利润增速（%）	5 左右
11	新发展市场主体增速（%）	12.5 左右

续表

序号	指标名称	2022 年预期
12	服务业增加值增速（%）	5.5 左右
13	固定资产投资增速（%）	6 左右
	# 民间投资增速（%）	6 左右
14	社会消费品零售总额增速（%）	7 左右
15	全社会研发经费支出占地区生产总值比重（%）	2.3 左右
16	万人发明专利拥有量（件）	14 左右
17	高新技术企业数量（家）	5500 以上
18	民营经济增加值占地区生产总值的比重（%）	60 左右
19	一般公共预算收入增速（%）	3 左右
	# 税收增速（%）	5.5
20	常住人口城镇化率（%）	71 左右
	二、创造高品质生活	
21	全体居民人均可支配收入增速（%）	7 左右
	# 农村居民人均可支配收入增速（%）	7 以上
22	城镇新增就业（万人）	60 以上
23	城镇调查失业率（%）	5.5 以内
24	居民消费价格指数（%）	103 以内
25	文化产业增加值增速（%）	8
	三、内陆开放高地建设	
26	进出口总值增速（%）	5 左右
27	服务贸易增速（%）	正增长
28	实际利用外资（亿美元）	100 以上
	四、山清水秀美丽之地建设	
29	空气质量优良天数（天）*	320 以上
30	森林覆盖率（%）*	55
31	单位地区生产总值能耗下降（%）*	▽
32	单位地区生产总值二氧化碳排放下降（%）*	—
33	主要污染物重点工程减排量（万吨）*	—
	# 化学需氧量（万吨）	—
	# 挥发性有机物（万吨）	—
	# 氨氮（万吨）	—
	# 氮氧化物（万吨）	—
	五、安全发展	
34	粮食产量（亿公斤）	108.7
35	每亿元地区生产总值生产安全事故死亡人数*	0.032 左右

注：①加“*”为约束性指标，其他为预期性指标。

②加“▽”指标，“十四五”规划期内统筹考虑。

③加“—”以国家下达目标值为准。

关于重庆市 2021 年预算执行情况和 2022 年预算草案报告

——2022 年 1 月 17 日在重庆市第五届人民代表大会第五次会议上

重庆市财政局

各位代表：

受市人民政府委托，现将重庆市 2021 年预算执行情况和 2022 年预算草案报告提请大会审查，并请各位政协委员提出意见。

一、2021 年预算执行情况

（一）全市预算执行情况

1. 全市一般公共预算

——全市一般公共预算收入 2285 亿元，增长 9.1%，完成预算的 103.9%。其中，税收收入 1543 亿元，增长 7.9%，基本恢复到 2019 年水平；非税收入 742 亿元，增长 11.7%。加上中央补助 2046 亿元、地方政府债务收入 777 亿元，以及动用预算稳定调节基金、调入资金、上年结转等 1162 亿元后，收入总量为 6270 亿元。

——全市一般公共预算支出 4835 亿元，下降 1.2%，主要是中央特殊转移支付政策退出，完成预算的 94.3%。加上上解中央 61 亿元、地方政府债务还本支出 666 亿元，以及安排预算稳定调节基金、结转下年等 708 亿元后，支出总量为 6270 亿元。

2. 全市政府性基金预算

——全市政府性基金预算收入 2358 亿元，下降 4.1%，完成预算的 116.7%。其中，全市国有土地使用权出让收入 2044 亿元，下降 7.2%。加上中央补助 104 亿元、地方政府债务收入 1743 亿元，以及调入资金、上年结转等 505 亿元后，收入总量为 4710 亿元。

——全市政府性基金预算支出 2953 亿元，下降 5.7%，主要是抗疫特别国债政策退出，完成预算的 87.8%。加上地方政府债务还本支出 543 亿元，以及调出资金、结转下年等 1214 亿元后，支出总量为 4710 亿元。

3. 全市国有资本经营预算

——全市国有资本经营预算收入 104 亿元，增长 5.6%，完成预算的 119.5%。加上中央补助 9 亿元、上年结转 5 亿元后，收入总量为 118 亿元。

——全市国有资本经营预算支出 40 亿元，下降 22.7%，完成预算的 96.3%。加上调出资金 70 亿元、结转下年 8 亿元后，支出总量为 118 亿元。

4. 全市社会保险基金预算执行情况

——全市社会保险基金预算收入 2546 亿元，增长 31.5%，主要是应对疫情冲击的阶段性社会保险降费政策到期，完成预算的 113.4%。其中，基本养老保险基金收入 1838 亿元，基本医疗保险基金收入 652 亿元，失业保险基金收入 28 亿元，工伤保险基金收入 28 亿元。从资金来源看，财政补助810亿元，占比为31.8%。

——全市社会保险基金预算支出2073亿元，增长7.2%，完成预算的97.5%。其中，基本养老保险基金支出1507亿元，基本医疗保险基金支出522亿元，失业保险基金支出19亿元，工伤保险基金支出25亿元。加上本年收支结余473亿元，支出总量为2546亿元。历年滚存结余2280亿元。

（二）市级预算执行情况

1. 市级一般公共预算

——市级一般公共预算收入798亿元，增长10.4%，完成预算的105.1%。其中，税收收入535亿元，增长13.6%；非税收入263亿元，增长4.5%。加上中央补助2046亿元、地方政府债务收入777亿元，以及区县上解、动用预算稳定调节基金、调入资金、上年结转等595亿元后，收入总量为4216亿元。

——市级一般公共预算支出1625亿元，增长12.8%，完成预算的95.8%。加上补助区县1402亿元、地方政府债务转贷支出676亿元、地方政府债务还本支出96亿元，以及上解中央、安排预算稳定调节基金、结转下年等417亿元后，支出总量为4216亿元。

（1）市级主要支出执行情况：一般公共服务支出73亿元，增长20.6%，完成预算的95%。公共安全支出108亿元，增长6.9%，完成预算的98.5%。教育支出141亿元，增长15%，完成预算的96.1%。科学技术支出25亿元，增长14.7%，完成预算的93%。文化旅游体育与传媒支出19亿元，增长23.8%，完成预算的97%。社会保障和就业支出589亿元，增长5%，完成预算的96.6%。卫生健康支出184亿元，增长264.6%，完成预算的95.3%。节能环保支出47亿元，增长4.2%，完成预算的96%。城乡社区支出90亿元，下降25.4%，完成预算的94.7%。农林水支出56亿元，增长18.2%，完成预算的95.7%。交通运输支出166亿元，增长9.2%，完成预算的94.2%。产业发展支出43亿元（资源勘探工业信息、商业服务业、金融、粮油物资储备四个科目之和，下同），增长30.9%，完成预算的94.3%。自然资源海洋气象等支出24亿元，增长10.8%，完成预算的93.2%。住房保障支出23亿元，下降52.7%，完成预算的92.6%。灾害防治及应急管理支出9亿元，下降13.5%，完成预算的90%。

（2）市级对区县转移支付预算执行情况：市级对区县转移支付1402亿元。其中，一般性转移支付1067亿元，专项转移支付335亿元。

市级预算安排预备费25亿元，年度执行中动用6.2亿元。其中，电力电煤专项补贴5亿元，区县应急救灾补助1.2亿元。剩余18.8亿元按规定全部补充预算稳定调节基金。

2021年初，市级预算稳定调节基金余额为127亿元。年度执行中按照相关规定，通过统筹结转结余、零结转收回、基金调入等方式补充预算稳定调节基金286亿元。2022年初，动用266亿元用于平衡预算缺口，预算稳定调节基金余额为147亿元。

2. 市级政府性基金预算

——市级政府性基金预算收入1419亿元，增长23.1%，完成预算的138.1%。其中，市级国有土地使用权出让收入1263亿元，增长23.6%。加上中央补助104亿元、地方政府债务收入1743亿元，以及调入资金、区县上解、上年结转等343亿元后，收入总量为3609亿元。

——市级政府性基金预算支出942亿元，增长36.8%，完成预算的99.2%。加上补助区县895亿元、地方政府债务转贷支出1164亿元、地方政府债务还本支出100亿元，以及调出资金、结转下年等 508 亿元后，支出总量为 3609 亿元。

3. 市级国有资本经营预算

——市级国有资本经营预算收入 29 亿元，下降 26.3%，完成预算的 107.2%。加上中央补助、上年结转 11 亿元后，收入总量为 40 亿元。

——市级国有资本经营预算支出 23 亿元，下降 20.8%，完成预算的 94.6%。加上补助区县、调出资金、结转下年 17 亿元后，支出总量为 40 亿元。

（三）地方政府债务限额、发行及余额情况

经国务院批准，财政部核定我市政府债务限额 8903 亿元。其中，一般债务限额 3215 亿元，专项债务限额 5688 亿元。

全市发行政府债券 2518 亿元。其中，新增债券 1341 亿元，再融资债券 1177 亿元。全市政府债务还本付息支出 1457 亿元。其中，市级政府债务还本付息支出 273 亿元，区县政府债务还本付息支出 1184 亿元。

2021 年末，全市政府债务余额为 8610 亿元，在核定限额之内。按类型分，一般债务余额 3065 亿元，专项债务余额 5545 亿元。按级次分，市级债务余额 2571 亿元，区县级债务余额 6039 亿元。按财政部政府债务风险评估办法计算，我市政府债务率为 109%，风险总体可控。

二、2021 年财政工作情况

2021 年，全市上下坚持以习近平新时代中国特色社会主义思想为指导，全面贯彻习近平总书记对重庆提出的营造良好政治生态，坚持“两点”定位、“两地”“两高”目标，发挥“三个作用”和推动成渝地区双城经济圈建设等重要指示要求，认真落实党中央、国务院决策部署，坚持稳中求进工作总基调，立足新发展阶段、贯彻新发展理念、融入新发展格局、推动高质量发展，扎实做好“六稳”工作、落实“六保”任务，全市疫情防控成果持续巩固，经济发展保持良好态势，社会大局保持和谐稳定，如期打赢脱贫攻坚战、全面建成小康社会，较好完成了市五届人大四次会议确定的目标任务。全市财政认真贯彻市委决策部署，严格落实市人大预算决议，坚持积极的财政政策提质增效、更可持续，依法理财、科学理财、为民理财，为全市统筹疫情防控和经济社会发展、统筹发展和安全、谱写高质量发展高品质生活新篇章提供了财力支撑。

（一）主要政策落实及重点工作开展情况

一是推动高质量发展。落实科技自立自强要求，贯彻市委五届十次全会部署，出台《支持科技创新若干财政金融政策》，组建重庆科技创新投资集团，市级新增投入 10 亿元，支持基础研究、平台建设、成果转化和产业技术创新，提升科技创新能力。推进产业转型升级，统筹市级资金 30 亿元，促进汽车、电子信息、生物医药等制造业高质量发展，支持九龙坡等区县建设国家外贸转型升级基地，奖补两江新区、高新区、经开区等区县 118 家国家级专精特新“小巨人”企业。落实减税降费政策，全年新增减税降费 300 亿元左右，为稳定经济、优化结构注入动力。健全政府性融资担保体系，引导 33 家政府性融资担保机构为 6.4 万户小微企业提供低费率融资担保超 175 亿元。推进商业价值信用贷款，帮助大渡口、沙坪坝、渝北等区县 6700 余家中小企业获得银行授信超 80 亿元，促进中小企业健康发展。

二是落实重大战略任务。全年筹集市级资金 620 亿元，发行新增政府债券 1341 亿元，确保重大战略、重大任务、重大项目落地。落实《成渝地区双城经济圈建设规划纲要》，加强财政合作，

创新财政体制，打造川渝高竹新区等区域合作平台；支持成渝中线、渝湘、渝昆、郑万等高速铁路和嘉陵江利泽航运枢纽建设，推动基础设施互联互通；建立长江、濑溪河川渝跨省（市）流域横向生态补偿机制，促进生态环保联建联治。推进“一区两群”协调发展，实施差异化财政体制，加快渝中、江北、南岸等“两江四岸”核心区建设，推动中心城区集聚城市核心功能，推进长寿、江津、南川、璧山同城化发展，提升涪陵、合川、永川、綦江—万盛城市综合承载能力和辐射带动力，发挥大足、铜梁、潼南、荣昌连接城乡、联动周边桥头堡作用；落实“两群”区县税收全留体制，支持万州、黔江等区域中心城市建设，推动渝东北三峡库区城镇群生态优先绿色发展、渝东南武陵山区城镇群文旅融合发展。全面推进乡村振兴，投入衔接资金72亿元，脱贫区县整合涉农资金82亿元，支持巩固拓展脱贫攻坚成果，推动城口、巫溪、酉阳和彭水4个国家乡村振兴重点帮扶县发展，促进巴南、武隆、丰都等40个市级乡村振兴示范镇村建设。安排市级资金176亿元，支持渝西水资源配置工程建设，推动开州、云阳等三峡库区区县后扶项目落地，持续提升农村供水保障能力。推进生态环境保护，投入市级资金122亿元，推动梁平、垫江等区县水污染防治，支持忠县、石柱、秀山等区县土壤污染治理，落实奉节、巫山等区县“以奖促治”专项资金，支持北碚等区县国家森林城市和“两岸青山·千里林带”建设，统筹山水林田湖草系统治理，筑牢长江上游重要生态屏障。

三是保障和改善民生。落实资金54亿元，保障疫情防控和居民免费接种新冠疫苗。投入市级资金36亿元，落实就业优先政策，支持高校毕业生等重点群体就业创业。安排市级资金195亿元，提升学前教育普惠率，推动义务教育优质均衡发展，提高高中阶段生均公用经费标准，支持办好特殊教育，促进职业教育产教融合，推进市属高校、重庆大学、西南大学“双一流”建设。投入市级资金49亿元，资助270万人次家庭经济困难学生。将退休人员基本养老金上调4.5%，推进养老服务体系建设。完善住房租赁补贴政策，支持城市老旧小区、棚户区和农村危旧房改造。及时足额发放城乡低保人员、特困人员、孤儿等群体救助资金，落实优待抚恤补助政策，支持残疾人事业发展。落实全运会、市运会等重大赛事经费。保障公共图书馆、文化馆、美术馆、博物馆和纪念馆免费开放。拨付市级资金3亿元，支持区县防汛救灾和灾后重建。投入市级资金12亿元，支持基层治安维稳、人民调解、反诈宣传、法律援助等，提升社会治理和司法便民服务水平。

四是推进财政管理改革。修订完善市级预算、重点专项、预算公开评审等管理办法，推进市级支出标准体系建设。常态化实施财政资金直达机制，提高财政支出效率。落实党政机关过紧日子要求，严控预算追加，规范预算调剂。完善水利、科技、卫生健康等行业领域的绩效指标和标准体系，首次对社保基金开展重点绩效评价，绩效监控和绩效自评实现一级预算单位和项目支出全覆盖。出台生态环境、公共文化、自然资源、应急救援等4个领域财政事权和支出责任改革方案。推进预算管理一体化改革，实现预算编制、执行、资产、债务、绩效各环节“横向整合”，推动中央、市、区县等各级财政“纵向贯通”。深化国有资产管理、政府采购制度等改革，加强行政事业单位内控制度建设，扎实推动财会监督检查，加大会计行业整治力度，进一步严肃财经纪律。

五是防控财政运行风险。开展2021年区县财政承受能力评估，完善预算审查、动态监控、资金调度等全链条保障机制，加大重点关注区县补助力度，兜牢基层“三保”底线。建立新增债券发行条件评估机制，提升项目质量，有效管控源头风险。发行再融资债券，优化债务期限结构，缓释当期偿债压力。通过安排预算、盘活资源资产、统筹企事业单位经营性收入等多种方式化解存量债务，持续压减债务规模。加强监督问责和考核，坚决遏制新增政府隐性债务。积极应对社保基金运行压力，采取委托全国社保基金投资等方式，实现社保基金和职业年金保值增值。

（二）落实市人大预算决议和服务代表委员情况

一是严格落实市人大预算决议。对标对表落实预算法、预算法实施条例和市预算审查监督条例，按照市五届人大四次会议批准的预算决议，以及市五届人大常委会第 26、第 27、第 29 次会议批准的调整预算方案，认真执行各项财政收支预算。在 2022 年预算草案形成过程中，完善市级预算公开评审机制，邀请市人大专委会委员、人大代表、专家学者提前介入预算审查，以绩效为导向开展重点专项公开评审，进一步规范预算编制。

二是完善服务代表委员机制。建立服务代表委员长效机制，通过片区座谈、寄送资料等方式，主动向代表委员汇报预算执行、债务管控、预算管理一体化等情况。召开财政工作及 2022 年预算报告征求意见座谈会 4 场，配合财政部在渝召开全国“两会”代表委员座谈会 2 次，印送《重庆财政（双月刊）》6 期、《财政工作信息》12 期，及时向代表委员报告财经形势和财政工作，提升财政服务代表委员工作水平。

三是抓好代表建议、政协提案办理。市“两会”期间，代表委员围绕增收节支、基层“三保”等提出了宝贵意见建议，财政主动沟通、充分吸纳、及时转化，有力提升了财政管理水平。市“两会”闭会后，财政主办建议提案 41 件，代表委员关于科技创新、乡村振兴等意见建议，转化为支持科技创新、完善农业保险等方面的政策措施；协办建议提案 561 件，配合市级相关部门和单位，做好促进普惠性托育机构发展、基本医疗保险统筹等工作。

总的来看，2021 年预算收支执行情况良好，财政收入好于预期，重点支出有力保障，改革管理提质增效，全市财政运行平稳。但也要清醒看到，当前预算执行和财政管理中还存在一些问题：一些部门预算绩效观念不强，“重投入、轻绩效”，绩效自评不够客观，绩效管理刚性约束不够。项目储备不足，一些项目前期工作不充分，影响预算执行进度，存在“钱等项目”现象。一些区县进入偿债高峰期，债务还本付息负担重，加之区县土地出让收入具有不确定性，潜在风险不容忽视。

三、2022 年工作安排

今年是“十四五”承上启下的关键一年，我们党将召开二十大，我市也将召开第六次党代会，做好财政工作意义重大。全市财政将认真贯彻中央和市委决策部署，落实市人大预算决议，坚持以政领财、以财辅政，科学研判财政收支形势，合理编制财政预算，积极发挥财政职能作用，推动我市经济平稳健康发展与社会大局和谐稳定。

（一）2022 年财政收支形势分析

当前和今后一个时期，我市高质量发展机遇与挑战并存、机遇大于挑战。习近平总书记从战略和全局的高度为重庆把脉定向，为我市发展提供了根本遵循和行动指南。成渝地区双城经济圈建设、共建“一带一路”、长江经济带发展、新时代西部大开发、西部陆海新通道等国家战略深入推进，为我市发展带来了政策利好和项目利好。经济发展韧性强，长期向好的基本面持续巩固，为财政平稳运行提供了源头活水。但是，世纪疫情冲击下，外部环境更趋复杂严峻和不确定，需求恢复有所放缓，经济稳增长压力较大，科技创新能力还不强，产业发展能级整体不高，部分企业生产要素短缺，城乡区域发展差距依然较大，财政收入规模偏小，非税收入占比偏高，财政收入特别是税收收入中低速增长已成为常态。同时，落实重大发展战略、支持重大项目建设、保障重点民生政策，以及政府债务还本付息等方面资金需求增加，财政支出刚性增长。总体来看，2022 年财政收支呈“紧平衡”特征。

（二）2022 年预算编制和财政工作的总体要求

2022 年预算编制和财政工作的总体要求是：坚持以习近平新时代中国特色社会主义思想为指导，全面贯彻党的十九大和十九届历次全会精神，扎实落实中央经济工作会议精神，进一步增强“四个意识”、坚定“四个自信”、做到“两个维护”，弘扬伟大建党精神，坚持稳中求进工作总基调，立足新发展阶段，完整、准确、全面贯彻新发展理念，积极融入和服务新发展格局，全面深化改革开放，坚持创新驱动发展，推动高质量发展，坚持以供给侧结构性改革为主线，统筹疫情防控和经济社会发展，统筹发展和安全，继续做好“六稳”“六保”工作，持续改善民生，保持经济运行在合理区间，保持社会大局稳定，推动成渝地区双城经济圈建设向纵深发展。按照“积极的财政政策要提升效能，更加注重精准、可持续”的要求，落实新的组合式减税降费政策，减轻市场主体负担；加强财政资源统筹，优化支出重点和结构；坚持党政机关过紧日子，提高财政支出的精准性有效性；深化预算管理改革，加快建立现代财税体制；健全依法适度举债机制，防范化解政府债务风险。根据上述总体要求，要着重抓好以下五项工作。

——抓开源，更大力度统筹财政资源。落实新的组合式减税降费政策，激发市场主体活力，着力培育税源，加大“三资”盘活力度，努力挖掘新的收入增长点。创新政府投融资模式，运用好资产证券化、公募 REITs 等筹资方式，引导更多社会资本投入重大项目。围绕成渝地区双城经济圈建设、共建“一带一路”，以及长江经济带发展、新时代西部大开发、西部陆海新通道等国家战略，抓好项目策划、储备、对接，争取中央转移支付和政府债券支持。

——保重点，更实举措支持重大战略任务。围绕成渝地区双城经济圈建设、“十四五”规划、“一区两群”协调发展等，加强“资金池”与“项目池”“资源要素池”对接，保持适度支出强度，提高支出精准度，重点支持区域协同、科技创新、产业发展、乡村振兴、污染防治等。完善区域协同发展转移支付制度，对经济体量大、带动作用强、公共服务辐射广的区县给予激励引导，提升基层财力保障水平。

——控支出，更严标准过好紧日子。坚持节俭办一切事业，大力压减非重点、非刚性支出，加强一般性项目支出标准建设，努力降低行政运行成本，构建党政机关过紧日子长效机制。推进预算管理一体化系统全面上线，提升标准化、精细化管理水平。加强党政领导干部培训，传递“紧”的理念、“严”的要求，形成过紧日子思想共识。

——提效能，更高水平推动财政管理改革。按照中央新一轮财政体制改革方案，持续深化财政事权和支出责任划分改革、收入划分改革和转移支付改革。强化预算约束，持续推进预算绩效指标体系建设，加强绩效评价结果运用。配合人大、纪检、审计等部门，严肃财经纪律，促进财政资金规范、高效、安全使用。

——稳运行，更富成效防范化解财政风险。坚持"三保"在财政支出中的优先顺序，严格落实预算审查、动态监控、工资专户、资金调度等全链条"三保"保障机制，加大财力下沉力度，兜牢基层"三保"底线。加强政府债务风险排查，加大综合施策和部门协同力度，通过多渠道筹集资金、市场化合规转化等方式，稳妥化解存量债务，坚决遏制新增政府隐性债务。

（三）2022 年财政重点支出方向

1. 支持区域协调发展

纵深推进成渝地区双城经济圈建设，推动重大政策落地，支持重大规划编制，加快川渝高竹新区等重大合作平台建设。持续推动"一区两群"协调发展，支持主城都市区强核提能级、扩容提品质，促进中心城区和主城新区交通同网、产业同链、服务同标、发展同步；支持渝东北三峡库区城镇群生态优先绿色发展，推动万开云同城化发展，强化沿江区县发展互动、产业联动；支持渝东南武陵山区城镇群文旅融合发展，推动乌江画廊旅游示范带和武陵山区民俗风情生态旅游示范区建设，促进民族地区加快发展。

2. 支持科技创新中心建设

坚持把科技作为财政支出重点领域，确保财政科技支出只增不减。建设创新平台，支持高水平建设西部（重庆）科学城、两江协同创新区、广阳湾智创生态城等创新平台，推动潼南、涪陵、合川、大足、綦江、铜梁创建国家高新区以及各类产业园区创新转型、提能升级。培育创新主体，强化企业创新主体地位，扶持高新技术企业、科技型企业发展，增强高等院校和科研机构创新能力，支持开展关键核心技术攻关，鼓励创建国家技术创新中心、制造业创新中心等，引进培育高端研发机构。营造创新生态，落实鼓励创新系列财政政策，完善"塔尖""塔基"人才政策，深入实施重庆英才计划，深化财政科研项目经费管理改革，激发科研人员创新活力。

3. 支持现代产业体系建设

扎实推动产业转型升级，加快产业基础高级化和产业链现代化。提高制造业核心竞争力，支持实施产业基础再造、战略性新兴产业集群发展和龙头企业保链稳链等工程，建好市级重点关键产业园，抓实产业链升级重构，推动汽车、电子信息、装备制造、医药、材料、消费品等产业高质量发展。大力发展数字经济，支持高水平建设"智造重镇""智慧名城"，推动新型基础设施建设，加快软件产业发展、深化智能制造实施、推进产品智能升级、丰富智能化应用场景，不断夯实数字基础设施。推动现代服务业发展，加快建设西部金融中心、内陆国际物流枢纽、国际知名旅游目的地，统筹推进其他服务业高质量发展。

4. 支持全面推进乡村振兴

加大财政投入力度，用好农业融资担保、农业保险等财政金融工具，支持乡村振兴。巩固拓展脱贫攻坚成果，保持支持政策和资金规模总体稳定，重点向任务重、底子差的脱贫区县倾斜。支持提高农业质量效益，推动农田宜机化改造、高标准农田建设，落实产粮大县奖励政策，兑现耕地地力保护和农机购置补贴，确保粮食生产安全，促进农业产业高质量发展。补齐农村基础设施短板，提升农村人居环境，提高农村公共服务水平。

5. 支持城市提升行动计划

构建现代基础设施网络，统筹财政资金，发挥市级投资集团作用，加快"米"字型高铁、轨道交通、航空枢纽、航运中心、高速路网、城市路网、现代水网等项目建设。实施城市更新行动，支持“两江四岸”治理提升，推动长嘉汇、广阳岛、科学城、枢纽港、智慧园、艺术湾等建设。支持城镇老旧小区、棚户区和城市管道改造。推动“四山”保护、山城步道等城市生态更新。支持城市路网、城市人文更新。

6. 支持生态优先绿色发展

培育绿色低碳新动能，撬动金融资源向低碳减排领域倾斜，大力培育循环经济、生态产业和节能环保产业，支持绿色低碳技术攻关。持续推动污染防治，打好碧水、蓝天、净土保卫战，加强重点流域水环境综合治理，补齐城镇污水处理设施短板。强化建设用地、农用地土壤污染防治，加快锰污染等综合治理，支持成渝地区双城经济圈共建“无废城市”。开展生态修复，统筹山水林田湖草系统治理，持续推动“两岸青山·千里林带”建设，落实长江“十年禁渔”政策，推动矿山、荒漠化、石漠化、消落带和水土流失综合治理，加强自然保护地建设管理和生物多样性保护。支持广阳岛片区长江经济带绿色发展示范。

7. 支持保障和改善民生

持续落实就业优先政策，解决高校毕业生、农民工、退役军人等重点群体就业问题。积极应对人口老龄化，配合做好基本养老保险全国统筹工作，健全养老服务体系。支持发展长租房市场，推进保障性住房建设。落实低保、特困、孤儿、残疾人等救助帮扶政策，支持妇女儿童、慈善等工作，提升退役军人服务保障质量。促进教育高质量发展，巩固完善学生资助政策体系，继续扩大公办园和普惠型幼儿园资源，健全城乡义务教育经费保障机制，推动普通高中多样化特色发展，推进职业教育提质培优，支持高等教育一流专业和急需紧缺专业建设。做好卫生健康经费保障，继续推进疫苗接种，深化医药卫生体制改革，支持健康中国重庆行动，完善医疗保障制度体系，推动三孩生育政策及配套措施落地见效。持续推动文化体育事业发展，深化新时代文明实践中心建设，推动城乡公共文化服务体系一体化建设。支持文艺创作和展演，加快文化产业发展，促进群众体育、竞技体育、体育产业协调发展。

上述支出政策中，涉及预算草案批准前必须安排的人员、基本运转等支出，按照《预算法》第五十四条规定，已作相应安排。

四、2022年预算草案

（一）全市预算收入预计和支出安排

1. 全市一般公共预算

——全市一般公共预算收入预计2354亿元，增长3%。其中，税收收入预计1629亿元，增长5.5%。加上中央提前下达转移支付、地方政府债务收入、动用预算稳定调节基金、调入资金、上年结转等3232亿元后，收入总量为5586亿元。

——全市一般公共预算支出安排5130亿元，加上上解中央、地方政府债务还本支出等456亿元后，支出总量为5586亿元。

2. 全市政府性基金预算

——全市政府性基金预算收入预计2037亿元。其中，全市国有土地使用权出让收入1787亿元。加上中央提前下达转移支付、地方政府债务收入、上年结转等1435亿元后，收入总量为3472亿元。

——全市政府性基金预算支出安排2737亿元，加上调出资金、地方政府债务还本支出735亿元后，支出总量为3472亿元。

3. 全市国有资本经营预算

——全市国有资本经营预算收入预计93亿元，加上上年结转8亿元后，收入总量为101亿元。

——全市国有资本经营预算支出安排40亿元，加上调出资金61亿元后，支出总量为101亿元。

4. 全市社会保险基金预算

——全市社会保险基金预算收入预计2473亿元。其中，基本养老保险基金收入1704亿元，基本医疗保险基金收入710亿元，失业保险基金收入29亿元，工伤保险基金收入30亿元。

——全市社会保险基金预算支出安排2255亿元。其中，基本养老保险基金支出1578亿元，基本医疗保险基金支出631亿元，失业保险基金支出23亿元，工伤保险基金支出23亿元。加上本年收支结余218亿元后，支出总量为2473亿元。

（二）市级预算收入预计和支出安排

1. 市级一般公共预算

——市级一般公共预算收入预计822亿元，增长3%。其中，税收收入预计565亿元，增长5.5%。加上中央提前下达转移支付、动用预算稳定调节基金、调入资金、区县上解、地方政府债务收入、上年结转等2720亿元后，收入总量为3542亿元。

——市级一般公共预算支出安排1695亿元，增长7.9%。加上市级对区县提前下达转移支付、上解中央、地方政府债务还本支出、地方政府债务转贷支出等1847亿元后，支出总量为3542亿元。

（1）市级主要支出项目预算安排为：一般公共服务支出134亿元，增长2.6%。公共安全支出106亿元，增长4.6%。教育支出151亿元，增长18.8%。科学技术支出34亿元，增长31.8%。文化旅游体育与传媒支出17亿元，增长7.4%。社会保障和就业支出572亿元，增长13.3%。卫生健康支出194亿元，增长4%。节能环保支出51亿元，增长12.6%。城乡社区支出97亿元，下降8.5%。农林水支出25亿元，增长8%。交通运输支出148亿元，增长5.3%。产业发展支出38亿元，增长4.2%。自然资源海洋气象等支出22亿元，增长2.6%。住房保障支出43亿元，下降7.8%。灾害防治及应急管理支出8亿元，增长11.7%。

（2）市级对区县转移支付预算安排为：市级对区县转移支付1343亿元。其中，一般性转移支付1154亿元，专项转移支付189亿元。

（3）市级预备费25亿元。预备费执行中根据实际用途分别计入市本级支出和对区县转移支付。

2. 市级政府性基金预算

——市级政府性基金预算收入预计1075亿元。其中，市级国有土地使用权出让收入929亿元。加上中央提前下达转移支付、地方政府债务收入、上年结转等1161亿元后，收入总量为2236亿元。

——市级政府性基金预算支出安排865亿元，加上市级对区县提前下达转移支付、调出资金、地方政府债务转贷支出、地方政府债务还本支出等1371亿元后，支出总量为2236亿元。

3. 市级国有资本经营预算

——市级国有资本经营预算收入预计26亿元，加上上年结转等4亿元后，收入总量为30亿元。

——市级国有资本经营预算支出安排18亿元，加上调出资金12亿元后，支出总量为30亿元。

（三）地方政府债券发行计划和还本付息安排

2022年，按照中央提前下达的新增政府债券限额，全市政府债券计划发行1100亿元。其中，新增债券558亿元，用于市级重大项目建设166

亿元、区县政府投资项目建设392亿元；再融资债券542亿元，用于偿还到期政府债务本金。

2022年，全市政府债务还本支出安排658亿元，付息支出安排279亿元。其中，市级政府债务还本支出安排139亿元，付息支出安排95亿元。

待中央正式下达2022年全年新增政府债券限额、批准再融资债券发行计划后，全市政府债券发行计划和支出安排将相应做出调整。

各位代表！做好2022年的财政工作，责任重大，任务艰巨，使命光荣！全市财政将坚持以习近平新时代中国特色社会主义思想为指导，全面贯彻落实习近平总书记对重庆的重要指示要求，在市委的坚强领导下，主动接受市人大的监督，认真听取市政协的意见建议，以更加昂扬的姿态迈进新征程、建功新时代，奋力谱写重庆高质量发展、高品质生活新篇章，以优异成绩迎接党的二十大和市第六次党代会胜利召开。

2021 年重庆市国民经济和社会发展统计公报

重庆市统计局　国家统计局重庆调查总队

2021 年是党和国家历史上具有里程碑意义的一年。在以习近平同志为核心的党中央坚强领导下，全市坚持以习近平新时代中国特色社会主义思想为指导，深入学习贯彻党的十九大和十九届历次全会精神，全面贯彻习近平总书记对重庆提出的营造良好政治生态，坚持“两点”定位、“两地”“两高”目标，发挥“三个作用”和推动成渝地区双城经济圈建设等重要指示要求，认真落实党中央、国务院决策部署，坚持稳中求进工作总基调，立足新发展阶段、贯彻新发展理念、融入新发展格局、推动高质量发展，扎实做好“六稳”工作、落实“六保”任务，全市疫情防控成果持续巩固，经济发展保持良好态势，社会大局保持和谐稳定，如期打赢脱贫攻坚战、全面建成小康社会，实现了“十四五”良好开局。

一、综合

初步核算，全年实现地区生产总值 27894.02 亿元，比上年增长 8.3%，两年平均增长 6.1%。按产业分，第一产业增加值 1922.03 亿元，增长 7.8%；第二产业增加值 11184.94 亿元，增长 7.3%；第三产业增加值 14787.05 亿元，增长 9.0%。三次产业结构比为 6.9∶40.1∶53.0。全年人均地区生产总值达到 86879 元，比上年增长 7.8%。民营经济增加值 16628.56 亿元，增长 9.4%，占全市经济总量的 59.6%。

全市年末常住人口 3212.43 万人，比上年增加 3.50 万人。其中，城镇人口 2259.13 万人，占常住人口比重（常住人口城镇化率）为 70.32%，比上年提高 0.86 个百分点。全年外出市外人口

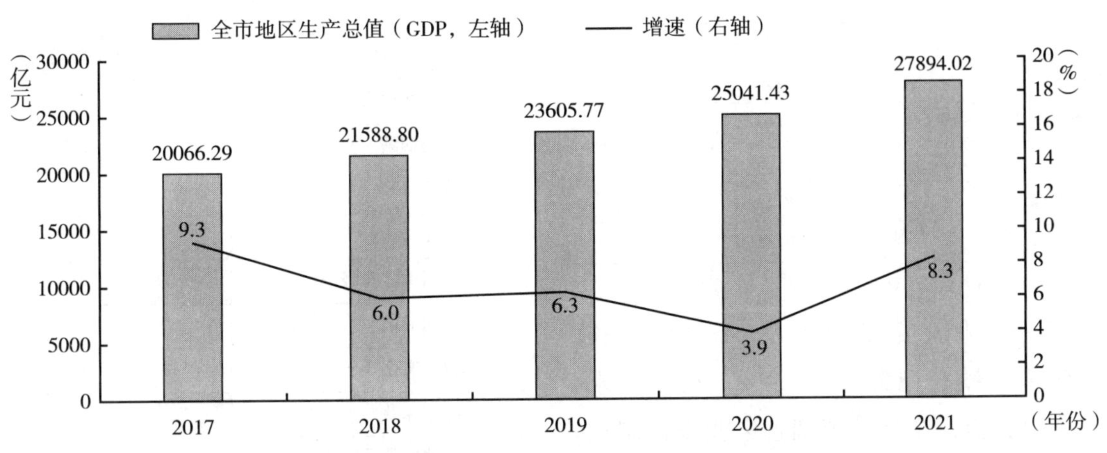

图 1　2017~2021 年全市地区生产总值及其增长速度

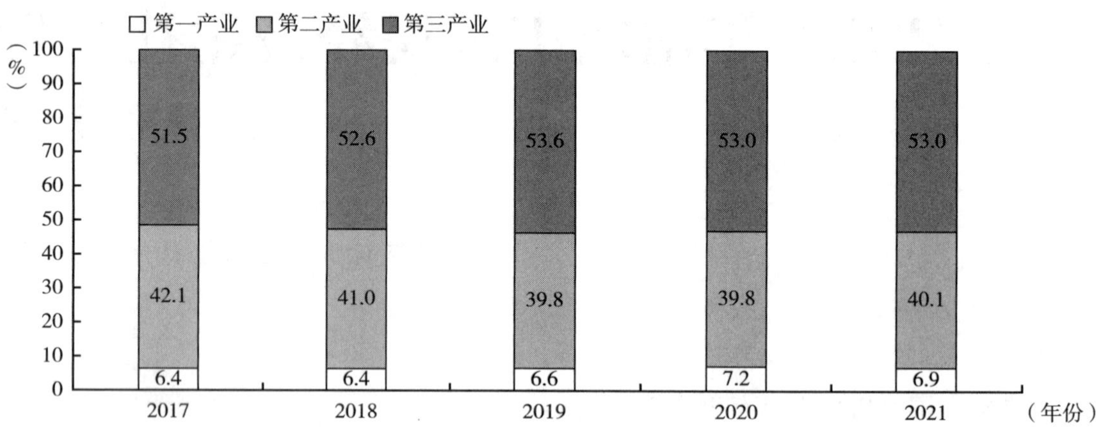

图 2 2017~2021 年三次产业增加值占全市地区生产总值比重

412.56 万人，市外外来人口 222.77 万人。

全年人口出生率为 6.49‰，死亡率为 8.04‰，人口自然增长率为−1.55‰。全市常住人口性别比（以女性为 100，男性对女性的比例）为 102.39，出生婴儿性别比为 107.94。

表 1 2021 年末常住人口及其构成

单位：万人，%

指标	年末数	比重
全市常住人口	3212.43	100.0
按城乡分		
城镇	2259.13	70.32
乡村	953.30	29.68
按性别分		
男性	1625.22	50.6
女性	1587.21	49.4
按年龄段分		
0~15 岁（含不满 16 周岁）	530.05	16.50
16~59 岁（含不满 60 周岁）	1986.25	61.83
60 周岁及以上	696.13	21.67
#65 周岁及以上	570.21	17.75

城镇新增就业人员 75.08 万人，比上年增长 14.5%。年末城镇登记失业率 2.9%，比上年末下降 1.6 个百分点；全年城镇调查失业率控制在 5.5%以内。

全市农民工总量 756.3 万人，比上年增长 2.7%。其中，外出农民工 513.6 万人，下降 1.7%；本地农民工 242.7 万人，增长 13.4%。

全年居民消费价格比上年上涨 0.3%，其中食品价格下降 4.4%。工业生产者出厂价格上涨 3.2%。工业生产者购进价格上涨 7.2%。农产品生产者价格下降 1.6%。全年新建商品住宅销售价格、二手住宅销售价格总体呈先上升后回落的走势。12 月，新建商品住宅销售价格环比指数为 100.3、同比指数为 107.9；二手住宅销售价格环比指数为 99.6、同比指数为 104.4。

表 2 2021 年居民消费价格比上年涨跌幅度

单位：%

指标	比上年增长
居民消费价格	0.3
食品烟酒	−2.2
衣着	1.4
居住	0.4
生活用品及服务	0.7
交通通信	4.7
教育文化娱乐	1.7
医疗保健	−0.4
其他用品及服务	−2.7

新产业新业态新模式逆势成长。全年规模以上工业战略性新兴产业增加值比上年增长18.2%，高技术制造业增加值增长18.1%，占规模以上工业增加值的比重分别为28.9%和19.1%。新一代信息技术产业、生物产业、新材料产业和高端装备制造产业增加值分别增长18.6%、11.9%、19.6%和13.2%。全年高技术产业投资比上年增长8.4%，占固定资产投资的比重为8.5%。全市限额以上单位通过公共网络实现商品零售额比上年增长27.3%，高于社会消费品零售总额增速8.8个百分点。全年新增市场主体57.88万户，年末市场主体总数320.37万户。

生态环境保护取得新成效。全年全市万元地区生产总值能耗比上年下降3.5%。全市环境空气质量满足优良天数326天。环境空气细颗粒物（$PM_{2.5}$）平均浓度为35微克／米^3。地表水总体水质为优，Ⅰ~Ⅲ类水质的断面比例为95.9%，集中式生活饮用水水源地水质达标率为100%，库区一级支流水质呈富营养的断面比例为34.8%。

成渝地区双城经济圈建设成势见效。全面落实《成渝地区双城经济圈建设规划纲要》，召开两次川渝党政联席会议，设立300亿元双城经济圈发展基金，共同实施85项年度重点任务，推进67个重大合作项目，打造10个区域合作平台。推动基础设施互联互通，多层次轨道交通规划获批启动实施，成渝中线、郑万高铁重庆段、渝西高铁、涪江双江航电枢纽、川渝电网一体化等项目取得积极进展。推动科技创新区域协同，集中开工40个重大科技项目，合作共建6个重点实验室，组建成渝地区高新区联盟、技术转移联盟和协同创新联盟。推动产业发展协同协作，制定汽车、电子、装备制造、工业互联网高质量协同发展实施方案，获批共建工业互联网一体化发展示范区和全国一体化算力网络国家枢纽节点。推动生态环保联建联治，共同实施长江干流生态保护修复重大工程，开展跨界河流污染专项整治和大气污染联防联控。推动公共服务共建共享，启动第二批便捷生活行动，210项“川渝通办”事项全面实施，跨省医疗结算、公积金异地贷款等实现“一地办”。

“一区两群”经济协调发展。建立健全“一区两群”协调发展工作调度机制和区县对口协同发展机制，促进各片区发挥优势、彰显特色、协同发展。全年主城都市区实现地区生产总值21455.64亿元，同比增长8.0%；渝东北三峡库区城镇群实现地区生产总值4895.15亿元，同比增长9.1%；渝东南武陵山区城镇群实现地区生产总值1543.19亿元，同比增长7.6%。从工业生产看，主城都市区产业门类齐全，配套体系完善。从投资看，渝东北三峡库区城镇群投资增长加快。从消费看，主城都市区消费市场持续复苏；两群地区在特色山地效益农业、文旅融合发展的推动下，消费市场呈现稳健复苏的良好态势。

二、农业

全年农林牧渔业增加值1960.86亿元，比上年增长7.8%。

全年粮食播种面积3019.79万亩，比上年增长0.5%。粮食综合单产361.89公斤／亩，增长0.5%。

全年粮食总产量1092.84万吨，比上年增长1.1%。其中，夏粮产量121.06万吨，增长1.2%；秋粮产量971.78万吨，增长1.0%。全年谷物产量761.38万吨，增长1.0%。其中，稻谷产量493.05万吨，增长0.8%；小麦产量6.15万吨，增长1.0%；玉米产量254.56万吨，增长1.4%。全年猪肉产量142.01万吨，增长30.5%。生猪出栏1806.86万头，增长26.0%。年末生猪存栏1179.83万头，增长9.0%。

表3 2021年主要农产品产量及其增长速度

产品名称	产量	比上年增长（%）
粮食（万吨）	1092.84	1.1
禽蛋（万吨）	47.87	4.7
牛奶（万吨）	3.07	-4.4
出栏生猪（万头）	1806.86	26.0
出栏牛（万头）	57.20	3.0
出栏羊（万只）	454.65	1.1
出栏家禽（万只）	24077.59	5.3
猪肉（万吨）	142.01	30.5
水产品（万吨）	54.53	4.1

三、工业和建筑业

全年实现工业增加值7888.68亿元，比上年增长9.6%。规模以上工业增加值比上年增长10.7%。分经济类型看，国有控股企业增加值增长11.1%，股份制企业增长10.7%，外商及港澳台商投资企业增长10.5%，私营企业增长10.0%。分门类看，采矿业下降15.7%，制造业增长11.6%，电力、热力、燃气及水生产和供应业增长12.8%。

全年规模以上工业中，分产业看，汽车产业增加值比上年增长12.6%，摩托车产业增长5.9%，电子产业增长17.3%，装备产业增长16.8%，医药产业增长14.5%，材料产业增长5.9%，消费品产业增长8.9%，能源工业增长3.4%。分行业看，农副食品加工业增加值比上年增长14.0%，化学原料和化学制品制造业增长4.3%，非金属矿物制品业下降0.8%，黑色金属冶炼和压延加工业增长11.5%，有色金属冶炼和压延加工业增长6.4%，通用设备制造业增长7.1%，铁路、船舶、航空航天和其他运输设备制造业增长6.9%，电气机械和器材制造业增长27.0%，计算机、通信和其他电子设备制造业增长13.5%，电力、热力生产和供应业增长15.6%。

表4 2021年规模以上工业主要产品产量及其增长速度

产品名称	产量	比上年增长（%）
汽车（万辆）	199.80	26.1
#新能源汽车	15.22	252.1
微型计算机设备（万台）	10730.36	17.5
#笔记本计算机	9385.29	19.1
智能手机（万台）	8649.68	11.6
液晶显示屏（亿片）	3.65	29.7
钢材（万吨）	1310.46	-0.4
铝材（万吨）	217.72	18.6
水泥（万吨）	6232.94	-3.9

全年规模以上工业企业利润总额比上年增长40.8%。分经济类型看，国有控股企业利润增长92.7%，股份制企业增长39.9%，外商及港澳台商投资企业增长48.2%，私营企业增长21.3%。分门类看，采矿业利润比上年下降7.8%，制造业增长44.0%，电力、热力、燃气及水生产和供应业增长11.1%。

全年建筑业增加值3296.26亿元，比上年增长1.9%。全市总承包和专业承包建筑业企业总产值9943.01亿元，增长10.8%。

四、服务业

全年批发和零售业增加值2697.53亿元，比上年增长13.4%；交通运输、仓储和邮政业增加值1087.34亿元，增长9.9%；住宿和餐饮业增加值550.31亿元，增长14.1%；金融业增加值2459.78亿元，增长4.0%；房地产业增加值 1658.35 亿元，增长 4.1%；其他服务业增加值 6333.74 亿元，增长 10.0%。全年规模以上服务业企业营业收入 5246.66 亿元，比上年增长 15.4%。

全年货物运输总量 14.43 亿吨，货物运输周转量 3841.66 亿吨公里。全年内河港口货物吞吐量 19804.25 万吨，增长 20.0%。空港货物吞吐量 47.87 万吨，增长 16.0%。国际标准集装箱吞吐量 171.21 万标准箱，其中铁路吞吐量 38.14 万标准箱，增长 20.1%。

表 5　2021 年各种运输方式货物运输量及其增长速度

指标	绝对量	比上年增长（%）
货物运输总量（万吨）	144254.39	18.8
铁路	1592.82	-15.2
公路	121185.16	21.6
水运	21461.83	8.3
航空	14.57	10.2
货物运输周转量（亿吨公里）	3841.66	9.0
铁路	246.66	25.5
公路	1155.84	9.5
水运	2435.94	7.3
航空	3.22	48.2

全年旅客运输总量 3.53 亿人次，比上年下降 11.4%。旅客运输周转量 644.57 亿人公里，增长 1.7%。空港旅客吞吐量 3741.63 万人次，增长 2.8%。

表 6　2021 年各种运输方式旅客运输量及其增长速度

指标	绝对量	比上年增长（%）
旅客运输总量（万人次）	35250.15	-11.4
铁路	6497.06	24.2
公路	25647.88	-18.4
水运	610.14	16.6
航空	2495.07	-3.8
旅客运输周转量（亿人公里）	644.57	1.7

续表

指标	绝对量	比上年增长（%）
铁路	156.64	22.8
公路	120.39	-14.4
水运	2.98	39.3
航空	364.56	0.4

年末全市民用车辆拥有量 837.09 万辆，比上年末增长 9.4%。其中私人汽车拥有量 768.23 万辆，增长 10.2%。民用轿车拥有量 273.84 万辆，增长 7.8%。其中私人轿车 254.56 万辆，增长 8.8%。

全年完成邮政业务总量 163.19 亿元，比上年增长 20.2%。邮政业全年完成邮政函件业务 1489.16 万件，包裹业务 21.16 万件，快递业务 9.79 亿件，快递业务收入 103.43 亿元。

全年完成电信业务总量 4412.36 亿元，同比增长 38.3%。全市电话用户 4359.11 万户，其中移动电话用户 3751.11 万户。移动电话普及率为 117.02 部 / 百人。互联网用户 4824.73 万户，其中移动互联网用户 3288.50 万户，固定宽带互联网用户 1536.23 万户；手机上网用户 3284.45 万户，增长 5.6%。

五、国内贸易

全年社会消费品零售总额比上年增长 18.5%，扣除价格因素实际增长 16.9%。按经营地统计，城镇消费品零售额增长 17.8%，乡村消费品零售额增长 23.2%。按消费类型统计，商品零售额增长 17.0%，餐饮收入增长 28.5%。

在限额以上单位中，粮油、食品类商品零售额比上年增长 12.6%，饮料类商品增长 47.5%，烟酒类商品增长 24.6%，服装、鞋帽、针纺织品类商品增长7.9%，化妆品类商品增长10.0%，金银珠宝类商品增长38.6%，家用电器和音像器材类商品增长17.4%，中西药品类商品增长9.8%，文化办公用品类商品增长18.3%，家具类商品增长24.1%，通信器材类商品增长8.8%，建筑及装潢材料类商品增长27.3%，石油及制品类商品增长25.9%，汽车类商品增长13.0%。

从零售业态看，全年无店铺零售比上年增长25.8%。其中，网上商店增长20.6%，邮购增长49.4%。在有店铺零售企业中，百货店增长3.5%，超市增长17.6%，仓储会员店和厂家直销中心增长70.2%。

六、固定资产投资

全年固定资产投资总额比上年增长6.1%。其中，基础设施投资增长7.4%，工业投资增长9.1%，民间投资增长9.3%。

表7　2021年按产业分固定资产投资增长速度

单位：%

指标	比上年增长
固定资产投资总额	6.1
第一产业	15.7
第二产业	8.0
#工业	9.1
汽车产业	-1.9
摩托车产业	22.2
电子产业	7.3
装备产业	22.8
医药产业	10.9
材料产业	9.1
消费品产业	12.9
能源工业	3.6
第三产业	5.2
#房地产开发	0.1

全年房地产开发投资4354.96亿元，比上年增长0.1%。其中，住宅投资3288.11亿元，增长3.1%；办公楼投资80.88亿元，下降9.7%；商业营业用房投资413.07亿元，下降7.4%。全年全市棚户区改造1.5万户。

表8　2021年商品房建设与销售主要指标及其增长速度

指标	绝对量	比上年增长（%）
施工面积（万平方米）	26893.17	-1.7
#住宅	17709.78	-2.9
办公楼	738.76	5.3
商业营业用房	2900.18	-4.6
新开工面积（万平方米）	4873.36	-18.1
#住宅	3231.19	-21.3
办公楼	104.52	-5.6
商业营业用房	470.78	3.8
竣工面积（万平方米）	4196.21	11.2
#住宅	2724.39	5.4
办公楼	141.53	127.6
商业营业用房	398.93	8.9
销售面积（万平方米）	6197.71	0.9
#住宅	4945.42	2.7
办公楼	110.45	3.5
商业营业用房	371.87	-28.4
销售额（亿元）	5391.26	6.3
#住宅	4786.06	11.5
办公楼	91.65	-28.4
商业营业用房	305.36	-30.6

全市高速公路通车总里程3839公里。公路路网密度223公里/百平方公里。铁路营业里程2394公里。轨道交通营运里程370公里，日均客运量300.6万人次。

七、对外经济

全年货物进出口总额8000.59亿元，比上年增长 22.8%。其中，出口 5168.33 亿元，增长 23.4%；进口 2832.26 亿元，增长 21.7%。按美元计算，货物进出口 1238.33 亿美元，比上年增长 31.5%。其中，出口 800.06 亿美元，增长 32.2%；进口 438.27 亿美元，增长 30.2%。全市对东盟、欧盟、美国三大贸易伙伴分别进出口 1292.33 亿元、1239.79 亿元、1199.35 亿元，分别比上年增长 15.2%、19.5%、11.4%；对"一带一路"沿线国家进出口 2207.01 亿元，比上年增长 26.0%。

表 9 2021 年货物进出口总额及其增长速度

单位：亿元，%

指标	绝对量	比上年增长
进出口总额	8000.59	22.8
出口额	5168.33	23.4
# 国有企业	180.41	35.9
外资企业	2650.13	11.4
民营企业	2335.76	39.9
# 一般贸易	1581.00	31.0
加工贸易	3084.28	15.0
# 机电产品	4721.88	23.1
# 高新技术产品	3758.75	19.5
# 笔记本电脑	2000.88	15.9
进口额	2832.26	21.7
# 国有企业	495.13	30.8
外资企业	1174.93	5.1
民营企业	1158.20	40.3
# 一般贸易	1106.55	37.2
加工贸易	545.75	9.1
# 机电产品	2065.09	18.3
# 高新技术产品	1840.79	16.4

全市新增外商投资企业 351 家，比上年增长 22.3%。全年实际使用外资金额 106.65 亿美元，增长 3.8%。其中，外商直接投资 22.36 亿美元，增长 6.4%。截至年底，累计有 312 家世界 500 强企业落户重庆。

全年对外承包工程新签合同额 4.52 亿美元，比上年下降 6.3%；对外承包工程完成营业额 4.25 亿美元，下降 25.7%。

中国（重庆）自由贸易试验区新增注册企业（含分支机构）14246 户，注册资本总额 1147.04 亿元。其中，新增注册外资企业（含分支机构）99 户，注册资本 4.17 亿美元。引进项目 479 个，签订合同（协议）总额 1649.37 亿元。

全年西部陆海新通道总运输 11.24 万箱，同比增长 54.2%。总运输货值 187.16 亿元，同比增长 40.1%。其中外贸货值 115.60 亿元，同比增长 38.1%。物流网络辐射 107 个国家和地区 315 个港口。中欧班列（成渝）总运输 41.86 万箱，位居全国第一。外贸货物吞吐量 578 万吨，同比增长 9.4%。开行沪渝直达快线 1192 艘次，同比增长 32.6%。运输集装箱 22.65 万标箱，同比增长 40.3%。江海联运可通达环太平洋、大西洋 200 个国家和地区 600 个港口。新开国际航线 5 条，国际航空货邮吞吐量达到 22.14 万吨，同比增长 46.8%。

八、财政金融

全年一般公共预算收入 2285.40 亿元，比上年增长 9.1%。其中税收收入 1543.40 亿元，增长 7.9%。一般公共预算支出 4835.10 亿元，比上年下降 1.2%。

金融机构资产规模 7.44 万亿元，比上年增长 11.7%。年末全市金融机构本外币存款余额 45908.04 亿元，比上年末增长 7.1%。其中，人民币存款余额 44270.21 亿元，增长 7.3%。金融机构本外币贷款余额 46927.61 亿元，比上年末增长 12.0%。其中，人民币贷款余额 46043.22 亿元，增长 12.4%。

表 10　2021 年末金融机构存贷款余额及其增长速度

单位：亿元，%

指标	年末数	比上年末增长
本外币存款余额	45908.04	7.1
# 人民币存款余额	44270.21	7.3
# 住户存款	22239.89	10.0
非金融企业存款	11358.16	3.8
政府存款	6786.10	-0.6
非银行业金融机构存款	3852.46	17.9
本外币贷款余额	46927.61	12.0
# 人民币贷款余额	46043.22	12.4
# 短期贷款	7597.31	13.5
中长期贷款	34516.69	9.6
# 个人贷款及透支	19360.46	15.9

全市共有证券公司总部 1 家，证券营业部 208 家，证券分公司 49 家。境内上市公司 63 家，总股本 960.01 亿股，股票总市值 11367.88 亿元。

全市共有保险法人机构 5 家，省级分公司 60 家。保费总收入 969.53 亿元。其中，财产保险收入 217.21 亿元，人寿保险收入 519.23 亿元，健康和意外伤害保险收入 233.09 亿元。全年赔付各类保险金 305.02 亿元。其中，财产保险赔付 150.14 亿元，人寿保险赔付 62.11 亿元，健康和意外伤害保险赔付 92.77 亿元。

九、居民收入消费和社会保障

全市居民人均可支配收入 33803 元，比上年增长 9.7%。按常住地分，城镇居民人均可支配收入 43502 元，增长 8.7%；农村居民人均可支配收入 18100 元，增长 10.6%。按全体居民五等份收入分组，低收入组人均可支配收入 11019 元，中间偏下收入组人均可支配收入 19741 元，中间收入组人均可支配收入 28978 元，中间偏上收入组人均可支配收入 42616 元，高收入组人均可支配收入 76297 元。

全市居民人均消费支出 24598 元，比上年增长 13.5%。按常住地分，城镇居民人均消费支出 29850 元，增长 12.8%；农村居民人均消费支出 16096 元，增长 13.8%。全市居民恩格尔系数为 33.2%，比上年下降 0.4 个百分点。其中城镇为 32.0%，农村为 36.6%。

表 11　2021 年居民人均可支配收入及其增长速度

单位：元，%

指标	全市居民		城镇常住居民		农村常住居民	
	绝对量	比上年增长	绝对量	比上年增长	绝对量	比上年增长
人均可支配收入	33803	9.7	43502	8.7	18100	10.6
工资性收入	18138	9.8	25396	8.7	6386	11.3
经营净收入	5358	9.3	4894	9.2	6110	9.8
财产净收入	2090	9.6	3106	8.6	446	9.9
转移净收入	8217	9.5	10107	8.5	5157	10.9

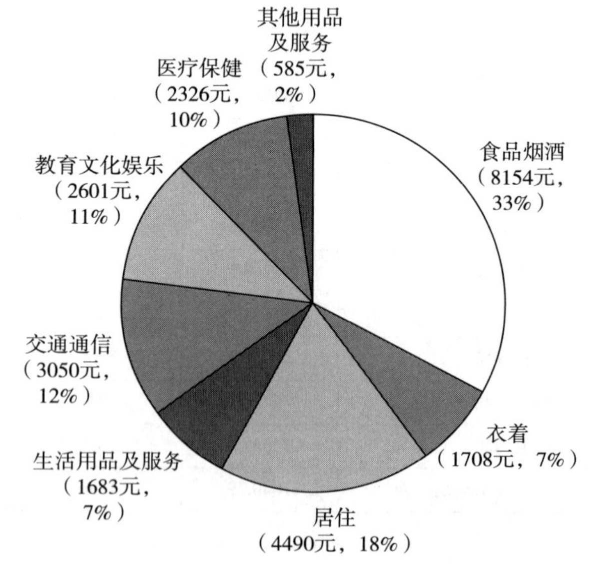

图 3　2021 年全市居民人均消费支出及其构成

全市城镇职工基本养老保险参保人数 1354.25 万人，比上年增长 12.5%。城乡居民基本养老保险参保人数 1139.93 万人，下降 2.3%。城镇职工基本医疗保险参保人数 795.85 万人，增长 3.8%。城乡居民基本医疗保险参保人数 2465.88 万人，下降 1.4%。工伤保险参保人数 765.73 万人，增长 5.4%。生育保险参保人数 536.55 万人，增长 6.1%；享受生育保险待遇 26.32 万人次，下降 2.3%。失业保险参保人数 598.30 万人，增长 9.1%。

年末全市共有 23.93 万人享受城市居民最低生活保障，58.57 万人享受农村居民最低生活保障。城市特困人员救助供养人数 8.19 万人，农村特困人员救助供养人数 9.77 万人。全年资助 154.28 万困难群众参加医疗保险。

城市居民最低生活保障标准为 636 元 / 月，农村居民最低生活保障标准为 515 元 / 月，特困人员救助供养标准为 827 元 / 月，集中供养孤儿补助标准为 1477 元 / 月，社会散居孤儿补助标准为 1277 元 / 月。

十、科学技术和教育

截至年底，市级及以上重点实验室 220 个，其中国家重点实验室 10 个。市级及以上工程技术研究中心 364 个，其中国家级中心 10 个。新型研发机构 179 个，其中高端研发机构 77 个。有效期内高新技术企业 5108 家。全年技术市场签订成交合同 7266 项，成交金额 310.80 亿元。

全年专利授权 7.62 万件，其中发明专利授权 0.94 万件。有效发明专利 4.23 万件。

全市共有有效注册商标 71.99 万件，比上年增长 19.2%。驰名商标 161 件，地理标志 286 件。

年末全市共有产品检验检测机构 88 家，其中国家质检中心 19 个。现有认证机构 10 家。法定计量技术机构 7 个，全年强制检定计量器具 450.14 万台（件）。全年修订、制定地方标准（不含工程建设、食品安全）115 项。

全市共有普通高等教育学校 69 所，成人高校 3 所，中等职业学校 129 所（不含技工校），普通中学 1123 所，普通小学 2717 所，幼儿园 5684 所，特殊教育学校 39 所。高等教育毛入学率 58.03%，高中阶段教育毛入学率 98.61%，初中入学率 99.60%，小学入学率 99.93%，学前教育三年毛入园率 91.01%。在园幼儿普惠率 93.15%。九年义务教育巩固率 95.67%。

表 12　2021 年全市教育主要指标

单位：万人

指标	招生数	在校学生数	毕业生数
研究生教育	3.13	9.74	2.23
普通高校本专科教育	31.91	100.27	21.58
成人本专科教育	2.06	5.66	3.13
中等职业学校教育	13.67	36.42	9.52
普通高中教育	21.76	63.99	20.18
普通初中教育	35.09	113.23	37.17
普通小学教育	34.27	203.09	34.48
特殊教育	0.46	2.74	0.49
指标	入园人数	在园幼儿数	离园人数
学前教育	27.69	99.52	34.68

十一、文化旅游、卫生健康和体育

全市共有博物馆 111 个，文化馆 41 个，公共图书馆 43 个，公有制艺术表演团体 20 个。广播综合人口覆盖率 99.49%，电视综合人口覆盖率 99.56%。全年生产电视剧 3 部、电影 35 部、电视动画片 1730 分钟。出版各类期刊 3036 万册，图书 14292.97 万册（张）。全市共有国家级综合档案馆 40 个、市级专业档案馆 1 个、市级部门档案馆 4 个。

全市旅游及相关产业实现增加值 1076.09 亿

元，较上年增长9.9%；占地区生产总值比重为3.9%，与上年持平。年末全市拥有国家A级景区269个，其中5A级景区10个，4A级景区131个。

年末全市共有各级各类医疗卫生机构21358个。其中，医院858个，社区卫生服务中心（站）577个，乡镇卫生院819个，村卫生室9492个。医疗卫生机构实有床位数24.07万张。其中，医院床位17.81万张，乡镇卫生院床位4.56万张。全市共有卫生技术人员24.41万人。其中，执业医师和执业助理医师9.17万人，注册护士11.34万人。

年末全市共有体育场地13.66万个，体育场地面积6675.00万平方米，人均体育场地面积2.08平方米。我市获全国最高水平比赛奖牌47枚，其中金牌11枚。

十二、资源、环境和应急管理

全年规模以上工业综合能源消费量比上年增长5.5%，其中，六大高耗能行业综合能源消费量增长7.6%。单位工业增加值能耗下降4.7%。全社会用电量增长13.0%。

全年水资源总量719.65亿立方米。年平均降水量1365毫米。全年总用水量72.12亿立方米。治理水土流失面积913.15平方公里。

全市自然保护区58个，其中国家级自然保护区7个。完成营造林面积34.9万公顷。全市森林覆盖率54.5%。

全市功能区声环境质量稳中向好，昼间达标率为98.9%，全市区域环境噪声昼间平均等效声级为52.5分贝，道路交通噪声昼间平均等效声级为64.4分贝。城市区域噪声总体水平等级为二级，评价为较好；道路交通噪声总体水平等级为一级，评价为好。

全年生产安全事故死亡人数876人（含道路运输事故次责及以下），比上年下降7.0%；较大生产安全事故8起，同比持平；未发生重大生产安全事故。亿元地区生产总值生产安全事故死亡人数0.031人，比上年下降18.4%。道路交通万车死亡人数1.69人，上升0.6%。

注：

1. 本公报中2021年数据均为初步统计数，部分数据因四舍五入的原因，存在与分项合计不等的情况。

2. 地区生产总值、三次产业及相关行业增加值、人均地区生产总值绝对数按现价计算，增长速度按可比价计算。

3. 两年平均增速是指以2019年同期数为基数，采用几何平均的方法计算的增速。

4. 外出农民工是指在户籍所在乡镇地域外从业6个月及以上的农村劳动力；本地农民工是指在户籍所在乡镇地域以内从业6个月及以上的农村劳动力。

5. 工业战略性新兴产业包括新一代信息技术、高端装备制造、新材料、生物、新能源汽车、新能源、节能环保和数字创意等八大产业中的工业相关行业。工业战略性新兴产业增加值增速按可比口径计算。

6. 高技术制造业包括医药制造业，航空、航天器及设备制造业，电子及通信设备制造业，计算机及办公设备制造业，医疗仪器设备及仪器仪表制造业，信息化学品制造业。

7. 高技术产业投资包括医药制造、航空航天器及设备制造等六大类高技术制造业投资和信息服务、电子商务服务等九大类高技术服务业投资。

8. 规模以上工业企业财务指标增速按可比口径计算。

9. 其他服务业包括农、林、牧、渔专业及辅助性活动，信息传输、软件和信息技术服务业，租赁和商务服务业，科学研究和技术服务业，水利、环境和公共设施管理业，居民服务、修理和其他服务业，教育、卫生和社会工作，文化、体育和娱乐业，公共管理、社会保障和社会组织等行业。

10. 邮政业务总量按2020年价格计算。

11. 基础设施投资是指建造或购置为社会生产和生活提供基础性、大众性服务的工程和设施的支出。本公报中的基础设施投资包括电力、热力、燃气及水生产和供应业，交通运输、邮政业，电信、广播电视和卫星传输服务业，互联网和相关服务业，水利、环境和公共设施管理业投资。

12. 民间固定资产投资是指具有集体、私营、个人性质的内资企事业单位以及由其控股（包括绝对控股和相对控股）的企业单位建造或购置固定资产的投资。

13. 居民五等份收入分组是指将所有调查户按人均收入水平从低到高顺序排列，平均分为五个等份，处于最高20%的收入群体为高收入组，依此类推，依次为中间偏上收入组、中间收入组、中间偏下收入组、低收入组。

14. 体育场地调查对象不包括军队、铁路系统所属体育场地。体育场地面积是指体育训练、比赛、健身场地的有效面积。

15. 行业统计标准：

规模以上工业：年主营业务收入2000万元及以上的工业法人单位。

有资质的建筑业：有总承包和专业承包资质的建筑业法人单位。

限额以上批发和零售业：年主营业务收入2000万元及以上的批发业、年主营业务收入500万元及以上的零售业企业（单位）。

限额以上住宿和餐饮业：年主营业务收入200万元及以上的住宿和餐饮业企业（单位）。

房地产开发经营业：全部房地产开发经营业法人单位。

规模以上服务业：年营业收入2000万元及以上服务业法人单位。包括：交通运输、仓储和邮政业，信息传输、软件和信息技术服务业，水利、环境和公共设施管理业三个门类和卫生行业大类。

年营业收入1000万元及以上服务业法人单位。包括：租赁和商务服务业、科学研究和技术服务业、教育三个门类，以及物业管理、房地产中介服务、房地产租赁经营和其他房地产业四个行业大类。

年营业收入500万元及以上服务业法人单位。包括：居民服务、修理和其他服务业，文化、体育和娱乐业两个门类，以及社会工作行业大类。

资料来源（以文中数据为序）：

本公报中城镇新增就业、登记失业、社会保障数据来自市人力社保局；噪声、空气、水质监测数据来自市生态环境局；市场主体、质量检测数据来自市市场监管局；内陆开放高地建设数据来自市政府口岸物流办；水产品数据来自市农业农村委；交通数据来自市交通局；民用汽车数据来自市公安局；邮政数据来自市邮政管理局；通信数据来自市通信管理局；城市棚户区数据来自市住房城乡建委；货物进出口数据来自重庆海关；对外经济数据来自市商务委；财政数据来自市财政局；部分金融数据来自市金融监管局和人行重庆营管部；证券数据来自重庆证监局；保险数据来自重庆银保监局；医疗保险数据来自市医保局；城乡低保、城乡特困人员救助数据来自市民政局；科技数据来自市科技局；专利、商标、地理标志数据来自市知识产权局；教育数据来自市教委；文化、旅游数据来自市文化旅游委；电影、期刊、图书数据来自市委宣传部；档案数据来自市档案局；医疗卫生数据来自市卫生健康委；体育数据来自市体育局；水资源数据来自市水利局；自然保护区、林业、森林数据来自市林业局；生产安全事故数据来自市应急局。其他数据来自市统计局、国家统计局重庆调查总队。

第二编　部门经济运行与管理

重庆经济发展概况

重庆市发展和改革委员会

一、2021 年发展回顾

2021 年是党和国家历史上具有里程碑意义的一年，也是重庆发展进程中不平凡的一年。在以习近平同志为核心的党中央坚强领导下，全市上下坚持以习近平新时代中国特色社会主义思想为指导，深刻把握“两个确立”，自觉践行“两个维护”，全面贯彻习近平总书记对重庆提出的营造良好政治生态，坚持“两点”定位、“两地”“两高”目标，发挥“三个作用”和推动成渝地区双城经济圈建设等重要指示要求，认真落实党中央、国务院决策部署，坚持稳中求进工作总基调，立足新发展阶段、贯彻新发展理念、融入新发展格局、推动高质量发展，扎实做好“六稳”工作、落实“六保”任务，全市疫情防控成果持续巩固，经济发展保持良好态势，社会大局保持和谐稳定，如期打赢脱贫攻坚战、全面建成小康社会。全年地区生产总值达到 27894 亿元、增长 8.3%，固定资产投资、社会消费品零售总额、进出口总值分别增长 6.1%、18.5%、22.8%，全体居民人均可支配收入达到 33803 元、增长 9.7%。

（一）更大力度推动科技自立自强，创新动能持续增强

召开市委五届十次全会专题研究部署科技创新工作，西部（重庆）科学城建设提速，超瞬态实验装置、中科院重庆科学中心等科研平台加快建设，两江协同创新区新引进科研院所 10 家，集聚院士团队 14 个。加快培育一流创新主体，国家级“专精特新”小巨人企业、高新技术企业、科技型企业分别达到 118 家、5108 家、3.69 万家，全社会研发经费支出占比超过 2.2%，科技进步贡献率达到 59.5%。持续办好重庆英才大会，新增中国工程院院士 1 名、“两院”院士总数达到 18 名，遴选第三批重庆英才计划 418 人、创新创业示范团队 93 个，新引进急需紧缺人才 5 万名。

（二）推动成渝地区双城经济圈建设成势见效，“一区两群”协调发展扎实推进

成渝地区双城经济圈建设步伐加快，全面落实《成渝地区双城经济圈建设规划纲要》，制定加强重庆成都双核联动引领带动成渝地区双城经济圈建设行动方案。实施 210 项“川渝通办”事项，实施川渝合作共建重大项目 67 个、总投资 1.57 万亿元。推动产业发展协同协作，制定汽车、电子、装备制造、工业互联网高质量协同发展实施方案。“一区两群”协调发展态势良好，主城都市区极核功能稳步提升，中心城区国际交往、科技创新、先进制造、现代服务功能加速集聚。渝东北三峡库区城镇群生态优先绿色发展推进有序，“三峡库心 · 长江盆景”等跨区域合作平台加快建设。渝东南武陵山区城镇群文旅融合发展推动有力，组建武陵山文旅发展联盟，2021 年接待游客 8673.7 万人次，旅游总收入达

到 841.2 亿元。区县对口协同发展机制成效显著，实施对口帮扶项目 184 个、落实到位对口帮扶资金 4.2 亿元。

（三）全力提升产业链供应链现代化水平，产业结构不断向中高端水平迈进

实施支柱产业提质工程、战略性新兴产业集群发展工程和产业链供应链现代化水平提升工程，“一链一策”建设 33 条重点产业链，启动建设首批 6 个市级重点关键产业园，规上工业增加值增长 10.7%，高技术制造业和战略性新兴产业分别增长 18.1% 和 18.2%。成功入选全国“双智”试点城市，累计建成智能工厂 105 个、数字化车间 574 个，上云企业达到 10.1 万户，数字经济增加值增长 15% 以上。获批服务业扩大开放综合试点和培育建设国际消费中心城市，《成渝共建西部金融中心规划》获批，深入推进国家物流降本增效综合改革试点，培育市级软件产业园 7 个，服务业增加值增长 9%，文化和旅游产业增加值分别增长 8.3% 和 9.2%。大力发展现代山地特色高效农业，粮食总产量达到 1092.8 万吨、创近 13 年新高，农业增加值、农产品加工业产值和网络零售额分别增长 7.8%、15.8% 和 17.5%。

（四）持续深化改革开放，对外开放程度不断提高

获批营商环境创新试点城市，市级行政许可事项“最多跑一次”比例超过 99%，全程网办占比超过 80%。出台“促进生产经营 27 条”“助企纾困 17 条”等政策措施，为企业新增减负 600 亿元以上，新登记市场主体增长 19.4%。国企改革三年行动深入推进。深化财政金融改革，金融系统为实体经济让利 160 亿元。内陆开放高地建设扎实推进，中欧班列（成渝）开行超过 4800 班，开行量和货值货量均居全国首位。西部陆海新通道通达全球 107 个国家（地区）、315 个港口。中新互联互通项目新签约商业合作类项目 50 个、总金额 33.6 亿美元。获批建设万州综合保税区和永川综合保税区。在渝世界 500 强企业 312 家，国际友城增至 52 对。

（五）分层分类推进乡村振兴，城市提升工作有序开展

做好巩固拓展脱贫攻坚成果同乡村振兴有效衔接，健全防止返贫监测帮扶机制，对 4 个国家乡村振兴重点帮扶县实行“一县一策”帮扶。持续开展农村人居环境整治，新改建“四好农村路”3330 公里，实施农村危房改造 5097 户，农村卫生厕所普及率达到 84%，行政村生活垃圾有效治理率达到 99.9%。扎实开展城市提升，高铁营业里程、轨道交通通车里程、高速公路通车总里程、城市道路通车里程分别达到 839 公里、417 公里、3841 公里、6000 公里。江北机场 T3B 航站楼及第四跑道建设提速，重庆新机场前期工作取得积极进展。实施老旧小区改造 841 个、棚户区改造 20100 户，渝中区、九龙坡区入选全国首批城市更新试点城市。“马路办公”整改问题 82.6 万个，建成“劳动者港湾”示范点 110 个。

（六）全面推动生态优先绿色发展，生态环境质量持续改善

全面推行河长制、林长制，实施“两岸青山·千里林带”建设 32 万亩，国土绿化营造林 510 万亩，森林覆盖率提升至 54.5%。重庆山水林田湖草工程试点入选中国特色生态修复案例。广阳岛生态修复主体完工、入选全国生态修复典型案例。长江禁捕退捕成果持续巩固。狠抓中央生态环境保护督察反馈问题整改和长江经济带生态环境突出问题整改，全面淘汰锰行业落后产能，锰污染治理工作获国家肯定并在沿江 11 省

市推广。长江干流重庆段水质保持为优，74个国考断面水质优良比例为98.6%。空气质量优良天数达到326天，其中“优”的天数同比增加11天。污染防治攻坚战年度考核为优秀。碳达峰碳中和工作有序开展，加快构建“1+2+6+N”政策体系，建成上线全国首个“碳惠通”生态产品价值实现平台，组建全国首个区域性气候投融资产业促进中心。

（七）努力创造高品质生活，民生福祉持续改善

扎实开展“我为群众办实事”实践活动，15件重点民生实事完成年度任务，36件重点民生项目取得积极成效。深入实施就业优先政策，城镇新增就业75.1万人，重庆户籍高校毕业生综合就业率96.5%。教育公平发展和质量水平进一步提升，义务教育“双减”成效明显，新增公办幼儿园147所，学前教育普惠率达到91%以上，九年义务教育巩固率达到95.5%以上。推进健康中国重庆行动，“三通”医共体建设覆盖所有区县，跨省异地就医住院费用直接结算全面推开。优化养老服务供给，新建乡镇养老服务中心223个，城市社区养老服务基本实现全覆盖。文化体育事业加快发展，出台建设体育强市实施意见，公共文化服务满意度居全国第5位。

（八）统筹发展和安全，重点领域风险有效防范

实行加强版疫情防控机制，两起本地疫情均在1个潜伏期内得到有效控制，新冠疫苗基本实现“愿接尽接”“应接尽接”。实施粮食安全党政同责，全面落实粮食安全省长责任制，压紧压实保障粮食安全政治责任。切实做好能源保供，加快推动川电、疆电、藏电和新增三峡电等外电入渝工作，三峡电站增发电量入渝实现制度化。开展房地产市场秩序专项治理。扎实做好金融风险防控工作，银行业不良率、小贷不良率、担保代偿率均处于全国较低水平，政府债务风险可控。实施常态化安全监管“十条措施”，深入推进安全生产“两重大一突出”综合治理。健全社会治理体系，刑事案件和治安案件实现“双下降”。

二、发展中存在的问题

当前我市经济社会发展仍然面临不少困难和挑战。从国际形势来看，世纪疫情冲击下，百年变局加速演进，外部环境更趋复杂严峻和不确定。从国内形势来看，受制于外部环境影响，经济发展面临需求收缩、供给冲击、预期转弱三重压力。从我市来看，一方面，经济稳增长仍然存在压力，需求恢复有所放缓，保持投资、消费、外贸外资稳定增长仍需加力，企业生产面临缺煤、缺电、缺芯、缺柜、缺工等要素短缺问题，部分企业特别是中小企业生产经营困难增多。另一方面，高质量发展仍然存在挑战，产业转型升级仍需持续用力，创新发展能力仍然有待提升，城乡区域协调发展差距仍然较大，绿色低碳转型任务仍然艰巨，融入国内国际双循环在软硬联通上仍然存在堵点卡点，民生领域仍然存在短板，安全稳定风险隐患仍然较多。

三、2022年发展思路

以习近平新时代中国特色社会主义思想为指导，全面贯彻党的十九大和十九届历次全会精神，把“两个确立”的政治成果转化为坚决做到“两个维护”的政治自觉，扎实落实中央经济工作会议精神，进一步增强“四个意识”、坚定“四个自信”、做到“两个维护”，弘扬伟大建党精神，坚持稳中求进工作总基调，立足新发展阶

段，完整、准确、全面贯彻新发展理念，积极融入和服务新发展格局，全面深化改革开放，坚持创新驱动发展，推动高质量发展，坚持以供给侧结构性改革为主线，统筹疫情防控和经济社会发展，统筹发展和安全，继续做好“六稳”“六保”工作，持续改善民生，保持经济运行在合理区间，保持社会大局稳定，推动成渝地区双城经济圈建设向纵深发展，以优异成绩迎接党的二十大和市第六次党代会胜利召开。

（一）聚焦扩大内需持续用力，全力畅通经济循环，着力稳住经济基本盘

积极扩大有效投资，深入开展“抓项目稳投资”专项行动，狠抓工业投资，强化基础设施投资，提速建设交通强市重大工程。促进消费升级扩容，抓住国际消费中心城市培育建设契机，培育品质消费、新型消费，发展文旅消费，加快打造富有巴渝特色的国际消费目的地。

（二）聚焦成渝地区双城经济圈建设持续用力，加快推动区域协调发展，着力优化发展格局

推动重大规划编制，配合国家部委编制出台双城经济圈国土空间等专项规划。推动重大合作项目实施，实施共建双城经济圈2022年度160个重大项目。加快推动10个区域重大合作平台建设。全力推动主城都市区同城化发展、渝东北三峡库区城镇群生态优先绿色发展和渝东南武陵山区城镇群文旅融合发展。

（三）聚焦科技自立自强持续用力，加快提升自主创新能力，着力释放发展潜力

实施科创平台领航行动，高水平建设西部（重庆）科学城，高质量建设广阳湾智创生态城，高质量推进特色产业园区发展。壮大优势创新力量，激发人才创新活力，营造良好创新生态，着力突破关键核心技术，创造更多“从0到1”的原创成果。

（四）聚焦振兴实体经济持续用力，加快建设现代产业体系，着力夯实经济根基

推动产业转型升级，加快产业基础高级化和产业链现代化。围绕国家重要先进制造业中心建设，着力推动制造业高质量发展。围绕高水平建设“智造重镇”“智慧名城”，大力发展数字经济。围绕西部金融中心建设，推动现代服务业高质量发展。围绕“五个振兴”，突出抓好粮食安全和耕地保护等重点任务，努力开创“三农”工作新局面。

（五）聚焦深化改革开放持续用力，加快营造良好发展环境，着力增强发展动能

大力推进营商环境创新试点城市建设，持续激发市场主体活力。深化土地、劳动力、资本、技术、数据等要素市场化配置改革。进一步畅通开放通道，提升开放平台能级，提高开放型经济质量，加快建设改革开放新高地。

（六）聚焦城乡融合发展持续用力，加快提升城市功能品质，着力全面推进乡村振兴

持续巩固拓展脱贫攻坚成果，牢牢守住不发生规模性返贫的底线。提升新型城镇化建设质量，多措并举促进乡村发展，加快形成工农互促、城乡互补、协调发展、共同繁荣的新型工农城乡关系。

（七）聚焦绿色低碳发展持续用力，加快建设山清水秀美丽之地，着力筑牢绿色发展本底

扎实推动碳达峰碳中和工作，进一步完善政策措施。切实筑牢长江上游重要生态屏障，严格落实长江“十年禁渔”政策。坚决贯彻“共抓大

保护、不搞大开发”方针，把修复生态环境摆在压倒性位置，深入打好污染防治攻坚战。

（八）聚焦创造高品质生活持续用力，加快提高保障和改善民生水平，着力推进发展成果共享

持续抓好常态化疫情防控，积极稳就业促创业，完善公共服务体系，扎实做好保供稳价工作，加快补齐民生领域短板，扎实推动共同富裕，不断增强人民群众获得感、幸福感、安全感。

（执笔人：李响）

科技管理

重庆市科学技术局

一、2021年发展回顾

2021年，全市科技创新系统坚持以习近平新时代中国特色社会主义思想为指导，深入贯彻习近平总书记关于科技创新的重要论述和对重庆提出的重要指示要求，抢抓成渝地区双城经济圈建设战略机遇，深入推进以大数据智能化为引领的创新驱动发展，建设具有全国影响力的科技创新中心迈出坚实步伐。“聚焦‘科创+产业’打造重要创新策源地”受到国务院通报表扬。

（一）营造良好环境，全社会创新氛围日益浓厚

全市上下贯彻落实市委五届十次全会精神，修订《重庆市科技创新促进条例》，编制《重庆市科技创新“十四五”规划（2021—2025年）》《重庆市基础研究行动计划（2021—2030年）》，加快全面创新改革试验。出台“财政金融政策30条”“成果转化24条”，“健全科技创新监管机制当好‘科技大管家’”获评重庆市“我最喜欢的10项改革”，全社会研发经费投入强度预计达到2.21%。开展“为科技工作者办实事、助科技工作者作贡献”行动，筹集1万套人才公寓、6万套青年人才公租房。

（二）争取国家资源，战略科技力量得到强化

批复实施《成渝地区建设具有全国影响力的科技创新中心总体方案》，获批建设国家科技成果转移转化示范区，建设中科院汽车软件创新研究平台，实现国家技术创新中心、国家制造业创新中心“双突破”，创建我市首个国家“一带一路”联合实验室、2个国家野外科学观测研究站，新增国家大学科技园1个、国家科技企业孵化器3个，争取国家自然科学基金、重点研发计划、军民融合专项等各类科研项目资金19.38亿元，较上年增长189.7%。

（三）打造创新平台，全域创新格局有效优化

大力建设高能级科创平台，推动形成一城引领、多园支撑、点面结合、全域推进的创新格局，提速打造西部（重庆）科学城、两江协同创新区、广阳湾智创生态城，布局建设“4+11”高新技术产业开发区，加快建设重庆国际生物城、荣昌畜牧科技城，加速建设超瞬态实验装置、长江上游种质创制大科学中心、中国自然人群生物资源库、长江模拟器、分布式雷达验证试验场、无线能量传输与环境影响科学工程等科技基础设施，集聚高新技术产业研究院、国际免疫研究院、国际体外诊断研究院等一批大机构、大平台、大团队，新增梁平、垫江、黔江、秀山4个市级高新区，全市15个高新区工业总产值、企业营业收入均破万亿元，实现我市科技创新的格局性重大变化。

（四）发展科技企业，创新主体地位不断夯实

形成小企业“铺天盖地”、大企业“顶天立

地”的发展格局，为经济发展积蓄基本力量。建设环大学创新生态圈10个、国家“双创”示范基地8个、孵化平台406家，集聚“双创”团队2万余个。重组科技投资平台，发放知识价值信用贷款223.52亿元、增长53.4%，创投基金投资项目1436个、金额180.6亿元。实施科技企业成长工程，孵化培育科技型企业36939家、增长40.1%，重点发展高新技术企业5108家、增长21%，遴选山外山、西山科技等10家重点企业推进科创板上市，规上工业企业研发投入强度1.65%，79%的研发投入、63%的有效发明专利量、80%的登记科技成果均来自企业，企业创新动力、活力、能力明显增强。

（五）引进知名机构，高端创新资源加速集聚

深入实施引进科技创新资源行动计划，大力引进培育投资主体多元化、管理制度现代化、运行机制市场化、用人机制灵活化的新型研发机构，着力推动科研院所深度融入产学研创新体系，新引进中科院软件研究所、中国机械研究总院等知名创新机构16家，累计104家，落地建设北京大学重庆大数据研究院、北京理工大学重庆微电子中心等研发机构64家，汇聚高层次人才3000余人，实施研发项目547项、高新技术产业化项目213个，在集成电路、人工智能、深空探测、卫星互联网等领域开辟了未来科技竞争的新赛道。

（六）培育科技人才，梯次培养体系基本形成

营造“近悦远来”人才生态，全方位培养引进用好人才，以“第一资源”激发“第一动力”，制定高水平科技创新平台人才队伍高质量发展措施，出台“为科技工作者办实事20条”，扩大科技人才支持“一事一议”政策试点范围，实施博士“直通车”、博士后定额资助科研项目，举办“重庆英才大会·科技企业家峰会”，累计培育“两院”院士18人、国家“杰青”项目获得者53人，科技部“创新人才推进计划”人选62人、团队12个、基地5个，科技领域“重庆英才·创新领军人才”和“重庆英才·创业领军人才”140人，创新创业示范团队255个，引进外国高端人才（A类）1310人，全市R&D人员总量超过16万人。

（七）推动高质量发展，创新产出效益有效释放

坚持“四个面向”，统筹推进原创性突破、应用性转化和规模化量产，提升产业生成能力，加快建设国家新一代人工智能创新发展试验区，编制科技进步路线图，以快速响应、揭榜挂帅等方式推进集成电路、汽车、高端装备、新材料、生物医药、良种创新等领域关键核心技术攻关，取得国内首个130纳米硅基光电子全流程工艺服务平台、车规级芯片设计、5G通信射频芯片设计、纳米时栅位移测量技术、汽车双离合自动变速器等一批重大技术成果，8个I类新药进入临床试验、2个I类新药进入三期临床试验，技术合同交易额234亿元、增长53.3%，全市高技术制造业和战略性新兴产业增加值分别增长18.1%和18.2%。

（八）推进协同创新，科技合作能力明显增强

实施更大范围、更宽领域、更深层次对外开放，在开放创新中增强科创中心的国际影响力和竞争力。川渝合作深入推进新增川渝共建重点实验室5个、累计6个，联合实施人工智能等领域科研项目35项，开放共享科研仪器设备14090台（套），成渝地区高新区联盟、技术转移联盟和协同创新联盟深化产学研合作，实现川渝外国高端人才工作许可互认和资源互享。作为主宾省

参加“2021浦江论坛”、全球技术转移大会，与新加坡、匈牙利签订合作协议，举办中匈创新合作大会，获批建设重庆首个国家级“一带一路”科学实验平台。推动军民科技协同创新，国防科技创新快响小组（重庆）推动23个科研项目纳入中央军委科技委立项，组织“慧眼行动”并遴选推荐项目34项，推动成渝两地近300台（套）军民科研仪器设备开放共享。

二、发展中存在的问题

同时，我市科技创新能力还不强，科技、产业、金融良性循环尚未形成，“六个欠缺”的问题在一定时期内仍将持续存在：一是重大引领性的基础研究原创成果欠缺。基础前沿学科领域的整体研究能力较弱，缺少“从0到1”的重大研究成果。2021年，我市获得国家科学技术奖9项，少于北京64项、上海48项、四川25项。二是带动性强的科创企业欠缺。目前，我市科技型企业虽有3.69万家，但普遍规模小、实力弱，既缺乏像华为、腾讯等创新能力强、带动示范优、引领辐射广的龙头企业，又缺少发展潜力大的“独角兽”企业。高新技术企业有5108家，数量仍然偏少。科创板上市企业尚未实现0的突破。三是影响力大的科创平台欠缺。尚无国家实验室、国家产业创新中心等国家科创平台，国家重点实验室10个、是北京的1/14、上海的1/4，仅1个项目纳入国家重大科技基础设施建设储备项目。四是领军型的科创人才欠缺。“两院”院士18人，仍大幅落后于北京的880人、上海的181人、四川的66人。五是高水平的科研机构欠缺。“双一流”高校2所，少于北京的34所、上海的15所、四川的8所。中央在渝科研院所仅4家，少于北京的347家、上海的52家。新型研发机构虽有179家，但多数处于初创期。六是完备顺畅的科技创新体制机制欠缺。科技创新投入机制还需完善，科技资金整合力度不够。科技成果转化存在科研成果与市场需求匹配不足、高水平科技成果转化服务机构不足、专业技术转移人才不足等问题。

三、2022年发展思路

下一步，将坚持以习近平新时代中国特色社会主义思想为指导，全面贯彻党的十九大和十九届历次全会精神，深入落实习近平总书记关于科技创新的重要论述和对重庆提出的重要指示要求，立足新发展阶段，完整、准确、全面贯彻新发展理念，积极融入和服务新发展格局，深入推进以大数据智能化为引领的创新驱动发展，扎实落地科技政策，持续厚植创新优势，加快建设具有全国影响力的科技创新中心，以优异成绩迎接党的二十大召开。

（一）集聚高端科技资源，加快建设高能级创新平台

紧扣“五个科学”“五个科技”高水平建设西部（重庆）科学城，统筹重庆两江新区明月湖创新区、水土高新技术产业园、照母山科技园等高标准建设两江协同创新区，聚焦“智慧+”“创新+”“绿色+”高质量建设广阳湾智创生态城，高效能发展各类产业园区打造具有世界影响力的高科技园区和创新型园区，深化市区科技会商机制高效率推动“一区两群”协同创新，激发创新集群的倍增效益。

（二）构建系统完备扶持体系，加快发展高质量创新主体

提升企业技术创新能力，实施科技型中小企业创新发展行动计划，推进规上工业企业研发

机构倍增计划，依托龙头企业牵头组建创新联合体。提升高校原始创新能力，加强“双一流”建设扶持力度，大力强化基础学科，发展新工科，布局建设基础学科研究中心。提升科研机构成果转化能力，纵深推进市属科研院所市场化改革，支持中央在渝科研机构做大做强，加快建设新型研发机构，探索“产业研究院 + 产业园区 + 产业基金”发展路径，推动科研机构与产业融合发展。

（三）突出产业链创新链融合，加快培育高水平创新能力

聚焦大数据智能化主方向、产业科技创新主战场，实施基础研究行动计划，建设一批基础学科研究中心，组织实施集成电路、智能汽车、高端装备、新材料等重大科技专项，积极争取国家重大研发项目支持。加快建设国家新一代人工智能创新发展试验区，持续推进智能制造应用示范。实施现代种业提升工程、农业科技创新支撑工程，强化种业关键技术供给，突破耕地质量提升技术，提升农产品加工技术水平，依靠科技创新拓宽现代农业发展空间。创建病理诊断、感染性疾病等国家临床医学研究中心，突破一批疾病防控、重大疾病诊疗关键技术，推进中医药传承创新，大力发展智慧城市应用场景，开展碳达峰碳中和、污染防治攻坚战科技创新行动，更好地用科技力量为人民创造高品质生活。

（四）全方位培养引进用好人才，加快壮大高层次人才队伍

深化人才发展体制机制改革，完善人才管理制度，持续开展减负专项行动，深化科研经费管理改革，坚决破除“四唯”，实施有利于科技人才潜心研究和创新的评价体系。大力实施重庆英才计划、院士带培计划和博士后倍增计划，做实博士“直通车”科研项目，培养一批青年后备军。发挥好“金凤凰”人才政策的示范引领作用，制定各具特色的人才政策，实施引进高端外国专家倍增行动计划，研究制定高精尖缺外国人才认定标准，完善外国人才工作管理体系。

（五）围绕激发创新活力，加快营造高品质创新生态

深入推进全面创新改革试验，优化科研项目形成机制，探索关键核心技术攻关新型举国体制“重庆方案”。创新科技企业融资增信机制，完善全链条创投体系，扩大知识价值信用贷款规模，深入推进企业科创板上市工作。大力建设国家科技成果转移转化示范区，深入推进职务科技成果所有权或长期使用权改革试点，大力提升环大学创新生态圈功能，着力建设大型科技企业孵化器，完善科技成果转化体系，提升科技成果转化效能。积极融入全球创新网络，打造“一带一路”科技创新合作区和国际技术转移中心，建立与京津冀、长三角、粤港澳三大科技创新中心的合作机制，完善军民科技协同创新机制。积极创建国家科普示范基地和国家特色科普基地，大力培育市级科普基地，创新举办群众性科普活动。

（执笔人：刘成辉）

民政工作

重庆市民政局

一、2021年发展回顾

2021年，全市民政系统在市委、市政府的坚强领导下，深入贯彻习近平总书记关于民政工作的重要论述，全面落实党中央、国务院决策部署和民政部工作要求，统筹推进疫情防控和民政事业发展，取得明显成效，全市民政工作获得市委、市政府年度目标绩效考核和民政部综合评估“双优秀”。王勇国务委员对我市地名管理和养老服务工作予以肯定。李纪恒部长批示要求各司局给予重庆民政工作更多关注，学习、总结、推广好重庆的经验。中央党史学习教育领导小组办公室第111期简报肯定我市关爱“一老一小”做法。

（一）扎实开展党史学习教育

聚焦政治教育、思想淬炼、精神洗礼，局党组理论学习中心组专题学习16次，党员干部开展专题学习699次，专题培训152班次，专题组织生活会57次，党员干部讲党课178次。组建“进社区”宣讲团，围绕“七一”重要讲话精神、党的十九届六中全会精神等，在全市各城乡社区开展宣讲867场次，受众人数达4.14万人次。组织干部职工观看《红岩魂》《跨过鸭绿江》等优秀红色剧目，局系统各级基层党组织共组织参观红色革命教育基地98场次，开展入党宣誓61场次，观看党史文艺作品59场次。制定《“我为群众办实事”实践活动实施方案》，聚焦特殊困难群众的“急难愁盼”问题，以“解难题、惠民生、送温暖、传党恩”为主题，完成8项民政特色事项26件具体任务。

（二）大力推进巩固拓展脱贫攻坚同乡村振兴有效衔接

全面检视兜底保障工作中存在的各类问题，严格落实“单人保”“渐退制度”“刚性支出扣减”等政策，对未在兜底保障范围内的脱贫不稳定人口、边缘易致贫人口等重点人群定期进行摸排核查，压紧压实社会救助兜底保障政治责任。截至2021年底，全市通过低保、特困供养兜底保障已脱贫贫困人口23.57万人，及时将符合条件的1.43万脱贫不稳定人口、1.48万边缘易致贫人口及0.39万突发严重困难户纳入基本生活兜底保障，坚决避免因“脱保”“漏保”等造成的规模性返贫。

（三）有力服务保障各类特殊困难群众

一是生活困难群众得到更加精准的保障。抓住“提标、扩面”两个重点，健全基本生活救助标准动态调整机制，2021年重庆城乡低保标准分别增长2.6%、3.8%，城乡低保标准差距缩小到1∶0.81。全市保障低保对象、特困供养人员100.47万人，支出资金68.93亿元；临时救助12.47万人次，支出临时救助金3.82亿元。开展“救在身边”专项行动，走访慰问困难群众10万余人次；实施“民政惠民济困保”综合保险项目，通过政府筹资1亿余元，为100余万名低保、特困对象购买商业保险，提高困难群众风险抵御能力。截至 2021 年 12 月底，全市发生理赔案件 7.98 万起，赔付金额 1.05 亿元。

二是老年人福利和养老服务取得新进展。大力推进实施积极应对人口老龄化国家战略，全力抓好老年人照顾服务计划、社区居家养老服务全覆盖等重点民生实事，全市建成街道养老服务中心 220 个、社区养老服务站 2912 个，城市社区居家养老服务设施实现全覆盖。完善服务功能，设置助餐点 1091 个、助浴点 497 个、助医点 803 个，累计助餐 72 万人次、助浴 6 万人次、助医 100 万人次，新增居家上门服务站点 1366 个，提供线上服务 13.6 万人次、线下居家护理服务 4.7 万人次。推行“机构建中心带站点进家庭”可持续社会化运作模式，打造“中心带站”联合体 136 个，整合社区养老服务站 1268 个，推动形成街道社区“一网覆盖、一体服务”联网运营模式，街道养老服务中心社会化运营率 100%，社区养老服务站社会化运营率达 83.5%。完善高龄津贴制度，为 70 余万名高龄老年人发放津贴 6.3 亿元。持续推进农村失能特困人员集中照护工程，全市建成失能特困人员集中照护机构 47 个、护理型床位 7346 张，实现有意愿入住失能特困人员“应护尽护”。推进实施乡镇敬老院提档升级和乡镇养老服务中心、村级互助养老点全覆盖，全市升级改造乡镇敬老院 529 家，建成乡镇养老服务中心 592 个、设置村级互助养老点 6658 个。推行农村“四有五助”互助养老模式，累计提供服务 40 余万次，基本实现农村老年人“应助尽助”。

三是儿童福利和未成年人保护工作全面加强。市、县两级全面建立未成年人保护工作领导小组，认真履行未成年人保护工作协调机制职能和民政部门职责，初步形成领导小组全面统筹、办公室具体协调、成员单位履职尽责和协同配合的工作格局。建立健全孤儿、事实无人抚养儿童基本生活保障标准自然增长机制，集中供养、散居孤儿、事实无人抚养儿童保障标准分别提高到每人每月 1477 元、1277 元、1225 元，截至 2021 年底，发放资金 1.03 亿元，保障 6800 余名孤儿、事实无人抚养儿童基本生活。持续实施医疗康复“明天计划”和“福彩助学”项目，支出 30.1 万元救治孤残儿童 16 人；发放助学金 987.8 万元，分别资助孤儿和事实无人抚养儿童 855 人、180 人。会同相关市级部门出台儿童福利机构孤儿成年后安置文件，2021 年安置成年孤儿 71 名。开展“合力监护、相伴成长”专项行动，督促农村留守儿童监护人签订“两书两单”，走访慰问农村留守儿童、困境儿童等群体 2 万人次，为 4690 名父母在外“就地过年”的儿童提供心理疏导、亲情关怀等关爱服务。

四是残疾人福利稳步发展。从 2021 年 4 月 22 日起，全面实施残疾人两项补贴资格认定申请“跨省通办”，2021 年，全市残疾人两项补贴“跨省通办”申请成功人数居全国第二，群众咨询达 5000 余人次。印发《关于进一步完善困难残疾人生活补贴和重度残疾人护理补贴制度的实施意见》和《关于健全完善残疾人“两项补贴”长效工作机制的紧急通知》，提升残疾人两项补贴管理服务水平，全年发放两项补贴 4.39 亿元，惠及 51.25 万残疾人。投入 400 余万元，在 2020 年主城九区开展精神障碍社区康复服务试点的基础上，进一步扩大试点范围，在 32 个区县 34 个镇街或社区开展试点，试点区县覆盖率达 100%，5250 名患者参加社区康复。报请民政部等国家七部委将巴南、永川、大足确定为康复辅助器具产业第二批国家综合创新试点地区，着力将康复辅助器具产业打造成为当地推动经济转型升级的先导产业，不断满足群众多层次、多样化的康复辅助器具配置服务需求。

同时，持续开展生活无着的流浪乞讨人员救助管理服务质量大提升专项行动，促进全市救助管理工作服务质量提档升级。2021年，6个新建（改扩建）救助机构投入使用，开展街面联合巡查16741次，救助13000余人次，受助人员寻亲成功38人，落户安置100人，流浪未成年人集中教育矫治63人，培训基层工作人员1300余人次。

（四）加快完善基层治理体系

一是基层治理创新提升。全面完成村（社区）换届选举，10972个村（社区）实现书记、主任"一肩挑"、占98%，村委会、居委会选举一次成功率分别为99.97%、100%，"两委"班子整体功能明显增强，换届选举圆满完成。贯彻落实中共中央、国务院《关于加强基层治理体系和治理能力现代化建设的意见》，在全市推广"三事分流"工作机制，搭建"百姓会客厅""民情茶馆"等各具特色的议事协商平台，建立"协商会""听证会""评议会"协商制度，完善"社区组织议事""一事一议"协商机制。围绕滥办酒席、攀比炫富、涉黑涉恶等当前群众反映强烈的问题，全面开展村规民约、居民公约修订完善工作并完成备案审查。深化城乡社区减负增效，动态调整《基层群众性自治组织依法协助政府工作事项清单》，建成智慧社区一体化管理服务平台，有序推进智慧治理，加强城乡社区服务设施建设，全市全年投入37325.39万元，改造277个便民服务中心，全市村（社区）每百户居民拥有不低于30平方米综合服务设施的达标率为78.14%。

二是社会组织规范管理全面加强。至2021年底，全市登记社会组织18439家，同比增长2.3%，全市社会组织资产总值达230亿元，提供就业岗位22.5万余个。全市社会组织党组织覆盖率达79.7%，党的工作实现全覆盖。全市建立社会组织孵化基地93个，培育发展社区社会组织89251个。全面推行网上审批，审批时间减少1/3。将2016年以来纳入深化脱钩范围的1829家行业协会商会，全部纳入"回头看"检查范围。深入开展行业协会商会乱收费和"我为企业减负担"专项行动，全市行业协会商会为企业减负1.08亿元。深入开展打击整治非法社会组织专项行动，累计投诉举报线索88件，已取缔25家，劝散16家，引导登记21家，发布涉嫌非法社会组织名单4批共30家。持续开展"僵尸型"社会组织专项整治行动，摸排2513家"僵尸型"社会组织，拟撤销登记379家、注销登记1070家、限期整改1064家，不断净化社会组织发展环境。

三是慈善社工志愿服务有序推进。2021年，全市慈善组织、红十字会接受捐赠款物19.45亿元，"99公益日"期间，全市慈善组织积极参与互联网公开募捐活动，累计募集资金5.29亿元，比2020年增长1.68亿元，位居全国慈善组织第二。印发《关于加快推进社会工作三级服务体系建设的意见》，全市全年建设区（县）社会工作指导中心41个，覆盖率100%；乡镇（街道）社会工作站620个，覆盖率60.1%；村（社区）社会工作室6192个，覆盖率55.3%。推进民政事业单位社会工作岗位开发，全市220家民政事业单位设置社会工作岗位，占比90.9%。举办以"汇聚社工力量　助力乡村振兴"为主题的第五届巴渝社会工作宣传周及社会工作、慈善公益和志愿服务融合发展论坛，营造良好氛围。截至2021年底，全市共有664万实名注册志愿者，占常住人口的20.1%，依托全国志愿服务信息系统注册5万个志愿团体，累计发布志愿服务项目22万个，记录志愿服务时长9322万小时。

（五）规范专项行政事务和社会事务管理

稳妥优化区划设置，努力构建适应"一

区两群”区域协调发展的行政区划格局。开展“保护地名文化，记住美丽乡愁”乡村地名信息服务提升专项行动，组织开展红色地名文化进社区、进机关、进校园、进企业、进乡村“五进”宣传活动1114场，创作各类红色地名文化作品396件,《重庆地名》纪录片在中央电视台发现之旅频道、重庆科教频道播出。发布市级（第二批）历史地名保护目录，完成省级地名信息库建设试点工作。会同贵州省完成渝黔线1031.88千米、组织渝中区等区县完成17条938千米行政区域界线第四轮联合检查工作，完成249条、2268.8千米乡（镇）级行政区域界线勘测工作。落实惠民殡葬政策，为5877名符合条件的对象减免基本丧葬服务费733.4万元，免除群众治丧遗体接运费417万元。规范经营性公墓审批，下放审批权限，强化事中事后监管。开展安葬（放）设施违规建设经营专项摸排暨违建墓地专项整治成果巩固提升行动和殡葬业价格秩序、公益性安葬设施建设经营专项整治，全市整治价格违法违规墓地10个、存在违法违规殡仪馆12个、殡仪馆违法违规收费5起、违法违规殡葬服务中介87家、未批擅建安葬设施26个。规范开展婚姻登记，全市全年办理结婚登记19.68万对，离婚登记7.23万对，补发证件9.06万对。稳妥开展婚俗改革试点，大力推进婚姻领域移风易俗，积极培育婚俗新风尚。经国务院批准，率先开展婚姻登记“跨省通办”和“全市通办”试点，2021年，我市跨省通办1106对，全市通办6675对。

（六）强化全面从严治党政治引领和政治保障作用

牢牢把握“政治机关”定位，坚持以习近平新时代中国特色社会主义思想统领重庆民政工作，坚持用党的创新理论武装头脑、指导实践，对“国之大者”心中有数，坚决捍卫“两个确立”，当好“两个维护”的忠实实践者和有力推动者。严格落实第一议题、理论学习中心组学习等制度，及时传达学习贯彻习近平总书记重要讲话、重要指示精神和有关文件会议、领导讲话精神。新增意识形态工作责任清单、分析研判、联席会议、专项会议制度，落细落实意识形态工作责任制。深入开展“袍哥文化”、“码头文化”、江湖习气整治工作，推动形成风清气正的良好政治生态。

二、发展中存在的问题

在肯定成绩的同时，也要看到，我市民政事业发展不平衡不充分的问题依然比较突出，基本民生保障还存在短板弱项，基层社会治理还未形成有效合力，基本社会服务还有待优化强化，民政服务管理的系统化、法治化、标准化、社会化、信息化、专业化水平还不够高，需要在今后的工作中认真研究解决。

三、2022年发展思路

做好2022年的民政工作，必须坚持以习近平新时代中国特色社会主义思想为指导，深入领会习近平总书记对民政工作重要指示精神和对重庆提出的重要指示要求，全面贯彻党的十九大和十九届历次全会精神，全面落实党中央、国务院决策部署以及市委、市政府和民政部工作要求，弘扬伟大建党精神，坚持稳中求进工作总基调，注重运用党百年奋斗的历史经验，注重抓重点带全局、强优势补短板，切实加强党的全面领导，持续完善基本民生保障、基层社会治理、基本社会服务体系，全力推动全市民政工作在进入全国前列的道路上迈出更加坚实步伐。

（一）切实加强党的全面领导

深刻领会“两个确立”的决定性意义，牢牢把握民政工作的政治属性，将党对民政工作的全面领导贯穿民政事业改革发展全过程，进一步增强“四个意识”、坚定“四个自信”、做到“两个维护”。持续深入学习贯彻习近平新时代中国特色社会主义思想，坚持以党的政治建设为统领，从严推进党风廉政建设和反腐败斗争，坚持党管意识形态原则，全面提升民政系统意识形态工作水平。

（二）切实兜住兜牢基本民生保障底线

持续做好巩固拓展脱贫攻坚兜底保障成果同乡村振兴有效衔接，修订最低生活保障条件认定办法和申请审核确认办法，稳妥推进社会救助审核确认权限下放，强化低收入人口动态监测，深化拓展“物质＋服务”救助方式，全面推行“一门受理、协同办理”，建立健全社会救助主动发现机制。

（三）切实推进养老服务业高质量发展

制定推进基本养老服务体系建设的实施意见，建立基本养老服务目录清单，加快建立长期护理保险、救助和福利相衔接的长期照护保障制度。坚定不移放开养老服务市场，实施“中心带站”示范工程，持续开展家庭养老床位试点，深化城市社区居家养老服务全覆盖。全面推行农村“四有五助”互助养老模式，加快推进乡镇敬老院和乡镇养老服务中心联建提升工程，实现农村社区养老服务设施全覆盖。实施公办养老机构能力提升行动，持续推进特殊困难老年人家庭居家适老化改造。落实养老服务综合监管制度，下大力气整治养老服务领域诈骗行为和欺老虐老现象。

（四）切实做好儿童福利和未成年人保护工作

推动出台加强未成年人保护工作意见，健全部门间工作协调机制和联动响应机制。实施未成年人保护示范区县创建，开展乡村未成年人关爱保护工作试点。推动市级未成年人保护中心建设，构建未成年人保护四级工作网络，启动建设全市未成年人保护综合信息管理平台。建立未成年人保护专家人才队伍，加强儿童督导员、儿童主任能力建设。细化困境儿童分类保障，提高孤儿、事实无人抚养儿童保障水平。健全农村留守儿童关爱服务体系，规范收养登记工作。

（五）切实推进基层治理体系和治理能力现代化建设

健全党组织领导的基层群众自治制度，完善书记、主任“一肩挑”后的运行机制和运行规则。全面推广“三事分流”，深入推进“五社联动”，督促落实“四项清单”，持续深化村（社区）减负。稳步推进城乡社区服务体系建设，持续开展新时代新社区新生活服务质量提升行动，推进和谐社区建设示范创建活动，试点打造一批社区服务综合体，使社区成为多种便民服务有机集成和精准对接的平台。

（六）切实推动新时代殡葬事业健康发展

推动建立市级殡葬改革工作联席会议机制，启动“十四五”火葬区调整工作，稳妥提高火化区覆盖率，推广节地生态安葬，推进殡葬移风易俗。坚持殡葬服务的公益属性不动摇，将遗体接运、暂存、火化、骨灰存放安置等必要的殡葬服务，以及骨灰盒等必需的殡葬用品纳入基本殡葬服务项目。坚决治理行业暴利和乱象，推进将殡葬执法纳入区县综合执法范围，持续抓好殡葬业价格秩序、公益性安葬设施建设经营专项整治，切实减轻人民群众丧葬负担。

（七）切实加强社会组织监督管理

深化“六同步、三纳入、一共享”机制，协同推进社会组织中党的组织和党的工作全覆盖。健全完善、推进落实政府购买社会组织服务政策，规范非营利性校外培训机构登记管理。规范社会组织等级评估，健全年检年报制度，进一步完善监管体系。持续打击整治非法社会组织，治理社会组织违规开展评比达标表彰，清理整治行业协会商会乱收费，继续整治“僵尸型”社会组织，防范化解社会组织领域风险。

（八）切实加快慈善社工事业发展

推动出台慈善条例，规范发展互联网慈善，创新发展社区慈善，建强慈善的载体和阵地。加快推进社会工作三级服务体系建设，持续推进项目提质增效，力争覆盖率达到70%。完善志愿服务激励制度，扎实推进志愿服务记录与证明抽查工作，推动社区综合服务设施中志愿服务站点全覆盖。强化福彩销售渠道精细化、规范化管理，严格公益金使用管理，增强可持续发展能力。

（九）切实优化区划地名管理

坚持从政治上、全局上综合考量，严格行政区划调整审核把关，坚决防止随意调整、任性调整，扎实做好行政区划调整组织实施、效果评估“后半篇”文章。加强地名文化保护，规范地名命名更名管理，推进重庆地名文化展示馆建设。推进省界渝川线及县级行政区域界线联合检查以及乡（镇）级行政区域勘界，加强边界文化建设，深化平安边界创建，保持边界地区和谐稳定。

（十）切实优化婚姻登记服务

持续抓好婚姻登记“跨省通办”和“全市通办”试点，探索开展“结婚一件事”联办服务。大力推进区县婚姻登记机关增设婚姻家庭辅导室和社会工作专业岗位，深入开展婚姻家庭辅导服务。以婚俗试点改革为抓手，大力倡树文明新风，积极破除大操大办、高额彩礼等陈规陋习。

（十一）切实提升救助管理和残疾人福利水平

探索完善流浪乞讨人员救助管理标准体系，改造完善部分区县救助设施设备，推进落户安置、源头治理。落实残疾人“两项补贴”标准动态调整机制，做好困难重度残疾人社会化照护。开展精神障碍社区康复服务专项行动，推进政府购买服务。加强康复辅助器具产业综合创新试点，推动建立基本型康复辅助器具配置补贴制度。

（十二）切实防范化解民政领域重大风险

突出常态化从严，切实抓好民政服务机构疫情防控，织密扎牢疫情防控网。持续推进安全生产专项整治“三年行动”，推动落实“十条措施”，大力推行“两单两卡”，努力把安全隐患消除在萌芽状态。继续推进“治重化积、清仓见底”等专项行动，切实规范民政社会稳定风险评估工作，为推进民政事业高质量发展提供坚强安全保证。

（十三）切实推进“六化建设”

一是推进民政系统化建设。坚持以城乡社区为载体，横向整合所有民政业务，推动民政各领域政策、资金、人员、设施、资源的最优化配置，更好实现联动发展、更大发挥整体效益。二是推进民政法治化建设。贯彻法治建设“一规两纲”，有序推进地名管理、养老、慈善等领域立法，抓好民政系统“八五”普法规划实施工作。三是推进民政标准化建设。全面检查我市民政领域标准的制定和应用情况，根据需要做好相关标准的立改废工作，扎实推进标准化试点，加大标准推广使用力度，切实发挥标准对高质量发展的牵引保障作用。四是推进民政信息化建设。统筹推进民政系统“一盘棋”布局、“一张网”建设、一体化发展，加强金民工程的对接，全面深化智慧社区、智慧养老平台应用推广，促进数据通、系统通、业务通。五是推进民政社会化建设。深化“放管服”改革，畅通政策落实“最后一公里”。六是推进民政专业化建设。组织机关、院校等联合公关，深入开展调查研究，持续实施民政创新项目工程，办好民政创新论坛。加强民政干部人才队伍建设，强化思想淬炼、实践锻炼、政治历练、专业训练，做好干部“育选管用”工作。

（执笔人：蒋洪）

重庆财政

重庆市财政局

一、2021 年发展回顾

2021 年，全市一般公共预算收入 2285 亿元，增长 9.1%，其中，税收收入 1543 亿元，增长 7.9%，基本恢复到 2019 年水平；支出 4835 亿元，下降 1.2%。全市政府性基金预算收入 2358 亿元，下降 4.1%，其中，土地出让收入 2044 亿元，下降 7.2%；支出 2953 亿元，下降 5.7%。全市国有资本经营预算收入 104 亿元，增长 5.6%；支出 40 亿元，下降 22.7%。全市社会保险基金预算收入 2546 亿元，增长 31.5%；支出 2073 亿元，增长 7.2%。全年发行政府债券 2518 亿元，其中，新增债券 1341 亿元，再融资债券 1177 亿元。全市政府债务还本付息支出 1457 亿元，其中，市级还本付息支出 272 亿元，区县还本付息支出 1185 亿元。年末，全市政府债务余额为 8610 亿元，在核定限额之内，风险总体可控。

在市委、市政府的坚强领导下，全市财政努力抓收入、保重点、调结构、防风险，为全市经济社会健康发展提供了重要支撑。

（一）扎实推动高质量发展

落实科技自立自强要求，贯彻市委五届十次全会要求，出台《支持科技创新若干财政金融政策》，组建重庆科技创新投资集团，市级新增投入 10 亿元，支持基础研究、平台建设、成果转化和产业技术创新，提升科技创新能力。推进产业转型升级，统筹市级资金 30 亿元，促进汽车、电子信息、生物医药等制造业高质量发展，支持建设国家外贸转型升级基地，奖补 118 家国家级专精特新“小巨人”企业。落实减税降费政策，全年新增减税降费 350 亿元左右，为稳定经济、优化结构注入动力。健全政府性融资担保体系，引导 33 家政府性融资担保机构为 6.4 万户小微企业提供低费率融资担保超 175 亿元。推进商业价值信用贷款，帮助 6700 余家中小企业获得银行授信超 80 亿元，促进中小企业健康发展。

（二）全力支持重大战略任务

全年筹集市级资金 620 亿元，发行新增政府债券 1341 亿元，确保重大战略、重大任务、重大项目落地。落实成渝地区双城经济圈建设规划纲要，加强财政合作，创新财政体制，打造川渝高竹新区等区域合作平台；支持成渝中线、渝湘、渝昆、郑万等高速铁路和嘉陵江利泽航运枢纽建设，推动基础设施互联互通；建立长江、濑溪河川渝跨省（市）流域横向生态补偿机制，促进生态环保联建联治。推进“一区两群”协调发展，实施差异化财政体制，推动中心城区集聚城市核心功能，支持主城新区同城化发展；落实“两群”区县税收全留体制，推动渝东北三峡库区城镇群生态优先绿色发展、渝东南武陵山区城镇群文旅融合发展。全面推进乡村振兴，投入衔接资金 72 亿元，脱贫区县整合涉农资金 82 亿元，支持巩固拓展脱贫攻坚成果，推动 4 个国家乡村振兴重点帮扶县发展，促进 40 个市级乡村振兴示范镇村建设。安排市级资金176亿元，支持渝西水资源配置工程建设，推动三峡库区区县后扶项目落地。推进生态环境保护，投入市级资金122亿元，推动水污染防治、土壤污染治理，落实“以奖促治”专项资金，支持国家森林城市和“两岸青山·千里林带”建设，统筹山水林田湖草系统治理，筑牢长江上游重要生态屏障。

（三）持续保障和改善民生

落实资金54亿元，保障疫情防控和居民免费接种新冠疫苗。投入市级资金36亿元，落实就业优先政策，支持高校毕业生等重点群体就业创业。安排市级资金195亿元，提升学前教育普惠率，推动义务教育优质均衡发展，提高高中阶段生均公用经费标准，支持办好特殊教育，促进职业教育产教融合，推进市属高校、重庆大学、西南大学“双一流”建设。投入市级资金49亿元，资助270万人次家庭经济困难学生。将退休人员基本养老金上调4.5%，推进养老服务体系建设。完善住房租赁补贴政策，支持城市老旧小区、棚户区和农村危旧房改造。及时足额发放城乡低保、特困、孤儿等群体救助资金，落实优待抚恤补助政策，支持残疾人事业发展。落实全运会、市运会等重大赛事经费。保障公共图书馆、文化馆、美术馆、博物馆和纪念馆免费开放。拨付市级资金3亿元，支持区县防汛救灾和灾后重建。投入市级资金12亿元，支持基层治安维稳、人民调解、反诈宣传、法律援助等，提升社会治理和司法便民服务水平。

（四）稳步推进财政管理改革

修订完善市级预算、重点专项、预算公开评审等管理办法，推进市级支出标准体系建设。常态化实施财政资金直达机制，提高财政支出效率。落实党政机关过紧日子要求，严控预算追加，规范预算调剂。完善水利、科技、卫生健康等行业领域的绩效指标和标准体系，首次对社保基金开展重点绩效评价，绩效监控和绩效自评实现一级预算单位和项目支出全覆盖。出台生态环境、公共文化、自然资源、应急救援等4个领域财政事权和支出责任改革方案。推进预算管理一体化改革，实现预算编制、执行、资产、债务、绩效各环节“横向整合”，推动中央、市、区县等各级财政“纵向贯通”。深化国有资产管理、政府采购制度等改革，加强行政事业单位内控制度建设，扎实推动财会监督检查，加大会计行业整治力度，进一步严肃财经纪律。

（五）有效防控财政运行风险

开展2021年区县财政承受能力评估，完善预算审查、动态监控、资金调度等全链条保障机制，加大重点关注区县补助力度，兜牢基层“三保”底线。建立新增债券发行条件评估机制，提升项目质量，有效管控源头风险。发行再融资债券，优化债务期限结构，缓释当期偿债压力。通过安排预算、盘活资源资产、统筹企事业单位经营性收入等多种方式化解存量债务，持续压减债务规模。加强监督问责和考核，坚决遏制新增政府隐性债务。积极应对社保基金运行压力，采取委托全国社保基金投资等方式，实现社保基金和职业年金保值增值。

二、发展中存在的问题

总的来看，2021年预算收支执行情况良好，财政收入好于预期，重点支出有力保障，改革管理提质增效，全市财政运行平稳。但也要清醒看到，当前预算执行和财政管理中还存在一些问题：一些部门预算绩效观念不强，“重投入、轻绩效”，绩效自评不够客观，绩效管理刚性约束不够。项目储备不足，一些项目前期工作不充分，影响预算执行进度，存在“钱等项目”现象。一些区县进入偿债高峰期，债务还本付息负担重，加之区县土地出让收入具有不确定性，潜在风险不容忽视。

三、2022年发展思路

下一步，全市财政将认真贯彻中央决策部署和市委、市政府工作要求，落实市人大预算决议，坚持以政领财、以财辅政，科学研判财政收支形势，积极发挥财政职能作用，推动经济平稳健康发展与社会大局和谐稳定。

（一）抓开源，更大力度统筹财政资源

落实新的组合式减税降费政策，激发市场主体活力，着力培育税源，加大“三资”盘活力度，努力挖掘新的收入增长点。创新政府投融资模式，运用好资产证券化、公募REITs等筹资方式，引导更多社会资本投入重大项目。围绕成渝地区双城经济圈建设、共建“一带一路”，以及长江经济带发展、新时代西部大开发、西部陆海新通道等国家战略，抓好项目策划、储备、对接，争取中央转移支付和政府债券支持。

（二）保重点，更实举措支持重大战略任务

围绕成渝地区双城经济圈建设、“十四五”规划、“一区两群”协调发展等，加强“资金池”与“项目池”“资源要素池”对接，保持适度支出强度，提高支出精准度，重点支持区域协同、科技创新、产业发展、乡村振兴、污染防治等。完善区域协同发展转移支付制度，对经济体量大、带动作用强、公共服务辐射广的区县给予激励引导，提升基层财力保障水平。

（三）控支出，更严标准过好紧日子

坚持节俭办一切事业，大力压减非重点、非刚性支出，加强一般性项目支出标准建设，努力降低行政运行成本，构建党政机关过紧日子长效机制。推进预算管理一体化系统全面上线，提升标准化、精细化管理水平。加强党政领导干部培训，传递“紧”的理念、“严”的要求，形成过紧日子思想共识。

（四）提效能，更高水平推动财政管理改革

按照中央新一轮财政体制改革方案，持续深化财政事权和支出责任划分改革、收入划分改革和转移支付改革。强化预算约束，持续推进预算绩效指标体系建设，加强绩效评价结果运用。配合人大、纪检、审计等部门，严肃财经纪律，促进财政资金规范、高效、安全使用。

（五）稳运行，更富成效防范化解财政风险

坚持“三保”在财政支出中的优先顺序，严格落实预算审查、动态监控、工资专户、资金调度等全链条“三保”保障机制，加大财力下沉力度，兜牢基层“三保”底线。加强政府债务风险排查，加强综合施策和部门协同，通过多渠道筹集资金、市场化合规转化等方式，稳妥化解存量债务，坚决遏制新增政府隐性债务。

（执笔人：冯探）

人力资源和社会保障

重庆市人力资源和社会保障局

一、2021年发展回顾

全市人力社保系统深学笃用习近平新时代中国特色社会主义思想，坚决把习近平总书记对重庆的殷殷嘱托和党中央国务院决策部署、市委市政府工作要求全面落实到重庆人社领域，把庆祝建党100周年和党史学习教育产生的政治效应转化为强大发展动力，展现了新作为，体现了新担当，跑出了新速度，取得了新成效，实现了“十四五”良好开局。

（一）坚持人民至上，以百年党史立心铸魂

深入开展党史学习教育，把“两个确立”的政治成果转化为坚决做到“两个维护”的政治自觉，“五大行动”42件民生实事全面完成，“四进四送四服务”百日攻坚落地见效，“大走访大调研大落实”“局处长走流程”走深走实，化解信访积案310件。优化营商环境76项年度任务顺利完成，行政许可事项承诺时限压缩比达82.3%，取消证明材料195项。顺利通过国务院第八次大督查，市委巡视整改成效评估被评为“好”的等次，12个窗口单位和6名同志获得全国人社系统优质服务窗口和先进个人称号。

（二）坚持规划谋篇，锚定“十四五”发展新目标

衔接落实国家人社事业发展规划、新时代推进西部大开发形成新格局的指导意见、成渝地区双城经济圈建设规划纲要、重庆市国民经济和社会发展规划等，做到全面对照、落实到位。构建“1 + 11”一主多辅的人力社保“十四五”规划体系，其中5个规划为全国首发。首次在全市国民经济规划中单设人社专栏，纳入11个重点项目并全部启动实施。

（三）坚持就业优先，就业形势保持总体稳定

围绕推进更加充分更高质量就业目标，坚持市场有效、政府有为，千方百计保重点、促对接、优服务，主要指标恢复到新冠肺炎疫情前水平。全年城镇新增就业75.1万人，同比增长14.5%，完成全年目标任务的125.2%，12月末城镇调查失业率5.2%，低于年度控制目标0.3个百分点。全力落实“一生一困”政策，重庆籍高校毕业生年底就业率达到96.5%，同比提高3个百分点；转移就业农民工816.2万人，市内就业占比上升至59%；退捕渔民、淘汰落后产能分流职工、退役军人、残疾人等就业总体稳定。

（四）坚持民生为本，织密扎牢社保安全网

深入学习贯彻习近平总书记关于完善覆盖全民的社会保障体系重要讲话精神，努力构建多层次社保体系。全域精准扩面参保，实施全民参保计划，至2021年末，全市城乡养老、失业和工伤保险参保人数分别达到2494万人、598

万人和766万人，分别比上年末增加124万人、50万人和36万人，城乡养老保险参保率巩固在95%以上，工程建设项目工伤保险参保率达到99%；全年社保基金总收入1895亿元、总支出1553亿元，累计结余1568亿元，社保体系更加公平可持续。

（五）坚持人才先行，广聚英才助力发展

围绕加快建设“全国重要人才高地”目标，“塔尖”“塔基”人才政策和乡村人才振兴举措相继出台，职称等制度改革不断深化。全市专技人才总量达到203万人，高、中级职称占比达到50%；技能人才总量达到460万人，高技能人才占比增至30.4%。开展“百万英才兴重庆”等引才活动250余场，全市引进人才5万余名，实现同比翻番；新引进博士后1017名，实现“两连跳”。重庆英才大会升格为部市共办，集中引进紧缺急需人才3319名、项目407个，分别比上届增长82%、52%，为历年最高。圆满承办第一届全国人力资源服务业发展大会，签约项目超166亿元。新争取到中国重庆数字经济人才市场等3块国家级牌子落户重庆。在全国首创省级流动人才综合指数发布制度，创新推进区县青年人才发展指数统计制度。全面完成重庆英才“渝快办”建设，服务项目从17项拓展到68项。联合21个市级部门建设“重庆英才服务港”，累计发放英才服务卡9779张，全年提供“一站式”服务12.3万人次。

（六）坚持防治结合，劳动关系和谐稳定

扎实推进“和谐同行”三年行动计划，国家级和谐劳动关系综合配套改革试点形成9项经验，开展劳动关系公共服务、技能人才薪酬分配等4项改革试点，探索推广电子劳动合同，启动建设全国首个劳动关系示范镇。农民工与城市化专题展成功开展。劳动人事争议仲裁结案率98.6%，调解成功率71.5%，分别超过全国目标8.6个百分点和11.5个百分点；劳动保障监察举报投诉结案率100%。扎实开展根治欠薪冬季专项行动，实施建设项目、教培行业欠薪专项调度，全年为1.9万名农民工追回工资2.47亿元。

（七）坚持共建共享，区域协调发展纵深推进

川渝人社合作从夯基垒台迈向整体成势，部省市三方战略合作协议顺利签署，106个合作协议落地见效，87项年度重点任务全面发力，38项人社高频政务服务事项川渝通办。出台“一区两群”人社事业协同发展23条硬核举措，为“两群”地区提供就业岗位5.9万个，招聘事业单位4376人，支持建成市级农民工返乡创业园区31个、高级技能人才培训基地4个。全面助推乡村振兴，开展农村转移劳动力培训23.5万人次，107.8万名低保、特困、重度残疾等困难群体基本养老保险应保尽保。持续推动东西部协作，超额完成鲁渝劳务协作年度目标；与西藏人社厅、昌都市签订“十四五”对口支援三方协议，完成定点帮扶任务。

二、2022年发展思路

2022年，我们将深入贯彻落实市委、市政府工作要求，始终坚持以人民为中心的发展思想，以高质量发展为主题，坚持“稳”字当头、稳中求进，促进就业与产业良性互动，“第一资源”与“第一要务”紧密结合，民生温度与发展速度同频共振，用实实在在的举措和行动推动各项工作在人社领域全面落实，以优异成绩迎接党的二十大和市第六次党代会胜利召开。

（一）以全面加强党的建设引领奋斗新征程

深刻认识“两个确立”的决定性意义，增强“四个意识”、坚定“四个自信”、做到“两个维护”，牢记“国之大者”，自觉在思想上政治上行动上同以习近平同志为核心的党中央保持高度一致。坚持严的主基调不动摇，以政治建设为统领，织密织牢全面从严治党责任体系，持续加强党的创新理论武装，建立党史学习教育常态化长效化机制，持之以恒改进工作作风，全力推动习近平总书记重要指示批示精神和党中央决策部署在人社领域落地见效。

（二）以“六稳”“六保”夯实发展基本盘

突出就业优先，千方百计稳定和扩大就业，全年确保城镇新增就业60万人以上，城镇调查失业率控制在5.5%以内，应届高校毕业生年底就业率超过90%。加快健全多层次社会保障体系，全力推动养老、失业、工伤保险由制度全覆盖到法定人群全覆盖。平稳有序推进新冠肺炎疫情防控常态化下农民工返乡回引、返岗就业、返岗复工等工作。抓好根治欠薪，持续推进维护新就业形态劳动者权益专项行动，探索新就业形态用工统计分析机制。全面助推乡村振兴，聚焦重点帮扶区县和17个重点帮扶乡镇，落实“一镇一策”。

（三）以改革创新激活发展新动能

围绕我市七大主导产业和33条产业链的人力资源需求，定期分产业发布就业景气指数、岗位需求目录，分区域发布就业创业热力指数，实现供需精准匹配。做好企业职工基本养老保险全国统筹落地实施工作，做好渐进式延迟退休年龄、推动个人养老金发展等准备工作，探索将新就业形态就业人员纳入工伤保险政策覆盖范围。实施重庆英才集聚工程，全年引进紧缺人才2万人、博士后1000名以上，新增技能人才20万人以上，培养未来工程师、数字技术工程师2万名以上。高质量办好2022年重庆英才大会等活动。

（四）以重点突破打开发展新局面

坚持工作项目化、项目清单化，谋划实施智慧人社、就业增效、社保提质、人才强链、千亿跃升五大重点工程，持续推进人社数字化转型和智能化升级，扩大就业失业管理服务覆盖面，不断优化参保结构，增强产业升级人才支撑，培育人力资本服务等领域增长点、形成新动能。

（五）以品牌提升构筑发展新优势

坚持变技术金牌为产业品牌、变产业品牌为市场名牌，着力打造就业创业、参保“直通车”、“巴渝工匠”、打造人才图谱、重庆英才服务、中国重庆数字经济人才市场、人社智库、人社基层服务八大品牌，通过提升服务质量、强化数据共享、落实工作举措、加强政策保障等方式，不断做大做强人社领域品牌，助推高质量发展。

（六）以协同共进凝聚发展新合力

持续深化川渝人社合作，以《成渝地区双城经济圈建设规划纲要》为统揽，推动部省市三方战略合作协议全面落地。持续推动“一区两群”协同发展，推动就业、培训信息互通，支持主城都市区创建“智能＋技能”数字技能人才培养试验区、“巴蜀工匠”高技能人才合作示范区，支持渝东南地区引育文旅、康养、非物遗产等领域人才，支持“两群”地区建立柔性引才机制。聚焦RCEP、中新互联互通项目等机遇，拓展人才引进、培训交流、大会大赛等合作。

（七）以安全稳定筑牢发展新防线

严格落实意识形态工作责任制。健全基金管理风险防控政策、经办、信息、监督“四位一体”的风险防控机制。开展信访突出问题专项治理。深化劳动关系“红黑名单”制度。制定完善劳动保障监察书面审查办法、拒不支付劳动报酬案件取证指引等管理制度。

（执笔人：李明）

城乡规划和自然资源

重庆市规划和自然资源局

一、2021年发展回顾

2021年，全市规划自然资源系统全面贯彻落实习近平总书记对重庆提出的营造良好政治生态，坚持“两点”定位、“两地”“两高”目标，发挥“三个作用”和推动成渝地区双城经济圈建设等重要指示要求，牢牢把握新发展阶段，认真贯彻新发展理念，积极融入新发展格局，全力做好“六稳”工作、落实“六保”任务，实现“十四五”良好开局。

（一）深化优化国土空间规划布局

深入落实“多规合一”国土空间规划改革，全市“三级三类四体系一平台”（“三级”指市级、区县级、乡镇级，“三类”为总体规划、详细规划和相关专项规划，“四体系”指编制审批体系、实施监督体系、法规政策体系、技术标准体系，“一平台”指国土空间信息平台）国土空间规划体系逐步建立，国土空间规划“一张图”（是指以国土空间信息平台为基础载体，结合各级各类国土空间规划编制，建设可层层叠加打开的国土空间规划“一张图”实施监督信息系统）加快形成。统筹“三条控制线”（指城镇开发边界、永久基本农田保护红线、生态保护红线）划定，协调解决保护和发展矛盾冲突问题，完成生态保护红线评估调整工作，优化调整用地空间比例超过22.5%，补充调入具有重要生态功能价值的区域，调整优化生态保护红线内90%原住居民生活生产空间布局。

深化完善《重庆市国土空间总体规划（2021—2035年）》，主城都市区各区分区规划和“两群”各区县总体规划初步形成，“一区两群”和各区县特色优势发展的空间格局不断深化。

完成全市国土空间生态保护修复、主城都市区轨道线网、中心城区城市更新、“两江四岸”治理提升、“四山”保护提升（“四山”指缙云山山脉、中梁山山脉、铜锣山山脉、明月山山脉）、广阳岛、西部（重庆）科学城、国际生物城等“五城多名片”“三峡库心·长江盆景”“江城江镇江村滨江地带品质提升”“嘉陵滨江生态长廊”以及交通、市政、历史文化保护等40余项重点专项规划编制。

配合编制《成渝地区双城经济圈国土空间规划》，推进高竹新区、遂潼川渝毗邻地区等合作共建区域发展空间落地，积极推动成渝地区双城经济圈建设。

（二）坚决守护自然资源红线底线

切实把耕地保护作为重大政治任务，深化研究保有量指标落实，强化数量质量生态“三位一体”保护，规范落实占补平衡，对永久基本农田占用补划严格把关，补充耕地9.4万亩，补划后水田占比提高18%，坡度小于15°的耕地占比提高21%。在全国率先开展补划地块100%省级实地核查。强化新增耕地核定全流程监管，坚决遏制“非农化”、防止“非粮化”。全面推进农村乱占耕地建房专项整治，持续深化巩固违建别墅问题清查整治，深入落实“大棚房”问题清理整治“回头看”。

全面完成长江经济带废弃露天矿山生态修复专项工作，完成长江上游生态屏障（重庆段）山水林田湖草生态保护修复试点项目289个，试点工程入选中国十大特色生态修复案例，广阳岛和铜锣山矿山公园等生态名片入选中国生态修复典型案例集。完成“四山”管控区国土空间规划优化调整工作，分类推动违法建设整治。

全力防范汛期地质灾害风险，争取中央专项资金，有序推进地质灾害综合防治体系建设，实现76%隐患点智能化监测预警。严格落实“四重”网格防灾体系（是指将已查明的地质灾害隐患点划分为防治网格单元，由群测群防员、片区负责人、驻守地质队员和区县地环站专职人员作为“四重”网格员，建立多层次、立体化的监测预警、巡查排查和应急处置网络），组织1.5万余名“四重”网格员巡查排查地质灾害隐患点19.29万点次，提前识别隐患点802处，成功预报灾险情23起，避免637人伤亡，因灾死亡人数同比下降18.2%。研究探索“风险区+隐患点”双控措施和工作体制机制，努力提高地质灾害管控能力。

（三）科学配置土地和矿产资源

统筹发展与保护，强化节约集约，大力优化自然资源供给政策。强化脱贫攻坚和乡村振兴政策有效衔接，对14个区县安排8400亩专项用地指标。用好用活国家建设用地审批权委托试点政策，坚持要素跟着项目走，锚定国家和市级重点项目库，精准对接、定期调度，科学配置基础设施项目用地，全年审批建设用地1040宗、124.14平方千米。

强化储备土地统一管理，坚持轨道交通引领城市发展格局，土地价款财政入库2044亿元。强化科技创新和产业用地支持，在两江新区、重庆高新区、永川区试点工业项目标准地出让。探索混合用地供给，推广工业用地弹性年期出让、先租后让、租赁等用地方式，鼓励优质工业项目通过改扩建方式扩大产能，支持低产能项目转型升级。全面梳理全市存量建设用地情况，持续开展“增存挂钩”专项处置行动。严格落实住宅用地“两集中”出让要求，强化市场研判和统筹调度，平稳有序完成三批次土地集中出让，出让住宅用地3.23万亩。

持续优化矿产资源勘查开发布局，建筑砂石产销总体平衡，完成煤炭、锰落后产能淘汰，新产页岩气同比增加10.58%，市场运行平稳。

（四）积极服务城乡融合发展

紧紧围绕全市城乡融合发展体制机制和政策体系，聚焦乡村振兴和城市提升两大基本面，深化规划师下乡进社区，助推以人为核心的新型城镇化建设。着力优化全域全要素乡村空间及设施功能布局，指导17个市级乡村振兴重点帮扶乡镇先行编制乡镇国土空间规划，完成石柱县中益乡、城口县东安镇两个试点乡镇国土空间规划编制。统筹推进实用性村庄规划优化完善，长寿区保合村村庄规划入选全国村庄规划优秀案例，全市行政村村庄规划应编尽编。稳妥推进农村集体经营性建设用地入市，持续深化地票改革。

着力完善城市功能，加快TOD综合开发区城市设计，有序推进中心城区轨道步行提升，对30个轨道站点开展轨道步行提升工作。强化城市更新改造，完成国土空间规划城市体检，创新“场景营城”方法，聚焦社区小微空间打造，实施小街区规制，系统推进重点片区城市更新设计，举办社区规划艺术节，引领“城市让生活更美好”。突出山城江城特色，深化城市建筑强度、高度、密度及色彩管控，组织开展中国水文博物馆、长江音乐厅、寸滩国际邮轮中心等重点项目方案征集，引领塑造城市特色风貌。

高度重视城市文脉保护传承，常态化开展历史文化资源普查，大力推进历史文化风貌街区保护提升，持续跟踪推进重庆两江交汇核心区、大田湾—文化宫—大礼堂保护提升工程，有序推进磁器口后街、十八梯、山城巷等重点历史风貌街区开街。完成市规划展览馆新馆工程建设和布展。

（五）扎实推进改革创新

积极争取自然资源部政策支持，新增全民所有自然资源资产所有权委托代理机制、全国自然资源领域生态产品价值实现机制等4项改革试点，形成《重庆市生态产品价值实现机制研究》等一批改革成果。

持续深化“放管服”改革，推出40项改革举措，向区县下放审批权6项，行政审批时限平均减少50%以上，网上办理率达100%，实现16个事项“川渝通办”。大力深化不动产登记改革，助力打造国际化营商环境，全市不动产登记指标被世界银行评为东亚及太平洋地区最优。

“自然资源部国土空间规划监测评估预警重点实验室”“川渝共建古生物与古环境协同演化重庆市重点实验室”等两个省部级重点实验室落户重庆，牵头筹建“重庆（涪陵）国家页岩油气与新能源科技创新产业园”。升级打造规划自然资源科普品牌，成功注册“自然巴渝”商标，大力推动“自然巴渝科普讲堂”进校园、进社区。有序推进规划自然资源云建设，全面完成市级“云长制”年度工作目标任务。

（六）不断夯实地质矿产和测绘地理信息基础工作

大力开展基础地质调查，1：5万区域、水文地质调查和土地质量调查覆盖率均有提升，启动湿地综合地质调查。云阳恐龙化石保护研究建成长83米的恐龙地层剖面示范点，采集化石634件、发现1个新属。秀山发现距今约4.23亿年且保存完整的袖珍边城鱼化石，渝北花石沟鱼化石、合川官渡镇恐龙化石等抢救性保护工作顺利完成。

持续提升测绘地理信息支撑能力，统一全市数字空间框架和基准，建成111座全球卫星定位增强基站，实现全市实时厘米级高精度定位服务。完成全市民用卫星遥感、航空摄影等需求征集、目录发布、数据获取处理和共享工作，实现全市高中低分辨率遥感影像数据的集成应用。运行维护地理信息公共服务、综合市情、时空大数据服务等系列平台，做好地理信息数据保障，有效支撑政府管理和社会治理。持续深化测绘行业管理改革，“多测合一”改革有序推进。严格测绘地理信息安全和地图监督管理，积极推进实施自动驾驶地图相关政策和标准体系。

二、发展中存在的问题

发展中仍然存在一些突出问题和短板。一是国土空间规划的刚性约束和基础性引领作用还未充分发挥，规划的战略性、科学性、协调性、主导性、可操作性等还有一定差距。二是统筹保护和发展的难度比较大，耕地保护责任还需进一步压实，节约集约意识还不够强，耕地违法违规行为仍有发生。三是在当前国土空间规划编制审批前的过渡阶段，国务院收回国家建设用地审批权委托试点政策后，涉及占用永久基本农田的建设项目存在审批难度。四是生态保护修复的整体性、系统性还不强，矿山生态修复历史欠账多，存量消化任务重，矿山企业“边开采、边修复”监管难度较大。

三、2022年发展思路

2022年，市规划自然资源局将持续优化国土空间布局，精准供给自然资源要素，全力服务高质量发展高品质生活，以优异成绩迎接党的二十大和市第六次党代会胜利召开。重点工作方向是切实把新发展理念完整、准确、全面地贯彻落实到规划自然资源工作全过程、各方面。

一是在规划引领上聚力攻坚求突破。加快构建全市“三级三类四体系一平台”国土空间规划体系，完善“多规合一”国土空间一张蓝图。坚持从全局谋划一域、以一域服务全局，助推成渝地区双城经济圈走深走实。

二是在耕地保护上从严从紧抓落实。搭建耕地保护“长牙齿”措施体系，加强耕地变化动态监测监管，严格查处乱占耕地违法行为，压实耕地保护目标责任。

三是在绿色发展上提质增效促转型。精准高效做好土地要素保障，创新拓展土地利用方式，持续提升节约集约用地水平，推动矿产资源绿色开发利用。

四是在城乡风貌上修复提升展新颜。多措并举推进生态保护修复，全力打造乡村振兴和城市提升精品工程，深入推进城市更新和历史文化保护。

五是在城乡自然资本增值上加快探索下功夫。深入推进自然资源资产有偿使用，健全自然资源资产产权制度，探索多元化生态产品价值实现路径。

六是在改革创新上持续发力见成效。加快构建统一的自然资源调查监测体系，深化土地和矿产资源管理改革，纵深推进“放管服”改革。

七是在安全底线上抓实防治不松劲。全面抓好地质灾害防治工作，进一步加强矿产资源勘查开发监管，突出做好重点领域风险防范。

八是在治理能力上技术赋能再提升。推进规划自然资源管理更加规范有序，深化测绘地理信息综合服务保障能力，提升规划自然资源科技创新能力。

（执笔人：张艺扬）

生态环境

重庆市生态环境局

2021 年，在市委、市政府坚强领导，市人大常委会、市政协有力监督支持，生态环境部大力指导下，市生态环境局会同各区县、市级有关部门提高站位、凝聚共识，挂图作战、合力攻坚，推动生态环境保护拓展新局面。长江干流重庆段水质为优，纳入国家考核的 74 个断面水质优良比例为 98.6%，高于国家考核目标 1.3 个百分点，排名长江经济带 11 省市第一名、全国第二名。空气质量优良天数达到 326 天，比 2020 年减少 7 天，比 2019 年增加 10 天。其中，优的天数达 146 天，比 2020 年增加 11 天，比 2019 年增加 27 天，$PM_{2.5}$ 平均浓度为 35 微克 / 米 ^{3}，评价空气质量六项指标连续两年全部达标，土壤、声、辐射环境质量保持稳定，重庆天更蓝、地更绿、水更清、空气更清新。现将有关工作情况报告如下。

一、生态环境保护工作开展情况

市委、市政府高度重视生态环境保护工作，持续强化对生态环境保护的总体设计和组织领导。市委、市政府主要负责同志率先垂范，共同担任市深入推动长江经济带发展加快建设山清水秀美丽之地领导小组组长、市生态环境保护督察工作领导小组组长、市总河长、市总林长。市委陈敏尔书记主持召开市委常委会会议、中央生态环境保护督察整改部署推进会等研究抓好生态环境保护，多次深入区县、部门指导推动重点工作；市政府主要负责同志把生态环境保护工作常抓在手，推动落实长江生态保护修复、锰污染综合整治等重要专项工作，山清水秀美丽之地建设取得新的成效。

（一）切实提高政治站位，生态文明建设政治责任有效落实

坚持把学习贯彻习近平总书记视察重庆系列重要讲话精神作为重要政治任务，作为做到“两个维护”的具体行动，全年召开局党组理论学习中心组（扩大）学习会议、局党组会议、局务会议等 80 余次，认真学习贯彻习近平总书记“七一”重要讲话精神，以及党的十九大和十九届历次全会、中央经济工作会、市委五届十一次全会等会议精神，研究落实党中央、国务院及市委、市政府关于加强生态环境保护的系列决策部署，认真办理落实市委陈敏尔书记对生态环境保护工作作出的 31 件批示要求、市政府主要负责同志作出的 97 件批示要求，坚决从政治上认识、从政治上落实。目前全市涉“锰污染”整治问题并纳入退出计划的 56 家锰矿开采企业、25 家电解锰企业均已全部停产，涉长江沿岸污水溢流入江问题已基本摸清主城排水系统情况，嘉阅滨江房地产信访事件得到妥善处置，有效助力经济社会开局良好、起步扎实。

（二）坚持生态优先绿色发展，助推高质量发展有力有效

把“绿色 +”融入经济社会发展各方面，学

好用好“两山”理论，走深走实“两化路”，在全国率先发布实施“三线一单”并研发使用智检服务系统，开展重点行业建设项目、园区规划环评碳排放环境影响评价试点，助推经济结构调整和产业转型升级。制定应对气候变化专项规划，编制气候投融资试点工作方案、实施方案，上线全国首个覆盖碳履约、碳中和、碳普惠的“碳惠通”生态产品价值实现平台，组建全国首个区域性气候投融资产业促进中心。我市作为西部唯一省市参与全国碳市场联建联维，碳市场碳排放指标累计成交量、成交总额分别为2791万吨、5.14亿元。深化生态环境“放管服”改革，落实重大项目环评推进工作机制，优化建设项目全过程环境监管服务，进一步扩大环评告知承诺制施行范围，全年准予许可项目环评文件3100余个，涉及总投资5100余亿元，全力推动交通、水利等重大项目落地。

（三）深入打好污染防治攻坚战，生态环境质量持续向好

坚持精准治污、科学治污、依法治污，聚焦大气、水、土壤等关键领域继续开展污染防治行动，我市在国家污染防治攻坚战年度考核中获“优秀”。深入打好碧水保卫战。落实我市第1、第2、第3号总河长令，强化工业、城乡生活水污染治理，加强水资源、饮用水安全保障，聚焦不达标流域、重点河流开展驻点帮扶、现场督战，系统、科学、精准指导流域综合整治，临江河、璧南河、大溪河、龙溪河、梁滩河等流域水质根本好转，48段城市黑臭水体整治成效得到巩固，全市工业集聚区污水集中处理设施、建制乡镇污水处理设施、船舶码头污染物接收设施基本实现全覆盖，城市集中式饮用水水源地水质达标率为100%。深入打好蓝天保卫战。突出控制交通、工业、扬尘和生活污染，实施网格化精细管控和空气质量精准预报，持续开展冬春季大气污染防治攻坚和夏秋季臭氧污染防控行动，完成337家企业挥发性有机物治理，淘汰老旧车8.9万辆，创建和巩固扬尘控制示范工地430个、示范道路430条，新增高污染燃料禁燃区101平方公里，空气质量优的天数达历史最好水平。深入打好净土保卫战。持续开展土壤污染风险管控和修复，完成土壤污染地块状况调查448块、修复15块，稳步实施农村黑臭水体整治，农村人居环境不断改善。加强危险废物规范化精细化管理，深化中心城区“无废城市”建设，在全国率先开展跨省域“无废城市”共建，首创危险废物跨省转移“白名单”制度并拓展延伸至云南省、贵州省，相关做法获国家肯定并推广。

（四）加强生态保护修复，长江上游重要生态屏障更加牢固

坚决贯彻“共抓大保护、不搞大开发”方针，全面落实《中华人民共和国长江保护法》，严格管控生态空间，统筹推进生态保护红线评估调整和自然保护地优化整合，加强生物多样性保护，“绿盾”行动发现自然保护地内需整改的2037个问题已整改1912个。深入推进广阳岛片区长江经济带绿色发展示范，渝北区、北碚区被评为第五批国家“绿水青山就是金山银山”实践创新基地。加强环境风险隐患排查整治，开展系列专项执法检查，全年处罚环境违法行为2200余件，妥善处置各类突发环境事件，未发生较大及以上突发环境事件。推动成渝地区双城经济圈生态共建环境共保，两省市各级、各部门签订落实生态环境保护合作协议70余项，长江上游生态大保护日益加强。

（五）着力解决环境问题，人民群众幸福感获得感显著增强

坚持问题导向、目标导向、结果导向，制定

《重庆市生态环境保护督察工作实施办法》《重庆市生态环境保护督察五年工作计划（2021—2025年）》，配套出台专项督察、驻点督察、日常督察、环保约谈等20余项制度规范，在全国率先实现46个市级部门和30个市属国有重点企业督察全覆盖，有序有力推动各类生态环境问题整改落实。目前第一轮中央生态环保督察涉及152项整改任务已完成150项，第二轮中央生态环保督察涉及62项整改任务已完成39项，两轮次中央生态环保督察交办群众投诉举报案件办结率达99.8%；三轮次长江经济带生态环境警示片披露的29个问题已整改28个，均完成阶段性目标任务，缙云山国家级自然保护区问题综合整治、餐饮船舶污染治理等得到国家高度肯定，中央生态环保督察办评价我市整改工作取得“显著成效”。

（六）强化环保支撑保障，生态环境治理能力和水平有效提升

统筹推进我市生态文明体制改革和构建现代环境治理体系，制定出台改革文件48个，生态环境保护综合行政执法改革、生态环境损害赔偿制度改革等成效明显。配合出台《重庆市人民代表大会常务委员会关于加强嘉陵江流域水生态环境协同保护的决定》，修正《重庆市大气污染防治条例》，发布《农村生活污水集中处理设施水污染物排放标准》，生态环境法规标准制度体系更加完善。强化生态环境领域科技创新，启动中国环境科学研究院西南分院和重庆市绿色智能环保技术与装备制造技术创新中心建设，高标准建成投用新城市放射性废物库，拓展全市一体化生态环境大数据平台应用功能，有序开展碳监测评估试点。扎实做好“六稳”“六保”工作，抓好疫情防控生态环境保护相关工作，做到医疗机构、集中隔离点及设施环境监管与服务100%全覆盖，医疗废物、医疗废水及时有效收集转运和处理处置100%全落实，“处理疫情城市医疗废弃物的应急解决方案”助力重庆获第五届“广州国际城市创新奖”，重庆为中国唯一获奖城市。加大生态文化培育力度，深入开展生态文明宣传“十进”、环保设施公众开放、高校“生态文化周”等活动，市级及以上主流媒体刊发我市生态环境保护相关报道900余篇，推动形成全民共建共享生态文明建设大格局。

（七）全面落实从严治党，党的建设各项工作纵深发展

始终把党的政治建设摆在首位，成立局党组主要负责人任组长的党的建设工作领导小组，统筹推进党的建设与生态环境保护业务工作，自觉维护习近平同志党中央的核心、全党的核心地位。高标准高质量开展党史学习教育，各党支部开展“三会一课”、主题党日800余次，专题组织生活会60余次，43件民生实事全部完成，党员干部学史明理、学史增信、学史崇德、学史力行的氛围更加浓厚。统筹推进巡视反馈意见整改，坚定不移推进党风廉政建设和反腐败斗争，常态化开展“以案四说”“以案四改”，加强廉政风险防控，持续巩固拓展作风建设成效，营造良好政治生态。从严监督管理干部，深入开展干部教育培训，全覆盖完成区县（自治县）生态环境局领导班子回访考察，激励担当作为，系统干事创业氛围更加浓厚。

二、下一步工作思路及重点任务

2022年，将坚持以习近平新时代中国特色社会主义思想为指导，全面贯彻党的十九大和十九届历次全会、中央经济工作会议精神以及习近平总书记视察重庆重要指示精神，坚持稳中求进工作总基调，以改善生态环境质量为核心，以

减污降碳协同增效为总抓手，以精准、科学、依法治污为工作方针，更好统筹经济社会发展、民生保障和生态环境保护，全面实施生态环境保护“十四五”规划，制定深入打好污染防治攻坚战实施方案及水、大气、土壤和农村等专项规划，切实筑牢长江上游重要生态屏障，加快建设山清水秀美丽之地，协同推进经济高质量发展和生态环境高水平保护，以优异成绩迎接党的二十大、市第六次党代会胜利召开。

一是深学笃用习近平生态文明思想，牢记保护好生态环境是“国之大者”，始终保持加强生态文明建设的战略定力，以高水平生态环境保护推动高质量发展、创造高品质生活。二是完整、准确、全面贯彻新发展理念，坚持稳字当头、稳中求进，参与制定碳达峰碳中和实施意见、碳达峰实施方案，积极主动服务“六稳”“六保”，以生态环境质量改善、二氧化碳排放达峰推进总量减排、源头减排、结构减排，促进经济社会发展全面绿色转型。三是统筹山水林田湖草系统治理，加强自然保护地建设管理和生物多样性保护，参与推进治水、建林、禁渔、防灾、护文，深入推进广阳湾智创生态城建设，扎实推进生态廊道、“两岸青山·千里林带”等重点生态工程。四是保持力度、延伸深度、拓展广度，聚焦大气、水、土壤等关键领域深入打好污染防治攻坚战，确保长江干流重庆段水质保持为优，74个国控断面水质优良比例达97.3%，城市集中式饮用水水源地水质达标率达100%，空气质量优良天数稳定在320天以上，土壤、地下水、辐射环境质量总体稳定。五是加快构建现代环境治理体系，统筹推进我市生态文明体制改革，深入落实成渝地区双城经济圈生态环境保护规划，深化推进成渝地区双城经济圈生态共建环境共保，加强生态环境领域风险隐患排查和整治，保障库区生态环境安全。六是树牢以人民为中心的发展思想，不断健全完善生态环境保护机制，适时启动新一轮例行督察，统筹督促解决群众关注的各类生态环境问题。七是全面强化生态环境法治保障，完善生态环境标准体系，加强生态环境科技创新和大数据运用，创新生态环境宣传方式方法，积极培育生态文化、传播生态文明理念。八是坚持以政治建设为统领，巩固拓展党史学习教育成果，持续改进工作作风，持之以恒正风肃纪，加快打造生态环境保护铁军。

（执笔人：黄丽容）

住房和城乡建设

重庆市住房和城乡建设委员会

一、2021 年发展回顾

2021 年，市住房城乡建委坚持以习近平新时代中国特色社会主义思想为指导，全面贯彻习近平总书记对重庆提出的营造良好政治生态，坚持“两点”定位、“两地”“两高”目标，发挥“三个作用”和推动成渝地区双城经济圈建设等重要指示要求，深入贯彻习近平总书记关于住房城乡建设工作的重要指示精神，认真落实党中央、国务院决策部署和市委、市政府工作要求，立足新发展阶段、贯彻新发展理念、融入新发展格局、推动高质量发展，统筹城市提升和乡村振兴，统筹住房保障和住房市场，统筹行业转型升级与绿色低碳发展，深化川渝两地住建合作，团结奋进、守正创新，全面完成市委、市政府交办的各项工作任务。住房城乡建设领域主要经济指标稳中向好，城市基础设施投资同比增长 6.4%，房地产开发投资同比增长 0.1%，建筑业总产值、增加值分别同比增长 10.8% 和 1.9%，实现“十四五”良好开局。

（一）房地产市场平稳健康，住房品质持续提升

稳妥实施房地产市场平稳健康发展长效机制工作方案，大力开展超前调控、精准调控和系统调控，全市房地产市场供需总体平衡，结构基本合理。房地产开发投资保持稳定，项目资本金和预售资金监管更加精准有效，个别房地产项目逾期交付风险有效稳控。中央财政支持住房租赁市场发展试点顺利推进。城镇居民人均住房面积高出全国平均水平 2.2 平方米，智慧小区等高品质住房占比持续提升，新建商品住房容积率逐年下降，物业行业管理服务水平较大提升。

（二）住房保障体系持续完善，住享乐居加快实现

保障性租赁住房高效供给，主要布局在轨道站点和商业商务区、产业园区、校区、院区（医院）周边，新筹集保障性租赁住房 4.9 万套（间），有效缓解新市民、青年人等群体住房困难问题。公租房管理运营水平不断提升，社区治理、房屋管理、物业服务“三位一体”工作体系建立健全，党建引领就业创业等 4 项促进计划顺利实施，新分配公租房房源 2.76 万套（间），兜住社区稳定和困难人群基本生活两个底。人才安居保障工程大力推进，筹集人才公寓 1 万套（间），国际化人才社区加快打造。川渝两地公租房“互保”4.4 万户，公积金实现互认互贷，发放异地贷款 14.11 亿元。

（三）城市提升和有机更新统筹推进，城市品质显著提升

市城市提升领导小组办公室统筹作用充分发挥，九大板块、21 个重点专项同步推进。“两江四岸”治理提升成效显现，十大公共空间部分节点建成开放。长嘉汇、艺术湾等城市名片提速打

造，山城巷、戴家巷、十八梯等传统风貌区亮相迎客，重庆美术公园等重大项目有序推进。城市有机更新加快实施，城市体检对城市更新基础性作用充分显现，31个城市更新试点示范项目全面启动。推动渝中区、九龙坡区成功入选全国首批城市更新试点城市。完成城市棚户区改造2万户、零星D级危房改造1000户。实施城镇老旧小区改造项目831个、2662万平方米。同步实施社区服务提升，社区养老托幼、卫生服务、农贸商超等功能短板得到有效补齐。

（四）城市基础设施加快建设，城市功能不断完善

轨道上的都市区加快打造，第四期154公里线路顺利开工，在建线路达308公里。中心城区"环＋放射"轨道线网基本形成，累计通车里程达417公里，日均客流量达340万人次，占公共交通出行总量的比例接近40%。城市骨架路网加快完善，主城都市区同城化道路体系逐步健全，中心城区建成通车"4桥2隧"，新增道路里程310公里、累计达到6000公里。中心城区交通缓堵促畅行动深入实施，打通"断头路"35条，整治交通堵乱点62处，实施轨道站点周边步行便捷性提升工程30个，新建山城步道130公里，新建及提档升级立体过街设施32座。城镇污水处理提质增效，新建城镇污水管网1774公里，新增污水处理能力27.5万吨/天，城市污水收集率、人均污水处理量、污水处理厂平均进水BOD浓度均排西部城市第一。加快推进中心城区20条河流治理提升，累计建成"清水绿岸"河段378公里。

（五）乡村建设全面发力，城乡融合纵深推进

脱贫攻坚住房安全保障成果持续巩固，农村低收入群体危房动态监测全面加强，完成农房安全隐患排查430万户，实施农村危房改造5820户。农房品质显著提升，持续推进设计下乡，建立设计下乡工作室37个，引导支持"三师一家"下乡服务7100余人次，编制推广农房建设示范图集39套，培训农村建筑工匠5100余人，创建美丽庭院1万余个。传统村落有效保护，新增挂牌保护市级传统村落34个，实施传统村落保护发展项目58个。小城镇建设全面推进，实施小城镇环境综合治理建设项目126个，引领带动全市小城镇加强风貌整治、完善城镇功能、改善人居环境，切实增强综合承载能力和辐射带动能力。

（六）建设行业转型升级，发展方式加快转变

建筑产业现代化加快推进，实施装配式建筑1620万平方米（装配率达50%以上），占新建建筑的比例达18.6%，获评国家装配式建筑范例城市。智能建造与新型建筑工业化协同发展，"新城建"试点稳步实施，全年开展工程项目数字化建造试点130个，推动实施建筑信息模型（BIM）技术应用项目1126个，"智慧住建"云平台和建筑业大数据中心建成投用，成功入选全国"双智"试点城市。绿色建筑创建行动全面实施，推动新建民用建筑全面执行绿色建筑标准，民用建筑绿色建材应用比例达60%。建设行业做优做强，1家企业成功获批公路工程施工总承包特级资质。"放管服"改革纵深推进，办理建筑许可指标在世行评价中，由改革前的第175位提升到第35位，达到北京、上海同等水平。

（七）韧性城市加快建设，风险隐患有效化解

统筹沿江防洪排涝和城市建设国家试点有序推进，沿江受灾区域基础设施及生命线工程得到及时修复。城市排水能力持续加强，新建成海绵城市100平方公里，累计建成521平方公里，占

建成区面积的30%。建设雨水管网421公里，整治易涝点108处，疏浚水篦子33.1万余个，全年经受19次强降雨天气考验，未造成人员伤亡。城镇既有房屋主体使用安全监管体系和“四级网格化”属地管理体系初步完善，监测预警和应急处置全面加强。建设工程消防设计审查验收配套政策不断完善，管理流程更加规范，源头管控更加有力。建设工程安全文明施工水平较大提升，公租房小区等重点区域疫情防控抓牢抓实。

二、2022年发展思路

坚持以习近平新时代中国特色社会主义思想为指导，全面贯彻党的十九大和十九届历次全会精神，深入贯彻落实中央经济工作会议精神，认真贯彻落实市委五届十一次全会和全市经济工作会议精神，在市委、市政府坚强领导下，始终坚持把党的政治建设摆在首位，进一步增强“四个意识”、坚定“四个自信”、做到“两个维护”，弘扬伟大建党精神，坚定不移推动全面从严治党，立足新发展阶段，完整、准确、全面贯彻新发展理念，积极融入和服务新发展格局，以建成高质量发展高品质生活新范例为统领，坚持稳字当头、稳中求进，统筹疫情防控和经济社会发展，统筹发展和安全，继续做好“六稳”“六保”工作，努力推动住房城乡建设事业开启新篇章，以优异成绩迎接党的二十大和市第六次党代会胜利召开。

（一）稳市场、稳投资，促进全市经济健康发展

锚定全市固定资产投资增长6%的目标，全力推进投资放量，力争推动房地产和城市基础设施投资突破5600亿元，占全市固定资产投资的45%左右。大力促进建筑业做大做强和转型发展，推动总产值突破10000亿元、同比增长5%，增加值实现2700亿元，继续发挥对国民经济的重要支柱作用。

（二）保民生、办实事，切实改善市民居住条件

深入推进老旧小区改造和社区服务提升，同步完善养老、托育、农贸商超等社区公共服务设施。加快完善以公租房、保障性租赁住房为主体的城镇住房保障体系。支持商品房市场更好满足购房者的合理需求，因城施策促进房地产业良性循环和健康发展。加快发展长租房市场，支持住房租赁消费。以城镇D、C级危房搬离整治为重点，实施棚户区改造，完成现有D级危房搬离工作，实现“危房不住人”。

（三）提品质、续文脉，深入推进城市提升和有机更新

编制实施好城市更新与提升“十四五”行动计划。加快推进中心城区109公里“两江四岸”治理提升，磁器口滨江片区、花溪河湿地公园等“十大公共空间”建成开放。高品质打造长嘉汇、艺术湾等城市功能名片。持续扩大城市体检覆盖范围，建立城市更新专项体检长效机制。储备一批、实施一批、投用一批城市更新项目，指导渝中区、九龙坡区开展国家试点。加快筹建城市更新基金，推动建立“投、融、建、运”一体化投融资模式。

（四）强功能、促发展，加快完善城市基础设施

深入推进中心城区交通缓堵促畅，实施城市轨道交通成网计划，确保通车里程突破500公里，力争在建和运营里程突破850公里，大力推进TOD综合开发。持续完善城市路网体系，加

快推进“6桥7隧”和238公里快速路建设。扎实开展路网更新和停车治理专题年行动。加强城市地下空间开发利用，大力建设紧凑型、缆线型地下管廊。加快建设海绵城市，深入实施“清水绿岸”治理提升，持续开展内涝治理五年专项行动。促进污水处理提质增效，推动“厂网一体、按效付费”改革。

（五）夯基础、促振兴，深入打造美丽宜居乡村

继续实施农村危房改造，动态保障农村低收入群体基本住房安全，全面完成农房安全隐患整治。启动装配式农房建设试点，建成一批装配式宜居农房。持续推进“三师一家”设计下乡和农村建筑工匠培训，大力推广农房建设示范图集，积极强化农房建设指导服务。积极打造巴蜀美丽庭院示范片。加快推进传统村落保护发展和美丽宜居示范乡镇项目建设。

（六）促转型、提效能，纵深推进行业低碳发展

大力发展绿色建筑，全面推广绿色建材，加快建设绿色完整社区、绿色生态住宅小区和智慧小区。深入实施“建造强市”，加快新型城市基础设施建设试点和“双智”建设试点。切实提高建设工程消防设计审查验收工作质量，不断提升建筑质量安全与房屋主体使用安全管理水平。

（执笔人：叶茂）

城市管理

重庆市城市管理局

一、2021年发展回顾

2021年，市城市管理局坚持以习近平新时代中国特色社会主义思想为指导，全面落实习近平总书记对重庆提出的营造良好政治生态，坚持"两点"定位、"两地""两高"目标，发挥"三个作用"和推动成渝地区双城经济圈建设等重要指示要求，深入践行习近平总书记关于"城市管理应该像绣花一样精细"等系列重要论述，精准施策、真抓实干，获批全国唯一城市治理风险清单管理试点，《人民日报》专题报道我市城市精细化管理工作经验，"马路办公"成为中办督查室推广的基层减负典型经验和全市法治政府建设示范项目，生活垃圾分类工作被评为我市"我最喜欢的10项改革"、连续三年保持西部第一，成功创建全国第一批节约型机关、市级第一批无烟机关示范单位，各项工作取得新成效，"十四五"开局良好、起步扎实。

（一）始终坚持"一尊重五统筹"，着力在精细化管理上下功夫

1. 环卫保洁擦亮城市本色

完成市容环境整治专项行动，实行重点区域全天候保洁，治理背街小巷4万余条，整治城中村、城乡结合部卫生问题8200余个。统筹城乡环境治理，全市行政村垃圾有效治理比例达到99.9%。深化"马路办公"，重点对16条"产业路""文旅路"沿线开展"马路巡查"，全年发现整改问题82.6万余个，完成中国—东盟特别外长会议、西洽会、智博会等重大活动环境保障工作。

2. 垃圾分类引领城市时尚

推动分类体系深度覆盖，城市生活垃圾分类体系覆盖215个镇街，农村生活垃圾分类示范村占比达40.5%，中心城区生活垃圾实现全焚烧、零填埋，餐厨垃圾资源化利用水平全国领先并被列入全国"无废城市"典型经验案例。新建4个垃圾焚烧厂，全年无害化处理生活垃圾717万吨、资源化利用厨余垃圾120万吨，保障重点项目除渣2890万立方米。

3. 设施管护保障城市运行

推进城市更新行动，实施"道路平整"286公里，完善提升人行道1040公里。综合施策解决"停车难"问题，采取建设"小微停车场"、划定"潮汐停车"路段、加强智慧管理等措施，全年新增停车泊位31万个，路内停车泊位智能化率达到55%，有力助推治堵促畅。完成4座水厂改扩建工程，全年安全供水17亿吨。新改建LED路灯4.5万余盏，消除城市暗盲区1600余处，惠及市民群众176万人，"整治照明暗盲区，点亮夜间一片天"被评为"三基"建设服务群众类优秀案例。加强夜间灯饰管控，推动城市照明节能降耗助力碳达峰碳中和。中心城区户外广告总规获批，"百佳店招"评选活动引领城市立面品质提升。

4. 园林绿化提升城市形象

坚持走科学、生态、节俭的绿化发展之路，

制定《重庆市城市园林绿化条例》配套政策文件22件，在全国首创开展区域整体绿化评价。统筹开展山城花境、山城公园体系建设，全市实施园林绿化补缺提质项目140个，治理坡坎崖滩497个，“打造绿色生态和谐园林，助力重庆建设山清水秀美丽之地”被评为绿色机关建设优秀案例。深化“植被体检”，完成2669公里行道树修剪，有效防治行道树病虫害。深刻吸取广州大规模迁移砍伐树木事件教训，科学审慎加强占绿移树审批，完成第五次城市古树名木和古树后备资源普查，对3572株100年以上的城市古树名木实行挂牌保护，首批17个历史名园命名授牌。

5. 规范执法改善城市秩序

打好“蓝天保卫战”，加强建筑渣土运输车辆源头管理，创建扬尘控制示范道路430条。全力推进违法建筑专项整治工作，加强重点违法案例整治督导，整治存量违法建筑299万平方米。共享单车专项治理取得阶段性成效，规范停放率保持在90%以上。川渝首次开展城市管理联合执法行动效果明显。

（二）牢固树立以人民为中心的发展思想，着力提升城市品质

1. 提升城市民生服务水平

完成5件市级重点民生实事和2件“我为群众办实事”民生项目，新改建城市公厕457座，投用社区体育文化公园17座，建成开放“劳动者港湾”210座，建设街头绿地“小氧吧”226个，重庆园博园对外免费开放，交出一本厚实的“民生账簿”。

2. 提升城市安全运行水平

推进“韧性城市”建设，开展结构设施、供水管网、垃圾处置设施等城市生命线工程专项治理，全市结构设施检测率、病害整治率均达到100%。深化打通“生命通道”集中清障行动，消除消防车通道堵点6292个。持续推进安全生产专项整治三年行动，行业领域安全形势持续稳定向好。

3. 提升城市智慧管理水平

建成区数字化管理新增覆盖面积109平方公里，覆盖率达95%以上，主动发现城市管理问题265万件。办结市民诉求5.5万件，市民满意度达99%。统筹市区两级城市综合管理服务平台一体化建设，市城市管理大数据平台等重点运用项目上线运行，跨江大桥运行状态智能监测、公共停车场智能服务等融合应用深化拓展，城市综合治理“一网统管”、城市运行安全“一屏通览”、融合智慧调度“一键联动”成效初显。

4. 提升城市便捷服务水平

深化“放管服”改革，供水接入“一站式”平台率先上线运行，牵头定制两项“一件事一次办”套餐服务并上线“渝快办”专区，行政许可承诺时限平均缩减至4个工作日以下，全程网办事项占比达100%，政务服务能力评估名列市级部门第二。打造非主干道占道经营规范管理摊区445个，“烟火气”与“洁净美”融洽共生。

（三）注重保持忠诚干净担当，着力加强自身建设

1. 把政治建设摆在首位

扎实开展党史学习教育，引导全局干部不断提高政治判断力、政治领悟力、政治执行力，深化把“两个确立”政治成果转化为坚决做到“两个维护”的政治自觉，增强“四个意识”、坚定“四个自信”、做到“两个维护”，牢记“国之大者”，确保全局工作永不偏航、行稳致远。持续深入肃清孙政才恶劣影响和薄熙来、王立军流毒，坚决肃清邓恢林流毒影响，不断净化政治生态。

2. 把法治建设推向纵深

加强行业领域法规立改废释，推动出台《重庆市生活垃圾管理条例》，修订《重庆市城市道路照明管理办法》，编辑出版《重庆市城市园林绿化条例释义》，合法合规制定行政规范性文件13件。自觉接受人大监督、政协监督，行政主要负责人向市人大常委会报告履职情况，用心用情办结人大代表建议85件、政协委员提案57件，无不满意情况。

3. 把效能建设抓紧抓实

健全干部担当作为激励保护机制，让干部有奋斗激情、无后顾之忧，全局干事创业氛围更加浓厚。切实为基层减负，“马路办公”报送资料减少7项、城市日常管理考核指标减少14项，让数据多“跑路”、区县少“跑腿”。强化跟踪督查，完成《政府工作报告》确定的42项目标任务。

4. 把廉政建设贯穿始终

持之以恒正风肃纪，严格落实中央八项规定精神和市委实施意见，一体推进不敢腐、不能腐、不想腐。开展“以案四说”“以案四改”警示教育，廉政谈话延伸覆盖科级及以下干部，排查廉政风险点99个、制定措施105条。

二、发展中存在的问题

同时，发展中仍然还存在一些突出问题和短板。一是民生设施还存在短板，随着城市化进程加快，城市人口大量快速涌入，道路、垃圾处置、公厕、停车位等民生设施保障压力增大；二是区域发展不平衡现象依然突出，受限于区位空间、经济发展水平和资源禀赋，“两群”地区与主城都市区在市政设施供给保障能力、城市管理水平方面差距较大，受城乡二元化现状、历史遗留等因素的影响，背街小巷、待拆迁整治地区、边角地与城市主次干道之间区域的环境保障水平差距明显，一定程度存在管理“真空”；三是精细化管理还存在差距，城市管理标准还需要与时俱进不断细化，管理的长效机制亟待完善健全，噪声扰民、占道摆摊、停车难等问题仍然是市民关注的重点，“马路拉链”等痼疾顽疾尚未根除；四是社会力量参与不足，城市服务供给的持续性缺乏市场保障，不利于城市管理向城市治理转变。

三、2022年发展思路

2022年是我国踏上全面建设社会主义现代化国家、向第二个百年奋斗目标进军新征程的重要一年。市城市管理局将坚持以习近平新时代中国特色社会主义思想为指导，认真落实全国住房城乡建设工作会议和市委经济工作会议、全市“两会”等会议精神，以建成高质量发展高品质生活新范例为统领，以加强有序管理、有机管理、应急管理、精细管理、共治管理为主线，坚持“以人为本、系统治理、权责一致”原则，有序推进城市更新行动，着力在“强党建、固根本、优环境、提品质、增颜值、惠民生、重监管、添动能、守底线”上下功夫，加快推动城市治理体系和治理能力现代化，以实干实绩迎接党的二十大和市第六次党代会胜利召开。

（一）强党建，着力推进全面从严治党

坚持以党的政治建设为统领，坚决拥护“两个确立”、做到“两个维护”。深学笃用习近平新时代中国特色社会主义思想，巩固拓展党史学习教育成果。持之以恒正风肃纪，不断实现不敢腐、不能腐、不想腐一体推进战略目标。

（二）固根本，着力夯实行业发展基础

开展政策体系研究，强化顶层设计，推动

"马路办公"等实践成果转化为制度标准，逐步构建完备的城市综合管理法规标准体系。以《重庆市生活垃圾管理条例》宣贯为契机，完善配套政策体系，实现"以良法促进发展、保障善治"。

（三）优环境，着力提升城乡环境面貌

实施清扫保洁质量提升行动，推进规范化作业、标准化评价、智慧化管理，实现环卫作业全市"一套标准一把尺"。推动城市建成区内高速公路、国省道参照城市道路标准管理，打造"门前三包""五长制"示范道路，对户外广告、店招进行整治，让城市立面干净清爽。统筹城乡一体化建设，实施小城镇环境提升工程。

（四）提品质，着力推进城市有机更新

推进环卫设施提级扩能，完善"焚烧为主、区域协同"的垃圾处置设施体系。开展建筑垃圾源头分类和装修垃圾分选应用示范，做好市级重点项目除渣保障。启动国家节水型城市创建，开展水质提升行动，推动城市供水管网向镇村覆盖，建立起"量足、质优、服务好"的供水设施体系。推进道桥设施提档升级，深化"道路平整"专项行动，开展城市隧道口环境提升。启动停车治理专题年行动，着力整治停车难、停车乱问题。强化城市道路占道审批计划管理和事中事后监管，严控新改建道路重复占道开挖，逐步消除"马路拉链"。推进照明设施提质增效，合理控制景观照明范围、规模，兼顾节能降耗、服务夜间经济。

（五）增颜值，着力创建生态园林城市

始终敬畏历史、敬畏文化、敬畏生态，全面推进国家生态园林城市创建，因地制宜开展城市园林绿化，完成城市现状绿线划定，确立市级首批永久保护绿地。以坡坎崖绿化美化为重点，打造更多绿色"挂毯"和山城花境、山城步道绿道。构建完善"山城公园"体系，统筹推进社区体育文化公园、口袋公园建设和城市公园更新改造。

（六）惠民生，着力增强服务管理能力

抓好街头绿地提质、小微停车场建设等5件市级重点民生实事。抓实垃圾分类和"厕所革命"两件"关键小事"，推动全市街镇生活垃圾分类实现全覆盖，50%的行政村开展农村生活垃圾分类，持续推进城市公厕提质增量，让市民"方便"更方便。实施老城区环境"小而美"惠民提升行动，通过"微改造""微整治""微服务"，补齐城市环境细节短板。

（七）重监管，着力维护规范城市秩序

坚持执法为民，强化建筑渣车、共享单车等重点领域专项整治，推广使用新型智能渣车，打造"十乱"整治示范路、扬尘控制示范路和非主干道占道经营规范管理示范摊区。完成违法建筑专项整治任务，确保存量违法建筑"净减少"、新增违法建筑"零增加"。

（八）添动能，着力提升城市"智"理能力

推进城市建成区数字化管理全覆盖，新增管理覆盖面积50平方公里。推进市区（县）城市综合管理服务平台一体化建设，实施城市跨江大桥、超长隧道等市政基础设施数字化改造。加快推进智慧停车管理平台建设，打造智能公共停车场（库、点）、智慧城市公园、智慧城市公厕等应用场景。

（九）守底线，着力保障城市运行安全

扎实做好城市治理风险清单管理试点，为超

大城市安全治理探索路径、积累经验。构建全天候、系统性、现代化的城市运行安全保障体系，坚持结构设施“应检必检、有病必治”，定期开展结构设施安全专项隐患排查，防范设施安全事故发生。提升城市运行突发事件处置能力，增强城市抵御冲击能力。

（执笔人：齐华）

交通建设

重庆市交通局

一、2021 年发展回顾

2021 年，我们抢抓成渝地区双城经济圈建设、加快建设交通强国等战略机遇，始终保持交通建设三年行动计划拼搏劲头，注重在党史学习教育中汲取奋进力量，国家赋予重庆交通发展新定位，服务双城经济圈建设取得新成效，交通投资建设迈出新步伐，管理服务水平得到新提升，全年完成交通投资 960.6 亿元、同比增长 4.8%，交通强市建设迈出坚实步伐。

（一）交通发展动能持续增强，发展定位历史最高

习近平总书记赋予了“交通成为中国现代化的开路先锋”新定位，中共中央、国务院印发《国家综合立体交通网规划纲要》，明确成渝地区双城经济圈为全国交通 4 极之一、重庆为国际性综合交通枢纽城市。思想共识高度凝聚。成功召开交通强市建设工作推进会议，陈敏尔书记强调“‘行千里’，始于交通，‘致广大’，依靠交通”，成立交通强市建设领导小组，出台 20 项支持政策，建立季调度等推进机制，形成“大抓交通、抓大交通”良好局面。交通运输部李小鹏部长专门致信表示“将继续加大力度支持重庆先行先试”。规划体系更加完善。市委、市政府印发交通中长期战略规划——《重庆市综合立体交通网规划纲要（2021—2025 年）》，公布实施《重庆市综合交通运输“十四五”规划（2021—2025 年）》，确立了全市交通发展“骨干”“骨架”。

（二）交通强国试点加快推进

交通强国试点中，重点推进成渝地区双城经济圈交通一体化，市政府印发《加强交通基础设施建设行动方案》，联合四川制定《共建长江上游航运中心建设实施方案》等文件。启动建设成渝中线高铁等标志性项目，建成通车合安高速等项目，两江新区和天府新区实现高速直连。常态开行嘉陵江川渝干支直达集装箱班轮，新开行跨省公交 9 条。川渝两地公路应急治超联动执法有力推进，11 个“川渝通办”事项实现线下“异地可办”、线上“全程网办”。

（三）铁路建设在建规模创历史新高

按照“五年全开工、十年全开通”目标，持续实施高铁建设五年行动方案，加快构建“米”字型高铁网，高铁在建里程 929 公里、营业里程 839 公里，郑万高铁重庆段开展联调联试，渝西高铁可研获批，渝宜高铁重庆段完成可研编制，巫溪至奉节铁路完成项目预可研编制。普速铁路网有序推进，重庆西站二期基本建成。

（四）公路通行服务能力不断提高，高速公路建设成效明显

建成通车渝长扩能、渝黔复线、城开高速开州段、大足至内江、合川至长寿、黔江至石柱、

合川至安岳7个项目、439公里，主城都市区进入高速“三环”时代，渝东北与渝东南实现高速直连，全市通车总里程达到3839公里，出口通道由24个增至27个。开工建设渝赤叙重庆段等9个项目、290公里，巫溪至镇坪等26个、1346公里在建项目有序推进，成渝高速加宽等1000余公里前期工作加快推进。助推全面乡村振兴取得积极进展。新改造普通干线公路535公里，新建成农村公路3330公里，实施安防工程4011公里，新解决801个村民小组通硬化路、21个乡镇通三级公路。酉阳、巫溪、城口、开州4个区县成功试点手机预约农村客运，巫山大昌镇等13个乡镇成功试点农客带货。打造快递服务现代农业项目14个、制造业项目21个，建制村快递服务覆盖率达到97.6%、邮件周投递频次3次及以上比例达到100%。可持续发展能力持续增强。印发《“十四五”公路养护管理发展纲要》，推进高速公路车辆通行费率、收费站拥堵治理等专项行动，全面推行农村公路“路长制”，争取市财政按50%比例兑现农村公路日常养护补助资金。

（五）长江黄金水道效益持续发挥

航道通行条件持续改善。长江朝天门至涪陵段、渠江、黛溪河等航道整治加快推进，乌江白马、涪江双江航电枢纽主体工程开工建设，嘉陵江利泽船闸完成建设。嘉陵江建立全国首个跨省船闸调度机制，实现“一次报闸、全线通过”，过闸时间减少1/3。港口建设取得积极进展。忠县新生、果园二期及二期扩建等港口建设完成，寸滩邮轮母港、万州新田二期开工建设，黄磏一期前期工作加快推进。船型标准化建设持续推进。新建三峡船型30艘，全市货运船舶平均吨位突破4000吨、居全国内河第一，总运力突破900万吨、居全国内河前列，船型标准化率达到86%、居全国内河前列。水路运输保持总体平稳。积极协调重点物资优先通过三峡船闸2000余艘次，协调集装箱快班轮650余艘次、16.6万标箱、货值131.5亿元，周边地区货物经重庆港中转比重达到45%。航运服务体系不断完善。积极拓展航运交易服务，辐射重庆及周边300多家企业，交易额首次突破10亿元，重庆成为长江中上游最大船舶交易中心。

（六）航空枢纽功能显著提升

枢纽机场建设有序推进。江北机场年旅客吞吐量达到3576.6万人次、同比增长2.4%、居全国第4，货邮吞吐量达到47.7万吨、同比增长15.9%、居全国第8，T3B航站楼及第四跑道进入主体施工。重庆新机场前期工作取得积极进展，国家民航局已召开选址审查会，形成总平面和航站区规划设计初步方案。支线机场扩能提效加快推进。完成万州机场T2航站楼主体结构施工，基本完成黔江机场改扩建。通用机场布局逐步完善。忠县机场可研通过评审，云阳、秀山、石柱等机场前期工作有序推进。

（七）人民满意交通建设加快推进

疫情防控有力有效。坚持“外防输入、内防反弹”，严格执行“人、物、环境”三同防要求，督促落实落细通风消毒、“双码双测”、戴口罩、“1米线”等防控措施，推动从业人员疫苗接种及加强针补种“应接尽接”。群众出行日趋便捷。渝怀二线重庆至秀山开行“绿巨人”复兴号动车组，开行定制公交化列车35对，全国首次实现环线、4号线与5号线三线跨线运行。新开行小巷公交11条、定制公交29条，调整中心城区公交线路148条，“快干支微”四级公交线网日趋完善，国家公交都市建设示范城市成功创建。服务质量不断提升。干线公路国评跃居全国第二，我局获评全国5个管理优秀单位之一。评定星级高速公路服务区44对，建成12对“司机之家”，所有车辆实现巡游网召并行。智慧交通加快发展。发布全国首个智慧高速公路地方标准暨川渝首个区域地方标准，22个交通项目获省部级科技奖，奉建高速科技示范工程智能应用良好。绿色交通成效明显。更新或新增纯电动公交车1.4万辆，完成货运船舶受电设施改造1120艘，建成102座码头船舶污染物固定接收设施，重庆港籍船舶全部实现污染物“零排放”。安全稳定形势持续向好。建成安防工程4011公里，改造危旧桥158座，拆解“三无”船舶1507艘，清理危货常压液体罐车2839辆。化解办结一批信访“治重化积”案件，妥善处置仿冒出租汽车等不稳定因素。

二、发展中存在的问题

从经济形势看，面对需求收缩、供给冲击、预期转弱三重压力，对交通发展的约束条件明显增多，供需局部失衡仍然存在，行业管理仍需加强。

从投资形势看，融资方式创新不够，交通投资维持高位运行压力加大，特别是高铁项目前期周期长，从启动建设到实质性开工，需要1年左右时间，短期难以投资放量。

从运输形势看，受疫情冲击影响，营业性客运需求萎缩、成本高企、资金紧张，加剧客运企业经营困难，特别是中小微货运企业压力依然较大。

从安全形势看，安全生产基础还需夯实，应急救援能力有待提升。

三、2022年发展思路

牢牢把握稳字当头、稳中求进“总基调”，认真落实市委、市政府工作要求，牢固树立“高质量发展需要高质量项目支撑”的理念，更加注重服务大局、服务人民、服务基层，确保实现有效稳投资、保畅通、促转型、稳市场、保安全、防风险，全年交通投资迈上1000亿元台阶。

（一）坚持大抓交通，推动形成交通强市建设强大合力

完善推进机制，发挥领导小组及办公室重要作用，加强统筹协调和督促指导，推动事项化、清单化落实。加强资金筹集，采取PPP、BOT等筹资模式，开展REITs试点，争取政府专项债、永续债更多应用于交通，采取沿线土地资源开发收益反哺交通建设等方式，盘活存量资产带动增量投资。强化政策保障，开辟绿色通道，提升审批效率。科学实施项目，按照实事求是、量力而行、轻重缓急的原则，优先支持纳入规划、前期推进快的项目。

（二）坚持战略引领，推动经济圈交通一体化

加强设施互通，抓好成渝中线高铁等标志性工程建设，加快毗邻地区普通公路建设，共同提升嘉陵江等航道互联互通水平。加强运输联动，扩大跨省公交开行范围，加快组建长江上游港口联盟，推出第三批“川渝通办”事项。加强执法协作，推动毗邻地区交通执法一体化、协同化。加强区群协同，主城都市区重点构建“1小时通勤圈”，渝东北重点打通高铁通道、强化港口联动、完善公路网络，渝东南重点建好旅游公路、发展旅游航运。

（三）坚持“四网融合”，推动高铁建设五年行动方案

提速“米”字型高铁网建设。开通运行郑万高铁重庆段，实现高铁营业里程突破1000公里。力争启动建设渝西、渝宜高铁，实现高铁在建里程突破1000公里。加快推进成渝中线、渝万、

渝昆、成达万、渝湘高铁重庆至黔江段等在建项目，完成渝万城际铁路提质改造、实现时速250公里达速运行。加快普速铁路建设。加快建设渝合铁路一期、龙头港专用线等项目，建成枢纽东环线正线、新田港集疏运铁路等项目。

（四）坚持“两翼齐飞”，加快打造国际航空门户枢纽

提速推进江北机场T3B航站楼及第四跑道建设，力争完成T3B航站楼钢结构主体工程。加快重庆新机场主体工程预可研、可研等前期工作，力争开工新机场综合交通枢纽。加快万州机场改扩建、基本建成T2航站楼，投用黔江机场改扩建项目。

（五）坚持内畅外联，推动公路网络不断加密

开工垫丰武高速等项目，加快推进巫溪至镇坪等26个在建项目、1346公里建设，建成通车城开高速城口段、巫山至大昌、万州环线、黔江环线4个项目117公里，力争建成合璧津合川至璧山城区段，全市通车总里程接近4000公里。推动600公里普通干线公路提质改造、完成300公里。新解决25个乡镇通三级路、1000个村民小组通硬化路，建设村道安防工程4000公里。开展安全设施和精细管理专项工作，提升公路管养水平。

（六）坚持通江达海，推动航运中心打造

加快实施长江朝涪段航道整治，稳步建设嘉陵江利泽、乌江白马等航电枢纽，完成渠江重庆段航道整治土建主体工程。开工主城黄磏一期等项目，继续推进果园重大件码头、万州新田二期、涪陵龙头二期、寸滩邮轮母港改造等建设，着力打造现代化港口集群。加大三峡船闸协调力度，大力发展水路运输。

（七）坚持提质增效，推动交通运输结构调整

调整客运结构，提升轨道交通占比，引导800公里以上班线转型，推动农村客货运输高质量发展。调整货运结构，推动大宗货物和中长途货物运输“公转铁”“铁转水”。调整能源结构，助力“双碳”工作。

（八）坚持人民满意，推动服务品质提升

建成悦来公交首末站等8个公交站场，完成19个公交首末站改造，新开一批同城、小巷和接驳公交，推动城市公交向乡村延伸和农客班线公交化改造。培育壮大网络货运经营主体，实施邮政快递“两进一出”工程。启动渝蓉、界水高速200余公里智能化升级改造，推进渝湘复线科技成果集成示范，推动交通综合业务信息系统建设。

（九）坚持依法治交，推动法治政府部门建设

推动《重庆市铁路安全管理条例》出台实施，推进《重庆市轨道交通条例》（修订）、《重庆市出租汽车客运管理办法》（修订）等立法项目。深化综合交通执法改革，推行“互联网＋统一指挥＋综合执法”，提高执法治理效能。扩大跨区县、跨省通办等事项范围，持续提升政务服务效能。

（十）坚持生命至上，推动行业健康安全运行

严格执行“十条措施”“两单两卡”等制度，改造100座危旧桥，建设70座长大桥梁结构健康监测系统，完成33座独柱桥墩和悬索桥隐患整治。做好常态化疫情防控，维护行业和谐稳定，保障快递员合法权益。

（执笔人：宋秉科）

水利建设

重庆市水利局

2021年，重庆市水利系统坚持以习近平新时代中国特色社会主义思想为指导，深入贯彻党的十九大精神及十九届历次全会精神，扎实践行习近平总书记“十六字”治水思路，抢抓成渝地区双城经济圈建设等国家重大战略机遇，真抓实干、服务大局，推动全市水利工作实现“十四五”良好开局，为全市经济社会发展提供了坚实的水利保障。

一、2021年发展回顾

（一）水网建设成效明显

一是抓重大规划编制。市政府办公厅印发《重庆市水安全保障“十四五”规划（2021—2025年）》，规划实施“一核两网·百库千川”。争取水利部将《成渝地区双城经济圈水安全保障规划》上升为国家级规划。印发《重庆市“十四五”节水型社会建设规划》《重庆市大中型水库移民后期扶持“十四五”规划》《重庆市水土保持“十四五”规划（2021—2025年）》《重庆市“十四五”农村供水保障规划（2021—2025年）》《重庆市重要河道采砂管理规划（2021—2025年）》。组织编制17个专业专项规划。

二是抓重大工程前期。长征渠引水工程，川渝共同完成《长征渠引水工程规划报告（初稿）》；藻渡水库，可研报告通过水利部部长办公会审议，累计开展专题29个，完成审查审批23个；向阳水库，初设编制完成初稿，项目投融资方案已获市政府同意；福寿岩水库，水利部水规总院印发了《重庆市江津区福寿岩水库工程方案设计报告技术讨论会议纪要》；平邑水库，市水利局印发了《秀山县平邑水库工程建设必要性及规模论证专题报告专家技术讨论意见》；郁山湖水库，市水利局印发了《彭水县郁山湖水库水资源配置专题报告技术讨论专家组意见》；重庆中部（川渝东北一体化）水资源配置工程，编制完成《重庆中部片区水资源配置工程规划报告》《川渝东北一体化（重庆中部）水资源配置工程需求及总布置研究报告》；渝南水资源配置工程，编制完成《重庆市渝南水资源配置工程方案研究报告》。

三是抓重大项目建设。2021年重庆市续建水源工程120座，其中大型4座、中型45座、小型71座。全年完成投资72.6亿元，其中渝西水资源配置工程完成投资27亿元。水利建设受到国务院督查激励。长寿区龙门桥水库等5座工程完成竣工验收（含技术预验收）；垫江县龙滩等5座中型水库完成下闸蓄水阶段验收并下闸蓄水。新开工28座水源工程，其中中型3座、小型25座。重点推进南岸区长江防洪护岸综合整治五期工程（一期）等11处大江大河治理工程，完成治理河道长度11公里。完成铜梁区安居镇防洪护岸综合治理工程等5个项目竣工验收（含技术预验收）。完成中小河流治理239.9公里。

江津卧龙沟等2座中型水库除险加固项目主体工程完工。梁平区、綦江区水系连通及水美乡村试点项目建设被水利部分别评为“优秀”和“良好”等次，完成治理河道长度66公里。黔江区、荣昌区、秀山县入选全国水美乡村试点。

四是抓重大政策研究。市政府办公厅印发《关于着力提升城乡防洪能力的通知》，创新制定城乡防洪能力提升制度措施，探索特大城市和山区城市防洪模式新路子，受到水利部充分肯定。争取市政府出台《重庆市“十四五”水源工程建设政策措施》，被水利部誉为全国同类最优政策。

（二）民生水利实绩丰硕

一是抓三峡后续。初步编制完成《重庆市三峡后续工作规划（2021—2025年）实施方案》。重庆市2022~2024年三峡后续项目库入库项目615个，总投资495.6亿元。2021年实施三峡后续项目482个，到位三峡后续资金75.2亿元（不含地灾资金），增长了38%。2021年度三峡后续专项资金财政预算执行率为84.7%，超过达80%的预期目标。加强库区2564处高切坡群测群防、585处高切坡专业监测。投入三峡后续资金23.1亿元，年度实施生态环保项目104个，综合整治库岸191.5公里。成立重庆市三峡水库消落区保护与治理中心，全面禁止消落区土地耕种。重庆库区引入对口支援资金95.08亿元，在万州区成功举办第十三届“支洽会”，签约项目102个，签约协议金额1047亿元，其中重庆库区签约项目83个，协议金额836.3亿元。经国务院批准，《全国对口支援三峡库区合作规划（2021—2025年）》颁布实施。

二是抓农村供水保障。启动实施农村饮水安全“一改三提”行动，落实建设资金10.16亿元，建成农村供水保障工程526处、受益人口168万人。5处农村供水工程被水利部评为2021年度农村供水规范化水厂，88处工程被评为市级农村供水“四管”示范工程。2706人次饮水安全不稳定问题动态清零，国务院第八次大督查农村饮水问题实现“零反馈”。全市农村供水保障顺利通过国家巩固拓展脱贫攻坚成果同乡村振兴有效衔接考核评估。全年实施18个中型灌区续建配套与节水改造项目。指导34个区县完成长江经济带小水电清理整改验收（复核），38座农村小水电站安全生产标准化达标评级。全年新增农村水电装机1.43万千瓦，完成投资2.71亿元。

三是抓乡村振兴水利保障。向18个脱贫区县下达水利专项资金104.35亿元，向4个国家级乡村振兴重点帮扶县倾斜支持水利资金5.54亿元，向5个定点帮扶区县下达市级及以上水利专项资金32.26亿元，向17个重点乡镇所在的区县投入水利专项资金93.27亿元，市级倾斜和各区县统筹整合投入17个重点乡镇水利专项资金2.37亿元。支持18个脱贫区县新开工水源工程16座。推进脱贫区县92座病险水库除险加固，脱贫区县新增治理水土流失面积425平方公里。在全市33个区县水利建设领域推广以工代赈方式107个，向群众发放劳动报酬4180万元，参与工程建设的务工人口5642人。顺利完成迎接国家对重庆巩固脱贫成果考核评估涉水工作和水利部来渝“一对一”监督检查。

（三）节水管水底色鲜明

一是抓河道岸线管护。完成全市河道管理范围划定成果市级复核及整合上图。公布3368条河流河道名录。完成河道岸线保护与利用规划编制。审查审批涉河建设项目644个。首次公告全市32条重要河道禁采区和禁采期。开展长江朝涪段航道整治工程疏浚砂综合利用试点。联合公安等五部门查处非法采砂行为 19 起，涉砂船舶违法行为 199 起，刑事立案 8 件，没收非法砂石 6765 立方米。累计新排查整治河道“四乱”问题 361 个，累计清理非法占用河道岸线 16.9 公里，拆除违法建筑面积 1.55 公顷，清理建筑和生活垃圾 1.9 万吨。

二是抓水资源管理。印发渠江等 5 条跨省市河流水量分解落实方案。完成全市 2030 年各区县用水总量调整方案并印发执行。建立规模以上取用水调查统计名录库 2439 户，完成 2021 年度用水总量核算。市水利局印发《重庆市取水许可告知承诺制实施方案（试行）》《重庆市取水许可告知承诺制监督管理办法（试行）》，审批时限从 20 个工作日压缩至 5 个工作日。完成 48 个园区水资源论证区域整体评价。全市 8100 多个取水许可证全面实现“电子”身份。重庆市水资源管理信息系统完成整体验收。全市征收水资源费约 3.96 亿元。印发璧南河等 7 条主要河流控制断面生态流量方案。在全国率先印发《重庆市地下水管控指标》，完成 14 个国家级、66 个市级重点饮用水水源安全评价。

三是抓节水管理。完善重庆市节约用水联席会议组成部门及制度，严格落实“管行业就要管节水”要求。对 240 个项目和规划开展节水评价。黔江区等 6 个区县完成县域节水型社会达标市级验收，涪陵区等 4 个区县获评国家县域节水型社会达标区县。发布《重庆市第二三产业用水定额》400 余个，涵盖全市主要工业产品、服务业及生活等二三产业各用水环节。在公共机构、工业企业等行业创建各类节水型载体 4500 余个；重庆市水利局等六家公共机构获得“国家级水效领跑者”称号。

四是抓水土保持监管。统筹推进全市水土流失综合治理，水利及相关部门治理水土流失 913 公里。将水土保持纳入区县党委、政府经济社会发展业绩考核。开展三峡库区区县水土流失生态环境保护专项督察。制定生产建设项目水土保持全流程监管改革工作方案，纳入全市营商环境创新试点改革事项。7 个市场主体纳入“水土保持重点关注名单”。全年征收水土保持补偿费近 4.1 亿元。发布《重庆市水土保持公报（2020 年）》。开展三峡库区坡园地水土流失治理等课题研究，推进长江上游水土保持生态科技示范园建设工作。

（四）全面深化水利改革

一是抓河长制改革。重庆市双总河长主持召开 2021 年第一次市级总河长会议。市双总河长签发《重庆市总河长令（第 3 号）》，在全市开展提升污水收集率、污水处理率和处理达标率专项行动。市级河长巡河 65 人次，带动各级河长巡河 82 万余人次，协调解决问题 2.2 万余个。2021 年全市纳入国家考核的 74 个断面水质优良比例为 98.6%，高于国家考核目标。将《重庆市河长制条例》纳入各级干部教育培训内容，调整市、区县、乡镇（街道）河长办主任由同级副总河长担任。编制完成新一轮“一河一策”方案（2021~2025 年）。全面建立川渝毗邻 6 市、12 区县信息共享、联合巡查、联席会议等工作机制，联合开展跨界河流“治三排”“清四乱”专项行动，累计排查问题 460 余个。基本完成重庆市“智慧河长”项目（一期）建设，成果在 2021 年智博会中展示，获评“十大‘智慧政务’精选案例”。签订《关于全面推行“河长 + 检察长”协作机制的意见》，设立市、区县检察院派驻河长办公室检察联络室，派驻检察官，开展联合巡河 154 次，发现案件线索 97 件。推进全市首批 10 条示范河流建设，谋划全市第二批示范河流建设，联合四川共同创建琼江示范河湖。举办“重庆市最美河湖卫士”评选、“长河河长行”全媒体采访、“河长治长河”全面推行河长制五周年等大型宣传活动。表彰河长制先进集体和先进个人150个，重庆河长制工作受到国务院河湖长制督查激励。

二是抓水利放管服改革。持续优化营商环境，市级依申请类政务服务事项办理时限压缩70%、平均跑动次数减少到0.1次、全程网办率提高到96%、即办率提高到9%。探索推进移民安置和主体工程阶段验收合并实施，缩短验收时间3个月以上，大幅减少申请人跑动次数，减轻市场主体负担。

三是抓水利投融资改革。与国开行、农发行等金融机构签订战略合作协议，出台支持水利建设政策措施，获信用额度800亿元，落实水利贷款余额超393.2亿元。市委、市政府明确提出政府专项债券优先保障水利工程建设，争取政府一般债券16.7亿元、专项债券29.5亿元。

四是抓小型水库管理体制改革。市政府办公厅《关于印发重庆市切实加强水库除险加固和运行管护工作实施方案的通知》，将水库除险加固和运行管护工作纳入“十四五”水安全保障规划、河长制管理体系。市水利局印发《重庆市水库工程维修养护定额标准（试行）》和《重庆市水库运行管理考核办法》等文件，明确了水库维修养护定额标准和运行管理考核标准。完成水库安全鉴定1306座，复核新增176座“三类坝”水库；整治病险水库119座，建设完善640座小型水库雨水情监测预警设施和241座小型水库安全监测设施；对1382座分散管理的小型水库实行政府购买服务等专业化管护模式；大足区、渝北区成功创建深化小型水库管理体制改革全国样板区县。

（五）强化安全稳定风险防控

一是抓水旱灾害防御。召开全市水旱灾害防御、洪旱趋势会商等会议。编报水旱灾害防御信息276期、重要水情专报123期，精准发布水情预警26期，启动洪水防御应急响应13次；山洪灾害监测预警平台发布预警600余次，转移危险区群众4500余人次。发送公益提示短信约1.1亿条。已建成水文站244个、水位站548个、雨量站4151个，基本满足流域面积200平方公里以上河流水文监测需要。全覆盖编制流域面积1000平方公里以上河流超标洪水防御预案。入汛以来派出90余人次专家组赴现场开展防洪调度和抢险救灾技术支撑。争取市级以上水利救灾资金22400万元用于水毁、抗旱工程的修复提升。分别与四川省、贵州省签署水旱灾害防御合作备忘录。调度水库拦洪削峰错峰71座次，拦蓄洪水18亿余立方米，避免人员转移7000余人，减少淹没城镇16个，减少淹没耕地面积43万亩，全市未溃一堤、未垮一坝、未直接伤亡一人。

二是抓建设安全。编制《重庆市水利水电工程施工安全风险分级管控实施细则》等规范。20家水利生产经营单位安全生产标准化创建和达标升级。约谈6个区县水行政主管部门和12家水利企业负责人。开展5轮水利建设领域“建安”行动，下达责令限期整改指令书419份，行政处罚决定书191份，罚款54.715万元。全市水利工程建设领域未发生较大以上安全生产事故，连续15年获得重庆市安全生产先进单位。

三是抓信访稳定。全市水利行业办理群众信访件批次、人次分别同比下降27%、23%。开展矛盾纠纷排查，落实领导包案和“一帮一”工作措施。

二、2022年发展思路

2022年，全市水利系统将坚持以习近平新时代中国特色社会主义思想为指导，认真落实习近平总书记关于治水重要讲话指示批示精神，不断推动新阶段水利高质量发展，为重庆经济社会发展提供坚实的水利保障。

（一）压实水旱灾害防御安全

加快编制《重庆市防洪提升工程五年行动计划》，加快推进“一干十八支”和“中小河流”防洪综合治理工程前期工作，推动长江上游干流重庆段防洪工程三期建设。优化水文监测站网布局和功能，强化水库群联合调度。全面完成2022年及以前到期水库安全鉴定，完成2021年119座病险水库除险加固建设任务并新启动实施69座。

（二）提升农村供水保障水平

持续开展农村饮水动态监测，大力实施农村饮水安全“一改三提”五年行动，指导有条件的区县推进城乡供水一体化，积极创建“四管”示范工程。继续实施永川上游等8个中型灌区节水改造，新开工合川双河、永川卫星灌区2个项目。巩固拓展水利扶贫成果，建立完善乡村振兴水利保障项目库，做好市级帮扶集团对口帮扶，配合水利部开展定点帮扶。

（三）提速构建重庆水网

以“一核两网·百库千川”水利行动为引领，推动重庆水网与国家水网对接融合。加快推进市级骨干水网、主城、渝东南、渝东北等现代水网规划编制。全力争取藻渡、跳蹬、向阳水库挤进新一轮国家政策性项目清单并获得中央投资。加快推进长征渠、渝南和重庆中部（川渝东北一体化）水资源配置工程前期工作。加快筹建中国水文博物馆。推进渝西水资源配置工程续建。

（四）全力实施三峡后续

以19个重大项目为重点，策划、补充优质项目，高质量编制好2023~2025年滚动项目库。完善农村移民安置区精准帮扶、城镇移民小区综合帮扶政策措施。实施生态环保项目67个、完成库岸综合整治119公里。启动三峡水库消落区生态修复模式试点，完成《重庆市三峡水库消落区管理暂行办法》修订，推动三峡水库管理条例立法。深化对口支援合作，打造“产业协作、人力协作、消费协作”3个升级版，开展“宁波重庆周”等系列经贸活动。

（五）扎实推动河长制有能有效

力争出台关于强化河长制的意见，研究细化实现河长制“有名有责”“有能有效”具体措施。强化河长履职，将河长制工作纳入专项督查。有序实施“一河一策”，持续推进第一批10条市级示范河流建设，计划启动第二批示范河流建设工作。巩固中央生态环保督察涉水问题整改成果。持之以恒落实好1、2、3号市级总河长令，加大问题排查和落实整改力度。

（六）加强水资源节约集约利用

落实最严格水资源管理制度，全面推行取用水“双随机、一公开”监管，深化取水许可电子证照应用。分解制定各区县2021~2025年用水总量控制指标，实行地下水取用总量、水位管控。推行全域深度节水，全面开展节水载体建设，强化用水定额标准应用，在璧山等区县探索开展再生水利用配置试点。

（七）加快复苏河湖生态环境

深入落实国家“江河战略”，组织制定河湖生态流量保障实施方案，加强江河流域及重大调水工程水资源调度。实施小水电绿色改造和现代化提升工程。加强河道岸线管理，纵深推进河道“清四乱”常态化、规范化，推进河道疏浚砂、水库淤积砂综合利用。科学治理水土流失，牵头做好水土保持全流程监管改革创新工作，建立“管行业、管水保”工作机制和责任体系。

（执笔人：陈亮亮）

重庆商务

重庆市商务委

2021年，在市委、市政府坚强领导下，全市商务系统坚持以习近平新时代中国特色社会主义思想为指导，深入学习贯彻党的十九大和十九届历次全会精神，立足新发展阶段，完整、准确、全面贯彻新发展理念，积极融入和服务新发展格局，坚持以高水平开放推动高质量发展，商务事业发展取得较好成绩，为庆祝建党100周年献上了优异答卷。

一、2021年发展回顾

面对百年变局和世纪疫情，全市商务系统迎难而上、勇毅前行，推动“十四五”商务高质量发展取得良好开局。

（一）内陆开放深入推进

编制出台全面融入共建“一带一路”加快建设内陆开放高地“十四五”规划，推进实施与东盟经贸合作行动计划。开放通道不断拓展，西部陆海新通道通达107个国家（地区）315个港口，运输箱量增长54%；中欧班列（成渝）开行超过4800班，开行量和货值货量均居全国首位；国际航线增至106条。两江新区、重庆高新区等开放平台引领辐射功能持续增强，万州、永川综合保税区获批设立，成立重庆知识产权法庭、涉外知识产权调解中心。成渝地区双城经济圈商务协作不断深化，共建富有巴蜀特色的国际消费目的地，联手打造内陆开放高地、川渝自贸试验区协同开放示范区。

（二）消费促进成效显著

全年实现社会消费品零售总额13967.7亿元，增长18.5%，高于全国平均水平6个百分点，增速居全国第3位。加快建设核心承载区，统筹推进中央商务区提档升级以及寸滩国际新城及解放碑—朝天门、观音桥世界知名商圈建设。推动出台《关于培育发展“巴渝新消费”的实施意见》，举办“爱尚重庆·渝悦消费”主题活动近700场。深入开展汽车和家电促销活动，全市限额以上汽车类单位商品和家电销售额分别增长13%、17.4%。推进零售行业创新转型，新增品牌连锁便利店600余个，新引进商业品牌首店203家。培育打造夜间经济示范创建集聚区，提质举办2021年不夜重庆生活节，开展夜间经济特色主题活动190余场次，带动夜间消费近150亿元，“不夜重庆”美誉度、知名度进一步提升，重庆连续三年居“中国十大夜经济影响力城市”榜首。

（三）对外贸易逆势上行

外贸进出口再创历史新高，外贸进出口达8000.6亿元，增长22.8%，比全国平均水平高1.4个百分点，两年平均增长17.5%。对东盟、欧盟、美国进出口分别增长15.2%、19.5%、11.4%。笔记本电脑出口值连续三年居全国第一，燃油摩托车、汽车出口值分别居全国第一、第五。二手车出口实现零突破，品牌整车保税进口超过

7000台。重庆高新区获批国家首批加工贸易产业园，国家外贸转型升级基地增至17个。深入推进跨境电商综试区建设，跨境电商进出口额增长63.3%。深化服务贸易创新发展试点，111项政策举措落地实施，完成试点任务70%，服务外包总额超25亿美元，增长10%。

（四）双向投资稳健增长

实际利用外资106.7亿美元，增长3.8%，其中外商直接投资（FDI）22.4亿美元，增长6.4%。推动利用外资目标任务完成情况纳入全市招商工作活跃指数，完善外资调度机制，优化政策体系，开展“三送一访”活动，组织外资企业区县行。新增外商投资企业351家，增长22.3%；世界500强达到312家。强化精准招商，举办第四届进博会重庆投资贸易合作恳谈会等招商活动320场次，成功引进康宁显示玻璃基板前段熔炉生产线、星光国际精准医疗创新中心、松下节能新材料全球研发制造中心、新加坡普飞仓储基地等重大项目。创建外商投资企业智慧服务云平台，升级“渝企‘走出去’服务港”为“跨国经营服务港”。全年对外投资11.9亿美元，增长43%。

（五）自贸试验区加快建设

完善创新机制，新培育制度创新成果16项，10项在全市复制推广，2项改革举措先后入选全国自贸试验区第四批最佳实践案例、重庆市优化营商环境十佳案例。强化协同开放，建立10个自贸试验区联动创新区。推进高水平制度型开放，在全国率先制定《铁路提（运）单融资业务技术指南》金融团体标准，率先推广中欧班列铁路快通模式，率先探索“关银一KEY通”川渝一体化模式。自贸试验区累计新增市场主体超6.4万户，新设外资企业数量占全市的20%，集聚了全市超1/4的进出口企业，贡献了全市约70%的进出口贸易总额。

（六）国际消费中心城市建设全速推进

重庆获批全国率先培育建设国际消费中心城市。召开了高规格培育建设推进会，陈敏尔书记、王文涛部长、胡衡华市长参加会议并作重要讲话。市政府成立由市长任组长的培育建设工作领导小组，建设任务纳入市级部门专项目标考核，制定《重庆市培育建设国际消费中心城市实施方案》，统筹推进国际购物、美食、会展、文化、旅游五大名城建设，明确十大工程40项任务，出台23条支持政策，建立八大板块重点项目库，首批总投资3459亿元128个项目已列入市级重大项目名单。

（七）服务业扩大开放综合试点有序推进

构建服务业开放“1+9+N”方案体系，打造“四张清单”，86项改革试点任务中已实施46项。形成一批差异化改革创新成果，推出全国首个“科技跨境贷”，创新探索“保税＋暂时进出境”模式，创新推出“一码通行”营业执照改革，全国首创开展中小外贸企业“汇保通”汇率避险新模式并入选商务部《“十四五”商务发展规划》实施案例。服务业扩大开放带动全市服务业加快发展，第三产业增加值1.48万亿元，增长9%，两年平均增长5.9%。

（八）商贸服务业升级步伐加快

加大老字号支持力度，出台《重庆老字号认定管理办法》，新认定服务业聚集区33个，11家餐饮企业入选全国100强。会展经济提质增效，成功举办第三届西洽会暨2021陆海新通道国际合作论坛、中国—上海合作组织数字经济产业论坛等重要展会，全年共举办展会活动188

场，拉动消费684亿元。电子商务快速发展，联动38个区县和直播平台、上千家企业开展100多场线上促销和直播带货活动，全市实物型网络零售额达到1063.4亿元、增长18.2%。农村电商加快发展，实现农村网络零售额317.7亿元、增长30.6%，新增4个淘宝村、7个淘宝镇。

（九）现代商贸流通体系不断完善

开展商品市场优化升级行动，江津区入选全国首批商品市场优化升级专项行动试点。推进社区商业发展，两江新区获批全国首批一刻钟便民生活圈试点城市。推进农贸市场和菜市场升级改造，建成标准化智慧化示范菜市场11个。县域流通体系建设持续推进，建成县级物流配送中心63个。启动实施“城乡配送网络建设工程”，支持13个区县建设城乡智能高效配送项目。加强农商互联，支持农产品流通能力提升项目66个。着力发展绿色商务，新创绿色商场10家、绿色饭店5家，再生资源回收利用网络体系全面建成。

（十）商务惠民取得实效

建立常态化疫情防控工作体系，商务领域无重大集中感染案例发生。全市生活必需品市场供应量足价稳，双福国际农贸城封闭期间应急保供被商务部誉为“教科书式”做法。加大助企纾困力度，安排“一促两稳”援企惠企政策资金4.58亿元，帮助企业申请中央进口贴息资金6282万元。筹措2.85亿元资金助力乡村振兴和流通体系建设。消费扶贫成效显著，完成消费帮扶62.13亿元，增长38%，3个案例入选全国消费帮扶助力乡村振兴优秀典型。与山东省签署《打造鲁渝消费协作“升级版”框架协议》，推动“十万吨渝货进山东”。牵头对口帮扶秀山县及涌洞镇工作，积极助力乡村振兴。

二、发展中存在的问题

当前世界经济形势仍然复杂严峻，巩固开放和商务发展向好态势仍然面临着诸多挑战。从国际看，疫情仍在全球蔓延，中美经贸摩擦影响持续显现，支撑外贸持续向好的基础不牢，跨国投资持续疲软；俄乌冲突导致国际产业链、供应链加速调整重构，贸易成本不断上升。从国内看，疫情仍然多处散发，消费预期不稳，消费回升制约较多。需求收缩、供给冲击、预期转弱三重压力在商务领域表现明显。全市商务发展面临以下挑战：一是消费恢复还不充分。疫情仍然多点散发，服务消费特别是接触型消费恢复相对滞后，线下实体商业受到影响，旅游会展等外来消费减少。居民收入增长放缓，居民消费更趋保守，消费倾向降低。二是外贸高速增长基础不够牢固。海外经济复苏将导致出口溢出效应减弱，推动我市外贸快速增长的“一次性”订单可能逐步回流。供应链受到外部冲击，“缺电”“缺芯”“缺柜”等供给约束尚未缓解，保供稳链压力较大，对我市电子等产业带来影响。三是稳外资不确定性增加。受疫情影响，招商活动尚未恢复正常，企业面对面协商、评估和交易受限，投资实现度较低。各省区市引资竞争愈发激烈。

三、2022年发展思路

2022年商务工作总体要求是：坚持以习近平新时代中国特色社会主义思想为指导，弘扬伟大建党精神，坚持稳字当头、稳中求进，积极融入和服务新发展格局，统筹疫情防控和经济社会发展，统筹发展和安全，落实“六稳”“六保”要求，全力稳住商务经济基本盘，以优异成绩迎接党的二十大胜利召开。发展目标是：社会消费品零售总额增长7%左右，外贸进出口增长5%左右，利用外资保持100亿美元以上。

（一）聚力建设内陆开放高地

一是推进高水平对外开放。实施开放通道拓展、平台建设、口岸完善、主体培育、环境优化“五大行动”，推动共建“一带一路”高质量发展。二是推动开放平台创新提升。统筹提升西部陆海新通道建设，提升两江新区、重庆高新区等开放平台能级，完善果园港国家物流枢纽等重要节点开放功能。鼓励国家级经开区改革创新探索。三是联动四川打造内陆开放高地。深化成渝地区双城经济圈商务协作协同，全力争取共同创办“一带一路”进出口商品博览会。四是构建高水平制度型开放创新体系。高质量实施RCEP行动计划，对标CPTPP、RCEP、DEPA等国际经贸规则，持续深化数字贸易、知识产权保护等重点领域制度创新。推动自贸试验区创新发展，共商共建川渝自贸试验区协同开放示范区，推进联动创新区建设。深化服务业扩大开放综合试点，推进全面深化服务贸易创新发展试点。

（二）全力巩固消费向好态势

一是培育建设国际消费中心城市。全力推进国际消费中心区、区域消费中心城市、商旅文体融合发展城市建设试点，打造中央商务区、寸滩国际新城国际消费极核，加快建设解放碑—朝天门、观音桥世界知名商圈，联动四川共建富有巴蜀特色的国际消费目的地，统筹推进“五大名城”建设。二是加快释放消费潜力。深入实施“巴渝新消费”八大行动。提升传统消费，提振汽车家电家装家具等大宗消费，推进餐饮住宿家政等生活服务业恢复发展。发展新型消费，培育新业态新模式新场景。办好“爱尚重庆”消费促进活动。三是完善现代商贸流通体系。推进步行街改造提升，推进夜间经济、国际美食等聚集区建设，推动商品市场优化升级，建设一刻钟便民生活圈。健全县域商业体系，实施农村商贸流通“六大行动”。制定“乡村振兴商务在行动”实施方案，强化电商进农村综合示范引领。

（三）奋力推动外贸稳量提质

一是稳预期。全面贯彻国家跨周期调节稳外贸政策措施，认真落实财税金融支持政策，维护产业链供应链稳定安全，保障进口渠道稳定可靠畅通。二是优结构。加快国家外贸转型升级基地、国际营销体系和自主出口品牌建设，做强一般贸易；扎实推动国家加工贸易产业园培育建设，做稳加工贸易。积极扩大进口，支持两江新区创建国家进口贸易促进创新示范区。三是扩增量。加快发展总部贸易、转口贸易、保税+服务贸易等新业态，争取市场采购贸易试点。大力发展跨境电子商务，培育认定一批跨境电商示范区。推进服务贸易创新发展，加快服务外包示范城市建设。四是拓市场。拓展“一带一路”沿线国家等新兴市场，开展“品牌商品海外行”活动，开拓国际大市场。

（四）努力实现外资保稳促优

一是加强精准招商。常态化举行高层视频连线和云上签约，开展“链长制”招商，扩大先进制造、现代服务、高新技术等领域引资规模，推动招商引资企业落地，促进企业增资扩产。用好西洽会、智博会和进博会等招商平台，举办跨国公司“重庆行”，促进外资项目对接。二是做好项目保障。完善重点外资项目工作专班机制，加大全流程服务力度，常态化开展“三送一访”活动，及时解决外资企业遇到的困难问题。加强重点外资项目用地、用能、环保、人员出入境等方面的保障。三是优化营商环境。实施好《外商投资法》及其实施条例，加大外商投资合法权益保护力度，落实好外资企业国民待遇。深化“放管服”改革，推进营商环境创新试点，营造市场化法治化国际化营商环境。

（五）着力构建商务风险防控体系

一是慎终如始抓好疫情防控。建立健全常态化疫情防控指挥体系和平急转换机制，严格落实商场、超市、市场、餐饮、会展场馆等防疫措施，从快从严从细做好商务领域疫情防控。二是抓好市场保供稳价。完善应急物资储备、生活必需品保供、市场监测体系，加强市场监测预警，积极应对市场异常波动。三是妥善应对国际经贸摩擦。完善信息通报和快速响应机制，加强重点企业运行监测和跟踪服务，完善海外供应链保障协调机制，维护产业链供应链稳定。四是加强商务领域安全基础建设。坚持总体国家安全观，深入开展安全隐患排查整治，严厉打击成品油非法经营违法行为。

（执笔人：辜庆渝）

文化旅游

重庆市文化和旅游发展委员会

2021年是“十四五”开局之年，也是文化和旅游产业历经谷底后实现韧性成长的一年。面对依然复杂多变的新冠肺炎疫情防控形势和艰巨繁重的纾困复苏任务，全市文化和旅游领域更加深入贯彻落实党中央、国务院和市委、市政府“六稳六保”和“国内国际双循环”的重大部署，积极应变、主动求变，推动文化产业基本恢复至疫情前水平，旅游产业实现整体稳步复苏。

一、2021年发展回顾

2021年，全市文化产业经过前一年的纾困扶持、行业自洽，发展韧性不断显现，线上数字业态的增长基本弥补了线下消费的不足，增长速度基本恢复到疫情前正常水平。预计全年实现文化产业营业收入2724.23亿元，同比增长11.6%；实现文化产业增加值1057.11亿元，较2020年增长8.9%，较2019年增长9.3%，两年平均增长4.6%，文化产业增加值占GDP比重继2020年下降2个百分点后，再次小幅下降1个百分点至3.8%。现场服务型业态占绝大多数的旅游产业仍受到持续性影响，全年出入境旅游基本仍处于停滞状态，导致全行业营业收入始终缺失重要部分，恢复程度明显慢于文化产业。预计全年实现旅游产业增加值1076.09亿元，较2020年增长9.9%，较2019年增长4.7%，两年平均增长2.3%；旅游产业增加值占GDP比重止住了2020年5个百分点的“速降”趋势，只小幅下降1个百分点左右，稳住了产业发展基本盘。

（一）规划布局深度优化

《重庆市文化产业发展“十四五”规划》《重庆市旅游业发展“十四五”规划（2021—2025年）》正式印发。文化产业、旅游产业相关规划布局有效衔接和融入《巴蜀文化旅游走廊建设规划》、《重庆市文化和旅游发展“十四五”规划（2021—2025年）》、市委市政府《加快发展新型消费释放消费潜力若干措施》和重庆国际消费中心城市建设等重大方案和政策。

（二）重大项目加快推进

2021中国武陵文旅峰会招商推介会顺利举办，现场意向签约项目26个、意向签约金额1432.75亿元。组织开展2021重庆文化产业和旅游产业供需对接会，北碚“静观里”、金佛山国际康养度假区、古建筑博览园等28个文旅项目现场签约，签约总额249亿元。市文化旅游委克服疫情困难，先后组织赴无锡、杭州、上海、南昌、广州、济南等地开展专题招商15次，举办相关招商推介活动30次；促成武隆白马山文旅康养小镇、巴南东盟影视文创园、中国西部科技影视城等项目签订正式协议，协议金额达170亿元；在市文化旅游委门户网站开设“文旅产业招商项目”专栏，推介招商项目200个。策划储备2021~2023年市级重点文旅产业项目129个，涉及总投资 8995.4 亿元。安排 2021 年市级文化产业专项资金 451 万元，扶持 17 个重大项目。十八梯传统风貌街区、金刚碑历史文化街区建成开放，积极跟进市级重大文旅项目，涪陵北山国际文旅康养度假区、中国·武隆懒坝 LAB、重庆白俄罗斯风情小镇等项目推进顺利。

（三）市场主体加速洗牌

文化方面，全年新设立文化市场主体 22871 家，年末总数达 135857 家。全年新增市场主体数量比上年多 2000 余家，但注销的市场主体达 1.5 万家左右，同时显示出市场信心逐渐提升和行业洗牌进一步加剧。组织开展市级文化产业示范园区（基地）实地巡检，对 4 个市级示范园区、11 个示范基地做取消称号处理，对 9 个示范基地做限期整改处理。年末共有国家级文化产业示范基地 7 家，已建成 35 个市级文化产业示范园区和 81 个市级文化产业示范基地。新增万物有灵和奇易门两家国家动漫企业，总数达 4 家。帕斯亚科技的“时光系列”游戏项目获评 2021~2022 年国家文化出口重点项目。旅游方面，全年新设立旅游市场主体 2801 家，年末总数达 21326 家。新评定 25 个 A 级景区，审批设立一般旅行社 75 家。截至 2021 年末，全市国家 A 级旅游景区总数达 269 个，其中 5A 级景区 10 个，4A 级景区 131 个，3A 级景区 84 个；市级以上旅游度假区 25 个，含国家级旅游度假区 2 个；旅行社 753 家，其中出境旅行社 92 家（含赴台社 9 家）；拥有星级旅游饭店 150 家，其中五星级 28 家，四星级 47 家；垫江县飞茑集—巴谷·宿集、石柱县不舍民宿分别被认定为全国首批甲级、乙级旅游民宿。

（四）品牌活动成效显著

一是举办第七届中国西部旅游产业博览会和 2021 年重庆（国际）文化旅游产业博览会，展览面积扩大到 6.6 万平方米，为历届最大。同步组织中国（西部）数字文旅产业发展论坛、全球旅行商重庆考察活动等六大主题 30 余场配套活动，吸引云南省、山东省等 30 个省区市，韩国、意大利等 9 家驻蓉驻渝使领馆和旅游推广机构，1000 余家文旅企业参展参会。二是在璧山区举办第十三届西部动漫文化节，共吸引了来自全国 20 个省区市的游客近 3 万人次；现场参展的各类动漫企业突破 50 家，爱奇艺 IFC、网易 Lofter、暴雪、艾漫、HEC、VEER 零号空间、1∶1 工作室等知名展商纷纷携旗下原创 IP 带来西部首展和首秀；除了举办人气 CV、Coser 互动表演及现场签售外，还成功举办了全国二次元大赛 ×Jump!Jump! 舞蹈大赛全国总决赛、第十二届中华少儿电影配音大赛、第三届全国配音大赛暨最强声挑战赛等精彩赛事，以及三坑服饰展、二次元周边手办展、动漫痛车展、成渝双城文旅融合展、特色美食展、沉浸式游园互动等类型多样的活动。三是先后举办“温泉康养文化与水中运动康复”高端论坛、首届中国温泉产业博览会暨第四届中国温泉与气候养生旅游国际研讨会，“温泉之都”带动力进一步增强。四是联合主办沉浸式剧本杀全国交易大会暨成渝剧本杀联展，聚集全国各地 2000 余名店家和 160 余家发行单位，共发行了 300 余个剧本，是成渝地区文化旅游、科技产业与剧本杀产业深度融合的先行实例；正式挂牌重庆沉浸式剧本杀测本中心，为川渝乃至西南地区的优秀剧本杀项目提供优质的测本场地和深度开发合作交流平台；召开沉浸式“剧本杀”项目资源整合专项对接会，重点围绕我市城市特色和景区资源打造这一高人气项目，推进文旅融合发展。

（五）消费潜力不断激发

全市接待过夜游客 8834.86 万人次，A 级景区接待游客17546万人次，同比2020年分别增长37.2%和9.0%，恢复到2019年的88.5%和64.9%。完成第二批国家文旅消费试点城市推荐申报，江北区、南岸区、九龙坡区成功入选。截至2021年末，全市已创建国家文化和旅游消费示范城市1个、试点城市5个；全市拥有国家级全域旅游示范区4个、创建单位4个；市级全域旅游示范区9个、创建单位13个。完成首批市级夜间文化旅游消费集聚区评审认定工作，公布并授牌江北大九街、融创文旅城等11个集聚区。完成首批国家级夜间文旅消费集聚区推荐申报，洪崖洞街区等6个集聚区入围；江北区大九街、沙坪坝区磁器口、南岸区弹子石同时获评首批国家旅游休闲街区。第六届重庆文化旅游惠民消费季分春夏和秋冬两季举办，全市共计投入财政资金19960.7万元、撬动社会资金3.6亿元，举办文旅消费系列活动超过2000余场，发放惠民补贴6076.3万元（市级财政发放补贴599.6余万元），覆盖9147家文化旅游企事业单位，惠及1658.2万人次文旅消费，带动文化旅游及相关产业消费18.2亿元。

（六）融资环境逐步改善

将优化文旅产业融资环境与抗疫纾困。市文化旅游委等5部门联合印发《支持文旅企业复工复产和生产经营的政策措施》，与人行重庆营管部联合印发《重庆市银行业金融机构支持文化产业和旅游产业高质量发展政策措施》。举办重庆文化产业和旅游产业金融专场对接会，10家银行为10家文旅企业放款14亿元、授信29亿元、提供债券承销支持23亿元。开展全市文化和旅游投融资项目遴选，向银行推荐重点文旅项目82个、融资需求552.2亿元，银行为推荐项目中48家文旅企业放贷70.5亿元。在“渝融通”银企融资对接平台新设文旅融资对接板块，年内新增授信17户32.74亿元，新增放款23户33.46亿元。

二、发展中存在的问题

文化和旅游产业还存在三方面问题：一是旅行社、演艺、娱乐等部分行业加速洗牌，多数民营中小企业遭受严峻冲击、面临生存危机，并通过资产变卖、人员裁减、业务调整等方式艰难维持，保供应链、产业链压力仍然较大。二是纾困政策力度不够。虽然2022年以来已出台多项文旅纾困政策，但文旅企业特别是中小微企业得到的实惠不多，部分文旅企业出现生存危机，大批文旅从业人员失业。各项纾困措施仍然依靠本就捉襟见肘的市级文旅产业资金，能用于纾困的资金少之甚少，急需新增文旅专项纾困资金；区县财政实力和纾困力度参差不齐，“两群”地区拨付文旅纾困资金难度较大。同时，在疫情影响下，文旅行业经营风险被放大，土地、金融等各项政策支持力度在有形无形中被减弱，如部分金融机构进一步降低文旅企业信用评价，导致融资更加困难。三是供需适配节奏放缓。疫情以来，文旅市场已发生深刻变化。文化消费很大一部分由现场消费向新媒体、影视、动漫、游戏等数字文化消费转化。旅游出行时间趋于向假日期间集中，夜间文旅消费呈现增长态势；游客出游半径大幅缩短，近程和本地旅游恢复程度明显高于中远程旅游；自驾、房车、露营、冰雪、研学、乡村等旅游形态呈现快速增长。然而疫情影响下，企业流动资金短缺，投资节奏放缓，业务调整跟不上市场变化，供需适配速度较慢。

三、2022年发展思路

2022年，市文化旅游委将认真贯彻落实国家和市级层面相关战略部署，稳字当头、稳中求进，切实担负起稳定文旅经济的重要责任。

（一）进一步加大文旅纾困扶持力度

深入调研文旅企业和重大项目受疫情影响情况和面临的具体困难，更加有力地落实好各项纾困政策。落实好文旅企业贷款贴息；协助企业用好财税、社保、稳岗、能源、金融等支持政策；全面清理、及时兑现旅行社营销奖励资金；尽力协调市总工会贯彻落实旅行社承接工会活动等政策举措。严格落实全市统一的疫情防控政策，推动由市疫情防控指挥部统一研判调度剧院、影院、书店、文博场馆、休闲娱乐、旅游景区、星级酒店等文旅消费场所开放、限量、关闭等事宜，及时放开文旅节会活动人数限制，严禁各区县层层加码和设限。

（二）加快建设国际知名的文旅消费目的地

推动打造“大都市、大三峡、大武陵”旅游发展升级版，全面提升主城都市区文化旅游的国际影响力和核心吸引力，办好2022年中国武陵文旅峰会，深入打造长江三峡黄金旅游带和渝东南武陵山文旅融合发展示范区。加快打造巴蜀文化旅游走廊，共同推进资阳大足文旅融合发展示范区建设。共同举办2022年成渝地区文化和旅游公共服务及产品采购大会，第五届川剧节，康养产业大会，川渝杂技、话剧、喜剧等展演活动。组织川渝旅行社互相考察踩线，推广一批特色线路。打造巴蜀文化旅游走廊文旅消费“一卡通”，联手促进川渝短途出行和文旅消费。

（三）明确重点领域引领产业升级

一是聚合“两江四岸”演艺资源，持续打造文旅融合驻场演出，打造富有巴渝特色的长嘉汇演艺集聚区。二是筹办中国顶尖舞者成长计划，持续举办“舞动山城”国际街舞大赛，建设“1+N”舞蹈产业发展体系，引领打造舞蹈全产业链业态。三是加快推进长江文化艺术湾区建设，形成九龙美术半岛、钓鱼嘴音乐半岛世界级艺术地标和产业集群。四是加快建设大足石刻文化创意产业园，力争打造成为巴渝传统工艺产业化典范和国家级文化产业示范园区。五是建设重庆文创产品研发中心，推动全市文创产品开发上档升级。

（四）搭建优良平台扩大有效供给

做好文旅重大项目策划、储备，强化招商引资。举办2022年重庆（国际）文化旅游产业博览会、文化和旅游产业精品项目对接会。推动各区县、产业园区、消费集聚地积极策划开展文旅专项招商引资推介会、洽谈会，与金融机构联合举办文旅项目融资恳谈会，进一步畅通“渝融通”文旅企业融资渠道，搭建文旅产业资源对接优良平台。贯彻落实“文化产业赋能乡村振兴”计划，遴选第一批试点区县，建立企业库、项目库、专家库，支持特派员策划文旅优质项目下乡创业，提升乡村文化旅游业态档次和服务品质。

（五）举办品牌活动激发市场活力

持续推进国家文旅消费试点、示范城市建设，打造夜间文旅消费集聚区。与中国银联联合开展“百城百区”文化和旅游消费助企惠民行动。举办第七届重庆文化旅游惠民消费季，开展14项市级主题活动和100场区县特色活动，加大投入开展惠民消费补贴。举办2022年重庆都市艺术节、第十三届中国长江三峡国际旅游节、第三届山水重庆夜景文化节、第六届中国白帝城国际诗歌节，营造浓厚的消费氛围。重点针对渝东北区域旅游协作、渝东南文旅融合发展、武陵山文旅发展联盟、对口支援昌都和渝鲁协作乡村振兴实施旅行社组团带客专项奖励。依托国内头部社交网站、App和市内主要媒体，策划自驾精品路线TOP10、自驾露营基地TOP10和自驾玩法体验TOP10推广活动。

（执笔人：王榆）

卫生健康

重庆市卫生健康委员会

一、综述

2021年，重庆市坚持以习近平新时代中国特色社会主义思想为指导，深入贯彻党中央、国务院决策部署和市委、市政府工作要求，以党史学习教育为契机，重统筹、促发展，强基础、提能力，重庆卫生健康事业呈现出良好发展态势。

截至2021年底，全市医疗卫生机构21361个，其中医院858个（三级医院65个，二级医院267个），基层医疗卫生机构20268个；实有床位数24.07万张；卫生人员30.85万人，卫生技术人员24.66万人，执业（助理）医师9.21万人，注册护士11.40万人。

2021年，全市医疗卫生机构总诊疗1.94亿人次，出院729.78万人次，次均门诊费用241.75元，人均住院费用7452.63元。

二、新冠肺炎疫情防控

（一）严格“外防输入”

严格实施入境人员闭环管理，累计排查管控11159名入境人员，圆满完成东盟外长会、巴基斯坦临时航班等包机任务；重点人员严格落实“N+7+7”管理要求。健全涉疫信息协查机制，累计收到国内重点地区来渝返渝人员信息171万条，全面落实赋码、核酸检测、健康监测等管控措施。

（二）有效“内防反弹”

做好常态化监测，对重点人群、重点环境、重点物品定期开展检测，分别累计检测3908.3万人次、89.5万份、137.1万份。对227份具备条件的阳性样本进行基因测序，摸清传播链条；在全国率先完成德尔塔变异毒株全基因测序。组织开展重要节假日节后应急监测，累计监测重点人员23.47万人次，结果均为阴性。发挥发热门诊“哨点”作用，医疗机构严格落实预检分诊和首诊负责制，发热门诊就诊患者全部开展核酸检测。加强院感防控，建立“四级”院感质控网，“提级”管理发热门诊，加强旅居史等问询。建立“市、区县、院”三级感控专项巡查机制，开展联合检查40次。实行“不探视、不陪护”，确有陪护需要的实行“一患者一固定陪护”；重点人员每隔1天开展1次核酸检测，其余医务人员每周2次，做到“应检尽检”。加强隔离点指导，规范设置“三区两通道”，实行人员分类隔离，落实核酸检测、健康监测、心理疏导、环境消杀等措施。

（三）加强医疗救治

完善救治体系，设置集中救治医院4家（市公卫中心、重医附属永川医院、黔江中心医院、三峡中心医院）、后备医院3家（市人民医院、巴南区人民医院、渝北区人民医院）、区县定点医院47家，完善48小时内腾空方案。加快推进

4 家应急医院建设。精准开展救治，组织市级专家对在院患者进行病情研判及会诊治疗，给予心理干预和疏导，做到一人一策，精准施治。2021 年救治病例 56 例，做到患者“零死亡”。做好出院患者随访管理，成立市、区县两级新冠肺炎随访监测专项工作组，共随访 991 人。

（四）提升各项能力

提升核酸检测能力，牵头制定全市核酸检测技术标准，规划布局各区县核酸检测能力，统筹组建市级后备支援队伍，指导各区县至少设置 1 家 24 小时核酸检测服务机构并主动向社会公开。全市设有核酸采样点 1.37 万个，核酸采样人员 8.7 万人，核酸检测人员 4300 人，检测能力达到122万单管/日。提升流调溯源能力，成立流调溯源专班，公安、工信、公卫集中办公，按照“1 个病例、1 个小组”迅速开展流调，全市设置三级流调排查力量，共 20453 人。提升物资储备能力，按照全市大规模核酸检测和医疗卫生机构 45 天满负荷运转需求，分类制定集中收治医院等 7 个物资储备基本指导标准，分层建立市—区县—机构三级疫情防控物资储备体系。

（五）推进疫苗接种

出台 7 版疫苗接种方案，配套印发接种技术指南、接种暂缓情形专家共识等文件。建立“市、区县、街镇”三级联动机制，以及“现场处置、定点医院收治、包片医院转诊、市级和国家级专家会诊”全流程救治体系，全市累计设置疫苗接种单位（点）2000 余家、7686 个接种台，配备近 4 万名接种工作人员，全市疫苗日接种能力达 100 万人次。全市累计接种 6649.4 万剂次，加强免疫接种，3~11 岁和 60 岁以上人口接种进度全国排名靠前。

（六）加强宣传引导

参加市政府新闻办举办的重庆市疫情防控新闻发布会（通气会）19 场，市卫生健康委“疫情防控”专栏累计发布信息 5721 条。市级以上主流新闻媒体报道近 3000 篇，全网点击量 4000 多万次。“我为群众办实事”实践活动、新冠疫苗接种等获央视《新闻联播》报道，联合重庆卫视制作《大医》专题节目 16 期。强化舆情监测，坚持 7 × 24 小时舆情监测。1 名抗疫先进典型获“重庆市道德模范”，1 个抗疫集体获“第六批重庆市岗位学雷锋示范点”，1 名抗疫先进个人获“第六批重庆市岗位学雷锋标兵”。

三、深化医药卫生体制改革

（一）健全制度设计，持续探索创新

出台《重庆市推动公立医院高质量发展实施方案》，研究制订推动形成就医和诊疗新格局的实施方案，组建医改专家库。建立川渝同步推进医改试点交流工作机制，制定主城都市区同城化发展改革举措。

（二）学习三明经验，深化体制改革

到三明市开展 3 次现场学习培训，举办重庆市 2021 年学习推广三明医改经验专题培训班。研究制定《重庆市深入推广福建省三明市经验深化医药卫生体制改革实施举措》。

（三）强化跟踪推进，完成改革任务

稳妥落实中央、市委改革工作，动态跟进中央部署改革试点 28 个，中央深改委审议出台文件对接 22 项。常态化推进党的十九届四中全会改革举措 8 项、贯彻落实党的十九大报告重要改革举措 7 项、贯彻落实习近平总书记视察重庆有

关改革工作2项。深入推进中央部署的川渝两地同步推进的7项改革试点项目，强化改革协调。全面落实中央疾病预防控制体系改革方案精神，研究制定《重庆市疾病预防控制体系改革实施方案》。

（四）加强典型宣传，为民办事求实效

召开2021年医改工作重点任务新闻发布会，及时发布重点工作进展及成效；组织10余家市级主流媒体，累计报道20余次。深入开展为民办实事活动，持续监测门急诊次均费用增幅、出院患者次均费用增幅指标，全市门急诊患者次均费用同比下降7.08%，出院患者平均费用同比增长控制在5.13%。

（五）加强试点评估，贡献重庆经验

永川区被国务院办公厅通报表彰为公立医院综合改革成效较为明显的地方。开展综合医改试点总结评估，完成公立医院综合改革绩效评价，10个方面创新突破举措获得肯定。完成国务院医改领导小组秘书处委托的人事薪酬制度、分级诊疗制度两项课题研究，总结重庆改革经验，为国家政策制定提出建议参考。综合改革试点工作、短缺药品供应保障等改革做法成效被国家部委发文通报肯定14次。改革经验被中央和国家有关部委内部刊物刊载21次，在全国性会议上作经验交流推广22次，被中央主流媒体报道、理论刊物刊发5次。

四、规划体系建设

（一）高质量编制“十四五”规划

出台“医疗卫生服务体系”和“卫生健康事业”两个规划，14个项目纳入重庆市“十四五”规划，出台支持国家区域医疗中心建设项目政策清单，指导4个医院争取国家建设试点项目，梳理形成卫生健康系统“十四五”规划重大项目储备库，储备委属单位项目67个、484万平方米，区县项目788个、1438万平方米。

（二）完善医疗卫生服务体系

争取中央资金7.58亿元、地方政府债券47.32亿元，支持市区两级项目99个。4个应急医院全面推进，重医附一院一分院基本完工；推进6个项目投用、13个项目装修施工、3个项目开工，立项9个项目、面积128万平方米。

（三）重点工作成效显著

扎实开展健康中国行动2019~2020年试考核，重庆综合排名全国第四。扎实推进成渝双城经济圈建设，拓宽合作领域签署4项协议，深化交流培训举办近10次会议，开展试点共建探索“120”一体化服务，推进标准化建设明确11个“川渝通办”事项，聚焦医疗服务高质量、公共服务高效率、产业发展高水平、信息互通高层级、人才培养高标准，30项工作见实效。统筹推进美丽医院建设，制定2021年度美丽医院评审方案，全年新增美丽医院10家，总数达到66家。

五、医疗管理

（一）提升医疗水平

推进国家医学中心建设，成立以市长任组长，相关市领导为副组长，市级有关部门、有关高校负责同志为成员的领导小组，以市政府办公厅名义印发《重庆市加快建设国家医学中心和国家区域医疗中心的实施方案》。签订国家区域医疗中心委市共建协议，完成10个专业申报，出台儿童区域医疗中心建设工作方案。新增国家临床重点专科5个、市级临床重点专科48个，新增肝肾移植资质医院1家。加强城市医联体建设和三级医院对口帮扶，全市县级综合医院医疗服务能力名列全国第5。加强川渝医联体和专科联盟建设，开展两地检验检查结果互认。完善大病专项救治政策，实施先诊疗后付费，市级大病救治种类达33种、累计救治6.2万人。持续开展疾病应急救助，拨付资金1200余万元。

（二）强化医疗管理

新增二甲医院1家、三甲医院2家。组织全市104家公立医院开展绩效考核，加强数据质控和评估分析，三级公立医院绩效考核全国排名第8，二级公立医院绩效考核获评全国优秀。加强无偿献血宣传招募，开展血液安全技术核查和临床输血质控，完成血液援藏、援京任务。组织实施2.8万人次年度医师资格考试，启动一年两试工作试点，搭建信息平台规范医疗护理员管理，培训注册5842人。组织组团式援藏、三级医院对口援藏援助西藏1市3县，援建昌都血站，开展“心眼相连”等系列援藏活动。组织15家三级医院对口帮扶14个区县，提升脱贫区县医疗服务能力。

（三）加强行风建设

发布年度行风建设和纠风工作方案，深入开展不合理检查、打击红包回扣、打击欺诈骗保等重点专项。完成委属6家医疗机构大型医院巡查，组织对5个区县、10家委属医疗机构开展行风建设重点抽查。开展药事管理专项督查，组织全市处方点评，制订市级临床用药重点监控目录，促进临床合理用药。加强医疗机构警务室设置和安防系统建设，规范投诉管理，排查处置医疗纠纷和医患矛盾521起，完成治重化积督办案件13件。

六、基层卫生

（一）抓改革

印发《关于全面推进医共体“三通”建设的通知》，实现41个区县全覆盖；印发《关于开展卫生人才“县聘乡用”“乡聘村用”工作的指导意见》《关于重庆市区县域医共体“三通”建设绩效评价工作方案》。

（二）促发展

印发《关于做好2021年“优质服务基层行”活动的通知》《重庆市全面推进社区医院建设工作方案》，有93.33%的（977家）基层机构完成线上自评，新创建甲级基层医疗卫生机构53家（累计122家），遴选国家集中选建中心卫生院53家。组织村医执业（助理）医师资格考试培训3593人、疫情防控培训10787人、基层能力提升培训1442人、慢病规范诊疗培训1634人、渝鲁等协作培训600人。

（三）优服务

基本公共卫生服务人均补助标准提高到79元，开展全市2020年度项目绩效评价，获得奖励经费2684万元。印发《关于做好2021年度基本公共卫生服务工作的通知》《2021年基本公共卫生服务项目绩效评价指标体系》，完成2022年项目资金预拨。开展“5·19世界家庭医生日”主题宣传，组建家庭医生团队8529个，签约居民800余万人，为1991名残疾儿童提供康复服务，专项筛查高危糖尿病患者3万人。印发《关于做好城乡居民高血压糖尿病门诊用药保障和健康管理的通知》，惠及“两病”患者280万人。全国首创“潮汐式”医疗援助机制，破解景区人流高峰期“看病难”问题。

七、疾病预防与控制

（一）抓体系建设

出台全市公共卫生重点专科（学科）管理实施细则和评审指标，启动首批公共卫生重点专科（学科）评审申报和评审。制订公共卫生医师规范化培训试点工作方案、培训大纲、培训基地标准和《新冠肺炎现场流行病学调查处置工作手册》，启动公卫医师和流调队伍规范化培训。印发《重庆市医疗机构公共卫生职责清单和工作指南（2021年版）》，明确二级及以上医疗机构、乡（镇）卫生院、社区卫生服务中心等5类机构的公共卫生职责。与四川省卫生健康委签订《川渝疾病预防控制一体化发展合作协议》。2021年，全市疾控一次性增加编制2347名，达到常住人口万分之1.75的配置要求。

（二）抓疾病防治

在全国率先出台艾滋病、结核病诊疗规范、规范随访治疗和管理。深化实施艾滋病传播“六大工程”，继续推进“一地一策”，艾滋病疫情继续控制在低流行水平。贯彻落实《遏制结核病行动计划（2019—2022年）》，探索建立市级结核病远程诊疗和技术指导中心。新建100个数字化门诊，儿童接种率维持在90%以上。有效处置突发传染病疫情40余起。死因监测、肿瘤登记、心脑血管疾病新发病例报告实现区县全覆盖。建成市—区县—乡镇三级口腔疾病防治网络和肿瘤防治网络。进一步扩大心血管、脑卒中、慢阻肺、重点癌症等高危人群早期筛查与综合干预项目实施范围。主要慢性病早死概率较2015年下降超过10%。下发《关于进一步加强严重精神障碍患者服务管理工作的通知》《重庆市严重精神障碍患者管理工作办公室规则》，会同市公安局、市委政法委建立“月通报、季会商、年考核”制度，对严重精神障碍患者肇事肇祸案件实施“一案一查”责任倒查。社会心理服务体系建设试点拓展到19个区县。

（三）抓健康监测

完成372所大、中、小学15万余名学生的视力筛查及身高、体重、龋齿、血压等监测，13万余名中小学生不良相关影响因素调查以及2929间学校教室环境卫生状况调查。深入推进儿童青少年近视防控，在5个区县开展近视防控适宜技术试点工作。组织编制小江“一河一策”（2022—2025）实施方案，协调市领导开展小江巡河。按时完成空气污染对人群健康影响监测、公共场所健康危害因素监测和农村环境卫生监测工作；城乡饮用水水质监测覆盖所有乡镇。全面开展全民健康生活方式行动，大力推进“三减三健”专项行动。发布2020年度重庆居民健康白皮书。

八、卫生应急

（一）推进卫生应急队伍建设

完成国家、市级卫生应急队伍整组，开展队伍模块化培训训练14次。建成全国最大规模的背囊化卫生应急小分队体系，建成区县级标准化卫生应急队伍87支、2572名队员。组织开展重庆市自然灾害卫生应急综合演练暨川渝国家卫生应急队伍联合演练、2021年度川渝卫生应急暨国防动员联合演练等。全市“0分钟自救互救、3分钟院前急救、30分钟快速小分队、1小时市级专家队伍、2小时区县级队伍、3小时市级队伍、4小时国家级队伍”梯次化响应卫生应急力量体系基本建成。

（二）加强突发公共卫生事件防范及处置

成立突发公共卫生事件专家咨询委员会，举

行突发公共卫生事件应急指挥部联席会议。强化风险评估，开展日常突发公共卫生风险评估11次、专题风险评估15次，发布灾情预警52次。参与处置突发公共卫生事件36起，调派专家13批次24人，救治患者866人。强化联防联控，承办第31届中国南方鼠疫联防联控工作会，健全南方鼠疫联防联控工作机制，加强红火蚁防治。及时处置突发事件，参与紧急医学救援106起，调派市级专家29批次79人，成功救治伤员483人。

（三）完善院前急救体系

强化交流合作，与京津沪开展院前医疗急救交流协作并签订框架协议，与四川合作开展川渝跨界毗邻地区120应急救援服务。强化网络建设，全市建成市—区县两级120调度指挥，市、区县、乡镇三级院前急救体系，1060家医疗机构、1490辆120救护车纳入全市120调度指挥信息系统，建成全国最大规模、全域一体化的院前急救网络。强化人员培训，成立4家市级院前急救培训中心，举办川渝院前急救人员培训班。强化质量管理，制定院前急救质量控制指标，建立每月通报机制，院前急救各项指标较上年持续向好。持续推进公众卫生应急技能提升行动，开展师资培训技能比赛，发布《家庭卫生应急储备清单》基本版和扩展版，会同市教委等联合推进学校AED配置。全市120急救平均反应时间显著缩短；全市累计培训合格公众1.6万余人。

九、健康促进工作

（一）持续推进健康帮扶

联合印发《重庆市巩固拓展健康扶贫成果同乡村振兴有效衔接实施方案》，坚持过渡期“四个不摘”；建立因病致贫返贫监测预警机制，预警家庭2.7万户，脱贫人口大病集中救治率、慢病签约服务率、重病兜底保障率均为100%，基本医疗持续得到保障。深化鲁渝协作，鲁渝卫生健康协作投入资金4445万元，累计164所山东医院和117所重庆受援地医疗机构“院院结对”，建立山东医学院校非隶属附属医院或临床教学医院7所。411名山东专家来渝支医，实施各类手术8649例、髋膝关节置换手术151例，受到群众广泛欢迎。

（二）纵深推进健康教育

持续开展“健康中国巴渝行”健康科普活动，累计制作播出广播电视节目53期，开设“健康真相知多少”专栏，开展线上健康科普有奖知识问答12期，累计受众1200余万人次。举办健康科普讲座2万场次以上。以“庆建党百年讲健康科普”为主题，举办第四届健康科普讲解技能大赛，累计110余万人次参与。开展脱贫地区健康促进，通过健康教育进乡村、健康教育进家庭、健康教育进学校、健康教育阵地建设、基层健康教育骨干培养五大行动，重点人群基本实现“一家一张明白纸、一个明白人、一份实用工具和一份健康教育处方”。召开2020年重庆市居民健康素养水平新闻发布会。国家卫生健康委“三区三州”领导干部健康促进培训班交流经验。

十、老龄妇幼健康

（一）老龄工作

制定《市老龄委工作规则》，明确30个成员单位职责，召开分管副市长参加的市老龄委全体会议，建立解决老年人运用智能技术困难联席会议制度，梳理任务清单76项，大力开展“智慧助老”活动，培训老年志愿者1500人次。建立医养结合联席会议制度，医养结合机构达173家、签约1855对；开展医养结合机构服务质量专项监督检查，组织1500名医养结合人员开展了能力提升培训。实施重点民生实事，为1.8万余名失能老年人提供“助医”服务。全市37个社区成功创建全国示范性老年友好型社区，329家医疗机构经区县级评审建设成为老年友善医疗机构。与四川签订老龄健康合作协议，促进康养资源共建共享，目前10个项目在广安落地。推荐老年医学人才培训基地7个，培训业务骨干120名、医生护士110名。创建国家森林康养基地4个、市级森林康养基地13个。

（二）妇幼工作

保障母婴安全，对孕产妇死亡个案开展“背靠背”调查和人员约谈，制定高危孕产妇救治指南，对12个区县开展飞行检查和应急演练，促进基层落实管理要求。防治出生缺陷，设置管理中心统筹全市出生缺陷防治工作，三级预防联系更加紧密；为24万名适龄夫妇免费提供叶酸和孕前优生检查，新生儿遗传代谢病筛查率达98%以上，听力筛查率达90%以上。助力乡村振兴，实施贫困地区儿童营养改善和新生儿疾病筛查项目，发放营养包80万人次，筛查9万人次；有效控制艾滋病、梅毒和乙肝母婴传播，三病孕期检测率均达98%以上。深化全周期服务，开展儿童眼保健培训和主题宣传，完成9个青少年关爱示范基地评估，开发更年期健康处方，指导12家机构创建示范门诊。

十一、中医事业

（一）夯实传承创新基础

《重庆市中医药条例》通过市人大常委会审议。13个全国名老中医药专家传承工作室通过验收，遴选50名西医人才开展首批中西医结合高层次人才研修项目，新招录中医住培学员370人，407名学员通过中医住培结业考核。川渝共建中医临床研究基地2个，感染性疾病中西医结合诊治重点实验室1个。新遴选市级中医药重点学科20个，评审立项科卫联合中医药科技项目86项。将中医药文化建设重点工作纳入“我为群众办实事”目标任务和2021年“5+38”重点民生实事项目，新增国家级传统医药类非遗项目2项，市级中医药文化宣传教育基地、中医药文化体验场馆15个，中医药文化知识角30个。举办“岐黄之美——重庆中医药传承创新文化节”，全市累计开展义诊、科普讲座等活动1000余场，惠及群众30余万人。

（二）提升中医药服务能力

推进等级医院评审，市中医院等4家中医院通过三甲复评，荣昌区中医院等5家中医院通过二甲复评。加快中医专科建设，修订出台《重庆市中医专科建设管理办法》《重庆市中医（中西医结合）重点专科建设评估标准》，启动市级中医专科评选，遴选出20个中医名科、39个市级中医重点专科、30个市级中医特色专科，持续监测28个国家中医重点专科。完成国家重大疑难疾病中西医临床协作（肝纤维化）项目试点，组建重庆市中医肝病专科联盟，形成中西医结合防治肝纤维化诊疗方案。推进中医药治疗艾滋病项目，2021年中医药累计治疗艾滋病患者1417人，首个艾滋病中药院内制剂进入3批中试。加强基层中医药服务，99.1%的社区卫生服务中心、100%的乡镇卫生院、98.15%的社区卫生服务站、81.87%的村卫生室能提供中医药服务。严格医疗质量管理，制定《重庆市中医医疗控制中心管理办法》，建设中医病案、中药药事、中医护理

3个市级中医质控中心，新增中医急诊、临检2个质控中心。

十二、人口家庭工作

（一）完善生育政策

完成《重庆市人口与计划生育条例》修订，产假增至178天，男方护理假增至20天，育儿假由一方扩大到夫妻双方、形式由一种扩大到两种。全面清理废止相关处罚规定，取消社会抚养费等制约、处罚措施，改革再生育审批制度，实行生育登记服务制。制定《优化生育政策促进人口长期均衡发展实施意见》。

（二）落实奖扶措施

完成65.06万名奖扶对象、7.99万名特扶对象资格确认，奖扶及时率87.11%，居全国前列。推动奖特扶信息系统平稳过渡到国家系统，“三项制度”全覆盖，联系人达19.86万名、联系对象68.53万人次；家医签约6.2万名、免费体检6.5万人次；就医“四优先”8.67万人次；开展“暖心活动”882场次，扶助对象满意率达83.86%。人口家庭基础资源库信息化项目建成并进入试运行阶段，数据实现共建共享共用。

（三）提升服务能力

明确“十四五”期末每千人口托位数不少于4.5个，纳入“十四五”经济社会发展规划和区县党委政府经济社会发展实绩考核。推进备案管理，实施普惠托育服务专项行动，争取中央预算内投资支持新增建设普惠托位2599个。设立市级婴幼儿养育照护指导中心。成功举办第一届托育机构师资培训班暨中国西部托育机构婴幼儿照护论坛，27个省区市、9.3万余人次参加在线培训。成功创建20个全国婴幼儿照护服务示范机构。

十三、爱国卫生

（一）重落实

印发《关于深入开展爱国卫生运动的实施意见》，明确爱国卫生工作“十四五”目标。完善部门联动工作机制，修订市爱卫会工作规则和成员单位职责分工。联合组建村（居）公共卫生委员会，承担组织实施本辖区爱国卫生运动等公共卫生职责，加强爱国卫生与基层治理工作融合。将爱国卫生工作纳入区县党委政府、市级部门考核内容，推动各部门、各地区按照职责分工落实各项任务。

（二）求转变

印发《开展倡导文明健康绿色环保生活方式活动实施方案》，启动为期两年的倡导文明健康绿色环保生活方式活动。联合市文明办开展以“文明健康、绿色环保”为主题的第33个爱国卫生月，推出三大主题十项行动，采用“线上+线下”方式，共开展现场活动1186场，参与线上宣传约147.3万人次。推进健康城市健康细胞建设，启动健康影响因素评估制度建设试点工作，推动将健康融入所有政策。首次开展2021年度健康乡镇评价工作，共有14个乡镇通过市级验收。

（三）提能力

提前部署2021年卫生城镇复审工作，到期的12个国家卫生区顺利通过国家复审，92个乡镇分别达国家和市级卫生乡镇标准。助力常态化疫情防控工作，宣传推广《重庆市民健康公约》，开展夏秋季爱国卫生运动，加强病媒生物防制。推动《控烟条例》落地，组织开展“五个一”系列宣传活动，推动控烟工作联席会议制度建立，加强无烟环境创建，认证（定）无烟家庭63683个。全市建成无烟党政机关2839个。

十四、卫生人才工作

（一）打造卫生人才队伍

拓宽人才引进渠道，成功举办重庆英才大会院长高峰论坛，钟南山院士等知名院长为重庆卫生事业发展献计献策，并肯定重庆疫情防控成果。持续打造引才品牌，举办“百万英才兴重庆”卫生专场，引进国内外博士、急需紧缺人才600余人，招聘基层紧缺人才1500余人。拓展人才成长空间，出台保护关心爱护医务人员20条措施和向新冠疫苗接种工作人员发放报酬文件。推进医学领航、枢纽、守门三大人才工程，将中青年医学高端人才项目升级为市委组织部和我委共建项目。实施成渝双百卫生人才互派研修访学项目。新增中国工程院院士1人、国家级人才7人、重庆英才69人、专家工作室6个。选拔培养区县及基层人才519人。抓实人才顶层设计，市委、市政府召开卫生人才建设推进会，肯定成绩，固化经验，由市委人才办出台支持措施11条，高位推动工作落实。

（二）优化体制机制

深化机构编制改革，新增人员总量3.33万名，新增处级领导职数8名，实现所有委属医院纪委书记纳入班子管理全覆盖，加强疾控机构编制保障，指导各区县调剂2300余名编制配齐疾控机构人员编制。深化公立医院薪酬制度改革，完善公益性为导向的医院考核评价办法和主要负责人考核评价办法，深化专业公共卫生机构薪酬制度改革。率先在市疾控中心落实“两个允许”，参照高校核定超额绩效水平，较上年度提高50%。深化职称制度改革，严格对标改革要求，分析比对128个医疗机构39个专业申报人员临床工作数据，充分落实早临床多临床的改革精神，国家卫生健康委给予高度肯定。

十五、医学教育科研

（一）扎实做好生物安全工作

监管全覆盖所有区县级以上疾控机构、二级以上公立综合医院P2实验室，共备案P2实验室564个、P3实验室1个。市疾控中心P3迁建工程已完成科技部建设审查。率先成功分离3株Delta（印度B.1.617.2）变异株病毒，得到国家卫生健康委充分肯定。承办生物安全法全国宣讲会（重庆站），开展生物安全宣贯活动376次、专题培训班227次，培训12798人次。对15个区县、31个实验室开展现场督导。严格运输审批，办理高致病性病原微生物菌（毒）种或样本市内运输审批4468份，跨省运输审批4份。

（二）加强科技创新工作

支持立项科卫联合医学重大项目6项、重点项目35项。支持立项面上项目153项、青年项目59项、中青年高端人才项目20项。在全市新建布局呼吸病学、重症医学、产科学、老年病学等市级重点学科6个。新建布局区域医学重点学科一般项目10个、乡村振兴专项1个。支持立项推广卫生适宜技术50项。

（三）推动医学教育工作

新招收住培学员1814名，完成2808名住培学员结业考核，全科、儿科、精神科等紧缺专业连续7年超额完成国家任务，完成率133%。强化全科医生转岗培训，培养全科医生1009名，每万名居民拥有全科医生数达3.38人。开展重大公共卫生专项卫生人员培训近万名。

（四）强化社会组织清理整治

印发《全市卫生健康行业社会组织清理规范专项整治行动方案》，46家社会组织全覆盖开展自查自纠。组织第三方审计机构对 15 家社会组织运行情况开展财务专项审计，开展 8 家社会组织脱钩改革“回头看”工作。合并 2 家，撤销 1 家。举办学术活动 543 场。

十六、职业健康和食品安全

（一）职业健康

印发《健康中国重庆行动（2019—2030 年）职业健康保护行动实施方案》，建立职业健康工作月调度会议制度。印发《关于进一步加强职业病危害项目申报工作的通知》，全市职业病危害项目申报企业 11797 家。开展第 19 个《职业病防治法》宣传周和“职业健康保护”宣传月活动，覆盖 162 余万人；报送全国第二届职业健康传播科普作品 19 件。全面开展健康企业创建和职业健康达人评选活动，创建健康企业 83 家，评选职业健康达人 19 名。完成中央转移支付职业病防治项目及医疗服务与保障能力提升项目，新建成 44 个尘肺病康复站（总数达 74 个）。取消职业健康检查机构和诊断机构审批，改为备案制；将职业卫生技术服务机构等级审批改为准入审批，取消甲、乙、丙分类，完成全市 26 家机构的重新认可工作。建成尘肺病康复站远程信息管理系统，实现对 8529 名尘肺病患者的随访、康复的跟踪。开展企业职业健康管家服务试点，已有 6 个区县完成签约 15 家，覆盖职业人群 1.2 万人。实施疑似职业病“三清行动”，2021 年当期进入诊断程序的疑似职业病比例达 71%，较上年提升 40 个百分点。

（二）食品安全

将食品安全地方标准《火锅底料》申报食品安全国家标准；对《灵芝及其制品》等 2 项地方标准立项建议予以立项；开展 7 项食品安全国家标准和 1 项食品安全地方标准跟踪评价；修订发布“食品安全地方标准泡椒肉制品、泡菜类调料、辣调料和火锅底料”等 4 项食品安全地方标准；全年办结 791 项食品安全企业标准备案和 37 件咨询回复，为历年最多且零投诉。开展食品安全风险监测，完成采集样品数共 1708 件，样品采集任务完成率为 100%；全市 1278 家监测医院（新增 77 家）上报食源性疾病病例 15758 例，检出阳性标本 325 份。首次举办全市营养标准培训；在全市开展“膳食推荐、食物与营养素、营养与健康、选择食物、节约食物和食品安全”6 个知识维度的居民营养知识知晓率调查，全市居民营养健康知识知晓率为 10.91%；扎实开展全民营养宣传周暨“5·20”学生营养日系列宣传活动。在全国率先创建省际营养创新平台，稳步推动川渝·区域性营养创新平台和重庆市区域性营养创新平台建设；在全国唯一以省级城市报批国家主动健康示范项目基地，创建国家主动健康示范城市。

十七、卫生法治与监督

（一）法治工作

顺利完成中央依法治国办对重庆市的法治政府督查。完成《重庆市中医药条例》《重庆市人口与计划生育条例》制修订工作。协同四川省卫生健康委建立“1123”工作机制，2 批 11 项事项落地见效，累计办件 4.8 万余件。基本实现新生儿《出生医学证明》《户口本》等六事网上联办。“证照分离”改革 26 项事项落地见效，完成“渝快办”平台 200 余项办事指南动态调整工作。完成 26 大项、105 子项、324.9 万细项的卫生健康许可证件的电子证照、签章、批文配置工作。完成 206 项权力清单的全口径评估等 5 项重点课题调研。完成《重庆市卫生健康委行政规范性文件合法性审核管理办法》《重庆市卫生健康系统应诉管理办法》修订，完成3000余件各类文、案、事法治审查，出具110件法律审查意见。“七五”普法圆满收官，制定全系统“八五”普法规划，组织申报第二批市级普法示范基地，策划了“医路相伴”“医声说法”等普法品牌。

（二）综合监督

建立由市政府分管领导为组长的医疗卫生行业综合监管领导机制。针对国家督察反馈的8个方面12项问题，细化为31条具体措施，纳入区县政府实绩考核指标。扎实推进“信用+综合监管”、职业卫生分类分级执法2项试点，完成“智慧卫监”平台建设，线上监测12亿余条医疗服务数据，督促完成问题整改20378条。累计投入220万元，持续推进3批次11家单位规范化执法机构创建。完成《重庆市卫生健康行政处罚裁量权实施办法》修订。开展“执法办案质量年”提升三年行动，在2020年度全国卫生执法案例评查中，重庆5件案例被评为优秀案例，保持连续四年蝉联全国第一的佳绩。开展“卫监蓝盾”10个专项行动，全年共监督检查13万余户，查处案件7639件、罚款2688万余元，同比分别增长22%和44%，实现了处罚案件和处罚金额的“双提升”。在公共卫生、医疗卫生、职业卫生等九大领域组织开展随机抽查，全面完成10904户的抽查工作任务，任务完成率和完结率达100%。

十八、信息化建设

（一）夯实信息基础保障

率先出台《重庆市卫生健康信息化“十四五”发展规划》，成为全国首个发布卫生健康信息化“十四五”发展规划的省市。入选中央网信办、国家卫生健康委等多部委联合开展的国家智能社会治理实验基地和区块链卫生健康特色试点项目，谋划未来10年卫生健康智能治理应用场景、机制、模式。完成“云长制”年度考核任务，信息系统上云率100%，整合率81%，强化日常安全运维监督，确保建党100周年等重要时期卫生健康行业网络安全。

（二）推动重点项目建设

完成互联网医疗与远程医疗监管系统、医疗行为在线监管、人口家庭基础资源库、数据安全管理系统、共享交换系统和统一认证平台等6项建设任务。实现32个系统接入共享交换系统，梳理数据资源目录276个、18000余条字段、数据达124亿条。加强疫情防控信息化保障，应急启动全市核酸检测系统建设立项，紧急建成“重庆市卫生健康防疫物资数据采集系统”，保障市核酸检测系统和市免疫规划系统正常运行，会同市大数据发展局制定“渝康码”服务管理暂行办法。

（三）持续深化智慧应用

推进智慧医院建设，新增智慧医院13家，累计建成智慧医院57家。建成重庆市医学影像云中心，接入影像报告800余万份，影像文件超9亿余条。初步建成5G医疗卫生服务协同平台，实现远程会诊、远程超声、双向转诊等业务在“市—区县—乡镇—村”四级医疗机构的应用。全市82家二级以上医疗机构、16个区县共396家基层医疗机构完成川渝两地电子健康卡互认系统改造，四川发行的电子健康卡已在我市累计使用20027次。

十九、国际交流合作

（一）圆满完成医疗援外工作

启动整建制派遣模式，印发《重庆市2021—

2023 年度整建制派遣援外医疗队计划》。成功接返第 10 批援巴新医疗队，顺利完成交接轮换。强化对援外医疗队的远程技术指导和支持，在受援国疫情严峻的形势下两支医疗队始终保持“零感染”。成立市级援外应急抗疫专家小分队，支持援外医疗队开展“春苗行动”、“双稳”和抗疫外交工作，重新启动援巴新第二轮“三年对口医院”项目，在巴巴多斯开展市中医院与 QEH“中国—巴巴多斯中医药中心”建设，开展重庆医药高等专科学校“巴新护理教育管理培训”实施筹备工作，高质量完成国家卫生健康委“中国对巴布亚新几内亚卫生援助国别研究”项目。举行“十三五”期间中国（重庆）援外医疗队工作新闻发布会，重庆医疗队就援外经验在国家卫生健康委南太岛国医疗模式专题座谈会上作经验交流发言。

（二）提升国际交往能力

市卫生服务中心增挂委国际交流中心牌子，与四川省卫生健康委国际交流中心签订《成渝地区双城经济圈卫生健康国际交流合作框架协议》，市妇幼保健院引进德国专家荣获“重庆市友谊奖”，与意大利加斯里尼国家儿童医院建立长期友好合作关系，第二十二届重庆辅助生殖医学会议、第四届“长江—莱茵河”新生儿围产期医学论坛等国际学术会议顺利召开。

（三）提升涉外医疗服务能力

11 家涉外医疗机构开通 24 小时双语（中英）咨询电话，实施第 2 期医学英语培训项目，参训学员共计 461 名，成功举办首届重庆市卫生健康系统医学英语竞赛。涉外（港澳台）疫苗接种工作有序推进。新增 1 家卫生健康类境非组织在渝设立代表处。

二十、党的建设

将党史学习教育贯穿年度工作，委党委召开专题读书班暨理论学习中心组（扩大）学习研讨会 13 次，交流发言 87 人次，参加学习 1191 人次，机关各党支部通过“三会一课”等开展学习 352 次，机关党员撰写党史学习教育主题征文、心得体会 210 余篇次。扎实开展“我为群众办实事”实践活动，妇女两癌免费筛查、开设药学门诊、党员无偿献血等 3 项亮点工作上报中央。与市委组织部等部门联合印发《全市公立医院党建工作重点任务》，指导公立医院修订党委会、院长办公会议事规则和领导班子沟通协调机制，全市公立医院实现党建要求进章程、修订议事决策规则 100%；实施“双带头人”培育工程，三级公立医院临床医技科室党支部书记由业务骨干担任的比例达 85% 以上，公立医院党建工作经验在全国中西部党建工作座谈会上交流；开展“致敬榜样”评选，8 个案例入选全国先进，全国公立医院党建工作创新案例获奖数量居全国第四。开展 4 家委属单位主要领导干部的经济责任审计工作，配合审计署重庆特派办开展重大传染病防控经费审前调查工作及 2021 年度二季度重大政策落实情况跟踪审计，配合市审计局完成委机关 2020 年度预算执行情况审计工作。

（执笔人：任帅岭）

应急管理

重庆市应急管理局

一、2021年发展回顾

2021年，全市应急管理工作坚持以习近平新时代中国特色社会主义思想为指导，深入学习贯彻党的十九大和十九届历次全会精神，全面落实习近平总书记关于安全生产与防灾减灾重要论述和批示指示精神，在市委、市政府的坚强领导下，认真执行市委、市政府部署要求，紧紧围绕“控大事故、防大灾害”工作目标，全力以赴推动安全发展，齐心聚力保障安全稳定，取得了较好的工作成效。

（一）实现三大目标

1. 确保了建党100周年大庆的安全稳定

市委、市政府深入贯彻习近平总书记关于安全生产与防灾减灾救灾重要论述精神，陈敏尔书记多次作出重要指示批示，亲自研究部署，带头示范落实开展一次现场调研、深化一次专题部署、化解一批突出问题的“三个一”履职要求。市政府以1号文件部署全年任务，出台《市政府领导干部安全生产职责清单和2021年度工作清单》《重庆市安全生产“一票否决”实施办法（试行）》。市政府常务会议定期调度安全工作，定期听取班子成员安全履职报告，以身作则、压实责任、传导压力。全市各级各部门认真履职尽责，切实抓好工作落实，为庆祝建党100周年营造了安全稳定的环境。

2. “两个不到位、两个不扎实”反思整改成效明显

深刻汲取2020年两起煤矿重大事故教训，牢记陈敏尔书记指出的“安全发展理念落实不到位、安全生产责任制落实不到位、安全生产工作作风不扎实、安全基层基础不扎实”等问题，深入剖析“两个不到位、两个不扎实”问题根源，市安委会印发文件在全市部署整改，在应急系统开展为期一年的检视整治活动，实施大排查大整治大执法百日行动，防风险、消隐患、开新局。2021年，我市应急系统3个单位获“全国应急管理系统先进集体”、5人获“全国应急管理系统先进工作者”。

3. 实现“控大事故、防大灾害”核心目标

安全生产方面，未发生死亡5人以上生产安全事故，全年亡人事故起数、死亡人数，较2020年分别下降2.1%、5.5%，较2019年分别下降12.8%、10.8%；较大事故起数、死亡人数，较2020年分别下降11.1%、6.3%，较2019年分别下降20.0%、14.3%。灾害防治方面，发生自然灾害91起、同比持平，但受灾群众149万人，下降62.9%；因灾死亡19人，同比下降51.3%；直接经济损失30.3亿元，同比下降81.9%。

（二）推动安全发展

1. 坚持高位部署推动安全工作

市委在理论学习中心组集中观看《生命重于

泰山——学习习近平总书记关于安全生产重要论述》电视专题片，专题学习习近平总书记关于安全生产和自然灾害防治系列重要指示批示，严格落实党中央、国务院关于安全生产和消防工作决策部署。市委、市政府建立安全生产明察暗访和督办交办机制，聚焦典型案例制作警示片28部，定期在市政府常务会议曝光，实行“面对面交办工作，点对点领取任务，周周听取整改汇报”；全市各区县均建立明察暗访和督办交办机制，推动解决了一大批重点难点问题。严格安全生产目标考核，坚持奖惩兑现激励，加大安全工作追责问责力度。

2. 创新“十条措施”促进责任落实

创新实施动员部署、宣传造势、责任到人、隐患排查、督查警示、严格执法、群众举报、诚信管理、应急值守、专家服务“十条措施”，强化统筹、综合把控、推进落实。对全市十大行业领域5万家重点企业单位，逐一明确行政区域负责人、行业监管部门负责人、企业单位负责人“三个责任人”，落实“实名制”监管责任。制定实施“日周月”尽职规范，区县政府狠抓调度督查、行业部门狠抓检查执法、企业狠抓隐患排查整治，推动责任落实环环相扣、不留空当。紧盯“少数关键”，对区县党政主要负责人、重点市级部门主要负责人安全履职情况，实行周汇总、月通报、季述职。进一步厘清民宿、加装电梯、充电桩、旅游邮轮、校外培训机构、夏令营、医养结合型养老机构等行业领域的监管部门责任，明确工业园区、保税港区等功能区监管职责。大力推行安全生产有奖举报，出台全市统一的举报制度，全年共接到举报投诉线索28830起，处罚287万元，奖励21万元。成立“十百千”专家服务团队，深入28个重点区县，开展168场安全培训，参训企业8130家，参训人员13563人；检查企业827家，发现重大隐患78条，突出违法行为87条，严格实行挂牌督办和闭环整改。严肃追责问责，全年市应急局牵头调查生产安全事故92起，移送公安机关追究刑事责任43人，移送纪委监委审查调查、建议追究法纪责任56人；办理行政处罚案件200起，收缴罚款7888万元。

3. 狠抓安全生产专项整治三年行动

按照全市“1+3+11”工作方案，细化分解828项重点任务，动态更新问题隐患和制度措施“两个清单”，逐一明确时间进度、工作措施、责任人员。深入开展城镇燃气安全专项整治，全市排查燃气油气安全隐患13.09万个，整改率达100%；666个占压隐患全部完成整改，57个重大隐患全部完成整改。围绕行业领域“两重大一突出”开展集中整治，累计检查企业6万余家次，排查隐患33.7万余条，整改隐患30.8万余条，打击违法违规行为3万余起。永久性封闭全市最后38个煤矿，关闭锰矿56个、电解锰企业25家、尾矿库18个。推动城乡接合部“关、搬、改”，完成整治区域27个、中小微企业2529家。完成8027栋高层建筑消防安全整治，拆改可燃雨棚43.4万户、外墙防护网53.2万户。出台《重庆市应急管理“十四五”规划（2021—2025年）》，持续推进应急管理体系和能力现代化。推动应急管理综合行政执法改革。

4. 持续改善安全发展基本面

实施4000公里“生命工程”，改造危旧桥146座，改造更新老旧电梯587台，推进1.2万个农村道路、临崖临水隐患安全整治。完成病险水库除险加固119座，实施地质灾害工程治理项目169个。推动非煤矿山和危险化学品“机械化换人、自动化减人”和机器人行动，推进重大危险源、危险工艺自动化改造达90%以上；在非煤矿山、道路交通、危化领域推进远程动态监控，86家危险化学品企业纳入监测预警平台；改造升级36个产业园区，三年内可视化安全监管100%。深入开展应急知识“五进”和安全生产月活动，开展安全文化下基层活动24场，累计创建全国综合减灾示范社区267个。按照《第一次全国自然灾害综合风险普查实施方案》总体要求及国务院普查办工作部署，扎实推进我市自然灾害综合风险普查工作。全市共采集普查数据10万余条，基本完成全面调查阶段任务，为掌握全市自然灾害整体风险情况和风险评估提供依据。

5. 推进企业一线岗位人员安全生产责任制

总结3年试点经验，在全市推动企业一线岗位从业人员责任落实。以“知风险、明职责、会操作、能应急”为内容，以岗位风险清单、岗位职责清单、岗位操作卡、岗位应急处置卡“两单两卡”为载体，加强培训、强化管理、严格奖惩，使一线岗位从业人员对岗位安全要求记得住、说得明、做得到，打通企业安全管理“最后一米”。

（三）深化应急改革

1. 织密灾害防治责任网络

优化“两委四指”组织体系，指挥部办公室实行“双主任”制（应急部门+行业防治部门）。实行汛期党委、政府领导“双值班”。将防汛抗旱和森林草原防灭火工作纳入河长制和林长制内容。

2. 提高灾害预警响应能力

完成“两江四岸”9个水文监测站修复提升、重点林区97套监测设备安装、1万余处隐患点智能监测项目。新建村级预警工作站，形成“市—区县—乡镇—村社”四级预警体系，完成区县应急广播与智能预警信息发布系统的对接。整合海事、交通和气象等部门的资源，建设长江重庆段航运灾害性天气自动预警系统。在开州区开展试点，将气象部门普适性预警信息转化为各地各行业“个性化”预警信息。

3. 明确应急响应规范

吸取河南郑州“7·20”特大暴雨灾害教训，清单化制定应对极端天气12条措施，严格“禁停撤疏”管控要求，实施资金前置、物资前置、力量前置“一线救灾法”。全年成功应对20次强降水，累计前置队伍1.3万余人次、装备3271台（套/件），全市未溃一堤、未决一坝、未出现一起群死群伤事件。

4. 增强抢险救援力量

完成中央、市、区县“1+5+41”物资储备库建设，市、区县、乡镇（街道）应急指挥中心全部建成。组建市专业应急救援总队，区县综合救援队伍建设完成率100%。市级航空应急中心的龙兴基地完成主体工程，同战区空军、民航监管、空管等建立合作关系，组建无人机大队，成为高空救援的重要力量。

二、发展中存在的问题

当前，安全生产与自然灾害防治工作面临“三不”的主要问题。

（一）基础不牢固

生产经营单位量大面广，事故总量依然较高，重大事故险情时有发生；自然灾害先天条件较差，尤其是防汛、地灾形势严峻，防控难度大；城乡发展加快，公共安全风险集聚，安全基础条件、基层管理、基本素质总体还有较大差距。

（二）严格不起来

主要表现为负有安全监管职责的部门对产业规划布局及项目许可把关不严，对违章指挥、违规作业等安全隐患执法处罚不严，对事故责任追责问责不严。

（三）落实不下去

集中表现在企业风险管控、隐患排查整治落实不下去。归结起来讲，是责任制落实不到位的问题。

三、2022 年发展思路

2022 年，局党委将在市委、市政府的坚强领导下，努力以高水平安全工作服务高质量发展，为党的二十大和市第六次党代会胜利召开营造安全稳定环境。

（一）坚定“一个目标”

以“控大事故、防大灾害”为目标，坚决遏制重特大事故，坚决防止因灾导致的群死群伤事件。

（二）狠抓“六大重点任务”

一是抓“十条措施”，强化党政领导示范履职，强化各级监管部门务实履职，强化督查考核问责问效。二是抓“一线责任制”，推动企业主要负责人依法履职，推动企业岗位人员规范履职，压实企业安全生产主体责任。三是抓严格执法，坚持执法“清零”和执法强度提升，严格生产安全事故“一案双查”和“三责同追”，坚持联合惩戒和鼓励群众举报。四是抓专项整治，完成安全生产专项整治三年行动收官，持续深化重点行业领域集中整治，强化灾害防治基础建设。五是抓基层基础，加强基层“五有八化”建设，开展安全发展示范城市创建，加强全民安全素质教育培训。六是抓应急准备，修订完善应急预案，抓好应急救援力量建设和装备物资保障，落实紧急管控避险措施，及时有效处置各类事故灾害。

（三）强化“三项保障措施”

一是加强组织领导，守住安全红线、筑牢安全底线。二是完善技术支撑，在重要节点和特殊敏感时期，对高危企业、重点单位和各类大型活动等开展安全指导。三是强化队伍建设。为推进全市应急管理体系和能力现代化提供有力保证。

（执笔人：冉磊）

重庆审计

重庆市审计局

一、2021 年发展回顾

2021 年，全市审计机关坚持以习近平新时代中国特色社会主义思想为指导，全面贯彻党的十九大和十九届历次全会精神，深入贯彻落实习近平总书记视察重庆重要讲话精神和对审计工作的重要指示批示精神，坚持党对审计工作的领导，立足新发展阶段，完整、准确、全面贯彻新发展理念，积极融入和服务新发展格局，紧扣统筹推进常态化疫情防控和经济社会发展，聚焦审计监督主责主业，扎实做好常态化“经济体检”工作，为全市“十四五”发展开好局起好步提供审计保障。

（一）加强党对审计工作的领导

2021 年，市委审计委员会办公室积极发挥职能作用，不断完善党领导审计工作的制度机制。研究起草《贯彻落实〈中央审计委员会关于加强地方党委审计委员会工作的指导意见〉若干措施》，制定市委审计办会议制度、市委财办和市委审计办工作协调联动办法（试行），修订《重庆市审计监督重大事项请示报告实施办法》，切实保障市委审计委员会及审计办有序运转。提请市委审计委员会召开 2 次会议，及时传达学习习近平总书记关于审计工作的重要指示精神，研究部署制定“十四五”审计工作发展规划和审计计划、出台审计全覆盖实施意见等审计重大事项。落细落实审计与纪检监察、组织、巡视的贯通配合以及与财政、国资监管部门的沟通会商制度，每季度召开会商会议，形成计划共商、信息共享、成果共用、整改共促的长效机制。加强对区县党委审计委员会办公室的工作指导，推动各区县党委审计委员会完善工作运行、贯通协作、审计监督等方面制度机制 237 项，促进区县党委审计委员会有效运转。

（二）政策落实跟踪审计

围绕落实“六稳”“六保”、成渝地区双城经济圈建设、培育内陆开放新优势等决策部署，组织全市审计机关对稳外贸、稳就业、减轻企业负担、长江流域禁捕退捕、新型农业经营主体培育等政策措施落实情况进行跟踪审计，共抽查 647 个部门（单位），深入揭示相关问题，并积极研判问题成因、督促边审边改，推动出台或修订制度办法 20 余项。与四川省审计厅协同实施成渝地区双城经济圈建设专项审计调查，及时跟进重大项目合作共建、公共服务共建共享、生态环境联防共治等推进情况，从完善工作机制、深化合作共建等方面提出建议，推动两地协同落实相关战略要求。

（三）财政审计

聚焦财政资金提质增效、财政风险防范，采取市级统筹、区县参与的方式，开展了对市级财政、区县财政、市级一级预算单位预算执行、全市税收和非税收入征管的全融合审计，及时揭示相关问题，并对各区县融资平台运行、“三保”统筹等进行综合研判，促进财政增收节支，完善管理制度107项，有力促进规范预算管理，防范财政运行风险，提高财政资金的使用效益。

（四）重点民生资金和项目审计

坚持以人民为中心的发展思想，在履行审计监督职责中践行“为人民服务”的根本宗旨，对5个区县易地扶贫搬迁、3个县巩固拓展脱贫攻坚成果同乡村振兴有效衔接相关政策和资金开展审计，对36个区县农业园区建设实施跟踪审计，深入揭示相关问题，促进巩固拓展脱贫攻坚成果同乡村振兴有效衔接。聚焦公共事业发展和民生改善，加大对公立医院、社保基金、保障性安居工程资金等民生项目审计力度，提出审计建议，推动惠民政策落地见效。

（五）公共投资审计

组织开展全市交通系统建设管理、市城投集团建设项目管理等审计调查和重庆火车北站综合交通枢纽工程等重大项目竣工决算审计，并对“两江四岸”治理提升工程、33个川渝共建重大项目推进等开展季度跟踪审计，及时揭示资金管理、项目实施、投资绩效等方面存在的问题，提出合理化审计建议，促进扩大有效投资、激发内需潜力。持续推进投资审计在职能定位、项目安排、审计方式、成果运用等方面的转型发展，加强区县投资审计计划审核，进一步完善和规范投资审计工作。

（六）资源环境审计

深入学习贯彻习近平生态文明思想，紧扣推进生态文明体制改革和加快建设山清水秀美丽之地部署要求，组织开展全市领导干部自然资源资产离任（任中）审计项目61个，涉及101名党政领导干部，其中组织23个区县审计局同步开展了生态环境部门领导干部自然资源资产离任审计，并对10个市级部门和15个区开展了固体废物污染防治情况审计调查，重点关注执行相关环保决策部署、完成目标任务等情况，上下联动深入揭示生态环境领域的普遍性、典型性问题，推动相关单位建章立制180余项，助力维护生态环境安全和绿色发展。

（七）国有企业和金融机构审计

聚焦深化国资国企改革，对8户市属国有企业和金融机构的领导人员开展经济责任审计以及财务收支审计，对市属国有企业境外投资、区县国有企业运营开展专项审计调查，重点关注贯彻落实国企改革三年行动方案、国有经济布局优化、国有资产管理运营、境外国有资产安全以及金融服务实体经济等情况，及时揭示了国企发展运营中的矛盾和风险，有效发挥了国企审计“报实情、揭风险、堵漏洞、强治理”作用，为防范化解国企领域重大风险提供了决策依据。

（八）经济责任审计

进一步拓展经济责任审计的广度深度，完成45名市管领导干部经济责任审计。全面梳理经济责任审计工作情况，并印发专门文件从审计程序、质量风险防控等方面明确规范要求。坚持在项目统筹和资源整合上下功夫，对渝北区符合条件的8名市管领导干部同步开展“1+N”审计，对交通和生态环境两个系统领导干部实行上下联动的行业性经济责任审计，实现从政策制定到执行、从资金项目分配到具体管理的全链条监督，增强了审计的实效性。优化联席会议运行机制，在查处重大问题线索、督促整改等方面加强协作，开展巡审同步试点，分行业汇总分析经济责任审计查出的普遍性、倾向性问题，为市委加强干部监督管理提供决策参考。

（九）审计整改情况

深入贯彻中共中央办公厅、国务院办公厅《关于建立健全审计查出问题整改长效机制的意见》，积极构建审计与人大监督、政府督查、行业监管共促整改的工作格局，加强审计整改销号清单化管理，在梳理研判到期未整改问题的基础上，向被审计对象发送86份整改反馈函；加强与财政、国资、生态环境等主管监管部门的协作配合，每季度召开协作会商会议通报审计结果、共同研判解决方案；与相关市级部门联合开展财政预算评审、长江禁捕专项督查等工作，深化审计成果运用，推动主管部门更加重视和解决体制机制性问题。

（十）内部审计

坚持把加强内部审计监督作为推进审计全覆盖的有力抓手，提请市政府出台《重庆市内部审计工作办法》，通过在主流媒体刊载、专题宣讲等加大宣传力度。创新指导监督方式，在全国率先开发使用内审指导监督系统，组织开展了全市1.8万余家单位内审工作情况统计调查。举办10期内审业务培训和案例研讨，培训人员3000余人次，对20家市级单位内审机构设置和人员配备、履职情况等进行全面检查通报，分别与市教委、市卫生健康委联合印发指导监督协作办法，内部审计指导监督工作的针对性和实效性有效增强。

二、发展中存在的问题

同时，发展中仍然还存在一些问题和短板，如审计全覆盖任务重与审计力量不足的矛盾依然比较突出，审计信息化应用水平还不适应发展需要，审计成果转化和作用发挥还有待提升等。

三、2022年发展思路

2022年，全市审计机关将坚持以习近平新时代中国特色社会主义思想为指导，全面落实习近平总书记对重庆提出的重要指示和对审计工作的重要指示批示要求，认真贯彻落实党的十九大和十九届历次全会精神以及全国审计工作会议、全市经济工作会议精神，坚持以“两个确立”统一思想行动，增强“四个意识”，坚定“四个自信”，做到“两个维护”，坚持稳字当头、稳中求进，紧扣统筹疫情防控和经济社会发展、统筹发展和安全，立足“审计监督首先是经济监督”定位，扎实做好常态化“经济体检”工作，持续发挥好审计对宏观调控的重要工具作用，推动保障“六稳”“六保”工作任务落实落地，为全力稳定经济大盘、稳住社会大局贡献审计力量。

（一）坚持党对审计工作的集中统一领导

进一步完善审计委员会办公室工作运行、请示报告、成果运用等制度机制，强化全市审计计划和审计资源统筹，加强审计与纪检监察、巡视巡察、组织人事以及主管监管部门的联动协作。扎实推进“科技强审”，加快构建全市审计信息管理一体化平台，健全数据归集、治理、共享机制，提高大数据审计分析精准度和数据安全管理精细化水平，推动大数据分析从项目化转向常态化，不断提升审计监督效能。

（二）高质量推进审计监督全覆盖

紧扣重庆经济发展的基调主线和总体要求，聚焦财政财务收支真实合法效益主责主业，持续开展对成渝地区双城经济圈建设、推进产业转型升级、促进乡村振兴、打好污染防治攻坚战等重大政策、重点资金项目的审计监督，坚持以人民为中心，进一步突出对稳就业、医疗体制改革、义务教育双减、粮食安全等民生热点难点问题的审计，自觉运用政治眼光观察和分析经济社会问题，持续发挥好审计对宏观调控的重要工具作用，为全力稳定经济大盘、稳住社会大局作出贡献。

（三）全面提升审计监督质量

树立“凡审必研”理念，加强对政策体制、制度机制的研究，推进提升审计质量。全面学习宣传和贯彻落实新修订审计法，加快《重庆市审计监督条例》修订步伐，启动审计执法规范化提升工程，细化审计质量分级控制责任，筑牢审计质量生命线。抓实抓细审计整改，进一步完善整改“清单”、跟踪检查、协作联动、责任追究等制度，定期组织审计整改“回头看”和专项督查检查，推动审计成果有效运用，力争“审计一点、规范一片”。

（四）健全完善人才强审制度机制

坚持党史学习教育常态化、长效化，弘扬伟大建党精神，强化理论武装，加强思想淬炼和政治历练，不断提高政治判断力、政治领悟力和政治执行力。紧扣打造高素质专业化审计队伍，落实新时代好干部标准，从严加强干部队伍管理，优化干部年龄结构、专业结构，创新干部教育培训和实践锻炼方式，重点培养审计干部能查能说能写本领，不断激活审计发展新动能。

（执笔人：陈驰）

国资管理

重庆市国有资产监督管理委员会

一、2021 年发展回顾

2021年，市国资系统坚决贯彻党中央重大决策部署和市委、市政府工作安排，以党史学习教育促进国资国企各项工作，以高质量党建引领国企高质量发展，在建党百年大庆之年、“十四五”开局之年，砥砺奋进、担当作为，各项工作取得积极成效。

（一）国有经济为全市经济稳中向好作出重要贡献

全市国资系统积极应对缺电、缺气、缺芯、缺柜、缺工以及大宗商品价格上涨等困难挑战，加密经济运行调度，强化供应链和要素保障，全力稳生产、稳经营、稳市场，保持了高质量发展的良好态势。全市国有企业实现营业收入 6761 亿元、同比增长 9.1%，上交税费 396 亿元、同比增长 8.1%。2021 年剔除重庆能源集团减收因素，市国资委监管企业实现“两增一控三提高”。一是“两利”增：实现利润总额 355.9 亿元、同比增长 15.1%，较 2019 年同期增长 12.5%，两年平均增速 6.1%，完成全年预算的 116.9%；实现净利润 291.4 亿元，同比增长 19%。二是“一率”控：非金融企业平均资产负债率为 57.3%，同比控降 0.7 个百分点。三是“三率”提高：营业收入利润率 8.6%，处于历史最好水平；全员劳动生产率 39.5 万元 / 人，同比提高 11.2%；工业企业研发经费投入强度 3.2%，同比提高 0.5 个百分点。

（二）国有企业服务全市发展大局彰显大担当

全市国有企业强化投资拉动，保障基础供应，加强协作配合，主动服务国家战略和全市发展。重大建设发力。重庆交通开投集团、重庆高速集团等企业承担的 116 个市级重大项目完成投资 771.4 亿元，占全年计划的 111.8%。轨道交通第四期集中开工、首条城轨快线璧铜线落地开建，江北机场 T3B 航站楼及第四跑道进入主体施工，水土嘉陵江大桥等“三桥一隧”建成通车。重点保障有力。在要素供应方面，重庆能源集团完成燃气供应量 36.6 亿立方米，同比增长 9.4%；重庆水务环境集团、重庆能源集团等企业发电 199 亿千瓦时，同比增长 5.9%，其中垃圾焚烧发电增长 35%。重庆水务环境集团、市水投集团等企业供水 13.9 亿立方米、增长 13.5%，污水处理 14.8 亿立方米、增长 8.2%。在交通运力方面，重庆机场集团、重庆交通开投集团等企业全年旅客（乘客）吞吐量 33.9 亿人次，同比增长 24.3%。重庆交运集团、重庆国际物流集团、民生集团运营的中欧班列（成渝）开行量和货值均居全国首位，陆海新通道铁海联运班列同比增长 67.1%，跨境公路班车同比增长 17%。重要协同给力。全市国资国企讲政治、顾大局、敢担当，重庆高速集团、重庆渝富控股集团、3 户地方国有银行及 3 户担保公司等企业大力支持困难企业改革脱困。联合四川省国资委举办“2021 川渝国企内江—荣昌行”活动，签约项目 63 个、投资总额864亿元。市国资委安排3亿元国有资本经营预算、市属国企累计捐赠4133万元支持乡村振兴，开展消费和销售帮扶6200余万元，布局产业项目173个、完成投资35.2亿元。国企安全、环保、稳定、疫情防控等各类风险平稳可控。

（三）国企改革三年行动进入全面推进、纵深突破新阶段

强化统筹、健全机制，突出重点、聚力攻坚，国企改革三年行动总体任务完成率达到81%，重庆市在2021年9月开展的全国地方国企改革半年评估中被评为A级并获通报表扬。中国特色现代企业制度建设取得新进展。出台公司治理中加强党的领导举措“18条”，党委会把方向、管大局、促落实作用得到有效发挥。707户应建立董事会的企业实现“尽建”，94.2%符合条件的各级企业实现外部董事占多数；964户存续全民所有制企业及分支机构完成公司制改革。市场化经营机制实现新突破。91%各级企业推行经理层成员任期制和契约化管理，一人一岗签订差异化的岗位聘任协议和经营业绩责任书。积极探索“市场说了算”国企职业经理人制度，重庆水务环境集团、重庆渝富控股集团等17户企业累计选聘所属企业职业经理人77人。重庆登康公司、重庆燃气集团等22户子企业开展中长期激励试点，累计激励1946人次。国有资本布局结构调整迈出新步伐。印发《重庆市国有资本布局优化和结构调整“十四五”规划》，推动国企新增投资90%以上投向公共服务、重大基础设施、前瞻性战略性新兴产业领域。挂牌成立重庆设计集团，改制设立重庆土交所公司。退出非主业、非优势国有资本，累计清理处置“僵尸企业”358户，压缩企业管理层级315户。完成混合所有制改革项目15宗，引资61.3亿元。改革经验总结复制推广取得新成效。重庆钢铁司法重整案入选全国开展“学先进、抓落实、促改革”首批推广典型案例。重庆机电集团深化国有资本投资公司改革、重庆渝富控股集团组建国资基金助力战新产业发展等15项改革创新点获国务院国资委等部委肯定推广。探索“职业经理人制度”获评2021年重庆市民“我最喜欢的10项改革”。

（四）国资国企大力强化创新驱动发展能力

制定《关于深入推动市属国有企业科技创新的实施意见》，推出20条政策支持措施，选择庆铃集团、重庆机电集团等企业所属25户科技型企业开展“科改专项行动”。创新机制不断健全。推行创新“四纳入”考核机制（将有没有研发机构、研发投入强度、科技研发人才数量占比、科技研发人才工资总额占比纳入企业考核评价内容），实行工资总额“三单列”管理（科技型企业工资总额、高层次人才及技术攻关项目团队工资总额、成建制批量招聘的科技人员首年度工资总额可以单列管理）。创新投入力度加大。市属国企研发费用投入34.2亿元，同比增长28.3%。编制《“十四五”市属国有企业重大创新项目库》，启动创新项目302个，完成投资155亿元。设立规模50亿元的渝深科创基金、30亿元的国企结构调整基金。创新成效初步显现。累计建成国家级企业技术中心26个，全年新增授权专利1319项、其中发明专利145项，分别同比增长82.7%、70.6%；工业企业新产品产值达到187亿元，同比增长22.5%。市城投集团“滑坡智能综合管控关键技术及应用”获全市技术发明一等奖，重庆机电集团所属机床集团“高精度涡轮加工关键技术及其专用装备”等6项成果荣获全市科技进步一等奖。庆铃集团氢燃料电池商用车下线并交付使用，率先完成国内氢动力商用车首次干线示范运行。

（五）国资监管能力和体系现代化建设有力推进

落实治理体系和治理能力现代化建设要求，对照国务院国资委，市国资委完成内设机构调整，进一步突出“管资本、促创新、履责任”监管导向，加强专业化体系化法治化监管，健全发现问题、纠正偏差、精准问责工作机制，不断提高监管的科学性、针对性和有效性。监管制度更加完善。印发《市国资委规范性文件库建设方案》《市国资委党委规范性文件管理办法》，启动规范性文件库建设。结合中央巡视、市委巡视、审计以及日常监督发现的问题，针对性地完善国资监管制度 21 个。强化制度刚性执行，对企业执行国资监管重要制度、落实内控体系评价等开展监督检查，并同步延伸检查二、三级企业制度执行落实情况，督促企业整改问题 517 项。坚持重大决策事前进行合法合规性审查，11 户市属国有重点企业集团及 1 户子企业公开招聘专职总法律顾问。监管方式更加高效。推进大数据智能化与国资监管工作有机融合，建成国资监管大数据平台一期，实现企业财务、投资、产权、“三重一大”决策制度运行情况在线动态监管。追责问责更加有力。出台《国资监管责任约谈工作规则》等制度，推动市属国企、区县国资监管机构建立健全责任追究工作机制。开展违规经营投资责任追究事项核实核查 274 项，处理责任人 409 人次。

二、发展中存在的问题

发展中仍然还存在一些比较突出的问题和短板，一是国有经济布局不完全适应发展的新要求；二是创新发展短板突出；三是国企活力还显不足；四是风险防范任务依然较重；五是经营性国有资产集中统一监管与全国相比还有较大差距。

三、2022 年发展思路

做好 2022 年全市国资国企工作总的要求是：以习近平新时代中国特色社会主义思想为指导，全面贯彻习近平总书记关于国有企业改革发展和党的建设系列重要论述，全面落实党的十九大和十九届历次全会精神、中央经济工作会议精神，按照市委、市政府工作安排，坚持党对国有企业的全面领导，坚持稳中求进工作总基调，立足新发展阶段，完整、准确、全面贯彻新发展理念，积极融入和服务新发展格局，以高质量发展为主题、以创新驱动发展为引领、以决战决胜国企改革三年行动为重点、以不发生系统性风险为底线、以加强党建为根本保障，强党建、严监管，勇改革、善创新，保增值、促发展，奋力迈好新的赶考路上的新一步，为全市推动高质量发展创造高品质生活作出新的更大贡献，以优异成绩迎接党的二十大和市第六次党代会胜利召开。

全年市属国有企业主要经济指标，按照“两增一控三提高”来安排，即利润总额和净利润增速高于全市经济增速，达到 7% 以上；非金融企业资产负债率控制在 60% 以下；营业收入利润率、全员劳动生产率、研发经费投入强度进一步提高。

（执笔人：段彦冰）

市场监督

重庆市市场监督管理局

一、2021年发展回顾

2021年，重庆市市场监督管理系统深入贯彻落实习近平总书记关于市场监管重要论述和对重庆工作重要指示要求，守正创新开展党史学习教育，担当实干服务“六稳”“六保”，全面完成各项目标任务，实现了“十四五”良好开局。

（一）护航建党百年大庆，守住安全稳定底线

制度机制优化完善。出台督促落实食品药品安全监督管理责任工作办法。组建市安委会特种设备安全办公室。建立健全“五个专项”“四见四有四化”“四个一两个专”等风险防控机制。推出餐饮安全监管12条、检验检测监管10条、压力管道监管10条，突出场景化、实战化、标准化制修订应急操作规程44个，开展市级应急演练5次。

安全形势稳中向好。贯彻“四个最严”要求，有序推进食品安全放心工程建设十大攻坚行动，化解风险隐患1.39万个。指导江北、荣昌、武隆等创建国家食品安全示范城市。开展乳制品、肉制品质量安全提升行动，保健食品生产企业自查报告率、问题整改率均达100%。完善“渝溯源”进口冷链食品追溯系统，排查生产经营主体注册使用率和追溯信息上传率均达100%。制定进口冷链食品首仓首站导则，处置28起进口冷链食品涉疫事件。完成食品抽检量4.9批次/千人。报请市委、市政府出台全面加强药品监管能力建设的9个方面31条措施，加强“两品一械”全生命周期监管，严格落实“四类药品”实名登记报告制度。查处一批药品违法经营大案要案。开展“安全乘梯守护行动”，改造更新老旧电梯880台。先于全国1年开展提升长输管道和燃气管道检验率三年行动。开展汽车产品专项整治，解决央视曝光长安福特汽车变速箱生锈问题。聚焦“一老一小”重点群体和“衣食住行用”民生领域，监督抽查重点工业产品1.4万批次。组织查处1家酒业公司借建党100周年名义进行商业炒作、9家医药公司借国家领导人名义进行商业宣传等案件。督促业主单位落实在建项目安全生产责任制，严格落实网络安全工作责任，处置集访12起、突发事件32起。

消费环境更加优化。制定线下无理由退货服务承诺、消费环节经营者赔偿先付制度工作指引，出台支持消费者集体诉讼工作导则，我市首例消费者个人信息保护民事公益诉讼案件入围最高人民法院“新时代推动法治进程十大案件”。登记处理咨询投诉举报66万件，为消费者挽回经济损失3.18亿元。

（二）聚焦市场主体和群众关切，持续营造一流营商环境

准入准营改革成效显著。新设市场主体58万户，市场主体总量320万户。重庆市优化营商环境工作获李克强总理2次肯定性批示。“E企办”实现“指尖办”“分时办”，获国务院督查组

肯定。深化“证照分离”改革，涉企经营许可事项实现全覆盖清单管理，地方涉企经营许可事项从14项减至3项；建立“双告知、双跟踪、双反馈”许可办理机制和“双随机、双评估、双公示”监管协同机制，创新落实“四个谁”原则。“山城有信”“证照分离”两项改革，入选全市“我最喜欢的10项改革”。重庆成为首个启用香港澳门地区非自然人投资者主体资格证明简化版公证文书的内陆城市。牵头推进28项首批营商环境创新试点改革任务。

竞争政策深入实施。建立反垄断反不正当竞争部门联席会议制度，强化公平竞争审查刚性约束，妨碍公平竞争文件及政策措施占比从2019年的16.2%降至5.3%。配合市场监管总局开展反垄断案件调查，获通报表扬3次。严肃查处行政垄断案件3件、不正当竞争案件165件。通过发布微视频等方式宣传竞争政策，倡导公平竞争文化。全国首发网络社区团购合规经营指南，群众投诉举报月平均量较出台前下降50%。

市场秩序持续规范。查处民生领域违法案件1万余件。开展商品房销售与中小学入学资格挂钩广告宣传专项整治，查办违法案件19件。落实“双减”工作部署，查办校外培训机构违法案件207件。常态化推进“长江禁捕 打非断链”集中整治行动，曝光两批典型案例。开展粮食市场秩序整治专项执法，立案调查39件。协同开展“网剑行动”，加强重要节点网络市场监测监管，发布网络交易违法行为十大典型案例。推动“双打”工作纳入区县平安建设考核内容，建立打击侵权伪劣违法犯罪合作机制。打击传销工作位列全国前茅。强化价费监管，责令退还企业违规收费2000余万元。

（三）加快建设质量强市，推动经济质量变革

质量水平稳步提升。有效发挥市质量工作部门联席会议机制作用，推动落实学习贯彻习近平总书记致中国质量（杭州）大会重要贺信精神61项措施，统筹产品、工程、服务、环境等领域实施质量提升项目45个，新增质量强镇57个、质量强园42个、质量强企715个，推动地方特色产业发展。重庆秋田齿轮党建项目荣获第四届中国质量奖提名奖。23个区县相继建立政府质量奖励制度。国务院对市政府质量工作考核结果保持全国前列，公共服务质量满意度连续两年居全国前五，质量总体水平居西部第一、全国前列。

质量基础设施加快完善。市政府印发贯彻落实国家标准化发展纲要的实施意见。推动新制定国际标准8项、国家和行业标准197项，发布地方标准115项，获得企业标准“领跑者”证书10张，免费发布TBT通报165条。计量军民融合发展纳入政府绩效考核，计量工作连续3年在国务院节能减排考核中获满分。新建社会公用计量标准20项。开展智能电能表延期使用和燃气表水表“二检合一”试点，为企业节省费用1.45亿元。免费为1.11万家基层医疗机构检定（校准）医用计量设备7.44万台。常态化、长效化整治检验检测机构乱象，立案查处检验检测机构22家，注销和撤销16家。开展小微企业质量管理体系认证提升行动，颁发全国首批淡水鱼质量认证无抗证书。25个区县建成质量基础设施“一站式”服务平台。

科技支撑更加有力。两江新区国家检验检测认证公共服务平台示范区新增检验检测认证机构5家，国家检验检测高技术服务业集聚区（重庆）签约引进检测项目10个。获批3个国家市场监管重点实验室（技术创新中心）、国家铝产业计量中心，高标准建成西部首个国家智能网联汽车质检中心。国家质检中心建设运行整体情况获国家总局通报表彰。市局与市科技局签订战略合作协议。

（四）服务国家重大战略，展现市场监管新担当

川渝一体化合作效果初显。细化落实《成渝地区双城经济圈建设规划纲要》。创新市场准入异地同标机制，推出47项一件事主题式套餐服务，建立双方投资市场主体名录3.7万户，全域推行企业简易注销登记改革，打造高竹新区市场准入合作样板，川渝异地办照实现立等可取。建立完善公平竞争审查会审和举报机制，联合约谈侵害川渝消费者合法权益的企业，发布川渝区域地方标准第1号公告、第二批川渝知识产权合作重点保护名录。完成食品药品检测基地可行性研究报告，组建食品安全检验检测机构联盟、白酒产业计量技术联盟和汽车摩托车发动机产业计量测试联盟。“川渝广告共助乡村振兴”公益行动成效显著。22个区县市场监管局与四川省25个市（区县）局签订合作协议（备忘录）45项。

知识产权创造保护运用加强。深入贯彻《知识产权强国建设纲要（2021—2035年）》，每万人口发明专利拥有量13.21件，重庆商标审查质量连续4年位居全国第一。推动设立重庆知识产权法庭。联合6部门加强知识产权行刑衔接合作，查办侵犯知识产权违法案件780件。

务实支持科学城建设。联合市药监局、市知识产权局与重庆高新区管委会签署合作协议，开展5个方面20项合作，重庆知识产权运营中心等4个平台机构落户高新区，下放市级权限11项，注册“科学城”专享字号企业11家，指导推出“一码通行”营业执照2.0版。推动国家检验检测高技术服务业集聚区建设，引进一批急需的高技术检测机构。

积极助力乡村振兴。推动巩固拓展脱贫攻坚成果同乡村振兴有效衔接，登记农民专业合作社及联合社1444户，新增农产品商标1.74万件、地理标志商标5件、有机产品认证证书20张、绿色食品认证证书851张，两起案件入选全国农村假冒伪劣食品十大典型案例。全系统派出的驻乡驻村干部得到党委政府、人民群众和帮扶集团的认同和肯定。

规划编制成果丰硕。牵头编制并报请市政府印发市场监管现代化、药品安全及高质量发展、知识产权保护和运用等“十四五”规划，明确新征程上的奋斗目标、新时代的使命担当，科学谋划一批重大改革、重大政策、重大项目。

对口援藏尽我所能。贯彻全国系统对口援藏会议精神，明确6个区局对口支援3个县局，选派4名援藏干部到昌都实地指导，支持资金（含实物折合）125万元。

（五）创新监管机制手段，提高综合监管效能

依法监管不断强化。法治建设工作获中央依法治国督察组积极评价。推动出台标准化条例，储备一批立法事项，新制（修）订制度规范46项，废止行政规范性文件10件，清理保留行政权力清单850项。贯彻实施《行政处罚法》，依法立案查处各类案件2.47万件，行政复议撤销率和败诉率均低于全市平均水平。发布市场监管系统“八五”普法规划，“创新公平竞争审查第三方评估工作机制”获评全市法治政府建设示范项目。

随机抽查实现全覆盖。出台“双随机、一公开”监管实施办法。部门联合抽查成员单位由16个增至19个。统筹计划制定、抽查比例确定和科学实施，实现“进一次门、查多项事”。全系统抽查市场主体7.3万户，同比减少4.5万户。

信用监管力度加大。联合开展规范信用修复暨治理“征信修复”乱象专项行动。新归集涉企信息1016万条，全部记于企业名下。加强企业年报公示，实现“多报合一”全覆盖。加强重点领域信用监管，开展企业信用评价90万户，列

入经营异常名录企业11.34万户、严重违法失信企业名单1.38万户，出具企业信用信息查询报告1.37万份，初步建立“禁业人员限制”主题数据库。启用特种设备作业人员电子证书10余万张，建立餐饮从业人员食品安全信用档案16万份。

智能运用深化拓展。启动智慧监管一体化平台建设，已归集10个应用系统的数据。试运行食品监管系统（二期），优化升级注册许可系统，初步建成特种设备系统，建成气瓶质量安全监管平台、药品智慧监管平台，拓展“渝溯源”平台功能。学校“互联网＋明厨亮灶＋AI”实施率90%。建设智慧农贸市场36个。“智慧电梯”纳入2021年智博会重庆馆项目，电梯96333应急处置救援人员到达现场平均时间低于国家规定近2/3，救援成功率100%。市局云长制“管数”工作获市云长办通报表扬。

包容审慎监管创新实施。实行违法行为“五个维度”综合研判，依法分类分层分级处理。建立市场监管领域轻微违法行为不予处罚清单，在市场主体及时改正的情况下，对14类87种轻微违法行为不予行政处罚。

共治合力加快形成。开展“你点我检”等活动60余次，参与群众2.17万人次。打击传销工作纳入基层群众性自治组织依法协助政府工作事项清单，查处无证无照经营工作纳入社会治安综合治理考核项目。抓住重要节点，开展“3·15”消费维权、食品安全宣传周、质量月等社会宣传活动。支持新闻媒体开展准确客观报道和舆论监督，在主流媒体发布原创报道2593条。

基层基础得到加强。有序推进5个市级重大项目和8个市级政府投资项目建设。加强资产配置统筹，提高资产使用效益。落实村（社区）食品药品安全协管员补助资金和基层市场监管所建设资金。加强执法执勤用车、执法记录仪等装备保障。加强基层市场监管所规范化示范建设。

（六）“四责协同”压实责任，全面加强党的建设

党史学习教育开展扎实有效。坚持专班推进、专门部署、专项落实、专项督导，统筹推进全系统824个党组织、1022个“小个专”党组织和20个行业协会党组织开展党史学习教育。形成调研成果51个，转化为政策举措23个。7个市级重点民生项目和市局44件、区县局1300件民生实事如期完成。

“政治三力”不断提高。持续抓好深入学习贯彻习近平总书记视察重庆重要讲话精神的30项77条措施落实，聚焦习近平总书记关于食品药品安全和成渝地区双城经济圈建设等重要指示要求强化监督检查。向市委、市政府请示报告工作104次。全面彻底干净肃清孙政才恶劣影响和薄熙来、王立军流毒，坚决肃清邓恢林流毒影响，深刻汲取肖猛案件教训，彻底消除“袍哥”文化、码头文化、江湖习气，持续营造良好政治生态。

管党治党责任落实有力。加快完善党组主体责任、党组书记第一责任人责任、班子成员“一岗双责”、纪检监察机关监督责任协同机制。全力配合市委第七巡视组开展工作。推进市委上轮巡视整改和中央第十二巡视组巡视重庆市反馈意见整改措施全部落实、主题教育检视问题整改措施落实率98.6%，切实抓好生态环境保护督察整改。对4个区局党组、1个直属单位党总支开展巡察，完成审计项目116个。每季度督查、每半年专题分析党建重点工作，定期研究统战群团等工作。制定贯彻落实党委（党组）意识形态工作责任制具体措施，完善新闻宣传及舆情处置协作机制，开展舆情分析研判处置5824条。出台推进直管区局基层党组织标准化规范化建设工作指引、市场服务行业社会组织党支部书记任务清单。制定“小个专”党员教育管理12条措施，

指导直管区局理顺“小个专”党组织隶属关系。

作风建设走深走实。开展“作风建设年”活动，制定“八小时外”管理监督9条措施，推进个人事项报告及查核认定、酒驾醉驾等专项治理。出台机关纪委工作规则，制定贯彻落实机关纪委建设意见任务清单30条。加强杨宏伟案“以案四改”工作，开展“以案四说”警示教育104场（次），通报违纪违法典型案例17起。运用监督执纪“四种形态”处理44人，党纪政务立案18件18人。

干事创业氛围更加浓厚。选任在脱贫攻坚、疫情防控等急难险重任务中表现突出干部27人，提拔和重用优秀年轻干部39人，进一步优化领导干部队伍结构。集中培训41期4000余人次，完成市场监管所正副所长全覆盖轮训。在全国系统会议交流发言18次。政务运转、统计、保密、档案信息、后勤保障、离退休干部、工青妇、学会等工作取得新成绩。各区县局积极主动作为，创造性开展工作，积累许多好的经验，交出合格答卷。

二、2022年发展思路

坚持以习近平新时代中国特色社会主义思想为指导，全面贯彻党的十九大和十九届历次全会精神，紧紧围绕深入学习贯彻习近平总书记关于市场监管重要论述和重要指示批示精神，紧紧围绕贯彻落实党中央国务院决策部署和市委市政府、国家总局工作要求，加快完善现代化市场监管体系，持续做好“六稳”工作、落实“六保”任务，以实际行动迎接党的二十大和市第六次党代会胜利召开。重点抓好以下六方面工作。

（一）更好守住安全底线

进一步健全风险防控机制。落实新一轮“拉网式”大排查大整治大执法大督查工作任务，健全“督促企业自查、监管部门监督检查、责任追查”的排查整治机制。完善和实施风险会商、定期调度、年度报告、挂牌督办、责任约谈、考核创建等制度。强化工作以点带面，选准执法切入点，抓准监管着力点，对大企业、大连锁、大平台和具有系统性影响的高风险领域进行重点监管，确保监管覆盖面，扩大执法震慑面，强化社会警示面，提升安全风险防控水平。

深化风险隐患治理。以国家食品安全示范城市创建为抓手，推动食品安全监管水平整体提升。指导第三批3个创建区县做好验收准备，启动第四批2个区县创建工作；扎实推进食品安全放心工程建设攻坚行动，开展食品生产企业“落实企业主体责任年”活动，完善食品生产安全监督检查“1+3+N”制度体系，加大食品生产加工小作坊规范管理力度，推动第三批农贸市场规范化建设，系统研究解决餐饮安全监管的突出难点问题，加快推进农村家宴服务标准化管理，扎实开展特殊食品生产企业“三标”活动、专区（专柜）经营提升活动，推进食品安全指数评价指标体系研究，建立食品安全风险预警交流制度，严格实施食品抽检监测，加强快检规范化标准化改革。深入开展药品安全专项整治行动，加强新冠疫苗、疫情防控用药械、高风险产品质量安全监管，持续落实零售药店销售“四类药品”实名登记报告制度。开展市场监管领域安全生产专项整治三年行动“回头看”。制定落实特种设备安全风险隐患“1+2+N”规范性文件，深入开展燃气安全、特种设备超期未检专项整治和电梯质量安全、黑气瓶整治巩固提升行动，严厉打击非法冒用、借用起重机械生产许可行为。重点加强非医用口罩等防疫产品和“一老一小”用品质量安全监管，优化网络商品抽检机制，开展燃气具、成品油等产品质量安全专项整治。持续落实进口冷链食品首站生产经营企业疫情防控主体责任，开展进口冷链监管首仓“五统一”规范提升行动。强化全系统重点场所疫情防控，加强重点人员健康管理。

提高风险应对能力。推动构建市、区县、乡镇（街道）市场监管应急响应体系，进一步完善各类应急预案，开展实战演练和培训。健全应急值守联动机制，抓好信访矛盾纠纷排查化解，强化网络安全和保密防护。加强节日重点消费品质量监管和价格监管，强化市场保供稳价。加强安全监管领域专业化职业化监管队伍和村（社区）专兼职食品安全协管员队伍建设。

（二）增创营商环境新优势

全面贯彻国务院关于开展营商环境创新试点的决策部署和两省市印发的《成渝地区双城经济圈优化营商环境方案》，贯彻执行优化营商环境条例，以制度创新为核心，以试点为契机带动营商环境优化。

持续激发市场主体活力。落实扶持个体工商户发展部门联席会议制度，建立促进个体工商户发展的政策体系。加强市场主体综合分析，完善全生命周期监测机制。深化“一业一证（照）”改革，推行住所（经营场所）标准化登记和申报承诺制，推进涉企事项“一照通办”。开展不含行政区划的企业名称自主申报，按照国务院要求推进“一照多址”“一证多址”改革。建立除名制度和强制退出制度，实行歇业登记制度。出台服务“四新”经济包容审慎监管指导意见，探索“观察期”“触发式”“远程”监管模式。加强民生价格收费监管，继续强化涉企收费规范治理。围绕优化成渝地区双城经济圈营商环境，协同打造便捷高效的企业开办服务，实施“市场准入异地同标”行动，大力推进“照后减证”，优化完善企业退出制度。

加快改革创新。建立营商环境改革事项问题清单、政策措施清单、风险点及防控措施清单、改革成果清单。强化区县局工作业务指导和培训。强化试点成效评估。加强优化营商环境工作督查考核、宣传引导。加强改革事项储备，争取滚动纳入国家试点。统筹做好营商环境创新改革和全面深化改革、成渝地区双城经济圈“放管服”改革工作，加强改革经验总结提炼、推广运用。

分类推进实施。高标准高质量推进营商环境试点，对领跑的改革事项，高质量编写改革案例，率先形成制度创新成果，打造营商环境品牌；对并跑的改革事项，进一步挖掘特色亮点，与其他试点城市协同探索改革路径、积累经验成果；对跟跑的改革事项，等高对接先进地区经验做法，补短板、强弱项，开展差异化探索。会同四川省局细化营商环境改革措施，加强协作配合，形成工作合力，推动政策落地落实。

（三）加快高标准市场体系建设

在做好畅通市场准入、激发市场主体活力等优化营商环境工作的基础上，统筹推进高标准市场体系建设，服务构建新发展格局。

深入实施公平竞争政策。制定贯彻落实强化反垄断深入推进公平竞争政策实施方案。健全公平竞争审查机制，开展重点行业和领域市场竞争状况评估，研究制定招商引资、政企合作、招标投标等重点领域公平竞争审查规则。持续规范数字经济、科技创新、信息安全、民生保障等重点领域竞争行为。加强竞争法律制度和政策宣传培训，倡导竞争文化，提高公平竞争规制能力。

深化市场秩序治理。聚焦“民意最盼、危害最大、风险压力最大”的重点领域，深入开展“铁拳”行动。加强广告导向监管，坚决制止借党和国家重大活动进行违法广告宣传行为，推进互联网广告治理。强化监测与执法办案衔接，持续保持打击传销高压态势，加强直销行业经营活动全链条监管。深入推进“长江禁捕 打非断链”专项行动、粮食市场秩序专项整治，做好校外培训机构收费、广告、反垄断反不正当竞争等监管执法。组织开展网络不正当竞争专项治理，加强重点热点领域合同格式条款监管，严厉打击野生动植物及其制品非法交易行为，常态化开展扫黑除恶专项斗争，严肃查处无照、相关无证生产经营行为。

强化消费者权益保护。畅通 12315 投诉举报渠道，建立消费投诉催办机制，健全投诉信息公示制度，细化“诉转案”操作规范。完善消费纠纷多元化解机制和消费民事公益诉讼、支持消费者集体诉讼等制度。推动建立旅游商品无理由退货制度，支持线下实体店自主承诺无理由退货，完善消费环节经营者赔偿先付制度。创建放心消费示范街区、示范商场、示范经营户。加强电商消费维权，保护网络消费者个人信息。推进反食品浪费日常监管执法。进一步做好缺陷消费品召回工作。

强化知识产权保护。健全知识产权保护联席会议制度。开展打击侵犯知识产权和制售假冒伪劣商品行动。进一步探索完善知识产权市场化定价和交易机制，健全知识产权质押融资风险分担机制和质物处置机制。推进中国（重庆）知识产权保护中心筹建，加快建设重庆知识产权运营中心。持续推动商标品牌建设和地理标志工作。

全方位推进一体化合作。联动开展成渝地区高标准市场体系建设，加快推进经济区与行政区适度分离改革，继续推进公平竞争审查交叉互评。推动食品药品检测基地、食品药品等重点产品的溯源公共服务平台等重大合作项目取得新进展，推进食品药品信息化追溯管理。推进食品药品、特种设备安全等重点领域协同防治，加强重点产品联动抽查，深化区域质量、标准化合作。推动市场监管执法协调联动，完善联合执法、联动响应和协作机制，建立健全知识产权获权、用权、维权全链条保护体系。发挥双核联动作用，指导推动次区域市场监管合作。

（四）强力推进质量强市建设

深化质量创新。编制贯彻质量强国建设纲要实施方案，制定出台质量提升行动方案，推进全国质量强市示范建设，培育发展质量竞争型产业，推动产业链供应链质量联动提升。开展公共服务质量满意度测评，强化产品和服务质量监测评价。抓好全国质量品牌提升示范区创建和第八届市长质量管理奖评选工作，优化完善质量考核指标，探索建立质量品牌奖励激励办法，争创国家质量基础设施集成运用基地。

强化标准引领。抓好《国家标准化发展纲要》和《重庆市标准化条例》宣贯实施。完善高质量发展的标准体系，推动制修订国家、行业标准 100 项，发布地方标准 100 项（市场监管领域 10 项以上），培育发展团体标准 50 项，推动自我声明公开企业标准 1500 项，建设国家级和市级标准化试点示范项目 20 项以上。持续推进长江经济带生态文明标准化，进一步推动发挥国家技术标准创新基地（重庆）效用。

夯实计量基础。建立碳达峰碳中和标准计量体系。完善计量量传体系和溯源体系，开展远程在线计量检测技术研究，布局市级产业计量检测中心 2 家以上，新增地方计量技术规范 8 项，新建社会公用计量标准 20 项以上，完成计量标准比对 2 项以上、计量标准改造和方法研究 10 项以上。取消企业内部使用的最高计量标准器具的考核发证及强制检定。加快推进“三级”产业计量测试中心建设，总结推广计量领域改革试点经验和成果。

加强合格评定。深化检验检测机构资质认定改革，持续开展检验检测乱象专项整治。强化强制性产品认证监管，全面推行小微企业质量管理体系认证提升行动，支持企业发展“同线同标同质”产品。推进国家质检基地“二次创业”，加快建设国家检验检测高技术服务业集聚区。

（五）加快监管效能变革

强化信用监管。唱响“山城有信”品牌，加快建设“一企一码”“一品一码”“一人一码”，打造市场主体的“健康码”、重点商品的“溯源码”、重点人员的“警示码”。结合不同的服务对象，加强标准制定，建立标准体系。建立信息收集、分析、分类、应用、共享等机制。全面推动重点领域信用监管，完善信用风险分类指标，推进信用风险分类应用，加强风险监测和预警，合理确定监管重点、监管措施、抽查比例和频次等，推动从无差别、粗放式监管向差异化、精准化监管转变。扩大信用数据归集范围，加强涉企信息公示。依法实施激励惩戒措施，鼓励和引导失信主体自我纠错、重塑信用。

深化智慧监管。开展“智慧监管年”活动。打造“实战管用、基层好用、群众受用”的智慧市场监管一体化平台。打造基础支撑平台，推动系统“大集成”；建设智慧监管中心，推动数据“大展示”；统筹推进应用系统建设，推动智慧场景“大应用”。构筑智能模型分析平台，形成全生命周期的企业画像。完善与“渝快办”平台对接机制，加快智慧注册许可管理系统建设，持续优化开办企业“一网通”平台和“E 企办”功能，上线运行“智慧档案查询系统”，探索行政审批“秒批”和机器人政务服务应用，升级“阳光餐饮”“渝溯源”“智慧电梯”等智慧应用新技术。加快建设食品安全信息化追溯平台，完善地产食用农产品“一品一码”溯源机制。建立智慧监管标准体系、网络安全体系、运维管理体系。

加强网络监管。制定实施加强网络市场监管提升智慧监管效能工作方案，完善制度机制体系，更大力度提高线上线下一体化监管水平。加强网络交易平台合规治理，推进网络交易主体库迭代升级。探索建设市场监管大数据中心。建立统一的网络监测处置工作制度规则、监测数据共享机制，完善网络监测工作机制，建立监测监管处置闭环体系。深入开展“网剑行动”，推进网络市场协同监管，强化网络市场突出问题整治。抓好网络市场监管与服务示范区建设。

强化协同监管。切实发挥各类议事协调机构牵头抓总作用，完善议事规则、工作机制，制定年度工作要点，协调召开全体和专题会议，督促解决重大问题，抓细任务分解，抓实考核约束，推动落实属地监管责任、行业监管责任，让协同监管工作有抓手、能落地。争取地方党委、政府支持，加强与相关部门的会商和联合执法监管，不断增强跨部门协同执法监管力量。深入落实“四个谁”原则，建立健全跨部门综合监管制度。推动“双随机、一公开”监管和信用监管深度融合，持续深化部门联合“双随机、一公开”监管，实现多维度全流程全过程全链条监管。加强行政执法与刑事司法有效衔接，加大对市场监管领域违法犯罪行为的联合打击力度。

（六）持续提升法治化标准化规范化水平

完善法治体系。推动反不正当竞争、专利促进与保护、消费者权益保护、电梯安全管理等立法工作。推进行政复议和行政诉讼应对指导。建立不予实施行政强制措施清单和市场监管领域尽职免责制度。深入推进法治政府建设示范创建活动。严格落实“谁执法谁普法”责任制，制定市场监管领域贯彻落实普法责任制实施办法，扎实开展法治宣传教育。

加强综合行政执法。完善执法体系，强化执法统一调度、统一指挥，加强日常监管与综合执法衔接，理顺执法机构与业务机构、基层所之间的工作关系。出台举报奖励办法、自由裁量基准等制度。坚持严格公正规范文明执法，进一步加大执法力度，完善执法协作机制，构建左右互动、上下联动的执法网络，严格落实“处罚到人”制度。

夯实基层基础。推进市场监管所标准化规范化建设。优化市场监管事权配置，坚持下放监管权限和支持基层监管能力建设同步推进。加强全系统资金、资源、资产统筹，进一步规范政府采购行为。严格落实各方责任，加强科学论证、投资控制、规范管理和党风廉政建设，确保工程质量、安全生产、廉洁约束。优化完善科技创新政策体系。

统筹做好相关工作。进一步提高议提案办理质量。做好重要节点和重大活动的市场监管宣传，加强舆情监测和引导。加强市场监管理论研究、政策研究和形势分析。助力乡村“五个振兴”，加强驻村干部管理。做好对口援藏工作。深入贯彻《关于深化统计管理体制改革提高统计数据真实性的意见》及《防范和惩治统计造假、弄虚作假督察工作规定》，严格落实统计责任，确保统计数据真实、准确。探索大数据分析应用。继续做好政务、保密、后勤保障、档案管理、审评审批、培训考试、商标审查等工作。

（执笔人：方静）

乡村振兴

重庆市乡村振兴局

2021年5月29日，市乡村振兴局正式挂牌成立。近一年来，市乡村振兴局坚持以习近平新时代中国特色社会主义思想为指导，积极适应重心转移、机构转型、工作转轨新形势，在市委、市政府的坚强领导下，坚决落实党中央、国务院决策部署和市委、市政府工作要求，坚持把巩固拓展脱贫攻坚成果作为底线任务、把乡村振兴作为重庆发展的最大潜力、把城乡融合作为重庆发展的最高境界，从百年党史中汲取智慧力量，在真抓实干中体现责任担当，全力守底线、有效抓衔接、全面促振兴。

一、2021年发展回顾

2021年，全市扎实推进巩固拓展脱贫攻坚成果同乡村振兴有效衔接，实现“一巩固、两高于、两增长”目标。“一巩固”即“两不愁三保障”成果持续巩固提升，牢牢守住不发生规模性返贫底线；“两高于”即脱贫区县农村常住居民人均可支配收入增幅（11%）高于全市农村常住居民平均水平（0.4个百分点）、高于全市居民平均水平（1.3个百分点）；“两增长”即中央财政衔接资金用于产业发展的比例（57.5%），较上年增加12个百分点，脱贫地区农村居民生产经营性收入同比增长9.2%。

（一）脱贫攻坚圆满收官

全市18个贫困区县全部脱贫摘帽，1919个贫困村脱贫出列，动态识别的190.6万建档立卡贫困人口全部脱贫，交出了脱贫攻坚的硬核答卷，与全国人民一道告别了延续千年的绝对贫困。41名个人、32个集体分别被评为全国脱贫攻坚先进个人和先进集体。巫山县竹贤乡下庄村党支部书记毛相林被党中央、国务院授予“全国脱贫攻坚楷模”荣誉称号。市委、市政府召开全市脱贫攻坚总结表彰大会，615名个人和400个集体荣获市委、市政府表彰。“牢记嘱托战贫困　巴山渝水换新颜——重庆市脱贫攻坚展”在重庆三峡博物馆正式开展。1067件代表性实物、1320张照片、88条视频全景展示脱贫攻坚精神。对31名殉职人员落实抚恤金2739万元，告慰英烈。南亚减贫中心在重庆西南大学揭牌正式启用，向南亚五国讲好重庆脱贫故事。

（二）脱贫成果切实巩固

一是健全防止返贫动态监测和帮扶机制。坚持自上而下排查与自下而上申报、线上与线下相结合，建设防止返贫大数据平台，开通“渝防贫App”便民通道，组建1.2万人的县、乡、村三级监测信息员队伍，精准落实帮扶措施。2021年新识别监测对象4082户12831人，标注风险消除473户1480人。二是着力脱贫群众稳定增收。实现脱贫人口务工77.77万人，较上年增加1万余人。建帮扶车间472个、吸纳就业9500人，开发公益性岗位9.83万个。完善落实后续产业扶持政策，脱贫地区特色种养业覆盖90%以上脱贫户。延续实施小额信贷政策，新增发放小额信贷7.13亿元、1.59万户次。东西部（重庆）消费协作中心揭牌运营，实现消费帮扶62.13亿元。三是强化易地扶贫搬迁后续扶持。产业覆盖5.42万户，为1.05万搬迁户解决“菜园地”3400余亩，实现搬迁群众就业11.99万人，有劳动力的零就业搬迁家庭动态清零。四是加强扶贫项目和资产管理。清理扶贫项目资产540多亿元，分类建立管护台账。探索多形式、多层次、多样化的管护模式，确保持续发挥效益。

（三）衔接工作平稳有序

一是政策有效衔接。市级行业部门制定产业、就业、健康、教育、金融等方面衔接政策文件70余个，实现由集中资源支持脱贫攻坚向全面推进乡村振兴平稳过渡。全市各级共投入衔接资金总量72亿元，比上年增长7.2%。14个脱贫区县整合资金82亿元直接用于巩固拓展脱贫攻坚成果和乡村振兴工作。二是帮扶工作有效衔接。落实山东财政援助资金7.28亿元，动员社会捐赠1.1亿元，实施各类帮扶项目502个。新增落地投产山东企业29家，共建产业园区22个。鲁渝协作招商项目62个，投资约442亿元。建成投用“鲁渝消费协作山东馆”，山东采购、销售重庆农畜牧产品3.96亿元，完成协议数的1.2倍。9家中央单位直接投入和协调引进帮扶资金3.37亿元，实施项目160个，选派17名挂职干部、14名驻村第一书记到我市开展帮扶工作，采购和帮助销售农副产品1.79亿元。启动实施“万企兴万村”行动，吸引819家企业投资94.46亿元，公益捐赠3100多万元，助力乡村发展。三是机构队伍有效衔接。重庆市乡村振兴局挂牌成立。37个涉农区县及万盛经开区均设立乡村振兴工作机构，较脱贫攻坚期新增5个区级机构。出台《职能调整优化试运行期市委农办、市农业农村委、市乡村振兴局工作任务分工和运行机制方案》，形成了共同抓好乡村振兴的工作格局。向2565个村选派驻乡驻村干部7168名，做到应派尽派、压茬推进、有序轮换。

（四）乡村振兴务实推动

一是乡村建设方面。持续开展农村人居环境整治，统筹推动农村生活垃圾和污水治理，扎实推进农村“厕所革命”，启动41个农村人居环境示范片建设，新建（改造）农村户厕70920户，新建农村公厕249座，全市农村户用卫生厕所普及率达86.8%、行政村生活垃圾有效治理率达99.9%。二是乡村治理方面。深入推进党建引领下自治、法治、德治相结合的乡村治理体系建设。创新打造“民情茶室”“新风小院”“和顺茶馆”等村民议事平台，全面推行乡村治理“积分制”，创建“让一让”人民调解室、“易法院”“莎姐”青少年维权岗等工作室。创建国家级乡村治理示范区3个、示范乡镇4个、示范村40个。渝北区“四级清单”、奉节县“‘四访’工作规范”入选全国乡村治理典型案例，铜梁区“积分制”入选全国在乡村治理中推广运用积分制典型案例。

（五）改革创新激发活力

一是“组团式”开展乡村振兴重点帮扶。建立“市领导 + 市级帮扶集团 + 协同区县 + 驻乡工作队 + 产业指导组”帮扶矩阵，聚焦4个国家乡村振兴重点帮扶县、17个市级乡村振兴重点帮扶乡镇、18个市级原深度贫困乡镇等开展乡村振兴重点帮扶。市四大班子主要领导带头，20多位市领导挂帅，整合17个市级帮扶集团，选派17个驻乡工作队和18个产业指导组，建立主城都市区同渝东北三峡库区城镇群、渝东南武陵山区城镇群“一区两群”区县对口协同发展机制，聚力推动巩固拓展脱贫攻坚成果，全面推进乡村振兴。二是聚焦国家乡村振兴重点帮扶县实行“一县一策”。在落实国家对重点帮扶县政策的基础上，对4县实行“一县一策”,“一对一”研究细化制定专项政策，从财政保障、基础设施建设、用地保障、人才支持等方面给予倾斜支持，帮助4县破解发展难题，补齐发展短板。倾斜安排4县衔接补助资金20.9亿元、占全市到县资金量的39.1%。三是创设“基金+产业+人才”鲁渝协作新机制。创新设立鲁渝协作企业合作投资基金6186万元、鲁渝协作乡村振兴人才发展基金600万元，资助产业、人才项目22个，以产业带动乡村发展，以人才激发乡村活力。创新干部人才交流方式，通过“挂过去”招商引资、“围着转”跟步学习、“定向育”帮助就业、“请进来”示范带动等方式，全方位探索人才交流新模式，创新开展村支书赴鲁挂职取经行动，累计选派380名村支书到山东挂职实岗锻炼，开阔眼界、打开思路、学取真经。

二、发展中存在的问题

一是巩固拓展脱贫攻坚成果任务仍然很重。疫情、灾情的不确定性和农产品市场价格波动等多重因素叠加，增加了部分农村群众出现返贫致贫风险的不确定性。监测对象老弱病残占比高，自主发展生产经营能力弱，持续稳定增收面临较大压力。二是资金项目管理还需进一步加强。部分区县扶贫项目资产后续管护运营不够到位，资产效益发挥不够充分。三是乡村建设和乡村治理还需加大力度。“一区两群”在基础设施、公共服务等方面发展不平衡，加快补齐农村基础设施和公共服务短板任重道远。农村人居环境整治特别是农村厕所建设还需加快，户厕改造的质效还需提升。乡村治理有待深化，乡村精神文明建设还需持续用力。

三、2022年发展思路

（一）坚定不移巩固拓展脱贫攻坚成果

一是坚守一条底线。健全防止返贫动态监测和帮扶机制，巩固提升“两不愁三保障”及饮水安全保障成果，确保不发生规模性返贫，确保脱贫群众收入增速高于当地农民收入增速、脱贫地区农民收入增速高于全市居民平均水平。二是突出两个关键。接续推进乡村产业，落实耕地保护硬措施，统筹推动高标准农田建设和农业社会化服务，因地制宜发展现代山地特色高效农业，深入推进农村“三变”改革、“三社”融合发展，壮大新型农村集体经济；接续推进脱贫劳动力就业，统筹用好乡村公益岗位，确保就业规模稳定。三是聚焦两个帮扶。抓好乡村振兴重点帮扶，落实4个国家乡村振兴重点帮扶县“一县一策”，强化17个市级乡村振兴重点帮扶乡镇和18个原市级深度贫困乡镇帮扶；抓好易地搬迁后续帮扶，确保全市25.2万名搬迁群众稳得住、能致富。

（二）因地制宜实施乡村建设行动

一是推进基础设施提升。持续优化农村水、电、路、气、通信、物流、环保等设施布局，加快补齐短板。二是推进公共服务提升。推动教育、医疗、文化、养老等公共资源向农村倾斜，让农民共享更多社会发展成果。三是推动人居环境提升。实施农村人居环境整治提升五年行动，以农村厕所革命、生活污水垃圾治理、村容村貌提升为重点，加快改善农村人居环境质量。四是推动乡村建设示范。深入挖掘传统乡建文化，赋予新时代新要求，打造乡村建设的新样板。

（三）加强和改进乡村治理

健全党组织领导下“三治”相结合的乡村治理体系，大力推广运用“积分制”“清单制”，持续抓好农村乡风文明，深化“枫桥经验”重庆实践，拓展教育农民、服务农民、组织农民的渠道和方式。

（四）发挥优势加快推动城乡融合互动发展

统筹好乡村振兴和城市提升两个基本面，以国家城乡融合发展试验区重庆西部片区为示范，把县域作为城乡融合发展的基本载体，深化“一区两群”区县对口协同发展机制，致力打通城乡要素平等交换、双向流动的制度通道。推动农村信用体系、农村物流配送体系、农业社会化服务体系建设，强化城乡融合发展的基础资源支撑。

（五）强化党对“三农”工作的全面领导

压紧压实五级书记抓乡村振兴的政治责任，充分运用脱贫攻坚形成的组织推动、要素保障、政策支持、协作帮扶等机制，构建上下贯通、精准施策、一抓到底的乡村振兴工作体系。加强乡村振兴系统干部队伍建设，分级分类开展乡村振兴干部差别化培训，深化农村带头人队伍整体优化提升行动，加快培养一支懂农业、爱农村、爱农民的“三农”工作队伍。

（执笔人：向海兰）

金融管理

重庆市地方金融监督管理局

一、2021 年发展回顾

2021 年，市金融监管局认真贯彻市委、市政府决策部署，坚持稳中求进工作总基调，统筹推进服务实体经济、防控金融风险、深化金融改革三大任务，全市金融发展态势平稳向好，实现了“十四五”良好开局。

（一）金融平稳运行基础更加扎实

2021 年末，全市存贷款余额分别为 4.59 万亿元、4.69 万亿元，同比分别增长 7.1%、12.0%，存贷比 102.2%，高于全国平均水平 19 个百分点。实现保费收入 970 亿元，提供风险保障 771.42 万亿元，新增社会融资规模 7020 亿元。全年企业和小微企业贷款平均利率分别为 4.58%、4.73%，分别下降 0.21 个、0.31 个百分点，均处于历史低位。同时，推动交通银行信用卡中心、建设银行跨境金融服务中心、农业银行数字化风控中心等区域性、功能性总部机构落户重庆，20 余类机构牌照实现全覆盖，近 1900 家金融机构在渝积聚，外资机构数量继续保持中西部领先。

（二）金融改革开放步伐持续加快

人民银行等六部门联合重庆市、四川省政府印发《成渝共建西部金融中心规划》，提出建设“六大体系一基础设施”政策框架，形成 7 个方面 28 项支持政策措施，成为指导我市金融业高质量发展的纲领性文件。编制出台《重庆市金融改革发展“十四五”规划（2021—2025 年）》，形成“六个中心”“六大体系”规划布局，谋划储备了一批强基础、增功能、利长远的重大项目。同时，中西部首家区域股权市场改革创新已纳入证监会试点，绿色金融改革创新试验区总体方案已报国务院待批，中西部首个合格境内有限合伙人（QDLP）、专属商业养老保险等试点起步。中新金融合作持续推进，带动全市跨境融资 29.3 亿美元、增长 62%，促成渝企赴新发行 5 亿美元狮城债券，中新金融峰会影响力进一步提升，双向投资累计超 200 亿美元，带动西部地区赴新融资累计逾 58 亿美元。

（三）金融服务实体经济力度不断增强

出台落实支持制造业高质量发展 27 条、帮助中小微企业解难纾困 10 条、支持科技创新 22 条、乡村振兴 30 条等政策措施，印发金融支持新型农业经营主体发展，完善农村产权抵押融资风险补偿资金制度。深入开展“企业氧舱”建设，推出“上市贷”“用能贷”“小微保”“乡村振兴保”等特色产品，2021 年末全市普惠小微、制造业中长期、涉农贷款余额分别增长 27.6%、12.7%、9.7%，发行企业债券融资工具 2846 亿元、增长 30.9%。大力推动企业上市，动态储备“三张清单”企业 192 家，建立 10 家科创板上市重点培育企业由市领导牵头联系的机制，启动实施“千百十”工业上市五年育苗工程，全年新增上市企业 6 家，IPO 及再融资 187 亿元，上市过会待发企业 3 家，新增在审企业 12 家、辅导备案企业 12 家，上市步伐加力加速。

（四）金融风险防范化解工作扎实推进

持续巩固防范化解重大金融风险攻坚战成果，出台《金融风险防控问责实施办法》，健全地方与中央监管部门、金融部门与政法系统等多层面多维度的工作机制。完善重点企业单体风险处置机制，落实专人盯防制度、周报制度、重大事项报告制度，“一企一策”化解重点企业债务风险，协调金融机构为企业增贷续贷，保障企业债务风险整体稳定可控。深入贯彻落实《防范和处置非法集资条例》，健全“一事一案一专班”等机制，加快整治私募基金、电信网络诈骗等金融乱象。截至 2021 年末，全市高风险金融机构基本化解，重点单体企业信用风险稳妥处置，P2P 网贷机构在全国率先出清，非法集资新发案件金额和涉案人数分别下降 78.7%、86.8%，处置非法集资工作考评连续 5 年位居全国第一，银行业不良率、小贷不良率、融资担保代偿率分别为 1.07%、7.53%、2.18%，均优于全国平均水平。

（五）地方金融监管能力有效提升

密集出台加强网络小贷合规经营、重点问题小贷分类监管、小贷监管数据管理指引，融资担保行政处罚、董监高履职能力测试、监管评级及分类监管，保理公司日常监管、业务产品备案，地方资管公司监管评价指引等制度，协同完善政府性融资担保体系实施意见及绩效评价办法，基本形成覆盖地方金融组织的监管规制体系。同时，推动地方金融综合监管平台一期建成并上线运行，整合小贷公司、融资担保公司、打击非法金融活动、农村产权抵押融资、拟上市企业储备库 5 个信息系统，新建地方交易所、网络借贷信息中介机构、私募股权投资类企业 3 类机构监管信息系统，以地方金融数字化支持经济数字化转型提档加速。

（六）金融发展的营商环境更加优化

以提升“江北嘴—解放碑—长嘉汇”金融核心区能级为抓手，谋划金融核心区建设相关方案，推动打造宜居宜行的山水金融城，加快构建层次分明、结构合理、功能齐备、高效联动的特色化金融功能板块，为西部金融中心建设重点项目落地营造良好的核心载体和优越生态。持续深化金融人才服务，制定金融英才服务管理、专项资金管理制度，组织评选金融英才 10 名，建成全市金融人才管理信息系统，择优推荐党委联系服务专家、民营经济代表人士等 19 名，推荐评选“鸿雁计划”人才 6 名。对标世界银行营商环境评价指标，持续优化“信贷获得”“金融监管”等重点指标，在国家发改委发布的《中国营商环境报告 2021》中重庆金融营商环境排名西部第一。

二、2022 年发展思路

2022 年，市金融监管局将按照市委、市政府部署要求，坚持稳字当头、稳中求进，全面推动西部金融中心建设，不断增强重庆金融资源配置能力、辐射能力和带动能力，以优异成绩迎接党的二十大和市第六次党代会胜利召开。

一是全力推动西部金融中心建设。联合四川成立共建西部金融中心工作领导小组，研究制定共建西部金融中心实施细则和年度工作计划，形成滚动推进的协作机制。推动在渝布局更多具有影响力的地方法人金融机构和金融机构区域总部，打造一批西部金融中心建设标志性项目。探索川渝共建吸引国内外高层次金融人才制度，打造服务西部金融中心的融媒体平台，形成多维共建西部金融中心的氛围。

二是稳定金融运行基本面。推动银行保险机构总部与市政府深化战略合作，支持各金融机构实施专项行动计划，稳定融资规模。完善科创金融、普惠金融、绿色金融、消费金融、供应链金融等金融服务体系，引导金融机构加强对制造业、科技创新、绿色发展、小微企业、乡村振兴等领域的信贷投向，加快形成产业、科技、金融等良性循环。

三是深化金融改革开放创新。推动区域股权市场改革创新试点落地，协力创建绿色金融改革创新试验区，协同争创国家普惠金融改革试验区、科创金融改革创新示范区，发挥好国家金融科技认证中心功能。常态化运行中新金融专委会、服务业扩大开放金融工作组、自贸区金融开放工作组、优化营商环境获得信贷专班等机制，推动金融改革开放工作取得新成效。办好2022年中新金融峰会、国际创投大会，提高品牌价值和国际影响力。

四是积极发展资本市场。做深做实企业上市工作联席会议机制，健全上市工作组织、政策和考核三个体系，大力实施企业上市育苗、文化提升、障碍破除三大工程，升级挂图作战推进、精准调度服务、畅通绿色通道三项措施，确保上市企业工作有力有序。推动区域股权市场制度和业务创新试点落地实施，促进资本市场与科技创新深度融合。

五是抓实金融风险防控化解。发挥市金融风险化解委员会机制统筹协调作用，落实防范化解重大金融风险重点任务责任清单，建立风险企业名单，“一企一策”制定风险应对预案，精准拆除单体机构风险。妥善处置涉众金融风险，压降P2P网贷机构存量风险，对虚拟货币、私募基金、第三方财富管理等风险点进行台账化管理，规范各类第三方中介活动，推动存量风险有序退出。

（执笔人：王子龙）

中新互联互通项目

重庆市中新示范项目管理局

2021年，在市委、市政府坚强领导下，市中新示范项目管理局始终坚持以习近平新时代中国特色社会主义思想为指引，深入学习党的十九大和十九届历次全会精神，紧紧遵循习近平总书记系列重要指示精神和中新两国领导人达成的合作共识，将开展党史学习教育、推进巡视整改与推动项目高质量发展有机结合，开创了中新互联互通项目的新局面。

一年来，我们紧紧围绕四大重点合作领域，联合编制项目发展规划，持续深化互联互通水平，搭建完善国际合作平台，加速推进示范项目集聚，不断拓展新合作领域，特别是在服务业扩大开放综合试点和国际消费中心城市培育建设等方面率先取得突破，受到国家部委高度评价、主流媒体普遍关注、人民群众广泛认可，项目知名度和影响力进一步扩大，成功入选“中国改革2021年度地方全面深化改革典型案例”和2021年重庆市“我最喜欢的10项改革”，被新华社誉为“一带一路”高质量发展的成功案例。

截至2021年底，累计签署商业合作项目162个，总金额250亿美元；金融领域合作项目208个，总金额232亿美元。

一、2021年发展回顾

（一）齐心协力绘蓝图、谋新篇，高标准编制合作规划

认真落实市委主要领导关于“进一步做好中新互联互通项目谋划”的指示，联合新方编制完成《中新（重庆）战略性互联互通示范项目总体发展规划（2021—2025年）》、四大重点领域专项规划及其他领域专项规划，经中新互联互通项目联合实施委员会第6次会议审议和重庆市政府批准正式发布实施。2021年10月，市中新示范项目管理局和新加坡贸工部中新互联互通项目办公室联合发布了总体发展规划，为未来项目合作提供了总体遵循。同时，联合新方共同编制了《中新（重庆）战略性互联互通示范项目“国际陆海贸易新通道”合作规划》，在中新双边合作联委会第17次会议上正式签署。

（二）马不停蹄畅通道、优服务，持续深化互联互通水平

面对新冠肺炎疫情，中新互联互通的通道优势充分彰显，保障了产业链供应链的稳定安全。一是陆海新通道建设成效显著。2021年铁海联运班列、国际铁路班列开行约2036列，同比增长53%，运输箱量10.2万标箱，同比增长53%，货值约163亿元，同比增长37%；跨境东盟班车开行3300车次，同比增长17%，货值约20亿元，同比增长43%，网络覆盖106个国家、311个港口。二是渝新国际航空通道保持畅通。“重庆—新加坡”航线客改货航班保持每周2班运行、新加坡航空投入宽体机运营客运航班，成为新冠肺炎疫情期间重庆唯一持续运营的国际客运航线。三是中新国际数据专用通道应用不断深化。成功

举办第三届中新（重庆）国际互联网数据专用通道发展论坛，中新（重庆）信息通信融合发展工作坊加速建设。四是中新跨境融资通道持续拓展。覆盖西部10省区市，2021年全年签约跨境融资项目42个、融资金额40亿美元。五是人才交流合作通道进展顺利。推动成立中新（重庆）互联互通人才交流服务中心，新加坡国立大学重庆研究院已开展重庆地区博士生定向培养，新加坡重庆青年人才驿站、重庆职教官员培训营、重庆卓越校长工程等顺利实施。六是新领域通道建设相继开启。双方聚焦提升专业服务水平，创新成立了金融服务联盟、国际投资贸易服务联盟、工程设计咨询联盟和知识产权保护联盟，全力培养中新互联互通项目专业“带路人”。

（三）凝聚各方搭平台、抓共建，加速聚集示范项目

中新双方持续深耕金融服务、航空产业、交通物流、信息通信等重点领域合作，合力推动产业集聚，为新加坡企业及国际合作创造条件。一是建设中新金融科技合作示范区，借助新加坡金融科技发展优势加快重庆金融核心区建设。二是建设中新（重庆）国际航空物流产业示范区，推动国内外航空企业及临空经济类企业参与航空物流、航空食品、文化旅游等领域合作。三是建设中新（重庆）多式联运示范基地，不断提升果园港多式联运转运效能。四是建设中新（重庆）大数据智能化产业示范园区，持续加强中新国际数据通道创新应用。

2021年，双方还着力加强与重点区县、开发区的合作，合力推动形成优势互补、互利共赢的发展新格局。先后与渝中区、南岸区、北碚区、潼南区、南川区、荣昌区、璧山区等签署战略合作协议，共同打造中新互联互通项目运营中心、国际合作示范区、国际中小企业产业园、绿色循环智能低碳示范园区、国际绿色发展示范基地、中新（重庆）农业国际合作示范区及中新（重庆）科技城，更好地服务新加坡及东盟其他国家企业在重庆发展，积极吸引市场主体入驻，加快形成产业集聚。

（四）服务大局树引领、求突破，不断拓展合作领域

中新双方紧密配合，在服务业扩大开放综合试点和国际消费中心城市培育建设等方面实现率先突破。一是提升消费集聚效应。加快建设重庆来福士国际消费示范区，推动星展银行、渣打银行等企业相继入驻；中新互联互通项目·砂之船国际生活艺术节成功签约，国际消费新潜能进一步释放。二是加快推进重点项目。重庆中新肿瘤医院正式运营；中新·豪立国际温泉康疗小镇启动开工；新加坡尧泰集团汉海海洋公园二期、璧山新加坡国际酒店加快建设。三是加强农业国际合作。组织实施中新（重庆）农产品出海计划和农业合作“双百”计划；联合新方成功举办中新（重庆）食品贸易线上考察对接会；重庆“忠橙”等农特产品实现常态化供应东盟市场。

同时，积极助推成渝地区双城经济圈建设，与四川省成都市、广安市、南充市等签署合作协议。积极探索第三方市场合作，联合新方成功召开第三方市场合作对接会，围绕中欧班列（重庆）和陆海新通道建设，率先在老挝和匈牙利等重要物流节点开展合作，推动重庆企业与东盟国家企业积极对接，有力带动了中国西部和东盟地区“面对面”互联互通。

（五）多措并举强沟通、促和合，交流合作机制效能增强

一是三级合作机制作用有效发挥。市委、市政府主要领导与新加坡颜金勇部长、杨莉明部长举行视频会谈，成功举行中新互联互通项目联合

实施委员会第6次会议。二是建立常态化沟通机制。成功召开2次项目联合实施委员会高层工作对接会，市中新示范项目管理局与新方专责部门建立季度沟通机制，共同推动规划实施、联合办好重要活动。三是协调机制不断加强。推动市政府召开中新互联互通项目推进大会、管委会建立季度工作调度机制，确保各项重点任务有力有序推进。四是会议活动热度不减。联合主办2021年智博会、中新金融峰会，推动一批重点合作项目落地；成功举办首届陆海新通道国际合作论坛；顺利组织“新加坡在华知名企业重庆行”活动，推动集中签约项目37个，总金额达41.66亿美元。

中新互联互通项目开新局系列举措和成果引起了国内外媒体的高度关注。新华社“新华全媒头条”刊发《中新互联互通项目：“一带一路”高质量发展的成功案例》;《瞭望》新闻周刊、《国际商报》、《重庆日报》“理论周刊”刊发署名理论文章;《中国经济导报》、《国际商报》、《重庆日报》头版刊发项目进展情况；央视一套《晚间新闻》播出“新加坡在华知名企业重庆行”活动新闻。市中新示范项目管理局全年举办新闻发布会13场，官方微信公众号推文500余条，被重庆市政府网转载了41条，并多次登上中国政府官网。

二、2022年发展思路

2022年，市中新示范项目管理局党组将进一步学习领会习近平总书记系列重要讲话精神和党的十九大及十九届历次全会精神，抢抓《区域全面经济伙伴关系协定》（RCEP）生效和成渝地区双城经济圈建设等战略契机，联合新方实施好项目第二个五年发展规划，充分发挥中新互联互通的通道优势，继续聚焦金融、航空、物流、信息四大领域，拓展实施商务、农业、人才培训、文旅四大合作计划，在服务业扩大开放综合试点范围和国际消费中心城市培育建设等方面发挥突破、示范、引领作用。

（一）继续聚焦四大重点领域合作

进一步加大在金融服务、航空产业、交通物流、信息通信等领域的合作力度，争取吸引更多项目落地。金融领域，加快中新金融科技合作示范区建设，探索建立国际金融机构入驻绿色通道；支持重庆及西部地区企业赴新发行绿色债券；推动渝新无纸化贸易试点等重大项目落地实施。航空领域，编制中新（重庆）国际航空物流产业示范区建设规划，积极推动新航（重庆）保税航材分拨中心落地，并取得先行先试成果。物流领域，积极推动中新（重庆）多式联运示范基地二期工程、中新（重庆）铜梁冷链物流项目建设，鼓励支持渝新企业在物流、贸易、信息等领域开展专业服务合作。信息领域，加快建设中新（重庆）大数据智能化产业示范园区和信息通信示范点，组织举办第四届中新数据通道发展论坛，探索建立跨境数据安全有序流动规则。

进一步加强与区县合作，共同建设打造好中新互联互通项目运营中心、国际合作示范区、国际中小企业产业园、绿色循环智能低碳示范园区、国际绿色发展示范基地、中新（重庆）科技城等国际合作平台，不断拓展项目合作的深度和广度。

（二）加快实施四大合作计划

一是实施中新商务合作计划。充分发挥金融服务联盟、国际投资贸易服务联盟、工程设计咨询联盟、知识产权保护联盟等专业服务通道优势，为渝新企业、园区提供高水平商务服务。二是实施中新农业合作计划。务实推动中新（重庆）农业国际合作示范区建设；持续推进中新（重庆）农业合作“双百”计划，助推重庆农特产品拓展东盟市场。三是实施中新人才培训合作计划。启动实施“十百千”人才培养引进计划，联合新方开展数字经济人才培养，在更宽领域实施青年人才交流实习计划，进一步深化渝新高校、职业院校合作。四是实施中新文旅合作计划。联合市文化旅游委、渝中区等单位，举办重庆“新加坡周”系列活动；深挖市域旅游资源，助力武隆区、巫山县等打造中新（重庆）国际旅游目的地。

（三）积极拓展四个创新领域

一是服务新时代推进西部大开发形成新格局。增强项目辐射能力，持续拓展跨境融资通道，力争实现跨境融资通道西部 12 省区市全覆盖。二是服务成渝地区双城经济圈建设。深化与四川省成都市及南充市、广安市、南川区等川渝毗邻地区交流合作，进一步发挥项目示范、引领作用。三是持续拓展第三方市场合作。抓住中老铁路开通契机，联动新方举办陆海新通道老挝专场对接会，共同引导、推动中新企业共建海外分拨中心和产业园区。四是加大政策创新力度。联同中国经济体制改革研究会、国家开发银行等机构开展创新政策研究，积极推动《2021—2025年中新（重庆）战略性互联互通示范项目创新政策备用清单》落地实施，助力重庆制度型开放。

（四）持续增强四个交流合作机制

一是持续发挥项目三级合作机制统领作用，精心设计会议内容，推动更多重点项目在重庆落地见效。二是不断深化常态化沟通机制，高效率运行双方专责部门季度沟通机制，推动中新互联互通项目综合服务网上线运行，鼓励双方企业、商协会建立对接交流渠道。三是进一步突出管委会季度工作调度机制牵头抓总作用，定期检查督促各项重点工作落实情况、协调解决突出问题，确保各项任务有力有序推进。四是筹备办好智博会、中新金融峰会、陆海新通道国际合作论坛、“新加坡在华知名企业重庆行”等重大会议、活动，不断增强中新互联互通项目的示范性和影响力。

（执笔人：陈立为）

大数据管理

重庆市大数据应用发展管理局

一、2021年发展回顾

2021年，市大数据发展局在市委、市政府坚强领导下，认真贯彻习近平新时代中国特色社会主义思想，深入落实党中央决策部署及市委、市政府工作要求，坚决扛起全面从严治党责任，用力推进数据治理、数字基建、智慧城市、数字产业、防疫信息系统建设等重点任务，实现“十四五”大数据应用发展良好开局。

（一）落实“构建以数据为关键要素的数字经济”要求，加快培育数据要素市场

在全国率先出台《重庆市数据治理“十四五”规划（2021—2025年）》，全力打好“数管、数聚、数通、数用”攻坚战。一是数字规则体系逐步建立。《重庆市数据条例（草案）》通过市人大立法一审，发布国内首部《数字规则蓝皮书（2021年）》。高标准完成政务数据开放共享系列国家标准贯标试点，完成12家企业贯标认证，出台地方标准14项。全国大数据标准化委员会肯定“重庆做了大量改革创新工作，成效比较明显、具有示范意义”。二是数据治理体系不断完善。完善“国家—市—区（县）”三级数据共享交换体系；推动国家数据下沉、市区协同共享。深入实施“三清单”制度，全力支撑政务服务。全国信标委指出，重庆城市大数据资源中心列全国第三。三是数据治理水平持续提升。实现7个国家部委、79个市级部门和单位、40个区县政务数据共享互联。共享市级政务数据4055类、汇聚3309类、开放1310类。共享系统累计调用146.1亿条、汇聚超23.1亿条。向国家平台推送政务服务数据36507类。发布第一批川渝数据共享责任清单。24个区县成为首批市区政务数据协同试点。四是数据要素市场培育加快。编制数据要素市场化配置改革行动方案。挂牌运营西部数据交易中心。引入21家数据服务商、3家数据交易中介机构。五是数据安全体系持续完善。起草编制《重庆市数据安全管理办法》，实施公共数据分类分级指南。常态化开展重大风险排查、应急演练。

（二）落实“加快新型基础设施建设”要求，加力构建绿色环保新型基础设施体系

推动出台《重庆市信息化发展“十四五”规划》。一是前瞻性布局网络基础设施。建成5G基站7万个，居全国第五、西部第一。建成国家互联网骨干直联城市超32个。累计建成“互联网小镇”200个、“互联网村”2150个。加快建设“山城链”，列入全国一体化政务服务平台区块链技术应用建设试点。二是统筹布局新型算力基础设施。成功获批建设全国一体化算力网络国家枢纽节点成渝枢纽。做大做强两江国际数据港，形成服务器运营能力40万台。建成京东探索研究院超算中心、中国移动边缘计算平台，加快推进中科曙光先进计算中心、华为人工智能计算中心、中新国际超算中心等高性能超算中心建设，推动形成200P高性能算力。完成政务云灾备中心选

址。三是加快中新国际数据通道推广应用。推动西部五省区市共建共享共用。办好中新数据通道发展论坛，渝新企业签署合作协议20项。“中新数通”新加坡企业一站式云服务平台上线认证中新企业697家、服务机构57家。

（三）落实“打造住业游乐购全场景集”要求，场景化加速迭代建设新型智慧城市

加快构建“基础能力+支撑体系+融跨平台及典型应用”一体化场景体系。一是优化完善“城市大脑”。升级数字重庆云平台，上线运行多云管理系统，支撑政务信息系统上云率达98.9%、居全国前三。智慧城市综合服务平台接入105个单位、336个业务系统、增加88.8%；完成341项能力组件上架。2021年全国大数据产业发展试点示范项目居西部第一。二是有序推进重大融跨平台及典型应用场景建设。先期重点打造智慧交通、城市安全、基层智慧治理、“数字乡村·智慧农业”综合信息服务等重大融跨平台。三是引导打造“N个”有影响力的应用场景。“渝快办”汇聚服务事项42万余项，用户突破2182万、办件量超2亿件，获国务院办公厅通报表扬。“渝快政”上线推广，实现试用、测试单位241家，注册用户2万人。“渝快融”助20.8万家企业融资超400亿元。重庆入选全国“双智”试点城市，城市数字化转型排名全国第七，网上政务服务能力排名全国前十。

（四）落实“打造新的经济增长点”要求，推动数字产业快速增长

推动出台《重庆市数字产业发展“十四五”规划（2021—2025年）》，加快构建“五十百千万”数字产业发展体系。全年数字经济增加值增速15%左右，数字产业业务收入增速25%以上。一是举力培育数字经济上市企业或独角兽企业。瞄准数字产业领域重点企业，重点打造特斯联、谊品生鲜、零壹空间、丰鸟无人机等10家“独角兽”企业，加快培育壮大猪八戒、润际远东、易宠、欧菲斯、渝欧跨境、博拉网络、紫建电子等30家拟上市企业。二是集中打造一批数字经济产业园区。持续打造西部科学城数字产业园、两江数字经济产业园、渝中区块链产业园、南岸数字内容产业园、重庆市数字产业示范园（江北）、渝北元宇宙示范区、巴南“BT+IT”创新发展示范园、万州大数据融合应用创新试验区、九龙坡AI产业园、永川云谷大数据产业园、綦江西部信息安全谷等特色数字产业园区。三是协同建设研发创新平台。重点打造北京大学重庆大数据研究院、信通院工业互联网创新中心（重庆）、工业互联网发展研究中心、工业大数据创新中心、英特尔FPGA中国创新中心、先进区块链研究院、大数据创新实验室等创新平台。四是加快培育高成长型数字经济企业。持续壮大中移物联网、中科曙光、远鉴科技、奇安信等龙头企业，加快引进宝德科技、爱笔智能、黑芝麻、启明星辰、海量数据、爱思拓等高成长型企业。五是加快培养高素质数字人才。积极创建国家数字人才先行区，深化中新数字经济领域人才合作。

（五）落实“一体化发展理念”要求，推动成渝地区双城经济圈数字化协同发展

加快推动成渝地区信息基础设施共建共享、数据资源高效流通、数字产业协同互补。一是推动公共服务更加高效。川渝累计签署大数据智能化合作协议88项，两地144个部门5460类政务数据跨省共享。实现210项公共服务跨省通办。推动“渝快政”在万达开云试点。二是推动信息基础设施建设更加畅通。共同编制全国一体化算力网络成渝国家枢纽节点实施方案，统筹成渝地区数据中心建设、算力均衡、数据流通、应

用创新和安全防护，储备重点工程33项，总投资465亿元，储备改革事项及政策13项。三是推动数据治理更加深入。联合印发首批622类政务数据共享责任清单。推动大数据标准体系互认互通。四是推动数字产业发展更加紧密。联合创建国家数字经济创新发展试验区。成立成渝地区区块链应用创新联盟、川南渝西大数据产业联盟、“万达开”数字经济协同发展联盟，促进川南渝西、万达开、遂宁潼南等区域数字经济合作。

（六）落实“国务院联防联控机制”要求，筑牢防疫信息系统安全平稳运行防线

渝康码系统上线以来，从未发生系统风险和突发事件。一是完善防疫信息系统工作机制。推动成立防疫信息系统安全协调小组，局机关承担渝康码系统直接管理责任，数字重庆公司承担建设运维责任，建立“管理+技术”安全运行保障体系。压实责任，与关联单位签署安全稳定运行责任书。二是有力确保系统安全稳定运行。制定技术保障、应急保障方案，常态化开展应急演练。建立常态化、临界状态、宕机状态安全运行保障机制。三是持续迭代升级渝康码系统功能。完成“金盾版”“三色码”上线，新增“新冠疫苗接种记录”“核酸检测记录”“场所码”等功能。全市推广使用“场所码”。累计申码4812万个、扫码59亿次，场所码累计生成7.1万个、累计扫码169万次。四是全面开展自测自查。全方位研判风险，查找薄弱环节，及时补足短板。多次大规模开展渝康码及关联系统应急演练。顺利通过中央网信办检查指导组检查并获好评。

（七）落实“全面深化改革走深走实”要求，推动深化行业管理改革激发市场创新潜能

积极探索大数据资源管理领域改革，着力形成一批在全国有影响力的改革事项。一是深化数字经济法治化标准化改革。系统谋划设计数据共享、开放、流通、交易、确权、定价、安全，以及数字基础设施建设与重要城市主体建设“四同步”等制度，纳入重庆市数据条例立法范围。二是深化智慧城市场景建设路径改革。谋划推动统一“数据目录、数据标准、逻辑架构、系统接口、业务流程、能力组件”等场景化支撑体系。出台市级政务信息化项目管理办法。在基层治理、智慧停车等场景建设中推行“揭榜挂帅”。三是探索数字化助力“三医”联动改革试点。协助万州打通医院诊疗、医疗保险报销和商业保险参保数据，推动商业保险“一站式”结算，助力全市深化医疗、医保、医药联动改革。

二、2022年发展思路

坚持以习近平新时代中国特色社会主义思想为指导，全面贯彻党的十九大和十九届历次全会精神，进一步增强“四个意识”、坚定“四个自信”、做到“两个维护”，弘扬伟大建党精神，坚持稳中求进工作总基调，立足新发展阶段，完整、准确、全面贯彻新发展理念，积极融入和服务新发展格局，紧紧围绕“大数据智能化应用走在全国前列”目标，深入推动大数据智能化创新发展，健全数字规则，深化“云长制”改革，构建“五十百千万”数字产业发展体系，推动“8611”一体化场景体系建设，完善“云联数算用”全要素群、“住业游乐购”全场景集，高水平建设“智慧名城”，高质量发展数字经济，以优异成绩迎接党的二十大和市第六次党代会胜利召开。

（一）构建“8611”一体化场景体系建设，高水平建设智慧城市

坚持场景化推动新型智慧城市建设，以“城

市大脑”为统领，以统一数字底座为支撑，以场景化建设为抓手，构建“8大基础能力+6大支撑体系+10个以上融跨平台及100个以上典型应用”一体化场景建设体系，持续丰富“住业游乐购”全场景集。

（二）构建“五十百千万”数字产业发展体系，高质量发展数字经济

聚焦“发展新业态，打造新的经济增长点”目标，深入推进实施《重庆市数字产业发展“十四五”规划（2021—2025年）》，举力培育5家以上数字经济上市企业或独角兽企业，集中打造10个以上数字经济产业园区，协同建设100个以上研发创新平台，加快培育1000家以上高成长型数字经济企业，加快培养10000名以上高素质数字人才。力争2022年数字经济增加值增速12%以上。

（三）构建健全的数字规则体系，高标准推进依法治数

推动出台《重庆市数据条例》，深入实施数据治理“十四五”规划，加快完善数据治理体系，筑牢数据安全屏障，推动数据要素市场化配置，促进数据“聚通用”。

（四）构建绿色环保新型基础设施体系，高起点推进数字基建

落实“碳达峰碳中和”要求，加大统筹力度，加快新一代信息基础设施布局，积极构建绿色环保新型基础设施体系，夯实数字化转型基础。

（五）构建开放创新发展格局，高层次推进数字经济国际合作

以智博会和中新国际数据通道为纽带，探索数据跨境流动政策创新，推出一批典型示范应用和数字经济合作项目，建设数字经济国际开放合作高地。

（六）深化川渝大数据协同发展，高站位推进数字经济合作

深入落实川渝《深化成渝地区双城经济圈大数据协同发展合作备忘录》，加快把成渝地区建设成为西部数据高地、全国具有影响力的大数据发展中心。

（七）全面加强党建保障，高要求推进大数据战线自身建设

坚持以党的政治建设为统领，坚决落实中央决策部署、市委工作要求，扎实推进党建工作与大数据应用发展深度融合、相互促进。

（执笔人：周立）

林业管理

重庆市林业局

一、2021 年发展回顾

2021 年，全市林业工作在市委、市政府的坚强领导下，坚持以习近平新时代中国特色社会主义思想为指导，以习近平生态文明思想为指引，认真贯彻习近平总书记对重庆提出的重要指示批示要求，扎实开展党史学习教育，隆重庆祝中国共产党成立 100 周年，统筹疫情防控和经济社会发展，各项工作进展有力有序有效。“两岸青山·千里林带”建设超额完成年度目标任务。松材线虫病防治和林业法治建设工作被国家林草局通报表扬。全面推行林长制、林业资源管理、林业改革创新等工作多次得到国家相关部委（局）肯定。全年营造林 34.04 万公顷，森林覆盖率达到 54.5%、排名首次进入全国前十。林业全产业链增加值比上年增长 8%。

（一）“4+1”林长制责任体系全面建立

在全面总结试点经验基础上，对标对表中央要求，以市委办公厅、市政府办公厅名义印发《关于全面推行林长制的实施意见》，并经市总林长签发实施重庆市第 1 号总林长令《关于在全市开展森林资源乱侵占、乱搭建、乱采挖、乱捕食等“四乱”突出问题专项整治行动的决定》，累计清理排查“四乱”问题 1937 件，已立案查处 1435 件、完成整改 1259 件。建立起由市委书记、市长担任全市总林长，7 名市委、市政府领导分任副总林长和中心城区“四山”市级林长的市级林长构架，带动搭建起 886 名区县级林长、5555 名乡镇级林长、12804 名村级林长和 48397 名基层网格护林员共同参与的“4+1”林长制责任体系。全年各级林长累计巡林 18.3 万人次。

（二）生态修复重点工程年度计划任务全面完成

国家林草局年初下达重庆市 11.6 万公顷造林指标，已完成 11.87 万公顷并全部落地上图、实现精细化管理；下达的 1.67 万公顷中央财政森林抚育、长江上游岩溶地区石漠化综合治理 0.503 万公顷任务均全面完成；完成退耕还林提质增效任务 6.39 万公顷。完成“两岸青山·千里林带”建设 2.13 万公顷，累计有 1374 万人次参加义务植树，种树 6468 万株，主要造林树种良种使用率达 74%。

（三）精准实施自然保护地等林业生态资源监督管理

精准衔接生态保护红线评估调整方案，自然保护地整合优化有关成果得到国家认可。推进全市自然保护地人类活动问题整改，完成率 97.46%。第 44 届世界遗产大会评审通过重庆五里坡为世界自然遗产地（湖北神农架世界自然遗产边界调整项目），五里坡正式成为我市继武隆喀斯特和金佛山喀斯特后第三个世界自然遗产地。严格森林采伐限额管理。完成全市草原资源监测。在全国首个启动并率先完成林业资源生态综合监测评价工作,《中国绿色时报》整版报道我市经验。报经市政府同意，发布重庆市第一批重要湿地名录，黔江阿蓬江、梁平双桂湖、巫山大昌湖被认定为市级重要湿地。组织开展打击毁林专项行动，发现破坏森林资源图斑 369 个，涉及案件 414 起，已查处到位 406 起，整改到位 333 起。运用卫星遥感数据每月判读，2021 年共下发 10435 个监测变化图斑由区县精准查验、依法处置，遥感监测判读准确率达 91%、遥感监测水平全国领先。

（四）林业生物多样性保护进一步加强

认真贯彻落实中办、国办《关于进一步加强生物多样性保护的意见》，及时调整修订我市国家重点保护野生动物及植物名录，市内分布的国家重点保护陆生野生动物由 64 种增加至 112 种，分布的国家重点保护野生植物（林业部门管理）由 49 种增加至 84 种。实施珍稀濒危等级小种群野生动植物保护项目，雪宝山国家级自然保护区人工回归野外的崖柏出现结实为我国乃至世界首次，全市野生动植物种群实现恢复性增长，陆生野生脊椎动物、野生维管束植物分别增至 800 余种、6000 余种。开展全市林业生物多样性普查，组织专家对实施生物多样性保护工程开展研讨论证，编制《重庆市生物多样性保护林业重点工程实施方案（2021—2025 年）》。

（五）林业灾害防控稳中有降提振士气信心

森林草原火灾数量控制在个位数，全市共发生 8 起森林火灾，受害森林面积 8.33 公顷，未发生重大以上森林火灾和扑救人员伤亡事故，火灾发生起数和受害森林面积稳定保持在低位，未发生林业安全生产事故。松材线虫病疫点、发生面积、病枯死松树数量持续减少，数量分别较上年下降 6%、3.8%、29.5%，30 个疫点达到拔除标准，5 个疫区、88 个疫点实现无疫情，全市疫情发生面积减少 0.531 万公顷，多发频发势头得到有效遏制。区县林业行政执法支（大）队 36 支、编制 420 人，打击违法违规破坏森林资源的能力明显增强。受理林业行政案件 3707 起，查结 3534 起，处罚 3557 人次，对“四乱”违法违规行为形成有力震慑。

（六）林业改革创新持续拓展深化

积极推进实施横向生态补偿机制，推动区县间交易森林面积指标 1.14 万公顷、成交金额 4.2575 亿元，全市累计交易森林面积指标 2.42 万公顷、总成交金额 9.0575 亿元。持续深化集体林权制度改革，全市新增流转林地面积 10.07 万公顷，累计培育发展农村新型林业经营主体 1.4 万余家。落实补助资金 1470 万元在北碚、南川、奉节、巫溪 4 个区县新增非国有林生态赎买森林 667 公顷。

（七）林业全产业链增加值接近全市 GDP 的 5%

不折不扣落实好“四个不摘”要求，实施巩固拓展脱贫攻坚成果同乡村振兴有效衔接 8 个方面 19 条林业帮扶政策和举措，支持 12 个乡村振兴重点帮扶区县各类林业资金 16.1 亿元，完成 24441 名生态护林员的选（续）聘工作。累计发展国家重点林业龙头企业 7 家，市级林业龙头企业近 100 家，新增 2 处国家林下经济示范基地。加快发展木材流通贸易服务业，凯恩国际家居市场打造木制品交易市场 40 万平方米，实现交易额 30 亿元；中国西部木材贸易港加快建设，完成投资 1.3 亿元，佛耳岩码头实现木材贸易超 60 万立方米。累计发展森林人家 3700 多家，启动全市首批森林康养基地评选工作。完成第十届中国花博会参展工作，我市参展单位获得“一金两银”的好成绩。

（八）国家储备林“双百”万亩任务顺利落地

完成林地收储超过6.67万公顷，实施集约人工林培育、现有林改培等面积超过6.67万公顷，为顺利完成项目一期建设打下坚实的基础。充分利用大平台实施规模化发展，推动市林投公司与忠县、大足、南川3个区县政府签署战略合作协议，以市林投公司为载体承接全国松材线虫病防治与马尾松林1333.33公顷改培试点，探索切实可行的“防病治病＋提质增效”新路径。

（九）林业科技聚焦应用及转化涌现更多亮点

严格公开申报、专家评审、网上公示等程序，完成科技兴林项目立项20项、科技示范项目立项12项。“林火监测预警双红外火灾探测器成果”再次入选国家林草局2021年度100项重点推广林草科技成果，“红紫外复合型地表火探测器”被应用于北京冬奥会河北崇礼赛区运动场馆周边；渝城1号核桃良种推广面积达7466.67公顷。扎实开展“林业千名专家进千村”和“千名专家进百企”科技帮扶活动，全市共组织林业科技专家1037名，累计进村服务3680场次，提供专家咨询10400人次，开展技术培训1710场次，服务林农78760人次。

（十）自然教育宣传实现“人”“事”“图像”天天见

主流媒体共发布重庆林业相关原创新闻报道1000余条，其中，新华社55条、《人民日报》7条、《重庆日报》175条、《重庆新闻联播》栏目108条、华龙网113条。第七届重庆市“梦想课堂·自然笔记”大赛和全国“笔记自然·铭记党恩——长江流域自然笔记大赛”参与学校超过900所、学生超过7万人。重庆市双桂湖国家湿地公园、摩围山森林公园被全国关注森林活动组委会认定为全国青少年自然教育绿色营地。联合四川省林草局等开展2021年文化和自然遗产日暨川渝首届风景名胜区和自然公园科普宣传周活动，线上线下受众人数超过100万人次。

二、发展中存在的问题

同时，发展中仍然还存在一些突出问题和短板，一是研究落实绿化空间不深不细，多年的造林绿化使得可造林地块已所剩不多，在坚决遏制耕地“非农化”、防止“非粮化”的高压下，造林空间进一步紧缩；二是林业科技创新贡献不多不大，“智慧林业”建设在森林资源遥感监管、森林防火智能监控等专项方面有了好的起步，还需加强整体推进，林业信息化智能化赋能较其他行业差距大，林业在全市科技创新工作大局中的作用和贡献不突出；三是还存在林业安全和灾害隐患点多面广，森林质量不高，林业产业结构不优、优势不明等问题。

三、2022年发展思路

2022年，全市林业工作将以习近平新时代中国特色社会主义思想为指导，以习近平总书记系列重要讲话精神和对重庆提出的重要指示批示要求为遵循，认真落实国家林草局和市委、市政府工作部署，实施营造林33.33万公顷，建设“两岸青山·千里林带”3.33万公顷，国家储备林林地收储、经营各6.67万公顷；林业全产业链增加值增长6%以上，占全市GDP比重达4.5%以上；森林覆盖率达到55%以上，以优异成绩迎接党的二十大和市第六次党代会胜利召开。

（一）全面推行林长制

编制林长巡林履职责任书，抓紧抓实森林资源“四乱”突出问题专项整治，建立完善以目标管理为导向、过程管理为依托的林长制督查考核全过程评价体系。

（二）扎实推进科学绿化试点示范市建设

认真落实遏制耕地“非农化”、制止“非粮化”工作部署，将规划造林绿化空间明确落实到国土空间规划中并上图入库。深入实施国土绿化，加快推进“两岸青山·千里林带”建设，实施退耕还林提质增效6.67万公顷。

（三）加快推进自然保护地体系建设

修改完善自然保护地整合优化预案，争取启动国家公园设立工作。指导自然保护地建设10个左右自然教育基地。有序开展风景名胜区总体规划编制或修编，完成合川三江、綦江通惠河国家湿地公园试点验收。持续推进野生动植物本底资源调查，强化黑叶猴等重要栖息地和生境保护。

（四）强化森林资源保护管理

编制完成《重庆市林地保护利用规划（2021—2035年）》、《重庆市草地保护修复利用规划（2021—2035年）》，明确年度占用林地定额（2021~2035年）。高质量完成全市森林资源专项调查、林草生态综合监测评价、森林资源数据库年度更新、森林覆盖率年度出数。加强天然林保护与修复，严格公益林管理，落实森林资源管护责任。强化森林防火工作，全市森林火灾受害率控制在0.3‰以下。加强林业有害生物防控，力争拔除松材线虫病疫区2个、疫点24个。贯彻落实安全生产“十条措施”，完成林业安全生产专项整治三年行动，建立安全生产问题隐患和制度措施清单。

（五）做细做实生态富民惠民

发展具有一定规模的木本油料等特色经济林基地100个、林下经济基地100个。实施“十百千”行动计划推进生态产品价值实现，新增创建森林康养基地10个，新增发展森林人家100家，策划实施大巴山沉浸式森林康养步道1000公里。持续扶持壮大已有林业龙头企业100家，新增市级以上林业龙头企业10家。抓好巩固拓展林业扶贫成果同乡村振兴有效衔接，持续推进8个方面共19条政策举措落地见效。

（六）改革创新促进高质量发展

继续深化集体林权制度改革，规范集体林权流转秩序，完成非国有林生态赎买667公顷，继续推进实施横向生态补偿机制，协调、组织有关区县签订补偿协议，完成森林面积指标转移和森林覆盖率尽责值确认工作。

（七）扎实提升支撑保障能力

全力保障高铁高速、水利工程、第二机场等重大基础设施、公共事业及民生项目的涉林审批，编制实施重大生物多样性保护、自然保护地体系建设等4个工程专项规划（实施方案）。积极落实《重庆市智慧林业建设总体规划》，加快整合已建和在建应用系统10个，规范拟建应用系统标准，建成“智慧林业”基本框架，提升全市林业“智治”水平。

（八）推动法治建设迈上新台阶

做好《重庆市野生动物保护规定》、《重庆市林地保护管理条例》以及重庆市重点保护野生动植物名录的修订工作。宣传贯彻《湿地保护法》

《野生动物保护法》等新出台的法律法规，开展执法宣传月活动和专题培训，开展涉林执法系列专项行动，规范执法行为。实施好林业系统“八五”普法工作计划，强化林业法治监督。实施林业行政规范性文件动态管理。

（执笔人：何龙）

药品管理

重庆市药品监督管理局

一、2021年发展回顾

2021年，市药监局坚持以习近平新时代中国特色社会主义思想为指导，全面贯彻落实党的十九大和十九届历次全会精神，严格落实“四个最严”要求，强化疫情防控，严格药品监管，加强能力建设，助推产业发展，全市药品安全形势总体平稳向好，有力服务了建党100周年安全稳定大局，实现了“十四五”良好开局。

（一）全力保障人民群众用药安全

一是着力防范化解重大风险。落实常态化排查、定期报告研判、风险出库入库制度，开展风险研判436次，排查风险1279个，守住了不发生重大药品安全事件的底线。强化抽检监测，投入4355万元开展抽样9957批，对检出的67批不合格产品依法进行处置，全市地产产品、疫情防控药械和新冠疫苗质量总体情况较好。全市上报不良反应报告54759份，未发现重大风险隐患。化妆品不良反应监测工作得到国家药监局的通报表扬，市食药检院被确定为国家药监局首批化妆品抽样检验复检机构，重庆市中医院入选国家化妆品不良反应监测评价基地。

二是持续加强常态化疫情防控。强化新冠疫苗质量安全监管和疫情防控医疗器械专项整治，全覆盖开展监督检查4.6万余家次。积极助推疫情防控产品上市，完成22个医用口罩、防护服产品的注册审批，1个新冠病毒核酸检测试剂获国家药监局批准上市，提前介入帮扶有关企业生产新冠疫苗，协调国家药监局专家对企业开展技术指导，展开疫苗批签发能力建设。落实“四类药品”实名登记报告制度，依托“渝康码”升级改造零售药店监测信息化系统，累计登记1172万人次，较好地发挥了疫情预警监测哨点作用。尤其是2021年11月初我市出现本土确诊病例后，及时召开疫情防控工作电视电话会议，以“四类药品”监测为重点，开展专项监督检查16897家次，对13个区县开展明察暗访，有力服务了疫情防控大局。

三是加大检查执法力度。强化“两品一械”生产和药品批发环节监管，组织现场检查1837家次、飞行检查37家次。严格经营使用环节监管，监督检查10.4万余家次，严密开展国家集采药品等11个专项检查和整治。督促药品生产、批发企业和零售连锁总部建成药品重点品种追溯系统，稳步推进药品溯源公共服务平台建设。全年查办普通程序案件2699件，同比增长65.28%，罚没5257.4万元。儿童化妆品专项检查、牵头调查全国他克莫司胶囊案件等两项重点工作受到国家药监局通报表扬。

（二）深入推进生物医药产业高质量发展

一是持续优化服务措施。成立服务生物医药产业高质量发展工作领导小组，出台《进一步服务生物医药产业高质量发展若干措施》，从支持原始创新能力提升、助力营造一流营商环境等7

个方面细化26条服务措施。深化审评审批制度改革，制定落实“证照分离”改革全覆盖实施细则，按时办结行政许可（备案）事项14862件，91个行政许可事项办理深度实现全程网办，行政审批受理中心被评为“全国青年文明号”。先后与5个区县签订战略合作协议，协同推动特色产业园区健康发展。

二是强化精准精细服务。积极支持中药传承创新，出台《关于促进医疗机构中药制剂创新发展的实施意见》《中药配方颗粒管理实施细则》，发布113个品种中药配方颗粒标准。加强靠前服务，局领导多次带工作专班深入智飞生物、博唯佰泰、智翔金泰、中元汇吉等重点企业解决疑难问题。2021年，全市6个1类新药获国家药监局批准开展13个药物临床试验，29个品规通过或视同通过仿制药一致性评价，39个医疗器械产品按注册人制度获批，65个医疗器械产品纳入我局优先审评审批通道。

三是不断优化营商环境。深入落实《国务院关于开展营商环境创新试点工作的意见》（国发［2021］24号），在药品监管领域，探索建立惩罚性赔偿和内部举报人制度，建立健全全流程事前事中事后监管机制。积极争取国家药监局支持，获批增加化学药品首次药品进口备案职能，重庆成为全国第四个同时具备生物制品、化学药品首次药品进口备案职能的口岸城市。2021年，全市新增“两品一械”生产和药品批发（含零售连锁总部）企业181家，营商环境持续向好。

（三）全面提升药品安全综合治理能力

一是深入推进“十四五”规划编制。成立规划编制领导小组，广泛开展征求意见和调研活动40余次，与19个市级部门开展规划衔接。《重庆市药品安全及高质量发展“十四五”规划（2021—2025年）》被纳入市级专项规划和2021年市政府重大行政决策事项，经市政府常务会议审议通过，以市政府办公厅名义印发，得到了国家药监局的高度肯定并将相关经验做法以专题简报形式转发各地学习参考。同时，积极争取国家药监局在“十四五”规划中明确支持成渝地区双城经济圈建设的配套政策和改革措施。

二是全面加强监管能力建设。贯彻落实《国务院办公厅关于全面加强药品监管能力建设的实施意见》（国办发［2021］16号），在市委、市政府的精心指导下，顺利出台《重庆市全面加强药品监管能力建设若干措施》，得到国家药监局徐景和副局长肯定性批示，并在全国全面加强药品监管能力建设工作推进会上作交流发言。开展检查员全科资质培训和“高精尖”专业专科培训，打造“药监沙龙”等能力提升平台，69人次检查员入选国家药监局检查员库。大力推进药品智慧监管平台建设，入选国家药监局2021年智慧监管典型案例。强化技术支撑能力建设，落实《成渝地区双城经济圈建设规划纲要》，推进食品药品检测基地建设，市食药检院二期工程被纳入国家“十四五”疫苗和生物制品批签发能力建设项目，申报投资2.2亿元；重庆器械检验中心一期工程完成国家“十三五”医疗器械检验检测能力提升项目建设，二期工程已协调两江新区购置楼房并展开二次装修设计。同时，4个片区食药检所建成投用，市药科校迁（扩）建获批立项建设。市食药检院获批国家市场监管总局调味品监管技术重点实验室。

三是推进药品安全社会共治。高位推动药品安全工作落实，市委五届十一次全会对药品安全工作作出部署，市委全面深化改革委员会会议、市政府常务会议、市食药安委全体（扩大）会议研究部署药品安全重点工作。市政府领导带队拜会国家药监局领导，对接改革创新政策和重大项目支持，多次听取药品安全工作情况汇报，调研指导药品安全监管工作。发挥各级食药安委会及其办公室统筹协调作用，印发重庆市《督促落实食品药品安全监督管理责任工作办法》，不断增强药品安全治理合力。深化“三医”联动，推进公立医院处方信息与药品零售消费信息互联互通。加强药品法律法规宣贯，督促企业落实主体责任，我局检查四局成功创建首批国家药监局法治宣传教育基地。深入开展“全国安全用药月”等活动，广泛普及药品安全知识。

二、发展中存在的问题

一是药品安全风险管控还需持续加强。个别药品生产企业主体责任落实不到位，部分零售药店、个体诊所违法违规问题多发，防控安全风险的任务还比较繁重。二是服务发展还需持续加强。发挥药监职能推动产业发展的政策措施还未形成完善的制度体系，服务新业态、新技术、新商业模式还不够精准及时。三是监管能力建设还需持续加强。监管工作规范化、精细化程度还不高，技术支撑机构还存在短板弱项，疫苗批签发能力建设需加快推进。

三、2022 年发展思路

坚持以习近平新时代中国特色社会主义思想为指导，深入贯彻落实党的十九大和十九届历次全会精神，扎实落实中央经济工作会议精神，全面贯彻落实市委五届十一次全会和市委经济工作会议精神，弘扬伟大建党精神，坚持稳中求进工作总基调，认真落实“四个最严”要求，全面融入“大市场、大监管”格局，以推动实施“十四五”规划为重点，加强和改进药品安全监管制度，提升药品安全保障水平，统筹推进疫情防控、药品监管、服务发展和能力提升，守底线服务社会稳定大局，追高线助力经济发展大局，扎实推进市委巡视反馈意见整改，以优异成绩迎接党的二十大和市第六次党代会胜利召开。

（一）提高政治站位，统筹推进药品监管工作

强化药品安全领域风险防控，坚决防止发生重大药品安全事件，为党的二十大召开营造安全稳定环境。推动“十四五”规划实施，健全监测评估和项目推进机制。加强和改进药品监管制度，持续完善全链式监管机制。

（二）落实“四个最严”要求，坚决守住药品安全底线

加强疫情防控产品质量安全监管，加大对新冠疫苗、治疗药物、检测试剂等重点产品监管力度，持续落实“四类药品”实名登记报告制度。深入开展药品安全专项整治行动，加大对高风险品种以及问题聚集环节的监管力度，严厉打击违法违规行为。

（三）强化改革创新，助推产业高质量发展

落实《进一步服务生物医药产业高质量发展若干措施》，完善重点园区、重点企业、重点品种服务机制。以营商环境创新试点城市建设为契机，深化审评审批制度改革和“证照分离”改革，持续提升治理服务效能，不断激发生物医药产业活力。

（四）把握发展机遇，全面加强监管能力建设

细化落实《重庆市全面加强药品监管能力建设若干措施》，深化职业化专业化检查员队伍建设，全面提升监管能力和水平。推动成渝地区双城经济圈建设向纵深发展，推进国家食品药品检测基地建设，加快技术支撑机构项目实施，切实为高质量发展提供有力支撑。

（执笔人：刘庆恒）

知识产权

重庆市知识产权局

一、2021 年发展回顾

2021 年，全市知识产权系统坚持以习近平新时代中国特色社会主义思想为指导，深入学习贯彻党的十九大和十九届历次全会精神，全面贯彻习近平总书记关于知识产权工作的重要指示论述，认真落实市委市政府、国家知识产权局安排部署，深化“知研合一”工作理念，务实创新，勇毅前行，圆满完成全年各项主要目标任务，实现“十四五”良好开局。

（一）强化知识产权顶层设计，完善治理体系提升治理能力

积极推动知识产权地方法规制度建设，加快推进《重庆市专利促进与保护条例》立法修订工作。报请市政府办公厅印发《重庆市知识产权保护和运用“十四五”规划（2021—2025 年）》（以下简称《规划》），明确“十四五”时期全市知识产权工作的主要目标和重点任务。牵头编制《重庆市知识产权强市建设纲要》（以下简称《纲要》），即将由市委、市政府印发实施。《纲要》和《规划》共同描绘了未来 15 年我市知识产权事业的发展蓝图和实施路径。万州区、梁平区等区县积极启动地方知识产权“十四五”规划编制工作。

（二）强化知识产权全链条保护，营造良好营商环境

知识产权保护机制更加健全。成立了由市政府分管副市长担任召集人的知识产权保护联席会议制度。圆满完成国家知识产权保护工作检查考核迎检工作。市委、市政府将知识产权保护工作纳入全市 39 项督查考核事项。知识产权行政保护更加有力。支持设立重庆市涉外知识产权调解中心，联合市检察院、市经济信息委开展“保自主产权、护知名品牌”专项行动，与市公安局等 5 部门共同签订合作协议。加强区县行政执法指导，全年办理电商领域侵权案件 669 件，查办专利、商标和地理标志违法案件 938 件，案值达 3700 余万元。支持沙坪坝、南岸、巴南等 10 个区县开展专利侵权纠纷行政裁决试点工作。知识产权专项整治成效明显。开展打击“非正常专利申请”和“商标恶意注册”专项整治行动，非正常申请专利撤回率达到 91.9%。摸排上报疑似恶意注册商标线索 8 条，全部进行及时整治。

（三）强化知识产权创造运用，赋能经济高质量发展

知识产权高质量创造稳步提升。2021 年全市每万人口发明专利拥有量 13.21 件，同比增长 16.7%。PCT 国际专利申请受理量 393 件，同比增长 8.3%。有效注册商标总量 71.99 万件，地理标志商标总量 286 件，驰名商标总量 161 件。牵头编制《重庆市高价值发明专利质量提升行动方案（2022—2024 年）》。第二十二届中国专利奖重庆企业共获得专利金奖 1 件、银奖 1 件、优秀奖 9 件。2021 年每万人口发明专利拥有量排名

靠前的区县有沙坪坝区、南岸区、北碚区、江北区、渝中区、九龙坡区；每万人口发明专利拥有量年涨幅较大的区县有丰都县、万州区、彭水县、长寿区、忠县。知识产权运用效益不断提高。获批建设重庆知识产权运营中心。会同市科技局等8部门制定《重庆市实施专利转化专项计划工作方案（2021—2023年）》，举办高校院所高价值专利转移转化供需对接活动。与人民银行重庆营管部签订推进知识产权金融合作框架协议，组织实施知识产权质押融资入园惠企行动，全年实现知识产权质押融资11.6亿元；新增发放知识价值信用贷款50.7亿元，惠及科技型企业2774家。重庆市国家知识产权军民融合三年试点期满，获得国家知识产权局、中央军委装备发展部国防知识产权局充分肯定。商标品牌培育工程深入实施。积极发挥商标品牌效能，服务全市粮食安全、国际消费中心城市建设、工业消费品品牌建设等中心工作。充分发挥农产品商标和地理标志在助推乡村振兴中的作用，推动三峡柑橘、荣昌猪、巫山脆李等区域品牌发展。江津花椒、奉节脐橙、酉阳茶油入选国家地理标志运用促进重点联系指导名录。全市新增农产品商标1.91万件，总量达到12.01万件。

（四）强化知识产权服务供给，提高知识产权服务水平

知识产权公共服务能力建设逐步加强。建成全国首批省级知识产权综合业务窗口——国家知识产权局重庆业务受理窗口，推动2项行政权力和4项公共服务事项纳入“渝快办”政务服务平台。重庆商标审协中心累计受理商标申请1.1万件，完成商标注册形式审查368.6万件、实质审查190.2万件、“变转续”审查55.3万件，审查质量位居全国前列。知识产权服务业发展持续向好。加强知识产权品牌服务机构培育，全市专利代理机构、商标代理机构分别达到137家、1200家，全市知识产权服务业产值达到10亿元以上。知识产权人才培养取得实效。印发《重庆市知识产权培训基地管理办法》，指导支持区县和高校开展知识产权培训140余次。为1万余名科技工作者提供专利数据查询、分析等服务。开展知识产权行政管理人员轮训工作，组织近900名干部参加线上培训。全市新增专利代理师149人，执业专利代理师累计达到387人，培育国防专利代理师5人。

（五）强化知识产权区域合作，助力川渝协同发展

知识产权部门联动机制进一步完善。召开川渝知识产权合作推进会。与国家专利审查协作四川中心达成合作框架协议。联合主办2021年天府知识产权峰会知识产权服务业发展专场。全市5名专家进入四川省知识产权专业高级职称评审委员会专家库。有力推进知识产权协同保护工作。与市高法院、四川省高法院、四川省知识产权局共同建立合作机制。川渝两地首次开展酒类、榨菜、火锅底料等商品知识产权联合执法，发布第二批重点保护名录150件，查处案件363件。

（六）强化落实主体责任，驰而不息推进党的建设

管党治党责任全面夯实。印发局党组、党组书记、党组成员全面从严治党履责清单，严格落实“三会一课”、主题党日、民主评议党员等制度。扎实做好防范化解重大风险各项工作，持续开展常态化疫情防控，全面梳理排查知识产权领域安全稳定风险事项。全面配合市委第七巡视组常规巡视工作，主动查找问题，严格对照检查，狠抓整改落实。党史学习教育走深走实。认真学

习党的十九届六中全会和市委五届十一次全会精神，精心组织建党100周年庆祝活动。扎实推进“我为群众办实事”实践活动，确定的7个方面20件实事全部落实。持续推进党支部建设，7个支部召开专题组织生活会，认真开展批评与自我批评，梳理存在问题23条，制定整改措施28项。意识形态工作不断深化。牢牢把握党对知识产权事业的全面领导，认真做好习近平总书记在中央政治局第二十五次集体学习时重要讲话精神的传达学习、宣传解读和贯彻落实。坚持每半年召开一次意识形态专题会议，定期分析研判意识形态和公共舆情领域风险。牵头开展全市“4·26”知识产权宣传周工作，覆盖群众超过1000万人次，开州、忠县、城口等区县举行了丰富多彩的宣传活动。党风廉政建设纵深推进。组织召开全面从严治党和党风廉政建设工作会议。加强干部日常监督管理，严格开展领导干部个人有关事项报告等工作。常态化开展党章党规党纪学习，认真开展“以案四说”“以案四改”，不断巩固发展良好的政治生态。

二、发展中存在的问题

我市知识产权工作还面临一些问题和挑战：全市高价值高质量发明专利不多，知识产权成果转化运用效益还有待提升，基层知识产权行政执法力量不足，知识产权涉外风险防控能力偏弱，知识产权公共供给不够充分，知识产权服务专业人才比较匮乏，系统干部职工业务能力、专业素养仍需加快提升等。

三、2022年发展思路

2022年全市知识产权工作的总体思路是：坚持以习近平新时代中国特色社会主义思想为指导，全面贯彻党的十九大和十九届历次全会精神，深入贯彻习近平总书记对重庆提出的营造良好政治生态，坚持“两点”定位、“两地”“两高”目标，发挥“三个作用”和推动成渝地区双城经济圈建设等重要指示要求，认真落实全市经济工作会议、政府工作报告部署安排，弘扬伟大建党精神，以实施《纲要》和《规划》为总抓手，全面提高知识产权的创造质量、运用效益、保护效果、管理能力和服务水平，扎实推进知识产权事业高质量发展，奋力开创知识产权强市建设新局面。

2022年知识产权工作的主要预期目标是：力争全市每万人口发明专利拥有量达到14件，每万人口高价值发明专利拥有量达到5.9件，有效注册商标总量达到80万件，地理标志商标总量达到290件以上，专利、商标等知识产权质押融资额增长10%，知识产权许可交易10000次以上，专利密集型产业增加值占GDP比重达到10%以上，新增知识产权优势企业120家以上，引导支持2000家以上企业运用专利大数据信息导航技术研发、产品创新。重点做好以下六个方面工作。

一是建立健全《纲要》和《规划》落实机制。持续发挥知识产权保护联席会议制度作用，协调解决《纲要》和《规划》实施中的重大问题，统筹推进实施工作。制定《纲要》和《规划》实施年度推进计划，确保每项任务高水平落地。加强对《纲要》和《规划》实施情况的跟踪评估，建立健全知识产权绩效考核评价体系。

二是切实加强知识产权协同保护。严格行政执法，以批发市场、大型超市、农贸市场为重点，组织开展集中检查、集中整治，重点整治抗疫防护用品、民生物资、农村食品的知识产权侵权违法行为。继续严厉打击非正常专利申请和商标恶意注册行为。深化专利侵权纠纷行政裁决示范建设工作。加快推进中国（重庆）知识产权保护中心建设。深化川渝两地知识产权协同保护。

三是加快推进知识产权创造运用。大力培育高价值发明专利，推动落实《重庆市高价值发明专利质量提升行动方案（2022—2024年）》。建立健全企业海外知识产权维权援助体系，加大PCT等海外知识产权布局力度。加快建设重庆知识产权运营中心。健全知识产权质押融资风险分担机制和质物处置机制。大力实施商标品牌培育促进工程。深入开展地理标志助推乡村振兴行动。

四是全面提升知识产权服务能力。持续深化知识产权领域"放管服"改革，深入推进营商环境创新试点工作。强化知识产权公共服务体系建设，高标准推进重庆市知识产权公共服务平台（大数据中心）建设，推动有条件的区县建立知识产权综合服务机制。促进知识产权服务业健康发展，严厉打击违法违规代理行为，启动遴选一批市级知识产权品牌服务机构。

五是不断夯实知识产权事业发展基础。全力推动《重庆市专利促进与保护条例》修订起草工作。持续抓好知识产权培训和人才培养，推动市级知识产权培训基地建设，加强社会公众知识产权公益培训。积极开展知识产权宣传，对外讲好重庆知识产权故事，广泛开展知识产权普法宣传活动，推进中小学知识产权普及教育。

六是坚定不移推进全面从严治党。始终坚持和加强党对知识产权事业的全面领导，进一步提高政治站位，巩固拓展党史学习教育成果，增强全面从严治党永远在路上的政治自觉，认真履行"一岗双责"，层层传导压力，以全面从严治党新成效引领和保障知识产权事业高质量发展。

（执笔人：王佳）

供销合作

重庆市供销合作总社

一、2021 年发展回顾

2021 年，重庆市供销合作总社在市委、市政府的坚强领导下，坚持以习近平新时代中国特色社会主义思想为指导，认真学习贯彻党的十九大和十九届历次全会精神，全面贯彻习近平总书记对重庆提出的营造良好政治生态，坚持“两点”定位、“两地”“两高”目标，发挥“三个作用”和推动成渝地区双城经济圈建设等重要指示要求，深入贯彻落实习近平总书记对供销合作社工作的重要指示精神，准确把握新发展阶段，完整、准确、全面贯彻新发展理念，积极服务和融入新发展格局，统筹疫情防控和改革发展，紧紧围绕全市“三农”工作大局，持续深化综合改革，纵深推进“三社”融合发展，不断提升为农服务综合实力，各项工作取得显著成效。2021 年，市供销合作总社全面完成市政府和全国供销总社下达的各项目标任务，荣获全国供销合作社系统综合业绩考核省级优胜单位一等奖。

（一）主要经济指标稳步增长

2021 年，全市供销合作社系统实现销售总额 2132.5 亿元、同比增长 22.6%，汇总利润总额 8.2 亿元、同比增长 31.5%，实现了“十四五”良好开局。

（二）综合改革不断深化

突出重点领域和关键环节，深入总结提炼现有改革经验，推动综合改革在更大范围更广领域取得成效。完善体制机制，加强“三会”制度建设，内生动力不断激发，市供销合作总社监事会领导班子得到加强，第四次代表大会各项会务工作准备就绪，待市委批准同意后即时召开。积极推进烟花爆竹专营管理改革，修订出台《重庆市烟花爆竹专营管理办法》，烟花爆竹专营管理日益规范有序。

（三）“三社”融合发展加快推进

丰富完善政策举措，出台《深入推进“三社”融合发展政策措施》，推进“三社”融合发展提质增速。坚持典型引领、以点带面，出台《持续加强“三社”融合发展试点示范工作的指导意见》，精心打造 360 个“三社”融合示范点，培育 100 个“三社”促“三变”示范亮点。印发《农民专业合作社信用评价体系建设试点工作实施方案》，在涪陵、璧山、巫山、城口、秀山、石柱 6 个区县启动农民专业合作社信用评价体系建设试点，探索破解农民专业合作社等新型农业经营主体融资难、融资贵的问题。已向全国供销总社申报在全市开展“三位一体”综合合作试点。“三社”融合发展已成为我市推进农业农村体制改革的一张名片，被全国供销总社作为“三位一体”综合合作改革的外联模式向全国推广。

（四）供销基层组织建设更加巩固

大力实施供销合作社培育壮大工程，因地

制宜、分类施策，改造建设基层社示范社52个，累计改造建设基层社915个，其中涉农乡镇基层社805个。采取“村社共建”模式，新发展农村综合服务社星级社400个，累计达1081个。规范发展农民专业合作社，指导农民专业合作社建立健全成员大会、理事会、监事会制度，建立返利分红机制。全市基层供销社与3000多家农民专业合作社开展了股份合作、生产合作、产销合作、服务合作，实现融合发展。出台《提升农民合作社服务中心服务能力的指导意见》，36个区县农民合作社服务中心累计签约服务农业经营主体5200多家，为农服务能力大幅提升。

（五）农业社会化服务能力明显增强

优化农业社会化服务网点布局，组建渝北、涪陵等13个区县智慧农服子公司，推动市级平台与区县供销社、农民专业合作社进行股权合作，拓展经营服务领域，初步构建起以重庆智慧农服集团为龙头、区县社为主导、基层社为依托的农业社会化服务网络体系。依托“农业社会化服务大联盟”，吸纳科研院所、农业科技企业等各类涉农会员单位343家，为农民和各类农业经营主体提供便利实惠、安全优质的农业社会化服务。组建农机租赁、农资配送、统防统治、修枝剪形、烘干仓储等专业化服务组织500多个，全系统开展农业社会化服务面积达750万亩次。

（六）农产品现代流通领域加速拓展

大力拓展农产品流通渠道，积极参与全市“菜篮子”工程建设，在中心城区建成“佰年供销”智慧农贸市场8个，各区县政府将7个已建成的农产品市场和农产品转运站交由供销社经营和管护。做大做靓“村村旺”农村电商综合服务平台，发展订单农业10万亩，全年交易结算规模64.8亿元。牵头组建重庆三峡柑橘集团，积极拓展柑橘销售渠道，有力推动三峡柑橘产业高质量发展。加快推进“新网工程”建设，新建、改建各类农村流通网点及流通设施337个。加快推进冷链分拨仓、产地仓、“中央厨房”等冷链物流基础设施建设，形成7万吨冷储容量。

（七）参与农村人居环境整治力度加大

加快构建全市废弃农膜回收利用网络体系，建成回收网点4938个、分拣贮运中心40个，确定39家回收企业、19家加工企业负责全市废弃农膜回收处置任务。2021年，全市回收废弃农膜1.17万吨，回收肥料包装物2290吨，均超额完成全年目标任务，全市农膜回收率达89.3%。2021年2月，《经济日报》以《山城降“膜”记》为题深度报道了我市废弃农膜回收利用工作情况。

（八）巩固脱贫攻坚成果同乡村振兴有效衔接务实有力

全力做好对口帮扶县、帮扶村的帮扶工作，安排资金106万元，用于乡镇基层供销社、村便民服务中心改造和产业发展。与市乡村振兴局签订战略合作协议，深化帮扶合作，持续巩固脱贫攻坚成果。在17个乡镇率先启动基层供销社提质增效工程，建设区域性为农服务中心，搭建服务乡村振兴综合平台。组织14个脱贫区县农产品生产、加工、流通企业和农民专业合作社上线“832”平台，组织上线消费帮扶企业983家、扶贫产品1.03万个，销售额突破4亿元。

（九）社有企业发展持续向好

聚焦为农服务主责主业，全面推进社有企

业高质量发展，不断提升社有企业核心竞争力。2021年，全市社有企业实现营业收入516.9亿元、同比增长44.7%，实现利润总额8.2亿元、同比增长31.5%；市属社有企业全年营业收入432.9亿元、同比增长49.7%；实现利润总额1.63亿元、同比增长7.2%。

（十）党的建设全面加强

坚持以习近平新时代中国特色社会主义思想为指导，全面贯彻落实党的十九大和十九届历次全会精神，切实增强“四个意识”、坚定“四个自信”，做到“两个维护”，以实际行动兑现市委“三个确保”政治承诺。高标准高质量抓好党史学习教育，扎实推进“我为群众办实事”实践活动。严守政治纪律和政治规矩，全面彻底干净肃清孙政才恶劣影响和薄熙来、王立军流毒，坚决肃清邓恢林流毒影响，持续营造风清气正的良好政治生态。深入推进全面从严治党、全面从严治社，深刻汲取梁从友严重违纪违法案件教训，认真开展“以案四说”警示教育，扎实推动“以案四改”。严格落实中央八项规定及实施细则精神和市委实施意见，坚决纠治“四风”突出问题。全面完成各项巡视整改任务，完成对两家社有企业内部巡察工作。严格落实意识形态工作责任制，牢牢把握意识形态工作主动权。深入推进机关党建工作“三基”建设、市级文明单位创建和绿色机关建设，市供销合作社成功创建市级文明单位，并荣获全国首批“节约型机关”称号。

（十一）其他重点工作一体推进

加快推进职业教育发展，启动实施涉农高职院校筹建工作。成功举办第二届“永川秀芽”杯全国茶叶加工工职业技能竞赛总决赛和“巴渝工匠”杯重庆市第三届茶叶行业职业技能竞赛。坚持统筹兼顾，信访稳定、安全生产、机要保密、政务公开、信息宣传、工青妇、后勤保障、老干部服务等各项工作一体推进、同频共振。

二、发展中存在的问题

2021年，重庆市供销合作总社改革发展各项工作虽然取得了一些成绩，但也存在一些问题和不足。一是各区县换届后区县社班子变化较大，部分班子成员对供销合作社工作的情况还不熟悉；二是各区县党委、政府推进“三社”融合工作支持政策不平衡，部分区县供销社在推进中动力不足、办法不多；三是基层组织发展质量参差不齐、网点功能单一、综合服务能力不强，与农民利益联结还不够紧密；四是农业社会化服务“碎片化”现象比较突出，服务规模化优势尚未充分显现；五是社有企业综合服务实力还不强，区县社有企业发展短板突出，现代企业制度建设亟待加强，市场竞争力和行业影响力还不够。

三、2022年发展思路

2022年，重庆市供销合作总社将更加坚定自觉地以习近平新时代中国特色社会主义思想为指导，全面贯彻党的十九大和十九届历次全会精神，深入贯彻习近平总书记对供销合作社工作的重要指示精神，坚持稳中求进工作总基调，把握新发展阶段，完整、准确、全面贯彻新发展理念，积极融入和服务构建新发展格局，牢记为农服务根本宗旨，持续深化综合改革，统筹做好疫情防控和供销合作社改革发展工作，加快成为服务农民生产生活的综合平台，成为党和政府密切联系农民群众的桥梁纽带，为全面推进乡村振兴、加快农业农村现代化贡献更大力量，以优异成绩迎接党的二十大和市第六次党代会胜利召开。

（一）持续深化综合改革。加快建立健全理事会、监事会和社员代表大会“三会”治理机制，适时召开市供销合作社第四次代表大会

加快推动各区县供销社召开社员代表大会，进一步完善理事会、监事会架构，理顺管理机制，健全运行机制。

（二）纵深推进“三社”融合发展。统筹推进36个区县开展“三位一体”综合合作试点，促进基层社与农民专业合作社深度融合、联合发展

探索以“三社”融合促进农村“三变”改革，壮大农村集体经济。实施好农民专业合作社信用评价体系建设试点，提升农村金融服务能力。

（三）全面推动基层组织提质增效

加快推进基层社示范社提质增效，拓展农业生产性服务功能，建设区域性为农服务中心。大力推广“村社共建”模式，加快推进农村综合服务社建设，积极培育农村综合服务社星级社。

（四）大力推进农业社会化服务

加快构建农业社会化服务体系，完善重庆智慧农服集团服务功能。组建农业社会化服务协会，有效整合全市为农服务资源。积极打造“重庆智慧农服”品牌，提升品牌社会影响力。围绕重庆山地特色农业，积极创新服务模式、拓展服务内容、延伸服务链条，不断提升为农服务水平。

（五）加快构建现代流通服务体系

加快智慧农贸市场、社区生鲜超市等农产品零售网络布局，不断拓宽农产品销售渠道。完善区县、乡、村三级流通服务网络，大力推进农村寄递物流体系建设。做大做靓“村村旺”农村电商平台，提升交易结算规模。加快“三峡柑橘”销售渠道建设，加快完善产销体系。

（六）积极服务乡村全面振兴

加强17个市级乡村振兴重点帮扶乡镇基层供销社建设，完善服务功能。充分发挥系统优势，引领发展当地特色产业，不断丰富乡村经济业态，推动农村一二三产业融合发展。积极参与农村人居环境整治行动，持续深化废弃农膜回收利用工作，助力美丽乡村建设。

（七）推动社有企业高质量发展

持续深化社有企业改革，建立健全现代企业制度，加快推动社有企业步入良性发展的轨道。聚焦主责主业，优化社有资产配置，加快培育壮大一批为农服务的市级龙头企业，不断提升社有企业整体经济实力、市场竞争力和为农服务能力。

（八）全面加强党的建设

深入学习贯彻习近平新时代中国特色社会主义思想，认真贯彻落实习近平总书记对供销合作社工作的重要指示精神，忠诚拥护“两个确立”，不断增强“四个意识”、坚定“四个自信”、做到“两个维护”。坚决扛起全面从严治党主体责任，认真履行“一岗双责”，持之以恒推进党风廉政建设和反腐败斗争。严格落实意识形态工作责任制，牢牢掌握意识形态工作的领导权主动权。深入推进机关党建工作“三基”建设和绿色机关建设，创建模范机关。深化拓展党史学习教育成果，建立常态化长效化制度机制。持续深入肃清孙政才恶劣影响和薄熙来、王立军流毒，坚决肃

清邓恢林流毒影响，营造风清气正的政治生态。深刻汲取梁从友严重违纪违法典型案件惨痛教训，深入开展廉政警示教育，深化“以案四说”，推进“以案四改”，全面推进从严治社。建立健全内部巡察制度，完善工作机制，加大对直属企事业单位的巡察监督力度。充分发挥全面从严治党的政治引领和政治保障作用，不断巩固拓展落实中央八项规定精神成果，持之以恒加强作风建设，为推动市供销合作总社高质量发展提供坚强保障。

（执笔人：胡超君）

重庆税务

重庆市税务局

一、2021 年发展回顾

（一）概述

2021 年，国家税务总局重庆市税务局深入学习贯彻习近平新时代中国特色社会主义思想和习近平总书记关于税收工作的重要论述，认真贯彻落实中共重庆市委、重庆市人民政府和国家税务总局党委的决策部署，聚焦“固本强基、提质增效”工作思路，凝心聚力、砥砺进取，推动税收事业发展。党史学习教育走深走实，凝聚开拓奋进更大动力；新增减税降费 355 亿元，助推经济有力恢复；全年组织税费收入 4781.7 亿元，实现量稳质优；税收征管改革加速加力，税收治理整体效能提升；税收营商环境提质提效，市场主体发展活力迸发；干部队伍活力有效激发，干事创业氛围更加浓厚；全面从严治党落实落细，风清气正政治生态持续巩固。

（二）税收收入情况

全年累计完成各项税收收入 3042.6 亿元（含海关代征增值税、消费税，未扣减出口退税），较上年增长 12.4%。其中，税务部门组织收入 2889.1 亿元，增加 302.8 亿元，增长 11.7%；海关代征完成 153.5 亿元，增加 31.7 亿元，增长 26%；办理出口退税 216.4 亿元，增加 67.5 亿元，增长 45.3%。

（三）社会保险费

2021 年，征收各项社会保险费 1603 亿元，较上年增长 40.9%，较大增幅主要是由于 2020 年同期阶段性减免企业社保费政策影响。其中，企业职工基本养老保险费 903 亿元，机关事业单位基本养老保险费 145.4 亿元，职工基本医疗保险（含大额、离休干部统筹医疗）427.3 亿元，失业保险费 27.5 亿元，工伤保险费 26.7 亿元，城乡居民基本养老保险费 18.2 亿元，城乡居民医疗保险费 54.9 亿元。

（四）非税收入

2021 年，按照高位谋划、清单管理、倒排工期、畅通渠道、专班跟进要求，有序推动非税收入征收职责划转工作，完善非税收入申报方式，实现申报数据预填、税企互动平台待办任务提醒、一键确认缴款，全年组织非税收入 152.4 亿元。

（五）党史学习教育

统筹推进求实效，构建“党委主责、专班推进、纪检监督、督导落实”责任体系，建立一体谋划、一图集成、一套清单、一并推进、一网展示工作机制，推出“十个一”[①]自选项目和青

① “十个一”项目即重温一次入党誓词、展示一批诵史音频（视频）、采写一批口述税史、讲述一批初心故事、开展一次知识竞赛、举办一次书画（摄影）展览、推介一批党建品牌、提炼一批微型课堂、选树一批先进典型、办好一批惠民实事。

年干部“学、诵、研、行”系列活动，党史学习教育走深走实。学史明理悟思想，聚焦党的百年历史和重大成就，抓实自主学习和集中研讨，突出学习习近平新时代中国特色社会主义思想，及时跟进学习习近平总书记重要讲话和重要指示批示精神，学深悟透党的十九届六中全会精神。办好实事展形象，组织庆祝建党100周年和“党旗在基层一线高高飘扬”系列活动，以开展“当渝税先锋、办惠民实事”主题实践活动为抓手，全市税务系统各级党组织和党员干部为群众办实事10266件。

（六）服务重大决策部署

围绕服务成渝地区双城经济圈建设，统一7类62项税务行政处罚裁量基准，实现38项涉税事项跨省通办，打造川渝征管服务一体化新样本。围绕助力乡村振兴，选派105名税务干部担任驻村第一书记和驻村工作队员，持续巩固脱贫攻坚成果。

（七）落实《意见》[①]

吃透精神谋划新思路，按照“《意见》精神+总局部署+重庆战略+项目特色”原则，推动出台《重庆市进一步深化税收征管改革实施方案》（渝委办发［2021］24号），推出17项创新举措。试点先行构建新机制，建立“1+1+7”组织架构，“综合+四精+专项”试点机制高效运转，形成以点带面、上下联动的工作局面。探索实践取得新突破，参与的重庆市开展商业价值信用贷款试点助力中小微企业发展和“渝快办”平台优化市民政务服务体验等项目被国务院办公厅通报表扬，“跨省异地电子缴税”模式被税务总局和中国人民银行在全国推广，增值税电子专用发票综合推行率在全国领先。

（八）税收法治

2021年，全面推进行政执法“三项制度”，累计公示执法信息26.2万条。落实“首违不罚”清单制度，对10058户次符合条件的纳税人免予行政处罚。将逾期申报“首违不罚”事项嵌入电子税务局，实现自主识别、自主处理，“首违不罚”线上办理被评为重庆市第一批法治政府建设示范项目。抓好重大税务案件审理，研究调整案件审理标准，累计受理重大税务案件216件，审结190件。办理行政复议案件20件，组织开展1场行政复议听证会。办理行政诉讼案件16件，办理民事诉讼案件1件。

（九）税费政策落实

2021年，制发5个税费优惠政策指引，完善政策落实直达快享机制，全年新增减税降费355亿元，惠及市场主体94.5万户（次）。全年办理增值税留抵退税181.3亿元，同比增长24.7%。为制造业中小微企业、煤电和供热企业办理“减、缓、退”税费18.4亿元。

（十）税种管理

增值税方面，优化增值税留抵退税流程，逐步将事前管控转为事后管理。推出增值税小规模纳税人“点即报”二期，进一步减轻申报负担。所得税方面，开展政策确定性研究，建立完善全流程工作机制，出台6期政策解读；围绕创新驱动战略任务，探索构建“研发创新税收指数”。通过网格化管理分类分批引导、优化线上申报服

① 《意见》指中共中央办公厅、国务院办公厅印发的《关于进一步深化税收征管改革的意见》。

务、畅通电子退税路径，完成2020年度个人综合所得汇算清缴；开展汇算清缴事后抽查，柔性引导更正涉税疑点，实现综合所得个人所得税闭环管理。财产和行为税方面，在全国率先推出企业所得税、财产和行为税11个税种合并申报，累计减少申报表单数量26张，减少填报数据项221项；推广上线土地增值税管理系统，建立精细化、智能化、动态化电子台账。聚焦契税法和城市维护建设税法，配合重庆市人大常委会和重庆市人民政府完成地方授权事项，出台《关于重庆市契税具体适用税率等事项的决定》（渝人常〔2021〕145号），《关于明确城市维护建设税纳税人所在地有关事项的通知》（渝财税〔2021〕23号）等配套文件，升级系统申报功能，做好宣传解读，全面推行购房人自行申报增量房契税业务。

（十一）国际税收

2021年，重庆入库非居民税收26.66亿元。932户次非居民纳税人享受税收协定优惠待遇备案改备查，减免税额5.45亿元；41户次企业境外投资者享受利润再投资递延纳税政策，共计扩大在华投资121.76亿元，递延预提所得税税款12.18亿元。推进预约定价安排谈签，签署全市首例预约定价安排。优化非居民扣缴企业所得税套餐式服务，实现10类经常业务集成办理，线上办理替代率达82%。

（十二）办税缴费服务

推出2021年“我为纳税人缴费人办实事暨便民办税春风行动”86项本地措施和16项首批落地事项；实施5方面18条办税服务厅质效提升行动计划；创新“全程电子退库”、“十一税合并申报”、“税港通”、留抵退税“报退合一”、存量房交易“一窗办理、即办即取”等举措，构建完善“一办就好”智慧服务体系；12366纳税缴费服务热线以分中心形式归并至重庆12345政务服务热线，提供“7×24小时”全天候人工服务；完成68.46万户纳税人纳税信用评价，同比增长14.4%，完成16.26万户纳税人信用修复，1.08万户纳税人因信用修复而提升纳税信用级别，纳税人缴费人满意度更高。重庆在营商环境评价中纳税指标排名全国第6、中西部第1，在2021年纳税人满意度专项调查中综合得分名列全国第4。

（十三）征收管理

提升开办企业办税便利化程度，实现一次提交，线上“一网通办”，线下“一窗通办”，全流程“一日办结”。完成首批6大类30项征管基础事项前移工作，减少办税环节41个，压缩办理时间60%以上。加强重点税源管理，梳理重点项目338个，为重点企业编印发放“一户一册”个性化税费优惠政策指引。创新资源税“一目一策”监管，29个重点税目征管实现新突破。

（十四）税务稽查

健全工作机制，依托7部门常态化打击虚开骗税违法犯罪工作机制，发挥警税合成指挥中心及办公室作用，严厉打击“三假”以及发票电子化过程中的违法犯罪行为，全年立案检查1900户次，查补税款27.3亿元。高效推进“双随机、一公开”监管，加大对高风险纳税人的随机抽查力度，全年下发422户“双随机”案源。稳妥受理违法检举，全年下发检举事项796件。认定税收“黑名单”340户，与多部门联合惩戒337户。运用稽查风险内控平台，扫描风险事件1759条，全部推送并整改。

（十五）电子税务

截至2021年12月31日，重庆市电子税务局注册用户为1027万户，“非接触式”办税缴费为214项，90%以上的企业税费业务实现网上办理。开发成渝地区双城经济圈纳税信用等级数据交换等功能，实现两地电子税务局实名认证；与“渝快办”平台新增54项数据交换通道；实现社保标准版系统、出口退税新系统、电子公文系统顺利上线。

（十六）大数据和风险管理

推进部门间数据共享，与重庆市民政局等16家单位共享交换数据，全年获取外部涉税数据2100万条。利用川渝税务数据共享交换通道，累计交换涉税数据1500万条。建立非税智能化监控体系，风险管理更加严密。探索“信用+风险”监管机制，风险应对入库税款11.8亿元。

（十七）党建工作

坚持把党的政治建设摆在首位，认真落实党委会“第一议题”、中心组学习“第一主题”、青年理论学习“第一任务”等制度，各级党组织累计开展学习研讨5400余次。落实《党的建设高质量发展两年行动实施方案（2021—2022年）》，持续推进党支部标准化、规范化建设，“城市治理中的税务党建力量”等创新案例在全国税务系统推广。积极开展创先争优活动，重庆市税务局机关被命名为首批市直“模范机关”，107个集体获得全国文明单位等荣誉称号，223名个人获全国第八届道德模范等荣誉称号。

二、发展中存在的问题

同时，发展中仍然存在一些突出问题和短板。一是党的建设方面，基层党组织的组织力、战斗力还需增强；二是税费征管方面，“税费皆重”意识不够牢固，税费征管效率与水平有待提升；三是法治建设方面，税收执法、税费监管等依然面临一定风险；四是税费服务方面，服务不足与服务过度的问题同时存在；五是能力建设方面，一些干部抓落实、防风险、解决复杂问题的能力还有差距；六是纪律作风方面，干部监督和权力制约机制有待持续完善。

三、2022年发展思路

2022年是党的二十大召开之年，也是进一步深化税收征管改革的攻坚之年。全市税收工作的总体要求是：以习近平新时代中国特色社会主义思想为指导，全面贯彻党的十九届六中全会精神，坚决捍卫“两个确立”，不断增强“四个意识”、坚定“四个自信”、做到“两个维护”，认真贯彻落实全国税务工作会议、市委经济工作会议部署要求，建立健全“一个愿景、六大目标、六项行动”推进落实机制，切实加强党的建设，深度融入服务发展大局，扎实推进智慧税务建设，精准实施税务执法监管，着力优化税收营商环境，持续加强干部队伍建设，推动新发展阶段税收现代化迈上新台阶，以优异成绩迎接党的二十大和重庆市第六次党代会胜利召开。按照上述要求，将着力抓好六个方面的重点工作：全面启动“党建铸魂行动”，强化理论武装，深入开展献礼党的二十大系列主题活动，推动党的建设高质量发展，纵深推进全面从严治党，切实把坚决捍卫“两个确立”的政治自觉转化为坚定践行“两个维护”的实际行动；深入实施“发展助力行动”，充分发挥税收职能作用，高效落实减税降费政策，依法依规组织税收收入，扎实抓好社保费和非税收入征管工作，精准服务全市重大战略，持续彰显服务大局作为；高效推进“数智赋能行动”，大力推进智慧税务建设，稳步推进数字化电子发票，加强税费数据治理，深化税收大数据应用，持续增强改革发展动能；大力开展“治税强基行动”，精准加强税务执法监管，不断夯实征管基础、优化监管方式、规范执法行为、打击涉税违法行为，持续提升税收治理能力；着力深化“服务升级行动”，落实营商环境试点任务，解决办税缴费急难愁盼问题，维护纳税人缴费人合法权益，不断优化税收营商环境，提高纳税人缴费人获得感；全力抓实“组织优化行动”，加强干部队伍建设，强化能力建设、培养使用、服务保障，持续激发干事创业活力。

（执笔人：陈颖）

人行重庆

中国人民银行重庆营业管理部

一、2021 年发展回顾

2021 年，人民银行重庆营业管理部以习近平新时代中国特色社会主义思想为指导，在人民银行总行、市委市政府的大力支持和悉心指导下，围绕工作目标，坚持统筹协作，推动各项事业发展取得新成效。

（一）落实稳健货币政策，提升实体经济服务质效

一是稳健货币政策落实落地。落实 2 次降准政策，开展货币政策工具直达实体经济行动，运用各项货币政策工具累计投放低成本资金 726 亿元，同比增长 62%，有力推动货币信贷稳健增长。2021 年末，全市社会融资规模存量 7.2 万亿元，同比增长 10.2%。各项贷款余额 4.69 万亿元，同比增长 12%，高于全国平均水平 0.7 个百分点。2021 年，全市各类主体通过银行间市场发行债券 1832.7 亿元，同比增长 34.8%。同时，扩大贷款市场报价利率（LPR）运用，全面明示贷款年化利率，全市企业贷款利率维持低位。金融机构全年为实体经济让利约 160 亿元。

二是支持稳企业保就业精准有力。聚焦民营小微企业和个体工商户，深入开展金融服务能力提升行动、“贷动小生意，服务大民生”专项行动。有力落实 3000 亿元支小再贷款政策，累计发放 150 亿元，惠及全市超 2 万户市场主体。高标准建设“1+5+N”[①]首贷续贷中心和金融服务港湾，创新开发配套线上服务平台。自主开发“长江渝融通”货币信贷大数据系统，依托系统建立与行业主管部门的需求清单推送机制，推动 1 万余户市场主体获得贷款超 2800 亿元。推动在 33 个区县举办融资对接会 39 场，现场签订放款、意向性授信、债券承销等协议金额 2213 亿元。联合财政部门创新“见担即贷”“见贷即担”产品模式，有效破解抵质押难题。推广动产融资统一登记公示系统，抵押标的不断丰富，畜禽活体抵押贷款增量扩面。截至 2021 年末，中征应收账款融资服务平台供应链企业融资超 200 亿元。

三是金融助力乡村振兴务实推进。联合有关市级部门制发全面推进乡村振兴实施意见，推动市政府出台金融支持政策，持续加大农村地区金融供给。推动全国首批乡村振兴债券在辖区落地。30 个示范项目纳入“金融科技赋能乡村振兴示范工程”。对 6599 个助农取款服务点实施扫码取款升级改造，实现重点帮扶乡镇、村全覆盖。“1+2+N 普惠金融到村”基地[②]覆盖全市近五成行

① 即高质量打造 1 个首贷续贷中心，依托首贷续贷中心探索建设多个具备基层金融治理、政策宣传直达、信贷培育对接、综合金融服务和问题反馈解决等五大功能的金融服务港湾，推出 N 个长短结合服务中小微企业和个体工商户的支持政策措施。

② 党建引领下，以打造 1 个普惠金融到村基地和到村线上服务平台为基础，以建设金融综合服务站、金融消费权益保护与金融知识宣传站 2 个站点为载体，以搭载信贷支持产业发展、农村信用体系建设、绿色金融协同等 N 个行动计划为抓手，让村民在家门口享受“一站式”金融基础服务。

政村，惠及600万农村居民，同时在9个区县开通线上服务平台。

（二）贯彻新发展理念，推动改革创新纵深发展

一是坚持创新发展，推动金融和科技双向赋能。联合市科技局、市知识产权局制发《关于进一步强化科技创新金融服务推动高质量发展的实施意见》，配合市政府出台支持科技创新若干财政金融政策。2021年末全市科技型企业贷款余额3533.6亿元。细化金融支持制造业高质量发展措施，完善白名单机制，推动全市高技术制造业中长期贷款余额同比增长25.5%。深化金融科技发展，深入推进金融数据综合应用试点、金融科技创新监管工具，共建中新金融科技产业示范基地，成功举办中新金融科技节活动。

二是坚持协调发展，助力成渝地区双城经济圈建设。积极对接国家区域协调发展战略，落实《成渝地区双城经济圈建设规划纲要》，全力推动《成渝共建西部金融中心规划》正式出台。深化与人行成都分行协同联动，制发第一批联合工作项目清单，21个重点项目有序推进。联合开展川渝高竹新区调研，制定《关于金融支持川渝毗邻地区跨省域示范区发展的指导意见》。持续推进金融管理服务一体化，建立跨境融资异地业务管理协作机制，获批全国首个跨地区外债便利化试点。推动川渝毗邻地区共同开展存款保险宣传、突发事件应急演练，完善金融稳定协作机制。川渝跨省电子缴税获评人民银行总行“国库最佳实践创新项目”，为实现全国跨省缴税提供重要支撑。

三是坚持绿色发展，探索完善绿色金融体系。加快推进创建绿色金融改革创新试验区，持续迭代更新“长江绿融通”大数据系统，打造碳减排项目库，服务碳减排支持工具精准投放。出台全国首个以碳绩效为指标的“绿色项目（企业）认定标准”、中西部首个“绿色建筑产业与绿色金融协同发展试点方案”“绿色金融服务绿色建筑指南”。推动全辖71家金融机构率先披露气候与环境信息，重庆成为“环境信息披露”覆盖全辖所有银行的省（市）。推动金融机构开展绿色金融产品创新。截至2021年末，全市绿色贷款余额3843.8亿元，同比增长35.6%，高于各项贷款平均增速23.6个百分点；绿色债券余额310.37亿元，同比增长20.9%，较同期全市债券余额增速高9.3个百分点。

四是坚持开放发展，提升跨境金融发展水平。深入推进外汇管理改革试点，合格境内有限合伙人（QDLP）试点在中西部率先启动，高新技术企业外债便利化试点实现突破，贸易外汇收支便利化试点规模大幅扩容，外籍人才外汇业务便利化试点业务规模居全国前列，跨境金融服务平台西部陆海新通道应用场景入选国家区块链创新应用试点。积极推进人民币跨境使用，开展跨境人民币进园区行动，将自贸区更高水平跨境人民币政策扩大至全市，2021年全市跨境人民币实际收付金额同比增长15.1%。深入推进汇率避险专项行动，探索以政府资金池方式缓解企业保证金压力，外汇衍生业务签约143.6亿美元，签约笔数同比增长1.2倍。2021年，重庆市银行代客涉外收支总额1875亿美元，同比增长29.7%。

五是坚持共享发展，提升人民群众获得感。全国首批试点小微企业简易开户服务，便利市场主体1.7万户。全面落实支付手续费减费让利政策，惠企利民超亿元。积极支持财税改革，落实减税降费政策，个税退税增长5成，推动多项非税和社保费征管职责全面划转。深入推进国债下乡，农村地区储蓄国债发行额翻番。全国首批试点企业信用报告自助查询，增设征信查询服务窗口，推动全市约7成自助查询点提供“周末”和

“节假日”服务。加强金融知识宣传教育，成功创建2个市级金融教育示范基地。

（三）统筹发展和安全，持续优化区域金融生态

一是密切央地金融监管协调。充分发挥金融委办公室地方协调机制作用，支持配合地方政府落实属地金融监管和风险处置责任，召开6次协调机制会议，及时传达金融委决策部署，推动常态化风险防控、重大风险问责机制等落实落地，推进不良资产处置、地方金融组织统计、金融消费权益保护等工作，金融监管合力明显增强。

二是精准拆弹突出金融风险。抓住重点问题金融机构，协调金融监管和处置资源，“一家一策”改革化险或“在线修复”，2021年四季度央行金融机构评级结果显示，参评法人银行业金融机构均在安全边界内（1~7级）。针对重点问题企业，强化监测预警，积极推动配合有关部门有序化解处置力帆集团等企业风险。

三是加强房地产金融宏观审慎管理。因城施策实施差别化住房信贷政策，促进房地产信贷平稳有序投放。建立金融支持房地产风险化解跟踪监测机制，推动配合有关部门稳妥处置恒大等大型房企风险。

四是主动防范化解金融市场冲击。持续开展银行间市场债券到期风险监测预警，市场运行保持平稳。发挥“宏观审慎+微观监管”两位一体监管框架作用，强化跨境资金流动风险监测预警，推动涉外收支稳步增长，跨境资金流动基本平衡。

五是严厉打击违法违规金融活动。全力推动反赌反诈资金链治理，涉诈单位账户数持续处于全国低位。构建完善惩治洗钱犯罪联合督办机制，全年实现“洗钱罪”案件宣判27件，同比增长4.4倍。深入开展“征信修复”专项治理行动，与市发展改革委、市市场监管局建立监管合作机制，坚决打击“征信修复”乱象，约谈5家机构、推动2家机构注销、4家机构更改经营范围。开展网络炒汇、跨境赌博清理整治，严厉打击外汇领域违法违规活动。

二、发展中存在的问题

2021年，受全球持续疫情影响，外部发展环境复杂多变，新旧动能转换过程中新动能作用发挥尚不充分，辖区经济总体上稳定恢复、稳中加固、稳中向好的同时，也面临下行压力加大、风险挑战增多的形势。经济恢复动能减弱，对辖区金融运行带来明显影响，在需求收缩、供给冲击、预期转弱三重压力下，经济运行走弱，企业生产经营困难加大，保持货币信贷稳定增长的压力增大，统筹发展和安全仍需持续加力。

三、2022年发展思路

2022年，人民银行重庆营业管理部将继续以习近平新时代中国特色社会主义思想为指导，全面贯彻落实党的十九大和十九届历次全会精神，按照人民银行工作部署，坚持稳中求进工作总基调，完整、准确、全面贯彻新发展理念，加快构建新发展格局，深化金融改革创新，助力稳定宏观经济大盘，保持经济运行在合理区间。

一是持续提升服务实体经济能力。用好用足各类货币政策工具，发挥其总量和结构双重功能，增强信贷总量增长的稳定性，加大对实体经济的支持力度。深化LPR运用，推动金融系统继续向实体经济让利。持续开展首贷续贷中心和金融服务港湾稳企纾困行动，全面推进银企对接，引导金融机构加大对普惠小微、绿色发展、科技创新、制造业等领域的信贷投放力度。落实

差别化住房信贷政策，加大对住房租赁市场发展的金融支持力度，促进房地产业良性循环和健康发展。

二是不断深化金融改革创新。加快推进西部金融中心建设，编制并推动印发《〈成渝共建西部金融中心规划〉联合实施细则》。推动成渝金融一体化发展，推进信用信息平台互联互通、监管信息共享互通、金融风险联防联控。深化绿色金融和转型金融发展，持续迭代更新“长江绿融通”绿色金融大数据信息平台，完善碳减排项目库，提升银企对接效率，推动碳减排支持工具精准落地。推动金融科技赋能乡村振兴示范工程、金融数据综合应用试点落地，拓展覆盖范围，打造典型应用场景。深化“1+2+N 普惠金融到村”基地建设。提升金融支持内陆开放质效，深化外汇便利化举措，持续优化跨境金融服务平台运用，推进成渝外债管理便利化试点，稳步推进人民币跨境使用。

三是切实防范化解金融风险。按照稳定大局、统筹协调、分类施策、精准拆弹的方针，配合推动大型问题企业、政府隐性债务等重点领域风险稳步有序化解。持续优化金融风险监测预警体系，增强金融风险识别预警的主动性和前瞻性；统筹实施宏观审慎评估、央行金融机构评级、存款保险制度等。继续发挥金融委办公室地方协调机制（重庆市）作用，维护区域金融稳定和良好金融生态环境。协调推进打击治理洗钱违法犯罪三年行动，坚决遏制洗钱犯罪，切实维护国家安全、社会经济稳定和人民群众切身利益。

（执笔人：樊振昌）

重庆海关

重庆海关

一、2021 年发展回顾

2021 年，重庆海关党委始终坚持以习近平新时代中国特色社会主义思想为指导，深入贯彻党的十九大和十九届历次全会精神，立足海关职能，全面落实习近平总书记对重庆提出的系列重要指示要求，勇于担当、履职尽责，全力维护国门安全，积极支持重庆开放发展。

2021 年，重庆外贸进出口总值达 8000.6 亿元人民币，较 2020 年增长 22.8%，延续了 2018 年以来的两位数增长态势。其中，出口 5168.3 亿元，增长 23.4%；进口 2832.3 亿元，增长 21.7%。在西部地区 12 个省份中，重庆进出口值居第 2 位。

（一）强化政治机关意识，扎实走好“两个维护”第一方阵

1. 强化理论武装

把认真学习贯彻习近平新时代中国特色社会主义思想作为首要任务，制定年度中心组学习计划，切实做到深学悟透、融会贯通、真信笃行。将党史学习教育作为重要政治任务，配套“一清单三计划”，重点打造理论学习、红色教育、典型榜样、知行合一“4 个课堂”，全力推进关区 150 余项“我为群众办实事”重点民生项目，其中“关银一 KEY 通”川渝一体化模式创新举措成功入选海关总署我为群众办实事“百佳项目”。

2. 抓实“第一议题”

2021 年召开形势分析及工作督查例会 12 次，集中学习贯彻习近平总书记重要讲话和重要指示批示精神 34 篇次，对口岸疫情防控、优化口岸营商环境等 81 个专项议题进行研究，立项督办 105 个议定事项。其间，会同成都海关积极争取海关总署出台支持成渝地区双城经济圈建设 12 条重点措施，其中实行“非银行金融机构开展跨境电商担保业务”和“零配件便捷进出综保区监管”为海关总署在全国首次授权开展。

3. 加强自身建设

围绕建党 100 周年重要节点，协调推进打赢意识形态攻坚战“五个一”系列工作，不断增强政治判断力、政治领悟力、政治执行力。积极创建“让党中央放心、让人民群众满意的模范机关”，关区整建制获重庆市直“模范机关”命名，1 个隶属海关单位获评市直机关创建模范机关先进集体。

（二）协同推进改革创新，不断提高治理能力和水平

1. 推动全业务领域一体化改革取得新进展

立足西部陆海新通道区域海关协作机制，探索税收征管一体化改革，建立区域海关进口水果价格管理模式和中欧班列回程运输境内、境外段拆分方式共认机制；开展自贸创新举措复制推广和协同创新，制定《陆海新通道沿线海关自贸创新情况一览表》；牵头开展区域海关风控

一体化课题研究，协同成都海关共建专项防控规则，实现风险布控规则跨关区共建共用；与乌鲁木齐海关共同承接海关总署“关铁通”项目实施，共同打造“中欧班列运行可视化建设”项目，推动铁路快通落地，单趟班列口岸通关作业耗时平均减少4小时以上，为企业节省运营成本近万元，工作情况获央视《新闻联播》报道。

2. 支持保税监管多点开花探索新亮点

探索“保税+暂时进出境”业务模式，支持顺利完成“高端奢侈品首次在西部地区保税进境展示交流活动”。推动企业集团加工贸易监管模式改革，创新3类运营监管模式，推动4家企业集团通关、物流综合成本降低55%。积极开展加工贸易残次品管理改革试点，完成首票残次品销毁试点业务。

3. 推动智慧监管拓展提升新效能

对标建设内陆国际物流枢纽和口岸高地要求，在全国首创疫情防控监督检查“四看一移动”移动监控指挥系统，实现进出境航班、冷链、高风险非冷链集装箱货物等高风险作业监督检查智能化、一体化和移动化。以推动果园港建成西南地区最先进的综合指定监管场地、检疫处理场地为契机，引入全国首套“双能、双视角、双加速器”快速检查系统，实现检查效率较传统设备提高20倍以上；部署上线安全智能锁、鹰眼智能监控识别系统、辐射探测及箱体喷淋一体化通道等科技设备，监管效能提升60%；开展“提前申报”+“智能理货”+“抵港确认”，实现进口货物岸边直接分流，减少吊装环节，提货效率较之前提高1/3。与海科中心签订合作备忘录，“1+X”合作实验室在重庆海关首站揭牌，争取海关系统五个评估中心之一“国家进出口商品质量安全评估中心（重庆）”落地。

4. 助推中新（重庆）“三智”合作取得新成效

成功举办关区首次中新（重庆）关际合作视频会议，对标“智享联通”，牵头组织与新加坡关税局开展信息共享，完成关区首次中新信息互换；围绕“智能边境”，构建数据对接通道，推动形成重庆—新加坡物流数据互联互通的“数字边境”，推动中新（重庆）数字边境信息互联项目入选全国8个“三智”落地示范项目之一，并作为4个典型案例之一入选APEC互联互通案例，“三智”合作取得实质性进展。

（三）以服务发展为己任，助推重庆加快建设内陆开放高地

1. 紧扣“增活力、重引领”目标，助推重庆开放平台建设发展

出台12条措施扎实开展促进跨境贸易便利化专项行动，推动两段准入业务模式实现信息化系统自动受理、流转，推广提前申报出口应用率维持在95%左右、两步申报应用率保持在30%以上，实现进口整体通关时间62.60小时，比2017年压缩73.85%；出口整体通关时间0.58小时，比2017年压缩96.13%。支持万州综合保税区、永川综保区成功获批，指导江津综合保税区（二期）围网建设方案，积极调整两寸综保区规划，推动各综保区错位协同发展，2021年综合保税区进出口达5492.7亿元，同比增长21.5%，占重庆外贸进出口总值的68.7%，综保区继续成为重庆外贸发展的重要支撑力量。充分发挥“数据+研究”优势，2021年向市委、市政府报送外贸分析报告20余篇次，获市领导批示5篇次，靠前服务领导决策成效显著。

2. 紧扣“提能级、强辐射”目标，助力重庆打造内陆国际物流枢纽

着眼东西南北四个方向、以铁公水空四种方

式助推重庆开放通道能级和辐射水平不断提高，隶属重庆港海关整体搬迁全力支持果园港国家物流枢纽建设；深入推进“13+2”区域海关合作，2021年累计监管跨境公路班车开行3180车次，总货值超19.26亿元，同比分别增长28%、56%，推动中欧班列（重庆）2021年开行2273列；继续推广水运进口转关“离港确认”，提升“沪渝直达快线”在水运转关运输的占比，累计到发1191班次，装载27.7万标箱。

3. 紧扣“解难题、办实事”目标，帮助企业提升国际竞争力

着眼在解决资金周转问题上出实招，积极落实暂定税率调整政策、优惠贸易协定、减免税政策等国家税收政策，累计减征税款15.24亿元；持续推广海关预裁定等税收便利化措施，创历史新高。着眼在节约时间上想办法，支持重庆铁路、水港、航空口岸打造指定监管场地，支持重庆两路寸滩、万州等综合保税区开展进口食品保税加工业务；缩短进境动植物源性食品检疫许可证审批平均办理时间到4.36天，较法定时长减少78.2%；推进报关企业“许可”改“备案”改革，企业办结时间缩短90%以上。着眼在做大做强上出主意，完成西南首家进境中药材指定存放、加工企业的培育和备案；实施AEO重点培育，2021年高级认证企业75家，同比增长15%。

4. 紧扣“指导好、服务好”目标，助推地方特色产业发展

立足实际助推重庆本地农产品扩大出口，联合重庆市5部门出台农产品出口示范基地认定管理办法，支持新增出口农产品基地8个、备案面积7400亩；与成都海关协作，形成产品—国家技贸措施数据池，支持打造成渝地区双城经济圈柠檬出口优质品牌；配合中新局召开中新（重庆）农产品贸易合作视频会议，推动中新（重庆）农产品贸易；支持豆腐乳、菊芋汁等21个产品实现首次出口，新增出口国家和地区32个，出口农产品同比增长38%。

（四）落实总体国家安全观，持续筑牢国门口岸防线

1. 紧抓疫情防控不放松

2021年检疫出入境人员64124人次，采样10037人份，有效防范新冠肺炎疫情从重庆口岸传入；开展法定传染病监测14508人次，检出传染病89例。扎实推动重庆口岸进口高风险非冷链集装箱货物的新冠病毒抽样检测和预防性消毒工作。完成纪念中国—东盟建立对话关系30周年特别外长会和澜湄合作第六次外长会的口岸疫情防控和通关保障。2021年对364批进口冷链食品抽检检测样本2678个，对冷链食品进行了口岸预防性消毒监督，严防疫情随进口冷链食品传入。

2. 狠抓打击走私不松劲

围绕“中央关注、社会关切、群众关心”的突出走私问题持续高压严打，深入推进“蓝天2021”“国门利剑2021”“护卫2021”等系列打私专项行动，有效遏制走私高发势头。刑事立案侦办各类走私犯罪案件29起，同比增长7.4%。行政立案查办各类走私违规案件375起，案值11.49亿元，涉嫌偷逃税款3603.1万元，同比分别增长81.2%、382.6%和982.9%。

3. 牢守国门安全不懈怠

严防重大动植物疫病疫情输入输出和外来物种入侵，2021年截获苹果瘿蚊、青鳉鱼等外来物种和鲜活动植物148种342次，同比增长8.7倍；截获输入性病媒生物37批次、蝇类5批次、蜚蠊30批次。切实加强进出口商品质量安全监管，2021年检验进出口商品8956批，检出不合格793批；全国进口儿童用品质量安全风险评估内容被新华社等广泛报道。

4. 强化一线监管不停步

2021 年监管货运量 773.4 万吨、增长 7.6%，货值 1034.2 亿美元、增长 27.9%；结关报关单超 90.9 万份。监管进出境人员 6.4 万人次，监管进出境快件 210.3 万件（票），邮递物品 420.7 万件，实际监管再获突破。2021 年累计完成税收入库 173.9 亿元，同比上涨 26.8%，创历史新高。

（五）从严从实抓紧基层党建，打造忠诚干净担当的准军队伍

1. 持续深挖基层热源

着眼海关工作推进到哪里，党的组织就覆盖到哪里，在基层一线全面铺开“支部建在科上”，同步统筹推进合格支部达标考核、“四强”支部“回头看”复核，发挥智慧党建平台全程纪实和督导提醒作用，持续开展支部品牌创建；坚持落实机关与基层、内陆与沿边、海关与地方支部共建，我关基层党建“三三四小”支部工作法被重庆市直机关党建工作协作会推介。

2. 纵深推进政治巡察

2021 年分两轮对 17 个部门单位开展常规巡察及巡察“回头看”，五年“全覆盖”完成率达 91%；同步深化巡察方式方法创新，建立巡中集中督导机制、深化巡察整改片区督导，“重庆海关探索建立巡察整改片区督导新机制”等做法被海关总署宣介，《精准发力问题查发 立体提升巡察质量——增强巡察查发问题能力的探索与实践》被海关总署评为三等奖。

3. 抓细抓小廉政教育

拓展“看学讲谈督评”的“六廉”教育外延，创建“廉驻寸心”“鹤鸣生威”等廉政品牌，创新党史中的纪律线上专栏、“书记晒廉”视频访谈、典型案例“十问十答”、职务犯罪案件宣判旁听等多种教育形式，常态推送节假日“廉政提醒日历”，持续巩固“不想腐”的思想防线。

二、发展中存在的问题

同时，发展中仍然还存在一些突出问题和短板。一是关区规章制度体系还有待进一步完善；二是科技创新对于把关服务和政务运行的支撑作用仍有较大潜力可挖；三是纵深推进全面从严治党仍然任重道远。

三、2022 年发展思路

以习近平新时代中国特色社会主义思想为指导，深入贯彻党的十九大和十九届历次全会精神，认真落实中央经济工作会议部署，弘扬伟大建党精神，深入学习领会“两个确立”的决定性意义，坚持党对重庆海关工作的绝对领导，增强“四个意识”、坚定“四个自信”、做到“两个维护”，坚持稳中求进工作总基调，立足新发展阶段，完整、准确、全面贯彻新发展理念，加快构建新发展格局，全面深化改革开放，坚持创新驱动，推动高质量发展，坚持以供给侧结构性改革为主线，继续落实“六稳”“六保”部署，统筹发展和安全，强化监管优化服务，统筹口岸疫情防控和促进外贸稳增长，马上就办、真抓实干，锲而不舍、一以贯之推进政治建关、改革强关、依法把关、科技兴关、从严治关，推动重庆社会主义现代化海关建设迈出新步伐，提升制度创新和治理能力建设水平，持之以恒正风肃纪、营造良好政治生态，服务打造高水平、制度型对外开放格局，以优异成绩迎接党的二十大胜利召开。

（执笔人：肖宝林）

对外贸易

中国国际贸易促进委员会重庆市委员会

一、2021 年发展回顾

2021 年，重庆市贸促会认真落实习近平总书记对重庆提出的营造良好政治生态，坚持“两点”定位、“两地”“两高”目标，发挥“三个作用”和推动成渝地区双城经济圈建设等重要指示要求，准确把握新发展阶段、坚决贯彻新发展理念、服务构建新发展格局，以推动高质量发展为主题，以改革创新为根本动力，充分发挥贸促会连接政企、衔接内外、对接供需的独特优势，促进重庆开放型经济发展和服务重庆对外工作大局，为推动重庆全面融入共建“一带一路”、加快建设内陆开放高地作出积极贡献，以优异的成绩庆祝中国共产党成立 100 周年。

（一）坚持思想引领，确保贸促工作正确政治方向

坚持用习近平新时代中国特色社会主义思想武装头脑、指导实践、推动工作。扎实开展党史学习教育，从党的百年奋斗历程中汲取智慧和力量，把“两个确立”的政治成果转化为践行“两个维护”的政治自觉。认真制订《“十四五”重庆贸促事业发展规划》，按照项目化、事项化、清单化要求，抓好共建“一带一路”、内陆开放高地建设等重大战略部署的落地实施，以新气象新风貌推动重庆贸促事业高质量发展。

（二）强化协同发展，助力成渝地区双城经济圈建设

积极争取中国贸促会与川渝两省市人民政府签署《关于促进成渝地区双城经济圈建设合作协议》。全面履行《共担使命协同发展——川渝贸促系统助推成渝地区双城经济圈建设》倡议书，召开 2021 年川渝贸促系统联席会议，相互支持重大经贸活动，联合举办经贸摩擦应对等专题培训，推动商事认证“川渝通办”事项落实，促进成渝地区开放合作走深走实。

（三）聚焦中西部国际交往中心建设，稳步拓展对外经贸“朋友圈”

以东盟、欧盟、拉美为重点，依托境外工商合作伙伴，开展经贸交流 30 余次，畅通与“一带一路”沿线国家的经贸往来。中国—巴西商务理事会重庆联络办、上海合作组织中国实业家委员会重庆联络办、重庆市贸促会驻巴西代表处运转良好。克服新冠肺炎疫情等风险挑战，高质量承办第十四届中国—拉美企业家高峰会，全国政协副主席高云龙、厄瓜多尔总统拉索及中拉政府官员、驻华外交使节、工商界代表等 1200 人线上线下参会，举办 11 场主要活动，签订 19 项合作项目，涉及合同金额逾 70 亿元，发布《中国—拉美和加勒比工商界重庆倡议》，有力配合党和国家政治外交大局，推动中拉经贸合作结出更加丰硕的成果。

（四）助力国际会展名城建设，做大做强展会品牌

精心筹办“中国西部（重庆）国际物流博览会”“中国（重庆）长江经济带环保博览会”等品牌展会，行业影响力进一步增强。以攻坚克难、干事创业的勇气和担当精神，举办“第十九届中国（重庆）国际摩托车博览会”，创新办展模式，采取跨行业、跨区域的全场景融合模式，构筑起含展览、赛事、演艺、文旅等元素的会展经济产业链，吸引了1000余家国内外知名品牌摩托车企业参展，展出车型1000多款，全球首发新车50多款，同比增长100%；展出面积超10万平方米，同比增加20%，巩固了全球摩托车领域第一大展会的地位。

（五）紧扣稳住外贸外资基本盘，积极搭建经贸交流平台

结合重庆产业特点、发展方向和产品结构，高标准举办“中国（重庆）—美国金融圆桌会”“中国（重庆）—古巴经贸洽谈会”“中国（重庆）—东盟国家五金产品采购云洽会”等经贸促进活动，开展供需精准匹配对接，积极推动“渝货全球行”，为重庆企业创造更多展示、推介、洽谈和交易的机会。高质量举办迪拜世博会“重庆活动日”，依托国际经贸舞台宣传重庆、推介重庆，帮助重庆企业和产品融入全球产业链供应链，签订10项经贸合作协议，涉及金额50亿元，有效提升重庆企业参与国际竞争与合作的能力。

（六）突出RCEP服务，深入开展“我为企业办实事”实践活动

牢牢把握服务企业这个根本，利用“西洽会”等平台，深入解读RCEP相关规则，推动重庆企业主动融入国内国际双循环。认真开展“RCEP对重庆重点产业影响及对策建议”专项调研，指导重庆企业更好地与RCEP成员国企业开展交流合作。推广13个RCEP成员国的《企业对外投资国别（地区）营商环境指南》，帮助企业详细了解RCEP成员国的投资环境、政策、融资、投资风险防范及合规运营。整理翻译38个区县2021年度重点招商引资项目发送驻渝驻蓉商务机构、领事机构。为中小微进出口企业提供“一篮子国际金融产品服务”和“定制化金融服务方案”。发布国内外优质投资项目信息491条、对外投资合作国别（地区）指南215条、经贸摩擦预警信息103期。

（七）立足营商环境优化，不断提高商事法律服务水平

持续推动商事认证“全渝快办”和“全网通办”，提升商事认证服务质量和效率。全年共办理各类商事认证文件24134份，同比增长32.18%，实现商事认证无差错、高质量、高效率的目标，办证企业满意率100%。挂牌设立“重庆市涉外知识产权调解中心”，组建首批由46位专家组成的重庆市涉外知识产权专家库。与全市法院系统加强合作，建立一站式商事争端解决平台，推动建立司法、仲裁、调解相衔接的多元化商事纠纷化解机制，全年受理调解商事案件169件。

二、发展中存在的问题

同时，发展中仍然还存在一些不足和短板，主要表现在贯彻落实新发展理念、服务构建新发展格局的办法措施还不够多，服务企业的针对性和效果还不够好，国际贸易投资促进方式需要进一步创新。

三、2022 年发展思路

2022 年，重庆市贸促会将把学习习近平新时代中国特色社会主义思想和十九届六中全会精神激发的工作热情和磅礴动力转化为推动重庆贸促工作高质量发展的实际行动，统筹疫情防控与经贸促进工作，坚持稳字当头、稳中求进，积极推动重庆企业融入以国内大循环为主体、国内国际双循环相互促进的新发展格局，在对外开放实践中展现新担当新作为，以优异的贸促工作迎接党的二十大胜利召开。

（一）坚持服务重庆对外开放大局

牢记“国之大者”，对表对标党中央决策部署和市委、市政府工作安排，坚决贯彻“稳字当头、稳中求进”的明确要求，切实履行贸促职责使命。坚持走中国特色社会主义群团发展道路，进一步提高政治判断力、政治领悟力、政治执行力，团结带领更多的外经贸企业，投身重庆开放型经济发展和对外工作大局。

（二）利用国际经贸舞台讲好重庆故事

深化与全球贸促机构、商协会的战略合作，加强交流对话，促进贸易畅通，拓展产能合作，推动共建“一带一路”高质量发展。充分发挥多双边工商机制作用，用好 B20、APEC 等重大经济外交平台，推介重庆发展机遇，展示重庆开放形象，提升重庆对外影响力，助力中西部国际交往中心建设。

（三）不断提升国际贸易投资促进质效

围绕加快发展外贸新业态新模式、推动外贸稳中提质、优化和稳定产业链供应链，帮助重庆企业稳订单、扩进口、拓市场，助力外贸稳定发展。提高展会质量和效果，筹划好“RCEP 与西部开放”国际合作论坛、“遇见巴蜀·国际融合采洽会”等重大经贸活动。积极参与“投资中国”平台建设，推动重大外资项目加快落地，定期发布国别投资环境报告，强化对外投资指导，促进双向投资健康发展。

（四）努力推动营造市场化法治化国际化开放环境

以“全渝快办”“川渝通办”为重点，大力开展商事法律服务、经贸摩擦预警及应对工作，促进贸易投资自由化便利化。认真履行商事调解职能，强化知识产权服务，推进诉源治理。发挥中国贸促会自贸协定（重庆）服务中心职能作用，加强自贸协定（FTA）推广实施，聚焦 RCEP 生效实施，帮助企业用足成员国降税、区域原产地累积等规则，增强参与国际市场竞争力。

（五）加快构筑覆盖广泛的服务体系

深化贸促治理创新，全面加强能力建设，发挥连接政企、衔接内外、对接供需的渠道优势，深入企业调研，掌握企业诉求，用好两个市场两种资源，提供外经贸领域国际化、专业化、精细化、数字化的公共服务，让企业获得感更强、发展信心更足。

（执笔人：李继洪）

第三编　产业发展

第一产业

农业发展

重庆市农业农村委员会

一、2021 年工作回顾

2021 年是“十四五”开局之年，全市农业农村系统深入学习贯彻习近平总书记重要讲话精神，认真落实党中央决策部署和市委、市政府工作要求，坚持把乡村振兴作为重庆发展的最大潜力、把城乡融合作为重庆发展的最高境界，真抓实干、埋头苦干，扎实推动“三农”各项任务落地见效，实现了“十四五”良好开局。第一产业增加值达到 1922 亿元，同比增长 7.8%，增速比全国平均水平高 0.7 个百分点；两年平均增长 6.2%，比全国平均水平高 1.2 个百分点。农村常住居民人均可支配收入达到 18100 元，同比增长 10.6%，增速比全国平均水平高 0.1 个百分点；两年平均增长 9.3%，比全国平均水平高 0.6 个百分点。

（一）粮食和重要农产品供给有力保障

牢记粮食安全乃国之大者，全力推动粮食安全党政同责和“菜篮子”区县长负责制落到实处，坚决扛稳粮食安全政治责任。一是粮食再获丰收。建立粮食“三稳”工作专班，盘活利用撂荒地 59.7 万亩，及时兑付耕地地力保护补贴 21.72 亿元、2021 年实际种粮农民一次性补贴 3.3 亿元，全市粮食种植面积 3019.8 万亩，同比增长 0.5%；平均单产 361.9 公斤 / 亩，较上年提高近 2 公斤，创历史新高；总产量 218.56 亿斤，同比增长 1.1%。二是生猪生产恢复至 2017 年正常年份水平。制定促进生猪生产持续健康发展政策措施，加强生猪产能调控，毫不放松抓好非洲猪瘟等重大动物疫情防控，全市生猪出栏 1806.86 万头，年末存栏生猪 1179.83 万头、能繁母猪 116.12 万头，同比分别增长 26.0%、9.0%、6.3%。全市畜牧业总产值 814.23 亿元，同比增长 16.6%，占农林牧渔业总产值的 27.7%。三是蔬菜产业增量提质。大力发展高山蔬菜，加强重点蔬菜基地改造升级，构建形成“三带三级”（即渝遂高速公路沿线时令蔬菜产业带、高山蔬菜产业带、加工蔬菜产业带和重庆主城、区县城、集镇三级蔬菜保供体系）蔬菜产业布局与保供体系，全市蔬菜播种面积 1196 万亩、产量 2168 万吨，分别比上年增长 3.28%、3.58%。全市水产养殖面积 84355.49 公顷、同比增长 1.67%，水产品总产量 54.53 万吨、同比增长 4.08%，有效满足城乡居民对水产品消费需求。

（二）农业综合生产能力有效提升

聚焦“种子”和“耕地”两个要害，打实打牢种子耕地农机基础，推动“藏粮于地、藏粮于技”落地落实。一是种业振兴行动全面实施。深入开展农业种质资源普查和保护利用，收集珍稀、特优地方种质资源 2758 份。建成 1 个国家级制种大县、4 个国家区域性良繁基地、1 个国家级生猪核心育种场，全市良种覆盖率超过 96.5%、贡献率超过 45%。组建水产、畜禽、种植等 6 个农业科技创新联盟和 14 个农业产业技术体系创新团队。二是耕地保护利用有效加强。制定坚决遏制耕地“非农化”、防止耕地“非粮化”25条政策措施，开展“大棚房”问题专项清理整治行动“回头看”并建立长效工作机制。建成高标准农田197.33万亩，累计达到1498万亩。建成高效节水灌溉面积41.73万亩。在18个区县启动“千年良田”建设试点。三是农业机械化加快发展。投入市级财政资金2亿元，完成宜机化改造1.47万公顷，累计改造面积达到6.67万公顷。兑付补贴资金1.06亿元，结算补贴机具9.09万台（套），全市农作物耕种收综合机械化率达53.5%，居西南地区省份前列，同比提高1.5个百分点，增幅比全国平均水平大0.5个百分点。

（三）农业高质量发展态势更加明显

深入推进农业供给侧结构性改革，着力建集群、延链条、提品质，加快推动传统农业向标准化、品牌化、产业化的现代农业转型升级。一是乡村特色产业蓬勃发展。柑橘、榨菜、柠檬等优势特色产业提质发展，单产水平明显提高。新创建长江上游榨菜、重庆三峡柑橘等2个全国优势特色产业集群，累计达到4个。获批丰都畜禽和万州种养循环2个国家级现代农业产业园，累计达到6个。新认定10个全国“一村一品”示范村镇，总数达127个。二是农业“接二连三”步伐加快。全市规模以上农产品加工企业总数达到1185家，打造百余条乡村休闲旅游精品线路，实施“互联网+”农产品出村进城工程，农产品加工业总产值达到3656.67亿元、同比增长14.6%，实现乡村休闲旅游业经营收入796亿元、接待游客2.3亿人次，农产品网络零售额153.6亿元、同比增长17.5%。三是发展质量效益持续提升。用力抓好农业标准化生产和农产品质量安全监管，累计制修订农业农村地方标准515项，累计发布农业地方标准485个，主要农产品质量安全合格率达99.32%。认证有效期内“三品一标”农产品6794个，“巴味渝珍”区域公用品牌新增授权产品299个、累计达832个，“三峡柑橘”品牌完成商标注册，品牌强农取得新的进展。

（四）乡村建设行动坚实起步

坚持农业现代化和农村现代化一体设计、一并推进，循序渐进实施乡村建设行动，努力使乡村让人们更向往。一是农村人居环境持续改善。大力实施农村人居环境整治提升五年行动，建成农村卫生户厕7.2万户（座），农村卫生厕所普及率达到82.3%，行政村生活垃圾有效治理率达到99.9%，农村“脏乱差”的现象得到有效遏制。二是乡村生态保护修复持续推进。全面落实长江“十年禁渔令”，做好退捕渔民安置保障，江河水面基本实现“四清四无”。狠抓农业面源污染防治，化肥、农药使用总量分别连续6年、7年递减，畜禽粪污、秸秆综合利用率稳定在80%以上。三是乡村人才活力持续迸发。开展农村致富带头人培养行动，认定农村致富带头人2000人，培育高素质农民2.5万人，累计培育家庭农场3.3万个、农民合作社3.72万个。回引农民工返乡就业创业31.8万人，其中返乡创业5.9万人，返乡就业25.9万人。

（五）农业农村发展动力活力更加强劲

按照“好说”“好做”“有好处”要求，推动农村改革扩面、提速、集成，激活主体、激活要素、激活市场。一是农村基础性改革持续推进。农村土地“三权分置”改革稳步推进，农村集体产权制度改革成果持续巩固，全市承包地集体所有权确权颁证率达99%，累计确认集体经济组织成员3810万人次，9049个村、79114个组完成集体资产股份合作制改革，累计挂牌交易农村产权46.2亿元。二是农村“三变”改革促进集体经济快速发展。农村“三变”改革试点累计达到2234个，占全市行政村的24.3%，累计盘活集体经营性资产21.2亿元，盘活集体“四荒地”约48万亩、闲置农房10570套，撬动社会资本22.5亿元，372万农民受益。在“三变”改革牵引带动下，全市村级集体经济组织村均经营性收入19.6万元，29.8%的村经营性收入超过10万元，集体经济“空壳村”基本清零。三是对外开放合作稳步发展。全市乡村振兴招商引资签约项目554个，签约额1307.1亿元，同比增长21.95%。全市农产品进出口总值165.45亿元，同比增长57.69%。

二、发展中存在的问题

一是稳定粮食生产的任务繁重，耕地保护面临多重压力，农业生产条件较差，面临自然、市场、疫情等多重风险。二是乡村产业规模小、布局散、链条短问题仍较突出，精深加工不足，产品附加值低。三是农民组织化程度不高，农村集体经济仍然薄弱，村集体与农户纽带不牢，部分群众集体意识淡漠、责任意识淡化。四是政策落实存在薄弱环节，乡村人才政策缺乏吸引力，农产品加工业、乡村休闲旅游等用地指标紧张，2021年6个区县一般公共预算农林水支出负增长。五是农民农村共同富裕任重道远，城乡居民收入差距绝对额扩大到25402元，促进农民持续增收的支撑不够有力，农民群众精神文化生活仍然比较匮乏。

三、2022年发展思路及重点任务

2022年将迎来党的二十大胜利召开，稳住农业基本盘、做好“三农”工作，是应变局、开新局的“压舱石”，对于保持平稳健康的经济环境、国泰民安的社会环境、风清气正的政治环境具有重要意义。全市农业农村系统将坚持以习近平新时代中国特色社会主义思想为指导，深入贯彻落实习近平总书记关于“三农”工作重要论述和对重庆作出的系列重要指示要求，全面落实党中央、国务院决策部署和市委、市政府工作安排，紧紧围绕成渝地区双城经济圈建设和全市“一区两群”协调发展，坚持稳字当头、稳中求进，以“稳粮保供给、增收防返贫、强链提质量、创新添动能、统筹促振兴”为工作主线，守住守好粮食安全、耕地保护、不发生规模性返贫的底线，统筹抓好乡村发展、乡村建设、乡村治理等重点工作，持续增强农村科技创新、农业农村改革动力支撑，在全面推进乡村振兴中促进农业稳产保供、农民稳步增收、农村稳定安宁。重点抓好以下任务。

（一）聚焦“保供给”，始终把粮食和重要农产品生产作为头等大事

千方百计稳定粮食生产，着力稳面积、攻单产、增效益，确保全年粮食播种面积稳定在3012.2万亩，产量达到1087万吨。新增大豆玉米带状复合种植20万亩，扩大油菜种植面积。加强耕地保护和质量提升，新建高标准农田226万亩，实施50万亩丘陵山区高标准农田改造提升示范工程。建立健全生猪生产长周期调节机制，稳定蔬菜和水产品供给。

（二）聚焦“高质量”，着力提高农业发展质量效益和竞争力

围绕特色化、集约化、融合化，做优乡村产业，培育产业集群，延伸产业链、提升价值链。推动农产品加工企业上规、上市，力争全年农产品加工业总产值增速增长10%以上。实施乡村休闲旅游精品工程，推动乡村休闲旅游业提档升

级。推进农业生产“三品一标”建设，持续打造“巴味渝珍”和“三峡柑橘”市级区域农产品公用品牌。

（三）聚焦“强动能”，加力推动农业科技与现代农业发展深度融合

深入实施种业振兴行动，着力提升种业自主创新能力。围绕农业产业链布局创新链，持续推进绿色高效种养、农产品加工增值、农田宜机化改造等重点领域技术创新，加快建设国家生猪技术创新中心、山地农业科技创新基地等重大科技创新平台，推进农业农村信息化建设。健全农技推广体系，打造更加畅通的科技进村入户通道，提高农业技术到户率。

（四）聚集“守本底”，加快推动农业农村发展绿色转型

持续打好长江“十年禁渔”持久战，深入开展打击长江流域非法捕捞专项行动。积极推进化肥农药减量增效行动，力争全市化肥农药使用量减少0.2%以上。推广畜禽粪污资源化利用技术和模式，提升秸秆综合利用技术水平，确保全市畜禽粪污综合利用率稳定在80%以上，秸秆综合利用率稳定在87%以上。加强农业农村生物资源保护。启动实施第三次土壤普查。

（五）聚焦“促振兴”，统筹推动乡村振兴重点任务走深走实

坚持为农民而建，健全乡村建设实施机制，接续实施农村人居环境整治五年提升行动，统筹推动农村交通、水利等基础设施建设，提升农村公共服务保障水平。推广应用“积分制”“清单制”等治理方式，加快构建党组织领导的自治法治德治相结合的乡村治理体系。积极创建国家级乡村振兴示范区县、示范乡镇、示范村，扎实推进国家现代农业示范区、现代农业产业园建设。协同推进成渝现代高效特色农业带建设。

（六）聚集“添活力”，蹄疾步稳推进农业农村改革

稳步推进承包地“三权分置”，巩固提升农村集体产权制度改革成果。坚持以农村“三变”改革为抓手发展新型农村集体经济，探索农村资源要素市场化定价机制，搭建好集体资产运营平台，创新村级集体经济发展模式，完善利益联结机制，持续增加农民收入。加快构建新型农业经营体系，深入实施农村致富带头人培养行动，提质发展家庭农场、农民合作社。

（七）聚焦“破瓶颈”，合力推动构建农业农村发展体系

充分发挥农业农村部门“三农”工作牵头抓总、统筹协调作用，会同市级相关部门加力推动耕地保育体系、“三农”信用体系、农村商贸物流体系建设。牵头抓好农业科技创新体系、农业社会化服务体系和“三农”工作体系建设，强化农业科技支撑，促进小农户与现代农业发展有机衔接，健全党领导农村工作的组织体系、制度体系和工作机制。

（执笔人：曹高勇）

烟草业

重庆市烟草专卖局

一、2021年发展回顾

2021年，重庆市烟草专卖局（公司）以习近平新时代中国特色社会主义思想为指导，在市委、市政府和国家烟草专卖局的正确领导下，认真学习贯彻党的十九大和十九届历次全会精神，统筹疫情防控和生产经营，"十四五"实现良好开局。

（一）党的建设取得新进展

全面贯彻新时代党的建设总要求，坚定不移推进全面从严治党向纵深发展。

1. 党的政治建设持续强化

深学笃用习近平新时代中国特色社会主义思想，深入学习党的十九届五中、六中全会精神和习近平总书记"七一"重要讲话精神，不断增强"四个意识"、坚定"四个自信"，做到"两个维护"。

2. 党史学习教育深入开展

建立任务清单、学习清单，通过利用红色资源现场教学、专家授课、领导干部上党课等形式，推动党史学习教育走深走实，全方位、多维度营造热烈庆祝建党100周年的浓厚氛围。

3. 基层组织建设有序推进

聚焦党支部标准化规范化建设"总结提升年"工作要求，全面落实"强化理论武装""优化组织设置"等9项制度，丰富完善"行动者·先锋"党建品牌及45个子品牌内涵，新打造党建阵地7445平方米。

4. 监督执纪效能提升

扎实推进"两项整改"专项巡察及回头看，统筹开展政治巡察和专项检查、审计，扎实推进问题整改。运用"四种形态"批评教育帮助和处理895余人次。

（二）统筹疫情防控和生产经营取得新成绩

坚持疫情防控和生产经营"两手抓、两手硬"，安全稳定和各项经营指标交出满意答卷，全市烟草专卖商业系统实现税利总额112.25亿元，同比增长3.29%。

1. 疫情防控和安全稳定态势良好

始终把人民群众生命安全和身体健康放在第一位，全面布控、科学防控、常态管控，累计投入防疫资金640余万元，组织近1.5万人次核酸检测，疫苗接种实现"应种尽种"，继续保持全员"零感染"良好态势。同步做好安全生产、舆情监测、信访稳定和机要保密等工作，全市系统未发生重大安全稳定事故、重大舆情事件和泄密事件。

2. 卷烟销售保持平稳

科学调控市场状态，全年销售卷烟114.51万箱，销售额421.24亿元，同比增长3.59%；大力培育地产品牌，全年地产烟销量48.6万箱，销售额125.77亿元，增长4.73%，主要指标运行在合理区间，市场状态持续向好。

3. 烟叶生产扎实推进

市政府将烟叶产业纳入全市农业农村“十四五”规划，出台基本烟田保护制度，烟叶生产的工作合力、政策推力持续增强。全年收购烤烟77.34万担，完成计划的99.15%，上等烟比例、等级纯度创历史新高，烟农户均收入12.96万元，比历史最高水平高2.57万元。2022年烤烟计划增长10%，达到85.8万担。

4. 物流运行不断优化

推进物流配送职能优化，人均配送效率997箱；卷烟物流费用率0.78%，减少0.01个百分点；返还工业企业卷烟包装箱359.58万个，完成年度目标任务的109.8%。

5. 复烤加工质量稳步提升

均质化加工不断优化，全年加工烟叶67.33万担，出片率65.25%，营收1.66亿元，增长9.81%。

6. 多元经营提质增效

全市61家直营终端全部盈利，烟胶新增湖南中烟等3家工业客户，多元产业营收4.9亿元，税利7441.2万元，超额完成年度目标任务。

（三）市场监管和规范管理取得新进步

加强专卖管理和内部规范管理，生产经营和市场秩序稳定有序。

1. 打假打私成效显著

深化跨部门、跨区域协作，充分发挥数据导侦作用，办结国家局级网络案15起、部督案2起，刑拘73人、逮捕44人、直诉37人。组织开展“1+3”机动稽查、暗访督查和市场净化“雷霆”行动，查处涉烟违法案件6070起、涉案卷烟7821.9万支、案值6939.9万元，市场净化率保持在98.5%以上。

2. 电子烟监管依法推进

开展“守护成长”专项行动，清理处置中小学周围电子烟销售商店27户，引导2032户卷烟零售商店主动下架电子烟产品。贯彻《国务院关于修改〈中华人民共和国烟草专卖法实施条例〉的决定》，落实电子烟监管过渡期工作安排，收集汇总2785户电子烟生产经营主体信息。

3. 许可改革成效良好

积极落实重庆市公共场所控制吸烟条例，7个区县修订零售许可合理布局规定，全年新办证数量同比增长4.2%，全市现有持证户13.68万户。

（四）数字化转型取得新突破

瞄准数字化转型“重点突破年”任务集中发力，深入推进“1263”数智渝烟体系建设。

1. 转型氛围更趋浓厚

举办数字化转型学术年会及相关专题讲座100场以上，《重庆烟草》出版数字化转型专刊4期，发布宣传报道、研讨文章500余篇。举办首届数字化转型众创活动微视频竞赛，干部职工创作提交微视频65部、随手拍302部。

2. 数字底座持续夯实

加速构建“1263”数智渝烟体系，投入信息化建设资金4647万元，建成烟草行业西部首个云平台，一体推进数字化治理、网络安全、技术标准体系建设，开发“烟草钉”企业级移动应用60个，小程序30余类、1500余项，注册用户超14万，访问率达到96.3%。

3. 项目建设全面推进

烟叶生产经营管理平台、涉烟违法犯罪大数据中心、数智精益管理、新OA系统等18个项目上线运行，其中，“数智营销”4月初完成部署，重庆市局（公司）成为烟草行业首家上线运行省级营销管理平台的单位；全国12313热线信息化平台完成33个省分中心整合接入，获上级主管部门表扬；成功举办智慧烟叶基地建设现场会，智慧育苗、智慧田管等场景应用令人耳目一新。

（五）履行社会责任取得新成效

以扎实推进“我为群众办实事”实践活动为抓手，切实履行社会责任，树立责任烟草良好社会形象。

1. 深度帮扶彭水三义乡

按照市委、市政府安排，牵头组建第十八产业指导组，由市局（公司）领导班子成员直接对接到村，机关处室支部与村支部一一结对共建，帮助当地巩固烟叶产业，打造农特产品“五大品牌”，启动实施帮扶项目 16 个，捐赠资金 300 万元，全力助推当地乡村振兴。

2. 烟叶基础设施稳步推进

向国家烟草专卖局争取 12 件水源工程，目前竣工 5 件、完工 4 件、在建 3 件，已累计拨援建资金 6.46 亿元。全年投入资金 4193 万元，建设烟路、烤房等常规烟基项目。

3. “我为群众办实事”成效显著

扎实推进“我与客户共成长”“我为烟农办实事”“我为基层服好务”等主题实践活动，用心用情为群众办好实事 2189 件，解决群众“急难愁盼”问题 507 项。

4. 资金捐赠精准实施

全年共向社会捐赠资金 5399 万元，其中，向全市各区县教育、医疗等公益事业捐赠资金 1620 万元，向产烟区县基础设施建设、乡村产业发展项目捐赠资金 2159 万元，向慈善总会“英烈救助”等慈善项目捐赠 1125 万元，其他各类捐赠 495 万元。

二、发展中存在的问题

同时，发展中仍然还存在一些突出问题和短板。一是全面从严治党责任压力传导还有待增强；二是卷烟供需仍然存在突出矛盾；三是烟叶产业基础仍然薄弱；四是经济运行指标仍不稳定；五是经营管理能力水平和队伍素质还有较大差距。

三、2022 年发展思路

2022 年，重庆市烟草专卖局（公司）将以习近平新时代中国特色社会主义思想为指导，全面贯彻落实党的十九大和十九届历次全会精神，坚持稳中求进工作总基调，统筹推进疫情防控与生产经营，以优异成绩迎接党的二十大的胜利召开。

（一）加强党的政治建设

深学笃用习近平新时代中国特色社会主义思想，把党史学习教育成果更好地转化为推动全市系统高质量发展的动力，确保各项工作始终沿着正确政治方向前进。持续推进“我为群众办实事”实践活动，巩固党史学习教育成效。推动“数智党建”“数智纪检”建设，探索构建“大监督”体系格局，确保全面从严治党向纵深推进。

（二）提升卷烟运行水平

以数据驱动、数字赋能，提升运行调控、终端升级、客户服务、营销创新、智慧物流等各方面工作水平。优化卷烟供给，保持“稍紧平衡”良好市场状态。新建现代卷烟终端数字门店 2 万户。推广零售商店信用体系建设，引导客户诚信经营。

（三）深化烟叶转型升级

严格按工业订单分解计划，高质量完成烤烟计划，综合运用收购价格、投入补贴、科学种植、烟叶保险、产业融合等手段，进一步提高烟农收入。全面推进“数智烟叶”，提升烟叶产业高质量发展支撑能力。

（四）提高专卖管理效能

始终保持打假打私高压态势，力争破获1~2个在全国有影响的特大网络案件，确保市场净化有力。深化“放管服”改革，进一步优化“三位一体”监管模式，优化调整合理布局规定，实现市场合理容量。严格落实电子烟监管要求，协同市公安局、市场监督局等市级部门，增强电子烟监管效能。

（五）提高企业管理水平

高质量承办全国烟草行业企业管理现场会。有序构建数字支撑，切实保障企业内部“数智治理”。有效推动协同创新，加速推进产学研全链条数字化。大力推进“数智人事”建设，建设高素质人才队伍。持续确保安全稳定，抓好疫情防控、安全管理、舆情管控、信访稳定、资金监管、质量检测等工作，切实防范化解风险隐患。

（执笔人：严正）

第二产业

重庆市工业经济发展综述

重庆市经济和信息化委员会研究室

2021年，在市委、市政府的正确领导下，全市经信系统坚持以高质量发展为主题，统筹抓好各项工作，圆满完成年度目标任务，实现“十四五”良好开局。

一、2021年发展情况

（一）工业经济整体实力不断增强

规上工业总产值达2.6万亿元；规上工业增加值增长10.7%，两年平均增长8.2%、增速排名全国第7。工业投资稳健，完成投资3145亿元、增长9.1%。市级重点项目完成年度投资计划的116.2%，新投达产项目266个、净增产值1368亿元。企业效益稳增，规上工业企业实现利润总额1887.5亿元，两年平均增长28.5%，高于全国平均水平10.3个百分点；营业收入利润率6.9%，高于全国平均水平。高技术制造业和战略性新兴产业分别增长18.1%和18.2%，占规上工业增加值比重分别达19.1%和28.9%。

（二）产业创新能力持续提升

联合微电子中心获批成为国家级制造业创新中心；累计建成康佳光电等市级制造业创新中心9家，市级独立法人新型企业研发机构78家；规模工业企业有研发机构和研发活动的占比分别达30%和45%。累计建成国家级工业设计中心10个，成功入选全国首批工业设计特色类示范城市。规模工业企业研发强度达1.65%左右，继续领跑西部。协同企业实施产学研合作项目14个，130纳米硅光工艺PDK、Micro LED芯片微缩化等关键技术实现重大突破。

（三）产业发展呈现多点支撑格局

汽车、微型计算机和手机占全国比重分别达7.7%、22.1%和6.7%，建成全球最大己二酸生产企业和全球单体最大的氨纶生产基地。汽车产业“乘商并重”“整零并举”，增加值增长12.6%。电子信息产业优势持续巩固，计算机年产量首次突破1亿台，5G智能手机产量突破4900万台，建成全球智能终端重要生产基地，增加值增长17.3%。医药产业集群逐步成型，博唯生物预防性重组蛋白疫苗等项目加快推进，重庆国际生物城建设提速，增加值增长14.5%。装备、材料、消费品产业培育成效显现，增加值分别增长16.8%、5.9%、8.9%，产业结构由汽摩、电子“双轮驱动”向“多元支撑”转变。

（四）数智赋能产业发展优势凸显

成功获批建设成渝工业互联网一体化发展示范区，12个国家工业互联网“双跨”平台来渝布局，忽米网入选福布斯“2021年度中国十大工业互联网企业”，工业互联网标识解析国家顶级节点（重庆）接入二级节点20个。累计实施4000余个智能化改造项目，建成智能工厂105个、数字化车间574个，示范企业生产效率平均提升59.8%。累计建成5G基站7.3万个，重点建设20

个“5G+工业互联网”先导示范应用场景，上云企业达10.1万户。全国首个L4级自动驾驶示范项目率先商业化运营。

（五）区域产业协同发展成效明显

启动首批20个成渝地区双城经济圈产业合作示范园区共建，汽车、电子信息产业等2个产业链供需对接平台上线运行，产业全域配套率超过80%。落实“一区两群”协同发展战略，主城新区工业化主战场作用进一步显现，“万开云”板块联动发展成效明显，渝东南地区特色优势产业加速发展。积极融入“双循环”新格局，机电产品进出口总值6787亿元、增长21.6%，工业领域实际利用外资52.6亿美元，占全市的比重为49.3%。

（六）市场主体活力加速迸发

“一企一策”支持领军企业、“链主”企业做优做强，长安汽车等70户大企业产值增长26.3%，对全市规上工业产值增长贡献率达45.5%。规模以上工业企业7098家，其中，营业收入超50亿元的企业达49家，超100亿元的企业达25家。实施“专精特新”科技型中小企业培育行动，中小企业市场主体突破100万户，累计培育市级“专精特新”中小企业883家，国家级专精特新“小巨人”企业118家，国家重点“小巨人”企业33家。

（七）产业发展环境持续改善

取消和下放行政审批事项累计达103项，简化9项涉企经营许可事项，所有行政许可事项实现“全程网办”。落实减税降费等惠企政策，为企业减负超600亿元，清理支付中小企业欠款1.05亿元。商业价值信用贷款试点助力中小企业发展被国务院通报表扬，全年为2466家企业预授信超27亿元。持续推进“三服务”专项行动，问题办结率达98.4%。精心做好要素保障，“一省一组”“一厂一专班”协调陕晋疆黔电煤，实现超计划增供电煤730万吨。

二、发展中存在的问题

一是国际宏观环境复杂严峻，全球供应链紧张问题或将持续，缺芯、缺柜等情况尚未缓解，保供稳链压力较大；国内消费增长处于下行阶段，消费增速持续走低。二是中小型企业投资态度趋于谨慎，企业大规模投资意愿有所下降；大中小企业、上中下游效益分化现象或将存在。三是新旧动力接续压力较大，传统的重点产业的支撑作用减弱，战略性新兴产业存在规模不够大、产业链不够完善等问题，对增长的贡献不足。四是科技创新有待进一步增强，科技成果转移转化机制不够顺畅，本地企业生成能力不强，能够满足市场需求的特色化、差异化、高端化产品不多，缺乏具有影响力的行业领军企业。

三、2022年发展思路

紧扣建设国家重要先进制造业中心这一总体目标，扎实推进产业高端化、智能化、绿色化发展。力争全年规上工业增加值增长6%，工业投资增长7%。重点推进“双链耦合”，提升“四项能力”。

（一）推进“双链耦合”

1.围绕创新链布局产业链，加快构建现代产业体系

一是提高本地产业发展水平。全面落实“专精特新”中小企业高质量发展专项行动计划，建

好重庆高新技术产业研究院，设立初创型科技企业股权投资基金，建设初创型中小企业生态家园，构建起“研发机构 + 基金 + 产业园区”产业生成全成长周期生态体系。推动国内外创新成果对接，围绕智能新能源汽车、装备制造、电子信息、先进材料、生物医药等领域，不断生成一批又一批高新技术企业。力争全年新培育市级“专精特新”企业300家、国家级“小巨人”企业30家。二是强化关键核心技术攻关。围绕战略性新兴产业和重点支柱产业，建立健全关键核心技术“揭榜挂帅”“赛马”等制度，加快建设一批重点关键产业园区，提升基础零部件、核心元器件、关键基础材料、关键共性技术和先进基础工艺等产业创新能力，加速产业链布局重构。三是全力培育发展新兴产业。智能新能源汽车产业将加快建设国家车联网先导区、国家电动汽车换电模式示范城市，构建从研发、制造、检验检测、应用场景到软件、核心零部件、整车的全流程、全要素产业生态。软件产业将实施振兴发展专项行动，创建中国特色软件名城和中国软件名园，打造“1+N”软件产业集聚区。进一步完善集成电路、新型显示、生物医药、高端装备、新材料、绿色环保等新兴产业链条，打造有核心竞争力的产业集群。

2. 围绕产业链部署创新链，不断迭代产业体系

一是实施研发机构培育工程。持续实施规模企业研发机构倍增计划，新建3家市级制造业创新中心、100家市级企业技术中心、10家市级工业和信息化重点实验室、5家产业技术创新联盟，有研发机构的企业占比达35%。二是实施工业设计赋能工程。聚焦创建“设计之都”总体目标，全力实施市场主体壮大、专业人才引育、载体平台培育、设计生态构建、品牌活动塑造5大专项行动。实施专精特新领域设计能力提升计划，新建设一批市级工业设计研究院，新培育30家市级工业设计中心。三是实施创新资源聚合工程。推动市区共建一批试验性应用场景，促进产品从创新走向应用。推动创新主体联合建立“专利池”，搭建知识产权和技术专利发布交易平台，打通创新供需通道。

（二）提升“四项能力”

1. 提升协同发展能力

提升产业链现代化水平，围绕33条重点产业链，构建“链长 + 链主企业 + 区县”常态化联动机制。加速大中小企业融通发展，建立健全大中小企业产品和服务供需清单对接平台。促进成渝产业协同发展，制定成渝地区消费品、生物医药等产业高质量协同发展方案，打造一批产业合作和承接产业转移示范园区。

2. 提升智改数转能力

新实施智能化改造项目1250项，新建10家智能工厂和100个数字化车间。建设10个“5G+工业互联网”应用场景示范项目。推动“一链一网一平台”体系建设，新增“上云用数赋智”企业1.5万家。持续完善“芯屏器核网”智能产业链条。聚焦“智慧城市”年度主题，精心筹备2022年智博会。持续完善新型基础设施，新建10个工业互联网标识解析二级节点，加快工业企业5G内外网建设。

3. 提升绿色发展能力

推动产业绿色化，制定工业领域碳达峰行动方案，加快钢铁、化工、建材等产业优化升级。推动生产绿色化，加大企业节能降耗、清洁生产等技改力度，积极推广合同能源管理，建立能源消耗和碳排放统计监测平台。推动用能绿色化，探索发展规模化储能、智能电网、分布式可再生能源和氢能等技术，引导企业提高“绿电”使用比例。

4. 提升要素保障能力

强化产业资金保障，建立市、区两级政府投资基金联动支持产业发展机制。推动商业价值信用贷款扩面增效，探索建立“代偿资金池”，完善中小企业贷款风险补偿分担机制。联动人社部门实施“人才强链”工程，精准对接产业人才需求。滚动推进领军型、科技型、成长型、初创型企业家培育，打造高素质企业家队伍。强化能源要素保障，积极协调外购煤、外购电，全力保障企业生产能源需求。

（执笔人：苏波）

工业投资运行与发展

重庆市经济和信息化委员会规划与投资处

2021年是党和国家历史上具有里程碑意义的一年。在以习近平同志为核心的党中央坚强领导下，全市经信系统坚持以习近平新时代中国特色社会主义思想为指导，深入学习贯彻党的十九大和十九届历次全会精神，认真落实党中央、国务院和市委、市政府决策部署，统筹推进疫情防控和工业经济发展，着力扩大有效投资，工业投资运行保持良好态势，实现了“十四五”良好开局。

一、2021年发展回顾

（一）整体情况

全年全市工业投资同比增长9.1%，两年平均增长7.4%，两年平均增速高于全国平均水平1.8个百分点。其中，制造业投资占比85.5%，同比增长10.6%，两年平均增长7%，当年增速低于全国平均水平2.9个百分点，两年平均增速高于全国平均水平2.2个百分点；技术改造投资占比34.6%，同比增长26.2%，两年平均增长1.1%，当年增速高于全国平均水平15.9个百分点，两年平均增速高于全国平均水平3个百分点。

从重点行业投资情况看，电子行业投资占比22.2%，同比增长7.3%。汽车行业投资占比9.7%，同比下降1.9%。装备行业投资占比12.2%，同比增长22.8%。消费品行业投资占比18.0%，同比增长12.9%。材料行业投资占比17.5%，同比增长9.1%。医药行业投资占比5.0%，同比增长10.9%。能源行业投资占比14.0%，同比增长3.6%。

从工业投资项目情况看，全年新开工项目数量、计划总投资同比分别增长16.0%、15.2%，两年平均分别增长3.9%、11.9%。全市在建工业项目数量、计划总投资同比分别增长8.7%、10.3%，两年平均分别增长1.4%、6.1%。全年21个市政府重点关注项目完成投资282亿元，达到年度投资目标的124.8%，130个市级重大工业建设项目完成投资629亿元，达到年度投资目标的116.2%。

（二）举措及成效

一是抓招商引资强投资后劲。优化招商机制，通过龙头企业带动、创新资源集聚、关联企业配套、产业技术并购等方式，聚焦行业领军企业及专精特新中小企业，提高招商引资项目层次和质量。强化市区县联动，创新“互联网＋招商”，广泛通过云上招商、网络洽谈、视频签约等方式，线上线下同步发力，全面加快项目对接、洽谈和签约进程。全年累计签约制造业项目1412个，其中亿元级以上1033个，合同金额8360.9亿元，进一步增强全市重点工业产业发展后劲。

二是抓项目建设稳投资基础。深入实施“抓项目稳投资”专项行动，建立市重大工业项目推进工作专班，按照“投产项目抓达产”“完工项目抓投产”“在建项目抓进度”“签约项目抓开工”的工作思路，以“四张清单”统筹调度重点项目建设，对项目建设中的重大难点卡点问题，建立问题台账打卡推进解决销号，确保项目早开工、早竣工、早投产、早见效，尽早形成实物投资量支撑全市工业投资增长。全年对1000个亿元以上工业项目分类分片区开展调度，带动2021年全市工业投资同比增长9.1%。

三是抓技术改造增有效投资。充分挖掘企业智能化、绿色化、高端化转型契机，鼓励企业加快设备更新迭代、产线升级扩能等技术改造，积极扩大有限投资。在大力实施智能化改造背景下，数字化转型不断延伸至产业链各个环节，全年推动实施智能化改造项目1295个，认定智能工厂38个、数字化车间215个。经测算，数字化车间、智能工厂示范项目生产效率平均提升59.8%。聚焦落实碳达峰碳中和、能耗“双控”要求，挖掘产业绿色低碳转型投资潜力。支持节能、节水、清洁化改造、资源综合利用等项目41个，规上工业单位增加值能耗下降4.7%，大宗工业固废利用率达到88%。累计建成市级绿色工厂171家、绿色园区15个；国家绿色工厂52家、绿色园区5个、绿色设计产品48种、绿色供应链5条。

二、发展中存在的问题

工业投资高度市场化，市场供求状况是影响企业是否新增投资和扩大再投资的决定性因素。目前，我国工业领域面临的“需求不足—产能过剩—投资不振”的“弱循环”将给重庆市工业投资带来长期挑战。需求方面，2021年全社会消费品零售总额同比增长12.5%、两年平均仅增长4%，两年平均增速比2019年同期低4个百分点，预计2022年国内需求大幅增长可能性仍然较小。产能方面，2021年全国工业产能利用率77.5%，全市工业产能利用率77.6%，与全国基本持平，产能利用优势不明显。因市场需求不足，现有产能尚未充分释放，企业投资意愿不高，加之成本上升，企业盈利能力削弱，又进一步制约企业投资能力，企业投资行为将更加谨慎。

三、2022年发展思路

中央经济工作会议指出，2022年我国经济发展面临需求收缩、供给冲击、预期转弱三重压力。在面对新冠肺炎疫情多点散发，外部环境更趋复杂严峻的情况下，促进工业经济高质量发展应坚持稳字当头、稳中求进，积极扩大制造业有效投资，支持企业加大智能化、绿色化技改力度，不断增强内生发展动力，保持工业经济运行在合理区间。当前国家宏观政策实施对全市工业特别是制造业投资增长有利，2022年全市工业投资或将保持中速增长态势，增速呈现出前高后低的变化趋势，预计2022年全年工业投资增长7%左右。

1. 围绕重点链条抓招商

聚焦33条重点产业链补链延链强链需求，针对性开展招商引资项目对接洽谈、强化跟踪服务，不断提高招商项目质量和落地转化率。围绕关键产业链大力引进培育一批科研机构、公共服务平台等，创新服务产业链上下游各环节企业，加快推动研发技术成果产业化投资，构建起稳定配套和协同创新的良好发展格局，促进形成具有内生活力的产业持续投资能力。

2. 围绕重点方向抓技改

研究制定支持技术改造投资和扩大再投资政策措施。把技术改造投资和扩大再投资放在更加突出的位置，优化财政资金使用方式，研究创新工作举措，着力深化各级各部门对技术改造投资和扩大再投资的重要性的认识，撬动更多社会资本支持企业开展设备更新和技术改造。重点以智能化改造和绿色化改造为主攻方向，一方面，深入推进智能化改造，全年再组织实施1250个智能化改造项目，新建设认定10家智能工厂和100个数字化车间；另一方面，加快推进绿色化改造，结合工业领域“碳达峰”部署，完善促进企业节降低碳、清洁生产等方面政策，发挥示范园区引领作用，创新金融工具为绿色技改赋能。

3. 围绕重大趋势抓改革

顺应工业经济增长动力由投资拉动向创新驱动转变、企业投资行为由硬投资向软投入等重大趋势，加快探索“科技型企业孵化 + 产业化投资”“龙头企业剥离业务板块设立独立法人公司投资”等路径，不断增强重庆市工业投资项目生产能力。集中市、区两级资源进行战略性投资，力争培育形成若干立足重庆市的头部企业，不断夯实重庆市工业投资的基本盘。

4. 围绕重点项目抓进度

深入实施“抓项目稳投资”专项行动，充分发挥市重大工业项目推进工作专班作用，建立市领导定期联系重大项目、重点企业机制，着力为企业投资“排忧解难”，促进在渝投资项目早开工、快建设、早投产，巩固全市投资基本盘。充分发挥财政资金的引导作用和市级专项基金的带动作用，组织实施一批基础和关键领域核心攻关项目，力争本地突破一批重要基础技术和产品，激发产业链供应链投资活力。

（执笔人：游诗纬）

工业企业改革与转制

重庆市经济和信息化委员会企业处（信访办）

2021年，坚持以习近平新时代中国特色社会主义思想为引领，以庆祝中国共产党成立100周年为契机，深入贯彻市委、市政府决策部署，坚持稳中求进工作总基调，立足新发展阶段，完整、准确、全面贯彻新发展理念，积极融入和服务新发展格局，以高质量发展为根本要求，扎实开展企业管理创新，深入推进国有企业改革，稳妥处置遗留问题，为全市工业企业高质量发展营造了和谐稳定的良好环境。

一、2021年发展回顾

（一）聚焦制造业高质量发展，扎实开展企业管理创新

按照全市推动制造业高质量发展大会提出的打造一批领军企业、培育一批“专精特新”企业、提升企业管理水平、筑牢制造业高质量发展的基础要求，结合自身职能职责，扎实开展企业管理创新和兼并重组工作，推动制造业企业高质量发展。一是发挥管理咨询机构作用。组织入选《重庆市培育发展的企业管理咨询机构名录》的30家企业管理咨询机构，开展管理创新工作座谈，分析当前重庆市企业管理创新中存在的薄弱环节和突出问题，就推进管理创新工作进行了典型案例分享、经验做法交流，为推动企业管理水平提升提供借鉴和参考。实地调研多家企业管理咨询机构，了解其运营模式、业务特色、实训基地、发展困难等情况，与管理咨询专家深入探讨企业管理创新相关问题，充分发挥管理咨询机构在提高企业管理水平、提升企业运营效益等方面的优势。二是开展企业管理创新培训。邀请管理咨询专家，组织经信系统、制造业重点培育领军企业130余人，围绕“新发展格局下助推制造业企业管理创新”开展专题培训，引导重庆市制造业企业对标世界一流，厘清思路，找准管理创新工作路径。结合制造业重点企业实际需求，针对企业中高层管理者以及生产运营、采购、研发等不同部门负责人，制定卓越运营管理、企业目标管理时间、原料采购降本、知识产权保护、专利产品培育申报等课程内容，开展为期4天200余人次的企业经营管理业务培训，提升企业生产经营各个环节的管理水平和人员素质。三是培育企业管理创新成果。指导企业结合实际，从管理理念、管理制度、管理方法、管理手段等方面进行经验总结和提炼，培育重庆钢铁股份有限公司、重庆化医（集团）公司、重庆建设汽车系统股份有限公司、中国船舶重工集团海装风电股份有限公司、重庆长安汽车股份有限公司、重庆红江机械有限责任公司等市级企业创新成果。总结27家企业管理创新典型经验，并汇编成《重庆市企业管理现代化创新成果集》，引导全市企业学习借鉴。培育的管理创新成果，获得第二十八届全国企业管理现代化创新成果一等奖1个、二等奖7个。四是推广管理创新经验。在前期“打造示范样板对标一流企业”行动的基础上，先后赴涪陵、垫江、璧山等地督促6家试点企业推进管

理创新工作。组织全市80余家企业在璧山区宇海精密制造股份有限公司召开制造业企业管理创新现场推广会，进行了宇海精密管理创新成果展示，实地参观了宇海精密提质增效组装、成型、自动化生产线等样板线，激发企业管理创新工作热情。五是推动兼并重组工作。按照《支持制造业高质量发展若干政策措施》，充分发挥企业兼并重组的引导作用，协调争取专项资金，培育制造业领军企业，推动“链主”企业做大做强，延伸产业链。严格按照2021年工业和信息化专项资金使用要求，经过企业自主申报、区县经信主管部门初审、处室讨论、专家评审等程序，支持重庆涪陵能源实业集团有限公司兼并重组重庆龙冉能源科技有限公司、神驰机电股份有限公司并购重庆三花工业有限公司项目，达到产业链供应链延伸、化解过剩产能的目的。

（二）聚焦国企改革三年行动，稳妥有序推进企业改革

2021年，是实施国企改革三年行动的攻坚之年，也是承上启下的关键之年。按照《重庆市国企改革三年行动实施方案（2020—2022年）》《市委全面深化改革委员会国有企业改革专项小组2021年工作要点及任务分工》要求，深入推进国企改革各项工作。一是突出重点任务，落实工作责任。积极分解国企改革中的11条重点任务并定期检查督促，确保各项任务落到实处。按照《关于加快推进区县国企改革的通知》有关要求，指导北碚、璧山、万盛等做好区县国有企业和城镇集体企业改革工作。全力推进中央在渝企业办教育、医疗、消防机构剥离国有企业办社会职能和退休人员社会化管理，协调解决“三供一业”移交和厂办大集体改革遗留问题。二是突出遗留问题，稳妥推进厂办大集体改革。针对厂办大集体改革难度大、情况复杂、遗留问题多、改革工作滞后等情况，及时深入改革矛盾突出的西南兵工局、西南铝业公司、长江轮船公司等企业调研指导，帮助企业梳理厂办大集体改革及遗留问题处置过程中存在的困难和问题，研究改革方案，因企施策推进改革。指导企业防范化解风险隐患，落实维稳预案，赶赴望江公司、大江公司、铁马集团等企业现场指导化解信访矛盾，宣讲政策、疏导积怨，协调市级部门将厂办大集体退休人员纳入移交范围，稳妥推动在渝央企63户企业厂办大集体改革。三是有序推进国有企业医疗机构改革。推动渝西职工医院移交重庆城投集团公司管理、长征医院移交中国通用技术环球医疗集团公司管理、长航医院移交国药集团公司管理，川船医院和094医院实施清算关闭。积极协调市卫生健康委和市财政局，进一步测算巴山医院、长征医院改革数据，按照重庆市公立医院综合改革要求，兑现在渝央企医院参与公立医院综合改革后续补助资金232万元落实落地。

（三）聚焦经信系统信访稳定，妥善解决历史遗留问题

以历史遗留问题解决为出发点，密切关注、积极应对处置新情况、新变化、新问题，完成3600余人在渝央企职幼教退休教师、180余人未移交中小学教师生活补贴的审核申报工作，涉及经费2200余万元；完成1900余名在渝央企“三类人员”信息收集汇总，申报生活医疗困难补助资金1200余万元，确保系统职幼教教师群体和企业“三类人员”群体信访稳定。

二、发展中存在的问题

一是在企业管理方面，部分企业对管理创新提升企业核心竞争力的重视程度不够，重硬件、轻管理，缺乏管理创新的积极性和主动性。二是

在企业改革方面，厂办大集体企业历史遗留问题多、人员流动性大、社保资料管理缺失，退休人员对非统筹关注度高，致使主办企业解决问题、化解矛盾的标准要求高，厂办大集体关闭注销、资产处置、社保欠费核销、老工伤处置等难度大，稳定压力突出。

三、2022 年发展思路

以习近平新时代中国特色社会主义思想为指导，全面贯彻党的十九大和十九届历次全会精神，深入落实习近平总书记关于国企改革发展的重要论述精神，加快推进国企改革三年行动，全面完成剥离国有企业办社会职能和解决历史遗留问题任务。加强制造业企业管理创新，以“专精特新”企业、领军企业等为重点，实施企业管理能力提升行动，进一步提升企业管理水平，推动重庆市制造业高质量发展。

1. 推进企业管理创新

开展管理咨询服务，建立重庆市企业管理创新专家库，开展“向培育领军企业、链主企业、专精特新企业送管理”活动，推动市区共同支持企业管理创新工作，打造 3 个示范区县和一大批管理创新标杆企业；开展领军企业、链主企业、专精特新等企业知识产权分析，引导企业依法保护自身权益；开展对标一流企业行动，瞄准国际国内一流方阵，引导企业学习卓越绩效、精益管理等先进管理经验，不断完善修复管理体制机制；总结提炼，解剖案例，推广创新经验成果，加大申报国家级管理创新成果力度，营造重庆市制造业企业管理创新、提质增效的良好氛围。

2. 推进企业兼并重组

进一步优化企业兼并重组市场环境，支持企业间战略合作和跨行业跨区域兼并重组，提高规模化、集约化经营水平；加大兼并重组政策宣讲力度，讲清楚申报范围、条件、程序和资料等内容，向企业做好政策宣传工作；做好市级重点兼并重组企业项目库建立工作，跟进重点项目推进情况，指导企业做好申报工作；严格按照专项资金使用规定，做好兼并重组项目补助资金奖补工作。

3. 推进国企改革工作

2022 年，是国有企业改革三年行动的收官之年，对标对表、“一企一策”加快完成中央在渝企业办教育、医疗机构剥离国有企业办社会职能；推动中央在渝企业尽快完成厂办大集体改革资产处置、欠费核销和退休人员社会化管理等后续工作；协调解决国有企业剥离办社会职能改革、“三供”分离移交等矛盾纠纷，力争 2022 年底全面完成改革任务。

（执笔人：先彬艳）

工业绿色发展

重庆市经济和信息化委员会节能与综合利用处

一、2021 年发展回顾

（一）发展亮点

1. 绿色示范单位实现年度破百

推动绿色制造体系建设由创建端向培育端发力，通过对标诊断、重点扶持、评价认定等程序，全面提升全市绿色制造体系创建的精准度和含绿量。2021 年全市创建市级绿色工厂 56 家、绿色园区 5 个，国家绿色工厂 17 家、绿色园区 2 个、绿色设计产品 7 种、绿色供应链 3 条。国家级和市级绿色工厂、绿色园区、绿色供应链创建数量均为历年之最。全力打造节能节水标杆，全年评选能效领跑者 4 家，推荐申报国家能效领跑者 3 家、国家绿色数据中心 2 家，成功入选国家节能装备 1 种，国家“能效之星”产品 1 种。创建火电、钢铁、造纸等行业节水型企业 21 家，评选水效领跑者 11 家。2021 年创建绿色示范单位共计 128 个。

2. 绿色产业发展实现破题

围绕碳达峰碳中和目标，组织专班积极研究重庆市绿色产业发展形势。在推动传统行业绿色转型发展的同时，积极谋划做好绿色产业增量路径研究，组织 3 个专班分别赴安徽、广东、中汽研等地区或企业对智能电网、氢能源等绿色产业发展趋势进行了深入调研，形成了重庆市绿色产业发展“1+4”调查研究报告，对重庆相关绿色产业的基础和方向提出了工作建议。牵头与四川经信等相关部门联合主办首届节能环保品牌推广川渝行（内江站）暨川渝节能环保人才技能大赛，着力构建川渝合作交流平台，加快促进川渝节能环保产业提档升级。支持节能、节水、清洁化改造、资源综合利用等 41 个项目，实现年节约 33.87 万吨标准煤，节水 102.66 万吨，综合利用固废 271.65 万吨，减排二氧化碳 90 万吨，二氧化硫、烟尘等各类污染物减排在 20% 以上。

3. 工业碳达峰实现破困

成立工业和信息化领域碳达峰工作小组，统筹推进工业领域碳达峰工作。对标对表国家要求，起草编制《重庆市工业领域碳达峰实施方案》，研究制定工业领域碳达峰实施路径。组织各区县对全市钢铁、化工、有色金属、建材等重点行业“十四五”期间投达产重点项目进行摸底，开展重点行业能源消费和碳排放相关基础数据测算，提出重点行业“十四五”能源消费和碳达峰目标初步建议。会同市发展改革委印发《关于进一步优化固定资产投资项目节能审查促进产业绿色低碳高质量发展的通知》，强化固定资产投资项目节能审查，突出能耗总量弹性管理，促进优质增量项目落地，提高能源利用效率。

4. 工业固废综合利用实现破零

首次出台《重庆市推动工业资源综合利用水平提升实施方案》，实施绿色发展、提质增效、循环再生、协同减废、能力提升、示范引领六大行动，推动工业资源综合利用水平全面提升。聚焦电解锰渣等较难利用工业固废综合利用短板，首次出台电解锰渣年综合利用支持政策，同时会同市科技局发布“电解锰渣规模化综合利用技术研究”项目榜单，安排支持2家科研机构从不同技术路径开展综合利用技术攻关，力争提高利用率。

（二）举措及成效

1. 抓好绿色发展顶层设计

印发《重庆市制造业绿色发展行动实施方案》，编制《重庆市推进绿色制造体系建设行动计划（2021—2025）》，明确“十四五”工业绿色发展路线图。印发《2021年工业绿色发展工作要点》，制定工业绿色发展年度工作计划。

2. 培育端构建工业绿色制造体系

建立绿色工厂培育库，强化三年清洁化诊断成果运用，选取改造意愿强、基础条件好的663家企业进入首批绿色工厂培育名单，帮扶企业达标创建绿色制造体系示范企业。指导基础条件较好的园区开展绿色制造示范体系创建工作，通过区县部门、第三方机构协同发力、对标培育等方式加快推进重点园区绿色高质量发展。截至目前，全市累计创建市级绿色工厂171家、市级绿色园区15个，国家绿色工厂52家、绿色园区5个、绿色设计产品48种、绿色供应链5条。

3. 持续提升工业节能降碳水平

抓重点，推进300家重点用能企业节能目标责任制落实，完成节能157.80万吨标准煤。启动全市300家重点用能企业“十四五”节能增效行动，力争用5年时间实现节能236万吨标准煤。重帮扶，完成国家节能诊断服务企业169家。创标杆，评选能效领跑者企业4家，入选国家节能装备1种、国家“能效之星”产品1种。重提升，制定《重庆市变压器能效提升计划（2021—2023年）》《重庆市电机能效提升计划（2021—2023年）》，加快提高重点用能设备能效。抓氛围，聚焦“双碳”目标，在全国节能宣传周期间，采取线上方式，组织开展工业绿色发展政策解读、节能降碳“云”讲座、助力碳达峰碳中和节能降碳技术推介会等活动，进一步提高工业企业节能降碳意识。组织开展全市工业绿色发展业务能力提升专题培训，增强经信系统干部抓好绿色低碳发展本领，助力有序推进工业碳达峰、碳中和工作。广泛宣传合同能源管理模式，完成信息登记节能服务公司27家。

4. 持续推动工业水效提升

严格落实河长制，编制《重庆市藻渡河“一河一策”方案（2021—2025年）》，联合南川区、綦江区、万盛经开区3个区县，强化河长制组织体系，通过系统推进水资源保护、水域岸线管理保护、水污染防治、水环境治理、水生态修复等工作，藻渡河流域生态环境持续向好，藻渡河水质总体为优，水质长期稳定保持在二类，部分水质达到一类，基本实现“河畅、水清、岸绿、景美”的既定目标。开展节水标杆创建，持续在钢铁、化工、造纸、电力、有色金属等行业开展“水效领跑者”遴选和节水型企业创建工作，评选水效领跑者11家，创建节水型企业21家，累计评选“水效领跑者”17家，创建节水型企业168家。强化工业企业用水定额管理。贯彻落实国务院最严格水资源管理要求，会同市水利局汇总修订重庆市工业产品用水定额合计127个行业、334种产品。

5. 推动工业固废综合利用

引导全市再生资源行业企业开展规范化建设，2家废钢企业成功申报国家再生资源综合利用行业规范条件企业。出台《重庆市推动工业资源综合利用水平提升实施方案》，实施绿色发展、提质增效、循环再生、协同减废、能力提升、示范引领六大行动，推动工业资源综合利用水平全面提升。聚焦电解锰渣等较难利用工业固废综合利用短板，出台电解锰渣年综合利用支持政策，对利用量达到10万吨的产业项目，给予100万元工业和信息化专项资金奖励以促进规模化利用。同时会同市科技局发布“电解锰渣规模化综合利用技术研究”项目榜单，安排支持2家科研机构从不同技术路径开展综合利用技术攻关，力争提高利用率。组织开展全市工业固废综合利用量调查，2021年全市大宗工业固废利用率达88%。

二、发展中存在的问题

一是传统产业绿色改造还需加力。一方面绿色技术推广缺乏抓手，企业应用绿色技术主动性不高，广泛应用步伐缓慢。另一方面绿色制造发展资金短缺，绿色制造财力需求大，财政支持惠及面不广、程度不深。

二是绿色制造基础能力不足。一方面创新研发投入不足，绿色工艺、装备、材料和产品在成本价格、质量可靠性、配套服务等方面竞争力不高，平台式、体系化、集成化技术创新滞后。另一方面绿色制造公共服务能力不强，绿色制造中咨询、技术、工程等环节未能有效融合，“一站式”综合服务能力有待进一步提升。

三、2022年发展思路

坚持以碳达峰碳中和目标为引领，在成渝一体化发展的背景下推动制造业绿色低碳高质量发展。以技术创新为支撑，以大数据智能化融合为重点，以绿色制造体系建设为核心，提升节能降碳、工业节水、资源综合利用、清洁生产水平、绿色服务“五项能力”，重点做好以下五个方面的工作。

1. 紧抓重点企业的牛鼻子

工业节能方面，针对年耗能5000吨标煤以上的企业，开展节能帮扶，强化节能监察，落实节能目标责任制。工业节水方面，对化工、造纸、食品等高耗水行业大力推广节水工艺设备，修订用水定额，完善节水计量体系，打造节水标杆。工业资源综合利用方面，落实行业规范条件要求，引导再生资源行业规范发展，推进冶炼钢渣、粉煤灰、炉渣、脱硫石膏等大宗工业固废综合利用重点项目建设，提升大宗工业固废综合利用水平。清洁生产方面，以环境污染重点监管工业企业为重点，支持企业使用无毒无害或低毒低害原料、采用污染物削减和超低排放等先进适用技术实施清洁化改造，推进现有企业和园区开展循环化改造，实现“节流减污”。

2. 发挥示范园区的引领作用

利用园区产业链供应链集聚、基础设施集约、行政管理高效等优势，选择一批绿色发展基础好、产业体系优势足、低碳达峰意愿强、经济实力有保障的园区，从全生命周期能耗碳排核算、制定碳达峰路径规划等方面开展示范试点，并争取给予专项资金支持，力争在“十四五”期间形成一批可引领、有影响的碳达峰示范园区、工业资源综合利用基地、清洁生产试点示范园区。

3. 强化绿色发展服务支撑

推进绿色产品开发，在产品设计开发阶段系统考虑原材料选用、生产、销售、使用、回收、处理等各个环节对资源环境造成的影响，实现产品对能源资源消耗最低化、生态环境影响最小化、可再生率最大化。创建一批绿色设计示范试点，遴选一批绿色设计产品，培育一批工业产品绿色设计示范企业，引导绿色生产，促进绿色消费。推广合同能源管理，培育一批优质节能服务公司，鼓励节能服务公司提供节能咨询、诊断、设计、融资、改造、托管等“一站式”合同能源管理综合服务。在绿色制造体系创建、资源综合利用评价领域培育一批专业能力强、服务意识好的三方机构，做好工业绿色发展支撑。

4. 做好绿色低碳系统推进

根据《重庆市制造业绿色发展行动实施方案》《重庆市碳达峰实施方案》等文件精神，编制《重庆市工业领域碳达峰实施方案》《重庆市工业资源综合利用实施方案》《重庆市工业清洁生产实施方案》等系列政策方案体系，明确“十四五”工业绿色发展施工图、路线图。会同相关部门系统谋划，形成支持工业绿色低碳发展的若干支持措施，形成政策合力。

5. 创新金融工具为绿色技改赋能

会同人行推动碳减排工具落地，在清洁能源、节能环保、低碳技术领域遴选一批发展前景好、碳减排效益突出、资金需求大的项目纳入全市碳减排工具支持范围。支持中小企业绿色技改，开放小微企业绿色技改专项贷等金融工具，解决中小企业绿色技改中面临的回报周期长、资金压力大等困难。会同相关区县建立绿色产业发展资金池，选择绿色产业基础好、前景广的区县或产业园区，配套出资形成产业资金池，以产业投资、绿色项目合同管理等方式实现绿色技改产业化运作。

（执笔人：宋世雄）

汽车工业

重庆市经济和信息化委员会汽车工业处

2021年，全国汽车制造业面对芯片短缺、原材料价格持续高位等不利因素影响，迎难而上，主动作为，全年汽车产销呈现稳中有增的发展态势，展现出强大的发展韧性和发展动力，汽车产销同比呈现增长，扭转了2018年以来连续三年下降的态势。在市委、市政府的坚强领导下，重庆汽车制造业得益于近年持续加快结构调整和转型升级，中高端化发展特征凸显、基础不断夯实，一手抓当期增长，加大芯片等要素协调保障力度，加快解决经营中的难题，推动行业继续保持上扬态势，一手抓长远发展，着力谋划打造全国新能源化和智能网联化发展生态，成效显著、亮点频出。

一、2021年发展回顾

（一）基本情况

截至2021年底，重庆有汽车生产企业53家，其中整车生产企业21家，改装车生产企业32家，已形成年产400万辆的综合生产能力。汽车制造业规模以上企业1051家，其中，汽车零部件企业978家，已具备发动机、变速器、制动系统、转向系统、车桥、内饰系统、空调等各大总成较完整的供应体系，具有70%的汽车零部件本地配套化率。规上汽车制造业完成产值4286亿元，同比增长15%。其中，汽车整车制造业完成产值2036亿元，同比增长26%，改装车制造业完成产值167亿元，同比增长4%，汽车零部件制造业完成产值2084亿元，同比增长7%。

（二）发展特点

1. 生产运行

汽车制造业产值增长受到2020年基数影响十分明显，全年产值呈现出高开低走的运行态势。由于2020年初受疫情影响基数较低，2021年2月是全年同比增幅最大的月份，同比增幅高达362%。2020年二季度，汽车消费出现疫情后的“报复式”高增长，基数较高，导致汽车制造业2021年二季度增速大幅放缓，5月、6月产值均出现同比下降，分别下降0.6%、0.3%。下半年开始，受芯片短缺影响，虽然市场需求强劲，但生产未能完全释放，产值保持个位数增长。全年增速（15%）低于全市工业产值增速（16%）1个百分点，产值占全市工业总产值的比重为16.3%，较2020年（16.4%）下降0.1个百分点。

2. 产品结构

汽车产量199.8万辆，同比增长26.1%，占全国的比重为7.7%，同比提高1.4个百分点。乘用车产量147.4万辆，同比增长36.3%，占汽车产量的比重为73.8%。乘用车中，基本型乘用车（轿车）、运动型多用途乘用车（SUV）、多功能乘用车（MPV）和交叉型乘用车（微客）的产量分别达到39.5万辆、96.9万辆、0.6万辆和10.3万辆，同比分别增长30%、38.5%、119%和38.4%。商用车产量达到52.4万辆，同比增长

4.2%，占汽车产量的比重为26.3%。改装车产量7.3万辆，同比增长21.6%。

3.经济效益

汽车制造业规上企业完成营业收入4830.3亿元，同比增长18%；亏损企业170家，较2020年（193家）减少23家，亏损面为16.2%，亏损总额为60.8亿元，同比增长10.5%；完成利润222.2亿元，同比增长41.3%；税金总额192.9亿元，同比增长28.6%；平均用工人数26.5万人，同比增长0.8%。

4.骨干企业

长安汽车集团（含外地分支机构）汽车销量230万辆，同比增长15%，好于行业12个百分点，排名全国汽车集团第4；完成产值2227亿元，同比增长23%；在渝企业（包括长安汽车、长安福特、铃耀汽车、长安跨越）产量、产值分别完成142万辆、1338亿元，分别同比增长30%、33%，分别占全市汽车产量的71%、全市汽车制造业产值的31%。其中，长安汽车产量、产值分别完成81万辆、594亿元，同比分别增长19%、18%；长安福特产量、产值分别完成31万辆、602亿元，同比分别增长36%、50%。华晨鑫源产值、产量分别完成181亿元、22万辆，同比分别增长2%、6%。上汽红岩产值、产量分别完成128亿元、4.6万辆，同比分别下降38%、40%。庆铃集团产值、产量分别完成91亿元、4.8万辆，同比分别下降13%、25%。长城汽车重庆分公司产值、产量分别完成255亿元、21万辆，同比分别增长118%、83%。

5.战新产业

新能源汽车产量达15.2万辆，同比增长252%，占汽车产量的比重达7.6%，同比提高4.9个百分点；智能网联汽车产量为30万辆，同比增长25%，占汽车产量的比重为15%。重庆入选国家新能源汽车换电模式应用试点城市，建成换电站72座、排名全国第2（居北京之后），有750辆换电车型批量化运营。加氢站建成3座、启动建设5座，庆铃集团已有42辆氢燃料物流车批量化示范运营；“成渝氢走廊”正式开通，成为全国首条城际间氢燃料电池物流车示范线路。累计建成充电站2176座、充电桩5.4万个。其中，个人充电桩3.3万个，公共充电桩2.1万个（快充桩1万个，慢充桩1.1万个）。全年市内推广新能源汽车6.4万辆，同比增长325%，累计推广新能源汽车超过15万辆。国家级车联网先导区加快建设，建成172公里自动驾驶开放测试道路、128公里智慧高速，建成永川区百度自动驾驶开放测试基地、重庆高新区自动驾驶示范应用项目等智能网联测试和示范运营项目。

二、发展中存在的问题

重庆汽车制造业发展中主要还存在以下四方面的问题：一是新能源汽车总体规模不大、档次不高。新能源汽车产量占全国（354.5万辆）的比重只有4.3%，占全市汽车产量的比重（7.6%）较全国平均水平（13.6%）低6个百分点，80%以上的产品为10万元以下的低端产品（全国约34%），尚无企业进入全国新能源乘用车销量前十。二是核心零部件配套薄弱。新能源动力电池基本为市外采购（比亚迪电池暂未供应本地车企）。长安汽车、金康新能源的电机（电驱）自产自用，其他车企市外采购。功能芯片、功率芯片等汽车芯片的本地供应能力缺乏。缺少专业汽车软件开发机构，整车企业软件开发主要依靠合作开发或二次开发，几乎没有应用类软件企业。三是人才难以满足发展需求。急需的汽车软件、自动驾驶、动力电池等方面的研发人才，特别是“汽车+IT+通信”的高端、复合型人才严重缺乏，难以满足产业加快向新能源化、智能化和高端化转型升级发展的需求。四是部分企业急需转型。比速汽车、众泰工业处于停产状态，正待盘活资质和产能重整发展。北京现代重庆分公司受韩国现代汽车在华经营困难影响，发展前景不明朗。

三、2022 年发展目标

汽车产量 204 万辆，同比增长 6%；汽车制造业产值 4200 亿元，同比增长 6%；新能源汽车产量 30 万辆，同比增长 97%。重庆汽车制造业将从以下三方面加快发展。

一是壮大整车规模。加快制定汽车产业“十四五”规划等政策文件，切实加强顶层设计。引导和支持整车企业抢抓机遇，深化与华为等科技公司的跨界合作，加速新能源化转型，加快中高端品牌上市上量，迅速做大新能源汽车产销规模。

二是完善产业生态。打造汽车产业智能化发展生态，建设汽车电子、汽车软件等关键专业园区，提升汽车芯片、汽车软件、汽车电子本地配套能力。实施传统零部件体系再造工程，加快向新能源化和智能化转型发展。推进重点项目实施，加快配套企业集聚，打造国内重要的新能源汽车零部件技术研发和生产制造基地。

三是打造应用场景。坚持场景牵引带动产业转型，推进国家级车联网先导区、国家新能源汽车换电模式应用试点城市、国家氢燃料电池汽车示范城市三大场景建设。加快基础设施建设运营，落实优惠支持政策，加大自动驾驶示范应用先行先试力度，不断优化新能源汽车使用环境。

（执笔人：王昭杰）

摩托车工业

重庆市经济和信息化委员会汽车工业处

2021年是中国经济持续复苏并走向常态化的一年，在国际国内宏观形势复杂多变、原材料价格居高不下的大背景下，中国摩托车行业依然保持了积极稳健的发展态势，通过发挥主观能动性，积极创新，淘汰落后产能，在核心产品上发力，创新营销等手段，拉动消费，克服种种困难，在经历了连续多年的下滑之后，国内市场与出口市场均实现产销双增。在市委、市政府的坚强领导和整车企业的引领下，重庆摩托车行业充分利用技术、人才、配套等优势，持续推动产品创新，加快推进结构调整，实现向高端摩托车产品过渡的转型升级，并积极拓展海外市场。

一、2021年发展回顾

（一）基本情况

截至2021年底，全市有摩托车整车制造企业39家，规模以上制造企业410家，已形成了年产1000万辆整车和2000万台发动机的综合生产能力，具备发动机、离合器、车架、减震器、转向、轮毂、轮胎、仪表等各大总成完备的配套能力。全市生产摩托车438万辆，同比下降10.4%，占全国的21.7%，实现产值907.9亿元，同比增长11.2%；销售产值891.5亿元，同比增长11.8%；出口交货值209.9亿元，同比增长19.1%。

（二）发展特点

1. 生产平稳运行

摩托车行业月度产量总体走势平稳。3~12月与上年同期相比略微有所下降，一季度同比增长9%，二季度同比下降7.4%，三季度同比下降15.1%，四季度同比下降19.1%，全年产量最终下降10.4%。部分企业海外订单受疫情影响减少，产量略微下降。

2. 骨干企业

市内独立报统的摩托车企业中，产量居前十位的是隆鑫、宗申、航天巴山、建设雅马哈、力帆、润通、银翔、大隆宇峰、明睿福、鑫源，分别达到81.3万辆、47.7万辆、34.8万辆、34.2万辆、26.5万辆、26.1万辆、23.6万辆、18.2万辆、14.7万辆、11.5万辆。上述10家企业合计生产摩托车约319万辆，占全市的72.8%。包含市外分支机构在内，重庆市隆鑫、宗申、力帆、银翔共4家企业进入全国摩托车销量排名前十，产量分别达到128万辆、98万辆、97万辆、81万辆，分列第2位、第3位、第4位、第6位。

3. 出口情况

摩托车行业出口金额达146.7亿元，居全国第1，同比增长37.5%。包含市外分支机构在内，重庆隆鑫、宗申、银翔、力帆等4家企业出口量进入全国前十，分别为113万辆、58万辆、43.2万辆和41.9万辆，分别居全国第1、第3、第6、第7位。

4. 产品情况

摩托车企业大力开展技术创新，不断研发适销对路的新产品。隆鑫 VOGE 无极在 2021 年 9 月 17 日第十九届中国国际摩托车博览会上重磅发布公路赛车 250RR、街道运动 525R、先锋复古 350AC 及首款踏板车型 LX350T-5，涵盖跑车、街车、复古车及踏板车四大领域。宗申延续以“赛科龙”和“宗申”两大品牌战略为牵引，赛科龙公升级运动巡航 RA9、豪华休旅车 RX850、英伦复古车 RE5、复古攀爬车 RE3、城市 ADV 踏板车 RT2 正式亮相，受到市场重点关注；宗申潮装越野系列 G250E、G250R、250X，以及森蓝氢能源摩托车系列等多款新品的推出，满足了不同消费人群的需求。力帆推出全新“攀登者”品牌战略，聚焦大排量、电动化和智能化。2021 年力帆首款双缸八气门水冷发动机大排量公路休闲摩托 KPT400 面世，电动 ADV 踏板车 KPV、全新太子车 V600 等受到广大车迷的关注。

电动摩托车行业“三大龙头”爱玛、雅迪、台铃均在重庆布局建厂。爱玛近几年主推时尚、运动的高端系列，修理门店数量多，为用户提供了很好的售后服务；爱玛西南制造基地项目签约落户重庆铜梁，项目计划总投资 20 亿元，年产量约 300 万辆，达产后可实现年产值 100 亿元，并可带动配套企业形成 200 亿元的产业集群。从新国标开始，雅迪主推车型从代步车向豪华高端车转化，在动力性能、舒适性、配置性能、售后服务等多个方面的发展比较均衡；雅迪高端电动车生产基地落户永川，年产量 150 万辆及 70 万套配套零部件，产值 60 亿元；2021 年雅迪电动车整车进出口制造基地项目总投资约 3 亿元，建成达产后可实现年产值约 6 亿元。台铃深耕中端市场，产品主要满足代步、通勤等日常需求；台铃投资 20 亿元在大足高新区建设新能源电动车产业园，该项目全部达产后年产量 200 万辆，产值 110 亿元。

二、发展中存在的问题

重庆摩托车行业发展中主要还存在以下五个方面的问题。

一是产品结构不尽合理。重庆市摩托车行业的主力产品是结构相对单一且档次和盈利能力不高的中小排量跨骑车和弯梁车，近年销量持续下滑，增长较好的踏板车仅建设雅马哈和安第斯可在重庆实现批量生产，针对受市场欢迎的电动两轮车还没有较为成熟的产品，仍需加速扩大大排量高端摩托车生产规模。在全面适应国四标准、加快转型升级发展的同时，加快培育发展踏板及电动摩托车。

二是研发创新能力仍然不足。全市摩托车产业的研发投入强度尚不到 1%，除少数重点企业的研发投入强度在 3% 左右外，不少企业的研发投入强度均不到 0.5%。同时，虽然重庆市宗申、隆鑫、力帆等企业建有国家级企业技术中心，不少企业也建有市级技术中心，但还有一大批企业特别是一些中小零部件企业几乎没有技术研发机构，缺乏自主研发能力。

三是产品的可靠性和耐久性需尽快提升。相比国际知名品牌，重庆市摩托车产品整体上的可靠性和耐久性还有较大差距，急需高度重视和加快提升重庆市摩托车产品声誉。

四是品牌意识需要加强。虽然重庆市不少摩托车品牌在国内市场拥有一定知名度，但因产品更新速度未跟上市场需求变化速度等，品牌影响力明显下降。对于国际市场，产品主要集中出口中低端市场，长期依赖规模和成本竞争，缺乏品牌、技术及差异化竞争优势。平均单车出口价值较低（600~700 美元 / 辆）、利润低，抗国际市场风险能力弱。

五是融合发展的紧迫感需要增强。智能化、网联化技术发展迅猛，新材料、新工艺持续涌现，对制造业发展带来巨大的影响。而重庆市摩托车行业多数企业对相关新技术、新材料、新工艺发展的重要性认识不足，相关应用滞后，急需提高认识，增强紧迫感，加大相关融合发展力度。

三、2022 年发展思路

产销摩托车 500 万辆，同比增长 8%；实现产值 1000 亿元，同比增长 10%。加快推动全市摩托车行业转型升级发展。一是大力发展大排量、电动及踏板摩托车。支持培育隆鑫“无极”、宗申“赛科龙”、力帆“攀登者”等自主品牌，推动建设雅马哈进一步导入多品种新车型产品，推动高金实业积极开发高功率的大排量发动机，促进爱玛、雅迪、台铃电动摩托车等重大项目加快建设。二是加大踏板及电动摩托车的原材料要素、关键核心零部件配套的培育和引进力度，有针对性地开展定向招商，加快完善本地自主配套能力，降低整车企业配套成本，尽快构建完善的配套供应链。三是支持摩托车特色产业园区建设。鼓励摩托车行业发展较好的区县加大支持摩托车企业发展的力度，在招商引资、项目支持、要素保障等各方面提供支持政策，着力打造一批国家级、市级特色产业集聚区。四是加大创新研发支持力度。帮助企业用好研发投入加计扣除、研发准备金补助等优惠扶持政策，鼓励产业链企业联合创新，加强新技术、新车型研发。五是鼓励整车企业建设完善的线上线下销售服务体系，提升经销服务质量、售后维修服务能力，支持企业参加“摩博会”“智博会”等全球性展会，进一步拓展市场。

（执笔人：潘力溧）

轻工业

重庆市经济和信息化委员会消费品工业处

一、2021 年发展回顾

（一）行业运行

按重庆市统计口径，重庆市轻工业规模以上企业 866 户，实现工业总产值同比增长 12.2%，出口交货值增长 2.4%，营业收入增长 14.1%。

1. 家具行业

规模以上企业 95 家，实现工业总产值增长 13.1%，出口交货值增长 15.4%，营业收入增长 6%。

2. 造纸及纸制品行业

规模以上企业 131 家，实现工业总产值增长 18.9%，出口交货值增长 25.9%，营业收入增长 15.6%。

3. 塑料制品业

规模以上企业 273 家，实现工业总产值增长 17.6%，出口交货值下降 24%，营业收入增长 22.5%。

4. 玻璃制品制造

规模以上企业 63 家，实现工业总产值下降 31%，出口交货值增长 2638%，营业收入增长 22.5%。

5. 印刷和记录媒介复制业

规模以上企业 125 户，实现工业总产值增长 8.7%，出口交货值增长 1.8%，营业收入增长 9.1%。

（二）行业发展

1. 特色化集群化发展态势逐渐形成

百亿级子行业继续保持稳定发展态势，预计全年造纸及纸制品、塑料制品业规模以上产值超过 400 亿元。荣昌区、奉节县加力培育眼镜产业，累计引进企业超 50 家，奉节县出台《加快奉节眼镜产业高质量发展的十二条意见》，加快建设西部地区眼镜产业制造基地；永川区、长寿区分别围绕“一张纸”“美家居”实现上下游集聚，产值规模超百亿元。合川区清平日用玻璃集中迁建项目有序推进。

2. 产业发展后劲得以增强

华兴玻璃绿色智能轻量化日用玻璃生产项目（一期）如期投产，有力提升本地玻璃包材供应配套能力；投资 12 亿元的顾家家居西南生产基地项目，正式签约落户江津珞璜工业园，全力推进“珞璜智能家居小镇”建设；玖龙纸业应对进口废纸新规，启动废纸可替代技术改造项目，巩固西南地区包装原纸产能优势地位；荣昌区成功创建西部首个“中国西部陶瓷之都”；铜梁区积极布局美妆产业，加快建设“西部美谷”，累计签约项目 33 个。

3. 科技创新能力不断提升

玛格家居、登康口腔成功创建国家级工业设计中心，登康口腔成为 2021 年重庆市设计引领示范企业，其冷酸灵焕彩变色抗敏感牙膏入选中国轻工业联合会发布的《升级和创新消费品指南（轻工第八批）》；聚宝教学设备、宏宇家具、恒弘家具等联合起草《多功能学生公寓床团体标准》并发布实施；登康口腔的冷酸灵贝乐乐等22款产品入选首批“重庆好设计”产品；利财管道、正清药品包装等9家企业创建重庆市“专精特新”企业；聚宝教学设备、华彬伟玻璃等11家企业创建市级企业技术中心。

4. 大数据智能化应用程度日益加深

玖龙纸业（重庆）PM22生产线、恒安（重庆）生活用纸的纸机生产线被认定为2020年度重庆市重点用能行业“能效领跑者”；龙煜精密铜管成功创建市级智能工厂，凯成科技、朗萨家私等21个企业（车间）成功创建市级数字化车间。华兴玻璃的创新示范智能工厂、龙璟纸业的精益生产与智能化改造提升、玛格家居的定制家居智能制造管理平台等6个项目入选2021年智能化赋能工程试点示范项目。

5. 品牌建设持续推进

恒弘家具、亚美欧眼镜等11家企业入选第二批重庆市消费品工业重点培育品牌试点企业。市家具协会牵头开展第三届“渝派家居精工智造”及重庆家居30年系列宣传活动。聚宝教学设备、宏宇家具、恒弘家具等教学家居企业集中参加中国教育装备展等专业展会，持续擦亮“重庆造”教学家居名片。第四届中国四大名陶（4 + N）荣昌展顺利举行，彰显文化本底。百亚股份在第四届中国企业社会责任先锋论坛上荣获“2021年度社会责任贡献企业”称号。重庆市工艺美术产品在“金凤凰”创新产品设计大赛中荣获3金3银5铜4优的好成绩。

二、发展中存在的问题

一是集群化发展水平不高。从全市看，除个别行业相对集聚外，其余行业布局较为分散；集聚区内上下游重点环节存在缺失，供应链产业链协同水平较低，综合竞争力不强。二是“三品”成效有差距。行业总体创新能力较弱，技术含量和产品价值不高，适应新消费的新产品开发不足，具有全国全球影响力的品牌显示匮乏。三是新兴增长点培育不足。成龙配套、链群协同发展的新兴产业培育较为乏力，运用兼并、收购、股权投资等合作形式不多，标志性带动项目较少。

三、2022年工作思路

以《重庆市消费品工业高质量发展“十四五”规划》为指导，贯彻落实《重庆市推动消费品工业高质量发展行动计划（2020—2022年）》，聚焦居民消费需求升级和消费行为变化趋势，以创新为根本动力，以特色产业链为重点，深入实施“数字三品”专项行动，完善产业创新生态，促进产业融合，增强区域协同，提质增效传统优势产业，加快培育创新性轻工产品，不断提升特色产业基地的集聚效应。以玖龙纸业、理文纸业为链主，稳定包装原纸供应；推动造纸及纸制品、塑料制品、日用玻璃制品等行业绿色化发展；加强创意设计，推动工艺美术精品化、大众化发展；持续开展“渝派家居”系列宣传活动；聚焦个护美妆，加快推进“西部美谷”建设。

（执笔人：余菲）

纺织工业

重庆市经济和信息化委员会消费品工业处

一、2021 年发展回顾

（一）基本情况

按重庆市统计口径，全市规模以上纺织工业企业 183 家，实现工业总产值同比增长 3.7%，出口交货值增长 46.4%，营业收入增长 1.3%。其中，纺织业规模以上企业 59 户，实现工业总产值增长 9.9%，营业收入增长 1.6%；纺织服装、服饰业规模以上企业 64 户，实现工业总产值增长 17.5%，营业收入增长 15.2%；皮革、毛皮、羽毛及其制品和制鞋业规模以上企业 60 户，实现工业总产值下降 9.8%，营业收入下降 8.2%。

（二）发展特点

1. 培育服装订单承接能力

以荣昌区尚上服饰为龙头，采取“基地总部 + 卫星工厂”模式，陆续在镇（街）建立 5 家微型服装工厂，建立“民间技艺工坊”平台、组建“公司 + 集体经济合作社”，吸纳街道、乡、村各缝纫工、剩余劳动力组建剪线、钉扣等手工作业队；苏美达长江制衣配套企业在巫山县建设服装加工车间，实现当年投资、当年投产。

2. 持续增强发展后劲

新签约招商项目 25 个，华峰重庆氨纶有限公司 30 万吨差别纤维加快推进前期工作，东西部扶贫协作海通茧丝绸全产业链项目按期投产，形成年产 150 吨白厂丝能力，重庆日报报业集团、重庆文投集团携手渝北区政府联合打造的 T23 时装小镇（一期）预计年内投用。

3. 企业能力建设不断加强

华峰重庆氨纶、三五三三印染服装总厂被评价为 2020 年度重庆市重点用水企业“水效领跑者”、数字化车间，段氏服饰获评 2021 年重庆市设计引领示范企业、数字化车间，华峰重庆氨纶创建智能工厂，年产 2.5 万吨差别化氨纶长丝智能化纺丝生产车间扩建项目被纳入 2021 年智能化赋能工程试点示范项目，立泰服饰成功创建市级企业技术中心，三五三三泰洋服装、贝思德无纺布获评市级“专精特新”企业。

4. 品牌和人才建设巩固提升

重庆梁明玉服装设计研究中心被认定为 2021 年度工业设计大师工作室，重庆市 6 名选手在全国纺织行业服装制版师职业技能竞赛全国决赛中取得较好成绩，筑巢鸟床上用品、立泰服饰纳入重庆消费品工业重点培育品牌试点项目。三五三三印染服装总厂印花车间被评为全国纺织工业先进集体，其技术中心主任曾跃兵、金猫纺织器材职工龚元彬被授予全国纺织工业劳动模范称号。

5. 加速打造产业时尚潮流印记

举办 2021 年中国重庆国际时尚周，“时尚大秀”“时尚峰会”“时尚赛事”“时尚展览”四大板块 14 项活动精彩纷呈，得到国家有关行业协会、产业领域好评。重磅发布《重庆时尚产业发展路径研究》。推动市纺织服装联合会与四川省服装（服饰）行业协会达成战略合作意向。

二、发展中存在的问题

一是产业规模小，市场竞争力不强。重庆市纺织服装产业以中小企业为主，先进制造能力不强，制造规模小，设计研发、面辅料印染、后整理等产业链重点环节较薄弱，综合竞争力不强。二是新模式新业态运用不充分，品牌影响力小。具有全国影响力的服装品牌有缺失，在资源整合、电商服务、企业管理、新营销等方面有差距，品牌溢价能力不强。三是要素成本增加，企业运行压力加大。受疫情持续蔓延、国内消费回暖不及预期等国际国内环境影响，原辅料、人工、物流等成本，回款周期拉长，应收账款增加，企业综合运营压力日益加大。

三、2022 年发展思路

积极应对新变化，贯彻新发展理念，以重庆市消费品工业高质量发展“十四五”规划为指引，推进落实《重庆市推动消费品工业高质量发展行动计划（2020—2022 年）》，以扩大承接服装订单范围为突破口，以大数据智能化为引领，建设数智化区域协同制造体系，提振服装制造能力，壮大服装订单加工规模；推动重点项目建设，依托重庆市汽车、电子、医药产业市场需求，瞄准产业用纺织品策划招引重点项目，培育新的增长点；加强原创设计能力建设，提升服装设计师工作室水平，扩大服装品牌影响力，促进产业链整体发展。

（执笔人：余菲）

装备工业

重庆市经济和信息化委员会装备工业处

一、2021 年发展回顾

（一）基本情况

1. 经济运行稳中向好

2021 年装备制造业 1150 户规上企业工业增加值同比增长 16.8%（全市规上工业 10.7%）；完成工业总产值 2459 亿元，同比增长 15.9%（全市规上工业 15.8%），两年平均增长 11.6%；实现出口交货值 155 亿元，同比增长 20.6%。实现利润 199 亿元，同比增长 13.1%；实现营业收入 2566 亿元，同比增长 15.5%。在全市工业八大支柱产业中，装备制造业增加值累计增幅排名第 2、产值累计增幅排名第 2。

2. 顶层设计精准有力

先后拟定装备制造业、山地特色农机、机器人、轨道交通装备等高质量发展方案，强化首台（套）重大技术装备应用推广，形成机器人等 6 条产业链提升方案，编制产业链图谱和 11 家领军企业、链主企业“一企一策”方案。确定“十四五”重点产业创新目录，打造先进清洁能源创新中心、单轨创新平台、低轨卫星互联网应用平台，以及培育机器人、数控机床、农机研发平台。

3. 川渝两地深度融合

会同四川省经信厅共同起草《成渝地区双城经济圈共建世界级装备制造产业集群实施方案》并通过成渝地区双城经济圈建设第四次党政联席会议，联合举办成渝双城经济圈首届制造业博览会；联动川渝两地装备重点企业，创建德阳经开区、重庆空港园区等 6 个成渝地区双城经济圈产业合作示范园区，培育 8 个市级特色产业基地、国家级创新平台 36 个；推动重庆长客与成都长客、西南交大等在地铁车辆研发制造领域建立长期合作关系，协调重庆两江航投集团与成都交投、成都通用机场围绕发展通航产业签订战略合作协议；协同组织成渝八方建设世界级先进装备制造业集群暨优势产品系列活动，发布《成渝地区八方地方产品目录》，囊括川渝两地 437 户企业，共计 1400 余项产品。

4. 招商投资成效显著

行业招商引资 214 个项目，总投资 891.83 亿元，全市投资额占比 10.75%；市级重大工业建设项目总投资 110 亿元，计划投资 28.2 亿元，完成投资 34.7 亿元，高于全市平均水平；推进市政府与航天科工在智博会正式签约，确定在 11 个领域开展合作；积极开展重庆市与重点目标国家和地区交往合作计划，与东南亚、欧洲等地区在通机、航天航空、机械等领域促进合作；与中国星网、西门子交通、铁建重工等交流对接，推动轨道交通、工程机械、智能装备、环保装备等领域产业链不断延伸壮大；市级重点项目三一西南智能制造基地提前建成并实现量产，填补了重庆在挖掘类工程机械的空白，ABB 迁建和永川星星冷链智能工厂达到投资进度。

（二）发展特点

1. 坚持强链补链延链

成功举办第22届立嘉国际智能装备展览会、首届成渝两地双城经济圈制造业博览会、第四届中国民营机床企业峰会、2021年川崎重庆机器人线体技术研讨会等大型展会活动，搭建数控机床、增材制造、工业机器人等重点企业发展平台；推进“三链”融合，形成轨道交通等3个重点战略性新兴产业发展报告及六大产业链补链强链方案，确定高端装备“十四五”重点攻关方向七大领域71项重点技术；形成装备制造业产业链供应链价值链提升工程台账，积极与航天科工、航天科技、中国兵装和国机集团对接，在智慧城市、航空航天、军民融合、农机及环保领域加速强链补链。

2. 坚持行业创新发展

围绕通用航空、交通运输装备等重点领域核心零部件、基础配套件实施科技创新，不断提高核心竞争力。重泵公司“华龙一号”三代压水堆核电站三型样机主要技术指标达到国际同类产品先进水平通过国家级鉴定；重庆通航研究院全自主改装的中央广播电视总台直升机直播中继系统打破国外对该项技术的封锁，拥有自主知识产权；中国海装完成首台6.2MW海上风电机组主控系统国产化；华数机器人斩获恰佩克“年度创新品牌”“年度创新工程”两大奖项；重庆中车长客双流制轨道车辆成功下线，标志着国内轨道车辆在交直流双供电领域取得原创性突破。

3. 坚持智能引领提升

装备行业2022年新建智能化工厂和数字化车间27个，累计创建97个。三峰环境旗下的果园环保发电厂通过引入阿里云工业大脑智能算法，破解了垃圾焚烧稳定性行业难题，成为智能化应用在能源装备领域的成功案例；华数机器人成功批量进入俄罗斯和智利市场并于2020年在成都富士康实现批量配套。目前荣昌东矩科技全部使用华数机器人，规模达到350台套，成为重庆市本地造机器人应用场景的典型案例。2021年重庆市共计生产工业机器人3288套、增长10.3%，服务机器人4.7万套、增长30.9%，金属切削机床1.2万台、增长57.6%（其中数控金属切削机床1万台、增长81.7%），智能装备产业发展势头较好。

4. 坚持精准服务企业

指导通机企业积极应对美国贸易“双反”调查，加大产品开发和市场拓展力度，全年实现产销两旺；兑现2021年工信专项首台（套）和农机专项资金，支持企业20家，共计2649万元；协助东方红等企业申请1亿元左右的国家和市级专项资金等；帮助鑫源农机、金山科技获得工信部基础再造攻关专项资金1.23亿元；协调落实ABB迁建重置资金2亿元；推荐宗申等近50家企业申报国家民机专项、自然灾害防治装备工程化攻关方向、安全应急装备试点示范等项目，不断提升企业活力。积极开展“三服务”工作。先后12次赴区县开展走访调研，累计走访工业园区5次，累计走访调研企业30余家，现场收集问题7个，办理率100%；对江津区5个项目进行重点帮扶，按期完成进度目标，累计投资达到6.76亿元；协助招商签约项目10个以上，涉及总投资超过20亿元；推动企业实施智能化改造升级，累计组织实施82个智能化改造项目，提前超额完成78个的年度目标。

二、发展中存在的问题

一是产业氛围营造不够。基础件等产业链不完整。产品品种较少、产业化程度较低、技术水平不高。水轮机转轮模型开发技术、关键零部件等缺少前沿性研发及制造需从其他单位引进，成本较高。增材制造、卫星等产业尚在培育之中，规模不大，产值不高，存在造势不够、宣传不力。龙头效应不强，缺乏带动整个产业链的龙头企业，产业集聚性不够，规模效应尚未形成。

二是产业链条构建不佳。产业链上中下游协同不够，关键核心技术有待突破，产业链与供应链、创新链、价值链三链融合不够，优势不明显。基础件及通用机械“卡脖子”问题仍旧突出，精密轴承等核心部件和大马力发动机电子控制系统等依赖进口。由于部分产业链长，涉及企业众多，一些企业没有形成全局观念、“一盘棋”思想缺乏，平台作用发挥不好，各自为政，融合度差，同时应用不够，推广不力。本地造本地用市场占有率低。

三是企业创新能力不强。高端装备不多，新产业新产品培育乏力，产品低端、雷同现象突出。机器人及智能装备、轨道交通装备、环保装备等新型装备产业规模均不足200亿元，3D打印、激光加工装备等尚处在起步阶段，重型机械、大型发电设备等高端装备缺乏；部分企业研发经费投入不足，高级科技人员不足、流失严重，企业消化吸收能力弱等，导致企业技术创新整体实力薄弱，关键金属材料和核心零部件对外依存度高。

三、2022年发展思路

依托重庆市装备制造业现有基础，瞄准高端装备制造业发展方向，坚持创新驱动发展，保持装备制造业稳步增长，推进装备制造业高质量发展，力争全市装备制造业规上企业完成产值2600亿元，同比增长5%。一是持续围绕工业机器人、农机装备、轨道交通装备、数控机床、航空航天等高端装备重点发展，加快推动冷链装备、工程机械、电梯、能源环保、基础件等装备协同发展。二是不断优化产业布局，支持产业向高端化、智能化和绿色化发展；加大政策导向力度，推动链主（领军）企业提质增效，大力开展招商引资。三是推动成渝地区双城经济圈建设世界级装备产业集群并向纵深发展。

（执笔人：高宇）

材料工业

重庆市经济和信息化委员会材料工业处

2021年是“十四五”开局之年，材料工业继续以习近平新时代中国特色社会主义思想为指导，全面贯彻落实党的十九大和十九届历次全会精神，深入贯彻习近平总书记对重庆提出的营造良好政治生态，坚持“两点”定位、“两地”“两高”目标，发挥“三个作用”和推动成渝地区双城经济圈建设等重要指示要求，坚持稳中求进工作总基调，准确把握新发展阶段重庆材料工业发展面临的新形势，立足新发展阶段，完整、准确、全面贯彻新发展理念，积极融入新发展格局，按照党中央、国务院决策部署和市委、市政府工作安排，切实做好材料工业“十四五”高质量发展规划编制工作，推动先进钢铁、轻合金、装配式建筑三条产业链补链、强链、延链，加速行业企业数字化智能化和节能降耗改造，联合四川省建立全国首个跨区域跨部门联动的水泥行业常态化错峰生产制度，加快推进钢铁去产能“回头看”整改各项工作，圆满完成粗钢产量压减任务，锰污染综合整治取得阶段性成效，全面淘汰锰矿及电解金属锰落后产能，实现了材料工业平稳向好运行。

一、2021年发展回顾

（一）基本情况及亮点

全市材料工业规上企业1173家，其中冶金行业企业232家，建材行业企业941家。从业人员15.59万人，其中冶金行业4.68万人，建材行业10.9万人。规上工业总产值达到4114.35亿元，同比增长24.9%。其中冶金行业2334.5亿元，同比增长43.2%；建材行业1779.85亿元，同比增长6.9%。利润总额257.78亿元，同比增长20.5%。增加值占全市工业支柱产业的比重达16.78%。

（二）发展特点

1. 做好材料工业高质量发展“十四五”规划编制工作

根据能耗双控、“双碳”、成渝双城经济圈发展相关政策，确立材料工业发展重点方向，编制规划初稿，并开展规划环评编制，征求意见和公示环节已完成，规划环评编制已近尾声。

2. 推动重点项目投资建设

做好重点开工投产项目服务工作，做好重点开工在建投产项目服务工作，28个市级重点项目完成投资213亿元，完成进度计划的216.6%，九龙万博新材、重钢、合川与长寿气凝胶项目4个市政府重点关注项目推进顺利，完成计划投资额的161%。

3. 持续增强行业创新能力

中铝高端制造公司成立重庆国创轻合金研究院有限公司，并筹备创建制造业创新中心，西南铝2800毫米高精度铝板生产线投产，形成飞机蒙皮板、汽车铝车身板生产能力；鑫景玻璃突破“卡脖子”技术，新建纳米微晶玻璃生产线，成为国内知名智能终端厂家供货商；金世利航材开发生产钛合金管材、锻件新产品，成为我国商飞公司重要的供应商；西工大成立重庆两航金属公司，为航空航天供应钛合金精密铸造件。

4. 推动行业高质量发展

与中铝高端制造公司及九龙坡区建立工作对接机制，推动中铝高端制造公司在渝投资项目；大力推动新材料产业发展，先后两次组织气凝胶现场推广活动，帮助企业拓宽应用场景；中科润资合川气凝胶项目已建成30条生产线，后续60条生产线正在安装；长寿气凝胶项目正在进行厂房建设；梳理钢铁、轻量化材料和装配式建筑的产业链图谱，明确链主企业、领军企业及配套政策，进一步壮大产业链规模。华峰铝业、梁平海螺等获评智能工厂，剑涛铝业、向往建筑等获评数字化车间；东方希望、璧山冀东和台泥获评绿色工厂。

5. 巩固行业供给侧结构性改革成效

严禁钢铁、水泥、平板玻璃、电解铝等产能过剩行业违规新增产能，做好钢铁去产能“回头看”专项检查反馈意见整改各项工作；开展钢铁行业执行差别电价设备甄别工作；创新开展与四川协同部署区域水泥错峰生产，在全国率先出台跨省市协同错峰文件《关于做好川渝区域水泥常态化协同错峰生产有关工作的通知》，落实成渝地区双城经济圈生态共建环境共保重点任务，重庆水泥行业46条生产线全部参与错峰，实际错峰停窑5333天，平均每条生产线实际错峰停窑115.9天；推动红狮集团、中国建材集团、海螺集团等行业龙头企业兼并重组整合低效水泥企业产线工作，进一步巩固水泥行业去产能成果。

6. 做好全市锰污染综合治理涉及我委各项工作

印发专项工作方案，推动全市电解金属锰企业实现关停，会同市科技局引导电解锰渣综合利用，指导城口县做好锰矿关闭后本地铁合金产业有序发展工作，指导涉锰区县做好产业转型升级工作，有关工作获国家推长办高度肯定。

7. 按照国家部署开展压减粗钢产量工作

两家重庆市负责压减钢铁企业2021年累计生产粗钢187.8万吨，完成考核目标责任书既定任务，并超额压减0.2万吨。重庆市2021年提前两个月进入绿区并完成全年压减任务，部际联席会议在通报中对此特别提出表扬。

8. 做好行业减碳降耗和有序用电工作

按照国家“双碳”目标工作要求，坚决遏制“两高”项目盲目发展，引导钢铁、有色、水泥等领域减碳降耗，推动重钢股份超低排放改造；配合有关部门做好今冬明春精细化有序用电工预案，科学降低高耗能行业用电负荷，降低对行业发展的不良影响。

二、发展中存在的问题

一是形成规模的特色产业集群不多。与国内工业强省和周边省市相比，目前重庆市材料工业除合成材料、轻合金外，特色产业集群较少，标识度不强，产业链不够紧密，国内影响力不足，钢铁、复合材料、装配式建筑、先进新材料等其他特色产业规模和发展水平与重庆市打造国家重要先进制造业中心的要求相比还有较大差距。

二是材料工业发展水平较低。单线规模偏小，全市日产2500吨及以下小规模水泥熟料生产线尚有18条，占比超过39%。最大规模仅为日产5000吨，而全国日产8000吨及以上水泥熟料线就有17条。行业集中度偏低，产线分布在24个区县，前5家水泥集团产能占比较全国平均水平低10个百分点。没有形成成熟的产业集群。重庆市还没有“绿色矿山—水泥/骨料—部品部件—装配式建筑”完整的产业链集聚园区。

三是高水平的新材料产品发展不足。新材料

企业普遍规模不大，传统材料企业中有研发机构和研发活动的占比低，高端产品供给不足问题突出，汽车、电子、高端装备等重庆市支柱产业需求量大的先进钢铁材料对市外依存度高，高附加值精深加工以及特种铝材加工亟待培育壮大，石墨烯、气凝胶等前沿新材料仍处于开发应用场景起步阶段。

三、2022 年发展思路

继续以习近平新时代中国特色社会主义思想为指导，全面贯彻中央经济工作会议和全国工业和信息化工作会议精神，认真落实市委经济工作会议、重庆市工业和信息化工作会议要求，培育壮大新材料和巩固升级传统材料并举，促进行业平稳运行和提质增效，力争全年材料工业规上产值超过 4300 亿元，增速 4.5% 以上。

1. 加快推动重点产业链补链强链

深入推进“链长制”，落实“一企一策”支持举措。探索党建引领产业链建设新机制，组建产业链创新联合体及其联合临时党支部，将“支部建在链上”，推进党建与业务融合，增强产业链补链强链组织保障。围绕轻合金产业链，重点支持中铝高端制造项目谋划，九龙万博特铝新材料技改扩能、万盛镁铝合金生产基地等项目建设；围绕先进钢铁材料产业链，加快推动宝武在渝战略合作项目（重钢股份技改升级、宝特航研新材料项目等）、攀华板材产业链延伸、足航产能置换、神龙腾达钢材加工等项目建设；围绕装配式建筑产业链，加快推动西南水泥在渝企业技改搬迁，海螺水泥在渝企业技改升级，东方希望配套处置固体废弃物熟料，三一绿建以及垫江、南川装配式建筑产业园等项目建设；围绕新材料产业，重点推动国际复合技改扩能、再升科技产业链延伸，以及合川气凝胶、长寿气凝胶、德凯实业 5G 覆铜板等项目建设，加大在多领域应用推广力度。加强成渝地区双城经济圈产业联动，探索推动川渝新材料产业重点协同和产业链协作研究。

2. 积极推进行业节能降碳

统筹有序做好材料行业碳达峰碳中和工作，强化碳效率发展理念，全面实施节能降碳行动，避免运动式减碳。根据全市统筹安排，引导重点企业探索碳达峰实施路径，推动重点领域能效标杆水平技术改造，坚定绿色低碳循环发展之路。争创一批市级绿色工厂、绿色产品、绿色矿山中的“能效领跑者”“水效领跑者”。鼓励企业实施综合能效提升、余热余压利用、高效电机及工业窑炉利用等节能技术改造项目，支持重点企业加快实施超低排放改造，降低单位产品能耗。持续优化能源消费结构，支持企业实施减煤、清洁能源替代，提高可再生能源使用比例。引导有条件的企业加大对固体废弃物的处置力度，探索利用水泥窑协同处置秸秆等废弃生物质。

3. 强化优质创新主体培育

立足重庆市材料工业基础，抓好招商引资、招才引智、人才强链和优秀企业家引育和技术改造，积极推动产业基础再造和产业链供应链现代化水平提升各项工作。深入实施研发机构倍增计划，推动本地企业组建独立法人研发机构，进一步壮大产业技术创新主体规模，推动有条件的企业面向长远发展提升竞争力、前瞻性布局基础研究领域。专注材料行业细分领域、细分产品、细分市场，积极培育一批创新能力强的“专精特新”中小企业。重点支持重庆国创轻合金研究院、万盛镁铝合金创新研发中心、先进金属材料制造业创新中心等新型创新主体建设，鼓励创建国家级创新平台。

4. 促进产业融合发展

促进 5G、工业互联网、大数据、人工智能等新一代信息技术在材料工业全产业链集成应用，持续普及数字化装备，鼓励绿色智能制造模式的应用。推进材料工业智能化赋能，引导企业建设数字化车间和智能工厂。促进工业设计与材料工业深度融合，鼓励高等院校、科研单位和新材料企业创建CMF设计工作室，带动竞争力和品牌效应整体提升，为材料工业高质量发展赋能。

5. 深化供给侧结构性改革

严格落实长江经济带发展负面清单指南，坚决遏制不符合要求的高耗能、高排放、低水平项目。严格执行钢铁、水泥、平板玻璃、电解铝等行业的产能置换政策，坚决打击违法违规生产和建设行为，严防“地条钢”死灰复燃，加强光伏玻璃行业监测预警，做好锰污染综合整治有关工作。全市范围内不再增加水泥熟料产能和独立水泥粉磨产能，精准支持水泥龙头企业通过市场化手段兼并重组低效水泥生产线，提高行业集中度、优化产业布局和延伸产业链，继续与四川省协同部署实施水泥精准错峰生产。

6. 提高管理和服务水平

制定和实施材料工业“十四五”高质量发展规划，正确处理好政府与市场主体的关系，强化精准施策、规划引领、标准约束、先进示范、协同发展、宣传引导，保持政策预期的稳定和一致性。帮助新材料企业申报国家重点新材料首批次应用保险补偿，收集年度新材料首用计划项目，组织新材料企业参加中国国际新材料产业博览会，倡导企业积极申请绿色建材认证。深入开展“三服务”专项行动，引导材料工业企业强化忧患意识、风险意识、底线思维，坚守安全底线和环保红线，指导区县、园区和企业做好疫情防控，保持材料工业健康发展的长期态势。

（执笔人：赵俊远）

城镇天然气工业

重庆市经济和信息化委员会燃气管理处

2021年，我们坚持统筹城镇燃气行业安全与发展，以强化行业安全为导向，强化行业提质增效为基础，强化天然气运行调度为保障，实现“三个深化，一个显著”。安全生产向好形势持续深化，安全责任事故零发生，专项整治取得阶段性成效。行业高质量发展持续深化，总用户数985万户，全年新增天然气消费量13.5亿方，城镇天然气普及率超过98.6%，天然气主体能源地位进一步巩固。营商环境改善持续深化，服务保障规范化、标准化、市场化不断加强，“六减”效能进一步释放，用户获得感、满意度有效提高。天然气供应保障成效显著，全市天然气消费量提前3年达到121亿方，同比增长12.7%，创历史最大增幅，民生用气满足率100%、重点工业用气满足率达99%，要素保障“稳定器”作用显著。

一、2021年发展回顾

（一）盯紧抓牢安全整治

突出供气侧、用气侧安全“两个关键”，取得“三快三实”阶段性成效。“三快”是安全隐患整改快，全市建档隐患13.09万个全部完成整改，新排查隐患立查立改机制得以完善；责任挂牌公示快，全市6011个四类重点场所“四级”安全责任挂牌公示全部完成；完善应急管理快，全市38个区县、147家城镇燃气企业全部制订应急预案，有序推进应急队伍、物资规范化管理。“三实”是安全宣教效果实，开展集中宣传活动30余次，约谈企业法人229人次，发放安全宣传资料90万份，联合市教委燃气安全进校园覆盖近百万师生；达标评估推进实，下发评估标准指引，全市38个区县完成评估方案编制，21个区县依法确定评估机构并进场，2022年5月底前全面完成评估整改，行业优化整合迈出关键一步；物防技防提升实，以市政府办公厅名义印发《重庆市防范第三方建设施工破坏城镇燃气管道若干措施》，第三方破坏屡禁不止问题得到有效遏制。全面推进加装燃气安全装置，新增用户实现全覆盖，既有用户分类有序实施，单位用户加装8.3万户、居民用户加装37.3万户。全力推进配套燃气设施与建筑主体一体设计、审查、验收，协调规资、住建、市场监管等部门联合制文，已进入会签程序，安全源头防控迈上新台阶。

（二）筑牢筑实安全防线

完善责任体系，印发燃气安全生产责任清单，进一步强化市、区、企业三级责任落实。深化安全专项，持续实施安全生产三年行动、高层建筑用气安全综合治理等专项行动，排查高层建筑3.4万栋、古镇古寨284座，整治隐患34万个，开展现场检查23次；组织全市交叉检查1次、片区督导会2次，督导检查23个区县。强化监管督导，建立专项整治“日分析、日调度、周通报”督导机制，全市累计出动检查组1463个，开展检查3153次，行政执法71次；落实日常监督“月检查、月分析、季通报”机制，对23个区县29家企业开展现场检查，指出问题173个，发现隐患37处，提出建议150个，约谈区县3个、企业10家。

（三）高质引领行业发展

突出发展规划指引，创新开展9个规划重点课题研究，凝聚行业智慧、激发“同进共荣”内生动力，所有课题均已结题，优质成果被纳入规划。推动行业稳健发展，新增用户28万户，78%的乡镇集镇开通管道天然气，天然气普及率超过98.6%，位居全国领先地位；全面保障居民、医院、学校等民生用气，重点工业用户用气满足率达到99%，稳定生产得到有效保障。充分发挥制度优势，依据《重庆市管道天然气特许经营管理办法》组织开展全覆盖达标评估，依法依规推进行业整合提升。完善规范标准体系，制定《城镇天然气用户工程技术规范》并已按程序提交市市场监管局审核后颁布，启动《重庆市天然气使用及设施安全管理办法》修订工作，为行业健康有序发展提供技术、管理支撑。

（四）持续优化营商环境

安装市场化更进一步，市、区两级全面发布安装单位目录清单，保障用户自主选择权，激发市场化竞争活力，累计310家企业入围。流程监管全面覆盖，所有区县建立燃气报装全流程数据收集分析及通报机制，强化过程监管，严格办理时限，增强业务办理透明度，保障用户合法权益。投诉举报办理持续强化，完善企业、区县、市上三级受理机制，落实督导通报机制，全年受理投诉举报37余件，印发通报4期，帮助群众解决问题52个，提供咨询服务58项，信访投诉下降26%，用户满意度、获得感明显提升。行业服务不断提质增效，督促企业进一步优化工作流程、增强公开透明、严格制度要求、强化内部监管，大力推广网上办、专人服务机制等，推进“六减”落实落地，安装成本平均降低20%，办事效率平均提高30%，在国家营商环境获得用气测评中居各省市前列。

（五）精心做好用气保障

强化气源组织，制定年度资源平衡计划，全力统筹上下游各方资源，积极争取国家倾斜政策支持，全年天然气消费量121亿方，同比增长12.7%，创历史新高，同比提升近10个百分点。精准运行调度，通过实施日监测、周报告、月分析、季联动等系列精准调度措施，实现全年民生用气一方不少，重点工业用户除计划性调峰外用气按需保障、平稳有序，民生用气36亿方、同比增长6.9%，工业用气72亿方、同比增长13.6%。服务重点工业，落实两江燃机增供用气2.3亿方，全年用气发电25.8亿度、减少耗煤120万吨，为缓解电力电煤紧张局势作出积极贡献；帮助建峰化工等企业争取保量稳价政策支持，平衡九龙博赛、渝琥玻璃等企业新增用气需求，基本实现按需供应。科学实施调控，坚持度峰调控“一个预案、一套体系、一体联动”，科学编制全市调控预案，细化完善可中断用户管理及调控实施体系，组织开展重庆市首次“压非保民”调控预案演练，确保调控措施科学、精准、合理。加快“1+3+N”储气调峰体系建设，全市储气规模达4.7亿方，提前5个月完成全年储气能力目标任务。“两峡”地下储气库完成先导性试验，全年注气3.28亿方，同比增长193%，可用调峰气量达0.5亿方，较计划提前两年具备一定规模的应急调峰能力；企业小时调峰设施建设稳步推进，投运小时调峰设施83个，形成调峰能力670万方，有力保障民生小时调峰用气需求。

二、2022 年发展思路

当前，全国城镇燃气行业进入深度调整期，重庆市作为传统天然气利用地区，行业管理面临用户多、管网多、经营企业多“三多”形势，供气保障面临调度手段弱、储气能力弱、需求管理弱“三弱”局面。进一步强化安全、发展、保供三大主责，聚焦燃气安全专项整治、小散弱企业优化整合、老旧燃气管道改造更新、储气调峰能力建设、年度供气合同签订等重点任务。一是全面推进加装燃气安全装置，完成企业安全评估整改，加快企业优化整合，实施燃气老旧管道改造更新试点，加快智能化技防物防建设，强化安全生产责任体系，持续提升行业安全生产水平。二是加快完善行业规范标准体系，推动“数字”燃气转型升级，加大智能化行业管理系统建设应用力度，持续引领行业创新驱动。三是促进燃气安装市场化发展、提高用气报装时效、提升服务精准化便利化效能，持续强化行业提质增效。四是加强供需监测分析，精细资源组织平衡，完善精准运行调度制度，加快地下储气库等储气设施及产供储销体系建设，优化保供调控机制，持续强化供气调度保障。精心施策、精准发力，推动城镇天然气事业健康高质量发展。

（执笔人：徐应菊）

化学工业

重庆市经济和信息化委员会化工工业处

一、2021年发展回顾

（一）基本情况

化学工业有规模以上工业企业279家，其中，天然气开采5家、化学矿采选2家、精炼石油产品制造12家、基础化学原料制造68家、肥料制造28家、农药制造9家、涂料颜料染料制造39家、合成材料制造19家、专用化学产品制造55家、炸药火工及焰火产品制造5家、橡胶制品25家、石油钻采钻探专用设备制造8家、化工专用设备制造4家。产品涉及化学矿山、化学肥料、化学农药、基础化学原料、涂料、颜料、染料、化学试剂、催化剂及助剂、黏合剂、炸药及火工产品、信息化学品、塑料、合成橡胶、合成纤维、橡胶制品、化工设备制造等17个大类。资产总额1476.5亿元，从业人员5.2万人。

规模以上化工企业主要经济指标完成情况：完成工业总产值1296.8亿元，同比增长25.8%；完成销售产值1267.6亿元，同比增长30.6%；完成出口交货值50.9亿元，同比增长39.7%；产销率为99.1%，同比增加3.6个百分点；实现营业收入1269.9亿元，同比增长33.5%；实现利润总额197.9亿元，同比增长113.9%；税金总额37.2亿元，同比增长4.3%。

规模以上化工企业实现营业收入1269.9亿元，同比增长33.5%。按行业类别分，天然气开采139.8亿元，同比增长17.2%，占化工行业的11%；化学矿采选0.6亿元，同比增长12.8%，占化工行业的0.04%；精炼石油产品制造46.7亿元，同比增长40.4%，占化工行业的3.7%；基础化学原料制造588.9亿元，同比增长53.8%，占化工行业的46.4%；肥料制造业84.9亿元，同比增长14.6%，占化工行业的6.7%；农药制造业20.4亿元，同比下降19.4%，占化工行业的1.6%；涂料颜料制造89.0亿元，同比增长45.4%，占化工行业的7%；合成材料制造79.1亿元，同比增长32.9%，占化工行业的6.2%；专用化学产品制造95.0亿元，同比增长13.8%，占化工行业的7.5%；炸药火工及焰火产品制造13.5亿元，同比增长15%，占化工行业的1.1%；橡胶制品81.5亿元，同比增长13.5%，占化工行业的6.4%；石油钻采钻探专用设备制造24.2亿元，同比增长9.3%，占化工行业的1.9%；化工专用设备制造6.3亿元，同比增长5.7%，占化工行业的0.5%。

（二）发展特点

1. 生产销售大幅度增长

重庆化工总产值、销售产值分别同比增长25.8%、30.6%。13个子行业，除农药制造同比下降外，12个均同比增长，其中，增长幅度大的有基础化学原料制造（45.5%）、精炼石油产品制造（28.2%）、天然气开采（22.7%）、合成材料制造（19.1%）。

2. 行业利润创历史新高

在化工产品价格普遍大幅上涨和新项目投

产达产等因素影响下，重庆化工行业利润总额达到197.9亿元、同比增长113.9%，创历史新高。13个子行业全部盈利，其中，增长幅度大的有合成材料制造（23.5倍）、基础化学原料制造（266%）、肥料制造（189%）、涂料颜料染料制造（111.1%）、化工专用设备制造（31.8%）；亏损企业22家、同比减少8家，亏损面为7.9%，同比减少3.1个百分点。

3. 龙头企业带动效益明显

52家重点企业完成产值835.5亿元、占行业总量的64.4%，其中39家企业同比正增长；实现利润148亿元、占行业总量的74.8%，重点企业带动效益明显。领军和链主企业的引领作用更加凸显，7家领军和链主企业完成产值341.5亿元、同比增长61.6%左右，占行业产值的26.3%；实现利润77.1亿元、同比增长3.3倍，占行业总利润的39%，利润率达到22.2%，是行业平均利润率的1.5倍。

4. 主要化工产品价格大幅上涨

在原油价格上涨、市场需求旺盛等因素的影响下，2021年重庆化工产品价格大幅上涨。如冰醋酸价格从2020年12月的2467元/吨上涨至2021年9月的9100元/吨，创历史新高；甲醇从2020年12月的2000元/吨左右上涨至2021年10月的4000元/吨左右的高点；己二酸从2020年12月的9000元/吨左右上涨至2021年11月的13500元/吨的高点；烧碱从2020年12月的1900元/吨左右上涨至2021年11月的6000元/吨的高点。

（三）项目建设

化学工业2022年投资进展缓慢。化学工业完成投资112亿元，同比下降1.9%。9个市级重大建设项目完成投资38.7亿元、占计划投资的95%。

1个完工项目：长寿光气衍生物及芳胺类化学品项目已经完工，正在调试准备试运行。

7个续建项目：万盛PVC锡类稳定剂和选矿药剂项目，长寿超纤材料、聚氨酯合成革及聚氨酯树脂制造项目，20万吨/年精细磷酸盐及配套新型专用肥项目，115万吨/年己二酸扩建六期、30万吨/年尼龙66项目、10万吨/年己二胺项目按进度推进中；30万吨/年己二胺三期、四期建设滞后，仅完成当年计划投资的12.6%。

1个新开工项目：长寿综合制造基地项目已经开工。

（四）技术创新、智能化、新产品开发

化工企业的34个项目获得2021年工业和信息化专项资金支持，覆盖绿色制造、数字化装备普及、工业互联网平台、智能工厂和数字化车间等四个方向。4个生产工厂被认定为智能工厂、16个生产车间被认定为数字化车间。新增7家企业获得2021年度重庆市技术中心认定，新增19个产品获评重庆市重大新产品。

二、发展中存在的问题

一是在建项目进度放缓。受长江干支流岸线“一公里”政策影响，部分在建化工项目暂停，化学工业完成投资同比减少。

二是主要化工原料需从市外采购。一是缺少烯烃、芳烃等重要原料。重庆市资源“富气、无油、少煤”，没有大型炼油项目，煤全部需要外购，导致重庆市化工缺乏烯烃、芳烃等重要化工原料产品。二是原料物流运输体系需要进一步优化。重庆市短期及中期将大量外购苯、PX、PTA等重要原料，周边公路情况复杂，多数化工园区暂未建立危化品火车专线，水运受三峡船闸检修影响，同时面临船舶泄漏影响水生态环境风险，

针对化工原料的综合物流体系有待优化。

三是"双碳"目标对化学工业发展提出更高要求。为实现碳达峰碳中和目标，能耗政策逐步收紧，化学工业作为高能耗行业受到一定限制。市发展改革委的《关于进一步加强固定资产投资项目节能审查相关事项的通知》（渝发改环资〔2021〕943号）要求化学工业固定资产投资项目在编制能源消费平衡方案时，原则上要实行能耗等量替代。能耗指标将成为影响化工项目落地的重要因素。万州拟引进的总投资约200亿元的金能项目正是因能耗指标问题而未能落地。

三、2022年发展思路

化工行业总产值同比增长5%。

1. 加强经济运行调度

一是继续关注重点产品（醋酸、甲醇、己二酸等）价格走势变化，关注国际油价和化工产品走势，对下一步价格变化做出预警。二是继续关注重点企业天然气、煤炭等生产要素成本及用电成本变化带来的影响，配合相关处室做好服务工作。三是加强对双百企业和成长型企业的运行监测。

2. 实施产业链提升行动

召开领军、链主、配套企业工作会议，探讨如何打造新材料产业集群，做强优势产业。协助企业解决重大项目建设中遇到的问题，推进项目建设，补齐、补强聚酰胺、聚酯等产业链。与山东省工信厅对接，促进化工新材料产业链上下游协同发展。

3. 谋划"十四五"化工产业发展

与企业、园区、区县共同研究长江大保护、"双碳""双高"要求下重庆市化工产业发展思路和路径，制定化工行业"十四五"高质量发展行动方案，指导区县培育化工新材料产业集群，推动基础化工产品转型升级。

4. 推进科技创新及智能化改造工作

推进华峰化工、涪陵化工、双象超纤等企业在智能制造方面的工作。以领军企业和链主企业为抓手，推进行业技术研发中心的建立，关注五条产业链上的重点企业的技术创新产业联盟的创建工作。配合科技处，推动行业技术研发中心的建立，做好重大新产品申报工作。

（执笔人：兰劲）

智能终端产业

重庆市经济和信息化委员会智能终端和通信产业处

2021年，智能终端产业经受住新冠肺炎疫情和国际贸易摩擦等不利因素影响，克服国际货运成本明显增加、原材料价格不断高涨、缺芯少屏“卡脖子”、企业人力成本居高不下等困难，持续保持较快发展势头，呈现出产业规模、研发效益、智慧赋能、开放支撑“四个向好”良好态势，实现速度、质量、效益全面提升。

一、2021年发展回顾

（一）基本情况

全市计算机产量1.07亿台，首次突破1亿台；其中，笔记本电脑9385.3台，继续领跑全球。全市智能手机产量8649.7部，增长11.5%，增幅位居全国前列。全市规上智能终端企业实现产值4782.4亿元，同比增长9.6%。实现营业收入5141.4亿元，同比增长18.6%；实现利润总额144.8亿元，同比增长25.3%。

（二）发展特点

1. 生产运行

在产值基数较大的情况下，全行业规上企业总产值连续3年保持高位增长，产值增速、增加值增速等多项指标高于全市平均水平。智能终端产业对全市工业增长的贡献率达11.7%，拉动全市规上工业增长6.8个百分点；智能终端产业实现出口交货值3566.5亿元，占全市制造业出口交货总值的71.7%，是全市稳外资、稳外贸的中坚力量。

2. 转型升级

全行业规上工业企业利润、主营业务收入、利润率等重点指标表现优秀。创新驱动持续发力，全产业链研发费用增长18.4%。重点整机代工企业、品牌商在渝单独或联合建立研发中心；传音在渝手机研发人员已达千人规模。“智能制造”升级提速，OPPO智能化改造项目获评“创新示范智能工厂”，精鸿益、航凌电路板、平伟实业、海尔制冷电器、海尔智能电子、格力电器等6家企业获评市级“智能工厂”，28个获评市级“数字化车间”。

3. 行业大事

全球第一笔电制造基地地位进一步巩固，全市计算机产量首次突破1亿台；笔记本电脑产量首次突破9000万台，取得“8连冠”。手机产业焕新升级，智能手机产量首次突破8000万部，占全市手机产量的比重首次突破70%，5G手机产量翻倍。产业转型有力推进，部分代工企业和品牌商在渝设立研发机构。集群发展初见成效。荣昌区电子电路产业园投产，入园企业超过40家，正式投产企业5家；登记成立全市第一个电子电路板产业协会，会员单位企业数量超过90家；成功举办第二届西部超高清视频产业峰会。接续发展动能充足。广达电脑（重庆）有限公司产值保持在1000亿元以上且再创新高；峰米科技正式落户并投产，台达电子落户重庆市经开区，联想笔记本电脑订单首次“入渝”。

二、发展中存在的问题

一是国际国内形势复杂使智能终端产业发展面临的不确定性增加。贸易摩擦、地区冲突、大宗原材料涨价、全球物流成本上涨、供应链保障难等问题短时间内难以解决，影响产业发展的因素更加复杂多变，产业发展趋势难以精准预测。二是龙头企业招引困难。龙头代工企业已经基本完成新一轮布局，加之市场需求端增量不明显，龙头企业来渝投资意愿较弱，招引龙头企业难度持续加大。三是人力综合成本比较优势正在丧失。人力综合成本低是智能终端产业得以在渝快速发展的最重要因素之一。近年来，随着人力成本、社保成本、招工成本等快速上涨，人力综合成本与珠三角、长三角地区相比差距明显缩小，较东南亚等地已无明显优势。

三、2022 年发展思路

认真贯彻落实中央经济工作会议、市委经济工作会议精神，切实增强忧患意识、责任意识，主动适应形势变化，冷静分析，沉着应对，按照“稳中上量、稳中提质、稳中增效”的总体要求，在目标上，突出“稳增长”，推行“政策向稳增长倾斜、投入向稳增长集聚”，推动企业“扩量、入规、升高、上市”和智能化改造“扩面”；在路径上，坚持“两手抓”，一手抓稳链固链延链和存量扩张增量拓展，一手抓数字智能化赋能和研发创新能力提升；在措施上，打好“组合拳”，抓好技术创新、运行调度、补链强链、数字化赋能、企业引培、绿色发展、开放合作，盯紧盯牢“重点产品、重点企业、重点项目、重点区县及开发区”，实现“政策、资金、项目”全面靠前发力，力争为全市工业大局作出更大贡献。

（执笔人：刘庆中）

其他电子制造业

重庆市经济和信息化委员会电子信息处

2021年，是“十四五”开局之年。全市其他电子板块运行平稳有序、投资调度稳步推进、未来发展重点逐渐明晰、招商引资亮点纷呈、服务保障成效显著、产业创新氛围越来越好，全年各项既定目标如期实现。全市电子信息制造实现产值7345.7亿元，同比增长13.7%；其中，其他电子板块产值2563.3亿元，同比增长22.3%，高出全市平均增速6.5个百分点；占全市电子信息制造业的34.9%。

一、2021年发展回顾

（一）核“芯”产业答卷靓

重庆市首次入围国家集成电路重大生产力布局范围；华润12英寸功率半导体项目成为国家集成电路产业发展基金在西部地区首笔投资；西南集成成为重庆市首家集成电路上市企业；四联集团建成国内首条自主可控的MEMS压力传感器后端腔体工艺生产线。未来，把集成电路打造成为全市工业经济的一张新名片。以特色工艺为主攻方向，以IDM（整合原件制造）为主要路径，聚焦功率半导体、硅光、模拟与数模混合、化合物半导体、MEMS等为五个重点领域，高质量建设集成电路、传感器市级重点关键产业园，打造特色鲜明的产业集群，推动全产业链高质量发展，加快将重庆市打造成为全国最大的功率半导体产业基地和集成电路特色工艺技术高地。

（二）招商引资成效佳

全年累计引资超100亿元。一是集成电路项目成果丰硕，投资15亿元的锐石创芯6英寸晶圆生产线落户两江新区；投资7亿元的奇芯光电8英寸硅光晶圆制造项目落户璧山区。二是显示面板本地配套率持续提升，投资10亿美元的国内第二座康宁玻璃基板前段熔炉工厂，投资4亿美元的康宁大猩猩盖板玻璃熔炉项目落户两江新区；促成豪雅株式会社与京东方签约成立光掩膜版合资公司，并落户重庆。三是被动元器件产业环境打造初见成效，重庆赛宝工业技术研究院在重庆市建设全国唯一的板卡集成电路和元器件适配验证中心。四是半导体特种设备及专用材料企业加快聚集，通嘉无油真空泵生产基地、普利英抛光材料等项目签约落地。

（三）服务保障举措实

一是“三服务”工作落实有序，先后调研走访铜梁区的“三服务”企业超15人次，指导帮助区县策划招商项目3个，依托赛宝实验室帮助铜梁区谋划电子元器件产业发展。二是专项资金集中使用有效，兑现2021年信息化专项资金5058万元，补贴集成电路企业19家；同步组织结题、验收到期项目15个，指导12个到期项目承担单位准备验收材料；促使全市集成电路制造企业和设计企业营收同比均增长近20%；帮助华润微电子成功争取工信部制造业高质量发展专项资金支持1亿元。三是重点园区建设推进有力，依托重庆高新区，打造全市集成电路市级重点关键产业园，依托北碚区，打造全市传感器市级重点产业园；落实市委主要领导指示精神，编制《重庆西永微电园电子信息产业提档升级实施方案》；在2021年世界半导体大会上，西永微电园获评中国集成电路高质量发展十大特色园区；规划璧山区建设半导体设备产业园区。四是产业链供应链保障有方，与四川省经济信息厅电子处共同起草印发《川渝电子信息产业产业链供应链协同工作方案》，共建川渝电子信息产业重点产品产业链供需对接平台，为在平台注册的183家企业提供超300项产品和服务。五是校企合作工作推进有力，积极促成重庆铁路运输高级技工学校等委属学校与重庆万国半导体科技有限公司、重庆惠科金渝光电科技有限公司等企业开展校企合作。

（四）产业创新氛围好

电子科技大学重庆微电子产业技术研究院、北京理工大学重庆微电子中心、西安电子科技大学重庆集成电路创新研究院在西永微电园开院揭牌；摩尔精英重庆先进封装创新中心在渝北仙桃数据谷正式投产；吉芯科技国内首发30款自主安全可控的高性能模数混合信号系列产品；中国视像协会Mini/Micro LED显示分会落户重庆市，推动新型显示各类创新资源加速向重庆市集聚；接洽上海工研院建设线宽90nm的12英寸高可靠性晶圆中试平台，增强车规级芯片设计企业来渝布局吸引力，更好支撑全市“芯机联动”战略实施。

（五）专项工作有深度

一是重要提案按时办结，按时办结市人大政协建议提案主办2个、协办1个，均回复满意。二是规划方案获得肯定，牵头编制《成渝地区双城经济圈电子信息产业协同发展实施方案》；编制完成《重庆市加快集成电路产业发展“十四五”规划》；征求多部门意见，修订完善《重庆市加快集成电路产业发展若干政策》；落实市政府主要领导指示批示精神，牵头编制了《重庆市加快集成电路产业发展三年工作方案》《重庆市加快新型显示产业发展实施方案》《重庆市加快仪器仪表产业发展三年工作方案》，以上方案规划均得到市领导正面肯定。三是会展论坛效果良好，以“自主创新、工艺基石”为主题，高规格举办集成电路高端特色工艺专题论坛；推动第五届全国大学生集成电路创新创业大赛总决赛首次来渝举办，来自全国111所高校的391支队伍参赛；对接北碚区，第九届中国半导体设备年会暨重庆集成电路产业创新论坛首次在渝举办；圆满举办第七届中国新型半导体功率器件及应用技术研讨会；以纯市场化的模式，连续3年成功举办2021年全球半导体产业（重庆）博览会；落实市政府主要领导指示精神，推动西永微电园建成重庆市集成电路展示中心，高质量筹办重庆市集成电路发展成果展；协助九三学社重庆市委办好九三学社科学座谈会，向各界专家推介了重庆市良好的创芯生态。四是促绿色转型和稳安全生产工作落实到位，扎实落实“双碳”节能减排目标任务，鼓励企业通过实施智能化改造等方式优化生产工艺，减少污染物排放；更加注重将绿色发展理念融入各项规划。全年，先后6次深入安全检查，共计安全生产检查指导34批次、88人次，全市电子信息制造企业未发生重大安全生产事故。

（六）工作举措

按照市领导在“十四五”末将集成电路打

造成为重庆工业新名片的指示精神，围绕履职尽责、固本强基、增强后劲，狠抓强思想、稳调度、促改革、优服务等工作，确保年初的各项既定目标顺利完成。

1. 狠抓科学调度，确保投资调度稳

严格落实《保产业链供应链稳定工作方案》，重点做好5家领军企业、9家链主企业的服务保障；京东方光电、惠科金渝2022年以来的增速始终保持在50%以上，有效带动新型显示产值增幅超40%。按照定期研判、按期推进的原则，确保8个市级重点项目全年投资任务提前完成，京东方第6代AMOLED（柔性）生产线项目和吉芯集成电路研发及产业化基地项目在上半年就完成了全年投资任务。

2. 狠抓改革创新，确保产业生态佳

以报请将华润微电子自用的聚苯并噁唑纳入财政部、国家发改委、国家工信部、海关总署、税务总局等五部门联合印制的国家免税进口商品清单为契机，使国家集成电路免税进口商品清单更好的服务集成电路产业发展。在用好“基金+投资”招商模式推动重庆高新区快速发展的基础上，进一步创新合作模式，导入全市有意向转型的国有企业参与“基金+国企+区县”合作模式，培育新增长点；已初步构建起“智路资本+机电集团+璧山区”的合作架构，推动璧山区半导体设备产业园加快形成。

3. 狠抓服务保障，确保龙乡发展好

协助引进符合铜梁产业布局的工业项目10余个，推动铜梁区企业成群、产业成链、集群发展。立足铜梁区电镀产业发展优势，共同招引硅电容项目。协助铜梁区实施“产能升级+智能制造”工程，智能化改造传统制造业，百钰顺、精鸿益等企业生产效率平均提升68.3%、产品不良率降低53.8%、运营成本降低28.7%、单位生产能耗降低24.6%。

二、发展中存在的问题

目前，全市其他电子领域仍面临金融保障支撑弱、高端创新人才少等共性问题，结合各主要产业链条看，主要有以下问题。

一是集成电路产业规模小，工艺水平差距巨大，主要表现在重庆市集成电路制造产能仅占全市电子信息产业的3.9%。全市集成电路最先进的工艺制程为90nm，距离全球领先的5nm差距巨大。二是显示面板先进产线少，重资产项目引进难，主要表现在新型显示产能多为LCD产能，先进产线规模有限；如京东方AMOLED产线刚刚点亮，MiniLED、Micro-LED等先进工艺产线尚未布局。全国显示面板产能略显过剩，面板项目审批持续收紧，影响重庆市重资产项目引进。三是被动元器件可布局空间有限，招引优质企业难度大，主要表现在全市仅有铜梁区、长寿区等少数区县拥有电镀产能，可布局被动元器件产业；在习近平总书记视察潮州三环等龙头企业后，国家陆续出台支持政策，各地陆续大力发展被动元器件产业，积极引进被动元器件企业。四是半导体设备和材料布局刚起步，尚未形成集群效应，主要表现在璧山区作为半导体设备产业园刚刚起步，暂无重大项目落户。在存量企业方面，仅有通嘉真空泵设备生产基地、普利英CMP抛光垫等少量项目，且分散在江津、南川等地，未能形成较好的产业集群效应。

三、2022年发展思路

围绕成渝地区双城经济圈建设，干好自己的事、办好合作的事，以芯屏为核心，以被动元器件、仪器仪表、半导体设备为骨架，聚焦“五个着力”，在做好党建引领、行业运行、投资调度、服务保障等各项工作的基础上，围绕“新思路”、构建“大体系”、谋划“大项目”。在划转300亿家电产值的基础上，力争全行业实现产值2400亿元，同比增长约10%。力争引进项目20个；集成电路项目13个，新型显示项目1个，传感器项目3个，被动元器件项目3个；协议投资约50亿元。

（一）着力围绕“大体系”补链，推动“大项目”有突破

注重构建双核大体系，招引、并购和建设一批先进程度高、带动效应好、资金投入大的芯屏项目。围绕《重庆市加快集成电路产业发展“十四五”规划》，策划储备一批集成电路项目；依托“智路资本＋机电集团＋璧山区”的合作架构，海外并购一批在细分领域市场竞争力强的半导体设备头部企业。以中国视像协会Mini/MicroLED显示分会整体迁建重庆为契机，依托京东方、康佳等重庆市重点企业，加快Mini/MicroLED在重庆市的产业化进程。精准用好2022年重庆市工业和信息化专项资金，重点支持集成电路重点企业发展和项目建设，切实让有限的项目资金发挥最大效益。

（二）着力强化“优保障”意识，推动“三服务”有作为

以“三服务”工作为主线，统筹做好项目建设、企业培育、区县发展等工作，营造让企业舒心经营、安心发展的营商环境。重点推动华润12英寸项目顺利投产，万国半导体产能翻番，协助锐石创芯、奇芯光电开工建，持续巩固重庆市功率半导体、模拟/模拟转换、硅基光电等核心链条优势。依托赛宝、视像协会、重半协做好对区县、企业的服务工作，推动被动元器件、半导体设备产业加快发展。依托三服务工作机制，重点对接铜梁区的招商引资、共建重点项目、培育中小企业等工作，帮助其做好硅电容产业规划，推介优质企业，建设优质项目；用好智博会等会展平台，帮助铜梁提升知名度、影响力，吸引更多企业入驻铜梁。

（三）着力落实“链长制”要求，推动“稳调度”有保障

围绕龙头企业“链长制”要求，完善要求、细化举措，充分发挥链长企业资源富集的优势，提升全市电子信息产业稳链固链能力。落实《保产业链供应链稳定工作方案》，重点做好5家领军企业、9家链主企业的服务保障，提升全市电子信息产业抗冲击、抗风险能力。全程保障2022年市级重点项目建设，确保全年投资任务按期完成。构建安全风险分级管控和隐患排查治理双重预防机制，加密企业安全生产检查频次，定期研判隐患风险，压实企业安全生产主体责任，有效防范重特大安全事故。

（四）着力聚集“多元化”资源，推动“强创新”有支撑

充分发挥联合微电子中心作为国家级制造业创新中心的技术资源优势，加快推出下一代硅基光电子产品，持续巩固重庆市硅基光电子的优势地位。加快对接上海工研院建设高可靠芯片中试线，吸引更多车规级芯片设计企业来渝布局，完善重庆市汽车产业链。继续办好智博会、半导体设备年会、全国大学生集成电路创新创业大赛等会展论坛，同步发挥行业协会的作用，搭建交流互动平台，增强在渝企业活跃度，营造良好氛围，提升重庆在业内的影响力，吸引更多创新资源向重庆市聚集。依托落户西永微电园的电子科技大学重庆微电子产业技术研究院等产教融合型研究院，培养高端创新人才、攻关重大关键技术、转化最新科技成果。

（执笔人：周秋宇）

医药工业

重庆市经济和信息化委员会医药产业处

2021年，重庆市医药工业在市委、市政府的坚强领导下，立足全市生物医药产业发展基础，全面推进产业发展，重点企业成长迅速，领军企业崭露头角，切实保障应急医疗物资。同时，积极面对国家政策密集调整等诸多机遇与挑战，聚焦重点、精准发力，紧紧围绕“鼓励创新、推动高质量发展”两条主线，坚持创新驱动，全力以赴推动重庆市医药产业高质量发展。

一、2021年发展回顾

（一）产业持续保持稳定增长态势

重庆市现有规模以上医药企业213家，其中年产值10亿元级的企业有16家，共有11家生物医药企业在沪深交易所上市。全市医药工业实现产值765.9亿元，同比增长11.9%，增加值增速14.5%，利润同比增长30.9%。其中，医疗器械产值保持高速增长态势，医疗器械行业实现工业产值96.2亿元，同比增长42.7%，占比提升至12.6%。

（二）持续强化创新主体培育和产业支撑平台建设

一是积极培育创新主体。引进北京德美医疗医疗器械公共服务平台及骨科器械产业集群等项目。推动“上海交通大学—重庆国际生物城数字医学联合技术中心”项目投入运行，打造3D打印定制化增材制造技术成果转化和产业化体系。二是持续完善平台体系。推动美莱德II期项目启动，筹建模式动物中心等公共研发基础转化平台；引进苏州医工所（重庆）先进医疗器械工程技术研发中心、启动昭衍新药GLP平台项目建设；助推艾令达体外诊断CRO平台、都创药物研发服务平台建成投用。三是引导增量项目赋能存量企业。支持中科院计算技术西部研究院、哲源科技等引进平台与华森制药、植恩生物、智翔金泰等本地企业合作，运用大数据、人工智能和智能超算技术手段，协助企业加快创新项目研发速度。

（三）不断强化产业链供应链能力建设

一是加大高端产能和供应链上游生产项目引进和培育力度，成功引进大博医疗医疗器械生产基地项目、海正宣泰医药MAH持牌项目、沃卡威诊断试剂上游原料产业化项目；昭衍生物CDMO项目开工；助推Athene公司高活性抗肿瘤药物原料药生产基地项目建成投产。二是做好链主企业服务工作。全力保障智翔金泰新冠疫苗生产改建项目完成试生产和工艺验证准备工作，就物料保障、人员培训、资质审批等问题多次协调工业和信息化部、国家药监局等部门，顺利承办国务院联防联控机制疫苗专班全国新冠疫苗供应链现场办公会等重大活动；推动博腾股份高端制剂CDMO平台项目顺利开工，共同策划制剂产品CMO平台项目；指导博唯佰泰开展国产宫颈癌疫苗附条件上市相关申请筹备工作。三是积极开展联合招商活动。与重庆高新区、重庆国际生物城、长寿经开区等区县多次联合开展招商引资活动，拜访、接待恒瑞制药、齐鲁制药等国内龙头企业。

（四）强化规划政策举措持续优化产业发展环境

起草并印发实施《重庆市加快生物医药产业发展的若干措施》。与巴南区共同起草并印发实施《重庆国际生物城建设发展三年行动计划（2022—2024年）》。起草的《重庆市生物医药产业“十四五”发展规划》正在征求意见中。与长寿、忠县共同筹建国家级化学原料药集中生产基地。

（五）“存”“产”结合做好应急医疗物资保障

一是日常保障到位。共向全市各级医疗卫生机构、企事业单位拨付物资1400.34万（个/台/双/套）。二是紧急采购到位。7月、8月两次疫情期间，组织紧急采购生物安全箱等物资，为疫情防控提供了充足的物资保障。三是初步建立较为完善的产能储备体系。在加强物资储备的同时，高度重视相关物资产能储备，建立日产500万各类口罩、300万人份核酸提取试剂、100万人份核酸检测试剂、2.7万套防护服、26万件隔离衣等产能储备体系，在保证供应的同时，减轻实物储备的采购和轮转压力。

二、发展中存在的问题

一是产业规模依然较小，子行业结构需进一步调整。重庆生物医药产业整体规模较小，仅占全国生物医药产业工业产值的2%；缺乏龙头企业引领，仅两家企业进入全国工业百强榜。子行业结构不合理。未来发展潜力巨大的生物药、医疗器械等产业占比分别为4%、12%左右，远低于全国水平（10.0%、23.1%）。

二是产品竞争力不强，受国家医改政策冲击大。具备市场优势的大品种数量稀少，全市仅有1个产品年销售收入突破10亿元。重点地产品种以抗生素、辅助用药为主，与国家医改政策导向不匹配。创新产品仍处在研发阶段，产业新动能不足。医疗器械产品数量少，远低于产业发达地区品种规模，技术水平低，难以支撑产业快速发展需要。

三是研发投入少，创新软环境支撑不足。创新研发投入少，重庆市医药产业R&D系数约为2.5%，低于全国3.13%的整体水平，与东部产业发达地区和四川等周边省市相比差距更大。人才资源匮乏，高端人才严重缺少，在重庆全职工作的以院士为代表的高端人才不足10人。研发实力不强，科研平台以企业自建技术中心为主，国家级企业技术中心数量少；已引进培育的CRO药物研发平台大多仍在筹建中，还没有真正发挥作用。

三、2022年发展思路

立足重庆生物医药产业发展基础，全面推进产业动能转化，抓好创新资源积聚、临床转化能力提升、制造能力提升、供应链安全保障、重点区域建设和重点产业链打造，建立纵向产业链（研发、生产、应用）到底、横向创新资源（人才、资本、平台）到边的政策支持体系和“1+5+N”的产业布局体系。力争医药工业产值达到820亿元，同比增长13%。

（一）加快集聚创新资源

聚焦海内外顶级研发团队、创新领军企业，全力引育创新研发主体；加快建设复星医药星光国际精准医疗创新中心等创新孵化平台项目。支持精准生物、复创医药等本地创新生物技术企业项目研发和建设，助推产业动能转换。

（二）加快临床提升转化能力

聚焦检验检测、运动医学、慢病康复、辅助生殖等重庆具备一定优势的医学细分领域，推动“医院—医生—企业—园区—资本”联动，强化临床资源对科技创新的基础支撑作用，打通临床科技成果转化通道，建设一批临床转化中心，如重庆医科大学检验学院数字医疗转化中心、重庆市妇幼保健院辅助生殖医学转化中心等。

（三）强化公共服务平台的支撑作用

支持大渡口和中元汇吉共建诊断试剂产业研究院，支持美莱德与市疾控中心共建动物试验P3实验室；推进昭衍新药、泰格医药等研发公共服务平台建设。积极拓展大健康外延产业链，会同重庆养老协会、重点园区建设康复产品场景展示中心，布局引进智能康复有关项目。

（四）加快推动高质量产品上市

重点支持博唯国产宫颈癌疫苗、精准生物CAR-T细胞药物等已进入临床试验阶段的在研创新产品开发，协助企业筹备重点产品附条件上市申报工作，助推项目早日获批上市。引导和支持企业开展创新药物引育和仿制药一致性评价工作，力争实现15个化学药物获批或通过仿制药一致性评价。推动中元汇吉、科斯迈、德美医疗等器械企业加大POCT诊断设备、微创骨科耗材等创新产品研发力度，力争200个以上的医疗器械产品获批上市。

（五）切实保障供应链安全

支持本地龙头企业围绕市场优势品种，打造“原料药＋中间体＋制剂”的一体化化学药生产平台，加快药友制药国际原料药产业基地等项目建设。支持重庆国际生物城、两江新区、重庆高新区等重点园区依托领军企业，围绕生物药物、医疗器械产品上游核心原料、零部件，生产所需关键物料等产品开展招商引资工作，吸引上游企业落地重庆。

（六）进一步优化产业布局

重点打造以重庆国际生物城为核心的国家级生物医药产业集群，推动区域产城融合发展。持续建设两江新区、重庆高新区、长寿经开区、涪陵区、大渡口区5个集聚发展产业基地，会同长寿区申报国家级原料药产业基地。探索完善集聚区间合作和利益分享机制，推动园区优势互补、资源共享、差异化发展。

（七）全力以赴做好应急医疗物资保障

按照节约高效的原则，结合实际合理确定本地储备品类和数量，并根据疫情防控形势变化动态调整，确保市级储备既能满足应急需要，又兼顾平时运行成本，提高资源利用率。积极探索建立健全政府储备、医疗机构储备和企业储备集中统一、有效互补的市级应急医疗物资储备体系，确保应急所需。

（执笔人：魏彦杰）

建筑业

一、2021 年发展回顾

2021 年，面对复杂多变的市场环境，重庆市建筑业以推动高质量发展为主题，以行业转型升级为动力，促进川渝地区建筑市场双向融合，助力企业克服原材料价格波动、疫情影响等不利因素，实现全市建筑业持续稳定健康发展。

（一）建筑业总产值稳定增长

2021 年，全市总承包和专业承包（以下简称“总专包”）建筑企业实现建筑业总产值 9943.01 亿元，比上年增长 10.8%，增速加快 1.7 个百分点（见图 1）。

1. 从构成看，建筑工程是“稳增长”主支撑

建筑工程占比大、增长快，是全市建筑业总产值稳定增长的主要支撑。2021 年，全市总专包建筑企业实现建筑工程产值 9004.64 亿元，比上年增长 11.0%，增速加快 1.7 个百分点；安装工程产值 647.67 亿元，增长 9.6%，增速放缓 2.2 个百分点；其他产值 290.69 亿元，增长 6.9%，增速加快 6.9 个百分点。

2. 从行业看，房屋建筑业仍为“主业板块”

2021 年，房屋建筑业实现产值 6914.09 亿元，比上年增长 9.8%，增速虽低于平均水平 1.0 个百分点，但占全市建筑业总产值的比重高达 69.5%，拉动全市建筑业总产值增长 6.9 个百分点，仍是全市建筑业的主业板块。土木工程建筑业实现总产值 2236.15 亿元，增长 14.6%，快于全市平均水平 3.8 个百分点，拉动全市建筑业总产值增长 3.2 个百分点。建筑安装、建筑装饰和

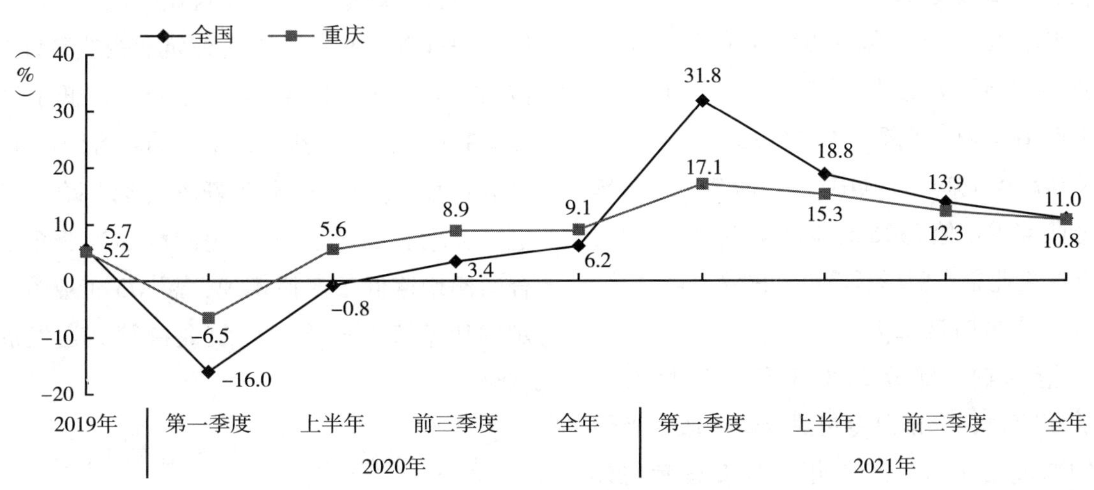

图 1　2019~2021 年全国、全市总专包企业建筑业总产值增速

其他建筑业产值分别增长1.5%、15.0%，分别拉动建筑业总产值增长0.1个、0.7个百分点。

3. 从区域看，一区两群呈现“一稳两加快”态势

2021年，占比超七成的主城都市区建筑业继续保持稳定发展态势，实现建筑业总产值7210.54亿元，比上年增长9.1%，增速加快0.7个百分点。两群地区建筑业产值增速较快，渝东北三峡库区城镇群和渝东南武陵山区城镇群分别增长15.4%、16.0%，增速均较上年有较大提升（见表1）。

表1　2021年各区域总专包企业建筑业总产值

片区	建筑业总产值（亿元）	占比（%）	同比（%）	较上年变动（个百分点）
全市	9943.01	100.0	10.8	1.7
主城都市区	7210.54	72.5	9.1	0.7
渝东北三峡库区城镇群	2484.26	25.0	15.4	3.7
渝东南武陵山区城镇群	248.21	2.5	16.0	8.3

（二）建筑业生产主要特点

1. 民营企业增势强劲

2021年，全市民营总专包建筑企业实现建筑业总产值7558.17亿元，比上年增长13.0%，高于全市产值平均水平2.2个百分点，拉动全市产值增长9.7个百分点。其中，379家特/一级资质民营企业实现产值2615.58亿元，增长15.2%，拉动全市建筑业总产值增长3.8个百分点。

2. 竣工产值明显上升

受疫情影响，部分2020年开工项目延至2021年完工交付，全市总专包建筑企业竣工产值增加，增速明显上升。2021年，全市总专包建筑企业实现竣工产值4121.62亿元，比上年增长9.6%，增速加快9.6个百分点，其中房屋竣工价值1416.20亿元，增长5.8%，增速加快7.5个百分点。

3. 川渝地区建筑市场加速融合

随着成渝双城经济圈建设的高效推进，川渝两地的建筑市场双向融合加速。2021年，重庆465家总专包建筑企业入川承揽工程，实现建筑业总产值373.92亿元，比上年增长19.0%，高于全市产值平均水平8.2个百分点；四川579家总专包建筑企业入渝承揽工程，实现建筑业总产值370.90亿元，增长24.1%，高于全省产值平均水平13.0个百分点。

4. 建筑企业劳动生产率稳步提升

2021年以来，重庆建筑企业不断优化施工流程管控，夯实工程质量，抢抓施工进度，劳动生产率稳步提升。2021，全市建筑企业劳动生产率由上年的36.71万元/人提高到43.64万元/人，比上年增长18.9%。其中，土木工程建筑业劳动生产率最高，达到66.35万元/人，增长18.9%。

二、发展中存在的问题

（一）签订合同额增速落后产值增速

签订合同额是决定建筑业产值趋势的先行指标。2021年，全市总专包建筑业企业签订合同额17568.51亿元，比上年增长6.5%，低于产值增速4.3个百分点。其中，上年结转合同额7458.77亿元，增长3.9%；本年新签订合同额10109.74亿元，增长8.4%。全市超四成建筑业企业签订合同额增速低于产值增速，超1/3企业签订合同额同比下降，或将对建筑业持续高速发展有所影响。

（二）房建项目施工规模呈下降态势

受房地产市场下行影响，建筑企业房建项目

施工规模下降。2021 年，全市建筑企业的房屋建筑施工面积为 37895.19 万平方米，比上年下降 0.6%，房屋建筑新开工面积 13250.75 万平方米，比上年下降 11.7%，增速分别减缓 4.9 个、10.9 个百分点。全市房屋建筑企业数量占全部建筑企业比重过半，房屋建筑施工面积减少，尤其是新开工面积减少，将对后期全市建筑业总产值完成情况产生影响。

（三）企业面临用工减少、招工难的困扰

当前企业用工存在结构性矛盾，当期及预期用工减少与招工困难同步存在。2021 年，全市总专包建筑企业直接从事生产经营活动的人员平均为 227.86 万人，比上年下降 6.8%；期末从业人员 205.54 万人，下降 5.1%。建筑业企业生产经营景气状况调查显示，有 18.8% 的企业本季度用工需求比上季度减少，21.0% 的企业预计下季度企业用工计划比本季度减少，同时 53.9% 的企业反映存在招工难问题。

三、2022 年发展思路

（一）密切关注房地产、建材市场等上下游产业发展影响，引导企业保持稳定生产

由于房屋建筑业占建筑业总产值的比重达七成，受房地产市场收缩影响，新开工面积和施工面积双降，需进一步加强上下游产业运行监测，涉及重大基础设施建设规划、房地产业融资信贷政策、集中土拍情况、建材生产供应情况、建材价格波动等，建立风险预警机制，稳定市场预期。支持与上下游企业建立长期的稳定合作关系，协同应对产业链中的各种波动与风险，保持稳定生产态势。同时，建筑业属于劳动密集型产业，工地人员聚集带来的安全生产和疫情防控压力持续存在，须做好建筑施工现场疫情常态化防控工作，促进企业安全高效生产。

（二）紧抓新基建、建筑资质改革等发展机遇，引导企业加快数字化转型

当前，“两新一重” 建设加速推进，同时建筑业企业资质标准改革实施细则即将落地。重庆建筑企业要紧抓机遇，加强技术研发应用，积极推进建筑信息模型（BIM）技术的应用，提高智能建筑和装配式建筑在施工项目中的应用比例，实现工程建设项目全生命周期数据共享。相关部门需加快建设建筑工程技术人才队伍，提升其技术能力，为企业可持续发展提供动力；引导企业加速提升核心竞争力和创新力，积极投身重大基础设施建设项目，广泛参与老旧小区改造和城市更新工程，推动全市建筑业持续稳定健康发展。

（执笔人：罗继明）

第三产业

道路运输

重庆市道路运输事务中心

一、2021年发展回顾

2021年，在市委、市政府和市交通局的正确领导下，全市道路运输行业坚持高质量驱动、高标准落实、高效率推进，攻重点、调结构、厘秩序、惠民生、防风险、强基础，圆满完成年度目标任务。这一年，我们汲取百年党史智慧力量，用心用情用力做好“我为群众办实事”，开行10条小巷公交等16项重点民生实事如期“交卷”；这一年，我们坚持以人民为中心的发展思想，全方位提升城市公共交通品质，公轨换乘更便捷顺畅，中心城区正式命名为国家公交都市建设示范城市；这一年，我们聚焦成渝双城经济圈建设，开行跨省城际公交10条、同城公交2条，实现川渝通办和成渝公共交通“一卡通”“一码通”；这一年，我们全面贯彻新发展理念，全力推动道路运输可持续高质量发展，《重庆市道路运输管理条例》（以下简称《市道条》）修订出台，信用评价体系重新构建，行业治理能力有效提升；这一年，全市道路客运量、客运周转量、货运量、货运周转量分别完成2.6亿人次、120.4亿人公里、12.1亿吨、1155.8亿吨公里，实现行业“十四五”良好开局。

（一）始终保持战略定力，服务支撑重大战略决策落地见效

聚焦全国和区域重大战略，坚持从全局谋划一域、以一域服务全局，出台行业“十四五”规划、交通强市建设道路运输任务清单，指明实现路径，明晰具体任务，各项重大决策部署在行业落地生根。

1. 聚焦乡村振兴，城乡道路运输公共服务均等化步伐坚定

弘扬伟大脱贫攻坚精神，在全市“村村通”基础上全面推进脱贫攻坚与乡村振兴有效衔接。一是保量提质，农村客运开行成效不断深化。积极探索农村客运更优发展路径，制定脱贫攻坚成果同乡村振兴衔接方案，优化农村客运发展政策，争取油价补助资金、提高营运补贴标准，引流市级财政资金向偏远地区倾斜。酉阳、巫溪等4区县、32个行政村成功试点手机预约农客，灵活响应偏远地区群众出行需求。二是降本增效，农村物流发展模式不断融合。“客货邮”“交邮”模式融合发展提速，农村物流“最初和最后一公里”更加畅通。垫江、铜梁等5区县完成农村物流标志推广，綦江品牌创建获交通运输部认定。巫山、开州等5区县、13个乡镇客运站场实现“一点多能”。城口、云阳等区县26条农客线路试点邮件快递。永川开展“交快”合作，实现货运专线共同配送。三是增点扩面，公共交通服务半径不断延伸。江津至大学城、璧山至白市驿同城公交和万州至开州、云阳城际公交相继开通，助力区域融合发展。北碚集中开行24条农村公交，中心城区又新增一区实现全域公交；二环外镇街及有条件的村社实现公交全覆盖，城乡公交一体化和服务均等化水平有效提升。

2. 聚焦双城经济圈建设，川渝道路运输一体化发展取得突破

坚持“川渝一盘棋”，建立定期磋商、常态对接、联合督导机制，初步实现政策互认、数据互通、信息互享。一是跨省城际公交新开10条。挂牌督战、专项攻坚，开行合川至武胜、城口至万源等跨省城际公交线路17条、车辆58辆。二是公路货运专车开行400余班。深化合作、统筹联动，江津至泸州公路货运专车常态化运行。网络货运企业在两地互设分公司程序简化、资料互认。三是成渝市民互通刷卡扫码日均2000余人次。通过公交一卡通、二维码乘车互认，成都和重庆中心城区实现公交、轨道“一卡、一码”通乘。四是业务数据互通共享16项。实现从业资格证换证、补发等10个高频事项川渝通办，办结488件。从业人员资格、营运车辆等6项数据互联互通，共享数据达1600万条。

3. 聚焦“双碳”目标，绿色发展导向更加鲜明

坚持把生态文明建设摆在突出位置，把绿色发展作为行业发展的重要路径，集中攻克道路运输污染防治问题。一是新能源车辆覆盖面持续扩大。全市新增新能源公交690辆，投放换电式巡游出租车225台，7800余辆新能源小货车投入营运。二是汽车排放检验更加严格科学。I/M制度有效落实，331家M站覆盖所有区县，确保排放超标机动车“检验—维修—复检”闭环管理。维修不合格车辆32295辆，治理合格率达95%。三是柴油货车治理扎实推进。超标排放“黑名单”制度有效落实，与市机动车排气污染中心建立数据交换、清理、比对机制，季度通报不合规行为，纳入考核管理。推动高能耗营运车淘汰，退出老旧营运柴油车4万余辆。

4. 聚焦百年大庆，行业安稳基石进一步稳固

牢固树立安全发展理念，突出安全稳定、疫情防控等重点工作，严格落实“十条措施”，圆满完成“百日行动保百年大庆”目标。一是本质安全不断提升。严格落实安全生产“四个责任”，扎实推进“三年行动”攻坚任务，狠抓客货运、公共交通等重点领域整治。强化隐患排查，建立“熔断”“叫应”机制。吸取郑州地铁“7·20”事件教训，开展轨道交通淹水倒灌等各专项应急演练721次。二是行业矛盾平稳可控。渝西8区仿冒出租汽车整治持续推进，坚持周调度、日督导，召开推进会34次，车辆人员“双转化”取得突破。妥善处置因疫情造成出租车驾驶员收入下降等不稳定信访事件，协会出台巡游车关爱政策，网约车平台不断优化补贴奖励，保障驾驶员合理收益。三是疫情防线持续筑牢。动态调整防控举措，及时叫停线下考试培训、暂停来往中高风险区域等客运班线。实现从业人员疫苗接种“应接尽接”，继续保持从业人员“零”感染、运输工具“零”传播。

（二）始终坚持高质量发展方向，行业发展格局显著优化

面对亟待适应的部门新职能、急需规范的行业新业态、日益增长的群众新需求，变中求新，重构行业监管方式；破中求立，转变行业发展理念；稳中求进，深耕行业服务品质，逐步形成行业发展新格局。

1. 从门槛管理到过程监管，开创现代治理新局面

加快构建以“双随机、一公开”为基本手段、重点监管为补充、信用监管为基础的行业新型监管模式，改变原来主要依靠许可监管的基本方式，建起新型的监管导向、多元的监管网络、全过程的监管链条。一是一个行业现代治理体系日趋完善。通过联合激励、联合惩戒等措施，增强企业、从业人员等信用主体的自律和约束，把

信用评价作为行业分级分类监管的关键抓手和实施重点监管的重要依据，“1+12”（《实施细则》+12个评价标准）的信用评价体系已经形成。二是一批道路运输法律法规修订完善。《市道条》历时5年修订正式施行，轨道条例修订送审稿报送市交通局，出租车管理办法、驾驶员管理办法等《市道条》配套政府规章启动修订。扫黑除恶专项斗争进入常态化。三是一批“放管服”改革事项落地见效。深化“证照分离”改革，将机动车驾驶员培训、小型客车租赁经营等由许可改为备案，针对客运站、普货经营等许可事项实行告知承诺制。推出“我要开货车”一件事套餐，一次申请、三证同办。动态调整行政职能库中95个事项，3万辆普货车辆通过网上年审，一批证件补办、换发事项网上办理。四是一批协同共治机制初步建立。推动交通、应急、公安等6部门出台道路运输安全协同监管方案，在排查整治、信息共享等方面形成长效化、常态化机制。联合市场、执法等部门共同规范网约车平台、治理常压罐体车辆。依靠社会和部门力量建立全市道路运输行业专家库，形成发展新合力。

2. 从要素驱动到创新驱动，注入行业发展新动能

逐步改变依靠传统要素持续投入的局面，推动互联网、5G、大数据等与道路运输深度融合，注入更多发展动能。一是道路运输新业态多点开花。网络货运蓬勃发展，21家企业取得经营资质，平台企业不断整合车辆、驾驶员等资源。持续规范网约车发展，开展经营行为专项督查，清理基础数据，精准打击非法营运。新增车辆1.2万辆，双合规订单率达80%以上，居全国前列。二是智慧出行新体验稳步提升。全市66个联网售票车站电子客票全覆盖，实现刷证、扫码乘车。轨道国博、悦来2个智慧车站顺利投用。建成行业领先的公交大数据中心，建设智慧公交站台117个、智能电子站牌72个。巡游出租车实现智能核验、“人”与“证”对应。客运、货运驾驶员从业资格证电子证照在线申办、实时核验、全国共享。三是安全监管新方式作用明显。货运安全监管创新经验全市推广，6000余家货运企业、12万车辆纳入集中监管，极大地改善货运“小散弱”现状导致的监管难、落实难等问题。在全国首创危货运输安全风险管理系统，接入207家危货企业、8469辆危化品车辆、7961名从业人员，实现智能预警、主动防范。将重型货车纳入动态监控考核，考核合格区县从12个上升至40个；建立健全区县安全运行风险通报、约谈制度，全国联网联控考核排名由第12名升至第4名。

3. 从被动应对到主动作为，迈入客货转型新阶段

面对航空高铁快速发展、道路客运市场呈断崖式下滑的情况，坚持以供给侧结构性改革为主线，努力在危机中育新机、于变局中开新局，转劣为优、以退为进，推出系列运输新产品，转型步伐不断加快。一是客运市场结构调整持续走深。顺应市场需求，实施运力结构调整，深挖客运新潜力。深入宣贯新客规，出台配套政策文件。制订客运班线发展计划45条。试点50辆800公里以上客运班线向旅游包车转型。推进红岩联线景区旅游包车整治，53辆旅游包车退市，20辆客车开展专线运营。客运车辆“大改小”89辆。二是现代物流体系不断健全。城市配送合作联盟达80余家、示范车辆1200余台。全市危货电子运单企业、车辆覆盖率分别为93.5%、70.6%，提前完成交通部年度指标。三是国际公路物流效益持续释放。与周边国家、国际物流企业合作更紧密，新增重庆至吉尔吉斯斯坦陆运通道。东盟跨境公路班车常态化运行，全年发车3306车次、总货值20

亿元，分别同比增加 17%、45%。

4. 从追求速度到注重质量，铸造行业服务新品质

面对新时代、新形势、新变化，始终坚持以新发展理念引领高质量发展，不断推出道路运输服务新品牌、新举措，实现服务网络从“重布局”到“优体验”、服务水平从“保基本”到“上档次”的转变。一是城市公交品质持续提升。“快干支微”+定制特需公交线网更完善，新开小巷公交 10 条，以“重庆首创、全国率先”的特色公交形态打造人民满意的公交成功范例；开通定制公交 47 条，新增调整线路 148 条；组织 104 条线路 2175 辆车保障桥隧错峰通行。公交轨道换乘更方便快速，建成海棠溪等 16 个换乘首末站；488 条线路接驳轨道占比达 60% 以上。文旅融合服务更深入，开行“红梅巴士”“红岩巴士”等特色专线 18 条。公交基础设施更完善，累计更新公交站台座椅 1381 套、顶棚盖板 2331 套；集“停、发、洗、修、充”于一体的福佑路标准化示范站场投用。二是巡游出租车服务满意度不断提高。中心城区巡游车实现 App 网召服务，“线上服务”能力有效提升；新式智能终端实现数据采集、实时监控、违规行为抓拍等功能，较好地解决监管手段弱、信息化程度低、违规处理不及时等问题。与公安、交通执法等共享数据，企业考核指标体系进一步优化。深入打造“雷锋的士”品牌，新建“郭明义支队”，开展“高考直通车”等活动，持续提升巡游出租车形象。三是轨道运营服务水平有力提升。新开通 5 号线一期南段、环线剩余段26.2公里，运营线路达9条、里程370公里，累计客流 10.97 亿乘次、同比增加 30.6%。全线网节假日延迟收班常态化，全国率先实现 4 号线和环线全天候跨线运营。完成 3 号线和环线运营期间安全评估，编制出台运营前及运营期间的安全评估管理办法及技术规范。四是培训维修行业秩序再上新台阶。着力规范驾培市场秩序，对南川等地跨区域非法招生培训行为开展专项治理，营造良好的市场环境。全市推广应用从业人员考试新系统，赖家桥从业人员考场投用，驾驶员考试更便捷、环境更舒适。全市开展非法改装、二级维护专项整治，召开专项整治视频会，联合执法部门查处非法改装维修企业 21 家。五是老年人出行更加暖心。针对老年人等特殊群体改进“健康码”查验方式，可凭身份证、纸质证明通行。轨道站、客运站设置老年人服务标识和绿色通道，保留人工窗口，支持现金购票、人工咨询、纸质凭证。T3 等平台开通老年人“一键叫车”功能。

二、发展中存在的问题

与此同时，发展中仍然还存在一些问题和短板。一是新业态发展带来较大风险。网约车对巡游车市场带来较大冲击，伴随而来的是两个业态如何更好地融合发展的问题。网约车、顺风车非法营运，变相从事班线客运，对道路客运转型升级、定制客运发展带来很大影响。此外，网约车平台不合规车辆、驾驶人问题仍然存在，网络货运的安全监管不足等，管理方面仍面临较大挑战。面对这些问题，还没有合理有效的管控手段，未形成各部门联合监管机制，对新业态的处罚力度较弱，没有形成震慑作用。二是农村客运可持续发展面临较大挑战。前阶段，脱贫攻坚目标任务全面完成，我市行政村 100% 通客车，积极推行农客预约响应等方式。但乡村振兴战略的实施也给行业提出更多要求。如何防止农村客运的“通返不通”，农村客运的公益属性怎么保障，进一步提高精准化服务水平，都是摆在我们面前的课题。

三、2022年发展思路

2022年是党的二十大召开之年，也是交通强市建设开局之年。建设交通强市的号角已经吹响，我们务必早部署、早安排、早行动，坚持稳字当头、稳中求进，围绕“发展、服务、治理、安稳”四个关键词，聚焦“四高四着力”目标，确保交通强市开局良好。

（一）高质量发展，着力实施重大战略

一是唱好“双城记”。完善跨省城际公交、毗邻农客、班线等协同发展机制，新开行一批省际公交、同城公交。深化川渝物流融合发展，用好智慧物流信息平台，支持打造区域性综合物流枢纽，加大货运干线开行力度。深化“川渝通办”高频事项办理成效，实现道路运输助力两地深度融合。二是打好“乡村牌”。深化城乡客运一体化发展，提升城乡公共服务均等化水平，确保城乡共同发展、公平普惠。加快中心城区二环外公交覆盖、班车退出，拓展公交开行深度和广度。争取市政府出台《农村客货运高质量发展指导意见》等一揽子助力乡村振兴的政策举措；强化农村站场基础设施建设，优化农村客运发展和营运补贴政策，让农村客运开得通、留得住、营运得好。持续推动县、乡、村三级物流体系建设，在5个区县、25个乡镇、125个行政村进行试点，建立交邮融合、资源共享、统一配送的农村物流服务体系。三是走好“绿色路”。始终聚焦实现“双碳”目标，加大新能源公交车、出租车投放力度，推进中心城区绿色出行创建行动和公交都市创建后评估工作。更好贯彻实施I/M制度，加强超标排放货车及企业监管，加快高能耗车辆淘汰，促进行业绿色发展。

（二）高品质服务，着力优化运输供给

一是更便捷的旅客出行服务。抓好新客规的贯彻落实，完善道路客运管理体系。进一步规范、完善定制客运和旅游包车发展举措，打造一批特色鲜明、运行高效、服务优质的样板线路，推进旅游直通车专线、环线开行。全面启动800公里客运班线向包车客运调整。做实綦江、万盛城乡交通一体化建设，启动市级城乡运输一体化示范创建。积极发展公铁、公空联程运输服务。二是更舒适的公共交通服务。大力推动“公轨一体化”，构建“轨道到站、公交到家”出行网络。进一步强化公交线网规划，新开一批小巷公交、定制公交，持续完善公交基础设施，加速公交退路进场。持续推进“轨道上的都市区”建设，不断提升轨道交通服务质量，开展新开通轨道线路运营前期安全运营评估，把好运营入口关。三是更规范的出租汽车运输服务。持续提升巡游车行业服务质量，优化中心城区巡游车运价体系，开通95128电召服务，优化App网召服务，用好智能终端，逐步建立以乘客评价为主的驾驶员评价体系，构建以运行监测数据为主的企业监管平台。持续规范网约车市场秩序，加快网约车合规化进程，加强部门联动增强监管合力，组建出协网约车行业分会，举办网约车驾驶员劳动技能竞赛。四是更高效的货运物流服务。联动多种运输方式和货运枢纽，提升多式联运发展水平。强化城市配送联合联盟，新投放城市配送示范车辆，开展示范企业年度服务质量考核。大力支持新业态发展，加快培育网络货运经营主体，开展企业平台信息监测，协调税务部门优化网络货运营商环境。五是更广泛的智慧运输服务。不断提高行业数据共享共治和大数据分析应用能力，加快危货安全监管子系统和“交通综合业务信息化管理系统（二期）”项目建设，推广智慧物流信息平

台。大力推行互联网政务和智能服务，开通9类道路运输电子证照申办，启用营运客车二维码电子证照。持续深化电子客票、电子运单推广应用。加快打造智慧公共交通，深化智慧轨道车站试点成效。

（三）高效能治理，着力夯实发展基础

一是建立信用监管机制。运用好新修订出台的《重庆市道路运输信用管理实施细则》（以下简称《道条》），扎实开展行业信用评价，加快构建以信用监管为基础的新型监管体系。二是完善法规制度体系。加强《道条》宣贯，完成释义编写，确保《道条》有力有序有效实施。加快出租车管理办法、驾驶员管理办法等配套政府规章修订，推进轨道交通条例等法规修订出台。持续深化“放管服”改革，简化道路运输业务办理程序，进一步优化营商环境。三是强化协同治理能力。提升与公安、应急、市场监管等部门的协同联动能力，在规范网约车平台、危货运输治理等方面深入合作，协同相关区县持续打击行业不规范经营行为。四是完善驾培维修市场。继续推进从业资格考试制度改革，深化从业人员考试新系统应用，实现全市考试“统一流程、统一标准、统一尺度”。应用驾培监管服务平台，强化事中事后监管，加快培训机构标准化、规范化。进一步强化车辆技术管理，引导企业加强视频监控系统建设，加快机动车维修电子健康档案建设和运用，引导车主对维修服务开展评价。完善维修行业星级创评标准体系，促进行业服务品质提升。

（四）高水平保障，着力守住安稳底线

一是强化行业本质安全。深化“四个责任”和“十条措施”的落实，全面推进“两单两卡”，加强常态化安全监管。紧紧围绕安全生产三年行动目标任务，深化重点领域、重点环节安全生产专项整治。持续开展重点营运车辆动态考核和安全风险动态监测，健全通报、约谈机制。完成班线客运、公交车辆智能安全带安装。加快风险分级管控和隐患整治双重预防机制建设，编制行业实施指南。进一步健全应急管理体系，加快应急队伍建设，不断提升应急处突能力。二是确保行业稳定大局。加强信访形势研判，提前介入、及时处置，杜绝重大稳定事件发生。紧盯“仿冒出租车”“巡游车驾驶员押金返还”“个体巡游车经营权到期处置”等历史遗留及重点信访问题，加强调研、系统分析、专题研究，创新举措、推出新策，建立长效机制，确保行业稳定，为党的二十大召开营造良好环境。

（执笔人：熊倩）

航空运输

民航重庆监管局

一、2021年发展回顾

（一）2021年民航重庆地区总体运行情况

2021年，民航重庆地区共计保障运输航班29.87万架次，完成旅客吞吐量3741.37万人次、货邮吞吐量47.78万吨，比2020年同期分别增长2.37%、2.83%、15.77%；比2019年同期分别下降10.56%、下降19.43%、增长15.4%。其中，重庆江北国际机场共计保障运输航班27.94万架次，完成旅客吞吐量3576.37万人次、货邮吞吐量47.58万吨，比2020年同期分别增长1.73%、2.36%、15.73%，比2019年同期分别下降11.96%、下降20.15%、增长15.47%；旅客吞吐量居全国第4位，货邮吞吐量居全国第8位，运输生产恢复程度位居全国十大机场前列。主要基地航空公司（国航重庆分公司、重庆航空、西部航空、华夏航空）共完成运输飞行37.1万小时、18.8万架次，比2020年同期分别下降3.36%、6.57%，比2019年同期分别下降24.43%、23.16%。

2021年，重庆机场集团加快推动落实《成渝地区双城经济圈建设规划纲要》，与四川机场集团就交叉持股初步达成一致意见；加快重庆“双枢纽”建设，加速推进江北机场T3B航站楼及第四跑道工程，12月27日T3B航站楼指廊主体结构封顶，全年累计完成投资约23亿元；大力推进重庆新机场前期工作，加快推动选址审查，4月底，民航局在渝组织召开成渝地区世界级机场群建设调研座谈会和重庆第二机场选址报告评审会，冯正霖局长实地踏勘重庆璧山正兴场址；加快航空货运枢纽建设步伐，地方政府编制出台《重庆航空货运奖励政策》，重庆空港型国家物流枢纽建设成功获批；打造渝穗深快线、渝兴快线、京渝、沪渝等精品快线，川航“京渝”航线实现30分钟截载常态化运行；主导制定《民用运输机场货物运输服务质量》《民用机场遗失物品管理》等团体标准。江北机场持续推进国际航空枢纽建设，增开至布鲁塞尔、班加罗尔、东京、达卡、克拉斯诺亚尔斯克等5条国际定期货运航线，定期执飞国际（地区）货运航线达到17条；狠抓不正常航班保障，全年航班放行正常率达91.1%。3月28日，仙女山机场换季后正式投入运营。10月7日，万州机场11号跑道正式投用，扩建后的跑道长2800米、宽45米，停机坪机位数量8个，有效提升了万州机场保障能力。12月，在管理局的支持下，借鉴保腾芒一体化运行模式，正式启动了巫山和万州机场、武隆和黔江机场一体化运行，将有效改善巫山、武隆机场因冬季天气复杂多变导致航班执行率低的问题。

（二）行业监管工作整体情况

2021年，共计完成20820项SID行政检查（其中计划内18986项，临时性检查1834项），人均工作量534项SID，发出整改通知书217份，包括具体问题598个；计划完成率100%，计划调整率12.9%，发现问题率3.6%，截至年底整改闭环率98.2%；实施行政处罚17宗50件，行政约见3次，办理不停航施工行政许可22件，监管力度明显加大。积极配合地方政府开展无人机专项整治，办理检察院关于无人机监管的检察建议书、法院关于健全限制失信被执行人乘机的司法建议书。

（三）工作亮点

一是着力确保安全底线。针对华夏航空连续发生重大违规问题和严重不安全事件，在管理局的指导下采取了严格的安全监管措施，督促华夏航空做好安全整顿工作。落实民航局、管理局对海航系企业重点监管要求，加强对民航重庆地区海航系企业——西部航空公司的安全监管。海航破产重整方案通过以后，督促西部航空与全部内部债权人逐一沟通，开展政策宣讲，稳定员工思想，重点做好飞行员思想工作，采取有效措施管控投资额度较大的中风险以上人员。

二是着力提升机场保障能力和运行品质。针对机坪漏油、机坪运行（运输类车辆）、驱鸟、停机位地锚与机型不匹配、航空器系留设备替代、支线机场机坪运行统一规范等问题开展专项工作，确保机坪安全运行。加强复杂天气下航班正常工作，指导江北机场运管委完善运行协同联动工作机制，推动从常态化运行向高效化转变。针对江北机场二跑道存在多处破损、错台的问题，督促江北机场严格运行标准，制定专项修补方案，开展集中整治。针对万州机场拟建塔台高出现有塔台高度并对管制员目视飞行区构成遮挡问题，督促做好光学视频替代方式。

三是持续提升监管效能。深入学习管理局双盯“十二要素”检查单，持续聚焦风险管理和隐患排查治理。对华夏航空、西部航空维修系统开展“下沉式”检查试点，检查质量明显提高。在2020年非现场监管试点基础上，全面梳理企事业单位视频监控和信息系统条件，统筹平衡整体和局部、已有和新设、投入和产出、使用和安全的关系，稳步推进远程监管中心试点建设，顺利接入万州机场视频监控，探索支线机场远程监管工作，进一步丰富了远程监管手段。5月和11月组织开展集中视频抽查2次，督促整改了一批实际操作中存在的问题。

（四）其他工作

2021年4月，按照市场监管总局统一部署，配合湖南省市场监管局对重庆地区机场领域价格收费开展联合检查。

按照民航局统一部署，5~6月，完成网络安全专项检查和问题整改；6月，接受重庆市委网信办牵头组织的网络安全风险排查现场检查。按照检查发现问题和建议，进一步加强网络安全体系建设和监督管理，细化工作措施，完善工作记录。7月1日，江北机场离港系统发生故障，第一时间现场调查原因，排除网络攻击可能，确认为服务器故障，短时间内恢复系统，确保敏感时间段机场安全、平稳运行。

加强自身建设，不断提升工作规范化水平。完成我局工作手册编写；按照管理局新版应急预案更新我局应急预案；协调推进《重庆民航志（1990—2020）》编写工作，完成行业管理篇内容编写，顺利召开复审会。

2020年9月，万州机场改扩建工程飞行程序验证试飞因综合考虑新建下滑台1.3海里内下滑信号抖动使用限制等因素未通过后，督促万州机场组织相关单位对下滑台设备参数、天线等进行多次调试，对保护区场地进行重新评估和平整。2021年7月，开展补充验证试飞，上述限制消除后，11号跑道盲降程序真机验证顺利通过，为机场改扩建工程的后续工作争取了时间。

组织江北机场片区各民航企事业单位作为两路街道第七选区顺利完成渝北区第十九届人大代表换届选举工作，该选区是两路街道注册选民数最多的一个选区，也是我局第三次参与地方人大代表换届选举工作。

二、2022年工作计划

按照管理局2022年“一二三四五”工作思路，我局明年监管工作思路，重点是狠抓落实，务求实效。

（一）重点抓好“三个紧盯”

毫不动摇地将运输航空公司作为监管重点。严格按照“下沉式”检查计划，运用“双盯”十二要素检查单等分析工具，持续扩大对重点单位的监管资源投入，开展专业协调配合、持续一段时间的综合检查，有效利用各种科技手段和数据分析，把重点单位的情况问题趋势搞清楚。要解剖麻雀举一反三，找准组织性系统性问题，狠抓问题整改落实，确保找出一个解决一个。持续开展专业人员资质排查，重点是飞行员，用好QAR、QACVR等技术，精准查找重点人员，在各航空公司落实终身副驾驶制度。持续严格控制公司运行总量，确保安全保障能力与实际运行量匹配。督导公司全面加强安全管理，切实提升安全管理水平，打造健康安全文化。

做好逆周期调节，在航班量低位运行时期加强“三基”建设，扎实推进班组创建，通过资质排查等手段清理不合格专业人员，严格禁止未通过资质排查的专业人员“带病上岗”。持续关注海航股权变更后海航系在渝公司安全运行态势及员工思想动态，确保有关公司平稳运行。持续关注支线机场运行和保障能力建设，关注中小机场管制员资质能力，加快解决武隆、巫山、万州机场低高度地形警告问题，稳步推进巫山机场远程塔台建设。

（二）督促落实主体责任和地方政府的属地责任

关注疫情冲击、经营困难、破产重整等因素对企业正常安全工作的影响。落实新安法“三管三必须”要求，坚持构建风险分级管控和隐患排查治理双重预防机制，不断健全工作制度，实现局方与企业安全隐患排查治理工作联动，落实“安全隐患零容忍”工作要求。宣贯落实新版《关于民航单位法定自查有关问题的通告》，推动各单位提升法定自查质量，深入推进维修系统“法定自查+”，继续开展“法定自查+”影子审查试点。持续开展以“三个敬畏”为核心的从业人员作风建设，督促各单位常态化、系统性开展安全教育，落实从业人员作风负面清单，加大无后果违章处罚力度，指导各单位有效管控重大风险、重点环节、重点人员。

（三）聚焦监管效能提升

切实深化对于安全监管工作的认识，增强责任感使命感，认真按照“六个起来”要求，切实增强“盯重点”的监管能力。认真学懂用好管理局《重点监管单位管理工作程序（试行）》《关于全面落实盯组织、盯系统工作要求的通知》等文件，将“三个紧盯”有效落实到日常监管中，全面规范运用多种行业监管手段，特别是行政处罚、信用管理、运行限制、责任追究、建议调整干部等手段。动态评估调整监管手段，确保监管措施取得实效。合理规划远程监管中心建设，完善监管手段，既查“文文”又查“文实”。

提升安全监管效能还要坚持眼睛向内，监管局党委要改进议事规则，加强对安全工作的整体性、系统性研究和部署，狠抓落实，制定督办和考核制度，推动各处室落实相应监管责任。使安全监管考核评价成为考核监察员的主要标准，充分调动和发挥监察员的主观能动性，营造担当作为和干事创业的良好氛围。

（四）持续加强疫情防控

落实行业责任和属地要求，抓好入境环节管控，对国际航班保障高风险岗位人员采取轮班制，实行“N+7+7”管理，集中居住、封闭管理，点对点闭环转运。加强航空器入境消毒、入境货物消毒，以及候机楼环境、廊桥、设施设备等预防性消毒。落实国内常态化防控措施，严格执行《全国机场疫情防控工作方案》。进一步强化对外包单位、各类代理和关联机构的疫情防控管理。按照“应接尽接”原则继续做好疫苗加强针免疫接种和常态化核酸检测。

（五）持续改善运行条件和效率

配合推进重庆地区空域优化，推进江北机场双跑道独立平行进近实施工作，启动新一轮容量评估。完善机场运管委和空管流量室的现场协调机制，持续完善空管气象预警响应和联动措施，健全复杂天气条件下的多方协同和复盘机制，推动空管加快气象建设，发挥气象服务对航班正常的支撑作用。支持江北机场T3B和第四跑道等基础设施建设，预计飞行区场道工程完成总工程量的27%，T3B航站楼工程完成总工程量的20%；配合推进第二机场前期工作。指导万州、黔江机场做好改扩建不停航施工，预计万州机场新航站楼完成主体工程，黔江机场改扩建工程整体建成投用。

（六）发挥党建引领作用，建立监督机制

加强党的建设，党委加强对安全工作的研究，改进调研工作，通过更加科学地分工协作和集体决策，充分发挥党委领导的核心作用。有效发挥党风政风监督员作用，加强对局方监管工作的监督。加强监管队伍建设，对存在的问题抓早抓小、提醒批评。

（执笔人：赵天烁）

重庆水运

重庆市港航海事事务中心

一、2021年发展回顾

2021年，是中国共产党成立100周年，是党和国家历史上具有里程碑意义的一年，也是重庆水运发展进程中不平凡的一年。重庆市港航海事事务中心以习近平新时代中国特色社会主义思想为指导，在市委、市政府和市交通党委的坚强领导下，埋头苦干、锐意进取，圆满完成了各项目标任务，实现了“十四五”良好开局。

全年完成水运投资31.43亿元，“十四五”水运发展规划编制基本完成，水运主要经济指标实现恢复性增长，完成货运量2.1亿吨，货运周转量2436亿吨公里，港口货物和集装箱吞吐量分别为1.98亿吨、133万标箱，客运量610万人次，全市水运发展稳中加固、稳中向好的局面进一步巩固，一年来主要完成以下工作。

（一）支撑对外开放，强化要素统筹，水运基础设施建设取得较大进展

一是航道通航能力持续提升。长江朝天门至涪陵段和渠江、黛溪河等支流航道整治加快推进，嘉陵江利泽航运枢纽船闸工程基本建成，乌江白马、涪江双江航电枢纽主体工程开工建设。二是港口功能布局加快完善。《重庆港总体规划（2035年）》获部市联合批复，果园港二期及二期扩建工程完工，万州新田港二期开工建设，忠县新生港一期首批5个泊位正式开港运行。三是船型标准化发展稳步实施。新建130米大长宽比三峡船型60艘、110米集装箱船型45艘，全市货运船舶平均吨位突破4000载重吨、居全国内河第1，货运船舶总运力突破900万吨，货运船舶船型标准化率达到86%，均居全国内河前列。

（二）服务区域发展，深化协调联动，长江上游水运合作实现重大突破

一是川渝水运一体化发展加快推进。两地港航部门联系机制高效运行，联合开展嘉陵江船型研发。合力推进航道整治和梯级航电枢纽建设，携手实现嘉陵江通航建筑物联合调度“一次申报，全线通过”，过闸时间减少1/3。二是长江上游地区航运高质量发展战略合作创新开展。高质量举办川黔滇陕渝五省市战略合作第一次全体会议暨签约仪式，明确了“3366”工作目标和重点举措，成功签署五省市港航部门“1+4”战略合作协议，33家航运企业达成19项省际合作项目，将在“十四五”时期创造约690亿元的水运产值、投资和航运货值。

（三）助力经济平稳，突出便捷高效，水路运输保障作用充分发挥

一是产业链供应链畅通保障有力。积极协调航油、铁矿石等重点物资优先通过三峡船闸2000艘次，协调集装箱快班轮优先过闸650余艘次、16.6万标箱、货值131.5亿元。二是运输组织发展有力。完成铁水联运量2162万吨，集装箱水水中转19.1万标箱，完成“散改集”运输10.8

万标箱。三是疫情防控应对有力。坚持“外防输入、内防反弹”不动摇，坚决落实“人、物、环境”三同防要求，严防严守客货运船舶、港口码头、进口冷链运输等重点部位和关键环节。

（四）着眼绿色发展，筑牢生态屏障，水上交通生态环境明显改善

一是环境突出问题整治圆满完成。有效落实长江岸线生态保护修复专项督察反馈问题涉及的12项配合任务。督促完成涪陵、忠县、长寿3个涉及长江经济带生态警示片曝光问题的整改销号。二是绿色基础设施持续完善。全市首座水上绿色综合服务区在涪陵投入运营，配合完成93座违建和非法码头整治，支持102座码头完成船舶污染物固定接收设施建设、占比超过60%，完成主城果园、佛耳岩以及长寿重钢等9座码头31个泊位岸电标准化改造，全市港口码头累计使用岸电706.4万度、同比增长12.2%，减少二氧化碳排放量6900吨、居全国内河前列，重点完成100总吨以下船舶污水装置改造200艘，超额完成货运船舶受电设施改造1120艘、约占“十四五”时期总任务的80%，累计完成“两江四岸”新一轮船舶治理198艘。三是水上交通污染物处置发生历史性转变。全年累计接收船舶污染物15.8万单，接收生活污水、含油废水、船舶垃圾分别为15万吨、2719吨、2493吨，基本实现船舶水污染物“零排放”。

（五）坚持生命至上，坚守底线思维，行业安全形势持续平稳

一是责任链条持续拧紧。督促企业健全安全生产责任制，督促区县严格落实属地责任，加强行业安全培训，积极推行“两单两卡”试点工作，拆解“三无”船舶2218艘；改建植物油船20艘，完成800余艘客渡船抗风能力提升“后评估”工作，全市客渡船标准化率达100%。二是重点时段稳定可控。严格落实安全监管“十条措施”，总结推广防汛度汛“十个方面经验”，加强“四类重点船舶”、重点港口码头、航道设施、水工作业区、风景旅游区等风险隐患检查排查，组织开展安全片区检查6轮次；督导区县140余次；督促整改各类隐患200项。三是三年行动集中攻坚任务全面完成。开展涉客企业资质核查和安全检查372家次，督促整改问题411项，强化危险化学品专项整治，会同第三方发现各类问题642项并逐一整改闭环，加强船舶防碰撞桥梁治理，全面摸排跨等级航道桥梁304座，整改隐患35处，加强航运枢纽大坝除险加固，中心直属14座大坝除险加固全部开工，累计完成嘉陵江69公里、渠江74公里航道和全市382个1000吨以上泊位普查工作。四是应急救援能力加快提升。坚持“预案、装备、队伍”三个贴近实战，持续优化“13815”应急响应流程，建成投用涪陵、巫山应急基地65米趸船，充实配备4艘高速救生艇、39套智能救生器等先进装备，成功举办2021年水上应急救援青工技能竞赛和全市水上应急救援演习，实施应急救援142次，救助遇险船舶18艘、涉险群众119人，成功应对长江1号和嘉陵江3次洪水过境，全市地方水域连续18年未发生重特大事故。

（六）立足职能定位，创新行业治理，水运服务能力和水平显著提升

一是行业法治建设不断加强。积极推进《重庆市水路运输管理条例》等地方性法规修订，修订完善16项内控管理制度。二是行业治理能力持续提升。制定出台《重庆市水上交通信用管理实施细则》，强化信用主体分级分类评价监管，完成港航协同管理平台及港口综合管理子系统开发，实现161套工作船艇北斗终端安装，完成制

作小江、梅溪河等7条支流270余公里电子航道图。三是行业服务实效突出。深化“放管服”改革，完善“好差评”监管机制，累计办理行政许可事项2100余件，服务满意度达到100%，创新制定《企业经营风险提示告知书》，完善旅游客运运力投放及服务质量考评机制，促进市场秩序逐步规范。

（七）聚焦管党治党，增强政治自觉，干事创业氛围向上向好

一是旗帜鲜明讲政治。学习贯彻习近平总书记重要讲话精神和上级重要会议精神，切实把“两个维护”落实在岗位上、体现在行动中。二是扎实开展党史学习教育。深入学习贯彻党的十九届六中全会精神和习近平总书记系列重要讲话精神，积极举办各类活动134场次，全面完成中心及直属单位涵盖应急救援、污染防治、航道养护等内容的31项民生实事，实现了学党史、悟思想、办实事、开新局。三是干部队伍建设坚强有力。切实做好干部转正和晋升工作，积极举办各类培训10期，参与人数达1500人次，36人获评各类表彰，2名优秀干部扎根基层开展乡村振兴帮扶。四是全面从严治党深入推进。坚决落实“两个责任”，细化管党治党责任71项，严格落实中央八项规定精神，深化拓展“以案四说”“以案四改”，持续运用“四种形态”，不断提升不敢腐、不能腐、不想腐一体推进综合效能。五是舆论引导持续加强。深入开展建党100周年、水运发展等主题宣传，获得主流媒体广泛报道。严格落实意识形态工作责任制，行业意识形态总体可控。

二、发展中存在的问题

同时，我们也看到，在大环境中重庆水运发展也面临很多挑战。一是水运经济增长面临挑战。我国经济面临需求收缩、供给冲击、预期转弱三重压力，对航运市场发展约束条件明显增多，增长动能持续减弱、企业利润率逐渐降低等问题仍然存在。二是水运供给质量还不优。三峡船闸拥堵已成常态，干支航道通畅水平和衔接程度还有待提高，港口功能结构还有待优化，部分老旧船舶仍在运营。水运与其他运输方式衔接还不畅，多式联运体系尚不完善。三是统筹发展和安全压力较大。我市大山区、大库区的自然地理环境和极端恶劣的气象环境客观存在，企业主体责任履行不到位、安全监管“最后一公里”落实不力、应急保障能力不足等现实问题也长期存在。四是绿色低碳发展仍有不足。助力实现碳达峰碳中和的“路”还很长，水上交通污染防治能力还需提升，船舶水污染物接收处置仍存短板，岸电、LNG等清洁能源推广应用力度还需加大。五是科技创新水平还不高。新一轮科技革命背景下，水运智能化发展还比较缓慢，高科技装备投入使用还不够，5G、北斗等新技术推广应用不足，信息化监管水平还有待提升。

三、2022年发展思路

2022年，是“十四五”承上启下的关键之年，我们党将召开二十大，我市将召开第六次党代会。我们将坚持稳字当头、稳中求进“总基调”，全面融入交通强市建设大局，锚定“高质量发展”核心目标，按照“强基础、促协同、畅循环、助双碳、保安全、提品质、转作风”的工作思路，统筹疫情防控和水运发展，统筹发展和安全，加快建设长江上游航运中心。

（一）坚定不移稳投资、强基础，着力建设通江达海的水运网

推动航道提能升级。加快推进嘉陵江利泽、

乌江白马等航电枢纽建设，以及嘉陵江草街库尾、渠江、黛溪河等航道整治，配合开展嘉陵江井口枢纽、乌江彭水二线船闸改造等前期工作。提升港口枢纽功能。积极配合果园重大件码头、万州新田二期、涪陵龙头二期、寸滩邮轮母港改造等建设，配套推进朝天门客运码头“3+3”提升整治。加强船型标准化建设。积极争取地方船型标准化补贴政策落地，加快研发推广干支联动、江海直达等新船型。

（二）坚定不移深协作、促协同，着力提升区域水运融合发展水平

深化成渝地区双城经济圈水运合作。共同提升川渝航道互联互通水平，合力打造协调发展港口集群，稳定开行四川广元港、南充港、广安港至重庆果园港干支联运航线。大力推进长江上游地区航运高质量发展战略合作。共同推进上游地区水运基础设施互联互通、创新发展协作协同、绿色低碳共护共促、安全稳定联防联控、服务治理共商共建。积极推动形成水运联动发展格局。完善与长航局、三峡通航管理局等单位的联系机制；加强对区县水运工作的督促指导，加大统筹协调力度，共同促进我市水运高质量发展。

（三）坚定不移调结构、畅循环，着力保障水运物流供应链稳定畅通

持续优化水路运输结构。加快推进大宗货物“公转水”，完善嘉陵江、乌江等干支联运航线和水水中转航线；积极拓展重庆与周边省市的铁水联运组织，推进多式联运“一单制”。持续增强运输保障能力。加大重点物资过闸协调力度；加强航道、航运枢纽大坝以及通航建筑物运行监测和维护保养。持续培育具有竞争力的航运企业。推动大型航运企业经营向全程物流、综合物流方向发展；推动骨干航运企业与大型货主企业建立长期稳定的合作关系。持续做好常态化疫情防控。抓实抓细船舶、客运港站、港口作业区消毒通风、测温验码、佩戴口罩等防控举措；推进从业人员加强针接种，织密织牢水路运输疫情防线。

（四）坚定不移护生态、助双碳，着力实现水运绿色低碳发展

深入推进绿色航道建设。加强重要生态功能区和航道工程的生态修复，推进阿蓬江、酉水河等生态旅游航道建设。深入推进绿色港口建设。持续开展非法码头整治；强化巴南麻柳 LNG 加注码头、涪陵泽胜洗舱站等设施有效运行管理；推进港口船舶污染物固定接收设施建设，实现占比达 80%以上；完成新改建港口标准化岸电泊位 80 个，推动实现岸电常态化使用。深入推进绿色船舶建设。积极支持清洁能源船舶研发与推广，加快实施 240 艘船舶岸电系统受电设施改造；全面推广“船 e 行”和重庆市船舶污染协同治理信息系统融合运用；建立船舶污染物“零排放”长效机制。

（五）坚定不移防风险、保安全，着力建设更高水平平安水运

构建更加严密的安全责任体系。完善企业主要负责人第一责任和全员安全生产责任制；推动区县落实“党政同责、一岗双责”，加强安全风险隐患排查治理和联合监管；压实行业监管责任，健全安全生产权责清单。增强安全风险防范管控能力。建立水上客运、渡运、危险化学品运输和港口作业、船舶碰撞桥梁等相关安全风险清单；加强安全隐患排查，对重大隐患实施挂牌督办。巩固提升安全生产专项整治三年行动。持续推进水上涉客运输、危险化学品、船舶碰撞桥梁隐患、自然灾害综合风险水路承灾体普查等专

项整治，全面完成28座航运枢纽大坝除险加固；开展三年行动“回头看”，切实提升安全治理能力。加快应急体系建设。强化预案建设，提升预案实用性和操作性；强化装备建设，加快应急救援中心“三化”建设，积极推进万州、巫山、合川等应急基地建设；强化队伍建设，深入开展应急救援技能竞赛，组织开展多形式实战演练和应急拉练。

（六）坚定不移优治理、提品质，着力培育水运健康发展环境

坚持依法治水。加快修订《重庆市水路运输管理条例》《重庆市航道管理条例》；加快出台运力投放等规范性文件。优化政务服务。积极推进水路运输经营许可证照电子化；实施《重庆市水上交通信用管理实施细则》，建立重点领域信用信息目录和联合惩戒清单。加快智慧发展。推进果园智慧港口、涪江智慧美丽航道试点等建设。加快构建“五个一”港航大数据智能监管体系（即1个大数据中心、1个统一入口、1个协同管理平台、1张电子航道图、1个移动App）；强化北斗系统和港航协同管理平台推广应用。提升服务品质。加强航运经济综合分析，积极呼吁出台扶持政策；加快推动航旅融合发展，提升中心城区“两江四岸”水上航线品质；大力发展长江三峡国际精品旅游，积极推动乌江画廊等生态旅游发展。

（七）坚定不移抓党建、转作风，着力营造行业良好政治生态

强化党的政治建设。深学笃用习近平新时代中国特色社会主义思想，增强“四个意识”，坚定“四个自信”，做到“两个维护”；巩固拓展党史学习教育成果。激励干部担当作为。贯彻新时代党的组织路线，严密基层组织体系；抓好干部职工综合素养和专业能力培训；全面推进党风廉政建设。严格落实主体责任和监督责任；坚决贯彻落实中央八项规定及其实施细则精神，持续深化作风建设；加强干部纪法教育；围绕交通强市建设和水运高质量发展等主题，加强宣传引导，积极唱响行业主旋律。

（执笔人：王博雅）

证券业

中国证券监督管理委员会重庆监管局

一、2021年发展回顾

2021年，面对百年变局和世纪疫情，重庆证监局在证监会党委和市委、市政府的正确领导下，立足资本市场改革方向和重庆市情，坚持稳中求进工作总基调，监管与服务并重，努力维护辖区市场的稳定运行，服务实体经济高质量发展，有力支持全市“十四五”发展良好开局。

（一）辖区资本市场发展情况

1. 市场规模逐步扩大

2021年辖区新增6家境内上市公司，上交所主板、深交所主板、北交所各2家，总数达到63家。2021年境内上市公司总市值1.14万亿元，同比增长16.35%。9家企业申报IPO，申报家数创近3年新高，其中申报科创板1家，申报创业板5家。在审企业12家，处于辅导备案阶段的企业24家。新三板挂牌公司85家。证券公司1家（西南证券），2021年分类评价为A类，连续三年实现评级提升；证券分支机构257家；证券投资咨询公司1家，分公司2家；期货公司4家，期货分支机构34家；公募基金管理公司1家；私募基金管理人192家。辖区投资者股票账户数1178.17万户，客户资产9053.36亿元，同比分别增长11.96%、24.25%。期货投资者账户数28.23万元，期货交易保证金余额275.95亿元，同比分别增长13.74%、34.50%；公募基金管理规模717.33亿元，同比增长32.33%，私募基金管理规模1340.08亿元，同比下降12.10%。

2. 股债融资功能持续发挥

2021年，我市企业实现股债直接融资1821.44亿元，全国排名第11位。其中5家企业通过发行上市融资61.06亿元，同比增长84.14%；7家上市公司股票再融资111.79亿元，5家挂牌企业融资0.56亿元；72家企业通过发行公司债融资1222.03亿元，14家企业利用ABS融资412.24亿元，2家企业发行可交换债、可转债融资13.76亿元。重庆区域性股权市场为中小微企业提供各类融资38.92亿元。390只私募股权、创投基金实缴规模1293.61亿元，投资实体企业1006家。

3. 市场主体对地方贡献不断增强

2021年前三季度，我市44家工业类上市公司实现营业收入2616.37亿元，利润总额307.71亿元，分别占同期全市规模以上工业企业的13.52%和24.79%。我市上市公司缴纳各类税费近370亿元。上市公司资源整合能力持续加强，三峡水利、声光电科等公司通过并购重组，有效促进产业链延伸。西南证券累计为本地企业实现融资93亿元，同比增长19%。期货公司开展“保险+期货”项目110个，较2020年增加78个，风险管理子公司直接服务实体企业254家次，金额32.22亿元。我市资本市场主体投入乡村振兴帮扶资金共计2.36亿元。

4. 重点领域风险有效缓释

2021年辖区高比例质押上市公司净压降4

家，风险类上市公司净压降2家。已发现的上市公司资金占用和违规担保问题全部清零。交易所市场公司债券到期兑付和回售金额684.99亿元，创近三年新高。辖区证券期货基金经营机构及其子公司减少不合规私募资管产品166只，压降规模428.09亿元。

（二）监管工作开展情况

1. 聚焦主责主业，着力提升监管执法质效

推动各监管条线谋举措、定计划、强执行，坚持科学监管、分类监管、专业监管、持续监管，着力提高全局监管质效，履行好辖区监管责任。开展现场检查、核查180家次，同比增长30%。做实首发上市辅导验收，严把IPO“入口关”。认真落实《关于依法从严打击证券违法活动的意见》，推动建立重庆市打击资本市场违法活动专项工作机制。调查涉嫌证券违法案件15件，作出行政处罚6起，同比增长50%，依法对海通证券和新时代证券投行业务未勤勉尽责作出行政处罚。采取行政监管措施50项。推动配合公安机关查处“撮合网”“擒牛宝”等非法配资大要案。

2. 心系“国之大者”，主动融入国家重大战略

配合做好研究制订《成渝共建西部金融中心规划》有关工作。与四川证监局签署合作备忘录，协同落实成渝地区双城经济圈建设。落实注册制改革要求，开展注册制改革大讨论，形成6项调研成果；引导我市优质创新型中小企业赴北交所上市。成立公募REITs工作小组，与重庆市发展改革委建立协作机制，起草重庆公募REITs发展政策，推动相关项目取得实质性进展。积极参与乡村振兴，选派优秀年轻干部担任驻村书记，引导辖区市场主体投入帮扶资金共计23550余万元。

3. 坚持底线思维，着力防范化解重大风险

重点盯防债券违约风险，建立工作台账，重点关注城投平台和房地产公司债券，提前掌握债券发行人还款资金安排。推动重庆市出台进一步提高上市公司质量的实施意见。班子成员分片包干，走访7个区县政府和3个市级部门，共商共建协作机制。大力推动压降高比例质押和风险类上市公司数量，快速处置上市公司突发事件及舆情事件。积极开展私募基金风险摸排工作，推动私募基金风险分类处置。持续推动不合规资管产品整改，辖区证券公司大集合产品规范整改已通过我局验收。

4. 落实“大投保”理念，维护投资者合法权益

认真办结投诉举报240件次；成功调解纠纷35件，化解率97.22%，投资者受偿金额176.85万元。推动上市公司高质量召开业绩说明会，43家上市公司现金分红162.77亿元，同比增长33.59%。推动“示范判决+纠纷调解”在辖区落地并作出首单示范判决。开展投教活动进校园、进社区，多渠道、广覆盖，累计受众4100万余人次，同比增加58%。坚持开展投资者调查，了解投资者诉求。与上交所、中证协、西南政法大学、西南证券等单位签订合作协议，推动将证券知识纳入国民教育体系。作为“保护中小投资者”指标牵头单位，助力重庆市成为国家首批营商环境创新试点城市。

二、发展中存在的问题

从全市来看，经济增长的内生动能仍显不足，传统产业占比依然较高，战略性新兴产业、高技术产业尚未成为经济增长的主导力量。资本市场在服务重庆高质量发展中存在的短板主要体现在以下三方面。

一是上市公司数量增长较慢，且板块不平衡。2021年末我市上市公司63家在全国31个省区市中排名第17位、在西部12个省区市中排名第3位，低于四川（156家）和陕西（66家），也低于GDP与重庆相近的辽宁（81家）和江西（66家）。2021年我市新增上市公司虽较前两年有较大幅增长，但无新增科创板和创业板上市公司，与全国新增科创板、创业板上市公司占全市场75%的情况相比形成较大反差。我市至今仍未实现科创板“零”突破，这既有我市产业结构、发展能级、企业上市意愿等方面的原因，也说明资本市场服务创新驱动的作用有待进一步发挥。

二是债券融资总额降幅较大，股权融资不活跃。2021年，交易所公司债券融资1222.03亿元，增长9.35%。但受到小贷ABS监管政策影响，我市交易所资产支持证券融资仅为412.24亿元，较2020年大幅下降73%，导致交易所债券融资总额下降39%。IPO首发融资金额虽有大幅度增长，但上市公司股权再融资不活跃，全年股权直接融资仅173.41亿元，较2020年下降32%。股权融资金额占股债直接融资比例为9.52%，比2020年上升1个百分点，仍处于较低水平。

三是部分市场主体经营困难，风险防范化解压力仍然较大。2021年前三季度，11家上市公司扣非后亏损，20家上市公司扣非后净利润同比下滑。交易所公司债券到期回售金额再创新高，城投和房地产类债券发行人违约风险上升；汽摩行业上市（挂牌）公司普遍面临“缺芯少电”困境，新能源转型任重道远，潜在风险不容忽视；个别头部房地产企业违约带来预期变化，具有较大的风险外溢性与传染性，房地产行业上市公司面临流动性压力。

三、2022年发展思路

2022年，是“十四五”承上启下的关键之年，也是党的二十大和我市第六次党代会的召开之年。重庆证监局将坚持以习近平新时代中国特色社会主义思想为指导，坚持“建制度、不干预、零容忍”，坚持“四个敬畏、一个合力”，坚持稳中求进，全力做好辖区资本市场改革发展稳定各项工作，为重庆经济社会高质量发展积极贡献力量。

（一）主动科学谋划，扎实推进西部金融中心建设

完整、准确、全面贯彻新发展理念，立足辖区实际，强化资本市场功能发挥，围绕推动共建西部金融中心发展战略，深入贯彻落实成渝地区双城经济圈建设各项工作要求，促进金融资源集聚。支持沪深北证券交易所在重庆打造面向中西部的综合性服务窗口，推动重庆区域性股权市场改革创新试点落地，优化区域多层次资本市场服务。持续引导我市期货经营机构开展“保险+期货”项目，联合郑商所、大商所摸底调研我市优势特色农产品，积极探索相关期货品种上市可行性。推动公募REITs尽快在重庆落地见效，盘活存量资产，增加基础设施有效投资。

（二）监管服务并重，推动我市优质企业上市融资

助力实施企业上市“育苗”专项行动，抓好工业企业“上云、上规、上市”工作，提高股权融资比例。抓住全面实行股票发行注册制的契机，围绕“芯屏器核网”“云联数算用”等重点产业，完善与相关市级部门和区县政府的沟通机制，借助沪深北证券交易所力量，进一步挖掘优质上市后备资源，以点带面，努力形成上市一

批、储备一批的良好局面。寓监管于服务中，强化专业指导，突出板块定位，推动“硬科技”企业申报上交所科创板、“三创四新”企业申报深交所创业板、创新型中小企业申报北交所。

（三）提升监管质效，有效推动提高上市公司质量

继续实施局领导分片包干制，坚持分类监管理念，引导上市公司聚焦主业稳健发展，依法通过融资并购做优做强，发挥好示范带动作用。坚持早排查、早预警、早协调，深入推进上市公司治理专项行动，压实公司主体责任，持续压降我市风险类上市公司数量，切实防范占用担保、股票高比例质押等风险问题反弹。严格退市监管，在做到“应退尽退”的同时，拓展多元退出渠道，确保退得下、退得稳，加快形成优胜劣汰的市场生态。

（四）坚守底线思维，平稳推进重点领域风险化解处置

按照“有序遏制增量，有序化解存量”的思路，坚持底线思维，见微知著、抓早抓小，坚决守住风险底线。做好党的二十大等关键节点的风险排查、防范工作。配合开展“伪私募”“伪金交所”整治，督促相关机构加大风险产品兑付、清算力度，压降规模。继续紧盯债务违约风险，坚持分类施策、标本兼治，推动发行人和相关方综合采用出售资产、债务重组、引入战投等市场化方式，稳妥处置债券违约风险。认真做好辖区证券基金期货经营机构私募资管业务规范整改后续工作。

（五）加快监管转型，切实保护投资者合法权益

增强资本市场监管的前瞻性，坚持守土有责、守土尽责，既做好监管重点工作，又避免监管真空。推动科学监管、分类监管、专业监管、持续监管，坚持规则监管与原则监管并重，加快监管转型。充分发挥重庆市打击资本市场违法活动专项工作机制的作用，加强与证券犯罪办案、审判（重庆）基地的协作，依法严肃查处财务造假、操纵市场、内幕交易等市场反映强烈、社会影响恶劣的案件，不断完善民事、行政、刑事立体化的责任追究体系。配合推进特别代表人诉讼，切实保护投资者合法权益。

（执笔人：李琦珂）

银行保险业

中国银行保险监督管理委员会重庆监管局

一、2021 年发展回顾

（一）概况

2021 年，全市银行业保险业金融机构面对错综复杂的环境形势、新冠肺炎疫情的严峻考验，始终坚持以习近平新时代中国特色社会主义思想为指导，认真贯彻落实党中央、国务院和银保监会、市委、市政府系列工作部署，始终胸怀“两个大局”，全力以赴落实“六稳”“六保”任务要求，着眼新发展阶段、贯彻新发展理念、融入新发展格局、围绕高质量发展目标，助力全市“十四五”金融工作实现良好开局。截至 2021 年年末，银行业总资产 6.6 万亿元、同比增长 11.7%；总负债 6.28 万亿元、同比增长 11.4%，规模均居全国第 16 位。保险业总资产 2401.6 亿元、同比增长 13.1%，高于全国平均水平 2 个百分点，增速居全国第 9 位。

（二）主要特点

1. 结构持续优化

全年新增贷款占新增资产的 72.4%，制造业贷款余额 3874.9 亿元，较年初增长 7.5%。电力等能源行业贷款余额 1315.2 亿元，较年初增长 16.1%。与国计民生密切相关的责任保险、农业保险、健康保险快速增长，增速分别为 9.6%、31.3%、7.9%。

2. 经济贡献稳步提升

全年全市金融业增加值 2459.78 亿元，占地区生产总值的 8.82%。新增贷款 5018.7 亿元，占全市社融增量的 71.5%。存贷比 113.6%（银保监口径），同比提高 7.1 个百分点。保险业为全市提供风险保障累计达 1060.83 万亿元，保险赔付支出 305.6 亿元、同比增长 3.2%，保障程度显著提升。

（三）风险防控

1. 不良处置力度历史最高

全市银行业金融机构全年累计处置不良贷款 644.9 亿元，同比增长 13%。年末全市银行业不良贷款余额 515 亿元，较年初减少 110.8 亿元，不良率 1.07%，较年初下降 0.41 个百分点，低于全国平均 0.75 个百分点，账面不良实现“双降”。

2. 风险抵补能力不断增强

银行业金融机构拨备覆盖率 252.43%，较年初上升 63.6 个百分点，高于全国平均 55.34 个百分点（全国平均 197.09%）；银行法人资本充足率达到 14.75%，保险法人偿付能力充足率 385.19%，风险抵御能力和应对资源总体较为充足。

（四）支持保障

1. 支持经济社会恢复发展

全市银行机构平稳续接延期还本付息政策，对 15.5 万户次中小微企业实施阶段性延期还本付息的贷款本息合计 1582.72 亿元。保险机构率先探索养老保险“第三支柱”试点，全国首单灵活就业人群专属商业养老保险“落地”重庆。交通管理体系建设持续深化，“警保联动”合作保险机构扩展6倍，安责险、食安险、巨灾保险承保扩面，学平险发展良好。“渝快保”累计投保329万人，投保金额4.6亿元，提供保险保障4.94万亿元，实现城市定制型医疗保险一站式结算。

2. 支持脱贫攻坚与乡村振兴有效衔接

全市县域存贷比总体提升5个百分点，最大增幅超20个百分点。新型农业经营主体信用评级实现全覆盖，普惠型涉农贷款较年初增长21.7%，增速较上年同期高3.9个百分点。脱贫贷款覆盖率达58.6%，4个国家级乡村振兴重点帮扶县贷款余额同比增长13.87%。

3. 支持民营小微“增活力”

全年民营经济贷款余额8767亿元，较年初增长8.9%，新发放贷款利率5.69%。普惠型小微企业贷款余额3863.73亿元，较年初增长27.6%，高于各项贷款增速15.6个百分点。新发放普惠型小微企业贷款加权平均利率5.66%，较年初下降0.2个百分点。2.1万户小微企业实现“首贷”，无还本续贷贷款余额较年初增长60.8%，信用贷款余额较年初增长31.66%。

（五）改革创新

1. 助力“成渝地区双城经济圈”建设重大战略

农行、建行、农发行等11家机构争取总部出台支持成渝地区双城经济圈建设具体政策。各机构聚焦成渝地区双城经济圈综合立体交通网建设，为重大交通互联互通基础设施项目提供信贷支持超4000亿元，提供风险保障超2000亿元。

2. 助力内陆开放高地建设

全市银行业保险业金融机构持续深化重庆自贸实验区和中新互联互通示范项目建设，支持“一带一路”融资余额2847.6亿元，支持中新互联互通项目融资余额429.87亿元。持续优化跨境金融服务，积极服务外贸外资企业，累计向外资企业发放贷款超1000亿元，跨境人民币结算超1500亿元，稳居中西部前列。

3. 助力“双碳”目标达成

全市银行业保险业金融机构积极配合我市申报创建全国首批国家级绿色金融改革创新试验区，30余家机构推出“绿建贷”“排污权抵押贷”等140款绿金产品，重庆三峡银行成为国内第10家联合国认证“负责任银行”。全市绿色信贷余额4237.87亿元，较年初增长45.85%。绿色保险提供风险保障686亿元，环责险保额同比增长41.2%。西部地区首单“债券通”绿色金融债券和银行间市场首单清洁交通类碳中和债成功落地。

4. 助力高质量发展“提质效”

全市银行业保险业金融机构紧扣重庆“十四五”期间重点发展的33条产业链布局，积极助力制造业企业锻长板、补短板。重点产业链企业融资余额3061.56亿元，较年初增长8.04%，制造业中长期贷款余额同比增长16.1%，高于各项贷款增速2.3个百分点。“渝资光电”65.3亿元保险资金成功入渝助力半导体高端智能制造。中西部首个“数据共享+业务协同”的金融综合服务网——“金渝网”落地，与10家市级部门、102家金融机构实现专线互联互通。商业价值信用贷款获评国务院第八次大督查典型经验做法并予以全国通报表扬。商业价值、知识价值信用贷款分别较年初增长49%、27%。不动产抵押登记改革重庆经验获国务院肯定并在全国推广，线上抵押登记平均办理时间缩短至78分钟。科技型企业中长期贷款占比提升至52.9%，1395家科技企业首次通过知识价值信用贷款获得资金，首贷占比19%。“首台套”“新材料”“关键设备”等重点领域保险保障持续提升，首台（套）保险承保笔数同比增长 113.3%。

二、2022 年发展思路

重庆银保监局将坚持以习近平新时代中国特色社会主义思想为指导，深入贯彻党中央路线方针和会党委各项决策部署，全力支持社会经济高质量发展，全力守住风险底线，全力推进金融供给侧结构性改革，高质量推进“十四五”规划落地落实。

坚定不移推进全面从严治党。旗帜鲜明讲政治，巩固拓展党史学习教育成果，深入学习总结党的百年奋斗重大成就和历史经验，持续树牢宗旨意识、弘扬革命传统。坚持以党建高质量发展引领高质量监管，不断压实压紧“两个责任”落实，深化金融反腐斗争，以崭新面貌、优异成绩迎接党的二十大胜利召开。

全力以赴服务社会经济高质量发展。立足“十四五”规划，聚焦成渝双城经济圈建设和西部金融中心建设，推动重大战略落地生根。支持重点产业提档升级，推广“价值系列”科创信贷产品，围绕金融支持碳达峰碳中和创新优化服务。积极做好脱贫攻坚与乡村振兴有机衔接，进一步引导机构服务下沉、网点下沉、客户下沉，持续提高金融县域服务能力。深入推进第三支柱养老保险试点、巨灾保险、安全生产责任险、“警保联动”等一揽子惠民惠企服务，着力构建现代化社会治理体系。

毫不松懈防范化解金融风险。盯紧重点领域、重点机构、重点企业，严防信用风险反弹，保持不良处置力度不减。稳步压降房地产贷款集中度，严查严处房地产违规融资，积极配合化解地方政府隐性债务风险。持续推进资金互助社、贷款公司改革转型，着力构建风险防控长效机制。推动地方政府落实属地责任，持续处置化解高风险企业债务，严厉打击逃废债行为。持续强化股东准入管理和股东行为监管，严厉打击非法金融活动，从严规范互联网金融业务，强化反垄断和防止资本无序扩张。

久久为功强化监管能力建设。构建巡视整改长效机制，全面提升依法监管能力，不断增强从严处罚的监管威慑力。进一步深化科技赋能推动内部管理和监管业务线上化、数字化、智能化发展，持续加快“金渝网”、监管大数据平台、智能检查实验室等平台建设，以监管数据统一化、标准化建设为抓手提升数据质量。继续强化监管能力大讲堂等平台建设，探索搭建全方位、全周期、全覆盖的人才培养体系。

（执笔人：秦雯）

通信业

重庆市通信管理局

一、2021 年发展回顾

2021 年，市通信管理局坚持以习近平新时代中国特色社会主义思想为指导，全面贯彻党的十九大和十九届历次全会精神，紧紧围绕习近平总书记对重庆提出的营造良好政治生态以及“两点”定位、“两地”“两高”目标、发挥“三个作用”和推动成渝地区双城经济圈建设等重要指示要求，以网络强国战略、数字中国建设统领全局，全面系统提升信息通信业服务供给能力，助力重庆社会经济高质量发展。全年实现电信业务总量 4412.36 亿元，同比增长 38.3%，对我市 GDP 的贡献率达 5.3%，拉动 GDP 增速 0.4 个百分点。全市光缆线路长度达 141.53 万公里，较上年同期增长 9.56%。互联网省际出口带宽达 31.55T，较上年增长 89.79%。移动电话基站数累计达 25.50 万个，较上年增长 5.18%。电话用户 4359.11 万户，移动电话用户达 3751.11 万户。互联网用户达 4824.73 万户，较上年同期增长 6.24%。移动互联网用户数达 3288.50 万户，同比增加 5.50%。

（一）擘画“十四五”发展蓝图

发布《重庆市信息通信行业发展规划（2021—2025）》，制定了 19 项发展指标和 17 项重点工程，出台“双千兆”网络协同发展、5G 应用“扬帆”行动、新型数据中心发展、IPv6 流量提升四大专项行动计划，擘画打造西部领先的新型数字基础设施标杆和西部云网高地、建成全国一流的信息通信枢纽的发展蓝图。

（二）为疫情防控提供有效支撑

疫情防控常态化下，重庆通信业开展通信大数据分析、公益短信宣传、应急通信保障等工作。与市卫健委、市公安局多个部门信息联动，形成风险人群数据生成、推送、比对、排查、处置、反馈的闭环。全年累计推送排查 600 多批次 494.6 万条数据，时空伴随数据和重点区域驻留数据排查率均达到 100%。建立疫情防控短信发送机制，分类发送宣传、提示、应急、赋码短信，全年累计发送疫情防控短信 19.4 亿条。在全国第一批次完成“疫情快速登记”小程序安装使用任务。全行业全力保障定点医院、疫情防控一线指挥部、区域性核酸集中采集点等重点区域通信畅通。

（三）5G 融合发展取得新进展

全市每万人 5G 基站数达 13.2 个，高于全国平均值 3.1 个，继续位列全国 5G 发展第一梯队。会同相关部门实施 5G“扬帆”行动。全市 5G 终端用户总量累计达 1189.55 万，5G 分流比超过 20%。推动 5G 融合应用，高质量举办“绽放杯”5G 应用征集大赛首届重庆区域赛、重庆市“5G+ 工业互联网”现场工作会暨 5G 行业应用规模化发展推进大会，举办“2021 中国国际智能产业博览会 5G 创新发展高峰论坛”。我市 22 个项目入选全国“5G+医疗健康”应用试点，7个应用项目获得“绽放杯”5G应用征集大赛全国奖项，6个项目入选全国“5G+智慧教育”应用试点项目。联合市经济信息委成立5G应用产业方阵重庆分联盟。联合市发展改革委支持高新区、开州区实施5G融合应用。

（四）网络基础设施优化升级

持续增强千兆网络服务能力，全市10G PON端口累计超过10万个。实施新型数据中心发展三年行动，助力构建“1+3+N”数据中心布局。全市在用大型和超大型数据中心达到9个，在用机架数快速增长。扩容重庆国家级互联网骨干直联点网间互联带宽至590G，实现与全国38个主要城市网络直联。完成全国首个骨干直联点监测系统IPv6升级改造，启动IPv6流量提升三年行动，推进2021年IPv6规模应用，IPv6活跃用户数占比提升至81.38%。启动“中新国际数据通道性能监测平台”建设，保障通道运营质量，为重庆打造中西部地区国际信息通信高地提供支撑。

（五）工业互联网应用提速提质

提升工业互联网标识解析顶级节点（重庆）服务能力，加强“星火·链网”超级节点与标识解析顶级节点融合应用。新建标识解析二级节点20个，服务西部六省市、覆盖十大行业领域。国家顶级节点（重庆）标识注册量达61.1亿，累计解析量为35.3亿次。加速实施“5G+工业互联网”512工程，支持打造高清视觉质检、车间环境监测等20个5G+工业互联网典型应用场景，我市7个项目入选工信部2021年工业互联网试点示范项目、3个智能化制造项目被确立为工信部“2021年工业互联网平台创新领航应用案例”。以我市5G+工业互联网现场推广会为契机，大力推动5G在家电、仪器仪表、电子制造、汽摩等工业领域的应用。成功引入F根镜像服务器，提升重庆互联网基础设施服务能力和安全水平。

（六）安全保障能力有效提升

强化网络运行安全监管，组织行业全力保障建党100周年等重大活动和元旦、春节等重要节日通信网络运行安全，组织企业累计出动保障人员82749人次、车辆21650车次、油机11413台次，确保重大活动、全市党政军及重要行业业务网络运行正常。强化网络信息安全监管，开展电信和互联网行业网络数据安全违法违规行为治理。提升网络安全防护技术手段，加强物联网卡安全、联网摄像头、摄像头云平台监管。紧扣《5G网络建设与应用安全实施指南》，确保基础设施安全、应用安全及关键技术安全。贯彻落实《数据安全法》，落地实施数据安全标准。持续开展“扫黑除恶”“扫黄打非”“网剑”“互联网金融”等专项行动，优化网络环境。强化网络安全应急保障，圆满完成建党100周年庆祝活动通信保障任务和“两会”“智博会”等30余场重大活动通信保障工作，圆满完成重庆市“8·7”暴雨灾害等灾害天气应急保障任务。

（七）“放管服”改革纵深推进

深化“放管服”改革，优化营商环境。积极推进“讯”进“渝快办”，持续推进行政审批服务便民化，行政许可事项在法定时限基础上平均缩减了70%，行政许可事项平均跑动次数缩减为0.16次。组织三家基础电信运营企业实现报装、查询、缴费等业务“掌上办”，目前已完成了31项通信便民自助服务在“渝快办”App的上线发布，进一步拓展了便民服务应用场景。

（八）服务民生能力持续增强

助推乡村振兴，完善电信普遍服务补偿机

制，组织2021年、2022年两批电信普遍服务项目申报，争取中央财政1.1亿元支持建设993个4G基站、29个5G基站，以及148个4G基站北斗改造，在重庆市城口县等22个区县实施的重庆市2020年度电信普遍服务试点项目已全部建成，在427个行政村建设的449个4G基站已全部投用。网络精准扶贫攻坚战全面告捷，1919个贫困村的人口聚居自然村光纤和4G网络基本实现全覆盖。加强携号转网监管，维护用户自由选择权，1小时携号转网率为99.77%，位居全国前列。超额完成降费任务，全市中小企业宽带平均资费降幅25.97%，企业专线降幅24.82%，惠民降费专项服务全年共计让利金额超3亿元。深入开展商务楼宇宽带接入市场联合整治，组织市、区两级开展联合检查和暗访，实现问题清单动态清零。建立治理骚扰电话长效机制，大力推广“谢绝来电”服务。开展规范互联网信息服务市场秩序整治，对华龙网、猪八戒等15家重点督导互联网企业进行全覆盖合规检查。开展App侵害用户权益专项整治，累计处理违规App180余款。推进防范治理电信网络诈骗工作，建设互联网诈骗信息防范系统，强化对互联网诈骗违法犯罪行为的综合治理。提升诈骗电话防范系统能力，共处置诈骗呼叫431万余次，向公安机关提供预警信息82.6万余条。

（九）纵深推进成渝地区双城经济圈信息通信业发展

贯彻落实《成渝地区双城经济圈建设规划纲要》，与四川管局携手营造合作共进的良好局面。持续提升重庆与成都之间的网络双核能力，重庆、成都国家级互联网骨干直联点网间互联能力达到1620G。启动全国一体化算力网络国家枢纽节点成渝枢纽建设和成渝地区工业互联网一体化发展示范区建设，在成渝比邻区县规划部署了一批边缘云计算中心。协同推动8项跨区通信服务惠及川渝用户。取消川渝两地间座机通话长途费，实现了全国首例跨省级行政区域固定电话通信资费一体化。

二、发展中存在的问题

一是在推动信息通信行业高质量发展中还需进一步优化和改善政策、标准、支撑条件等。二是在助力产业数字化、数字产业化方面还需持续发力，还需要进一步拓展推广5G行业应用、5G+工业互联网等典型应用场景，进一步发挥5G、工业互联网、新型数据中心等赋能作用。三是监管队伍力量还有待加强，以满足新时代、高质量发展要求。

三、2022年发展思路

2022年，是党的二十大召开之年，也是实施“十四五”规划承上启下的关键一年，全行业将以习近平新时代中国特色社会主义思想为指导，不断巩固拓展党史学习教育成果，持续深入学习贯彻党的十九大及十九届历次全会精神，牢固树立“四个意识”、坚定“四个自信”，坚决做到“两个维护”。要切实把思想和行动统一到以习近平同志为核心的党中央对经济形势的分析判断和决策部署上来，完整、准确、全面贯彻新发展理念，按照市委、市政府的工作要求，坚定发展信心，保持战略定力，凝心聚力、团结拼博，为建设网络强国、数字中国做出新的更大贡献。着力做好以下几个方面工作。

（一）规划落地，强基赋能，打通信息“大动脉”

一是稳步推进5G基站建设，加快乡镇5G

网络优质覆盖，推动5G建设地方强制性标准制订。二是推动全市双千兆网络建设。三是推广部署超高速超大容量光传输系统，按需扩容重庆骨干直联点互联带宽，提升重庆及周边地区互联互通流量疏导能力。四是全力推进全国一体化算力网络国家枢纽节点成渝枢纽建设。五是大力实施IPv6流量提升三年行动。

（二）点面结合，融合应用，助推数字经济发展

一是实施5G行业应用“十百千工程”，推广行业典型应用。二是加快工业互联网创新发展。三是推进“星火·链网”区块链超级节点建设，建立基于标识解析的区块链基础设施，积极开展链网协同计划。加快F根域名服务器在重庆的落地建设工作，进一步提升重庆互联网基础设施服务和保障能力。四是加强5G规模化应用，发挥5G应用产业方阵重庆分联盟作用，大力实施各垂直行业的应用推广行动，加强供给能力建设，助推5G赋能千行百业。

（三）砥砺初心，为民服务，全面优化服务质量

一是进一步推进行风建设暨纠风工作。二是加强新形势下申诉中心的建设，优化用户申诉投诉处理机制，切实保障用户合法权益。三是深入推进“安全乘梯守护行动”。四是严格落实携号转网管理规定，持续提升行业服务水平。

（四）完善手段，多措并举，维护行业高质量发展环境

一是持续深化“放管服”改革。二是持续推进融合监管。三是持续开展骚扰电话综合整治。四是进一步加强技术能力建设。五是规范市场秩序，杜绝恶性竞争。六是完善行业监管处置机制。

（五）多管齐下，落实责任，全力筑牢安全屏障

一是做好党的二十大、市六次党代会等重大重要活动和防汛抗旱等突发自然灾害的网络安全和应急通信保障工作。二是加强电信基础设施建设领域管理，落实安全生产专项整治三年行动。三是加强网络运行安全管理。四是提升网络安全防护能力。五是持续深化行业网络数据安全治理。六是加强车联网安全管理。

（六）积极担当，协同配合，服务地方社会发展

一是统筹疫情防控与行业发展，支撑重庆疫情防控平台建设。二是持续推进成渝地区双城经济圈建设。三是全面推进乡村振兴重点工作。四是助力城市提升。五是深化网络综合治理。

（执笔人：朱琴）

邮政业

重庆市邮政管理局

一、2021 年发展回顾

2021 年全市邮政快递行业业务总量完成 163.19 亿元，同比增长 20.24%；业务收入完成 168.39 亿元，同比增长 15.77%。其中，快递业务量完成 9.79 亿件，同比增长 33.97%；业务收入完成 103.43 亿元，同比增长 24.58%。支撑网络零售额超 1700 亿元。服务满意度稳中有升，行业运行平稳有序，在经济社会发展中作用凸显，为扎实做好"六稳"工作、全面落实"六保"任务作出积极贡献。

（一）行业高质量发展稳中有进

一是坚持规划引领，行业基础设施布局取得新突破。充分发挥"两进一出"全国试点和"交通强市"等战略叠加优势，联合市发展改革委、市交通局印发《重庆邮政业发展"十四五"规划》。先后推动邮政快递企业在万州、黔江、永川等"一区两群"城市加强基础设施布局，2021 年总投资金额达 12.45 亿元，其中，中通快递渝东（万州）智能科技产业链园区等 8 个项目被列入 2021 年市级重大项目，圆通速递西南管理区（重庆）总部基地等 7 个项目被列入市级物流重点项目。推动菜鸟驿站西南总部落户重庆。基本建成邮政三级物流体系和快递三级服务体系。全市共有智能快件箱 9560 组，箱投率和站投率排名全国第 1。

二是坚持环境优化，邮政快递业服务效能得到新提升。坚持"放管服"改革，持续优化营商环境。召开快递企业座谈会，督促企业加强成本核算，遏制低价竞争，指导 4 家菜鸟企业取得合法资质。探索发展总部经济，赴圆通全国总部开展调研，与韵达集团总裁、京东集团副总裁分别就企业在渝发展规划情况进行座谈交流。主要品牌企业分拣中心基本实现自动化、智能化。顺丰丰鸟落户重庆，并成功完成无人机测试。重庆邮电大学被认定为国家邮政行业技术研发中心。

三是坚持强基固本，快递员合法权益保障取得新进展。市邮政管理局等 11 部门在全国率先印发《关于做好快递员群体合法权益保障工作的实施方案》。协调市人社局、财政局、税务局等相关部门落实优先参加工伤保险政策，联合市住建委率先启动快递员以自有资金缴存公积金，落实 2417 余名快递员以自有资金缴存住房公积金。联合市银保监局指导快递协会、市保险行业协会率先联合印发快递员专属商业养老保险实施方案。指导市快递协会开展末端派费和成本调查并组织调查报告认证，推动落实 0.1 元派费增长，内部罚款项目减少 1/3 以上。联合市场监管局对 14 家企业集中约谈。万州、开州、黔江、武隆、江津、永川等区县出台落地文件。深入实施职业技能培训"246"工程，累计培训 4490 人次。

四是坚持协同合作，服务双城经济圈建设取得新实效。联合四川省邮政管理局开展成渝双城经济圈邮政业发展"十四五"规划编制工作，召开推进成渝地区双城经济圈邮政业高质量发展座谈会，达成4个方面10项内容的协作共识。市邮政管理局部分分局与四川相关地市局签订毗邻地区合作协议4个。推动成渝高铁班列快件运输，累计开通高铁运邮（快）件线路9条，重庆顺丰、重庆邮政实现成渝双核城区间6小时快件直达。

五是坚持综合治理，推动行业绿色转型展现新作为。联合市发展改革委等9部门印发《关于加快推进快递包装绿色转型的实施意见》。开展重金属和特定物质超标包装袋、邮件快件过度包装和随意包装专项治理及生态环保执法检查，立案查处违法行为6起。贯彻落实“2582”工程，提前完成年度工作目标。全市设有标准包装废弃物回收装置的邮政快递网点3125个，新能源或清洁能源车辆1334辆。

（二）推进“两进一出”试点工程全面落地

一是坚持因地制宜，推进“快递进村”服务乡村振兴。印发《重庆市“快递进村”百日攻坚工作方案》，在永川区何埂镇推动建设全市首个农村寄递物流中心。持续巩固建制村直接通邮成果，周投递频次达三次比例排西部地区第1。因地制宜推进邮快、交快、快快、快电等多种形式合作“下乡进村”。持续推进“寄递+电商+农特产品+农户”融合发展模式，打造快递服务现代农业项目14个，其中业务量达千万级的金牌项目2个（奉节脐橙、荣昌粉条）。2021年，全市农村地区快递业务量同比增长116.12%，业务收入同比增长176.91%，投递量同比增长56.61%。

二是坚持协同配合，推动“快递进厂”服务实体经济。鼓励邮政快递企业以进厂建仓、入仓收寄、建仓分拣等模式为制造业企业提供一站式寄递服务。通过“入厂物流”、“仓储+配送”一体化、“订单末端”配送等服务模式累计打造“快递进厂”服务制造业项目21个。

三是坚持重点突破，促进“快递出海”服务改革开放。召开三次“快递出海”工作推进会。中欧班列运邮实现规模化、常态化，目前可达36个欧洲国家及地区。支持申通国际在渝建设中欧国际快件中心项目，加快海外布局，全市寄递企业参与建设和管理海外仓4个。推进中欧班列运输出口快件，组织国际快递企业利用中欧班列运输出口快件再测试。

（三）安全应急保障能力有效提升

一是行业疫情防控有力有效。制定《重庆市邮政快递业疫情防控应急预案（2021版）》，建立“日摸排—日调度—日督导”疫情防控常态化工作机制。全市邮政快递从业人员疫苗接种实现“应接尽接”。指导国际邮件互换局开展病毒生化演习，稳妥处置多起涉疫邮（快）件流入重庆突发事件，全市邮政快递行业实现“零感染、零确诊”。

二是企业主体责任不断压实。印发文件落实快递企业重庆总部统一管理责任。严格对标对表，深入落实安全生产“十条措施”和“两清单两卡”工作机制。持续实施安全生产专项整治三年行动，强化落实企业安全生产主体责任，督促企业严格落实“三项制度”。截至目前，全市实名信息录入率达99.51%，寄递企业配备安检机266台，8家主要品牌快递企业安检机已接入联网系统。

三是行业监管水平不断提升。进一步完善“政府监管+专家会诊+部门联动”安全监管模式。印发《重庆市邮政快递业安全生产应急管理五年行动计划（2021年—2025年）》。制定《重庆市邮政业安全生产监督检查工作手册（试行）》，提升一线执法人员工作能力。积极推进“绿盾”工程，强化智能监管，“视频联网”项目中视频在线率、安检机联网在线率等关键指标均居全国第1。联合市禁毒办开展寄递渠道禁毒百日攻坚专项行动。圆满完成建党100周年等重大活动期间寄递渠道安保任务。市邮政管理局连续6年获评全市安全生产和自然灾害防治工作先进部门。

二、发展中存在的问题

与此同时，发展中仍然还存在一些突出问题和短板。一是快递员群体合法权益保障任重道远，基层末端网点面临生存难题。二是县、乡、村三级寄递物流体系需进一步健全，末端服务能力和服务质量有待进一步提升。三是邮政快递业服务“重庆制造”方式模式还较为单一，寄递服务的嵌入度和专业化程度还不高，产业服务链条有待进一步延伸。四是跨境寄递服务网络还不够健全，寄递企业跨境运输能力和服务跨境贸易水平有待进一步提升。五是绿色包装、低碳作业和节能减排的观念有待进一步深化，可循环包装实施路径有待进一步探索，电商平台快递包装协同治理还需深入落实。

三、2022年发展思路

坚决贯彻落实党的十九届六中及历次全会精神，坚持稳中求进总基调，坚持问题导向，不折不扣地落实好各项决策部署，顺利完成全年工作目标任务。按照“136”行动计划，重点抓好以下工作，更好迎接党的二十大顺利召开。

（一）突出“党建+”引领，坚决做到“四个始终”

一是坚决做到“两个维护”，始终保持对党的绝对忠诚。全面加强党对邮政快递业的集中统一领导，落实好习近平总书记对邮政快递业指示批示精神，深入推进党史学习教育，持续加强“三基”建设和干部队伍七种能力建设，建设推动发展的“突击队”、一心为民的“服务队”和迎难而上的“战斗队”。二是坚决贯彻上级决策部署，始终坚定理想信念。按照“服务全领域、激活全要素，打造双高地、畅通双循环”思路，把理想信念体现在干事创业能力不断提升上，坚持农村服务下沉，推进绿色治理升级，确保寄递渠道安全稳定，让重庆市邮政快递业发展始终沿着正确方向奋力前行。三是坚决强化履职尽责，始终践行以人民为中心的发展思想。自觉从党的百年奋斗史中体悟初心使命，完善行业基础设施，拓展国际服务网络，加强快递员权益保障，全力推动行业高质量发展。四是坚决发扬革命传统，始终保持艰苦奋斗的优良作风。在保持艰苦奋斗优良作风的同时，持续落实过紧日子的各项要求，加强与地方沟通，加快地方事权落实落细。

（二）落实3个规划，谋划好行业高质量发展长远布局

一是落实《重庆市邮政业发展“十四五”规划》。着力优化城乡网络布局、提升寄递基础能力、大力融入产业链、释放区域融合优势、拓展发展空间，不断建成深入城乡、联通区域、辐射国际、高效衔接的邮政快递基础网络，形成支撑生产、惠及民生、发展要素可持续的服务体系。二是落实成渝经济圈邮政业发展“十四五”规划。紧紧围绕一体化和高质量，积极主动融入成渝地区双城经济圈建设大局，畅通经济循环，促进要素流动，为推进成渝形成一体化发展的都市圈作出贡献。三是落实重庆邮政快递与综合立体交通协同发展规划。完善重庆“一区两群”的邮政快递基础设施，依托综合交通的比较优势，提

升邮件快件干线运输效能，大力推进高铁快递网络建设，加快国际邮件快件航空枢纽布局。

（三）落细落好6个文件，加快推动行业高质量发展

一是持续推动《支持邮政快递业服务经济高质量发展若干意见》落细落好。提高全要素生产率，更好服务构建新发展格局，加快推动邮政快递业高质量发展。二是贯彻落实《重庆市推进邮政快递业“两进一出”工程全国试点工作实施方案》。推动重庆市人民政府办公厅出台《关于加快农村寄递物流体系建设的实施意见》，加强部门协同，全力推动试点向纵深拓展，持续提升全市邮政快递业服务水平，服务地方经济和社会发展。三是落实好《重庆市关于加快推进快递包装绿色转型的实施意见》。广泛开展绿色环保宣传。压紧压实区域总部企业在生态环保工作中的主体责任，推进快递包装规范落实。四是落实落细《关于做好快递员群体合法权益保障工作的意见》。强化协同配合和政策衔接，形成齐抓共管的合力，切实保障快递员群体合法权益。五是落实好《重庆市邮政快递业安全生产专项整治三年行动实施方案》。强化企业主体责任，以点带面督导推动安全生产治理体系和治理能力建设，全面提升行业安全水平。六是深入落实《重庆市交通运输领域市与区县财政事权和支出责任划分改革方案》。持续深化财政事权和支出责任划分改革工作，推动落实邮政管理领域安全监管地方事权，持续推动区县安全监管力量建设。

（执笔人：程黎勇）

工业设计产业

重庆市经济和信息化委员会生产性服务业处

工业设计是创新的重要组成部分，生产性服务业处通过重点发展工业设计，带动工业文化和工业营销发展，助推制造业高质量发展。

一、2021 年发展回顾

（一）大力发展工业设计

1. 顶层设计，强化服务

一是成功创建国家工业设计示范城市，在工业和信息化部的大力支持下，重庆作为西部唯一城市入选全国首批工业设计特色类示范城市。二是部市联动、区域协作、政企合作推动重庆工业设计发展，与工业和信息化部签订《共同推动重庆市工业设计产业发展战略合作协议》，成功召开 2021 年部市协作联席会，与四川省经济和信息化厅签订《工业设计产业战略合作框架协议》，与中国工业设计研究院签订《长江经济带产业链创新设计合作框架协议》。三是政策支撑，为产业发展保驾护航。陆续出台《关于进一步推动制造业高质量发展加快建设国家重要先进制造业中心的意见》（渝委发［2021］11 号）、《关于印发重庆市创建“设计之都”行动方案的通知》（渝府办［2022］2 号）、《支持制造业高质量发展若干政策措施》（渝府发［2021］11 号）、《关于加快重庆市工业设计产业发展的若干政策》（渝经信发［2019］109 号）、《重庆市工业设计数字化智能化提升专项行动方案》（渝经信发［2020］78 号）等政策文件，明确支持重庆工业设计产业发展。四是建立健全服务体系，按照统一部署、分区指导、服务下沉、精准赋能的原则，依托重庆市工业设计促进中心，构建“总部基地 + 区县分中心 + 专业中心”的工业设计市区公共服务体系，建成大足、璧山、垫江等一批工业设计促进中心分中心，以及工业设计人才服务中心、创新中心、营销中心、赋能中心、价值传播中心等五大专业中心，推动全市工业设计分布式联动发展。

2. 引培结合，壮大规模

一是培育壮大设计骨干力量，4 家企业获评国家级工业设计中心，全市国家级工业设计中心数量达到 10 家，居中西部前列；市级工业设计中心总数实现破百，达到 101 家。二是促进各类设计主体专业化发展，建立设计驱动型企业库，首批入库企业 153 家；开展设计引领示范企业创建，涵盖工业设计、建筑设计、市政设计等领域的 25 家企业入选。三是加快引进专业设计机构，先后引入无限空间、博乐、洛客等一批知名设计公司，带动区域设计能力提升。四是开展市级工业设计研究院培育，将 5 家企业纳入首批培育名单。

3. 创新评价，人才支撑

一是创新人才能力评价机制，率先开展非渝籍工业设计专业职称评价工作，开了工业设计专业职称跨省申报的先河，探索工业设计职称网上申报评审，提升申报效率和人才服务满意度。二是实施设计人才培训，持续举办工业设计领军人才培训班，开展“工业设计游学重庆”，每年培训各类设计人才超过2000人次。三是注重专家型人才培养，开展重庆工业设计大师工作室创建，首批段胜峰工作室、梁明玉工作室等10个工作室获评；启动设计驱动型企业家工作站创建申报工作，培育一批设计驱动型青年企业家；启动制造业设计培训基地创建工作，持续深化产教融合。

4. 产业集聚，驱动发展

一是推动重庆工业设计产业城（A区）改造完成并投入运营，德国埃格赛（Ergosign）、麦点网络科技、创禹设计等20余家企业成功入驻，工业设计园区建设取得重大突破。二是推动重庆工业设计总部基地、两江悦来设计公园二期、川美工业设计中心等项目加快建设。

5. 赛会助力，营造氛围

一是发挥品牌活动效应，举办2021年设计高峰论坛、智博杯工业设计大赛，征集作品4000余件，组织重庆悦来国际设计论坛和重庆工业设计创新成果展；二是建立“重庆好设计”产品库，实施“工业设计进区县行动”，启动区县工业设计创新活力指数评价，开展工业文化创意街区、人民设计师社区服务站申报。三是联合四川举办首届“川渝十大设计师”评选、川渝工业设计劳动和技能竞赛，开展川渝工业文化教育实践基地申报等工作，助力成渝地区双城经济圈高质量发展。

（二）做好工业营销

1. 推进品牌电脑重点企业销售工作

会同市财政局就惠普、华硕两个品牌电脑续签协议中有关电脑销售条款进行磋商。会同市财政局协同惠普、华硕启动“跨越数字鸿沟”项目，全年销售品牌电脑50万台。

2. 协调工业展会各项工作

一是成功举办立嘉国际智能装备展览会，展会聚集1024家行业知名企业，展出面积达70000平方米，举办43场行业技术交流会议、论坛、活动，吸引市内外众多制造业企业组团参观采购，展会影响力不断扩大。二是积极推荐小康、宗申、海润等28家重庆本地品牌企业参加中国品牌博览会。

（三）推动工业文化发展

1. 推进工业文化保护利用

深入工业遗址现场调研，组织四川汽车制造厂等项目申报第五批国家工业遗产项目。起草印发《重庆市工业遗产管理暂行办法》，开展重庆市首批重庆市工业遗产认定工作。依托重庆市工业文化协会，组织专家、有关企业多次现场调研和考察，积极开展重庆市工业遗产保护发掘工作。启动川渝工业文化红色基因传承基地及重庆市工业文化创意街区创建工作。

2. 促进工业旅游稳步发展

指导工业文化协会加入全国工业旅游联盟。建立成渝工业文旅合作机制，推动重庆工业文化协会与成都工业文化发展促进会达成战略合作意向，谋划成渝双城经济圈工业文旅计划。启动工业旅游线路设计，将重庆工业博物馆纳入全市工业文化旅游点，指导汽研院建设汽车博物馆，打造重庆汽车行业工业旅游项目。联合重庆广电媒体中心、市委党校等单位开设工业文化研学党课课程。

3. 注重加强工业文化人才培养

举办首届重庆市工业文化专题培训班，做好《推进工业文化发展实施方案（2021—2025年）》《重庆市工业遗产管理暂行办法》政策宣贯工作。

二、发展中存在的问题

虽然2021年取得了不错的工作成效，但还存在以下问题。一是认识不到位，企业普遍“重技术、轻设计”，对设计驱动企业发展的作用认识不足。二是发展不均衡，汽摩行业设计能力普遍较强，其他行业设计能力较为欠缺。三是带动作用不强，工业设计的投入产出比及转换率不高。

三、2022年工作思路

培育建成市级工业设计中心20家以上，两江悦来设计公园建设取得较大进展，工业设计服务体系逐步完善，世界“设计之都”创建工作启动。完成首批市级工业遗产认定，实现品牌电脑销售70万台以上。

1. 着力提升工业设计

一是完善工业设计服务体系，策划开展设计赋能系列活动，加大宣传宣讲力度，推动全市工业设计协同发展；拟定世界“设计之都”创建工作方案。二是做好市级工业设计中心培育创建工作，加强工业设计研究院培育工作。三是高标准打造两江悦来设计公园，依托“一带一路”，聚集各类设计资源，打通供需通道，充分发挥积聚效应和规模效应；推动重庆工业设计产业城（二期）、重庆工业设计总部基地等服务平台加快建设。四是完成工业设计专业高中初级职称评审工作、举办2022年工业设计领军人才培训班等人才培养活动。五是高水平举办智博杯工业设计大赛和2022年中国制造业设计大会。

2. 着力强化工业营销

一是强化重点工业产品销售，继续做好电脑重要采购订单的协调工作，推进各品牌按计划完成“跨越数字鸿沟”项目。二是搭建营销平台，推进市内企业与重要电子商务平台开展合作，开拓重庆工业产品市场营销渠道。

3. 探索发展工业文化

一是认真抓好中央办公厅、国务院办公厅《关于在城乡建设中加强历史文化保护传承的意见》的贯彻落实。二是按照《重庆市工业遗产管理暂行办法》，继续推进重庆市工业遗产认定工作，建立市级工业遗产资源库，加大工业遗产保护利用力度。三是推动工业旅游创新发展，指导周君记、汽研院等企业打造一批工业旅游精品项目。

（执笔人：刘梦秋）

第四编　开发区与园区建设

工业园区发展综述

重庆市经济和信息化委员会产业园区

2021年，全市产业园区（包括两江新区、高新区、经开区、综合保税区等开发区中以发展工业和信息化为主的产业集聚区和市级特色工业园区，以下简称“产业园区”）坚持“创新、集群、智慧、绿色、融合”的建设方针，聚焦制造业高质量发展，以培育发展特色产业为核心，以提升园区产业承载功能为基础，园区建设发展取得显著成效。

一、2021年发展回顾

（一）经济支撑

全市产业园区规划建设面积1527平方公里（其中规划工业用地634平方公里、已建成工业用地面积368平方公里），建成区面积832平方公里。园区规上工业总产值2.2万亿元，占全市规上工业总产值的85%，建成1000亿级园区8个（两江新区、重庆高新区含西永、两路寸滩保税港区、永川高新区、长寿经开区、涪陵高新区、空港工业园区、江津工业园区）。

（二）特色引领

创新推进园区特色发展，批准重庆高新区（集成电路）、渝北区（汽车电子）、北碚区（传感器）、渝中区（工业软件）、合川区（信息安全）、巴南区（生物医药）创建为首批市级重点关键产业园。批准创建荣昌高新区等市级特色产业基地18个，全市累计创建市级特色产业基地79个。重庆高新区电子信息（集成电路）园区、渝北仙桃数据谷软件信息园区，以及北碚区、两江新区、南岸区、江津区联合申报的工业互联网园区成功获批国家新型工业化特色产业示范基地。

（三）园区管理

出台推进全市产业园区高质量发展、园区特色发展、中小企业集聚区规划建设和化工园区认定管理等相关意见、通知、办法。全面启动全市产业园区国土空间清理，长寿经开区等33个产业园区确认新增规划建设面积484.31平方公里，切实解决相关园区违规扩建问题。扎实推进园区生态环境保护，制定工业集聚区污水处理设施整治专项行动工作方案。根据安全生产三年行动计划，集中启动全市工业厂房库房消防安全专项整治。

（四）区域协调

坚持“工作方案+管理办法+示范园区+发展联盟”模式和要求，深入推进成渝地区双城经济圈产业园区合作建设，两地超过40对园区签署友好合作协议，重庆荣昌高新区、四川隆昌经济开发区等20个园区创建为首批成渝地区双城经济圈产业合作示范园区。深入推进“一区两群”协调发展，以区县对口协作为抓手，推进相关区县开展合作园区共建、产业协作配套、企业转移承接。

二、发展中存在的问题

一是产业优化布局困难。部分园区发展思路不清晰，产业定位不精准，不知发展什么、怎么发展，同质化现象比较严重。同时，园区产业布局“多而全”现象突出，部分园区主导产业达到5个以上，甚至有园区一个组团主导产业就3个以上，园区之间甚至是园区的组团之间产业同质化现象也非常严重。

二是区域发展极不平衡。主城都市区园区规模工业产值占全市园区的90%以上，渝东北、渝东南仅占不到10%；主城都市区园区平均产值超过500亿元，而渝东北、渝东南平均不足100亿元，产值最低的不到10亿元。同时，主城都市区园区产业集群发展态势明显，上下游协同配套能力较强，而渝东北、渝东南仍然停留在项目集聚的初级阶段。

三是园区生态还有短板。支撑产业发展的公共服务体系还不健全，区域性、行业性公共服务平台特别是技术创新公共服务平台建设不足，服务网络还没有实现全覆盖，边远地区企业公共服务资源分布不均、服务能力不足。部分园区产城融合发展水平不高，缺乏满足企业职工基本需求的生活、休闲、娱乐、文化、教育等城市基本功能，园区人文生态还未真正形成。

三、2022年发展思路

全面贯彻全市推动制造业高质量发展大会精神，立足新型工业与新型城镇化协调发展，坚持创新、集群、智慧、绿色、融合发展方向，围绕推进新时期产业园区高质量发展，聚力推进拓空间、促融通，建生态、育产业，抓创新、促转型，强管理、优服务各项工作，着力建设完善产业园区高质量发展的统计评价体系、大中小企业融通发展的空间布局体系、科技型中小企业全生命周期成长的服务支撑体系，为加快构建特色引领、创新驱动、智慧赋能、绿色发展的产业园区高质量发展新格局奠定坚实的基础。全年实现园区规上工业总产值突破2.4万亿元，特色产业产值占园区规上工业总产值的60%以上。

1. 推进园区转型发展

一是坚持特色发展。以培育发展特色优势产业为核心，进一步规范推进特色产业基地建设，完成对市级特色产业基地发展质量的综合评价，引导推进园区特色发展。二是加快推进园区创新发展。持续推动各类产业创新资源和要素向园区集聚，推动园区常态化、专业化、应用化、协同化开展产业技术创新活动。推动产业发展基础较好的园区集中规划建设一批功能完善、特色鲜明的产业孵化园和中小企业生态家园，引导科技型中小企业、创新创业人才、技术创新成果入园孵化。三是坚持智慧发展。加快推进新型智慧园区建设，建成智慧园区大脑和各区县智慧园区平台，实现市、区两级平台数据互联互通、应用智慧赋能和业务支撑协同。四是建立完善全市园区高质量发展监测评价体系，对园区产业发展、园区建设、土地利用等方面进行动态评价，营造园区发展比、学、赶、超氛围。

2. 规范园区建设管理

一是坚持绿色发展。督促指导园区抓好规划环评、督查整改，督促各产业园区污水处理设施、污水收集管网建设及其运营管理，推进全市园区循环化改造，积极创建绿色园区、低碳园区。二是保障安全发展。贯彻落实市安委会、安委办相关要求，综合指导园区深化“十条措施”，落实常态化安全监管工作与园区内“两单两卡”工作，压实园区企业安全生产主体职责，确保园区安全生产形势持续稳定向好。三是规范标准厂房管理。以标准厂房发展专项规划为引领，规范推进标准厂房规划建设与管理。

3. 协调保障发展空间

一是指导有关区县在编制国土空间规划时，着力优化园区空间布局，全力保障园区未来发展空间。二是全面完成剩余园区空间范围清理工作，推进园区违规扩建问题整改，加大力度推动园区全面清理处置批而未供和闲置土地。三是进一步加强对中小企业集聚区规划建设、产业培育、企业发展的统筹协调、督促指导。四是加快推进“标准地”改革，建立完善重点园区用地保障机制，建立招商引资重点项目用地“蓄水池”。

4. 抓实产业链升级重构

大力实施产业基础再造和产业链供应链现代化水平提升工程，聚焦33条重点产业链基础领域和关键环节，深入推进市级重点关键产业园建设及其发展绩效考核评价。坚持市区联动，聚焦创建方向，合力推进重大项目精准招商、产业技术创新攻关、公共服务平台建设、产业承载能力提升、园区产城融合发展以及发展氛围营造等各项重点工作。

（执笔人：毛月枭）

两江新区

重庆两江新区管理委员会

一、2021 年发展回顾

2021 年是两江新区开发开放进程中很有意义、也很精彩的一年。在以习近平同志为核心的党中央坚强领导下，两江新区坚持以习近平新时代中国特色社会主义思想为指导，深入学习贯彻党的十九大和十九届历次全会精神，全面贯彻落实总书记对重庆提出的重要指示要求，紧扣打造内陆开放门户和重庆智慧之城“两大”定位、建设高质量发展引领区和高品质生活示范区“两高两区”目标，统筹疫情防控和经济社会发展，统筹发展和安全，扎实做好“六稳”“六保”工作，推动高质量发展动能更加强劲，实现“十四五”良好开局。新区全域 GDP 达 4207 亿元、增长 9.8%，占全市比重达 15.1%，规上工业总产值 5576 亿元、增长 19%，固定资产投资 2319 亿元、增长 1.6%，社会消费品零售总额 1692 亿元、增长 13.5%，进出口总额 2903 亿元、增长 29%，实际利用外资 32.9 亿美元。直管区 GDP 达 2271 亿元、增长 11.8%，规上工业总产值 4354 亿元、增长 21.5%，固定资产投资增长 5.1%，社会消费品零售总额 697 亿元、增长 19.7%，10 余项关键经济指标保持全市前列（以下皆为直管区数据）。

（一）科技创新动能持续增强

把科技创新作为“一号工程”，全面深化大数据智能化创新，加快建设科技创新中心核心承载区。聚焦“科创 + 产业”打造重要创新策源地经验做法获国务院通报表扬，双创示范基地再获国务院通报激励。全力打造三大创新平台，两江协同创新区新引进设立研发机构 10 家、累计达 40 家，分布式雷达验证试验场启动建设，西工大重庆科创中心、协同创新区融合创新中心建成投用；礼嘉悦来智慧园打造“智慧生活的一天”、工业互联网体验中心等应用场景，礼嘉智慧馆、悦来智慧岛等建成投用；两江数字经济产业园集聚数字经济企业超 6300 家，两江智能软件产业园挂牌成立。培育壮大创新主体，高新技术企业、科技型企业分别达 603 家、3329 家，集聚市级以上研发平台 378 家、市级“专精特新”企业 119 家，落户吉利科技西部总部、国家“万人计划”科学家工作室。持续营造“近悦远来”创新生态，出台科技创新“1+2”政策文件，推出全国首个跨境融资产品“科技跨境贷”，成功举办明月湖国际创新创业大赛。

（二）产业转型升级步伐加快

把发展经济着力点放在实体经济上，谋划建设“10+1”产业功能区、实施“链长制”，推动产业结构加快迈向中高端。工业能级跃上新台阶，直管区规上工业增加值增长 18.6%，高技术制造业和战略性新兴产业分别增长 21.8%、22.7%，工业利润、工业税收分别增长 98%、20%。汽车产业加快迈向高端化、智能化、绿色化，完成产值 1621 亿元、增长 17.3%，引进理想汽车、赣锋锂电等行业龙头，培育阿维塔、问界

M5 等新品牌，上市长安 UNIK、福特野马纯电等新车型。电子产业加快补链强链延链，完成产值 2239 亿元、增长 22.3%，京东方第六代 AMOLED（柔性）生产线建成投产，康宁熔炉及大猩猩项目落地，千亿级新型显示产业集群初步成型。高端装备产业产值达 242.4 亿元、增长 61.7%，三一重工、康明斯等建成投产。生命健康产业加速集聚，博腾、昭衍、大地生命科学园等项目加快推进。大力发展航空航天、数字经济等战略性新兴产业，中国星网集团应用公司和重庆系统院落地，数字经济实现增加值突破 700 亿元、占全市的 1/3，国家工业互联网标识解析顶级节点建成二级节点 19 个、注册量突破 59 亿，重庆云江工业互联网公司、广域铭岛数字科技公司两个项目入选工信部工业互联网试点示范项目。现代服务业提质增效，实现增加值 1269 亿元、增长 9.5%，新安洁在北交所成功上市，国际消费中心城市核心承载地加快建设。

（三）深化改革开放取得突破

持续用好改革开放关键一招，推动更深层次改革，实行更高水平开放，加快建设内陆开放门户。果园港口岸通过国家验收，寸滩港口岸功能有序转移，果园港国家物流枢纽完成货物总吞吐量 2087 万吨、增长 41%，完成集装箱吞吐量 46 万标箱、增长 38%，到发中欧班列、陆海新通道班列分别增长 71%、3.2 倍。江北嘴国际金融中心、悦来国际会展城、寸滩国际新城等开放功能提速完善，中新互联互通项目累计签约项目 38 个、金额 108 亿美元，重庆自贸试验区两江片区涉外商事诉讼、调解与仲裁“一站式”纠纷解决机制成功入选全国第四批“最佳实践案例”。促进外贸创新提质，一般贸易占比提升至近 60%，服务贸易、跨境电商交易额占全市比重分别超 40%、70%。深入推进国资国企、“放管服”等重要领域改革，在全市率先开展成渝地区政务服务“跨省通办”、市场综合信用监管等试点，新增市场主体 2.6 万户、总量达 11.8 万户，外资企业、民营企业新增数量全市第 1。

（四）区域协同发展走深走实

推动成渝地区双城经济圈建设向纵深发展，与天府新区共抓九大联动事项、共建八大产业旗舰联盟，与成都高新区携手发展软件产业，与成都经开区共建无水港，与四川港航成立合资公司，联动发展长江上游港口航运物流，与宜宾共同打造新能源汽车产业链协同基地，加强与川渝高竹新区产业链配套协同。提速推进“一区两群”协调发展，建立完善与万州区“1+3”对口协同发展工作机制，上解对口协同帮扶资金 5487 万元，设立 1300 万元产业协同资金，共同打造数字经济产业园万州园、两江新区万州企业研发中心等载体，推动新区整车企业与万州零部件企业深化产业链供应链合作。

（五）城市功能品质稳步提升

瞄准打造国际化、绿色化、智能化、人文化现代城市样板，注重产城景深度融合，高标准规划建设“枢纽港”“智慧园”等城市新功能，推动鱼复、龙兴、水土三大新城提档升级，推动金州商圈品质提升，寸滩国际新城保税经济区“丝路花街”开街。加快建设“百园之城”，创新实施“公园长制”，累计建成公园 131 个，公园数量和密度均居西部城市前列；加快推进“两江绿道”工程，实施“推墙见绿”行动，建成绿道 25 公里，新增城市绿地 37 万平方米。持续推进城市污染防治，深入实施“河长制”，加快“三河流域”6 条次级河流、23 个湖库水环境综合整治，“无废城市”建设试点走在全市前列，率先实现垃圾分类工作全覆盖。

（六）增进民生福祉成效明显

坚持以人民为中心的发展思想，持续保障和改善民生，全力做好普惠性、基础性、兜底性民生建设，不断增强人民群众获得感、幸福感、安全感。贯彻总体国家安全观，严格落实常态化疫情防控措施，统筹抓好安全生产、社会治安、信访维稳等工作，加强安全隐患排查整治，切实维护社会大局和谐稳定。“文教体卫”事业加快发展，加快创建全国义务教育优质均衡区，成功入选“全国劳动教育实验区”，18 所新学校、新校区建成投用，第一人民医院晋级三级医院、扩建项目正式开工，龙兴足球场、市青少年活动中心提速建设。城镇新增就业 2.9 万人，养老保险、医保参保率达 96%，“智慧社保零距离”项目试运行，在全市率先推出“无假之保”假日预约暖心服务，获群众广泛好评。

二、发展中存在的问题

新区经济社会发展还面临一些问题和挑战，与打造“两大”定位、建设“两高两区”目标还有差距。一是产业发展能级还需提升，产业链供应链的稳定性和竞争力还不够强，汽车、电子“缺芯少电”等问题亟待解决，战略性新兴产业支撑力还不够大。二是科技创新能力还需提升，关键核心技术“卡脖子”问题需加快突破，产业创新成果不够多。三是城市功能品质还需提升，教育、医疗等民生社会事业还有不少短板，优质公共服务供给不足，城市治理体系和治理能力还不能完全适应新形势新要求。

三、2022 年发展思路

两江新区将坚持以习近平新时代中国特色社会主义思想为指导，全面贯彻党的十九大和十九届历次全会精神，认真落实中央经济工作会议和市委经济工作会议精神，深刻领会“两个确立”的决定性意义，进一步增强“四个意识”、坚定“四个自信”、做到“两个维护”，弘扬伟大建党精神，坚持稳中求进工作总基调，立足新发展阶段，完整、准确、全面贯彻新发展理念，积极融入和服务新发展格局，坚定不移推动高质量发展，纵深推进成渝地区双城经济圈建设和“一区两群”协调发展，全面深化改革开放创新，坚持以供给侧结构性改革为主线，统筹疫情防控和经济社会发展，统筹发展和安全，继续做好“六稳”“六保”工作，着力稳定经济大盘、稳住社会大局，加快打造“两大”定位、建设“两高两区”目标，以优异成绩迎接党的二十大和市第六次党代会胜利召开。

一是坚决稳住经济基本盘。坚持稳字当头、稳中求进，保持经济运行在合理区间。稳定支柱产业，以建设“10+1”产业功能区、实施“链长制”为重要抓手，推动产业链供应链纵深拓展和升级再造，持续提升制造业核心竞争力。积极扩大有效投资，抓紧抓实“两高两区”十大工程。稳住大宗消费重点消费，培育发展消费新业态新模式，促进消费回升和潜力释放。

二是加快布局产业新赛道。瞄准前沿科技和产业变革趋势谋篇布局，抢占未来产业发展新赛道。突出前瞻谋划，在数字经济、生物医药、航空航天、绿色低碳、元宇宙等领域加强布局。突出“有中育新”，对新区优势产业和高成长性产业企业进行系统梳理研究，拓展产业未来发展的潜力和空间，培育新的增长点。突出“无中生有”，大力招引科学家和顶尖专家，形成“人才引培—技术突出—产业化”发展格局。

三是着力增强科技新动能。高标准建设两江协同创新区、礼嘉悦来智慧园、两江数字经济产业园三大科创平台，加快建设科技创新中心核心承载区。推进产学研用一体化，加快关键核心技术攻关，完善成果转化服务体系，推动创新成果转化和产业化。推进科技体制改革，强化科技人才服务，加大对领军人才、创新型企业家及学科前沿团队的引进力度，营造“近悦远来”创新生态。

四是激发改革开放新活力。深化国资国企、投融资、放管服、管理体制机制等改革，加强首创性、差异化改革探索，打造一流营商环境。一体谋划推进中新互联互通项目和自贸试验区建设，高水平打造两路果园港综保区、寸滩国际新城、江北嘴国际金融中心、悦来国际会展城等开放平台，做实上合组织国家多功能经贸平台和欧洲重庆中心，推动办好智博会、西洽会、中新金融峰会等重大会展活动。促进开放型经济高质量发展，壮大一般贸易规模，推动加工贸易提质升级，大力发展跨境电商、外贸综合服务等贸易新业态。

五是推动区域协同新发展。发挥对双城经济圈建设的联动作用，携手天府新区做强做实八大产业联盟，深化与成都高新区、成都经开区、广安、宜宾等区域合作。发挥对“一区”的引领作用，深化与“三北”地区的高质量一体化发展，加强与长寿、涪陵等招商引资联动、产业错位发展。发挥对“两群”的带动作用，加强与万州对口协同发展，建好用好数字经济产业园万州园等载体。

六是展现现代城市新形象。提升功能配套，全面加强教育、公共卫生、基本医疗、文化体育等领域的基本公共服务能力建设，提高公共服务均衡化、优质化水平。提升品质风貌，统筹生产、生活、生态空间布局，传承历史文脉，优化城市设计，深入开展环境综合整治，实现生态保护、绿色发展、民生改善相统一。提升治理水平，从严从实抓好疫情防控和安全生产，加强和创新社会治理，切实维护社会大局和谐稳定。

七是打造项目建设新引擎。加大招商引资力度，做深做透建链、补链、延链、强链文章，滚动跟进对接、签约落地一批大项目、好项目。加强项目策划储备，围绕“十四五”规划和专项规划实施，聚焦产业转型、科技创新、基础设施、民生保障、生态环保等领域，积极谋划推进一批具有重大项目。加快建设实施进度，推进项目前期工作，强力推进工程实施，形成更多实物工作量和可视化成果。

（执笔人：吴银龙）

高新技术产业开发区

重庆高新区管理委员会

一、2021 年发展回顾

2021 年是中国共产党成立 100 周年，是“十四五”规划开局之年，也是全面建设社会主义现代化国家新征程起步之年。重庆高新区坚持以习近平新时代中国特色社会主义思想为指导，抢抓举全市之力、集全市之智高起点高标准建设西部（重庆）科学城的发展机遇，聚焦科学主题“铸魂”，面向未来发展“筑城”，联动全域创新“赋能”，深入推进“项目建设年”，科学城建设迈出新步伐、见到新气象。2021 年西部（重庆）科学城核心区（重庆高新区直管园）实现地区生产总值 588.6 亿元、增长 12.9%，规上工业总产值 2746.6 亿元、增长 8.7%，规上工业增加值增长 15.3%，固定资产投资 380.0 亿元、增长 23.4%，社会消费品零售额 131.0 亿元、增长 22.3%，R&D 占比突破 5%。

（一）坚持以推进科技自立自强为“战略引领”，创新动能显著增强

汇聚创新平台。签约引进校地院地合作项目累计 34 个，中国自然人群生物资源库、北京大学重庆大数据研究院、种质创制大科学中心、重庆医科大学国际体外诊断研究院等 17 个项目投用，中科院重庆科学中心、重庆大学科学中心等 11 个项目加快建设，超瞬态实验装置完成设计招标、纳入国家“十四五”重大科技基础设施备选项目。金凤实验室一期完成主体楼宇建设，广州实验室重庆基地加快落地。引育创新主体。新增高成长性科技企业 7 家、高新技术企业 45 家、科技型企业 379 家。重庆英才计划入选 276 人、47 个团队，市级以上科技创新人才达 134 人次。新认定市级重点实验室 15 个、高端研发机构 5 个，获批全市首个国家制造业创新中心，市级以上研发平台增至 304 个。4 项科技成果获国家科学技术奖，72 项科技成果获重庆市科学技术奖。优化创新生态。实施人才、创新、产业、金融等四个“金凤凰”10 条政策，发布 2021 年“揭榜挂帅”项目榜单 10 项、金额约 6000 万元，6 个项目、5 项专利赋予所有权或长期使用权的合同金额超 5700 万元。市级以上孵化载体增至 16 个，在孵企业近 1000 家。入选“科创中国”首批试点城市，获批科技工作者之家、国家海外人才离岸创新创业基地。

（二）坚持以构建现代产业体系作为“发展根基”，产业基础不断夯实

聚力招大引强。新签约大唐高鸿车联网总部、国电投医用同位素研发及生产基地等项目 159 个、合同投资额超 1300 亿元。思拓凡西部科学城生物药高端制造基地等 145 个项目完成工商注册、落地率 91%，通用技术集团纳米时栅产业化等 132 个项目正式开工、开工率 83%，到位资金 326 亿元。培育产业集群。围绕新一代信息技术、生命健康、绿色低碳及智能制造、高技术服务四大主导产业，提档升级西永微电园、国家质

检基地、国家生物产业基地等存量园区，新开工平安大健康科技园等项目 70 个，投运 SK 海力士二期等项目 8 个。战略性新兴企业产值占全市比重增至约 25%。西永微电园获评中国集成电路高质量发展十大特色园区。提升产业能级。实施智能化改造项目 66 个，新增市级智能化工厂 2 个、数字化车间 7 个，入选市级工业互联网试点示范项目 14 个，推动英特尔 FPGA 云平台等项目投用见效，新增市级以上“专精特新”中小企业 20 家。成功申报并被授予重庆高新软件园、重庆信息技术应用创新产业基地、重庆数字化转型促进中心（区域型）。

（三）坚持以建设美好城市为“先导工程”，城市格局加快成型

谋划空间布局。加快编制分区规划、详细规划以及综合交通等 15 项 21 个专项规划，构建“一级三类”国土空间规划体系。腾挪城市发展空间，征收集体土地 1.56 万亩，拆除违建 150 万平方米。完善基础设施。科学大道核心区段 3 公里示范段建成，科学谷一期已建部分楼宇竣工、新建部分基础完工，科学会堂已开工建设，科学公园停车场完成工程量的 65%，金凤城市中心一期土石方工程完成 80%。27 号线等 5 条轨道交通、科学城隧道等 4 座穿山隧道和坪山大道等 91 条干线道路提速推进。优化公共服务。科学城南开小学校、科学城高桥学校、科学城育英永佳小学校、科学城实验一小西丰小学校、大学城人民小学（二期）5 所学校建成投用，新增学位 1 万个，第一实验中学校、八中科学城中学、重师附小 3 所“公参民”学校成功转型，北师大重庆附属学校等优质教育资源加快落地。重庆大学附属肿瘤医院科学城院区、市第四人民医院科学城院区等优质医疗项目有序推进，白市驿等镇卫生院、虎溪等社区卫生服务中心新迁建项目有序实施，家庭医生签约服务覆盖 9.68 万人。精细城市管理。深化“大城三管”，“马路办公”问题整改率 100%。推动含谷、虎溪老场镇搬迁改造和白市驿棚户区改造，实施步道项目 39 公里，投用中心城区首个动态公交项目、自动驾驶示范段项目。狠抓生态环保。全面推行河长制、林长制，打好蓝天、碧水、净土保卫战，梁滩河赖家桥市级考核断面水质均值达到地表水 IV 类标准，空气质量优良天数排名主城中心城区第 3。完成第二轮中央环保督察、市级交办问题年度整改任务 19 项。

（四）坚持以深化改革开放为“动力源泉”，发展环境日益优化

强化全域联动。挂牌西部（重庆）科学城党工委管委会和 5 个片区运行管理机构，联合举行科学城重点项目集中开工仪式，在智博会共同发布科学城场景清单，推动实施 13 个跨区域重点项目建设，“一核引领、五区联动”工作格局加快形成。优化营商环境。加快打造市场化、法治化、国际化营商环境，推出交地即领证、工业用地标准地出让等 25 项全国、全市领先的改革举措，发出全国首张“一码通行”营业执照，“一业一证”获全市营商环境十佳创新案例。深化开放合作。建成全国唯一快件铁路进出口项目、全市首个对外文化贸易跨境电商平台，获批国家外贸转型升级基地、国家加工贸易产业园，外贸进出口额增长 13.6%。主动融入成渝地区双城经济圈建设，与西部（成都）科学城签订共同助推西部科学城建设战略合作协议，编制形成《重庆高新区 成都高新区“双区联动”推动成渝地区双城经济圈建设行动方案（2022—2025）》，落地实施“川渝通办”210 项业务。谋划实施与黔江区对口协同发展 26 项重点任务，协同招商到位资金突破 1 亿元，联动推进“一区两群”协调发展。

二、发展中存在的问题

一是综合实力不强。由于西部（重庆）科学城建设尚处于起步阶段，经济总量不大，整体实力还不强，诸多优势尚未发挥，2021年在国家级高新区中综合排名仅列第31名，与先进地区相比还有一定差距。二是产业能级不高。产业结构不优，新一代信息技术产业“一家独大”，其他主导产业产值小，工业固投占比较小，规上工业增加值率较低。三是创新动能不足。国家重点实验室、国家工程研究中心、国家技术创新中心、国家科学数据中心等国家战略科技力量不足，新型研发机构、高新技术企业数量较少，独角兽企业、科创板上市企业尚无。四是城市品质不优。城市国际化水平不够，路网密度、轨道运营总里程较低，交通不够便捷，教育医疗、文体娱乐、商业商务等公共服务供给欠缺。

三、2022年发展思路

2022年，重庆高新区将以习近平新时代中国特色社会主义思想为指导，全面贯彻党的十九大和十九届历次全会精神，扎实落实中央经济工作会议和市委经济工作会议精神，深入贯彻习近平总书记对重庆提出的系列重要指示要求，认真落实市委、市政府部署安排，紧扣“五个科学”“五个科技”，以“项目攻坚年”为主题，着力做好“科”“产”“城”三篇文章，致广大而尽精微，加快把科学城建成科学之城、未来之城、品质之城，确保科学城建设出进度、出形象、出亮点，以优异成绩迎接党的二十大和市第六次党代会胜利召开。重点抓好以下经济相关工作。

（一）抓科技创新增强“引领性”

以100平方公里的成渝综合性科学中心（金凤）为牵引，高水平建设大学城、科研港、科学谷、生命岛、科创街“五大创新支撑”，加快集聚创新资源，着力激发创新活力，持续优化创新生态，提速推进超瞬态实验装置、中科院重庆科学中心、金凤实验室等大装置、大院所、大平台，加快建设具有全国影响力的科技创新中心。

（二）抓产业发展夯实“支撑力”

坚持以园区推进产业集聚发展，瞄准集成电路、汽车电子、生物药、核药、新能源及智能网联汽车、软件信息等“赛道”，按照“场地集约、项目集聚、产业集中”思路，推动同类企业向同一个特色园区或主题楼宇集聚。着力招大引强选优，加速建设平安大健康科技园、中国电信科学城数字产业基地、大唐高鸿车联网总部等产业项目，加快形成新一代信息技术、生命健康、绿色低碳及智能制造、高技术服务四大主导产业集群。

（三）抓城市建设提升“显示度”

坚持“先城后市”，高水平打造金凤城市中心，高质量提升大学城环境品质，高标准完善综合交通、教育医疗、绿色生态、文化休闲、商业商务、智能智慧“六大城市功能”，提速推进科学大道、科学公园、科学会堂、科学城隧道等城建项目，着力打造宜居宜业宜学宜游的现代化新城。

（四）抓改革开放激发“动力源”

统筹用好国家自创区、自贸区、综保区等多块“金字招牌”，聚焦科学家、创业者需求先行先试，新推出一批全国、全市领先的改革举措，深化体制改革“增动力”、优化营商环境“激活力”、强化开放合作“挖潜力”，让科学城成为制度创新的“试验田”、内陆开放的“新窗口”。

（执笔人：徐宇盟、方怡焕）

万盛经济技术开发区

重庆市万盛经济技术开发区管理委员会

一、2021 年发展回顾

2021 年，万盛经开区坚决贯彻落实中央和市委、市政府各项决策部署，坚持稳中求进工作总基调，立足新发展阶段、贯彻新发展理念、融入新发展格局、推动高质量发展，牢牢把握“主城都市区重要支点城市”总体定位，积极推动成渝地区双城经济圈建设和全市“一区两群”协调发展，提速推进綦万“三化”进程，扎实做好“六稳”“六保”工作，疫情防控成果持续巩固，经济发展保持良好态势，社会大局保持和谐稳定，如期打赢脱贫攻坚战、全面建成小康社会，“十四五”开局迈出了坚实的第一步。地区生产总值 235.4 亿元、增长 8.6%，增速列全市第 18 位、主城都市区第 12 位。一年来，重点抓了以下六项工作。

（一）全力以赴壮大工业经济

大力推动制造业高质量发展，电子制造业、摩托车制造业、消费品工业产值分别增长 72.2%、20.7%、18.7%，助推全区规上制造业实现产值 170 亿元、增长 22.7%。主导支柱产业累计实现产值 206 亿元、增长 18.8%，对工业增长贡献率达 120%，助推全区实现规上工业总产值 253 亿元、增长 15.5%。引导企业完成智能化改造项目 14 个，重点企业装备数控化率达 75% 以上，助推工业技改投资完成 26 亿元、增长 106.2%，技改投资占工业投资比重列全市第 1 位。数字经济产值达 20 亿元、增长 48%，战略性新兴产业产值达 86 亿元、增长 44%。新增减免企业税费超 3.5 亿元、降低企业电气成本 4000 万元，普惠型小微企业贷款余额 15.2 亿元、增长 30.6%。

（二）千方百计扩大有效需求

全年重点项目投资 61 亿元、增长 16.8%。其中，市级重大项目投资额增长 136.5%、创历史新高。全年实施工业重点项目 24 个，完成投资 41 亿元、增长 57%，增速排名主城都市区第 1 位，两年平均增长 39.1%。全区接待游客、旅游综合收入分别达 2650 万人次、214 亿元，分别增长 6.9%、15.5%。推出万盛首档文旅微综艺，获评 2021 年度中国旅游影响力营销案例。大力发展群众体育，黑山谷旅游度假区获评全市唯一的“国家体育旅游示范基地”；体育发展中心喜获“全国体育系统先进集体”“2017~2020 年全国群众体育先进单位”表彰，受到习近平总书记亲切接见；凉风村被评为“2017~2020 年全国群众体育先进单位”。培育消费新业态，国能奥特莱斯获评国家级“绿色商场”，网络零售额增长 16.6%。大力发展金融服务业，保险业保费收入、证券业交易额分别增长 33%、22%，万盛被确定为全市绿色金融发展重点地区。

（三）深化城乡融合发展

签订城市棚改协议 1003 户、14 万平方米，新增租赁住房 845 套、15 万平方米，建成城市污水管网131公里，塔山农贸市场等一批民生设施建成投用，累计建成城市公园46个、235万平方米，人均公园绿地面积14.5平方米、居全市前列；顺利通过国家卫生区复审。统筹实施乡村振兴项目60个，消费帮扶完成计划任务的113.5%，脱贫户年人均纯收入15415元，年均增幅21%。农产品加工业规上企业总产值达23亿元、增长16%，创近10年最好水平。建成农村公路30公里，丛黑公路获评“第二届全国美丽乡村路”。城乡生活污水集中处理率分别达99%、94%，孝子河温塘等3个考核断面均为Ⅱ类水质。空气质量优良天数达335天，居主城都市区第2位。

（四）切实抓好改革创新

纵深推进国资国企改革，形成“3 + 3”区属国有重点企业架构，全面完成国企公司制改革，出台《万盛经开区企业国有资产监督管理办法》等规章制度40余个。深入推进农村改革，全区实施农村“三变”改革的行政村达20%，60%的村集体经济年经营性收入达到10万元以上。突出企业创新主体地位，规上企业研发投入增长20%，高新技术企业、市级科技型企业分别达44家、315家，增长26%、19%，高新技术企业产值占工业总产值比重超40%，新增市级研发平台3个。加强知识产权保护，知识产权质押融资实现零突破、融资额居全市前列，万户市场主体商标拥有量达到1530件。

（五）提升对外开放水平

主动参与成渝地区双城经济圈建设，与成都市青白江区等签订合作协议10项；全面落实“一区两群”对口协同发展，与开州区签定《2022—2026年对口协同发展框架协议》，助其销售农特产品1000余万元，双向输送旅客2万余人次。渝黔复线高速全面建成通车；关赶铁路实现复工并完成总工程量的70%；江南机场已规划定位为支线运输机场，并纳入全市运输机场布局。成功引进全球最大的耐火材料制造商奥镁集团、全球铝镁合金结构件龙头企业南京云海金属、世界500强制造业企业西卡德高集团等行业重点企业，累计签约重大项目70个、协议总投资202亿元，累计签约重大项目70个、协议总投资202亿元。帮助20余户企业申报优惠政策资金3856万元，争取重庆绿色金融贷款项目9个，提供融资需求42.7亿元。全年完成招商引资到位资金60亿元，增长25%。新登记各类市场主体5500户、增长24%，增速居主城都市区前列。

（六）提升人民生活品质

社会事业蓬勃发展，学前教育普惠率达87%，高中教育质量连续7年稳步提升，职教中心成功申报市级“双优”建设单位；人民医院创“三甲”深入推进，国家基本公共卫生服务项目全部达标，基层医疗机构远程诊疗覆盖率达100%，成功创建全国健康促进区、全国无障碍环境达标区。群众精神文化生活不断丰富，金桥镇获评2021~2023年度“中国民间文化艺术之乡”，堡堂村、图书馆等13个单位创建为全国文明村镇（单位）。民生保障更加有力，城乡养老、医疗保险参保率稳定在95%以上，困难群体养老保险参保率达99.9%；养老服务机构与基层医疗机构实现签约服务全覆盖；成功创建全国县级示范型服务中心1个、乡级全国示范型服务站10个。风险防范精准有效，万盛货运安全监管模式获市长肯定批示并在全市推广，全区连续6年未发生较大及以上生产安全事故，连续6年获评全市“安全生产先进区县”。群众安全感指数持续保持全市前列。

二、2022年工作思路

2022年，是实施“十四五”规划承上启下的关键一年，也是党的二十大召开之年。我们将坚持以习近平新时代中国特色社会主义思想为指导，全面贯彻落实党的十九大和十九届历次全会精神，弘扬伟大建党精神，完整、准确、全面贯彻新发展理念，加快构建新发展格局，切实担当新发展使命，确保地区生产总值增长6.5%以上。

（一）全力确保经济运行在合理区间

狠抓项目扩投资，大力推动118个政府投资项目、80个重点项目投资放量，确保完成投资100亿元。争取更多项目纳入国家、全市发展的“大盘子”，确保争上到位资金增长15%。持续提升消费活力，确保住餐增加值增长6.5%以上、批零增加值增长6%以上。发展消费新业态新模式，确保全区网络交易额增长15%以上。大力发展农村电商，确保农产品网络零售额增长16%以上。优化民营经济发展环境，确保新登记各类市场主体3500户以上、增长15%。鼓励企业开拓资本市场，全力推动多普泰、昱华科技等企业上市。

（二）全力抢抓国家和全市战略红利

深度融入成渝地区双城经济圈建设，深入推进与四川省成都市、泸州市、都江堰市等交流合作事项开花结果；力争成功创建中国（重庆）自贸区万盛联动创新区；加强渝黔合作先行示范区建设，全力推进黔煤入渝，协力推动旅游、交通、劳务等合作事项落实。积极助推全市“一区两群”协调发展，推动万盛—开州对口协同发展走深走实，共推旅游线路2条以上，帮助开州销售农特产品等1000万元以上。全力推进綦江—万盛“三化”发展，完善永桐新城控规修编工作，有序实施南桐区域2022年重点项目；启动重庆（万盛）内陆无水港首开区建设，加快建设綦万创新经济走廊。

（三）全力建设渝南黔北高质量发展重要增长极

持续推动制造业高质量发展，实施工业重点项目30个，完成工业投资55亿元以上，力争新增规上企业10户以上，确保规上工业总产值增长10%以上。提速推进平台建设，优化平山组团、关坝组团空间，有序推进鱼田堡组团、青年组团建设，为工业发展留出最大空间；加快工业互联网创新中心建设，建成重庆精细化工研究院、人力资源服务中心等特色“产学研”和服务机构，力争园区科技型企业占制造企业的比重达60%以上。不断优化企业服务，完成重庆电厂迁建项目500千伏送出工程，推动建设30万吨级储煤基地，持续开展服务企业专项行动，帮助企业解决用工、融资、市场开拓等问题。

（四）全力打造世界知名旅游目的地

坚持国家文化产业和旅游产业融合发展示范区、全国体育旅游示范区、国家级旅游度假区的发展定位，聚焦“提名气、聚人气、增商气”，擦亮全域旅游金字招牌，确保接待游客、旅游总收入均增长5.6%以上，文旅产业占GDP的比重达到8.2%，奋力开启文化旅游“第三次创业”新征程。进一步丰富产品形态，提速黑山·万盛之眼、鱼子康养颐养小镇等重大项目进程，确保完成投资15亿元、增长8%。加强品牌化建设，力争建成黑山国家级旅游度假区，北门村、绿水村创建为全国乡村旅游重点村，凉风村创建为中国美丽休闲乡村。

（五）全力建设成渝地区高品质生活区

打响“活力万盛”品牌，争取国家冰轮亚高原赛训基地落户万盛，切实加强体育招商引资，确保体育产业占 GDP 的比重达到 3.8% 以上。推进城市有机更新，完成红枫小区等 4 个老旧小区改造，启动松林路片区、支路片区 2 个老旧小区改造，推进小坡脚农贸市场等市政设施建设，完成道路平整 3 万平方米以上。加强城市管理，创建和巩固扬尘控制示范工地、道路，争创市级生态园林城市；纵深推进生活垃圾分类，新建 150 个垃圾分类收集点。持续改善生态环境，统筹制定碳达峰碳中和“1+2+5”方案体系，有序推进重点行业降碳行动，确保“十四五”期间全区能耗强度下降 16%；大力推进水环境综合治理 PPP 项目，完成“无废城市”建设。

（六）全力推进农业农村现代化

提质增效现代农业，守好粮食安全底线，确保粮食产量稳定在 5 万吨以上、蔬菜产量稳定在 14 万吨以上、生猪存栏在 6 万头以上；启动实施 1.5 万亩高标准农田和 3500 亩高效节水灌溉建设；建成投用渝黔边城农产品交易中心，新增规上农业企业 2 家，确保实现农产品加工业规上企业总产值 25 亿元、增长 10%。加快建设美丽乡村，确保农房安全隐患整治率达到 90%；新改建普通省道及农村公路 65 公里以上，力争成功创建“全国城乡道路客运一体化示范县”，新建 5G 基站 165 个，建成投用刘家河水库。扩面深化“三变”改革，确保年经营性收入超过 10 万元的村比例提升至 70%。

（七）全力增强发展动力势能

加强高校毕业生、农民工、退役军人、煤矿再就业人员等重点群体就业工作；切实提升企业职工的技能水平和适岗能力，完成职业技能培训 3000 人次。持续优化调整学校网点布局，全力推进砚石台小学迁 104 中学、104 中学迁进盛中学等工程；提速人民医院创“三甲”和中医院创“二甲”进程；实施宋代石刻文物预防性保护等一批文化修复（修缮）项目，创建博物馆为 3A 级景区。建成投用关坝镇等 3 个镇级养老服务中心及 24 个村级互助点，基本实现农村养老服务设施全覆盖；建成投用残疾人康复中心；全面完成农村公益性公墓布点工作，启动建设凤凰山陵园、万盛殡仪馆。

（八）全力营造良好发展环境

提升公共安全水平，深化安全生产专项整治三年行动，常态化落实“十条措施”，坚决防范遏制较大及以上生产安全事故。全面推行“两单两卡”制度，压紧压实企业主体责任和一线岗位人员工作责任。防范化解重大风险，常态化抓好疫情防控，严格落实“外防输入、内防反弹”要求，抓好大规模核酸检测物资储备和应急演练，全面落实疫苗接种应接尽接全覆盖；坚决遏制隐性债务增量，积极稳妥化解存量债务；完善房地产市场平稳健康发展长效机制，妥善化解问题楼盘信访积案等各类矛盾。加强和创新社会治理，大力推广“五社联动”“三事分流”等基层治理模式，深化拓展新时代“枫桥经验”，常态化开展扫黑除恶斗争，坚决打赢全民反诈硬仗，严打黄赌毒、盗抢骗等违法犯罪，确保群众安全感指数居全市前列。

（执笔人：丁川）

重庆经济技术开发区

重庆经济技术开发区管理委员会

一、2021年发展回顾

2021年，面对严峻复杂国际形势和多点散发新冠肺炎疫情，重庆经开区扎实开展党史学习教育，认真贯彻落实市委五届十次、十一次全会和区委十二届十次全会精神，抢抓高铁重庆东站、广阳湾智创生态城建设等重大战略机遇，狠抓各项工作落地落实，高质量完成全年目标任务。

全年地区主要经济指标保持平稳较快增长，其中，地区生产总值460.5亿元，同比增长8.3%；规上工业、建筑业、服务业增加值同比分别增长8.2%、1.5%及12.7%；固定资产投资完成272.8亿元，同比增长10.7%；一般公共预算收入13.1亿元，区级税收收入12.5亿元；实际利用外资14.9亿美元，同比增长36.6%；进出口总额实现83.2亿元，同比增长12.9%。

主要抓好了以下六个方面的工作。

（一）产业发展提质增效

工业质量效益稳步提升，龙头企业发挥支撑引领作用，维沃通信、美的制冷、美的通用、南岸卷烟厂、隆鑫机车5家企业预计全年实现产值540亿元，同比增长11.8%；移动终端产业持续发力，手机出货量预计全年达2400万部；战略性新兴制造企业产值同比增长16%，高技术制造企业产值同比增长14%，高新技术企业产值同比增长17%；神箭汽车等企业申报认定数字化车间5个，美的制冷等10家企业纳入绿色智能工厂培育名单。建筑业加快发展，预计总产值完成122亿元，同比增长15%，新增建筑施工企业70家，新升规入统博固建筑、华民建设等5家企业。引进中国建筑设计研究院重庆分公司、中国市政工程华北设计研究总院重庆生态市政分公司等优质设计企业落户，进一步补齐辖区勘察设计产业短板。房地产销售面积113万平方米，投资金额完成70亿元，金科博翠园项目成功创建“生态文明小区”。现代服务业实力增强，重庆软件园提速建设，新注册软件相关企业超120家，人才服务平台、游戏出版服务平台等启动运营，举办大型产业活动15场，品牌曝光超150万人次。重庆数字文创产业园实现开园，集聚游戏电竞、文创设计等企业80家。重庆九州通医药有限公司入围国家级服务业标准化试点。前三季度经开区服务业发展势头强劲，增加值增速达16.9%，排名全市第1。

（二）科创水平不断提升

创新主体加快培育，持续实施科技企业成长工程，经开区直管区新增科技型企业100家、累计达到417家，新增高新技术企业13家、累计达到132家，新增2家市级孵化器、累计达到22家。创新平台加快建设，大力推进科技研发平台建设，经开区直管区新增市级及以上研发平台6个。长江模拟器科学装置签约落地，重庆市碳捕集与利用技术创新中心、荒漠生态修复与土地利用工程研究中心获批建设，绿色技术创新中心、绿色工程研究中心加快创建。加快国家智能产业密码应用示范与科技创新基地建设，成功申报重庆市首批网络安全人才培训基地，组织建设川渝区域性密码应用与创新示范项目 29 个，申报专项资金 1.5 亿元。创新生态加快优化，出台《支持绿色创新若干财政金融政策》，惠及创新扶持企业 42 家。联合力合科创打造创新合伙人成果转化平台，聚集高校、院所科研成果 192 项，促成重大、重邮等高校科技成果转化 16 项。整合京东智联云、物联地带·渝等专业孵化机构，共同建设环重邮创新生态圈，中国人民大学商学院西部分院、重庆工商大学广阳湾校区签约落地，推动与工信部及其部属 7 所高校开展合作。联合在区高校组建“南山智库”，将重庆交通大学等高校 43 名国家级人才纳入首批智库专家。

（三）开发建设加快推进

突出生态示范，初步构建绿色技术指标体系，绘制分区分级管控图，制定管控办法。上线全国首个生态价值实现平台“碳惠通”，开展区域性资源环境交易。完善环保基础设施，建成东港污水处理厂提升泵站扩能工程。完成全域市政道路、工业企业、场镇、小区等雨污管网精细化普查。加快项目建设，实施重点项目 56 个，完成投资 125 亿元。迎龙小院城市展厅、重庆邮电大学“三院”等项目建成投用，生态文明干部学院、峡口镇城市更新等项目有序推进，茶园大道、广阳大道、开迎路等道路项目启动建设，广阳岛对社会大众预约开放。打造“蛛网式”智慧绿色公交，新增公交线路 7 条、站点 28 个，建成停车场 5 个，新增停车位 803 个。成功发布绿色项目机会清单 100 项、投资额超 1000 亿元，吸引社会资本积极参与。统筹资金保障，累计融资授信超过 390.8 亿元、融资到账 169 亿元。通过股权合作、联营代建等方式加强土地运作，累计摘牌土地 1962 亩，有序推进开发利用。全力征地拆迁，实施征地征收项目 31 个，实现交地 3138 亩，轨道 24 号线 92.8 亩、东站配套道路迎龙段 204.59 亩逐步完善交地手续，有效保障广阳岛生态修复带、轨道 24 号线等重点项目建设用地。

（四）对外开放持续深化

合作共建持续深化，成功入选第一批中国（重庆）自由贸易试验区联动创新区建设名单，加快建设中新（重庆）战略性互联互通示范项目国际合作示范区，与西藏昌都新区签订战略合作框架协议，共同推进项目合作。外资外贸成效显著，发挥跨境创新服务中心等平台作用，充分利用庆盛、谊品、厚泽等项目优势，推动实际利用外资达 6.47 亿美元。重庆际艾二号企业管理合伙企业（有限合伙）顺利落户，新增食京采等外贸企业 40 家。招商质量有力提升，全年累计签约项目 41 个，签约金额 563 亿元，中国能源建设集团重庆总部、拓维信息全国物联网总部、谊品全国采购中心、京东“药京采”、字节跳动幸福里西部运营中心、远达环保总部基地、顺丰新型智慧医药供应链基地等项目顺利落户。与市商务委、市中新项目管理局、市招商投资促进局等加强沟通，形成招商联动格局。

（五）安全稳定形势良好

严把防疫关口，完善常态化疫情防控措施，严防严查中高风险地区来区人员，深入走访排查辖区企业 390 余家，梳理排查企业员工 4 万余人次，组织辖区企业员工完成疫苗接种 4.7 万剂次。严抓安全监管，聚焦危化品、建设施工、消防安全等重点领域、重点行业，持续开展大排查大整治大执法行动，累计清理园区 73 个，排查企业

1104家，检查建筑工地300余个次，针对问题迅速组织分类整治，边查边改、不留隐患。严控信访维稳，按照“保交楼、保民生、保稳定”原则，加大房地产领域风险研判和应急处置力度，严防风险渗透。注重风险化解，及时协调解决伤亡事故、劳资纠纷等涉企安全、应急突发事件30余件，确保社会稳定。严格债务管控，坚决遏止隐性债务增量，稳步化解存量债务，加大专项债券项目储备申报工作力度，为“稳投资”提供支撑。

（六）自身建设不断加强

切实加强党的领导，深入开展党史学习教育，引导党员干部切实增强“四个意识”、坚定“四个自信”、做到“两个维护”，扎实开展“我为群众办实事”实践活动，圆满完成经开区机关党委、非公党委换届工作。做好党风廉政建设，严格落实党风廉政建设“两个责任”，深入开展廉政学习教育，强化底线思维和红线意识，加强重点领域、关键环节、重要岗位监管。梳理廉政风险点600余条，严格落实防控措施，筑牢拒腐防变的思想、制度、程序防线。深入贯彻落实中央“八项规定”精神，持之以恒反对和纠正“四风”，坚决防止不良风气反弹回潮。夯实统战群团工作，完成总工会换届及团工委、妇工委改选，保障经开区群团组织工作有序开展。充分发挥基层统战和群团组织作用，用好载体阵地资源，积极支持开展特色活动。圆满完成机构改革，坚持精简、统一、效能原则，内设机构从6个调整设置为7个，直属事业单位由6个调整设置为4个，优化职能部门配置，更加聚焦主责主业。仅用一个月时间，实现新机构挂牌、新印章行文，人员划转全部到位，资产及档案有序移交。

二、发展中存在的问题

与此同时，发展中仍存在一些突出问题和短板。当前重庆经开区科技支撑能力较弱，创新驱动支撑能力不足，产业结构有待进一步优化，产城融合发展还有所欠缺，招商引资的项目落地率和资金到位率有待提高。

三、2022年发展思路

2022年，重庆经开区经济社会发展的主要目标是：地区生产总值增速8.5%左右；规上工业增加值、建筑业增加值、服务业增加值增速分别达到9%左右、9.8%左右、12.5%左右；一般公共预算收入增长10%，区级税收收入增长12%；固定资产投资增长10%；实际利用外资13亿美元；外贸进出口总额85亿元。

重点抓好以下六方面工作。

（一）强化科技创新支撑作用

坚持创新核心地位，发挥科技优势，提高创新策源能力，使创新真正成为引领高质量发展的第一动力。加快创新平台建设，全力推进环重邮创新生态圈建设，大力推动长江模拟器、广阳岛野外科学观测站等重大环保项目建设。加快建设重庆工商大学广阳湾校区，推动国内外知名高校来重庆经开区设立分校或研发机构。发挥创新主体作用，支持领军企业联合行业上下游、产学研力量组建创新联合体。联合工信部直属7所高校和中国能建、中电投远达环保、三峡集团、中建科等头部央企共建广阳湾绿色低碳科创中心。推动国家电投集团远达环保公司创建重庆市碳捕集与利用技术创新中心。积极组织沃诗金生态科技、美的通用、攸亮科技等企业申报绿色工程研究中心。联合重庆交通大学、华大基因、清华大学科技团队，创建“沙漠土壤化”技术创新中心。激发人才创新活力，积极推行科技项目“揭榜挂帅”等举措，完善奖励激励制度。实施“高精尖缺”重点人才引进工程，大力支持在区高校优化学科设置，加大高校毕业生本地引留工作力度。用好重庆英才大会等人才平台，引进一批高水平人才，加快高端人才集聚，做大做强“南山智库”。健全人才双向流动机制，探索“双聘制”，鼓励科研人员在职离岗创业。

（二）加快产业发展转型升级

坚持把发展经济着力点放在实体经济上，建好产业“链”、建强产业“群”、建设产业“带”，加快推动产业迈向价值链中高端。持续发展先进制造业，加快维沃重庆研发中心、莱福智慧医疗产业园等重点产业项目建设。鼓励树根、飞象等平台加快与辖区实体经济深度融合，推动更多制造业企业上云上平台。支持迪马、神箭、长江轴承等企业引进战略合作伙伴，打造适配国内需求，具有国际合作与竞争新优势的产业生态体系。围绕维沃加速构建智能通信终端全产业链，全力推动美的制冷、美的通用扩能增产，实现三年倍增。加强与台达电子战略合作，着力引进台达电子上下游企业入驻经开区。繁荣发展现代服务业，抢抓服务业扩大开放综合试点机遇，加快服务业结构调整，推动传统商贸服务业转型升级，大力发展软件信息、数字文创、密码应用等生产性服务业，推动韵达重庆产业园等项目签约落地，加快华律网、博络科技等已签约项目落地投运。推进中移物联网“五个一流”工程正式投用，推动软件公共服务平台落地投运，集聚一批软件信息服务业企业，不断培育现代服务业新增长点。推动朝天门商贸城转型打造迎龙科创港，聚集科创孵化、数字文旅、检验检测认证、配套商业商务等业态，打造全市重要的“高密度、高产出、高能级”科技创新战略平台，盘活存量载体，高标准开展剩余土地开发利用。创新发展绿色产业，大力推进长江绿色创新产业园建设，广泛集聚节能环保、清洁能源、生态环境等领域龙头企业。有序推进碳排放达峰行动，坚决遏制“两高”项目盲目发展，实施重点行业领域减污降碳行动，提升产业园区循环化水平。探索应用绿色技术创新指标体系，支持一批绿色技术创新攻关，推动重庆交通大学“沙漠土壤化”等绿色技术创新成果走向世界。大力推动生态产品价值实现，探索开展生态系统生产总值核实，高水平组建区域性资源环境交易平台。积极创建“中国天然氧吧”，打造集生态、旅游、康养等产业于一体的“金”字招牌，助力长江经济带绿色发展示范。

（三）大力推进生态城建设

坚持“生态优先、绿色发展”，突出项目为本、资金为要，加快实施一批引领性、带动性、示范性项目，推动广阳湾智创生态城建设加快形成可视化成果。加快项目建设进度，着力推进重点项目建设，计划安排台达电子西部生产基地等重点项目98个，年度计划投资223亿元。明确目标任务，严格落实责任领导、责任单位、进度安排，按照实现“两年大变样”要求，以3月为重要节点，确保茶园大道生态修复、开迎路景观提升等7个项目基本完成，长江绿色创新产业园提档升级、峡口镇城市更新、广阳大道建设等7个项目初见成效，重庆工商大学广阳湾校区、广联达项目、柏林立交等9个项目开工建设。加强项目建设保障，对建设资金筹措逐一研究，保障财政资金、政策性银行融资、商业银行授信等各种渠道，引导社会资本参与已摘牌土地开发、总部基地建设，确保资金池与项目池有效匹配。提前谋划项目建设用地，加快推动征地拆迁、水电气讯管网迁改等工作。完善基础设施配套，实施排水管网精细化勘查和雨污分流改造，完成茶园污水处理厂三期扩建工程。持续推进智能化环境监管体系建设，启动重庆经开区智慧环保项目二期建设，从碳排放、管网可视化等方面实现经开区环保管理数字化、智慧化。明确24号线一期工程建设用地交付事项，全力推进6号线东延伸段征地拆迁。全力保障通江立交项目按计划完工通车，全力推进茶惠大道、东站骨架道路等重点项目。

（四）推行更高水平对外开放

聚焦“以国内大循环为主体、国内国际双循环相互促进”新发展格局，发展更高层次开放型经济，提升对外开放合作与竞争新优势。扩大对外开放合作，主动融入“一带一路”、长江经济带和西部陆海新通道建设等重大国家战略，做深做实与成都经开区、广安经开区、昌都新区等合作共建，围绕信息、金融、运输、人才等重点领域，抓好国家级平台和企业的引进培育。积极促进与空港、果园港、南彭B型保税物流基地协调联动，主动融入全市对外开放大格局。依托自贸试验区、中新互联互通项目、两江海关等对外开放平台，发挥中新国际互联网数据专用通道智谷节点作用，高效运作京东云等开放载体，推动更高水平开放。提升外资外贸水平，加大外资引进力度，挖掘已落户外资企业增资扩股潜力，推进厚泽小贷、际艾等企业境外借款、发债，努力寻找外资增长点。支持重庆经开区跨境创新服务中心运营以及外资金融业务创新，吸引外资落户。促进庆盛、谊品等外商投资企业增资，加强与中新管理局等相关部门、商会、协会沟通联系，推动企业到“一带一路”国家通过发行外债或借款的方式拓展外资引进渠道。持续对接美国高盛投资等世界500强企业，推动维沃等企业扩大对外贸易。依托京东跨境电商园、渝贸通等企业，助力存量外贸企业拓展市场渠道。提升招商引资质量，立足区域内优势资源和产业板块，积极联系对接，着力引进高附加值型、高收益型企业，壮大一批优势企业，打造一批产业集群，培育一批名牌产品。加速推动中国能源建设集团重庆总部、远达环保总部基地、洛可可国家级数字智能工业设计服务平台、芯讯通全国总部基地等新签约项目尽快投产运营。推动与蓝海智能、斑马智行尽快签订战略合作协议。持续推进中新合作，推动新加坡吉宝集团项目、新加坡能源集团项目取得实质性进展。

（五）全力维护安全稳定发展

清醒认识维护安全稳定的重要性，着力下好先手棋、打好主动仗，从严从细抓好维护安全稳定各项措施落实，坚持经济社会发展和疫情防控“两手抓”“两手硬”。持续做好常态化防疫，时刻紧绷疫情防控这根弦，坚持“外防输入、内防反弹”，完善常态化防控机制。严密排查核实风险区流动人员信息，进一步落实“四早”要求，建立监测预警多点触发机制，加强重点场所、重点人群的监测，及早发现、及早处置。做好应急处置准备，加强物资保障，安全有序高效持续推进疫苗接种，加快构建群体免疫屏障。持续加强安全生产监管，切实担负起“促一方发展、保一方平安”的政治责任，严格落实安全生产“党政同责、一岗双责”制度，切实夯实企业主体责任。加强工贸行业、建筑工地等重点领域监管，常态化开展安全生产排查，强化安全隐患治理，坚决遏制较大以上安全生产事故发生。持续强化信访安全稳定，紧盯征地征收、工程建设、城市管理等重点领域，积极化解重点群体、重点人员矛盾纠纷，妥善解决群众合理诉求，营造安定祥和的发展环境。努力防范化解政府债务风险，严控隐性债务增量，有序化解债务存量，确保债务风险可控。全力做好水电气讯保供工作，提前做好防汛抗旱准备，着力提升应急处置能力，确保企业、群众生命财产安全。

（六）从严从实加强自身建设

瞄准党建工作定位，强化作风建设，推进党建与业务工作深度融合，打造高素质人才队伍，为重庆经开区发展提供强有力保障。深度推进党建工作，以党的政治建设为统领，树牢“四个意识”，坚定“四个自信”，做到“两个维护”。压紧压实主体责任，领导班子成员和基层党组织书记严格执行“一岗双责”，坚持全面从严治党工作与业务工作同谋划、同部署、同落实、同检查，确保管党治党各项工作落到实处。组织开展好党史学习教育，引导广大党员干部把学习教育成效转化为谋发展、办实事、开新局的实际举措和工作实效。加强党对群团工作的领导，坚持党建带群建，充分发挥群团组织作用，广泛凝聚干部群众干事创业热情。抓实党风廉政建设，严格落实党风廉政建设“两个责任”和“一岗双责”，结合党史学习教育活动深入推进廉政教育，进一步加强对政府投资项目、征地征收、政府采购等重点领域的监督，有效运用监督执纪“四种形态”防范廉政风险。认真贯彻落实中央八项规定精神和市委实施意见，坚持不懈整治“四风”突出问题，加强对作风效能、“三公”经费管理、公务用车等执行情况的监督检查。持续加强作风建设，大力推进学习型、效能型、节约型机关建设，围绕发展大局、中心工作和核心业务加强学习研究，有效提升行政能力和管理水平。优化内部决策、运行、联动机制，精简内控流程，增进配合协作，切实提高机关行政效能。将依法行政贯穿于经济工作各领域，不断创新服务模式、提高服务水平，着力建设法治型、服务型机关。切实转变工作作风，强化干部队伍抓落实的使命担当，锻造高素质、专业化人才队伍，全面提升工作执行力。健全考核机制和激励机制，常态化开展效能监督，强化执行督查，重视督查结果运用，确保各项工作扎实推进、落地见效。

（执笔人：陈婉婷）

万州经济技术开发区

重庆市万州经济技术开发区管理委员会

一、2021 年发展回顾

2021 年，万州经开区深入落实“工业强区”发展战略，大力发展智能循环型工业，推动工业发展量的合理增长和质的稳步提升，实现了“十四五”良好开局。全年完成规上工业产值 301.4 亿元、同比增长 14.8% 以上。完成固定资产投资 59.8 亿元、同比增长 94.4%；其中工业投资 51.4 亿元、同比增长 116%，增速全市第 1，实现翻番。实现一般公共预算收入 15.6 亿元、同比增长 15%，其中，税收收入完成 11.2 亿元、同比增长 3%。完成进出口总额 35 亿元、同比增长 7.7%。

（一）以转型升级为重点，产业发展势头良好

1. 招商引资马不停蹄

紧扣产业政策导向，大力引进高新技术企业，招商方向更加明确，全年新引进项目 34 个。紧盯产业细分领域，大力发展粮油加工、化学原料药、医药中间体等食品医药产业，招商思路更加明晰，签约中储粮粮食仓储物流等产业节点项目。紧跟龙头企业，围绕绿色照明、新材料等重点产业，大力发展教育照明、光伏照明和铜深加工等上下游产业，产业链条更加完整，引进菲达旭智能灯具研发生产、江门晶英光伏组件、金龙电工高端装备线缆等产业链项目 9 个。

2. 产业项目快马加鞭

成立招商项目落地建设服务办，围绕签约项目落地、建设、投产全流程，强化前期介入指导，突出后期跟进服务，进一步减环节、减流程、减时限，推动项目快建设、快达产、快见效。德馨泰扬声器研发中心等 22 个项目开工，特铝新材料等 24 个项目竣工。全年完成到位资金 45 亿元，超额完成 50% 以上。

3. 平台打造蹄疾步稳

万州综合保税区当年获批、当年竣工，封关在即，签约入驻英国闪亮等企业 3 家、吸纳投资 8.2 亿元，全力打造万州对外开放“桥头堡”、外向型经济“新引擎”。渝东表面处理中心即将建成，将为万州及周边地区汽车、电子、照明等行业提供电镀技术支撑，打造全区招商引资和产业发展关键平台。立足绿色照明、食品医药等产业发展需求，整合配置优质资源，建成照明电气产业园、食品产业园等园区，加快推进新田临港产业园建设，签约入驻广东中科无抗等企业 3 家，协议总投资 23 亿元，园区多点支撑、集群发展格局初步显现。

（二）以产城融合为蓝图，开发建设持续加力

1. 发展空间拓容增效

落实“土地要素跟着项目走”，积极适应征地政策调整，持续开展重点项目清障行动，完成土地征转报批 2018 亩、征地拆迁 4565 亩、土地供应 46 宗 4951 亩，有效保障了重点项目的顺利推进。扎实开展“土地高效利用行动”，全面清理处置已签约未供地、已供地未建设、已建成未

利用项目，协议收回土地680亩、督促开工421亩，低效闲置土地清理处置率达79%，土地节约集约利用水平不断提高。

2.规划布局谋细求精

统筹空间、规模、产业三大结构，契合全区国土空间总体规划，完成天子园、高峰园、新田园空间拓展与用地布局优化研究，完成九龙化工园区总体规划、高峰园和天子园夜景照明详细规划，开展绿色循环产业园、新材料产业园等拓展片区控规编制工作。落实城市提升行动整体要求，完成高峰园公共租赁住房、白岩寨公园景观提升等41个项目设计工作，产城融合发展新格局逐步显现。

3.项目建设升档提速

实施建设项目85个，完成投资16.7亿元。其中，19个“一区一枢纽两中心”重点项目完成投资11.5亿元，实现开工率100%、计划投资完成率105%。竣工照明电气产业园、食品产业园等标准厂房31.2万平方米，加快入园企业投产进程。竣工回龙路、纵二路、学堂湾等道路工程12.6公里，交通网络进一步内畅外联，产业承载能力持续提升。

（三）以科技创新为引擎，企业活力有效激发

1.培育主体增长潜力

落实国家、市、区惠企扶企政策，制定工业发展专项资金实施方案。完善政银企合作对接机制，协调8家银行为25家企业解决融资贷款2.6亿元。规上工业企业研发经费支出占主营业务收入达到1.9%，年度申请发明专利28个，获得新产品认定3个、重大新产品2个。新增高新技术企业12家、科技型企业17家，新增数量为历年之最。

2.智造升级增添动力

长安跨越、索特盐化等26家企业实施技改扩能项目34个，累计完成投资6.17亿元。全年新建成智能工厂2个、数字化车间2个，率先在渝东北地区成功创建国家级绿色工厂2个。施耐德获批重庆市首批智能制造标杆企业。湘渝盐化煤气化节能改造项目投资15.4亿元，系渝东北近年来投入最大的技改项目，达产后将助推企业原料利用率提高到95%、产量提高25%，年节约标煤3.5万吨、降低成本1.9亿元。

3.协同创新彰显合力

在两江新区设立万州企业研发中心、在万州建立两江新区先进制造配套产业万州园，共建万州绿色智造赋能中心，促成两地企业深度合作，形成研发在主城、制造在库区的服务企业新格局。与江宁经开区合资共建渝东表面处理中心环保产业园并加快推进建设。积极推动校企合作，聚焦产教融合、人才培养、技术转移等方面，引导金龙铜管集团、长安跨越等8家重点企业与中科院、香港理工大学、重庆大学等11所高校建立战略合作关系，建立博士后工作站2个。

（四）以绿色发展为前提，安全环境不断巩固

1.生态环境持续改善

坚持生态优先、绿色发展，始终把生态环境保护作为经济发展的前提。完成新田园污水处理厂、新田河综合治理、园区雨污管网排查整治等环保项目，加快补齐生态环境基础设施短板，不断筑牢生态安全屏障。园区工业污水处理达标率、工业固体废物综合利用处置率均达到100%。单位工业增加值二氧化硫和氮氧化物排放量明显下降，空气质量优良天数保持在330天以上。完成第二轮中央生态环境保护督察反馈问题整改销号。

2.安全形势总体向好

持续开展安全生产专项整治三年行动，着力改善安全生产基本面，制定九龙园“一园一策”

安全整治提升方案，全面提升应急管理科学化、信息化水平。加强安全宣传教育培训，以新《安全生产法》为重点，举办安全生产培训班6期、培训企业164家。加强隐患排查治理，整改率实现100%。全年未发生较大及以上生产安全事故。统筹抓好常态化疫情防控工作，积极为企业协调解决问题12个，入园企业员工疫苗接种应接尽接，保持“零感染”。

3. 社会形势平稳可控

扎实推进矛盾纠纷化解和突发事件处置工作，有序化解经济运行、建设施工、征地拆迁等领域社会矛盾11件，受理、办理群众问件78件，化解率达100%。协调劳资纠纷73批次，督促兑现民工工资2000余万元。

二、发展中存在的问题

与此同时，发展中仍然还存在一些突出问题和短板。一是产业发展任务艰巨。支撑发展的大项目、好项目不够多，工业经济总量不够大、质量不够高，传统企业转型升级还需加速。二是资金压力持续加大。财政收入少、融资难度大，保障开发建设、支持产业发展等资金压力不断增大，入园企业融资难问题依然存在。三是营商环境仍有待优化。产业链、供应链不健全，物流、用电等要素成本较高，基础设施、公共服务仍存在短板，改革创新动能不足。

三、2022年发展思路

2022年，是实施“十四五”规划的重要一年，将迎来党的二十大胜利召开，做好全年工作意义深远、责任重大。万州经开区将坚持稳字当头、稳中求进，准确把握新发展阶段、深入践行新发展理念、积极融入新发展格局，铆足干劲、砥砺前行，奋力推动经开区高质量发展。力争实现规上工业产值380亿元、同比增长26%。地区生产总值235亿元、同比增长15%。税收收入同比增长6%。固定资产投资64亿元、同比增长7%，其中工业投资51亿元、同比持平。进出口额50亿元、同比增长42.9%。实际利用外资1.6亿美元。

（一）聚焦提质增效，着力提高产业发展新能级

1. 强筋骨

紧盯龙头企业做大做强，深化金龙铜管集团混合所有制改革，加快打造铜产业集群，培育壮大长安跨越商用车、专用车、新能源车制造规模，全力推动特铝新材料项目投产达产，加快打造百亿级企业。有序开展厚捷医药等优质企业上市准备工作。狠抓中小微企业“小升规”“小培强”，着力引进培育一批“专精特新”企业、制造业单项冠军企业等。全年净增规上工业企业15家以上。加快实施技改扩能、智能化改造项目20个，培育市级智能工厂、数字化车间5个。

2. 增实力

依托现有资源和产业基础，将招商重点放在五大重点产业中的粮油加工、生物医药、应用照明、铜深加工等细分产业上，充分发挥渝东表面处理中心、照明产业园、食品产业园、新田临港产业园等的承载作用，着力引进粮油综合加工、原料药及制剂生产、电子元器件制造等一批延伸产业链条的大项目、好项目，力争全年完成招商项目协议投资150亿元以上、到位资金30亿元以上。

3. 固基础

始终把产业项目建设作为抓工业的“生命线”，强化服务意识，提升服务水平，提高服务质量，推动项目早落地、早开工、早投产。加快

推进集成式装配钢结构、电子磁性材料等一批项目前期工作，开工建设金龙电工高端装备线缆、铭生动力自动化设备金属材料等一批项目，竣工投产中储粮粮食仓储物流一期、自嗨锅食品包装生产等一批项目。

（二）聚焦开放创新，着力激活转型发展新活力

1. 建平台

高效率运营管理万州综合保税区，加快推进验收准备工作，确保2022年上半年正式封关运行，着力跟踪洽谈一批重点项目，力争完成新签约项目10个以上，协议总投资10亿元以上，实际利用外资1000万美元以上。高标准打造产业研究院、科创中心、赋能中心“一院两中心”，统一建设、系统管理，着力提升企业科技创新能力，引导“万州制造”向高端化、智能化、绿色化转型。高水平建设智慧办公、智慧资产管理、智慧经济运行等平台，推动“智慧园区”建设迈上新台阶。

2. 育主体

继续设立2亿元智能循环型工业发展专项资金，鼓励企业加大研发投入和创新力度，加快引进一批科创型重点企业，积极推进长安跨越、施耐德等一批现有企业发展壮大。持续深化校企合作机制，实现企业需求和人才培养的无缝对接，激活企业科技创新内生动力。力争全年新增国家高新技术企业5家、市级科技型企业10家、战略性新兴企业5家，规上工业企业研发经费支出占主营业务收入的比重达到2%。

3. 优环境

持续深化“放管服”改革，对照市场化、法治化、国际化标准，推动经开区营商环境不断优化。深化“双议”两项制度，将企业感受作为第一感受，切实保障企业权利平等、机会平等、规则平等，让政策“含金量”变成企业获得感。深入开展“合同全面兑现行动”，依法保护投资者合法权益，做到“有呼必应、无事不扰”，让投资者勇敢闯、大胆试、放心干。着力构建亲清政商关系，用心用情用力帮助企业排忧解难，努力营造尊商、亲商、安商、富商的浓厚氛围。

（三）聚焦产城融合，着力建设共享发展新园区

1. 优规划

科学确立发展定位，合理调整园区用地结构，精心优化园区布局，有序推进拓展区域控规新编和现有区域控规修编等工作，精细做好产业发展、公共配套、生态环境等专项规划，确保园区每寸土地都有规划可依，构建产城融合的城市空间。

2. 抓建设

实施建设项目77个，新增建成区面积1平方公里以上。强化产业项目要素保障，计划完工战略新兴产业园、环保合规产业园二期等标准厂房18.4万平方米。着力完善基础设施，实施新田园疏港大道拓宽工程、高峰园外环连接道等道路39.7公里，竣工经开大道节点绿化工程、百安大道排水工程等民生工程9个，实现万二中高峰校区建成招生，不断提升园区配套能力。

3. 拓空间

立足园区土地资源实际情况，增强土地供应保障能力，提高土地利用效率。一方面，科学编制用地计划，在保障永久基本农田、生态保护红线等前提下继续加大农用地转用和征收力度，力争完成土地征转4000亩、征地拆迁4000亩、土地供应3000亩。另一方面，持续深化“土地高效利用行动”，进一步整合闲置用地，力争完成土地处置1000亩。

（四）聚焦生态优先，着力加快绿色发展新步伐

1. 守底线

坚持在生态环境保护问题上“不越雷池一步”，严格落实环评和“三同时”制度，持续抓好规划环评和项目环评工作，坚决守住产业准入门槛。加快推进天子园污水处理厂技改、新田固废处置场技改等项目建设，补齐环保设施短板。

2. 减排放

深入推进“碳达峰、碳中和”，深化循环化改造示范试点园区建设，推进资源高效循环利用，继续实施循环化改造项目，有力推进粉煤灰、赤泥等固体废弃物综合利用。建成废弃物循环经济产业链，不断培育新的经济增长点，实现危险废物无害化处置率100%、工业固体废物综合利用处置率100%。

3. 降能耗

积极推行清洁生产，加快推动实施经开区厂房屋顶光伏发电项目，充分利用电厂余热、热岛余电，助推新田园、九龙园产业发展。依托万州绿色智造赋能中心，加快推进11家企业节能改造，促进管理效率的持续提升和能源消耗的持续降低，力争实现工厂能耗降低10%、生产效益增加10%，创建国家级绿色工厂2家，成功创建市级绿色园区。

（五）聚焦保障事项，着力筑牢经济发展新防线

1. 稳融资

牢固树立风险意识，扎实做好风险防范化解工作。深入推进经开区国有企业改革，提高市场化经营能力，探索新型融资方式和融资工具，持续提升经开（集团）公司投融资能力，不断壮大资产规模，促进国有资本保值增值。

2. 保安全

扎实推进安全生产专项整治三年行动，持续深化安全生产大排查大整治，严格落实“十条措施”，推动“两单两卡”试点示范，提升应急救援处置能力，坚决防止较大及以上事故发生。

3. 护稳定

注重源头治理，围绕工程欠款、征地拆迁、企业劳资纠纷、还房办证等领域开展矛盾纠纷排查化解，常态化抓好疫情防控工作，持续营造平安稳定的发展环境。

（执笔人：何俊）

长寿经济技术开发区

长寿经济技术开发区管理委员会

一、2021 年发展回顾

2021 年是长寿经济技术开发区（以下简称“长寿经开区”）升格为国家级经开区 10 周年，在市委、市政府和区委、区政府的坚强领导下，在市、区各部门和入驻企业的共同努力下，长寿经开区深入践行新发展理念，聚焦经济发展、招商引资、开发建设、企业服务等主责主业，主动担当、狠抓落实、奋力拼搏，圆满完成了经济发展的目标任务，在疫情防控和经济发展的大战大考中交出了合格答卷。全年实现“四上”企业营业收入 1530 亿元，增长 31%，其中规上工业总产值 1095 亿元，增长 29%；固定资产投资 140 亿元，增长 24%；税收 32 亿元，增长 31%；企业利润 110 亿元，增长 270%；利用外资 2.5 亿美元，增长 24%，进出口总额 70 亿元。规上企业年均增长率、实际利用外资等多项指标在全市开发平台位居前列，经济产出力、聚集辐射力、开放引领力、园区承载力持续增强。

（一）坚持招强引优，发展引擎不断壮大

全年签约项目 62 个，协议引资额 335 亿元，其中 50 亿元以上项目 1 个，10 亿元以上项目 10 个。一是新材料产业再添新军。成功引进全球最大的锂离子电池隔膜生产商上海恩捷投资 67 亿元建设高性能锂离子电池微孔隔膜生产线及涂布线项目，国内新材料龙头企业华陆科技投资 40 亿元建设硅基气凝胶复合材料项目。二是化工医药产业再获突破。引进国内最大生物酶库企业弈柯莱投资 20 亿元建设生物催化及合成生物学产业化项目。三是钢铁冶金材料产业再结硕果。引进国内冷轧涂镀板龙头企业神龙腾达投资 20 亿元建设高端板材项目。四是现代服务业再增动能。引进航运物流企业 7 家、船舶 26 艘；推进陕煤与川维合作，共同打造陕煤川维港储配基地。

（二）坚持项目支撑，产业能级加速跃升

全年新开工项目 56 个，新投产项目 60 个，总投资 252 亿元，达产后可实现产值 480 亿元。一是产业项目提质增效。恩捷、弈柯莱等 11 个项目实现当年签约、当年开工，亚士创能、沃特新材等 20 个重大项目建成投产。二是技改扩能有序开展。实施技改项目 132 个，完成投资 53 亿元，重钢如期完成千万吨级产线改造。三是基础配套设施项目全面提速。建成园区道路 7 公里、管廊 6.1 公里，平场 1600 亩，完成 118 家入驻企业水电气汽等公辅配套设施建设，科技创新园、科技创新孵化器等 38 万平方米中小企业聚集载体建成投运。

（三）坚持靠前服务，营商环境持续优化

组织开展“企业服务提升年”活动，委领导一对一联系企业，各单位包片服务，帮助解决企业困难问题 316 件。一是审批服务出实招。建成投用行政审批服务大厅，实现“一窗受理、一

窗结件”，助推恩捷等60个项目建设跑出加速度。二是能源供给出实招。坚持优质优供、错峰调度，保障煤、气、汽、电分别增长9%、4%、7%、16%，川维化工、巴斯夫、重钢等重点企业产值同比增长50%以上。三是用工保障出妙招。实施线上+线下、职校+中介招聘方式，开展招聘活动26场次，招聘员工5000余人，全力满足企业用工所需。四是金融服务出新招。战略重组长寿发展集团，并成功获得AA+主体信用等级，提升资本市场认可度；采取向上争取+银行助力+财政撬动方式，帮助企业获批上级补助资金4.6亿元，向银行融资18.7亿元，兑付产业发展资金6.4亿元。

（四）坚持精准发力，创新工作多点突破

一是创新主体增量提质。生物医药产业国家级企业技术中心实现“零突破”，新增区级以上研发机构16家，培育科技型企业39家、高新技术企业13家，新增有效发明专利196件。二是创新要素汇聚融合。中物院成科中心在长寿经开区建设“川渝JM科技协同创新中心”“国家科技创新汇智平台重庆中心”；科技创新园开园投用，入驻运营武汉工程大学重庆研究院等8家科技创新平台；集成线上线下“产学研金服用”平台，建成“科创服务一站通”；环重庆化工职业学院创新生态圈建设并被纳入市级筹建单位。三是双创升级居全市前列。依托特色载体推动中小企业创新创业升级，成为全市首例财政部绩效评估优秀项目，获得中央专项资金5000万元；“龙头企业+孵化”“离岸孵化基地”作为优秀案例上报财政部。

（五）坚持绿色引领，安全环保底线更牢

牢固树立环境保护和安全生产的“红线”意识和“底线”思维，全年未发生较大以上安全环保事故。一是践行“双碳”战略。编制生态防护碳汇林规划和“碳达峰碳中和”行动方案，12家企业纳入市级以上碳排放履约，“EOD模式”开发项目入围生态环境部等三部委项目库；督促企业碳排放履约，实施重钢1#~6#焦炉废气脱硫脱硝等一批超低排放改造项目，推进循环经济项目建设，工业固废综合利用率达到99%。二是坚持源头预防。严格贯彻新颁布的《长江保护法》《安全生产法》，对每个拟入园项目进行安全环保预审。三是强化重点监管。企业“三同时”执行率100%，深入开展安全环保专项整治三年行动，持续打好污染防治攻坚战，完成4家企业有机废气深度治理，臭气扰民投诉明显下降，大气污染防治取得新成效。四是创新监管手段。稳步推进智慧园区、监测预警、视频监控和智能化监管应急信息平台建设，建成实景三维地理信息系统、危化品监测预警系统，所有重大危险源实现国家、市、区、经开区四级贯通的在线实时监测监控。

二、发展中存在的问题

长寿经开区在上一阶段工作取得成效的同时，仍然还存在一些较为突出的问题和短板。一是体制机制不够完善。选人用人渠道少、薪酬分配平均化、奖惩激励不逗硬等制约性问题未能得到很好解决，行政权力方面“无权力、靠协调、多跑路”状况还未改变。二是产业价值层级不够高。园区1/3的企业处于价值链中低端，关键核心技术和装备“受制于人”的状况还没有得到根本性解决。三是科技创新原动力不足。园区创新主体偏少，创新平台不足，高新技术产业规模较小、发展较慢。四是优质资本、先进技术等国际高端要素导入难度大。园区的区位优势不明显，城市发展水平不够高，本地人才资源和创新要素

相对匮乏，外地的高层次人才、优质资本、先进技术等引入难度依然较大。

三、2022年发展思路

区第十四次党代会确定了长寿经开区建设具有全球影响力的新材料高地的战略思路和奋斗目标，明确以建设世界一流园区为引领，优化产业链、提升价值链、完善创新链和服务链，成为新材料产业的国内领跑者、全球并跑者。2022年，长寿经开区将深入贯彻中央、市委经济工作会议和区第十四次党代会、区“两会”精神，按照“3113”项目攻坚行动计划，坚持稳字当头、稳中求进工作总基调，奋力迈好“打造世界一流园区，建设具有全球影响力的新材料高地”新征程第一步。全年力争实现“四上”企业营业收入增长9%以上，规上工业总产值增长10%以上，固定资产投资增长15%以上，协议引资额400亿元以上，进出口60亿元以上。要完成以上目标，长寿经开区将重点做好以下六方面工作。

（一）坚持项目为王，奋力实施“3113”项目攻坚行动计划

一是加快绘就新材料高地作战图。实施长寿经开区对标一流发展系统工程，启动“3113”项目攻坚行动等十大任务。二是加快深化产业发展研究。编制《新材料产业规划》《新能源装备产业规划》及相应招商方案，开展低碳零碳负碳产业集群、BDO一体化产业集群、先进结构材料产业集群等专题研究。三是加快一批重大项目签约入驻。推动华电集团投资262亿元的热电联产数字能源岛、源网荷储智能电网和新能源开发利用项目，川维化工投资77亿元的BDO一体化项目，三房巷集团投资340亿元的BDO及下游可降解材料一体化项目等重大项目正式签约。四是加快一批重大项目开工建设。全力保障上海恩捷年产16.2亿平方米高性能锂离子电池微孔隔膜项目等14个特别重大项目，梅塞尔—空分液化及电子特气生产储存物流项目等35个重大项目，凯迪苏年产20万吨蛋白质细胞等26个续建重大项目开工建设。

（二）坚持协同作战，“三大组团”再展新形象

一是晏家组团形象再完善。实施4670亩土地平场，保障华电热电联产、川维BOD等项目用地；推动中航油地块道路、兴港大道等11个基础类工程22公里主次干道开工建设，启动水、电、气、汽等城市更新综合能源基础改造工程。二是江南组团形象再升级。实施1870亩土地平场，保障国际钢材交易市场、循环经济临港仓储贸易区等项目建设；推进江南金属循环产业园周边道路及盘子石片区临港物流道路工程。三是八颗组团形象再出新。实施3800亩土地平场，保障新能源产业集群建设和菩提慧谷开发；推进经开区绿色畅通工程、明桃二路海绵城市生态道路及附属工程等，完成7.25公里主次干道优化建设。

（三）坚持稳字当头，运行调度达到新水平

一是加速推进项目投产做大增量。进一步优化流程，实行一个窗口受理、一次性告知、一站式办理、一条龙服务，助力69个产业项目早日投产，确保达产后新增产值超400亿元。二是全力保障要素供给做优存量。继续实施领导联系企业制度、片长单位负责制度，选派一批综合素质优的干部担任“企业服务专员”，精准解决企业个性问题，制度化解决企业共性问题。

（四）瞄准高端平台，梯度创新形成新动力

一是实施创新平台再扩容工程。引导企业建设国家企业技术中心、制造业创新中心等，依托中节能低碳研究院、工物智云等创新平台促进孵化企业落地，加快创建市级备案众创空间，推动“国家科技创新汇智平台重庆云网”上线运行，建成投用长江（重庆）绿色化工与新材料产业研究院。二是实施传统与战新产业技术创新工程。建立以15亿元高质量发展基金为引导、企业投入为主体、社会资本广泛参与的多元化科技创新投入体系；引导企业推广信息化技术、标准化技术、节能环保技术、工艺管理技术等技改项目；依托长江上游新材料产业创新联盟，推动企业加大研发投入，增强创新动能。三是实施建设高端智库人才工程。深入实施十万英才聚长寿计划，充分发挥博士后科研工作站、海智工作站等平台优势，引进更多高层次科研人才和经营管理人才；联合武汉工程大学重庆研究院等举办“企业主”级高级研修班，引导化工职院等院校深度参与企业人才培养；加快推进国际合作产业园创新基地、菩提慧谷产城融合示范区一期项目和重庆化工职院创业园等载体建设。

（五）依靠数智赋能，绿色发展谱写新篇章

一是推进产业数字化。实施“上云用数赋智”行动，促进企业加快数字化转型升级，打通企业内部“人机物”闭环系统和企业外部上下游全产业链体系。二是推进数字化服务。提高“互联网＋政务服务”效能，让数据多跑路、企业少跑路；建立企业综合服务“直通车”，形成社会面大循环、经开区小循环的采购、销售网络；依托企业数据库，对重点企业、重点项目分类精准帮扶，推动盈利企业做大做强、微利企业提质增效、困难企业扭亏脱困。三是推进安全环保智慧管理。高标准建设智慧园区，实现安全生产、环境质量、污染源、风险源、物流、能耗等多维度的数据监控和专业内涵分析，有效管控企业安全、环保风险点。四是强化日常监管和专项治理。严格执行安全环保准入规定，引导企业提升安全风险管控、隐患排查治理和臭气治理的能力，加强安全环保日常检查和专项治理，有效保证长寿经开区安全、稳定。

（六）加强自身建设，干事创业展现新气象

一是积极争取市、区两级行政权限下放。按照精简高效原则，完善行政审批流程，实现开发区的事在开发区办，充分激发市场主体投资活力，持续优化营商环境。二是推进人才和薪酬制度改革。进一步加大开发区干部“选育管带”力度，针对特殊岗位面向社会公开招聘，猎聘优秀专业人才真正为开发区注入新鲜血液，对特聘的高层次管理人才和专业技术人才实行“特岗特薪”“一人一策”；推行岗位绩效工资制，制定岗位“KPI”绩效考核细则，以岗定人、以岗定薪，促进“铁工资”向“活薪酬”转变。三是推进国企改革。实施国企改革三年行动计划，持续深化长寿发展集团、经开集团、经开实业、飞华环保、渝巴物流等直属企业改革，推进长寿发展集团取得AAA信用评级，为产业项目投资、产业载体打造提供保障。

（执笔人：伍海全）

双桥经济技术开发区

重庆市双桥经济技术开发区管理委员会

一、2021 年发展回顾

2021 年，双桥经开区坚持以习近平新时代中国特色社会主义思想为指导，认真贯彻党中央国务院决策部署、市委市政府工作安排、大足区委区政府具体要求，埋头苦干、锐意进取，抢抓成渝地区双城经济圈建设和全市“一区两群”协调发展战略等机遇，争当改革的弄潮儿、开放的排头兵、建设的拓荒牛、发展的增长极、“两高”的样板间。全年实现规上工业总产值 406.6 亿元、增长 19.7%；固定资产投资 72.3 亿元、增长 13.7%，工业投资 58.5 亿元、增长 14.1%；进出口总额 3.56 亿美元，利用外资 2510.19 万美元。区域内集聚规上工业企业 102 家，产值超 50 亿元企业 2 家、产值超 10 亿元企业 9 家，全市“双百”企业 9 家。

（一）强链条、扩开放，招商引资交出“好答卷”

集群效应不断强化。开展“链长”招商、以商招商、云招商，引进摄像模组核心部件企业 5 家，签约华诺重工、东憧等专用车、再生铝项目，形成“引进一个、带动一批”集聚效应。磁场效应不断溢出。吸引足商“回巢”，朝航钢构、大湾区创新谷等单体项目投资超 50 亿元，市外招商 205.74 亿元。开放效应不断放大。沣达通、大昶宝等企业保持进出口高位增长。全面提升招商含金量、含新量、含绿量，引进思也其汽车零部件等投资超 10 亿元项目 9 个，签约项目 43 个，协议引资 302 亿元、增长 43.8%，到位资金 65.4 亿元。

（二）育龙头、提能级，产业升级按下“快进键”

产业规模上台阶。集聚专用车整车企业 5 家、上下游企业 60 余家，整车产能达 4 万辆，获批重庆市专用车特色产业基地；大昶宝、宇海生产笔电机壳 4000 余万套（片），摄像模组出货量位居全球第 4，100 亿级光电城一期投产；足航产值突破 100 亿元。梯队培育成雁阵。盛泰光电产值突破 50 亿元、正在推动 IPO 上市，3 家企业在重庆股转中心挂牌，新升规企业 15 家；重汽专用车等 3 家企业跻身“2021 重庆民营企业百强”；激发企业创新活力，R&D 投入比例达 2%，建成市级中小企业技术中心 33 个，新增科技型企业 86 家、高新技术企业 15 家；中国汽研、长足飞越建成市级博士后工作站；国家级专精特新“小巨人”增加至 3 家；创建数字化车间 2 个、数字化生产线 60 条。项目建设结硕果。创新“1+4”“1+5”“1+6”项目建设机制，达汉电子、元华、联畅等 35 个工业项目有序推进，佳禾光电等 16 个项目竣工，建成全国首条页岩气开采油基钻屑资源化综合利用生产线。

（三）优服务、强要素，当好惠企纾困“店小二”

真金白银强扶持。推行实体企业信用贷、

“小微担”“银政通”，帮助企业融资近10亿元；首创“一会制”现场审签、现场盖章方式，兑现产业发展资金1.5亿元，中天电子获全国首笔“废弃电子产品处理基金”补贴专项贷款2亿元。加大服务显力度。党工委班子成员带部门深入一线服务企业，建成优化营商环境办事大厅，实行项目全流程电子招标，节约成本16%，32个审批事项办结时间压缩545天。动真碰硬解难题。强化提前介入、帮办代办、跟踪调度等服务，落实清单制、责任制、销号制，解决企业堵点难点，以营商环境大提升推动经济大发展。

（四）绣车城、靓形象，城市面貌呈现“高颜值”

聚焦规划强引领。把以人为本、尊重自然、传承历史、绿色低碳等理念融入城市规划全过程，突出“职住平衡”主题编制城市规划。聚焦建设提品质。全市第一家“三线建设”历史博物馆重庆红岩重型汽车博物馆开馆；改造棚户区、老旧小区21.2万平方米；畅通城市“微循环”，改造雨污管网10公里；开展“微更新”“微植入”，实施城市品质提升项目10个，建成区人均绿地面积达49.5平方米。聚焦管护优环境，巩固“创卫”成果，推进“创文”攻坚，深化“大城细管、大城智管、大城众管”，开展城市“体检”，过筛式清理盲区死角，精准治理“城市病”；“数字化”城管覆盖率达94%，建成智能排水监测系统、“智慧环卫一体化”系统，申报市级扬尘示范路段4条，创建垃圾分类示范小区11个、绿色园区1个、绿色社区6个。

（五）办实事、补短板，多个维度走好“民生路”

保障安全有力度。常态化防控疫情成果持续巩固。121栋高层建筑消防安全问题销号，交通等领域安全保障能力全面强化。推进信访存量“清仓见底”，保障庆祝建党100周年活动期间社会稳定，征地拆迁领域遗留问题处置取得突破。盘活千叶中央广场等项目4个、16万平方米，化解矛盾纠纷42件。民生幸福有温度。加快渣场等环保督察反馈问题整改，落实市总河长令、“河长”制，太平河水质稳定达Ⅲ类，空气优良天数达307天、同比增长8天，土壤污染风险有效管控，“无废城市”建设试点有序推进。为民服务有厚度。办好民生实事491件；成功引进重庆卫生技师学院，集聚高校4所，办学规模达5万人。经开区医共体建设加快进度，全周期、多层次、宽领域的生命服务体系不断健全。公共文化供给不断丰富，群众精神文明素质不断提升。

二、发展中存在的问题

一是城市形象更新慢，卫生、商业等公共服务供给水平有待提升；二是科技创新能力不够强，缺乏基础科学研究，企业研发投入较少。我们将切实增强责任感、紧迫感、使命感，努力补短板、强弱项，在危机中育先机、于变局中开新局。

三、2022年发展思路

2022年，双桥经开区将保持发展的定力和韧劲，专注高质量发展，突出转型升级等重点，进一步增强忧患意识、机遇意识、攻坚能力，发扬快实细新的作风，紧盯招商引资、项目建设、科技创新，全力提升要素稳供给、提升服务优效益、提升城市美气质、提升民生增福祉，以优异的成绩迎接党的二十大胜利召开。

2022年的主要预期目标为：力争地区生产总值达到205亿元，规上工业总产值突破480亿元、增速保持在18%以上、力争达20%，工业增加值达124.1亿元。将重点抓好以下几个方面工作。

（一）升级引擎，做到三个“紧盯”

1. 紧盯招商引资，在“引”字上下功夫

发扬“狼性招商”精神。积极融入国内国际“双循环”，支持重汽专用车、凯瑞等企业出海创汇，全年签约280亿元、到位72亿元、进出口完成4亿美元。在“短链”延长、“断链”连通、“细链”增粗、“弱链”变强上发力，招引与新能源汽车、专用车整车及零部件、光电全产业链、静脉精深加工高度契合的目标企业。对标国内国际产业发展方向，量身定制承接方案，引进一批产业链主导型、“隐形冠军”、“独角兽”及专精特新“小巨人”企业。

2. 紧盯项目建设，在“建”字上聚合力

实施重点项目79个、投资85.05亿元，储备项目88个、投资230亿元。加快重汽专用车智能化专业生产线、渝西储配煤基地等项目前期工作，推动达汉线路板一期等项目投产，引导双钱轮胎等企业实施智能化、数字化改造。建立项目红黄绿灯督导机制，坚持项目周调研、半月调度、月通报机制，确保项目有力有序有效推进。

3. 紧盯创新驱动，在“新”在上做文章

招引龙头企业、科研院所，打造“众创空间+孵化器+加速器”全链条孵化体系，培育高新技术企业15家。构建“政产学研用金服”创新生态，支持盛泰光电、中天电子等企业与清华大学、重庆大学设计院等院校构建技术创新联盟，加强共性技术平台建设。完善科技人才培养、使用、激励等机制，加强“塔尖人才”“塔身人才”“塔基人才”的引进和培育。

（二）打牢基桩，加速“四个提升”

1. 提升要素稳供给

讲好双桥优势、经开故事，争取政策、项目、资金。“铺路搭台”引人才，创新人才发展机制，打造全要素人才服务体系。补短强基优配套，推进土地、资本、技术、数据等要素市场化配置改革，增强高质量项目承载力。

2. 提升服务优效益

打造全跟踪品牌，加强经济运行调度，做到服务质效“全跟踪”。打造全闭环品牌，完善市场主体“非禁即入”机制、招商引资考核评价机制、企业做大做强引导机制，实现服务平台“全流程”、服务过程“全闭环”。打造全覆盖品牌，推进“双联系”精准服务企业，跑出项目建设加速度。

3. 提升城市美气质

精准规划绘画卷。围绕“三生四宜”，统筹山水城、产城景关系，推动组团融合发展。培育生活性服务新业态新模式，促进“产、城、景、文”深度融合。精致建设焕新颜。推进建设大永高速、成渝物流快速通道等重要交通线。加快九曲花溪湿地公园等功能设施建设，谋划川汽厂重汽博物馆聚落、中华恐龙园等文旅项目。把握城市有机更新中的“留、改、拆、增”，做深做细石刻、重汽文化植入，打造文旅示范街区、广场。精细管理赋智慧。开展城市综合管理“七大工程”，统筹管控“路、灯、树、杆、箱”，做好“加减法”，释放“叠加效应”。

4. 提升民生增福祉

兜牢底线。严格落实常态化疫情防控措施，坚持以“六保”促“六稳”，保障群众生命安全、生活稳定。强化安全生产与自然灾害防治，提升灾害综合风险防控能力。健全金融风险预防、预警、处置等机制，加强专项债等的周期管理。办好实事。推进老旧小区、棚户区改造，建成重庆卫生技师学院一期、室内网球馆等工程；启动龙水湖、九曲花溪、龙景湖等湖库湿地连通工程；推进工业遗产博物馆聚落建设，打造重汽文化品牌。改善民生。深入推进乡村振兴，持续提高群众收入和生活水平。促进房地产市场平稳健康发展。系统推进山水林田湖草系统治理，防、建、治、管、改、稳、提并举，确保太平河水质稳定达Ⅲ类，空气质量稳定改善。深入推进“治重化积”，落实“三到位一处理”要求，营造良好社会环境。

（执笔人：张鹏）

璧山高新技术产业开发区

重庆璧山高新技术产业开发区管委会

近一年来，璧山高新区大力推动智能装备、新能源汽车、新一代信息技术、大健康四大产业集群发展，构建现代产业体系，建设高质量发展样板区，成功纳入西部（重庆）科学城建设范围和重庆国家自主创新示范区核心建设区范围，先后获得“国家新型工业化示范基地”“国家低碳工业园区”“‘互联网+’协同制造示范区”“创新型产业集群（试点）”等国字号名片，成为全国第一批智能化工业园区之一，纳入国家科技部科技服务业区域试点单位。

一、2021年发展回顾

（一）主要经济指标稳步增长

截至2021年底，园区入驻康佳研究院、弗迪锂电池、青山工业等企业1724家，规上工业企业337家，2021年园区实现规上工业总产值834.7亿元，同比增长25.4%，占璧山区规上工业总产值（集中度）的92.5%，规上工业增加值250亿元，同比增长16%。规上工业企业产出强度达135亿元/公里^2。固定资产投资实现158.5亿元，其中工业投资145.1亿元；战略性新兴产业产值实现289.1亿元，数字经济产值实现364.8亿元；预计实现进出口总额达到33亿元，实际利用外资1亿美元。

（二）创新能力不断增强

挂牌西部（重庆）科学城璧山片区党工委、管委会。组建3亿元高新技术股权投资基金。举办西部（重庆）科学城双高赛等活动。推进建设国家区域专利信息服务（重庆）中心，推动设立璧山（中国）知识产权保护中心。帮助嘉木机械等19家企业获取知识产权授信7910万元，放款3430万元。康佳研究院完成专利提案1008项，获批全市第七个制造业创新中心，比亚迪动力电池全球总部和研究总院签约落地。持续推进重庆大学璧山先进技术研究院建设，与重庆理工大学共建新能源及智能网联汽车产业研究院。新增科技型企业475家、高新技术企业62家，累计培育高新技术企业300家、科技型企业1417家，有效发明专利达1080件，增长20.2%；研发投入达22.5亿元以上。培育区级及以上研发机构279个，规上工业企业建立研发机构比例达到48%。新增制造业创新中心等市级创新平台24个，市级创新平台累计达到151家。签约海创汇等创新孵化平台5个，新引进科技型项目21个。大力发展研究院经济，重庆高新技术产业研究院累计孵化企业18家，在孵项目35个，新授权知识产权30项，平创、鼎旺等企业获市场订单3.5亿元以上。

（三）产业体系持续升级

狠抓项目招引落地，围绕智能装备、新能源及装备产业、大健康、集成电路设计与半导体制造、新材料及定制化工业消费品等产业集群，大力引进上中下游产业项目。引进嘉陵特装、恒渝电子等项目73个，总投资537.4亿元。开工中科曙光等项目31个，总投资207.1亿元，年产值233.4亿元。推进建设康佳光电产业园等项目103个，到位资金176亿元。投产金财互联等项目28个，总投资62.4亿元，年产值106.5亿元。达产龙润转向等项目33个。精准培育市场主体，建立专精特新“小巨人”企业培育库，分层培育大江动力等39家专精特新“小巨人”企业。上云企业200家，新增升规企业30家、上市培育企业28家。大力发展数字经济，智慧园区项目通过市级专家验收，进入试运行阶段。新认定智能化改造项目75个、智能工厂2个、数字化车间19个。

（四）承载能力稳步提升

规划引领深入开展，高标准谋划打造7.5平方公里的曙光湖智慧城，完成城市设计。加快80平方公里国土空间规划研究，完成17.6平方公里拓展区、曙光湖片区控规覆盖。重点项目建设高效推进，开工建设创新生态社区二期、中小企业生态家园等物理空间。建设污水管网2.7公里，提升泵站2座。全力推进青杠经适房、大兴经适房等市级重点项目建设。“两大攻坚战”持续发力，开工锂山路等2条城市道路，建成东林大道南延段等8条城市道路10.6公里。完成土地出让1351亩、土地划拨805亩、土规覆盖1300亩、征地3000亩、土地平场3000亩。

（五）营商环境不断优化

“八大资金池”自运行至今累计支持719家企业获得贷款919笔，共计金额48.8亿元。其中，2021年总计235家企业获得贷款259笔，支持金额共计12.29亿元。设立3亿元规模的“两山”科兴基金、总规模20亿元的战新产业母基金，引进安和（重庆）股权投资基金管理公司。聘请3家三方公司保障企业用工，发布招工令35期、聚贤令51期，组织200余家企业赴四川广元、綦江万盛、重庆交通大学等地和高校举办招聘会，为企业输送产业工人1.1万人。组建5人代办专员队伍，新签订代办协议121个。推出每年发放800万元额度的科技创新服务券制度。“企业吹哨、部门报到”“政企直通车”“周二早餐会”等渠道为企业“马上办”解决问题187个。

二、发展中存在的问题

与此同时，发展中还存在一些突出问题和短板。一是管理机制体制方面，高新区经济决策需经行政部门批准，文件上报需由区级部门逐级转报，运行效率和服务企业效率不高。二是产城发展要素保障力度不够。基础设施建设严重滞后产业发展，已建成区承载能力有限，住房、学校、酒店、医院、商业等生活配套服务能力不足。中小企业孵化、集聚发展空间不够，闲置用地有待盘活。生产性服务业发展滞后，企业人才队伍建设、用工难等问题亟待解决。三是管理权限方面，高新区未经授权具备行政主体资格。市级权限下放不足，规划、国土、建设、发改、财政等区级经济管理权限未全面授予给高新区，无法实现“高新区的事在高新区办”。四是自主创新活力有待加强。高新技术产业集群度不够。五是服务企业方面尚有短板。企业招工难、用工难现象普遍存在；中小企业融资难、融资贵的问题仍然突出；部分企业对上级相关政策知晓度还存在盲区，安全环保监管辅导还不到位。六是企业技术创新能力不足。规上工业企业研发机构覆盖不足，有57%的规上工业企业未建立研发机构。院士工作站、博士后工作站偏少，国家级科技创新平台有待实现零突破。创新人才和创新成果总量不足。具有国际和全国影响力的创新创业领军人才不多，万人有效发明专利拥有量仅为13件。

三、2022年发展思路

2022年，璧山高新区将以“十大项目”为重要抓手，高标准推进曙光湖片区“智慧之眼”科技创新建设项目，新能源装备产业园建设项目及专业市场集群建设项目倾力建设高质量发展样板区，打造高品质生活示范区。

（一）充分发挥全面从严治党引领保障作用

进一步压紧压实管党治党主体责任，持续深入推进作风建设，坚持目标导向和效果导向相统一，构建“体系化、全贯通、可衡量、闭环式”的评价体系。强化闭环管理，建立“有部署、有督查、有考评”工作机制，促使全体人员全上跑道、积极作为，加快形成比学赶超、充满活力的发展格局。以“基层组织建设年”为契机，切实提升基层党组织组织力和战斗力，强化党员队伍教育、培训和管理，加强向国内一流高新区学习，通过“他山之玉”来鼓励党员干部“思想破冰”，改变部分党员干部缺少敢为人先的魄力、格局视野不大的问题。以“小分队出击”搞项目推进，形成攻坚合力，让广大党员干部在招商引资、产业升级、科技创新、片区建设等重大任务面前当先锋、打头阵、挑大梁。

（二）围绕制造业发展新引擎打造，加速推进先进制造业聚集

一是全力推进新能源汽车产线及产能盘活，尽快引进整车项目。同时，以整车研发、生产项目落地为契机，着力引进电机、电控、汽车底盘等核心配套产业，深度挖掘中国兵装、比亚迪、青山等龙头项目潜力，积极推动产业供应链本土化，逐步形成以整车为主导、三电系统为核心的新能源汽车产业集群。

二是依托大江动力、日联科技、博张机电等区内优质企业，大力引进一批在装备产业细分领域有影响力的专精特新企业，打造以通用机械、X光机、无人机、数控机床、化工设备为核心的智能装备产业集群。

三是坚定新一代信息技术产业发展思路，做大光电显示产业链，完善芯片设计、晶圆制造、封装测试、半导体设备及材料产业链。光电显示方面，推动Micro LED屏关键技术巨量转移成功率达100%，Mini LED屏幕核心芯片产业化落地。芯片设计方面，助力中科曙光GPU芯片一代产品样片流片，上海白盒子软件定义硬件芯片成功流片并取得弘光专项和国家关键核心技术任务书，脑陆科技脑机接口计算芯片完成第一次流片，推动建设集成电路设计与仿真中心公共服务平台，引进一批应用于汽车电子、高压储能、5G通信等方面的高端IC设计项目。半导体制造、设备和材料方面，助力恒渝光刻胶在面板显示和高端半导体领域实现量产，推动新加坡PEP、PYX扇出型先进封装设备落户璧山，力争引进6吋或8吋晶圆制造、氮化镓粉体材料及设备、晶圆衬底材料、半导体电镀及清洗设备、精细铜电镀液材料等类型项目。封装测试方面，助力平创碳化硅功率器件封测线年产1000万颗，力争启动中芯聚源大板级扇出型封装项目，引进第三代半导体GaN、SiC车规级芯片封装，IC封测基板等项目落户。

四是充分利用重庆中医药学院建成元年和重庆医科大学附属璧山医院挂牌机遇，以校企合作、院企合作为载体提供人才、技术、临床等资源空间，对接一批创新药、现代中药、药食同源及医疗服务项目，力争引进重庆医科大学临床药物实验基地GCP。助力华道生物成立细胞产业

转化研究院，启动以肝癌为靶点的药物临床前研发，并依托华道生物整合行业资源，引进3~5个细胞药物及辅材项目，打造西部细胞免疫治疗产业园。助力脑陆科技、猎声科技开展智慧安全帽、脑电波监测、心电血压监测等产品的应用场景打造。助力凯磁科技完成人工心脏、人工心肺机样机发布，并启动动物实验，力争引进2~5个康复医疗器械项目。

（三）围绕生态之城建设，高标准建设西部（重庆）科学城璧山片区

以优化的空间布局引领建设高质量发展样板区，打造集产业、创新、居住等功能于一体的四大产业功能区。以曙光湖片区为载体，打造高技术服务业产业功能区，启动公园、道路、标志性建筑建设，聚集创新孵化、总部经济、工业互联网、工业设计创、知名中小学校、国际医院、国际酒店等业态。以比亚迪以北片区为载体，打造新能源技术及装备产业园和大健康产业园，完成征拆3000亩、土地整治2000亩，建设城市道路30公里、保障性用房130万平方米，聚集新能源及智能网联汽车制造、智能装备、新材料、细胞药物及耗材、医疗器械等业态。以高铁站以南片区为载体，打造半导体产业园，完成20平方公里控规编制，聚集半导体关键材料、装备等产业。以来凤片区为载体，打造专业市场集群，完成2.5平方公里控规编制，启动500亩可用地拆迁，聚集机床、机电等生产性消费品市场和花卉苗木、家居建材等生活性消费品市场。

（四）围绕营商环境新标杆的打造，加速推进重点领域、关键环节的改革

为企业精准画像，建立企业档案，掌握每一家企业的核心技术、产品订单、投入水平、供应链体系、经济贡献等情况及其所处行业地位，助力为企业提供精准服务。深化完善审批代办专员制度，全面梳理链条流程，倒排工期制定时间表挂图作战，联动区级行政审批部门，着力提高行政审批效能和服务水平，在企业全生命周期的各环节充分发挥审批代办专员的作用。探索园区社会治理，围绕企业员工的社会保障、公共服务开展课题研究，逐步推动形成安全、绿色、智能的生态园区。

（执笔人：岳野）

永川高新技术产业开发区

永川高新技术产业开发区管理委员会

2021年，永川高新区在市委市政府、区委区政府的坚强领导下，坚持以习近平新时代中国特色社会主义思想为指导，深学笃用党的十九大和十九届二中、三中、四中、五中、六中全会精神，围绕现代制造业基地、西部职教基地、国家双创示范基地建设，实施体制机制改革试验、创新创业生态优化、产城职创融合发展三大工程，大力建设创新驱动发展引领区、高质量发展先行区、高品质生活示范区。

一、2021年发展回顾

2021年，永川国家高新区加快推进现代制造业基地、西部职教基地、国家双创示范基地建设，在经济效率提升、地方经济辐射带动、企业盈利能力等方面表现突出，国家高新区综合排名由2020年的第129位上升至第112位。全年实现营业收入1360亿元，规上工业总产值1270亿元，进出口总额72亿元，固定资产投资额197亿元，R&D投入占比达5.2%。西部职教基地大中专院校达到17所，学生16.3万人。

（一）凝聚共识抢抓重大发展机遇

一是规划引领作用得到新凸显。永川国家高新区总体发展规划、西部职教基地“十四五”规划、永川国家高新区绿色发展五年行动方案、永川高新区规划环评规划等编制完成，明确智能制造集聚区、创新创业活力区、产城职创融合发展示范区“三区”和现代制造业基地、西部职教基地、国家双创示范基地“三基地”战略定位，高新区发展方向更清、思路更明、措施更实。二是承接国家战略取得新作为。重庆国家科技成果转移转化示范区项目答辩获得科技部专家高度认可，获批建设中国（重庆）自由贸易试验区联动创新区。产业转型升级工作作为全国4个园区之一，获国家发改委、科技部、工信部、自然资源部4部门通报表扬。汽摩产业集群入选科技部火炬中心2021年度千亿级创新型产业集群试点（培育）名单，获批开展企业创新积分制试点，获评科技部火炬中心火炬统计先进单位。三是对外开放合作取得新成效。联合川渝11家国家级高新区、26家省（市）级高新区共同发起成立成渝地区双城经济圈高新技术产业开发区协同创新战略联盟。成功组建成渝地区大数据与人工智能产业职业教育集团。联合中国、老挝40多家院校、企业共同组建“中国—老挝职业教育发展共同体”，探索国际化产教融合新路径、打造产教融合实体平台。成功举办2021年“一带一路”暨金砖国家技术创新大赛国内总决赛。

（二）担当作为推进产业集聚发展

一是招商引资速度加快。签约中利300兆瓦屋顶分布式光伏发电生产项目，实现年发电2.7亿度，平均每年可节省约8.5万吨标准煤，减少约23万吨二氧化碳排放。设立长城汽车西南智能制造中心、技术研发中心、供应链采购及销售结算中心项目和发动机变速器扩能项目，预计新增年产值 290 亿元。全球最大的笔记本背光模组生产企业德朔电子落户永川，全年引进雅迪整车进出口制造基地、明珠西南绿色智能生产基地等 188 个项目，合同金额 699 亿元。二是产业发展持续增效。积极推进西部港桥木材市场、港桥钢铁市场和建材城等无污染、高产值的专业市场建设，逐步推动新旧动能转换整换与产业结构调整，形成产业 + 市场 + 物流的新格局。致伸科技、川亿电脑、台川橡塑等电子信息企业建成投产，成为全市重要的笔电配套基地。依托年产 600 万辆雅迪电动摩托车生产基地，车架、轮毂等 20 家配套企业齐聚永川，建成西部地区最大的新能源摩托车产业集聚地。三是数字产业蓬勃发展。成功举办 2021 年中国科技影视高峰论坛、第五届中国客服节，新引进人民大学文化科技园、讯飞西部大数据产业人才教育基地等数字产业项目 57 个。建成永川区智慧城市综合指挥中心，国内首条 L4 级自动驾驶公交线路投入商业化运营；建成 1000 平方米全国最大数字虚拟影棚、4000 平方米渝西大数据中心、3000 平方米大数据产业公共实训基地。大数据产业园被市经信委授予“重庆市软件产业园（特色型）”，荣获“2021 年中国国际数字和软件服务突出贡献奖”。

（三）用心用情构建现代职教体系

一是部市共建添活力。西部职教基地建设纳入教育部、市政府《关于推动重庆职业教育高质量发展促进技能型社会建设的意见》。完成《市政府关于加快西部职教基地发展的意见（建议稿）》起草工作。西部职业教育基地建设管理委员会、西部职教集团正式获批。建立市区每季度在永川召开专题会议的联席会议制度。二是扩容提质增动力。兑现“职教 24 条”奖补资金 521 万元。举办首届西部职业教育高峰会，上线启用共享优质师资网络平台。重庆文理学院城东校区、重庆电子工程职业学院永川校区项目签约，重庆现代制造技术职业学院动工，重庆康养职业技术学院筹备工作启动。各院校 2021 年秋季招生 5.5 万余人，在校生数增长 1.9 万人，达到 16.3 万人。职教中心迁建工程（一期）、渝西卫校扩建工程、重庆智能工程学院二期工程等 7 个区级重点项目完成投资 8.02 亿元。三是内涵建设强实力。重庆文理学院获批成为硕士学位授予单位，重庆城市科技学院成功转设，重庆城市职院等 4 所高职院校入选市级“双高”，职教中心等 4 所院校入选市级“双优”。重庆智能工程职业学院数智化乡村振兴学院正式成立，永川职教中心与北京市昌平职教中心签订校校合作协议。全区大中专院校毕业生就业率达到 91% 以上。

（四）凝心聚力优化创新创业生态

一是高企培育再创新高。持续实施“百家高新技术企业”培育行动计划，召开高企培育专题会。组建高企申报帮扶小组，深入 70 余家拟申报企业了解实际情况，帮助完善申报资料，实现一对一帮扶、个性化服务，推荐上报国家高新技术企业 61 家，全区共计 194 家。二是成果转化稳步实施。“国产大飞机用隔音隔热超细玻璃纤维棉”项目获第七届中国国际“互联网 +”创新创业大赛金奖、重庆市科技进步一等奖，“OLED 柔性显示屏激光高频切割装备生产”及“空间站和火星载人舱用关键隔热隔音复合材料及其大规模产业化”等 47 个项目在永转化，技术合同交易额达到 1 亿元。三是创新创业步伐加快。重庆文理学院赵立军荣获 2021 年重庆市高校十大“双创”明星称号，环重庆文理学院创新生态圈乡村振兴学院揭牌，重庆文理学院科技成果转移转化促进中心成立，新入驻创业团队和企业 56 家。

二、发展中存在的问题

2021年，永川国家高新区深入贯彻落实上级有关决策部署，紧紧围绕全区中心工作，锐意进取、开拓创新，取得了一定成效，但还存在一些不足。一是双创生态不够优。尚未建立高新区科技支行，科技金融供给不够充足。科技成果科技含量不足，科技成果转化力度不够。二是职教发展不够快。职业教育发展相关市级行政部门"干货"支持不多，院校总体规模、校园面积、办学水平、产教融合、创新创业等方面还有较大提升空间。三是企业科技创新不足。企业资金实力较弱，研发投入、科技创新不足，高层次人才引进困难，缺少高端研发人才团队，企业创新的内在动力和能力尚不足。

三、2022年发展思路

（一）持之以恒提升服务能力

立足"高新区的事情在高新区办"，理顺永川高新区体制机制，加大上级考核指标完成力度，持续开展宣传推广，继续提升服务能力。充分发挥高企协会作用，筑起政企沟通"连心桥"、做好企业发展"服务员"，从政策宣导、人才引进、成果转化等方面全方位为高企服务，进一步提高企业的技术创新能力和产业化水平。

（二）聚精会神推动产业发展

大力发展汽车摩托车、电子信息、生物医药及大健康等"5+3"产业体系，打造一批百亿级、千亿级先进制造业集群。全面推行链长制，坚持"一产业链一专班一条龙服务"，实施龙头企业保链稳链工程，加大行业领军企业和"链主"企业培育力度，加强"专精特新"企业培育。深入实施以大数据智能化为引领的创新驱动发展，争取国家战略科技力量支持。推动设立永川区重点产业发展基金，加强产品研发和科技赋能，大力发展战略性新兴产业。启动中国（重庆）自由贸易试验区永川高新区联动创新区建设。

（三）用心用情抓好职业教育

推动市政府出台《关于支持西部职教基地发展的若干措施》。实施职教提质扩容工程，加快构建互联网时代现代学徒制、贯穿全生命周期、服务全产业链的职业教育体系，升级打造职教3.0版本，努力打造中国工程师之城。积极筹建重庆技术大学，推进重庆文理学院城东校区、重电永川校区等项目建设，开展雅迪现代制造业学院办学资质申报，探索推进西部职教集团实体化运行，启动创建国家级产教融合型城市。加强共享优质师资网络平台的推广使用，扩大"双师"型教师队伍规模，分布制定出台"专业共建、人才共育、设施共用"实施方案。继续举办西部职业教育高峰会、西部职教基地运动会等活动。

（四）多措并举促进创新创业

持续实施"百家高企培育计划"，推进产品研发和科技创新，增加和提升高新技术企业、科技型企业数量和质量。强化企业创新主体地位，深入开展企业创新积分制试点、深入推进科技金融服务"十百千万"专项行动。加大主导产业和新兴产业研发机构与领军人才引进培育力度，全面增加双创载体数量和空间面积。做深做实"永创汇"双创品牌，积极推动全国性、全市性创新创业赛事、论坛、活动定期在永召开，扎实开展高峰论坛、"双创"大赛、巅峰路演、科技展览、项目签约、成果发布等一系列融通创新活动。

（执笔人：罗瑞恒）

荣昌高新技术产业开发区

重庆荣昌高新技术产业开发区管理委员会

2021年，是“十四五”规划的开局之年，是高新区抢抓成渝地区双城经济圈国家战略机遇、锐意改革创新的一年，是高新区发展历史上逆势而上、攻坚克难的一年。一年来，我们坚持以习近平新时代中国特色社会主义思想为指导，深入贯彻落实党的十九大和十九届历次全会精神，在区委、区政府的坚强领导下，立足新发展阶段、贯彻新发展理念、融入新发展格局，统筹疫情防控和经济社会发展，全员攻坚招商引资，全程强化要素保障，全速推进项目建设，全心服务企业发展，全力做大产业集群，以“起步即冲刺、开局即决战”的勇气和魄力，苦干实干的作为和贡献，铿锵前行、砥砺赶超，经济发展稳中求进、总体态势良好，为“十四五”开好局、起好步打下坚实基础。

一、2021年工作总结

2021年，荣昌高新区累计入驻企业720家，投产企业540家，规上企业达313家，其中，新申报升规企业25家（已经获批15家）。实现工业总产值883.99亿元，同比增长22.72%，其中规上工业实现总产值839.79亿元，同比增长22.74%；完成工业增加值256.13亿元，同比增长13.08%；完成工业固投150.4亿元，同比增长20.32%，工业集中度达到80%。新签约市外项目132个，正式合同额超405.4亿元，同比增长16.7%，全年到位资金146.8亿元，同比增长14.5%；招商项目投资转化率达到36.3%。完成预算收入148274.62万元，同比增长3.98%。获评“成渝地区双城经济圈产业合作示范园区”。

回顾一年来的工作，荣昌高新区高质量发展成效明显。

（一）经济指标增势迅猛，综合实力显著增强

2021年，高新区工业总产值、规上工业总产值、工业增加值、工业固投、工业税收等主要指标均保持两位数以上的增长速度，呈现出总量、增幅、质态同步快速提升的良好态势。

（二）重点项目强势推进，产业能级稳步提升

坚持项目为王，一刻不停抓招商，全力以赴推项目，形成“周周有签约、月月有开工、季季有投产”的滚动良好局面，新上项目的含金量、含新量、含绿量一路走高，一大批智能制造企业赋能产业升级，成功举办5次集中开工仪式，煌上煌食品、荣耀电子、洁花智能家居等102个项目开工建设。顺利举行集中投产活动4次，唯美陶瓷二期5G生产线、安杰利、胜华电缆等投产工业项目60个，全部达产后预计实现年产值180亿元以上，解决就业岗位5000个以上。

（三）发展动能不断增强，转型升级成效明显

大力发展高新技术产业、战新产业、数字产业，推动高新区制造业高质量发展。开展制造业智能化、数字化、互联网赋能提升行动，加

快推动数字化车间、智能工厂示范试点工作，实施“设备换人、生产换线、机器换人”计划，提高智能生产装备、信息系统、数字化系统普及率，推进工业互联网发展，支持企业“上云上平台”。切实抓好“腾笼换凤”、提质增效工作。主导产业集群规模达到803亿元；战兴产业增加值47.95亿元，增速为17%，高企营业收入330亿元，增速为45%。累计开展洽洽瓜子，重庆明珠塑料，重庆展旺塑胶等企业智能化改造项目备案65个，数字化车间23个，智能工厂2家（明珠塑料、澳龙生物），绿色工厂1个（方通动物药业）。全年兑现税收、房租、装修、设备补贴等招商引资优惠政策52个，共计5100万元。清理盘活闲置低效用地1000亩以上、空（闲）置标准厂房2万平方米以上。

（四）创新创业生态不断优化，创新活力充分迸发

始终坚持科技创新支撑引领高质量发展，立足荣昌国家高新区主平台，争做产业科技创新主战场，加快建设“一城一区五中心”科技创新格局，不断完善创新激励机制，高新区高新技术企业、科技型企业、研发机构、R&D投入、发明专利等指标均引领全区。成功召开“成渝创孵融合·赋能区域发展”的创孵中国·重庆站暨首届成渝双城特色载体论坛活动，电子科技大学重庆前沿新材料联合研究中心在高新区揭牌成立，国家级科技企业孵化器正式投入运营，智慧园区项目加速启动。2021年新申报高新技术企业申报补贴、研发设备补贴、特色载体专项奖补等创新激励办法奖补共计5200万元。高新技术企业累计达到123家，市级科技型企业累计达650家（高新区范围内）。新增国家级创新研发平台1个、市级企业技术中心4个，全区科技创新研发平台累计达152个、市级及以上77个（其中高新区内57个），拥有瞪羚企业、牛羚企业等高成长性企业10家，专精特新企业17家，国家级众创空间1个，国家级孵化器2个，国家级重点实验室1个，院士工作站2个，博士后工作站3个。“古思特创客空间”、陶众创空间、荣联电商等载体在孵企业276家。新增发明专利200件，累计达到630件左右。引进高层次科技人才4名，成功创建澳龙生物“海智工作站”，累计达到3个。与盛世景资产管理集团股份有限公司签订合作协议，成立15亿元科技成果转化投资基金。投入超过2200万元为43个农牧高新产业重大科技项目提供农高专项补助。新成立展旺塑胶、韵诚塑料防腐设备、西线科技等3个企业科协，累计达29个。研发投入占比达到4.2%。预计2021年火炬考核综合排名有望进入前125名之内。

（五）基础设施短板加快补齐，形象品质大幅提升

园区形象和品质显著提升，亮点工作可圈可点。高新区拓展至50平方公里规划纳入荣昌区国土空间规划；成功申请专项债9亿元，建成板桥工业园科技路道路，G348园区段工程，板桥园、荣隆园污水处理厂提标改造工程，荣昌高新区实验小学教学楼建设项目，荣昌高新区绿色食品产业园基础设施升级改造工程，高新区产业转型升级示范区配套设施改造工程，荣昌高新区陶瓷产业园平场及道路建设项目等；取得征地批文1419亩，完成工业用地出让收入2.17亿元，平场3000亩以上，完成道路建设7公里；板桥园主干道周边180余家企业完成环境综合整治并通过验收，企业面貌焕然一新。

（六）服务效能全面提升，营商环境持续优化

贯彻落实《重庆市优化营商环境条例》《重庆市社会信用条例》，接续实行即来即办的“一

站式服务”模式，落实行政审批“一次性告知”“告知承诺”“容缺后补”制度。实行“百名干部进百企”“营商环境观察员”“企业吹哨、部门报到”“项目经理联系服务企业”“只跑一次、只找一人”等制度，创新实施“跨部门并联验收制”，高效落实社会投资小型低风险项目优惠政策，办理小型低风险建设项目 11 个，享受政府购买服务资金 30 余万元。共办理各类审批事项 1800 余件。深入实施“全面提升营商环境，助推企业达产达效”大帮扶行动，解决企业难点、堵点、痛点问题 115 个，解决 19 家企业办理不动产权证难遗留问题。及时兑现支持制造业高质量发展 100 余个项目共计奖补资金 5 亿元。协调金融机构帮助困难企业融资 8500 万元。解决企业高管及关键岗位技术人员子女 80 余人入学问题。

（七）川渝合作深入推进，毗邻地区联动发展

荣昌高新区始终秉承卢红书记调研荣昌高新区时提出的打造成渝地区双城经济圈合作主战场和桥头堡定位，荣昌·隆昌合作示范园区被重庆市经济和信息化委员会、四川省经济和信息化厅联合下文确立为首批成渝地区双城经济圈产业合作示范园区。双昌大道 G348 板桥园区段道路顺利通车，川渝合作重点项目重庆电子电路产业园现已建成厂房超过 50 万平方米，累计入驻企业 38 家。重庆陶瓷产业园是重庆市唯一的陶瓷产业园，现已入驻川渝等地陶瓷企业 70 余家，荣昌、隆昌陶瓷产业工人、技术人才交流达 200 余人。先后接待川渝市县考察团队 90 余批次。华森制药、电子电路产业园、“一带一路”陶瓷博览中心已成为川渝合作交流“网红”打卡地。荣县招商局、富顺招商局、泸县经开区等川渝毗邻区县均派遣干部到荣昌高新区挂职锻炼，荣昌高新区派遣干部到成都挂职锻炼。

（八）风险防线愈加坚固，为高质量发展保驾护航

建立大气污染联防联动机制，空气优良天数突破 289 天；投入 4000 万元彻底改造一区三园雨污管道；高质量完成百竹园中央环保督察问题整改销号。深入开展“安全生产专项整治三年行动”、推动“两单两卡”试点创建工作，全年未发生较大及以上生产安全事故，安全形势总体可控。深化领导干部下访群众工作机制，加强“3+N”信访突出问题治理，持续开展农民工工资清欠工作，创新实施企业“社会稳定风险等级制”管理，处理信访事项 100 余件，未发生到市进京上访事件。

（九）党史学习教育扎实开展，发展热情空前高涨

扎实开展“我为群众办实事”活动，党史学习教育规定动作不走样，“自选动作”有特色，党史学习教育市委巡回指导七组组长雷晓玲高度评价荣昌高新区开展非公企业“百企联百村 共走振兴路”活动有特色。全面实施“二码”联查，共排查工地和企业 664 家，接种疫苗 35139 人，应接种未接种人员全数清零，构筑起一道构筑保障人民群众生命安全和身体健康的坚固防线。大力整治工作作风，深入开展“政治三力提升”年主题活动和“以案四说”“以案四改”，狠抓干部执行力，全体干部气顺劲足、精神振奋，干事创业的氛围日益浓厚。

二、存在问题

在总结成绩和经验的同时，我们更应清醒地认识到经济发展中还存在不少困难和问题。

一是外部环境严峻。疫情多点散发、全球

通胀、中美贸易摩擦等使得经济运行中的不确定性、不稳定性因素增加，稳增长面临较大压力。

二是转型升级困难。经济总量不大、韧性与活力还不够、新兴动能还不足，制造业综合竞争力不强，环保问题突出，对荣昌招商引资和节能降耗带来严峻挑战，制约了产业转型升级步伐。

三是发展质量不高。创新平台不足，高企数量少且质量低、引进的企业生产工厂多而研发机构少，企业研发投入少、创新意识不强，招商引资偏重于引进工业项目，科研检测机构及人才引进困难。高新技术服务业与医院、学校、银行、商业等配套发展不足，战略性新兴产业占比不高，与周边区县产业发展同质化严重。

四是要素保障不足。水电气等要素保障不足，板桥园可用土地短缺，劳动力资源储备不够充足，部分企业面临招工难。

三、2022 年工作安排

未来 5 年，从世界来看，正经历百年未有之大变局，疫情变化存在诸多不确定性，但是中国显著的制度优势必将为经济平稳发展、社会和谐稳定提供坚强的保障。从全国来看，在国内大循环格局中，城市化、工业化依然是促进发展的主要路径，以国内大循环为主体、国内国际双循环相互促进的新发展格局加速构建。从西部地区来看，西部大开发、共建“一带一路”，以及长江经济带等国家重大战略叠加，推动西部地区走向更加开放、更有活力的前沿，未来的西部已具有高质量发展与高速度增长的双重潜力。从重庆来看，加快实施的成渝地区双城经济圈国家重大战略和全市“一区两群”协调发展，更有利于建设国际化、绿色化、智能化、人文化的现代城市，国际影响力和区域带动力不断增强。从荣昌看，怀抱成渝两地黄金联结点、成渝腹心等优越条件，迈上“入圈”（进入国家战略成渝双城经济圈）和“进城”（进入重庆主城都市区）的新平台，被赋予川渝合作“桥头堡”新使命，有坚实的发展基础、有多个国家级平台、有千亿级产业集群、有强劲的赶超势头。从荣昌高新区来看，区第十五次党代会把“两高三新”发展目标、重点攻坚“五大任务”作为荣昌建设成渝腹心现代化新兴城市重要抓手，件件大事都与高新区密切相关，高新区发展得到区委、区政府鼎力支持。今后的 5 年，荣昌高新区必将舞台广阔、大有可为、精彩绽放。同时，环顾成渝，四川经济上去了，重庆经济上去了，荣昌周边高新区与毗邻高新区相比，知识创造和技术创新能力、产业升级和结构优化能力、国际化和参与全球竞争能力相对薄弱，名次与自贡高新区、泸州高新区、永川高新区、内江高新区相比较为靠后，但可持续发展优势明显、发展动力依旧强劲。大家都在“穷追猛赶”，围绕产业、技术、资金、项目、人才、市场的争夺日趋激烈，保位争先挑战巨大，结果只有一个：不是“入局”就是“出局”。如果“出局”了，就会陷入极大的被动。前有标兵、后有追兵，标兵渐远、追兵渐近，除了胜利我们已经无路可走！

（一）指导思想

2022 年，荣昌高新区坚持以习近平新时代中国特色社会主义思想为指导，深入贯彻落实党的十九大、十九届历次全会和市委、区委全会精神以及习近平总书记对重庆提出的“两点”定位、“两地”“两高”目标、发挥“三个作用”和营造良好政治生态的重要指示精神，认真贯彻落实党中央国务院决策部署、市委市政府工作要求和区委区政府工作安排，统筹疫情防控和经济社会发展，扎实做好“六稳”“六保”，围绕农牧特色科创高地、现代产业集聚高地、成渝主轴开放新城、城乡融合魅力新城、山清水秀生态新城“两高三新”发展目标，扎实建好国家畜牧科技城、国家城乡融合发展试验区、川南渝西融合发展试验区“三大平台”，重点攻坚百强国家高新区、国家生猪技术创新中心、荣昌综合保税区、内荣现代农业高新技术产业示范区、“绿水青山就是金山银山”实践创新基地“五大任务”，以深化体制机制改革和营造良好创新创业生态为抓手，以科技创新为核心，勇当建设成渝地区双城经济圈合作主战场和桥头堡，主动服务“一城一区五中心”科技创新格局，向百强国家高新区迈进，努力实现“一年蝶变大突破、三年质变大提升、五年剧变大发展”，争做荣昌建设成渝腹心现代化新兴城市的“领头雁”，全力打造成为创新驱动发展示范区和高质量发展先行区，奋力谱写高质量发展新篇章，以优异成绩迎接党的二十大胜利召开。

（二）重点任务

1. 规划引领落实落地

目标：基本完成 50 平方公里国土空间规划，完成“十四五”产业规划。

2. 招商引资保量提质

目标：紧盯龙头企业，招大招强。坚持抓大不放小，全力引进龙头企业、上市公司、500 强企业，以及整车整机、终端产品等企业。紧盯“1+3+1”主导产业，招链成群。编制“1+3+1”产业链招商规划方案，紧盯补链延链强链项目，加速打通上下游产业链，形成产业集群。紧盯战新产业，招高招优。从源头上推动高质量发展，新签约项目战新产业占 40% 以上。紧盯科技研发，招才招智。持续加大力度招引一批研究孵化中心。紧盯生产服务业。补齐园区生产性服务业短板，整合园区地勘、审图、监理等中介机构。

3. 产业落地提速提质

目标：确保新开工 100 个以上项目，投产 50 个以上。

4. 基础设施见速见质

目标：报件 1800 亩，平场 3000 亩，新建道路 7 公里、管网 14 公里，建成标准厂房 17 万平方米，启动建设 12 万平方米，建成长租公寓 12 万平方米，启动荣昌电镀集中加工点污水处理站二期工程、荣昌高新技术产业开发区智慧园区信息化系统建设项目等新建项目，加快论证板桥污水处理厂扩容问题。高标准启动科创中心建设（至少启动中央公园建设），力争开工建设化工园，实施园区架空线下地工程。

5. 稳企纾困落实落细

目标：总产值增速 9%，增加值增速 12%，升规企业 20 家，升限企业 4 家，培育龙头企业 1 家，上市企业培育 15 家，专精特新企业 3 家，“四上”企业 10 家，投产企业 50 家以上，数字车间 4 个，智能工厂 3 家。

6. 创新创业提档升级

目标：研发投入占比 4.4%，增长约 5%，新增高新技术企业 35 家、科技型企业 70 家、研发平台 5 个，国家科技部火炬中心考核排名上升 5 个位次以上。

7. 园区更新见绿见彩

目标：园区更美、更亮、更宜居。

8. 党的建设从严从紧

目标：党的领导更加强化，机关作风明显好转，全面从严治党更严更实，体制机制更加顺畅。

（执笔人：戴世鑫）

两路果园港综合保税区

重庆两路寸滩保税港区管理委员会

一、2021 年发展回顾

2021 年，保税港区坚持以习近平新时代中国特色社会主义思想为指导，深入贯彻落实习近平总书记重要讲话和重要指示批示精神，立足新发展阶段，准确全面贯彻新发展理念，积极融入新发展格局，统筹疫情防控和经济社会发展，努力克服疫情和国际国内经济环境对产业链、供应链的冲击，坚持稳中求进工作总基调，紧扣高质量发展主题，全力稳住经济基本盘，保持经济稳中有增、稳中向好，奋力在“十四五”开局之年开好局、起好步。在芯片等原材料短缺的情况下，规上工业产值首次突破千亿元大关，全年实现规上工业产值 1013 亿元、同比增长 8%；在连续 4 年保持两位数增长的基础上，全年实现外贸进出口总额 1943 亿元、同比增长 28%，在全国 155 个综保区中位列第 7；全年实际利用外资 12.91 亿美元，占全市的 13%。

（一）加工贸易提质增效

持续巩固加工贸易对港区产业的支撑作用，抢先一步争订单、拓市场、扩产能，全年生产各类智能终端产品 4050 万台（件）、增长 3.5%。围绕产业链打造创新链、价值链，推动纬创、旭硕研发中心由生产型研发向产品设计型研发转型，推动仁宝设立新型研发机构，累计申报发明专利 26 项。以大数据智能化为引领，新投入智能化改造资金 4.5 亿元，生产效率提升 15%、生产成本降低 35%、产线平均人数降低 16%、生产良品率提升至 98%。推动先进制造业和现代服务业深度融合发展，飞力达车路协同平台项目数字化运行控制中心建成运营，成为西南地区首个利用“工业互联网 + 新能源自动驾驶”技术的供应链应用场景。引进联想新品牌新产品开展委内加工，推动联想智能制造基地项目落地。推动 4 家重点智能终端企业开通保税维修账册，在全市率先开展“全球维修”业务。

（二）“保税 +”产业持续发力

突出“窗口、贸易、旅游”三大功能，推动“一带一路”商品展示交易中心提档升级，国家特色商品馆增至 30 个，商品品类增至 5.4 万个；在武隆、黔江、万盛、江津和四川达州、广安设立 6 个分销中心。加快打造跨境电商示范园区，加强跨境电商“前店后仓 + 快速配送”模式推广应用，推动“免税转保税 + 跨境电商”进口模式落地，壮大跨境电商 B2B 出口业务，形成进出口双向发力的新格局，实现交易额 77 亿元、同比增长 60%。总部贸易实现快速增长，百亿级龙头企业引领作用明显，全年实现进出口额 510 亿元、同比增长 87%。

（三）城市品质不断提升

在水港，重点围绕寸滩国际新城建设，加快推动寸滩国际商务中心建设，以“一街五中心”为载体，建成投用国际化智慧街区——丝路花街，是融入寸滩国际新城建设的首个可视化、场景化项目；建成重庆国际文旅之窗、重庆移民事务服务中心、中西部国际交往服务中心、重庆市签证服务大厅；“一带一路”商务中心引入 9 家国际企业、区域总部、协会组织和 4 个国家特色餐饮及文化游购项目。在空港，积极打造文旅融合的智慧新城，推动以 5G 为引领的城市新基建建设；加快推进全年全天候全室内恒温的中国摩娱乐综合体项目建设，主体工程基本完工；常春藤国际学校招生就读学生约 1900 人，被胡润百学评为“中国百强国际学校”（全市共 3 所）。加快完善城市基础设施，全年完成固定资产投资 141.58 亿元；抓好区域运行保障服务，不断提升城市精细化管理水平。

（四）安全稳定防控有效

始终把安全稳定防疫工作作为发展底线。完善“辖区政府 + 港区 + 企业”疫情防控三级联动机制，针对辖区产业人员来自不同区域、流动性强、密度大的特点，严格做好闭环管理，坚决阻断疫情传播链条，做好疫情防控；全面强化海关口岸等关键环节的管控，加强冷链食品及非冷链货物全链条监管，为全市非冷链货物疫情防控提供“样板”。牢守安全底线，建立日周月隐患排查工作机制，针对消防、交通、施工、食品等领域开展大排查大整治，排查问题隐患 1880 个，确保及时整改；持续关注房地产开发等领域不稳定因素，坚决防止发生群访集访事件。

二、2022 年发展思路

2022 年，综保区将按照稳中求进的总要求，切实提高政治站位、战略站位，以“稳增长、谋长远、求突破、开新局”的总体思路，紧扣港区“对外开放示范窗口、产城融合智慧新城”定位，抓住重点、突破难点、找准着力点，努力构建形成高水平开放高质量发展新格局。一是稳增长。全力稳住加工贸易基本盘，力争实现规上工业产值两位数增长；加快大数据智能化升级改造，新建智能化示范产线 2 条；瞄准高端化、智能化、绿色化方向，加快培育打造战略性新兴产业和先进制造业，推动网内网外联动发展，力争引进 1~2 家“50 亿级”工业类项目。充分发挥一般贸易的促增长作用，力争外贸进出口总额实现两位数增长。统筹好疫情防控和安全工作，坚决防范各类重大风险发生。二是强开放。高标准建设寸滩国际商务中心，做好全域统筹规划，明确发展路线图；加快推进“丝路花街”提档升级，聚焦“国际”、紧扣“消费”，打造国际化街区环境；着力完善商务功能配套，完善区域酒店、会议中心、餐饮娱乐等设施；打造对外服务窗口平台，建立一站式服务机制；强化“一带一路”商务中心招商，围绕总部经济、金融、商务服务业、数字经济等业态，招引有实力、有税源的企业落地；谋划国货精品推广中心建设；做大做强“窗口贸易旅游”三大功能，推动“一带一路”商品展示交易转型升级；搭建好国际化交往平台，策划举办对外文化交流活动。做好“保税 +”文章，不断壮大“保税 + 总部贸易”“保税 + 跨境电商”“保税 + 现代物流”“保税 + 飞机租赁”，以“保税 + 科技”为重点，加大科技创新力度，重点推动保税研发模式创新，积极引入车联网、新材料、生物医药等科技型企业、高新技术企业，不断集聚竞争新优势。三是落政策。积极争取财税扶持政策，把政策优势转化为发展动能；积极争取政府专项债券，保障重大项目实施；对产业政策进行全面梳理，政策资金向高成长型、高附加值产业倾斜，助推产业高质量发展。四是优环境。“硬环境”以保税港新城建设为重点，加快推进重大节点工程建设，打通内外连接大通道；

抓好主干道美化绿化亮化，让城市更有品质；加快公共服务设施建设，完善城市功能配套；以尼克宇宙IP形象为主题，加快中国摩娱乐综合体建设，切实增强区域对外吸引力、影响力。“软环境”以营商环境提升为重点，搭建企业交流合作平台，建立重点企业联系制度，帮助企业解决实际的困难和问题，着力构建亲清政商关系；优化通关环境，强化通关保障，创新监管方式，提升通关效能。五是促改革。深入推进国企改革，立足自身优势，主动嵌入港区产业链、供应链，找准主营业务方向，做大做优国有资本，切实增强企业的核心竞争力。对标世界一流管理，强化精准对标，聚焦关键因素，破解瓶颈难题，通过强弱项、补短板，切实提升企业管理能力。

（执笔人：李炜钧）

第五编　区县经济

万州区

万州区人民政府办公室

一、2021年发展回顾

2021年，万州区坚持以习近平新时代中国特色社会主义思想为指导，深入贯彻党的十九大和十九届历次全会精神，全面落实习近平总书记对重庆提出的系列重要指示要求，完整、准确、全面贯彻新发展理念，积极融入和服务新发展格局，坚持稳中求进工作总基调，统筹疫情防控和经济社会发展，统筹发展和安全，持续做好“六稳”“六保”工作，扎实抓好“四个篇章”，走深走实“一心六型”两化路径，“十四五”实现良好开局，高质量发展之路越走越宽，加快建设“一区一枢纽两中心”基础更加坚实。全年实现地区生产总值1087.9亿元、同比增长8.4%，历史性突破1000亿元大关；固定资产投资增长10%，一般公共预算收入增长6.4%。

（一）坚持创新引领，现代产业提质增效

深入推进创新驱动发展战略，新培育市级科技型企业161家、国家高新技术企业18家，国家生猪技术创新中心、中国柑桔研究所在万建立研究机构，三峡山地特色农业科技创新中心入驻科研平台15个，市级以上科技研发平台达到43家，预计全社会研发投入强度达到1.5%左右。工业发展量质齐升，特铝新材料等27个项目竣工，菲达旭智能灯具研发生产等27个项目开工，工业投资增长87.1%，新培育规上工业企业16家，规上工业产值增长14.1%，五大重点产业产值占全区规上工业产值的比重达到68%。农业发展稳中提质，“双百亿”工程新建经果林5万亩、出栏生猪105万头，农业增加值增长12%、突破百亿元大关。现代服务业持续繁荣，“五大商圈”提质发展，16场展会活动实现交易额30.1亿元，三峡柑橘国际交易会实现销售收入24.7亿元，社会消费品零售总额增长27.8%；“畅游三峡·万州出发”旅游品牌持续升温，世界大河歌会持续唱响，大三峡旅游集散中心建成投用，三峡恒合旅游度假区加快建设，长岭镇安溪村入选全国乡村旅游重点村；全区年货运总量突破1亿吨，金融业增加值占GDP的比重达6.4%。

（二）统筹城乡发展，城市乡村美美与共

深入实施城市提升行动计划，112个城市提升重点项目完成投资167亿元，高铁片区基础设施建设等20个项目竣工投用；整合设置渝东新区，3个镇乡改设街道，城区面积达到110平方公里，城区人口达到106万，城镇化率提高到69%；精心打造滨江环湖“一环十六景”，完成白鹭湾、三生缘廊、樱花渡公园改造提升，绿化美化坡坎崖50余万平方米，培植消落区花海20万平方米，清理整治闲置土地1465亩、打造游园广场9个，建成“一梯七楼”夜景灯饰，完成全国文明城区创建首年测评迎检，启动全国卫生城市创建。积极推动巩固拓展脱贫攻坚成果同乡村振兴有效衔接，构建11个市区级重点乡镇帮扶机制，组建驻乡驻村工作队163个、工作队

员472名，实施帮扶项目837个，拟定帮扶措施1200余条；深化乡村振兴“双亮”，持续改善农村人居环境和完善基础设施，升级改造干线公路93公里，实施通畅工程291公里，改造农村危旧房243户、卫生厕所4627户，打造美丽庭院1000个，白土镇五龙村杉木沟等3个村落入选重庆市传统村落名录。

（三）深化改革开放，发展后劲不断增强

区域协作成效初显，万达开川渝统筹发展示范区创建43个年度重大合作项目稳步实施，川渝东出智慧物流港等“六大功能载体”加快建设；万开云同城化发展加快推进，联合组建三峡人力资源服务联盟，城际公交、义务教育就近跨区招生等15项便捷服务事项落地惠民；两江新区对口协同发展36项年度重点任务有序推进，两江数字经济产业园万州园等5个协作载体高效运营。重点领域改革纵深推进，“楼栋工作日”社区治理、公办养老机构改革等案例做法被全国推广，农村“三变”改革新增试点村90个，金龙铜管集团混改有序推进。对外开放不断扩大，万州经开区纳入中国（重庆）自贸试验区联动创新区，万州综合保税区一期全面竣工并通过预验收；郑万高铁万州段全线贯通，南环高速枢纽工程新田长江大桥成功合龙，渝万高铁、成达万高铁、万达直线高速开工建设，新田港一期开港运营、二期及铁路集疏运中心加快推进，万州机场新增停机位3个、盲降跑道投用。招商引资成效显著，举办“全国知名民企万州行”、第十三届“支洽会”等招商活动，全年签约招商项目61个、协议投资186.8亿元，到位资金76.4亿元。

（四）系统保护治理，生态环境稳步改善

全面落实河长制，全域水质提升试点范围扩大至5条次级河流，新建和改造城乡污水管网、城区雨污分流管网250公里，沱口污水处理厂扩容、11处镇乡处理设施改造有序推进，统筹抓好长江流域十年禁渔，放流珍稀濒危水生动物鱼种150万尾，21条次级河流水质稳步提升，长江干流万州段水质稳定保持Ⅱ类。全面推行林长制，深入实施“两岸青山·千里林带”工程，有序推进铁峰山国家森林公园违建整治，完成国土绿化营造林27.5万亩、消落带中山杉生态修复治理1192亩，完成21家企业挥发性有机物治理、836家涉气企业综合整治，全区森林覆盖率达到56%，长江两岸森林覆盖率达到70%，空气质量优良天数340天。全面落实“双碳”要求，加快推进重点行业清洁生产和节能减排改造，积极探索排污权、碳排放权等生态产品价值转换机制，林业碳汇开发有序推进，国能万州电厂、索特盐化等7家企业纳入碳市场配额管理，年履约二氧化碳排放900余万吨，淘汰老旧机动车1900辆，实施公共建筑节能改造23万平方米，万州绿色智造赋能中心投入运营。

（五）办好民生实事，民生福祉持续增进

社会事业蓬勃发展，打好三峡“教育牌”“健康牌”“文化牌”，改扩建幼儿园13所，万二中高峰校区建设加快推进，三峡小学、金陵中学建成开学，三峡学院更名大学上报教育部，重庆幼专、三峡医专新校区建设有序推进；三峡公共卫生应急医院、重庆全域肿瘤医院基本建成，区妇幼保健院新院区建成投用，重庆三峡医专附属中医院成功创建三级综合医院，常态化疫情防控有力有效，累计接种新冠疫苗306.1万剂次；“中国曲艺之乡”正式授牌，成功申报市级历史文化名城，三峡文化园、大河歌会广场建成投用，创建全市法治政府建设示范区。民生保障不断加强，实施市区两级18件重点民生实事、“我为群众办实事”36个重点民生事项，建成街道镇乡养老服务中心 21 个，完成棚户区改造 4.18 万平方米，城镇新增就业 3.1 万人，城乡居民人均可支配收入分别达 4.7 万元、1.9 万元，同比分别增长 9.6%、11.5%。社会大局和谐稳定，深入开展安全生产“百日行动”，聚焦“十大领域”深化隐患查改，建成农村道路生命安全防护工程 650 公里，整治无消防用水高层建筑 672 栋，拆除可燃雨棚、外墙防护网 4.7 万户，解决群众反映强烈问题 70 个，办结群众诉求 800 余件。

二、发展中存在的问题

与此同时，发展中仍然还存在一些突出问题和短板。一是经济总量不大、产业能级不高、创新支撑不强，加快传统产业转型和新兴产业发展任重道远。二是能耗压力和资源环境约束加大，实现碳达峰碳中和、促进经济社会发展全面绿色转型任务繁重。三是财政收支压力加大，基础设施、就学就医、“一老一小”、社会治理等领域还有不少短板弱项，发展不平衡不充分问题依然突出。四是重点领域改革有待深化，营商环境尚需持续改善。

三、2022 年发展思路

2022 年，万州区将按照中央、市委经济工作会议部署，坚持稳字当头、稳中求进，在战略上更加主动、在战术上更加精准，统筹疫情防控和经济社会发展，统筹发展和安全，扎实抓好“四个篇章”，深入践行“一心六型”两化路径，加快建设“一区一枢纽两中心”、争当高质量发展高品质生活排头兵，着力稳定经济大盘、稳住社会大局，以优异成绩迎接党的二十大和市第六次党代会胜利召开。

（一）唱好“双城记”，加快建设川渝东北对外开放门户

聚焦万达开一体化，筹备设立万达开统筹发展基金，共建川渝东出智慧物流港等六大功能载体，协同推进成达万高铁等重点项目，联合培育新材料等 3 个千亿级产业集群。聚焦万开云同城化，推动设立万开云投资公司、同城化发展基金，实施万云滨江快速路等项目。加强与两江新区多领域协作，引导更多机构入驻共建平台。

（二）抓好“生态篇”，加快建设生态优先绿色发展示范区

深入打好污染防治攻坚战，推进“蓝天、碧水、净土”保卫战。开展苏马河、大周溪、苎溪河等次级河流综合整治，接续推进城乡污水处理设施建设两年专项行动，实施 4.3 万亩“两岸青山・千里林带”建设、10 万亩国土绿化营造林，完成铁峰山国家森林公园生态环境综合整治，新增有机肥替代化肥 6 万亩。着眼“双碳”促转型升级，充分发挥绿色智造赋能中心功能，助推企业降耗减碳增效。

（三）抓好“流通篇”，加快建设全国性综合交通物流枢纽

畅通交通物流通道，建成郑万高铁、南环高速等项目，加快新田港二期、万州机场改扩建，推动渝万高铁全线开工。完善开放平台功能，封关运行万州综合保税区，力争开放航空口岸，完善万州港口岸功能。大力发展现代物流，常态化运行沪渝集装箱直达快线、万涪水水中转班轮，加快万州冷链物流分拨中心、中通快递渝东产业链园区等项目建设，打造区域性快递快运分拨中心、冷链物流集散中心。

（四）抓好“城市篇”，加快提升区域中心城市功能

精心打造城市新区，提质更新中心城区，实施125个城市提升项目，加快“一环十六景”及38个标志性项目建设。培育11个乡村振兴重要支点镇乡，大力实施乡村建设行动，创建美丽庭院1000个。推进三峡职院、安全职院新校区建设和三峡医专升本，加快三峡公共卫生应急医院等建设，推动重庆大学附属三峡医院创建市级区域医疗中心。

（五）抓好“产业篇”，加快建设三峡库区经济中心

加快建设工业强区，深耕五大重点产业，开工20个项目，竣工20个项目，力争规上工业产值增长20%。加快建设农业强区，加快构建种植、养殖两个百亿级全产业链，农业增加值增长6%以上。加快建设现代服务业强区，提档升级“五大商圈”，社会消费品零售总额增长7%。力争新培育国家高新技术企业15家以上、市级科技型企业150家以上，完成招商引资协议投资350亿元以上、到位资金70亿元以上。

（六）稳住“基本面”，着力营造和谐稳定发展环境

尽力而为、量力而行办好民生实事，统筹推进教育、医疗、文化事业发展，强化“一老一小”服务，城镇新增就业2.5万人以上。抓好常态化疫情防控，强化突发重大公共卫生事件应急能力建设，筑牢疫情防控防线。深化安全生产专项整治三年行动，深入开展“治重化积”“清仓见底”专项行动，常态化开展扫黑除恶斗争，维护社会大局稳定。

（执笔人：容会宁）

黔江区

黔江区人民政府办公室

一、2021 年发展回顾

2021 年是中国共产党成立 100 周年，是全面建设社会主义现代化国家新征程的起步之年。一年来，黔江区深学笃用习近平新时代中国特色社会主义思想，坚决贯彻落实党中央、国务院决策部署和市委、市政府工作要求，统筹疫情防控和经济社会发展，实现了“十四五”良好开局。全年地区生产总值增长 7.8%，规上工业增加值增长 6.7%，固定资产投资增长 10%，社会消费品零售总额增长 17.3%，一般公共预算收入增长 0.9%，城镇、农村常住居民人均可支配收入分别增长 9.2%、11.1%。

（一）脱贫攻坚与乡村振兴有效衔接

脱贫成果持续巩固。整合涉农资金 6.2 亿元，实施项目 298 个。帮助 2.2 万名脱贫人口稳岗就业，消费帮扶 1.1 亿元。动态清零“两不愁三保障”问题。消除返贫致贫风险 942 人。乡村振兴有序推进。通过太极镇、金溪镇等 5 个重点乡镇和冯家寨子等 62 个重点村（社区）示范带动，分层分类推进乡村振兴。黑溪互通至马黄路段、卡子隧道至马喇场镇段二级公路投用，新改建“四好农村路”200 公里，村（居）民小组通畅率达 98.5%。完成房屋整治及环境提升 357 户、农村改厕 600 户。对口帮扶衔接有效。到位资金 7000 余万元，帮扶项目 38 个，交流培训干部 500 余人次，来黔支医支教 100 余人。

（二）产业发展与科技赋能有机融合

农业高效发展。生产粮食 23.4 万吨、蔬菜 26.1 万吨，产烟 6.9 万担、产茧 7 万担，出栏生猪 75 万头，六九畜牧建成国家级生猪核心育种场。“黔江羊肚菌”“黔江桑蚕茧”荣获国家农产品地理标志认证。工业提质增效。工业投资增长 70%，战略性新兴产业产值占比提高 0.7 个百分点。三磊玻纤一期二线启动建设，烟厂易地技改加速推进，海通丝绸和耀润电子建成投产。获批渝东南首个市级高新区，神斧锦泰建成市级数字化车间，万人发明专利拥有量渝东南领先，新培育科技型企业 48 家、高新技术企业 15 家、规上工业企业 7 家。服务业扩能升级。实现电商交易总额 60 亿元。“普惠金融到村”全覆盖。累计发放知识价值信用贷款 2.2 亿元。濯水景区品牌影响力进入全国 40 强，成为全市唯一上榜“100 强”的景区。获评首批市级全域旅游示范区。

（三）对外开放与区域协作相互促进

开放基础逐步夯实。渝怀铁路开行动车，黔石高速公路全线通车，渝湘高铁重庆至黔江段加快建设，黔江东南环线高速公路工程形象进度达 78.5%，黔江武陵山机场改扩建项目基本完工。80 万吨铁路散堆货场建成运营。新增进出口备案企业 6 家，进出口总额增长 26%，成功申报全市首批自由贸易试验区联动创新区。新签约招商项目47个，到位资金24亿元。区域协作走深走实。积极融入成渝地区双城经济圈建设，分别与广安、南充开展交通基础设施一体化、蚕桑丝绸产业战略合作。抢抓“一区两群”协调发展战略机遇，挂牌成立“重庆高新区·黔江产业合作示范园”，实现横向生态转移收入3.2亿元。

（四）城市功能与品质完善提升

规划布局持续优化。完成空间总体规划编制，划定城镇开发边界67平方公里、城镇建设用地50平方公里。高铁片区、南沟片区等详规基本成型。功能设施不断完善。迎宾大道、正舟路全面升级。舟白隧道整治等27个功能项目、峡谷美地等10个公租房提升项目建成投用，丝绸大厦等25个老旧小区改造项目有序推进。新开工商品房49.8万平方米，销售商品房40万平方米。新增停车位9311个。新建天然气管网751公里、5G基站450个、新能源充电桩100余个，改造电网100余公里。城市管理更加精细。推进城市“三化”，深化城市“三管”。“马路办公”解决问题1万余个。严控城市违法建筑，完成高层建筑可燃雨棚、突出外墙防护网等专项整治。数字城管高效运行，办结案件1.7万件，结案率94.8%。

（五）污染防治与生态修复齐抓共管

污染防治成效明显。整治规范用气企业297家，淘汰老旧机动车593辆，城区空气质量优良天数353天。交通路东段等8个雨污管网投用。城市居民小区、公共机构垃圾分类实现全覆盖。城乡医疗废物集中处置率、农村生活垃圾有效治理率达100%。生态修复不断强化。三级河长巡河1.1万余次，整治水污染问题385个，成为全市唯一竞得2021年全国水系连通及水美乡村建设项目试点区，获国家支持资金1.5亿元。治理水土流失33平方公里，修复矿山6个，完成营造林33万亩，森林覆盖率达65%。

（六）民生保障与社会事业稳步发展

社会保障持续增强。15件重点民生实事完成年度任务。城镇新增就业1.4万人，转移农业劳动力12.7万人，发放创业担保贷款1.3亿元。教育水平稳步提升。武陵中小学如期开学，职教中心入驻新校区。新增学位1.2万个，各类在校学生突破12万人。教师队伍建设和信息化水平不断提升，普通高考综合指标渝东南领先。严格落实义务教育“双减”要求，学科类校外培训机构实现清零。医疗卫生体系不断健全。中心医院成为重庆大学附属医院，民族医院创三级医院接受评审验收，武陵山公共卫生应急医院等项目有序推进，建成3个紧密型医联体和4个片区卫生服务中心。国家卫生区通过复审，新增国家级卫生乡镇5个。文体事业蓬勃发展。成功举办2021中国原生民歌节，民族文化艺术馆建成国家一级馆。输送的运动员李大银摘得第十四届全运会举重项目金牌，市六运会获金牌数居渝东南、渝东北首位。

（七）风险防范与社会治理有力有效

疫情防控精准有力。成功处置市外来黔旅居疫情，有效应对区域疫情波及风险，累计接种新冠疫苗94.2万剂次。重大风险防范有效。严防政府隐性债务风险，积极控增量、化存量、优结构，守住了信用安全底线。有序化解民营企业债务风险，银行业不良贷款余额和不良贷款率“双下降”。社会治理全面加强。完成第七次全国人口普查和村（社区）换届。常态化推进扫黑除恶斗争，实施“全民反诈”专项行动，全区“八类案件”持续减少。推进信访“治重化积”专项工作。未发生较大及以上安全事故。

二、发展中存在的问题

一是高质量发展制约因素较多。新技术、新产业、新业态发展滞后，市场主体不多，专业技术人才紧缺，实体经济运行较为困难。二是产业支撑能力不强。农业“散、小、杂”现象明显，工业经济多点支撑不足，服务业产业层次不高，产业链需持续完善。三是集聚辐射水平不高。教育、医疗区域比较优势逐步减弱，交通、旅游集散等功能发挥不够充分。

三、2022 年发展思路

黔江区始终坚持以习近平新时代中国特色社会主义思想为指导，深入贯彻党的十九大和十九届历次全会、中央经济工作会议、市委五届十一次全会、市委经济工作会议、区第五次党代会和区委经济工作会议精神，坚持稳字当头、稳中求进，以供给侧结构性改革为主线，统筹疫情防控和经济社会发展，统筹发展和安全，继续做好“六稳”“六保”工作，持续改善民生，保持经济运行在合理区间，保持社会大局和谐稳定。

黔江区 2022 年经济社会发展主要预期目标是：地区生产总值增长 7% 以上，规上工业增加值增长 8% 以上，固定资产投资增长 10% 以上，社会消费品零售总额增长 10% 以上，一般公共预算收入增长 6% 以上，全体居民人均可支配收入增长 9.5% 以上，全面完成市上下达的节能减排降碳任务。聚焦目标任务，将重点抓好以下八个方面的工作。一是实施乡村振兴，扎实抓好“三农”工作；二是加快产业集聚，扎实抓好工业强城；三是壮大现代服务业，扎实抓好文旅美城；四是紧扣中心功能，扎实抓好集散兴城；五是厚植发展潜力，扎实抓好开放活城；六是坚持建管并重，扎实抓好城市提升；七是全面深化改革，扎实抓好机制创新；八是强化底线思维，扎实抓好风险防范。

（执笔人：廖帆）

涪陵区

涪陵区人民政府办公室

一、2021 年发展回顾

2021 年是党和国家历史上具有里程碑意义的一年，也是涪陵发展历程中极其重要的一年。面对复杂的经济形势、繁重的发展任务和常态化疫情防控压力，全区上下坚持以习近平新时代中国特色社会主义思想为指导，在市委、市政府的坚强领导下，坚持稳中求进工作总基调，以高质量发展为引领，狠抓“科创 +”“绿色 +”发展，奋力推动实现“十个新提升”，“十四五”实现良好开局。2021 年地区生产总值达 1402.74 亿元、增长 8.7%，总量居全市区县第 5；人均 GDP 突破 12 万元，居全市区县第 3。城乡常住居民人均可支配收入分别达 46019 元、19463 元，分别增长 8.7%、10.9%，高于全市平均水平。

（一）产业质量稳步提升

工业支撑有力。规上工业产值首次突破 2000 亿元大关，规上工业利润 201.4 亿元、居全市区县第 1，工业增加值达 619.66 亿元、居全市第 2。华通电脑二期等 6 个项目建成投产，华峰己二酸扩建（四期）等 10 个项目开工建设。四大园区协同发力，产值增长 21.6%。实施智能化改造项目 50 个，培育 10 户市级链主领军企业、居全市区县第 1。服务业多点突破。百汇广场盛大开业，废旧金属交易市场投入运营。点易园全新亮相，爻里小镇开街迎客，武陵山大裂谷获评首批国家级文明旅游示范单位。农业稳中向好。“2+X”现代山地特色高效农业加速发展，青菜头、中药材种植面积分别达 73 万亩、9.4 万亩。粮食产量达 44.86 万吨，农产品加工业产值突破 330 亿元，成功创建“全国农业全产业链典型县”。中国首个榨菜指数正式上线发布。

（二）科创动能持续增强

创新平台加快搭建。涪陵国家级高新区创建蹄疾步稳，慧谷湖科创小镇建设拉开序幕。新增市级重点实验室 3 个、企业技术中心 7 个、新型研发机构 2 个。创新生态持续优化。新增国家高新技术企业 45 户，高新技术企业产值达 660 亿元、增长 22%。新引进 301 名紧缺优秀人才，其中硕（博）士占比超 90%。创新成果竞相涌现。华峰攻克尼龙 66 用己二腈“卡脖子”技术，荣获中国石化联合会科技进步一等奖；3 项科技成果荣获重庆市科学技术奖，授权发明专利增长 23.1%。

（三）城乡建设加快推进

功能布局持续优化。优化调整 4 街 1 乡管辖范围，6 个镇乡实现改街、改镇。建成区面积达到 76 平方公里，常住人口城镇化率达到 72%。基础设施日臻完善。龙马路等 10 条道路建成通车，武两高速（平桥至大顺段）开工建设，新改建“四好农村路”100 公里，获评全国城乡交通运输一体化示范县和“四好农村路”示范县。新改建农村供水管网 85 公里。城市乡村增颜提质。

五桂堂历史文化商业街区主体竣工，乌江干流岸线保护修复二期工程全面完工，完成42个坡坎崖项目绿化。新增智慧校园10所、智慧医院1家，新创国家卫生乡镇2个。

（四）生态治理成效明显

环保设施加快建设。蔺枝坝污水处理厂建成投用，潘家坝污水处理厂等改扩建项目完工，建成农村居民点生活污水资源化利用项目78个。环境质量持续改善。完成64个入河排污口分类整治，污水“三率”稳步提高，完成营造林26.6万亩，实施矿山生态修复80.6公顷。城区空气质量优良天数达334天。突出问题有力整改。清理整治长江干流岸线利用项目37个，完成南岸浦作业区码头生态复绿，消落区违规种植动态清零。

（五）发展活力迸发彰显

重点领域改革深入推进。完成太极集团“央地”混改增资，推动能源集团股权优化。农村“三变”改革试点村达到87个，推广“龙头企业+供销社+农民专业合作社+农户”新型产业化经营服务模式。医共体“三通”改革试点全面启动，重庆大学携手涪陵中心医院设立附属涪陵医院。开放水平持续提升。积极融入成渝地区双城经济圈建设，川渝共建“中国酱腌菜科技创新重庆市重点实验室”落户涪陵。涪陵高新区获批重庆自贸区联动创新区，综合保税区进出口总额增长1.5倍。涪陵至钦州铁海联运班列数实现翻番。新签吉利新能源电池、比克动力电池等70个重点项目，到位资金216亿元。

（六）尽锐出战攻坚克难

以持久之功巩固脱贫成果。着力推动脱贫攻坚同乡村振兴“四个有效衔接”，840户、2210名监测对象无一返贫致贫。以务实之举优化营商环境。叫响做亮涪陵“服到位、零距离”营商环境品牌，新增减税降费超26亿元，一批用能、用地、用钱等企业难题得列妥善解决。政务服务事项平均办结时限较法定时限压缩80.6%。以果敢之力应对风险挑战。慎终如始抓好常态化疫情防控，安全有序推进疫苗接种，实现确诊病例“零发生”。金融风险得到有效控制，政府债务持续下降，“三保”底线兜牢兜实。有效应对“8·8”特大暴雨等自然灾害。

（七）社会大局安定和谐

民生保障有力有效。深入开展“我为群众办实事”实践活动，“19+42”件民生实事圆满完成。城镇新增就业2.2万人。3.2万名征地人员养老保险实现应保尽保。区儿童福利院开工建设。社会事业稳步发展。公办园在园幼儿占比提高11.3个百分点，义务教育“大班额”下降6.2个百分点、课后延时服务实现全覆盖，新增中职校企合作实训基地12个。成功承办2021年全国田径分区邀请赛。社会环境平安稳定。“百日行动”成效显著，安全生产事故数量、死亡人数分别下降33.3%、36%。信访矛盾纠纷排查化解率达96.1%。成功创建全国禁毒示范城市。圆满完成庆祝中国共产党成立100周年等重要节点安保维稳工作。

二、发展中存在的问题

一是受新冠肺炎疫情和宏观经济下行等因素影响，经济持续健康增长的难度比较大。二是产业转型升级仍待加快，科技创新能力亟须增强，资源环境约束趋紧，新动能成长有待提速。三是城乡建设配套不够完善，功能性基础设施仍然较为薄弱，民生保障、公共服务、社会治理等领域与群众期盼还有差距。四是一些干部创新意识、担当能力、服务理念还不适应新发展要求。

三、2022 年发展思路

（一）奋力实现稳中求胜

着力稳住经济基本盘。把稳增长放在更加突出的位置，加强经济运行调度，保障产业链供应链稳定，促进经济运行保持在合理区间。着力扩大有效投资。抢抓国家政策“窗口期”，实施一批重大项目，推动基础设施投资放量、工业投资提质增效。着力促进消费升级扩容。深入开展促消费活动，积极创建市级高品质夜间经济示范区，加快释放消费潜力。

（二）全面推进产业提质

加快发展先进制造业。狠抓重点项目建设，大力推动“四个一批”。狠抓战略性新兴产业发展，力争战略性新兴产业产值增长 15%。狠抓产业智能化转型，新增智能工厂 2 个、数字化车间 8 个，搭建 2 个国家工业互联网标识解析二级节点。狠抓平台载体打造，扩大高新区规模，优化临港经济区功能，完善白涛新材料科技城配套。狠抓企业梯队培育，新升规工业企业 40 户，新培育“专精特新”企业 5 户。加力发展服务业。提档升级物流业，加快建设龙头港铁路专用线，力争获批生产服务型国家物流枢纽。繁荣发展商贸业，持续办好中国重庆·涪陵榨菜产业国际博览会等会展活动。加快打造文旅精品，大力推进白鹤梁题刻申遗，打响武陵山大裂谷、816 工程经典品牌。

（三）突出创新驱动发展

打造创新载体。力争成功创建国家高新区，启动国家级页岩气技术创新中心创建工作，加快建设慧谷湖科创小镇，提质建设白涛新材料科技城。新创 5 个市级以上研发机构。激发创新活力。加大创新投入力度，实施重点领域关键技术研发项目 30 项以上。做优创新环境。强化财政金融支撑，力争科技型企业知识价值信用贷款规模达到 3 亿元。新增科技企业孵化器、众创空间、星创天地 3 个。培育引进 20 个创新团队、200 名创新人才。

（四）提升城市发展能级

推进高新区扩容提质。调整慧谷湖水源地功能，启动慧谷湖科创小镇、均安片区、双溪片区基础设施建设，建成投用轴线公园。开工建设城七校锦绣校区，建成投用科教产业实训基地。推进老城区有机更新。力争“长涪汇”城市会客厅主体完工，加快推进中国水文博物馆前期工作。推进城市管理提效。拓展深化“马路办公”，深入开展垃圾分类，加快建设新型智慧城市综合服务平台。

（五）加快乡村振兴步伐

持续巩固脱贫攻坚成果。健全农村低收入人口帮扶机制，加大市级脱贫村和区级重点帮扶镇村帮扶支持力度。提升农业综合效益和竞争力。实施土地宜机化改造 1000 亩，粮食产量稳定在 43 万吨以上，榨菜全产业链产值保持在 130 亿元以上。开工建设 5 个中小企业集聚区。加快推进乡村建设行动。新（改）建“四好农村路”100 公里。扎实开展“村庄清洁”和“五清理一活动”专项行动。不断深化农业农村改革。完善农村承包地“三权”分置制度，推进农村集体经营性建设用地入市。深化“三社”融合发展，开展农民专业合作社质量提升整区推进试点。

（六）构建绿色低碳格局

加强生态环境保护。深入落实长江“十年禁渔”，推进新一轮“一河一策”落地实施。完成森林资源“四乱”突出问题专项整治行动。深入打好污染防治攻坚战。启动建设农村生活污水资源化利用二期工程，开展“小散乱污”企业整治，城区空气质量优良天数达到 330 天以上。完善生态文明体制机制。全面完成第二轮中央生态环境保护督察问题整改销号。加快创建国家生态文明建设示范区、国家森林城市。大力建设“无废城市”。

（七）提高开放协同水平

深化重点领域改革。深化园区体制机制改革，完善园区财政体制。深化财税改革，持续完善预算管理一体化系统。深化国资国企改革，全面完成国企改革三年行动计划。提升开放合作水平。开工建设渝万高铁、两江新区至涪陵快速通道，力争涪陵综合保税区获批市级跨境电商示范园。加快与长宁—威远、泸州等地共同推进页岩气全产业链发展。打造一流营商环境。深化“放管服”改革，持续深化“一窗综办”“一件事一次办”，网上可办率提高到 98% 以上。推广企业服务专员制度，抓好减税降费政策落实，着力降低企业生产要素成本。

（八）加大民生保障力度

扎实办好民生实事。精准实施一批重点民生实事，持续提高就业质量，开展政府补贴性职业技能培训，城镇新增就业 2 万人。繁荣发展社会事业。深化落实教育评价改革和“双减”工作，学区制管理、集团化办学覆盖面达到 55% 以上。统筹推进健康中国涪陵行动。高水平举办区六运会。

（九）坚守安定安宁底线

提升社会治理水平。稳步推动市域社会治理现代化试点工作，积极创建全国市域社会治理现代化试点合格区、全国社会治安防控体系建设示范城市。全力筑牢安全防线。毫不松懈抓好常态化疫情防控。深入实施常态化安全监管“十条措施”，深化落实企业一线岗位从业人员安全生产责任。切实维护社会稳定。深入推进“治重化积”专项工作，常态化开展扫黑除恶斗争，持续营造和谐稳定的社会环境。

（执笔人：田雪剑）

渝中区

渝中区人民政府办公室

一、2021 年发展回顾

刚刚过去的 2021 年，是“十四五”规划开局之年。全区上下牢记嘱托、感恩奋进，坚持一手抓疫情防控、一手抓经济社会发展，推动渝中高质量发展见到新气象、迈上新台阶。

（一）开局发展势头良好

投入成渝地区双城经济圈建设和“一区两群”协调发展，加强与成都锦江、青羊等区合作，“宽洪大量”等合作范例在成渝地区推广，助力巫溪脱贫。全年地区生产总值（GDP）1517.7 亿元，按可比价格计算，比上年增长 6.1%。地均 GDP 产出 75.6 亿元 / 平方公里，位列全市第 1；按常住人口计算，人均 GDP 为 25.8 万元，是全国的 3.2 倍，位列全市第 1。固定资产投资 198.2 亿元、增长 7.1%，一般公共预算收入 46.4 亿元、增长 5.3%，社会消费品零售总额 1354.0 亿元、增长 6.2%，城镇常住居民人均可支配收入 51083 元、增长 8.7%。

（二）重点产业升级发展

全年新增市级以上金融机构 10 家，绿色信贷及债券余额总规模超 1100 亿元，跨境结算资金规模突破 3000 亿元、居全市第 1，存贷款余额达 1.17 万亿元。“四首经济”“夜间经济”蓬勃发展，西南纺织原料交易中心等供应链平台、洋码头等“独角兽”企业相继落地，打造来福士探索仓等特色消费场景 15 个，新引进国际知名品牌 10 个、首店品牌 70 家，获评首批国家级夜间文化和旅游消费集聚区，国际消费中心城市中心城区发展指数位居全国第 8。获评全国五大区块链核心集聚区、重庆市工业软件产业园，文化旅游、专业服务、数字经济、大健康规上企业营业收入分别增长 20%、15%、28%、10% 左右。

（三）城市品质稳步提升

启动朝天门—解放碑—通远门“第一街”规划编制，策划重庆长滨、大鹅岭景区概念方案。嘉滨岸线贯通工程开工建设，东储段岸线完工开放，珊瑚公园改造初见形象。启动解放碑等五大片区、338 万平方米老旧小区改造，双钢路小区更新改造获央视《新闻联播》宣传报道。获批全国首批城市更新试点城市。实施城市管理“八大行动”，中山四路等道路沿线环境品质全面升级，两江沿线楼宇立面和灯饰精致提升。创新“四长联防”，推动“河畅、水清、岸绿、景美”。城市管理综合考核稳居全市前列。

（四）人文气质持续彰显

坚持以文兴城推动母城历史文化传承与“复新”。完成聚兴诚银行旧址等文物保护修缮、中法学校旧址等革命文物修缮开放，重庆大轰炸遗址陈列馆等文博场馆对外展陈，大田湾—文化宫—大礼堂片区风貌保护提升加快推进。新华日报总馆旧址等 56 个“红色三岩”项目顺利完工。打造“云端”“江岸”“步道”等特色消费场景，推出“百年老巷前世今生”等精品文旅线路。十八梯、山城巷等传统风貌区国庆节日期间接待旅游人数近90万人次，戴家巷街区“晚上看一片灯火、白天看一道风景”、佛图关“开往春天的列车”成为山城新名片。2021年，全区旅游业总收入418.3亿元。

（五）发展后劲不断夯实

坚持创新驱动、改革推动、开放带动，新增国家高新技术企业36家，中新互联互通项目运营中心揭牌亮相，自贸区改革试点任务全面落实，探索涉外法律服务新模式入选国家全面深化服务贸易创新发展试点最佳案例。举办首届中国工业软件大会、第一届中国城市商圈发展大会、新加坡在华知名企业重庆行等活动。推进招商育商稳商，英国商会等8家涉外商会协会入驻，新落地正威国际等项目100个，市外资金到位额125亿元。重庆数字商务产业园等市级园区承载力增强，新改建商业商务楼宇45万平方米。

（六）民生民利持续改善

坚持保基本兜底线，城镇新增就业5.2万人，养老保险、医疗保险参保率超96%，保障5900余户“双困家庭”住有所居，完成老旧住宅加装电梯51台。推进全国一流基础教育强区建设，系统整治“公参民”学校，推动教育“双减”任务落地，全面压减学科类校外培训机构。建立退役军人服务保障体系。居家和社区养老服务设施实现全覆盖，成功创建全国示范性老年友好型社区3个，人均期望寿命等主要健康指标达国内发达城市中心城区水平。

（七）社会大局和谐稳定

推行全域网格化管理服务，“党建＋物业”管理质效提升，79个社区环境和物业管理委员会实现全覆盖。社区居委会换届选举顺利完成。保持高度重视、高度警惕、高度负责的状态，有效应对多地散发疫情影响。开展安全生产大宣传、大排查、大整治、大执法行动，整治288栋高层建筑消防隐患，攻坚拆除可燃雨棚10万余户，专项治理“住改仓”突出问题2800余户、创新运用智慧平台全过程监管。圆满完成各类重大安保任务。

二、存在的问题和困难

一是产业结构和能级需进一步提升，核心产业的引领带动作用还不够强，保稳促增添后劲仍需付出艰辛努力。二是基础设施及公共服务还存在短板，地理空间受限问题日渐突出，可用资源相对短缺的现状仍将持续，财政增收困难更加凸显。三是市场运作的资源配置力、开放门户的集聚辐射力、创新发展的内生驱动力有待增强。四是发展质量与发展环境有待优化，城市功能、城市品质仍需提升，安全稳定风险隐患依然存在。

三、2022年发展思路

地区生产总值增长5%左右，区级一般公共预算收入增长4%左右，固定资产投资总额200亿元以上，社会消费品零售总额增长7%左右，城镇居民人均可支配收入增长6%以上。重点做好以下八个方面工作。

一是着力推动产业升级。积极探索都市核心区发展路径，加快生产性服务业向专业化和价值链高端延伸、生活性服务业向高品质和多样化升级，进一步做大做强区域经济实力。二是着力强化创新驱动。坚持把创新作为引领发展的第一动力，进一步加快集聚各类创新要素、释放创新发展动能。三是着力提升城市品质。高水平策划、规划、设计、建设、运营项目，进一步促进城市功能完善、产业能级提升、产城景融合。四是着力优化区域功能。突出区域特色，精心打造“一核三带六园区”，进一步强化资源集约、要素集聚、产业集群、协同联动。五是着力深化改革开放。攻坚解决制约渝中发展的现实问题，进一步加快积蓄高质量发展动力。六是着力建设人文渝中。坚持传统与现代、经典与时尚有机融合，擦亮人文底色，进一步推动母城文化优势转化为发展优势。七是着力保障改善民生。坚持践行以人民为中心的发展思想，注重补短板、强功能、提品质，进一步提升人民群众获得感、幸福感和安全感。八是着力深化基层治理。时刻牢记特定区位赋予的特殊责任，统筹发展和安全，进一步提高城区治理现代化水平。

（执笔人：刘冠男）

大渡口区

大渡口区人民政府办公室

一、2021年发展回顾

2021年是中国共产党成立100周年，也是“十四五”规划的开局之年。一年来，我们认真落实党中央、国务院和市委、市政府决策部署，积极主动应变局、担当作为解难局、团结奋进开新局，努力实现“构建新发展格局迈出新步伐，高质量发展取得新成就”。2021年实现地区生产总值310.4亿元、增长8.8%；工业总产值突破350亿元，规模以上工业增加值增长22.7%，增速居全市第1；全社会固定资产投资增长6.8%，社会消费品零售总额增长12.5%。

（一）长江文化艺术湾区建设全面铺开

整合力量、汇聚资源，全力推动长江文化艺术湾区和钓鱼嘴音乐半岛建设。重大功能性项目加快推进。长江音乐厅启动建设，长江音乐学院确定建设方案。钓鱼嘴音乐半岛历史风貌项目完成设计。宝武集团西南总部、茄子溪长江音悦港、万吨商旅融合总部三大项目方案基本确定。基础设施建设全面提速。“两江四岸”治理提升葛老溪段开工建设，钓鱼嘴音乐大道、老重钢片区路网等项目加快实施。重钢崖线步道一期建成投用，积极推进博物馆、古镇、公园、江滩等景区景点串联，滨江多元立体景观带初具形态。音乐事业产业逐步导入。编制完成长江文化艺术湾区大渡口段事业发展规划和音乐半岛产业发展规划。与市文旅委、市文联联动共建长江文化艺术湾区，与市歌舞团、市歌剧院、市民乐团建立合作关系，中国音协业余音乐考级考点等项目落地。艺术氛围愈加浓厚。聘请知名专家学者组建音乐半岛专家库。成功举办钓鱼嘴音乐论坛、“穿越二号音乐节”等首届大渡口音乐季系列活动。

（二）制造业高质量发展成效初显

坚持“门类做精、龙头做强、项目做深、链条做长”，推进产业基础高级化、产业链现代化，成功纳入首批国家产业转型升级示范区。聚力打造国家智能视觉感知产业基地。海康威视二期建成投用，三期和萤石项目开工建设，大数据智能化企业突破200家，全产业营业收入突破100亿元、增长56.2%。聚力打造全国体外诊断产业高地。成立重庆市体外诊断技术创新战略联盟，与重庆医科大学及其附属医院、重庆邮电大学共建产学研生态体系。生物医药产业园一期完工，中元汇吉、迪安诊断等企业发展迅猛，全产业营业收入突破100亿元、增长85.4%，体外诊断产业规模占全国的10%。聚力打造国家环保产业基地。新引进环保项目6个，加快构建固废资源循环利用特色产业体系，全产业实现营业收入67.2亿元、增长15.2%。全力培育新材料、重庆小面新增长点。支持国际复合延伸产业链，风电叶片等清洁能源材料项目落地，新增产能规模20亿元以上。重庆市小面产业园从无到有、初具雏形，引入阿里、京东等电商资源，强化平台、流量、金融赋能，累计引进企业20余家、总投资达30亿元。持续提升高新区建桥园发展能级。新建标准厂房、产业楼宇27万平方米，先进制造产业园、数码模四期开工建设，实施智能制造项目14个、技改升级项目24个，工业投资增长13.4%。秋田齿轮获得第四届中国质量奖提名奖。

（三）服务业发展加快推进

主动顺应消费升级大趋势，全力招人气、聚财气、汇文气。消费扩容提质。实施九宫庙商圈“北优南拓”，高品质规划建设龙湖金桥商业综合体，华润万象汇、新合作地下商业街顺利开业，打造尚品荟等4条特色商业街区。开展春季生活节、汽车消费季等系列活动，限额以上批发零售业销售额增长17.2%、住宿餐饮业营业额增长23.4%。重点行业复苏回暖。移动互联网产业园等产业平台载体规模不断扩大，天安大健康、建桥节能环保等“园中园”获评市级服务业集聚区。与市大数据局共建数字经济示范先行区，信息传输、软件和信息技术服务行业营业收入增长35%。金融机构人民币存贷款余额增长17%。旅游经济加快兴起。大滨路沿线江滩成为旅游新热点，白沙沱长江大桥遗址公园前期工作稳步推进，环金鳌山片区乡村旅游加快发展，跳磴鲜活美食镇启动建设，华生园景区重整盘活取得进展。全区实现旅游收入8.1亿元、增长46.2%。

（四）城乡一体化发展再上台阶

提升城市规划、建设、管理现代化水平，加快推进乡村振兴，让城市与乡村各美其美、美美与共。城市新区开发稳步推进。重庆（国际）小球赛事中心概念方案通过市规委会审查，伏牛溪油化品仓储基地搬迁前期工作有序推进。狠抓长江文化艺术湾区、金桥、刘家坝东等重点片区征收攻坚，成功扫除多年影响伏牛大道贯通、音乐半岛建设的施工障碍。完成城市房屋征收10.1万平方米、农村集体土地征收2232亩，出让土地2077亩。城市人居环境有效提升。推进城市建成区数字化管理全覆盖。完成钢花路沿线等绿化提升，建成金阳体育文化公园、义渡滨江公园二期、伏牛大道公园一期，完成大渡口公园改造一期。新建山城步道11.6公里。启动老旧小区改造项目10个，完成沪汉社区改造一期工程。深化“大城三管”，实施市容环境专项整治项目10个，改造提升人车行道22.3万平方米。垃圾分类全面实施。整治各类违法建筑20.9万平方米。内畅外联交通格局加快形成。完成金家湾立交改造、二纵线华岩至跳磴段、百花村隧道等13个项目。轨道18号线、嘉南线连接道、大滨路二期、重钢南北干道建设加快推进，陶家隧道、金晟路网二期等6个项目开工建设。乡村振兴战略加快实施。建成金沙路等农村公路4条。启动农村人居环境整治五年行动，完成10个行政村综合整治。建设高标准农田3000亩。打造“小微生特”宜居村庄示范点5个。培育市级农业产业化龙头企业5家、规模以上农产品加工企业7家。跳磴镇石盘村获评全国“一村一品”示范村，建胜镇民胜村获评全国乡村治理示范村。

（五）改革开放创新不断深化

以更大力度深化改革、扩大开放，以更实举措实施创新驱动战略，发展动力活力进一步释放。重点领域改革统筹推进。建成全市首个医疗器械“放管服”服务中心，深化商事制度改革经验获国务院督查激励。区政务服务中心新址投入使用，全面实施线上“一网通办”、线下“一窗综办”和“跨省通办”事项，实现开办企业全流程“一日办结”。落实企业减税5.2亿元、降低社保费用5326万元。深化投融资体制机制改革，争取专项债券3亿元，大力推进PPP项目，不断拓展多元化市场化融资渠道。深化区属国企改革，促进国有资产保值增值。开放水平不断提高。推动“建桥同心园”、台湾中小企业产业园等开放平台持续升级。深化与重庆科技学院、西南科技大学、四川音乐学院等成渝地区高校合作。强化产业链招商，全年引进项目88个、合同金额300亿元、到位资金60亿元以上。落实“一区两群”协调发展战略，对口协同忠县各项任务全面完成。创新驱动纵深推进。坚持企业创新主体地位，新认定国家高新技术企业33家、科技型企业79家、市级以上研发平台3个。全面推行“英才计划”，建成博士后工作站2个，打造博士后科研工作站联盟。

二、发展中存在的问题

与此同时，发展中仍然还存在一些突出问题和短板。一是从外部环境来看，经济循环、要素保障、风险隐患等不稳定因素增多，国际产业链供应方面还有不少卡点，一些企业生产面临缺煤、缺电、缺芯、缺工等要素短缺问题。二是从内部经济结构来看，全区第一、第二、第三产业发展不平衡，农业占比太低且不能保持稳定增长，服务业占比高但主要为文旅、商贸等传统服务业，现代服务业发展不足且增长乏力。三是从企业发展角度来看，行业头部企业缺乏，高成长性企业、高技术企业、专精特新企业、上市企业数量偏少；部分中小企业成本压力加大、生产经营困难增多、盈利能力远不及大型企业。四是从政府自身来看，财政平衡压力较大，2021年区级一般预算收入20.25亿元、下降10.2%，一定程度上造成在教育、医疗、交通等领域投入心有余力不足，民生保障仍然存在短板弱项。

三、2022年发展思路

2022年是实施“十四五”规划的重要一年，要按照稳字当头、稳中求进的总体要求，坚持以供给侧结构性改革为主线，统筹疫情防控和经济社会发展，统筹发展和安全，继续做好“六稳”“六保”工作，持续改善民生，保持经济运行在合理区间，保持社会大局和谐稳定，迎接党的二十大和市第六次党代会胜利召开。2022年全区经济社会发展的主要预期目标为：地区生产总值增长6%左右；规模以上工业增加值增长10%；全社会固定资产投资增长7%；社会消费品零售总额增长15%；全区居民人均可支配收入增长7%，单位地区生产总值能耗下降率完成市级下达的目标任务。

（一）聚力建设长江文化艺术湾区

匠心打造钓鱼嘴音乐半岛。全面完成音乐半岛征地拆迁攻坚。力争长江音乐厅主体基本建成、长江音乐学院基础完工，加快推动音乐博物馆、音乐营、音乐台前期工作。完善钓鱼嘴片区路网，建成音乐大道一期，启动半岛环境提升工程，注入音乐元素、打造人文地标。全面铺开湾区重大功能项目。启动宝武集团西南总部建设和老重钢红白楼修缮改造，力促国际艺术交流中心规划落地。开工建设茄子溪长江音悦港、万吨商旅融合总部基地等项目。加快重庆（国际）小球赛事中心前期工作，力争启动建设。构建起长江文化艺术湾区重大功能项目“多点支撑、全面开花”的格局。加快提升湾区基础设施。提速成渝铁路改造，建成老重钢片区南北干道、大滨路二期一段等7条道路，力促29号线等轨道项目纳入全市下一轮建设计划。启动百花村观光缆车项目，力争“两江四岸”治理提升大渡口段、重钢崖线步道全线完工。

(二)强力推进工业经济提质增效

全面升级大数据智能化产业集群。加快建设海康威视三期、萤石智能家居及相关配套项目,力促宁海吉义等项目建成投产,打造“西部视谷”。全产业实现营业收入120亿元以上。做精做强大健康生物医药产业集群。持续深化医疗器械“放管服”改革,支持中元汇吉创建重庆体外诊断研究院、开工建设产品制造中心,做实体外诊断“链主”。推动中翰盛泰、四川亚中项目加快建设,打造体外诊断试剂、仪器及服务全流程产业链。全产业实现营业收入120亿元以上。稳步壮大生态环保产业集群。巩固三峰环境在垃圾焚烧发电行业的龙头地位,扩大固废资源循环利用产业规模,全产业实现营业收入75亿元以上。积极构建新材料产业集群。支持国际复合上市,开发超细纤维、拉挤板材等高端产品,启动风渡新材料扩能等项目建设,延伸玻璃纤维产业链条,全产业实现营业收入30亿元以上。加快培育重庆小面产业集群。提速重庆市小面产业园发展,加快团体标准、地方标准制定和打造区域品牌。围绕小面产业构建完善生态体系,引进上下游企业20家以上、升规5家以上。确保红九九新厂、禄苑等项目建成投用。全产业实现营业收入20亿元以上。同时,加快推动宝武集团“四个一”项目落地,积极支持重钢集团下属企业与宝武集团整合发展。推动汽摩、建筑等传统产业提质发展。鼓励企业“上云上平台”,建设智能工厂和数字化车间2个,促进工业经济效能整体提升。

(三)有效激活服务业发展活力

加快九宫庙—金桥片区核心消费带建设。制定国际消费中心城市核心区培育建设方案,编制商圈新一轮提升行动计划。加快实施步行街改造项目,推动华润万象汇B馆全面开业,开工建设龙湖大渡口天街,引进高品质酒店,升级改造中交时光夜市、美德路风情街。培育“公园商圈、多彩生活”消费促进品牌。做大信息服务行业。推动西部再生资源交易中心、产业链供应链公共服务平台等项目落地,支持快手等直播基地健康运营,培育孵化一批电商直播团队。支持太极信息、重钢电子等企业做大做强,推动信息传输、软件和信息技术服务行业营业收入增长30%。促进服务业多元化发展。大力发展楼宇经济,提速建设天安数码城三期,打造人力资源、科技服务、工业设计等专业服务聚集区。推动现代物流业升级,力促龙文钢材智能物流平台落地。增强金融业服务实体经济能力。用好公园、江滩、工业遗址等自然人文资源,大力发展旅游产业,推动重庆工业博物馆争创AAAA级景区。

(四)持续深化改革开放创新

抓好营商环境创新试点。全面落实市场准入负面清单制度,开展“一企一证”、“一照通”和集群注册制度改革,构建企业生命全周期服务体系。落实国家新的组合式减税降费政策,降低企业税费成本,支持民营经济等各类市场主体发展,力促新登记市场主体总数增长17%以上。推进重点领域改革。完成国有企业改革三年行动任务,增强区属国有企业“造血”功能。优化完善产业发展机制,强化产业链供应链协同。持续深化教育、社保等领域改革。打造高水平对外开放窗口。推动台湾中小企业产业园提质发展,打造两岸青年创业基地。积极发展跨境电商、服务贸易等产业,支持企业拓展海外市场,力争协议引资350亿元、到位资金60亿元以上,外贸进出口总额增长5%以上。

(五)科学统筹城乡品质提升

铺开公园城市建设格局。编制绿地系统和

公园城市建设规划方案。完成大渡口公园改造二期、葛老溪滨江公园建设，以及心湖公园、义渡公园、美德公园整治提升，谋划推动钓鱼嘴生态公园、伏牛溪片区绿地建设，启动白居寺公园、双山公园改造。完成中顺大道配套绿化建设，实施大滨路绿化品质提升。新增绿化面积40万平方米。启动国家生态园林城市创建。加快城市基础设施建设步伐。提速嘉南线连接道、大滨路九滨路连接道、陶家隧道等出区通道建设，完成三纵线五台山至双山段改造，建成新九中路二期、轨道江跳线，开工建设银桥路南段和刘家坝东、跳磴南等片区路网。推动城市建设、更新、管理同步提升。启动大渡村城市更新示范项目建设，完成锁口丘、翠园、月光等老旧片区改造。力促伏牛溪油化品仓储基地搬迁取得实质性进展。整治老城区道路20万平方米。实施重要区域节点夜间照明提升工程。新建改建公厕8座、“劳动者港湾”10个。完善社区物业服务站管理体制。深化云长制改革，加快推进智慧城市建设。完成城市房屋征收15万平方米、农村集体土地征收2000亩，出让土地1000亩。

江北区

江北区人民政府办公室

一、2021年工作回顾

2021年，喜迎中国共产党100周年华诞，顺利开局“十四五”，全区上下凝心聚力、真抓实干，扎实做好“六稳”工作，全面落实“六保”任务，地区生产总值增长8.5%，全口径税收增长18.4%，一般公共预算收入增长4.5%，居民人均可支配收入增长8.8%，实现了经济社会平稳健康发展。主要抓了以下五方面的工作。

（一）产业量质提升成效显著

工业转型加速推进。新能源汽车快速发展带动产业链不断完善，金康新能源与华为合作成效显著，深度参与国家新能源汽车换电模式应用试点。海尔“1+10”项目逐一实施，洗碗机生态工厂顺利落户。登康口腔获评国家级工业设计中心，长安、润际远东自主研发产品均获国家级重要奖项，同岩东迈国产首台轮轨式地铁隧道结构检测车成功交付使用。规模以上工业总产值达1055.2亿元、增长21.2%。商旅文融合持续深入。亚洲最大室内单体海洋馆亮相星光68，引进70余个“首牌”“首店”，举办20余场“首秀”“首展”，国际知名品牌LV等相继入驻，国际知名酒店美利亚顺利开业，莺花巷、陶然居大观园新国潮坊火热开街，鎏嘉码头、北仓持续升温，都市剧场演艺蓬勃发展，三洞桥风情街入选首批市级旅游休闲街区。社会消费品零售总额768.7亿元、增长11.9%，网络零售额达281.8亿元、增长17.2%。金融集聚效应凸显。新增长城人寿等7家区域性金融总部，引进南商银行、国宝人寿、国家金融信息平台西部中心等重要项目，新加坡捷元等3家QDLP试点项目落地。中设咨询成为首家在北交所直接上市的渝企，重庆银行回归A股。国家金融科技认证中心顺利运营，重庆金融博物馆开馆迎客，成功举办中新金融峰会绿色金融分论坛、重庆资本市场研讨会。在全市率先启动“1+5+N”行动，建成15个金融服务港湾，江北嘴获批重庆市金融服务集聚区。存贷款余额达1.67万亿元。数字经济发展壮大。引进字节跳动、百度、数字赛道研究院等一批优质项目，中国商业积分联盟落户江北，重庆数字产业示范园成功授牌，西部数据交易中心正式成立。规上信息服务业实现营业收入超373.4亿元、增长79.9%，数字经济发展质效位居全市各行政区前列。生物医药强势崛起。大力引育基因工程、干细胞工程等行业领军企业，推动生物医药产业补链成群，国鼎检测、千麦医疗实验室等项目纷纷落地，智飞生物研发出全球首个注册上市并在国内首个获批紧急使用的重组亚单位新冠疫苗。生物医药企业营业收入突破250亿元、增长78.5%。

（二）改革创新动能不断增强

纵深推进重点领域改革。改革工作受到国家级表彰或经验刊发11次，财政绩效管理连续获得市级奖励，基本完成国企改革三年行动目标任务。稳步推进行政体制改革，不断优化营商环境，有序实施企业纾难解困、减负发展，新增减税超20亿元，“三送两办一访”获评全市优化营商环境十佳示范案例，五里店商会获评全国“四好商会”。不断释放创新活力。新增50家国家高新技术企业、2家市级重点实验室、2家市级孵化器，建成3家区级创新载体，江北嘴博士后创新创业园成功揭牌。研发投入强度3.2%，双创环境指数排名全市第1。大力推动开放发展。果园港海关集中查验场所建成投用，果园保税物流中心（B型）二期完工，寸滩港口岸功能有序转移，“丝路花街”项目开街，重庆国际文旅之窗投运，“一带一路”商品展示交易中心国家馆数量达30家，完成外贸进出口总额675亿元、增长67%，实际利用外资10.3亿美元、增长20.9%。加快融入成渝地区双城经济圈建设，与德阳市深化制造业发展，与巴中市合作建设绿色有机优质农产品基地，与泸州市共同推动长江大通道建设，与攀枝花市开展新材料研发合作。

（三）城市品质形象持续提升

规划体系更优。精心编制国土空间分区规划，整合65项专项规划，寸滩国际新城规划获批，寸滩国际邮轮母港功能联动区规划设计有序开展，长安三工厂、望江片区等城市更新项目加快推进。功能设施更全。江北嘴滨江广场、江北嘴江滩公园一期、相国寺码头二期、石子山体育文化公园建成投用，鸿恩寺儿童公园、鸿恩阁向市民开放，测候亭气象博物馆焕然一新。改造老旧小区93.7万平方米、棚户区19万平方米。城市路网体系不断完善，轨道4号线西延伸段开工，轨道9号线一期、盘溪立交上跨桥等重大交通项目建成通车。修缮人行道113公里，整治车行道15.2公里。城市品质更佳。深入推进“大城三管”，全面推行“五长制”，常态化“马路办公”整治各类问题2万余个。重庆首个智慧城管4.0系统正式上线，“城市智慧执法”被列入重庆市法治政府建设示范项目。农村人居环境持续改善，垃圾治理率达100%，卫生厕所达标率超96%，生活污水集中处置覆盖率超85%。五宝镇被评为乡村治理市级示范镇。

（四）生态文明建设步伐加快

生态治理持续强化。统筹山水林田湖草系统治理，严格落实河长制、林长制，完成铁山坪堰水坝农村黑臭水体整治，大力推进重庆肥皂厂、黑石子化工仓库、中渝电镀厂、藏金阁电镀工业园等污染地块风险评估及修复治理，实施黑石子垃圾填埋场环境综合整治。铁山坪觅香湖生态修复项目入选“重庆市首届十大生态修复案例”。第二轮中央环保督察整改问题按期完成，群众举报投诉问题231件全部整改销号。环境保护更加有效。实施碳达峰碳中和行动，让江北天更蓝、水更绿、环境更优美。在全市率先完成涉气整改任务，空气质量优良天数达300天以上，重污染天气持续下降。优化唐家沱污水处理设施，水环境质量持续改善。完成西南合成制药等4个污染地块风险管控19万平方米，土地安全使用率不断提升。强化工业等危险废物监管，医疗固废安全处置率100%。垃圾分类扎实推进，节能减碳成为社会新风尚。

（五）保障改善民生扎实推进

深入开展我为群众办实事活动，累计投入7.5亿元，办成区级重点民生实事10件。社会保障体系更加完善。全面落实就业优先政策，新增城镇就业4.9万人。全面加强职业技能培训，艺才高级技工学校获批“国家级高技能人才培训基地”。切实保障农民工合法权益，获评全国根治拖欠农民工工资工作先进集体。成功申报全市唯一的全国居家和社区基本养老服务提升行动试点区，在全市率先建成社保网上预约系统、率先实现社会救助城乡一体化，城乡低保应保尽保、社会救助应救尽救。教育更加优质。深入落实“双减”政策，课后服务全覆盖，顺利完成7所“公参民”学校转制。普惠性幼儿园新增12所，成功举办“国家学前教育改革发展实验区”经验复制推广现场会，学前教育改革发展经验在全国推广。科技实验小学等4所学校建成投用，华新小学福宁村校区等11个改扩建项目有力推进，智慧教育“11+5+X”效果更加彰显，学生在全国、全市各类大赛中获奖逾万人次。医疗更加便利。人民医院新建工程破土动工，中医院二期即将投用，西南医院江北院区正式挂牌。医共体“三通”建设顺利推进，公共卫生服务体系进一步完善。常态化做好疫情防控，全面压实“四方责任”，严格落实“四早”要求，不断完善“外防输入、内防反弹”工作机制，认真落实集中隔离、疫苗接种、应急保障工作，全年无新增本土确诊病例。文体更加繁荣。建成随棠书院等自助图书馆3个，溉澜溪体育公园正式投用，铁山坪森林半程马拉松比赛获全国铜牌赛事，燕青门正骨疗法入选国家级非遗名录。

二、发展中存在的问题

仍需清醒地认识到，江北在发展中仍存在一些突出问题和短板，主要是全球疫情走势仍有很大变数，外防输入、内防反弹压力较大。经济发展面临需求收缩、供给冲击、预期转弱三重压力，发展不平衡不充分问题较为突出，产业新旧动能未形成接续转换。城市功能品质还有较大提升空间，区域开发建设不平衡，精细化管理不足，设施老化带来的城市安全问题逐步暴露。民生短板仍然突出，教育、医疗、养老、文体等公共服务优质供给与群众的期待还有差距。

三、2022年主要目标和重点工作

新开局要有新气象，新起步要有新作为。2022年，江北区将深入贯彻落实习近平总书记对重庆作出的系列重要指示批示要求，在市委、市政府的坚强领导下，紧扣建设“两高”示范区“一大目标”，抢抓成渝地区双城经济圈建设和“一区两群”协调发展“两大机遇”，明确科技兴业之区、开放时尚之地、美丽幸福之城“三个定位”，落实率先推进产业发展现代化、率先推进城市能级现代化、率先推进社会治理现代化、率先推进干部能力现代化“四个率先”，实施实干兴区、科创强区、环境优区、招商活区、民生立区“五大行动”，在奋力推进社会主义现代化建设中干在实处、走在前列，全面开创高质量发展高品质生活新境界。

全区经济社会发展的主要预期目标是：地区生产总值增长7%左右，工业增加值增长6.5%，社会消费品零售总额增长8%，固定资产投资完成310亿元，一般公共预算收入增长3.85%，居民人均可支配收入增长7%。为实现上述目标，江北区始终坚持以经济建设为中心是党的基本路线的要求，聚精会神贯彻执行好中央和市委经济工作会议精神，坚持稳字当头、稳中求进，继续做好“六稳”“六保”工作，重点在以下六个方面着力。

（一）聚焦壮大支柱产业，着力培育现代经济体系

围绕建设西部金融中心核心承载区，持续推动金融机构与金融功能“双集聚”。围绕建设国际消费中心城市首选区，持续推动观音桥商圈提质升级，高品质规划打造“中环万象城”。围绕

建设先进制造业集聚区，提高鱼复工业园产业承载力，有序推动港城工业园提档升级。围绕建设数字经济创新发展示范区，打造一批数字内容、区块链、软件信息服务、数据资产全产业链等多点支撑的产业集群。围绕建设面向未来、跨越发展的先行区，积极发展知识密集型服务业。不断完善创新体制机制，营造良好政策环境，引进更多“高精尖缺”人才和高水平科创团队。

（二）聚焦深化改革开放，着力增强发展动力活力

深化供给侧结构性改革，强化需求侧改革，全面落实国家减税降费政策，加大企业纾难解困力度，健全完善支持民营经济高质量发展的“政策礼包”，统筹推进企业减负发展。抢抓 RCEP 等重大开放机遇，推动通道带物流、物流带经贸、经贸带产业。

（三）聚焦提升功能品质，着力建设两江四岸中庭

持续开展城市专项规划编制，高标准高质量推进“一带双核五片区”一体化发展。全力确保轨道 4 号线二期、红岩村大桥及三纵线、郭家沱大桥及六纵线、红土地立交、水口立交等大通道大枢纽建成通车。深化“大城三管”，加强“同城同标同管理”，推动马路办公向背街小巷延伸，常态化开展“三轮车”、占道违停等专项整治。加快启动五宝国际运动城建设。

（四）聚焦改善生态环境，着力擦亮绿色发展本底

深入贯彻《长江保护法》《重庆市河长制条例》，全面落实市级总河长令，实施城乡生活污水防治、“清水绿岸”水质提升。高质量完成碳达峰碳中和行动方案和计划编制，持续加强固定资产项目节能审查，促进经济社会发展全面绿色转型。

（五）聚焦增进民生福祉，着力提升群众幸福指数

加大对灵活就业、新就业形态的政策支持力度，健全多层次社会保障体系，推进“医康养”一体化服务，抓好优化生育政策落实，完善住房保障体系。启动并加快推进八中宏帆初级中学、鲁能巴蜀中学等 10 所学校新建及改扩建等项目，深化义务教育“双减”、教育评价等改革，推进区人民医院新建工程、人民医院两江院区、中医院三期等建设，不断完善公共卫生应急管理体系。推动“体育 +”融合发展，健全三级公共文化服务体系，推动社区文化“嵌入式”服务，开展更加丰富的群众性文化活动。

（六）聚焦创新社会治理，着力维护安全稳定大局

加强国家安全体系和能力建设，增强国防动员能力。坚决打好政治安全、反恐防暴、维护稳定、社会治安、公共安全五大保卫仗，为党的二十大胜利召开创造安全稳定的政治社会环境。不断完善重大疫情防控体制机制，持续抓好常态化疫情防控。常态化打击非法金融活动，严厉打击和处置非法集资、电信网络诈骗等违法犯罪活动。完成安全生产和消防安全专项整治三年行动，坚决遏制较大及以上安全生产事故。深入推进全国自然灾害综合风险普查和灾害防治能力提升“八项工程”，提升城市灾害监测预警、防范和抵御能力。全面推进市域社会治理现代化试点，扎实践行新时代“枫桥经验”，深化“老马工作法”“东江聊天室”“五社联动”协同治理等品牌建设，提升基层社会治理能力。

（执笔人：陈睿）

沙坪坝区

沙坪坝区人民政府办公室

2021年是“十四五”开局之年，是沙坪坝区各项工作取得重要进展的一年。沙坪坝区认真贯彻落实打好“四张牌”、干好“四件事”工作要求，在市委、市政府的坚强领导下，勠力同心、奋力拼搏，统筹推进疫情防控和经济社会发展，经济稳定恢复，发展韧性持续显现，实现了“十四五”良好开局。

一、2021年发展回顾

2021年地区生产总值达1040亿元、增长7.5%左右，规上工业增加值增长13.5%，固定资产投资增长10%，社会消费品零售总额增长18%，全体居民人均可支配收入增长7.5%。

（一）深入推进产业转型，发展质效持续提升

一是创新动能不断增强。大力实施创新驱动发展战略，以大数据智能化赋能产业升级，三次产业结构为0.5∶30.8∶68.7。加快构建环大学创新生态圈，黄金湾·智谷、光谷·智创园等18个创新平台投用，重庆工业设计产业城建成投用，成为全市首个工业设计创新生态集聚区。中电光谷·西部科技城、青凤高科创新孵化中心加快建设，新增科创空间50万平方米。柔性引进院士5名，组建创投基金2支，帮助200余家科技型企业获各类贷款4.6亿元。万人发明专利拥有量保持全市第1，区域创新活力竞相迸发。

二是先进制造业加快发展。引进小康新能源全球研发总部等研发机构31家和奥普提科技等高新技术项目36个，誉铭精密模具等18个产业项目投产，战略性新兴产业、高新技术产业增加值分别增长6.1%、6.8%，工业总产值突破2500亿元，“芯核器网服”产业链加快构建。

三是现代服务业提质发展。积极融入国际消费中心城市建设，龙湖金沙天街、万达广场、磁器口后街、佛罗伦萨小镇开业，新增商业商务设施面积50万平方米，金融业、物流业、文化产业增加值分别增长3%、11%、5%。三羊马物流在深交所主板上市，成功创建国家文化和旅游消费试点城市。

（二）深入推进改革开放，发展活力持续迸发

一是对外开放成效明显。全面融入共建“一带一路”，抢抓成渝地区双城经济圈建设机遇，以改革增效益、以开放增活力，发展内生动力明显增强。开行中欧班列成渝号，陆海新通道中老铁路（成渝—万象）国际货运班列通车，开行国际班列4200班、增长16%，货值1100亿元。进出口贸易额增长13%。整车进口6700辆，居全国内陆口岸第1。铁路货物提单凭证改革经验全国推广。开放型经济规模占全市四成以上。与韩国桂阳区建立国际友好城市关系。保障中国—东盟特别外长会议顺利在区召开。

二是重点领域改革扎实推进。深化国企改革，完成金麟物业公司混合所有制改革和祥安公司股权多元化改革，实现国有资本收益2.3亿元，

党政机关和事业单位所属企业集中统一监管。行政审批时限压缩 87.1%，营商环境更优。

三是有效投资持续发力。坚持重点项目集中调度，105 个重点项目完成投资 406 亿元，占年度固投的 74%，签约招商项目 157 个，到位资金 146 亿元，开工率达 83%。

（三）深入推进城乡融合，功能品质明显提升

一是城市面貌明显改善。中井路、二横线等 21 条 33 公里道路通车。加快城市有机更新，完成城市征收 25 万平方米，改造老旧小区 130 万平方米，拆除违法建筑 200 万平方米，新增绿化面积 120 万平方米。违法建筑整治成效明显，红岩景区展露新颜，嘉陵湾区开发提速，重庆融创文旅城建成投用，城市展现更靓颜值。“两江四岸”“清水绿岸”加快治理，建成磁器口游客服务中心、青瓷坊，磁器口古镇展现更高颜值。

二是乡村振兴全面推进。产业振兴成效显著，集体经济“空壳村”全面清零，建成高标准农田 2.4 万亩，提档升级颐麓欢歌等产业项目 20 个，都市农业快速发展。人居环境明显改善，建成“四好农村路”72 公里。大力实施农村人居环境整治，打造丰文三河村、歌乐山—中梁等乡村振兴示范片，开展“一化两改三不见”行动，改造农房 1098 栋，栽种花卉果木 15.7 万平方米，改柴棚圈舍 860 处。

三是环境质量明显改善。践行“绿水青山就是金山银山”的理念，坚决打好污染防治攻坚战，山清水秀美丽之地加快建设。整治 487 家“散乱污”企业，主要污染物排放总量持续减少。深入实施生态保护修复，严格落实河长制，全面禁止肥水养殖，全面消除黑臭水体，梁滩河出境断面水质稳定保持 IV 类。全年空气质量优良天数达 310 天、居中心城区第 3、同比提升 5 个位次。

（四）深入推进共建共享，民生福祉持续增进

一是社会民生持续改善。坚持人民至上、生命至上，全力抓好普惠性、基础性、兜底性民生建设，群众获得感、幸福感、安全感不断增强。民生支出占财政支出比重保持在 80% 以上，“两不愁三保障”突出问题动态清零。推动居民就业增收，新增就业 3.5 万人。23 件市、区民生实事全部完成，全体居民人均可支配收入增长 6.5%，发展成果更多惠及人民群众。

二是社会事业加快发展。“公参民”学校治理、“双减”政策平稳落地，建成投用中小学、幼儿园 7 所，学前教育公办率、普惠率分别提升至 52%、80%，高考综合改革稳步推行。区疾控中心、妇幼保健院和文化宣教中心开工建设。获市六运会奖牌、总分双第 1。高标准推动歌乐山·磁器口 5A 级景区建设，大型红色舞台剧《重庆·1949》、舞蹈诗《红岩红》开演，城市文化影响力不断增强。

三是社会大局和谐稳定。债务管控有力有效，安全生产事故起数、死亡人数“双下降”，防范化解重大风险攻坚战及扫黑除恶专项斗争成效显著，社会治理体系更加完善。实施“党建扎桩、治理结网”工程，深入开展安全稳定风险大排查、大起底、大整治、大调处专项行动，未发生较大以上生产安全事故。获评“平安中国建设示范区”。

二、发展中存在的问题

一是创新开放资源优势变现不足，借力高校科技研发优势助推经济发展还有差距。二是实体经济较为薄弱，产业能级不高。三是基础设施和公共服务供给仍有不少短板。四是税收收入结构不优，债务风险依然较高。

三、2022 年发展思路

全区经济社会发展主要预期目标是：地区生产总值增长 5.5% 左右，固定资产投资增长 6% 左右，工业增加值增长 7% 左右，社会消费品零售总额增长 8% 左右，一般公共预算收入增长 5% 左右，区级税收增长 6% 左右，全体居民人均可支配收入增长 6% 左右，空气质量、节能减排降碳完成年度目标任务。

（一）以创新驱动为引领，不断增强高质量发展动力

一是联动共建科学城。推动量子通信器件国家重点实验室落地，引进高新技术企业，孵化科技型企业 200 家。加强与高新区协调联动，共同打造重庆科技重要发源地和新兴产业策源地。二是建好环大学创新生态圈。做实国家大学科技园，建成智慧创新产业园，启动建设环陆军军医大学创新生态圈，建设器官智能生物制造国家工程中心。引进 3 支创投基金，引育 10 名领军人才、200 名高层次人才，创建全国科普示范区。三是重构创新版图。打造中国西部 1491 国际创意谷，启动建设特钢、凤凰山创意产业园，创意设计产业增加值增长 15%，集约科创空间 10 万平方米。

（二）以发展实体经济为着力点，加快构建现代产业体系

一是大力开展招商引资。完善招商引资体制机制，提升招商实效，确保全年正式签约 1000 亿元以上，开工率达 70% 以上。二是大力振兴先进制造业。打造新能源智能网联汽车产业集群，推动先导领域发展，推动优势资源转化，加快产业向高端化、智能化、绿色化转型升级。三是大力发展现代服务业。打造重庆国际消费中心目的地，梳理整合楼宇资源，重点发展企业总部、高端商务等楼宇经济，打造 5 条红色、都市、乡村主题精品游线路，旅游产业增加值增长 5%。四是大力发展数字经济。建成西部区块链研究院，实现智能产业产值突破 2000 亿元。打造“住业游乐购”场景集，新建 500 个 5G 基站。实现数字经济增加值增长 7%。

（三）以建设内陆口岸高地为目标，坚定不移扩大开放

一是夯实通道基础。持续推进中欧班列集结中心建设，着力推动西部陆海新通道向东盟国家拓展，班列开行 4500 班以上。打造集西部陆海新通道、中欧班列（渝新欧）、长江上游航运、重庆航空枢纽于一体的“多式联运”产业服务中心，增强通道辐射能力。二是提升枢纽功能。启动建设中心站铁路上跨桥，中转货物量增长 8% 以上。高水平建设整车口岸，进口整车 5000 辆以上。落户陆海新通道省级联席会议永久会址，打造国际交往中心。三是壮大口岸经济。建成国通智慧冷链产业园等 15 个项目，物流业增加值增长 20% 以上。推动“一带一路”商品交易中心等 8 个项目落地，进出口额增长 5% 以上。做强物流金融，引进新型金融机构 2 家。

（四）以推动城市有机生长为抓手，打造高品质国际化现代都市

一是提升城市综合承载力。高水平编制实施国土空间规划，推动 20 平方公里拓展用地落地。建成科学大道环境工程等 10 个项目，新增绿化面积 100 万平方米。拆除 150 万平方米违法建筑，城市生活垃圾回收利用率达 40%。二是高水平更新东部老城。改造 100 万平方米老旧小区，整治 C、D 级危房 2 万平方米。建成山城步道 30 公里。整体提升内环快速路沿线品质，开展 212 国道井

双段沿线外立面整治，拆除新山路沿线 10 万平方米违法建筑。三是高标准建设西部新城。打造百里生态画廊，串联梁滩河 6 条次级支流，新建 35 公里地下管网，打造 6 公里城市绿廊。完善教育、医疗配套，植入商务商贸、国际交往、文化交流功能，推动产学研教城景深度融合。四是高质量打造中部诗意田园。持续开展“一化两改三不见”专项行动，新改建“四好农村路”50 公里，农房风貌整治提升 1500 户。深化农村“三变”改革，完善群众利益联结机制，村集体经济经营收入增长 11%。

（五）以生态优先绿色发展为遵循，大力提升区域生态环境质量

一是提升生态系统稳定性。强化嘉陵江等流域生态治理。扎实推进中梁山、缙云山保护提升，加快青木湖综合治理，建设“两岸青山 · 千里林带”700 亩，建成 28 公里缙云山生态环道。二是打好污染防治攻坚战。严格控制 $PM_{2.5}$ 和臭氧污染，确保全年优良天数达 306 天。巩固“无废城市”建设成果，治理修复 4 万立方米污染土壤。常态长效推进生态环境问题整改，提高生态环境监管执法效能。三是培育绿色低碳新动能。推进碳达峰碳中和行动，禁止高碳排放项目，持续巩固“散乱污”企业整治成果，完成 3 家企业绿色节能化改造，发展生态农业、生态康养、节能环保等产业。

（六）以创造高品质生活为目的，切实增进民生福祉

一是抓好常态化疫情防控。强化高风险岗位人员、口岸货物和重点场所管控。健全疫情防控应急指挥体系，全面提升应急处置能力。加快疫苗接种，构筑全民免疫屏障。二是提高民生保障水平。建设大学生就业创业孵化中心，精准帮扶重点群体就业创业。新增城镇就业 3 万人，深入推进居家养老、社区养老，新增 550 个婴幼儿托位。全面落实粮食安全行政首长责任制。三是优化公共服务供给。推动高中教育“双新”发展，启动人民医院、中医院三级医院创建，新建 3 个社区体育公园、30 个社区健身点。四是加强社会治理创新。建成应急管理大数据平台，坚决遏制重特大事故。推进基层减负赋能，加强网格化服务管理，营造和谐社会环境。

（七）以优化体制机制为关键，务实推进全面深化改革

一是深化重点领域改革。全面完成国企改革三年行动任务，加快向市场化转型，提高企业核心竞争力。深化投融资体制改革，深入开展“十项全面清理”，确保不发生系统性、区域性金融风险。二是打造卓越营商环境。深化“放管服”改革，全面推行“一件事一次办”，开展“红岩助企服务”专项行动，新增市场主体 2 万户，依法平等保护市场主体合法权益。三是激发民营经济活力。全面落实“减税降费”等惠企政策，常态化开展政银企对接，建立金融服务“直通车”。完善促进民营企业发展政策体系，民间投资占比 60% 以上。健全企业全生命周期服务机制，切实解决企业难题，构建亲清政商关系。

（执笔人：朱朗）

九龙坡区

九龙坡区人民政府办公室

一、2021年发展回顾

2021年，九龙坡区坚持以习近平新时代中国特色社会主义思想为指导，深入贯彻党的十九大和十九届历次全会精神，全面落实党中央、国务院决策部署和市委、市政府工作要求，沉着应对百年变局和世纪疫情，经济建设、政治建设、文化建设、社会建设、生态文明建设步伐加快，圆满实现全面建成小康社会目标，“十三五”规划顺利收官，“十四五”规划良好起步。全年实现地区生产总值1736.38亿元、比上年增长9.2%，其中第一产业增加值7.51亿元、下降2.7%，第二产业增加值623.6亿元、增长7.4%，第三产业增加值1105.27亿元、增长10.3%，三次产业结构为0.4∶35.9∶63.7，一般公共预算收入54.6亿元、增长4.5%，一般公共预算支出82.56亿元、下降7.4%。

（一）聚焦转型升级兴产业，经济发展稳中向好

构筑先进制造业基地。西南铝汽车轻量化生产线正式投产，博世庆铃氢燃料电池发动机等4个重点项目开工建设，工业投资达110亿元。汽摩、新材料、高端装备、电子信息产值分别完成360亿元、480亿元、180亿元、110亿元。规上工业企业累计达500家、规上工业总产值达1360亿元。集聚专精特新“小巨人”企业64家、居全市前列，建成市级小企业创业基地17个。建设现代服务业集聚区。服务业增加值跃上千亿、实现历史性突破，现代服务业增加值占比达68%。“巴渝新消费”八大行动深入开展，培育夜间经济集聚区7个，新增各类首店26家。重庆设计集团总部、中机中联研发大楼等项目齐聚山城设计中心，金融业、文旅产业增加值分别增长4%、10%，34栋重点楼宇完成营收470亿元、十亿级楼宇展现经济活力。完成离岸服务外包执行额1.5亿美元、跨境电商进出口及结算3.8亿元，获评全市首批跨境电子商务示范区。数字经济打造新优势。建立重庆市产业数字化赋能中心、忽米网、蓝卓工业互联网等数字平台，润泽（西南）数据经济产业园动工建设，鑫方盛供应平台、钢棒棒交易平台年交易额均突破百亿元，重庆数字大厦产业园开园启航。数字经济增加值达140亿元。招商引资取得新进展。签约项目141个，合同投资额1595亿元，引进博世氢燃料等百亿级项目5个。新储备上市在孵企业17家。

（二）聚焦科技创新强赋能，发展动能加快释放

大力培育创新主体。落户重庆国创轻合金研究院等高端创新平台，新增高新技术企业80家，总量达502家、居全市第1。科技型企业、市级以上创新平台分别新增766家、26家，总量保持全市领先。加速融合创新发展。组建西部（重庆）科学城九龙坡片区党工委、管委会，建立与科学城一体化协同创新机制。深化兵科院西南分

院、渝州大数据实验室合作成果，融合企业主营业务收入增长6.5%，融合创新水平居全市前列。加快科技成果转化。西南铝汽车轻量化成果运用推广，博世庆铃氢能汽车技术在“成渝氢走廊”中得到示范应用。全年技术合同登记额达到34亿元，呈现倍增态势，为275家科技型企业发放知识价值信用贷款4.6亿元、增长76.9%。万人发明专利拥有量达24.17件。强化人才智力支撑。汇聚高层次人才613人，国家级实验室、院士工作站数量达4个，入选“重庆英才计划”双创团队数量居全市第1。

（三）聚焦有机更新提品质，“三宜”城市魅力彰显

全面启动城市更新。红育坡老旧小区改造等五个项目纳入市级试点，数量居全市第1。实施棚户区改造1707户、老旧小区改造6044户。构建空间规划体系，供应土地4434亩，完成土地出让价金129亿元，征收城市房屋面积37.6万平方米、农村集体土地面积3800亩，完成违建整治任务60万平方米。提速推进产城项目。红岩村隧道、二纵线华岩至跳磴段、嘉南线三期、铜陶路扩建等项目建成通车，轨道18号线、渝昆高铁、黄磏作业区一期工程等项目顺利推进，规划城市道路建成率提升至41.6%。龙湖云领天街、九龙创新时代广场、五洲世纪文创中心加快建设，九龙意库开业运营，新希望天际、龙湖美林美院等品质楼盘提升区域居住品质。扎实推进乡村振兴。启动农村人居环境整治提升五年行动，农村集体经营性建设用地入市改革顺利实施，重庆智慧农服集团实现营收34亿元，英雄湾乡村振兴学院成功开班。

（四）聚焦共建共享惠民生，社会事业全面进步

优先保障民生投入。区级财政民生投入达66亿元，14项重点民生实事和10个票决民生实事项目全面完成。发放创业担保贷款3260万元，开展职业培训1.7万人次，全市率先建成退役军人就业创业孵化基地，全国首创和谐劳动关系公共服务智能平台上线运行。发放低保金、特困人员基本生活费、临时困难救助9600万元，落实残疾人“两项补贴”560万元。推动社会事业全面发展。育才中学完成校区全面改造，陶行知纪念馆获评市级爱国主义教育基地，实验外国语学校实现一体化办学，谢家湾学校实施九年一贯制办学。启动石新路小学扩建等8所学校建设项目，建成华玉小学等4所学校，新增公办、普惠幼儿园18所。区档案馆、新图书馆启动建设，刘伯承六店旧居提档升级重新开馆，冬笋坝遗址考古发掘获评市级重大考古发现，高质量承办澜湄旅游城市合作联盟大会，成功入选国家文化和旅游消费试点城市。

二、发展中存在的问题

一是在外部不确定性因素增多的背景下，经济在较高基数上继续保持高质量发展面临考验；二是在新经济周期和贸易、技术新壁垒的形势下，产业基础高级化、产业链现代化面临考验；三是在区域竞争百舸争流、千帆竞发的态势下，大区奋进、勇立潮头面临考验；四是在高密度旧城改造和高水平新城拓展多重约束条件下，东城西乡平衡、低碳发展、城市更新以及加大优质公共服务供给面临考验。

三、2022年发展思路

2022年经济社会发展主要预期目标为：地区生产总值增长6.5%，规上工业增加值增长9%，固定资产投资增长7%，社会消费品零售总额增

长 7%，一般公共预算收入增长 5%；单位地区生产总值能耗下降 3.15%，主要节能减排指标实现行业达标、地区达标；城乡居民人均可支配收入居全市前列。

（一）推动产业提档升级，壮大经济发展新引擎

打好“三百”项目攻坚战。打造“百亿级”产业项目，聚焦推动高端铝业供应链、氢燃料电池发动机研发生产基地、金属材料流通等百亿级产业项目；启动“百亿级”企业培育，聚焦打造中铝高端、中铝西南铝板带等成长型企业。深入开展“服务企业成长”专项行动，区级领导挂帅包点百户重点企业，各级组织参与共推，争取早日实现“九个百亿级”龙头企业培育目标，合力推动龙身龙尾企业梯队成长；推进“百亿级”规模投资，聚焦共建西部（重庆）科学城、长江文化艺术湾区、沿“长江走廊”滨江新城和老城区城市更新，努力实现基础设施、产业投资均超过百亿级规模。加快建设先进制造业基地。全力做好能源、用工等生产要素保障，推动中铝高端制造项目扩量增效、西南铝和庆铃汽车等龙头企业提质发展，完善氢能全产业链，助力建设“轻量化材料之都”和“西部氢谷”。围绕电子信息、高端装备等战略性新兴产业培育专精特新“小巨人”企业，做大食品加工、绿色包装等消费品产业，新增规上工业企业 20 家。增强现代服务业的引领作用。推动生产性服务业向专业化和价值链高端延伸，生活性服务业向高品质和多样化升级，统筹推进夜间经济、首店经济集聚区建设，提升电商产业园集聚能力和运营水平，吸引国际消费中心城市和服务业扩大开放的项目流、资金流向区内倾斜，力争税收达亿元级楼宇有 11 栋，重点楼宇实现营收 500 亿元。培育壮大数字经济。积极打造市级“5G+ 工业互联网”试点示范项目，新认定 4 个以上智能化工厂、数字化车间。重庆数字大厦新入驻 12 家以上企业，成为本年度“智博会”场景化展示新亮点。发挥润泽（西南）国际信息港等链主项目的引领作用，加快创建国家级千兆城市和重庆数字经济先导区，数字经济核心产业增加值占比达到 10%。

（二）增强创新发展活力，打造科技创新新高地

全面优化创新生态。健全创新创业金融支持体系，深化知识价值信用贷款改革。建立与科学城一体化协同创新机制，精准实施以“两园两带”科创功能提升工程为重点的“六大工程”，加强西彭园区新材料和新能源研发应用，推动九龙园区技术升级和科技服务持续发力，力争全社会研发经费投入占比达到 3.5%。持续强化创新主体和平台的支撑作用。实施科技企业成长工程和研发机构倍增计划，力争市级以上创新平台数量达到 370 个，高新技术企业、科技型企业分别达到 550 家、3200 家。大力集聚科技创新要素和成果。深入推进人才“金凤”计划，完善高端人才数据库和“人才龙卡”制度，共建国家大学科技园、环大学创新生态圈，打造清研理工创业大街和清研高端新材料产业城，健全科技成果转移转化“一条龙”服务体系，新增市级以上认定高层次人才 150 名，万人发明专利拥有量达到 25.5 件。

（三）提升城乡功能品质，建设中心城区示范区

优化国土空间布局。加快推进新一轮国土空间分区规划落地，持续推进“五率一专项”，供应土地 2500 亩，盘活低效、闲置土地 1000 亩以上，完成土地出让价金 100 亿元以上。完成集体土地征收 3000 亩、城市房屋征收 20 万平方米以

上，全力推进城市违建专项治理。推进基础设施建设。扎实开展“交通强区”行动，启动科学大道（九龙坡段）建设，加快推进渝昆高铁、江泸北线高速九龙坡段、快速路三纵线五台山立交至双山隧道段、大九滨路连接道、轨道交通18号线和27号线、黄桷坪长江大桥、黄磏作业区一期工程、陶家隧道、白市驿隧道等重点项目，争取早日启动轨道交通19号线。推动城市更新提质增效。高质量高标准完成全国城市更新试点工作首年任务，推动杨石路特色示范街区等十大重点项目建设，民主村片区一期更新项目开街，完成老旧小区改造50万平方米，推进力扬大厦、华润中心二期建设，建成华硕潮创城二期项目，新增大型商业商务面积60万平方米，完成商品房销售面积300万平方米。创新建设都市乡村。探索乡村振兴与新型城镇化战略融合，深入推进全国农村社区治理实验区建设，打造英雄湾村升级版。依托“一环一廊四片六村”空间布局，促进农业与科教文旅工商康养等业态深度融合，滚动实施“长江花果山·四季花果乡”等五大重点项目，支持智慧农服等企业发展农产品加工业、贸易业。高水平推进绿色发展。围绕“一江两山四河”构建绿色发展新空间，打造生态产业化、产业生态化新范例，焕发绿水青山、河滩山间新活力。

（四）加大开放合作力度，提升区域经济活跃度

推动“三外”经济上台阶。发挥独特区位政策优势，依托中新（重庆）国际数据通道开展数字内容跨境流通、联合创意和成果交易，新增外资外贸企业40家，实际利用外资5亿美元。全力做好服务业扩大开放试点，高质量打造国家外贸转型升级基地和市级软件及信息技术服务贸易特色产业园，高标准推进进境粮食中转码头、九龙国际文化艺术品保税仓等项目建设，实现服务贸易4亿美元、外贸进出口总额150亿元。强化自贸试验区集聚效应和引领功能，新注册企业3000户、总量保持全市领先。全面提升区域开放型经济水平。加强国际友城交流往来，深化“新龙合作”，共创成渝双城经济圈建设协同发展示范区，深化西南铝、中铝萨帕等材料供应商与新都区航空、轨道交通企业战略合作，推动庆铃汽车、隆鑫摩托等主机厂与新都中集车辆园加强产销合作。全力扩大内需和开展招商引资。依托惠企服务平台、普惠金融服务平台等主动积极为中小微企业送政策、优服务、助发展，新登记市场主体3万户以上、总量保持全市第1。精心筹办“汽车生活节”“家居服务节”等大型消费类展会活动，大力培育体验式、互动式等新型消费。深化招商投资，确保全年签约金额不低于1500亿元，引进百亿级制造业项目2个以上、百亿级服务业项目2个以上。

（五）聚焦共同富裕目标，建成美好生活新范例

进一步稳定和扩大就业。关注支持新市民、青年人就业及生活保障，探索本地企业和本地人员“双本”就业常态化机制，新增城镇就业3万人。打造全国标杆型退役军人服务机构，和谐劳动关系综合配套改革试点通过国家验收。持续强化基本民生保障。健全多层次社会保障体系，落地医保长期护理保险惠民政策，加快推进医保支付方式改革，严格落实“米袋子”“菜篮子”责任制。做好社会福利、慈善、残疾人等工作，提高“慈善纾困专项资金”使用效能。促进教育事业优质均衡。办好杨家坪中学、森林小学、区实验一小等十大教育集团，高标准规划建设育才中学科学城校区、谢家湾学校科学城校区，加快推进川美附中合作办学、实验外国语学校环松校

区建设，建成川外九龙附小、江州小学等 4 所学校，招引优质中职学校项目 3 个以上，积极创建市级中小学社会实践教育基地。推进文旅事业发展。启动巴人遗址（冬笋坝）公园建设和巴人博物馆整体修缮，推出十大“特色主题游”和“乐游九龙”观光巴士环线，高质量筹办第二届长江文化艺术周，进一步提升九龙文旅吸引力、影响力。

（执笔人：徐天）

南岸区

南岸区人民政府办公室

一、2021 年发展回顾

2021 年，南岸区坚持以习近平新时代中国特色社会主义思想为指导，深入贯彻党的十九大和十九届历次全会精神，全面落实习近平总书记对重庆提出的重要指示要求，认真落实市委、市政府工作部署，统筹疫情防控和经济社会发展，统筹发展和安全，全区政治生态持续向好，高质量发展动能持续增强，高品质生活持续提升，社会大局和谐稳定，顺利实现“十四五”良好开局。

（一）扎实推动高质量发展，综合经济实力稳步提升

全年地区生产总值增长 6.2%，三次产业结构调整为 0.5∶37.1∶62.4，一般公共预算收入、区级税收收入分别完成 56.99 亿元、46.48 亿元（均居中心城区前 3 位）。重庆经开区入选国家新型工业化产业示范基地名单，维沃、美的、烟厂等龙头企业增势良好，规上工业企业利润总额增长 39.8%，规上工业总产值增长 9.5%。长嘉汇金融中心启动建设，蚂蚁消金公司开业运营，金融机构存贷款余额增长 12.7%（居中心城区第 2 位）。弹子石老街获评首批国家文化和旅游消费夜间集聚区，全区社会消费品零售总额增长 13%，服务业增加值增长 7%。提速建设智能产业密码应用示范与科技创新基地，重庆软件园首开区、数字内容・渝产业园等开园，京东（重庆）数字经济产业园入选“中国百家特色载体”，数字经济增加值增长 21.5%。广阳湾智创生态城控规落地，重邮“三院”项目竣工投用，长江模拟器科学装置、重庆工商大学广阳湾校区落户，新增新型研发机构 2 家、市级重点实验室 4 个、企业技术中心 7 个，新入库科技型企业 591 户，研发投入强度预计达到 3.29%。

（二）着力创造高品质生活，社会民生持续改善

11 件年度民生实事基本完成，一般公共预算支出近 8 成投向民生领域。发放创业担保贷款 3326 万元，城镇新增就业 3.7 万人，全区居民人均可支配收入增长 8.6%。南坪实验光华小学、广福未来学校等建成投用，平稳推进“公参民”学校规范治理，全面推进“双减”工作，新高考“首考”顺利实施。与中国科学院大学、北京协和医院等共建校地合作示范区，市五院迁建、区中医院改建等工程加快推进。全区城乡养老保险参保率稳定在 95% 以上。建成 4 个国家级、10 个市级社区便民生活圈，成功打造“超级 80 街”等特色街区。广阳湾智创生态城绿色公交开通运行，江南立交智能交通项目缓堵效果明显。着力解决群众急难愁盼事项，建成便民停车场、口袋公园、社区惠老食堂、体育活动空间等一批“小切口”民生项目。建立完善的民生诉求闭环工作机制，办结群众诉求事项 3.2 万件、满意度达到 98%。

（三）主动融入内陆开放高地建设，改革开放蹄疾步稳

深化投融资改革，创新发布长嘉汇城市会客厅、广阳湾智创生态城机会清单。持续深化“放管服”改革，新设“办不成事”窗口，重庆经开区营商环境指数在全国经开区排名第16位，“双向评价”机制入选全市优化营商环境十佳示范案例。新增市场主体2.6万户，总量达到13.7万户、居全市第3，12家企业入选全市民营企业100强。启动建设中新互联互通项目国际合作示范区，实际利用外资增长24%（完成16.2亿美元），进出口总额增长12.67%（达到14.7亿美元）。台达电子、中国能建等项目签约落户，招商引资到位资金达到140亿元，发展后劲进一步增强。

（四）加快建设山清水秀美丽之地，城乡面貌显著改善

全面落实“林长制”，累计完成6.3万亩国土绿化任务。南山城市山地公园规划落地，完成莲花村、石龙村“散乱污”企业整治173家。空气优良天数比例85.6%，长江南岸段寸滩国考断面水质稳定达到Ⅱ类（优），集中式饮用水源地水质达标率100%。广阳岛生态修复成功入选“中国生态修复典型案例”，长江经济带绿色发展示范经验获国家长江办充分肯定，积极创建全市首个“零碳示范区”，组建成立30亿元广阳湾绿色发展基金，启动建设重庆市碳捕集与利用技术创新中心，“碳惠通”生态产品价值实现平台顺利上线，成功举办首届广阳湾绿色低碳高峰会。龙湖南坪TOD、轨道四公里站TOD等项目加快推进，全国文明城区、国家卫生区复审顺利通过。城乡融合发展先行示范区启动建设，编制完成广阳镇银湖村、南山街道双龙村等4个先行示范村专项规划，完成农房风貌改造1000户，南山街道放牛村获评“2021年中国美丽休闲乡村”，农村居民人均可支配收入连续20年居全市第一。

（五）抢抓战略机遇，主动融入成渝地区双城经济圈建设

积极推动与四川省有关单位开展合作交流，新签订合作协议5份。与成都市双流区共同设立成渝地区双城经济圈首支工业互联网产业投资基金。扎实推动与成都经开区、广安经开区、宜宾市合作。扎实推进与綦江区、石柱县对口协同发展，建成南岸区、綦江区、石柱县乡村振兴协同发展示范中心。2021年，南岸区完成消费帮扶1.13亿元、达到全年目标的116%。高标准建设长嘉汇城市会客厅，市规划展览馆、故宫文物南迁纪念馆、三峡文物科技保护基地建成开放，龙门浩老街拓展区一期工程完工，开埠遗址公园、雅巴洞江滩公园等18个项目有序推进。高质量创建广阳湾智创生态城，编制完成广阳湾智创生态城总体规划和11个专项规划，长江生态环境学院、长江生态文明干部学院等项目加快推进。

（六）统筹发展和安全，社会大局和谐稳定

慎终如始抓好疫情防控，精准筛查“11·2”疫情全市首例阳性病例，第一时间上报市级部门并启动我区应急处置，创新“三公合一”流调处置机制，疫情防控成果持续巩固。持续抓好安全生产，排查整治燃气油气等各类安全隐患1.8万项，729栋高层建筑“无水”问题、8.89万户可燃雨棚和突出外墙防护网隐患提前7个月“清零”，消防治理经验获市领导肯定，连续15年获得全市安全生产目标考核先进等次。加强社会治安防控，“雪亮工程”顺利通过中央政法委验收，传统侵财类刑事案件破案率、治安案件查结率连续3年均排名全市前列，圆满完成建党100周年庆祝活动等维稳保障任务。加快推进社会治理现

代化，积极推进市域社会治理现代化试点，“四邻联动”等经验做法获评2021年全国“创新社会治理典型案例”最佳案例。

二、2022年发展思路

2022年，我们将坚持以习近平新时代中国特色社会主义思想为指导，全面贯彻党的十九大和十九届历次全会精神，深刻认识“两个确立”的决定性意义，进一步增强“四个意识”、坚定“四个自信”、做到“两个维护”，弘扬伟大建党精神，扎实落实区第十三次党代会精神，坚持稳中求进工作总基调，立足新发展阶段，完整、准确、全面贯彻新发展理念，积极融入和服务新发展格局，抢抓成渝地区双城经济圈建设机遇，融入全市“一区两群”协调发展，全面深化改革开放，坚持创新驱动发展，推动高质量发展，坚持以供给侧结构性改革为主线，统筹疫情防控和经济社会发展，统筹发展和安全，继续做好“六稳”、“六保”工作，持续改善民生，保持经济运行在合理区间，保持社会大局稳定，以优异成绩迎接党的二十大胜利召开。

（执笔人：李旭东）

北碚区

北碚区人民政府办公室

一、2021年发展回顾

地区生产总值增长8.9%，规模以上工业增加值增长19.8%，固定资产投资增长10.5%，社会消费品零售总额增长15.7%，全体居民人均可支配收入增长8.4%。

（一）坚持合作共赢促联动，区域协作走深走实

双城合作不断拓展，累计落实绵碚合作项目40余个、通办事项223项，实现科技创新券互认互通；与四川巴中、陕西汉中携手共建革命老区红色文旅走廊，与广安携手打造民营经济协同发展示范区。区域协同持续深化，与两江新区、渝北区、江北区共同发布“四区通办”清单215项，完成对口巫山协同发展任务，与类乌齐县合作共建西部（重庆）科学城北碚园区“园中园”。“园城带动”深入实施，“四园两城”产业集聚和带动效应更加凸显，重庆传感器特色产业基地一期完工投用，数字经济人力资源服务产业园建成运营，工业互联网产业生态园二期开工建设。

（二）坚持转型升级强引擎，产业发展量质齐升

工业经济稳中提质，引进聚玻网等项目12个，京东方第六代柔性显示面板生产线等2个项目建成投产，完成工业固定资产投资185亿元，规模以上工业总产值突破千亿大关。数字经济提速增效，实施智能化改造项目37个，累计“上云上平台”企业6300余家，实现城区、园区、商圈5G网络全覆盖，数字制造业产值增长32.1%。文旅融合释放动能，金刚碑历史文化街区、北宾文创街区开街，滨江休闲区入选国家首批夜间文化和旅游消费集聚区，文博场馆保有量达到66个，实现旅游总收入218.8亿元、增长10.2%。农业生产保持稳定，建成高标准农田3万亩，粮食产量达4.5万吨，新增“两品一标”15个、市级“一村一品”9个，“一区一园多点”都市现代农业发展格局初步形成。

（三）坚持科技赋能添动力，创新资源加速聚集

创新平台有效夯实，市级重点关键产业园（传感器）、西南大学科学中心揭牌运行，类脑芯片及智能装备等项目入驻；新增国家级野外科学观测研究站1个、川渝共建市级重点实验室2个，培育新型和高端研发机构7个。创新主体不断壮大，实施科技型企业“育苗造林”工程，形成高新技术企业培育体系，建成市级及以上科技创新平台23个，新增市级科技型企业800家、国家高新技术企业47家。创新环境优质高效，帮助97家科技型企业获得知识价值信用贷款1.7亿元，引导落实商业贷款1.3亿元；实施科研项目“揭榜挂帅”和科技特派员对接机制，解决企业技术难题69项。

（四）坚持改革开放注活力，营商环境持续优化

助企纾困见实效，帮助1000余家企业解决融资难题，民营企业转贷成本降低50%以上；长江材料主板上市；新增市场主体约3万户，其中民营企业5773户、增速居主城都市区第一。重点改革更深入，稳妥处置“僵尸企业”30户，改革重组二级国有企业25家；政务服务群众满意度达99%以上，“最多跑一次”等改革举措全市推广。开放水平有提升，全市首个国际中小企业集聚区和示范点—中新（重庆）国际中小企业产业园落户，自贸区北碚板块注册企业160余家；实现外贸进出口总额342.43亿元，实际利用外资3.5亿美元；引进中电光谷等项目199个，协议金额1002亿元。

（五）坚持能级提升优品质，城乡面貌明显改善

城市功能不断完善，建成城市道路25公里、山城步道31公里，歇马隧道工程获评鲁班奖；新（改）建城市公园4个、公共停车场15个、公厕11座、劳动者港湾10座，新增绿地245万平方米；深化“大城三管”，违建治理、垃圾分类、节能减碳取得实效。乡村振兴接续推进，建成“四好农村路”40公里、入户便道102公里，新增农村公交线路25条，安装农村道路“生命防护栏”39公里、供水管道97公里；丰子岩水库建成蓄水；村级集体经济收入达到4000余万元。生态保护持续巩固，北泉村生态迁建房、新北泉公园等项目完工，缙云山综合提升成效初显；建成城镇雨污水管网46公里，蔡家污水处理厂二期扩建完成。

（六）坚持共建共享增福祉，社会事业加快发展

“我为群众办实事”实践活动扎实开展，实施文星村、新房子等老旧小区改造，23件市、区级民生实事落地见效。社会保障扩面提质，城镇新增就业2.3万人；城乡养老保险、医疗保险参保率分别保持在95%、96%以上；完成全域智慧养老云服务平台建设，建成镇养老服务中心、村互助养老点34个；特困人员、困境儿童等重点困难群体实现应保尽保。教育改革蹄疾步稳，学前教育普惠率达90%以上，义务教育“双减”政策全面落实，中小学课后服务实现全覆盖，西大两江实验学校规范转制，新高考首考平稳落地。医疗服务优化提升，组建城市医疗联合体2个、区域医共体5个，区中医院传承创新大楼建成投用。文体事业繁荣发展，建成24小时城市书房等新型文化空间19个，创作《英雄王朴》等系列文艺作品，开展缙云诗会等文体活动千余场次，公共体育场地设施免费低收费开放率达94.7%。

（七）坚持筑牢防线保安全，社会大局和谐稳定

疫情防控精准有序，建立扁平化应急指挥体系，稳妥处置核酸检测异常事件，有序完成蔡施童片区大规模核酸检测，积极推进适龄人群疫苗接种应接尽接。安全生产扎实有效，深化应急管理执法改革，深抓安全生产专项整治，全区未发生较大以上生产安全事故和食品药品安全事故；实施“腾笼换鸟”集中攻坚行动，清理整治安全隐患问题企业517家，处置闲置土地4226.5亩、闲置厂房52.2万平方米，提升低效用地1357亩。社会治理创新有为，成功创建全市首批法治政府建设示范区；“综治·网格化服务管理双中心”等市域社会治理现代化创新项目在全域复制推广，一批重点难点信访积案和矛盾纠纷妥善化解；村（居）委会换届选举圆满完成。

二、发展中存在的问题

与此同时，发展中仍然还存在一些突出问题和短板。一是外部环境以及新冠肺炎疫情等诸多不确定性因素仍然存在，经济稳增长压力较大；二是经济规模偏小，产业能级不高；三是园区引擎作用不够明显，带动性强的龙头项目偏少；四是发展环境还需优化，创新能力有待提高；五是城市综合功能存在薄弱环节，城乡基础设施建设还不平衡；六是民生保障存在短板弱项；七是政府自身建设还需加快等。

三、2022 年发展思路

全区将聚焦“两大定位”，做好“四篇文章”，主动担当、攻坚克难，加快建设社会主义现代化美丽北碚。2022 年主要经济指标：地区生产总值增长 5.8% 左右，规模以上工业增加值增长 8% 左右，社会消费品零售总额增长 6% 左右，区金库一般公共预算收入增长 4.5% 左右，固定资产投资总额达到 600 亿元以上，居民收入增长与经济增长基本同步。

（一）狠抓总量提升，聚力推动经济健康增长

一是积极扩大有效投资。坚持以重点项目为抓手，促进投资稳步增长。实施一批事关全局发展的基础设施项目，加快建设成渝中线高铁等重大项目，开工建设渝西高铁、轨道交通 15 号线二期等项目。稳定工业投资，完成工业固定资产投资 120 亿元。二是全力推动消费升级。推进吾悦广场等一批商业综合体建设，推动嘉陵风情步行街等商圈改造升级。优化调整滨江夜间经济带业态，形成特色鲜明的区域性夜间消费中心。丰富旅游产品、休闲项目，让北碚成为“短途经济”“周边经济”“周末经济”首选目的地。三是高效精准招商选资。优化项目全生命周期服务，着力提高开工投产率和资金到位率。创新“双招双引”机制，推动产业链向上下游延伸。完成招商引资签约资金 1000 亿元，签约 10 亿元及以上重大项目 15 个，引进中外 500 强企业 3 家。

（二）狠抓科技创新，聚力建设区域科创中心

一是做优一流创新平台。高标准建设西部（重庆）科学城北碚园区，布局建设一批研究院（所）、工程技术中心和联合实验室。推动环西南大学创新生态圈走深做实，培育推广优质孵化平台。持续深化绵碚协同创新，促进科技资源共享流通。发挥新型研发机构创新作用，引育一批高端研发机构。二是培育一流创新主体。支持西南大学“双一流”建设，支持区内高校建设高水平大学和优势学科。联动在碚高校、科研院所和领军企业加强原创性、引领性技术攻关，推动“产学研用”深度融合。深入开展科技企业成长工程和规模以上企业研发机构倍增计划，国家高新技术企业达到 280 家，市级科技型企业突破 2600 家，新增市级科技创新平台 2 个以上，全社会研发经费投入强度保持全市第一。三是营造一流创新生态。引进培育一批战略科技人才、一流科技领军人才和创新团队，不断完善“塔尖”、夯实“塔基”。强化人才服务保障，办好“智汇北碚”等特色双创品牌活动。落实财政金融惠企政策，推进知识价值信用贷款扩面放量。

（三）狠抓共建互融，聚力深化区域协同联动

一是深度融入双城经济圈建设。落实成渝地区双城经济圈建设规划纲要，协同绵阳、广安、巴中与四川地区达成更大范围、更宽领域、更深层次的交流合作。二是推动落实“一区两群”协调发展。发挥“两城并进”“三区共融”优势，加快融入主城都市区同城化发展。加强对口协同

发展，促进产业协同、城乡互动、科技协作和市场互通。三是扎实推进产城融合。深入实施“园城带动”，优化园城功能定位，辐射带动区域发展。

（四）狠抓实体经济，聚力构建现代产业体系

一是推动现代制造业创新升级。巩固提升支柱产业，推动重点产业补链、延链、强链，培育“专精特新”企业 5 家以上。持续壮大新兴产业，推动 150 家工业企业建立研发机构，加快建设市级重点关键产业园（传感器）。强化水电气等生产要素保障，降低企业生产经营成本。二是推动数字经济扩容提速。培育引进大数据、人工智能等领域龙头企业，建设高水平工业互联网平台。加大 5G 网络和千兆光网建设力度，加快建设智慧城市。三是推动现代服务业提质增效。加快发展生产性服务业，培育发展信息技术、工业设计、科技服务等业态。鼓励发展产业链金融、科技金融、贸易金融、绿色金融。完善交通物流体系，加快东阳陆港型物流枢纽平台建设，启动龙凤桥等 3 个物流节点建设。创新发展商务服务，推动建立综合性电商服务平台。

（五）狠抓城市提升，聚力打造近悦远来美好城市

一是实施城市更新行动。完成新房子片区老旧小区改造，开工 4 个老旧小区改造提升项目。畅通城市“微循环”，开工建设次支路网 50 公里。开展城市园林绿化补缺提质、街头绿地提质专项行动，新（改）建城市公园 3 个，新增绿地 50 万平方米。二是提升城市管理效能。持续深化“大城三管”，打造“马路办公”升级版。建设“门前三包”“五长制”示范道路 2 条，完成背街小巷整治项目 10 个。完善提升人行道 60 公里，新（改）建公厕 10 座，新增公共停车位 1600 个，建成劳动者港湾 10 个。推进违法建筑专项整治。三是拓展城市人文魅力。加快建设“百馆碚城”，打造具有全国影响力的乡建文化名片。纵深推进全域旅游，形成十条特色周末游品牌线路。

（六）狠抓乡村振兴，聚力做活现代特色农业

一是发展高质高效农业。抓好粮食和重要农产品稳产保供，粮食年产量保持在 4.4 万吨以上，生猪出栏 3 万头以上。实施高标准农田建设 1.6 万亩、宜机化改造 5000 亩，建设万亩优质粮油基地。实施“千品百园”工程，打造万亩蜡梅特色产业带。实施现代种业提升工程，加快建设国家区域性良种繁育基地。二是建设宜居宜业乡村。打造“梅香西山”“粟漫东山”乡村振兴示范带，大力发展“缙云民宿”集群。深入实施农村人居环境整治提升五年行动，持续补齐农村基础设施短板。三是深化农业农村改革。扩面推动“三变”改革，创新促进“三社”融合发展。加快培育新型农业经营主体，发展壮大村级集体经济。完善利益链接机制，加强脱贫人口动态监测，持续巩固脱贫攻坚成果同乡村振兴有效衔接。

（七）狠抓绿色转型，聚力厚植生态文明优势

一是提升污染防治水平。加快建设“无废城市”，打好蓝天、碧水、净土三大保卫战。接续开展梁滩河、马鞍溪等重点流域综合整治，建设北泉污水处理厂，启动长滩污水处理厂二期扩建，建成城镇污水管网 20 公里。二是改善生态系统质量。高标准高质量推进缙云山综合提升“后半篇文章”，加快创建缙云山—北温泉国家级旅游度假区。统筹山水林田湖草沙系统治理，推动历史遗留矿山生态修复。加强自然保护地建设管理和生物多样性保护，全面推进林长制。三是推动绿色低碳发展。统筹做好碳达峰、碳中和工

作，倒逼源头减排、结构减排。落实“三线一单”硬约束，遏制“两高”项目盲目发展。倡导绿色生产生活方式，积极推广装配式建筑和新型材料。

（八）狠抓改革开放，聚力营造一流发展环境

一是推进更深层次改革。深入推进财政事权和支出责任划分改革，落实财政支持民营和小微企业金融服务综合改革试点。创新政府投融资机制，鼓励支持区属国有企业开展投融资创新。完成国企改革三年行动，促进国有资产保值增值。加快社会信用体系建设，全面推广以信用为基础的新型监管模式。二是实行更高水平开放。推进建设自贸区北碚板块、中新（重庆）国际中小企业产业园，加快发展外贸转型升级基地（仪器仪表）。做大外贸进出口增量，实现外贸进出口总额 200 亿元。力争实际利用外资 2.5 亿美元。三是营造更优营商环境。深化民营经济综合改革示范试点，新发展市场主体 1.35 万户，新增民营企业 5000 户。深化“放管服”改革，为企业和群众办事提供更多便利。落实减税降费政策，全力化解企业困难。

（九）狠抓民生改善，聚力提高人民生活品质

一是发展优质均衡教育。推进学前教育普及普惠安全优质发展，扎实推动义务教育“双减”工作。实施“双优”计划，促进职业教育高质量融合发展。推进江北中学思源校区等 9 所中小学校建设，力争建成投用 6 所。二是推进健康北碚建设。深化医疗体制改革，推进城市医联体和紧密型医共体“三通”建设。实施医院综合能力提升行动，建设建成一批医院。推动疾控体系改革，加快建设应急指挥中心。深化中医药强区建设，争创国家区域医疗中心。三是完善社会保障体系。有效保障重点群体稳定就业，城镇新增就业 2 万人以上。建立养老服务清单制度，持续推进全国居家和社区养老服务改革试点。推动“社保扩面提质”，加强低收入人口动态监测，持续开展重点群体精准关爱服务行动。

（十）狠抓风险防范，聚力保持社会安全稳定

一是抓好常态化疫情防控。坚持常态化防控和应急处置相结合，科学精准落实重点场所、重点单位、重点人群防控措施。完善多点触发监测预警机制，持续推进疫苗接种，坚决筑牢疫情防控防线。二是有效防范化解各类风险。深入防范化解政治、社会、公共卫生等领域重大风险，主动防范化解金融、教育、房地产等领域风险挑战和矛盾纠纷。进一步加强安全监管执法，坚决守住安全发展底线。三是提高社会治理现代化水平。抓实市域社会治理试点创建，加强基层治理能力建设，不断完善基层治理体系。深化“五社联动”，优化矛盾纠纷化解一站式服务。构建立体化智能化社会治安防控体系，开展“民主法治示范村（社区）”创建，推动扫黑除恶长效常治。扎实做好新时代“双拥”工作。

（执笔人：王飞程）

渝北区

渝北区人民政府办公室

一、2021年发展回顾

刚刚过去的2021年，面对复杂多变的外部环境和疫情多点散发的严峻形势，我们沉心静气、攻坚克难，扎实做好“六稳”“六保”工作，推动经济社会有速度、有质量、有效益发展，实现了“十四五”良好开局。呈现“稳、新、优、好”四个特点：一是“稳”的基础持续巩固。全年经济高开稳走，实现地区生产总值2235.6亿元，连续15年保持全市第一，同比增长8.5%（高于全国平均水平0.4个百分点、高于全市平均水平0.2个百分点）。规上工业总产值、固定资产投资等主要经济指标均稳居全市前列，分别达到3680亿元、1490亿元，分别增长16.6%、8.2%。社会消费品零售总额企稳回暖，达到1070.4亿元、增长13%。二是“新”的动能加速集聚。创新策源能力稳步提升，市级新型研发机构总量达到24家、占全市的22.2%，其中新型高端研发机构占比达50%。招商引资和保市场主体成效明显，新引进中车时代等220个重大项目，累计合同投资额1000亿元，到位资金225亿元；新增市场主体3.5万户、增长17.3%，增量居全市第一。三是“优”的结构趋于形成。产业结构质量更高，高技术产业产值增长26%，战略性新兴产业产值占比提高到47%。规上服务业营业收入超1200亿元，同比增长8%。财税结构不断优化，完成一般公共预算收入73.9亿元、增长10.2%，其中税收收入占比91.2%，总量居中心城区第一位（增速居全市第6）。四是“好”的态势逐步显现。规上工业企业盈利面保持在70%以上，工业用电量、用气量等先行指标持续向好。城乡常住居民人均可支配收入达到45066元、增长9.1%（总量和增速分别居全市第3、第2），城镇登记失业率保持在3%以内。万元GDP能耗同比下降3%，空气质量优良天数达321天。主要抓了以下四个方面的工作。

（一）着力提升产业质效

全市首个汽车电子重点关键产业园加快建设，汽车、电子产业产值分别增长13%、18%。重点行业加速发力，装备制造、消费品产值分别增长66%、8%。建筑业注册地总产值突破1000亿元、增长7%。持续开展“消费促进季”等活动，加快消费集聚区建设，两江国际商务中心首期开业，桥达茂宸广场、水獭云选等6个商业综合体投入运营，临空消费走廊17个重点消费项目有序推进，重庆创意公园获评国家级创业孵化示范基地。商品房销售面积增长25.5%、总量居全市第一。新发展特色高效农业3万亩，认证“两品一标”、全国名特优新和市级品牌农产品36个，农产品加工业总产值突破100亿元。

（二）着力释放创新活力

仙桃数据谷入驻科技型企业达到250家，智能硬件实验室等创新平台建成运营，华为软开云等科创平台被评为市级重点软件公共服务平台。

智得热工、创隆实业等8家企业入选工信部专精特新“小巨人”企业，金山科技入围全国民营企业科技创新百强榜单。全社会研发经费投入增长17%，占地区生产总值的比重达4.4%。7家企业进入市级上市储备库，发放“上市贷”1亿元。樊代明院士工作站挂牌成立，引进山地农业产业研究院等创新平台8个，宜机化及农业智能装备研究院启动建设。247个重点项目投资完成率达90%，41个市级重点项目完成投资218亿元。

（三）着力抓好开放协同

江北国际机场T3B航站楼及第四跑道进入主体施工，旅客吞吐量提升至全国第四位，货邮吞吐量达到47.7万吨、增长16%。成功获批空港型国家物流枢纽，入选国家外贸转型升级基地。渝邻快速路开工建设，三环高速渝北段建成通车。中新航空产业园15个项目集中开工，自贸试验区渝北板块新入驻企业4900家。举办“川渝国企高竹行”等重大活动，与24家市级银行机构签订战略合作协议，与中交、中建、中铁等央企合作走深走实。川渝高竹新区管委会正式成立，建立税费征管服务等6个跨省集成、协同高效的创新机制，川渝科创基地、重庆工职院高竹校区等29个项目签约落户。

（四）着力改善城乡面貌

158个城市基础设施项目加快实施，春华立交、金山立交等节点工程建成通车。改造提升老旧小区3个，完成棚改房屋征收26万平方米。整治提升人行道181公里、城市道路124万平方米。绿化美化坡坎崖15万平方米，新增绿地面积150万平方米，利用边角地、“灰空间”建设社区公园等创新做法被央视《新闻联播》报道。“马路办公”整改问题1.7万余个，顺利通过国家卫生区复审。建成“四好农村路”100公里，改造危旧桥梁10座。整治提升农村C级和D级危房5690户、旧房3456户。茨竹方家沟村等6个居民新村主体完工，打造杨家槽传统村落保护示范项目。完成124个村规划编制，同德片区等6.7平方公里控规获批。“四山”保护提升项目深入推进，清理乱占耕地建房2238栋，铜锣山矿山公园一期建成开园。

二、发展中存在的问题

我们也清醒地认识到，渝北发展还面临一些困难和问题：一是经济平稳运行的基础还不够牢固。产业发展能级不高、创新策源能力不强，比如全区新能源车产能不足，房地产业占全区财税收入比重高，经济贡献比例大。临空优势发挥不足。二是城市功能还不够完善，农业农村发展动力活力还不足，城乡融合发展水平不高。三是公共服务基础设施还不完善，教育、医疗、托育等民生保障存在短板。四是安全稳定风险依然较多，社会治理有待加强。政府职能转变还不到位，服务型政府建设任重道远，营商环境需进一步优化。

三、2022年发展思路

2022年是新一届政府工作的开局之年，也是“十四五”承上启下的关键一年。综合考虑各方面因素，2022年经济社会发展主要预期目标是：全区生产总值增长6.5%左右，规上工业总产值增长10%左右，固定资产投资与上年持平，社会消费品零售总额增长7%，一般公共预算收入增长5%，城乡常住居民人均可支配收入增长9%，单位生产总值能耗和主要污染物减排达到约束性要求。实现上述目标，重点在经济运行上抓好以下九个方面的工作。

（一）以创新驱动为引领，提升科技创新能力

增强创新发展动能。发挥仙桃数据谷平台集聚效应，围绕大数据、物联网、集成电路等领域，新引进创新项目20个以上。力争软件和信息服务业增长20%以上、数字经济增长10%以上。鼓励更多规上工业企业建立研发机构。新培育科技型企业200家、高新技术企业100家，全社会研发经费投入93亿元以上。营造优质创新生态。落实“揭榜挂帅”“赛马”等制度，实施科技计划项目60个，完成技术合同成交额80亿元以上，数打造15个智慧应用新范例。

（二）以补链强链为方向，促进制造业高质量发展

培育壮大重点产业集群。深入实施“链长制”，加快打造汽车电子重点关键产业园，全力争取长安新能源汽车项目落地，力争汽车产业产值增长10%以上。手机智能机出货量达到8000万台。提速建设现代建筑智慧产业园，启动农业科技园区核心区建设，提速建设重庆果树科技创新中心等科创平台。实施智能制造提升行动。支持企业创建市级数字化车间、智能工厂，推动奥发斯等50家企业实施智能化改造，“上云上平台”企业达到1000家。全年工业投资增长5%，技改投资占比30%以上。引导中小微企业特色化发展，培育市级以上专精特新企业15家。加强与综合保税区协作，支持引入联想智能终端制造基地项目，鼓励纬创、翊宝等企业丰富智能产品、拓展国际市场。

（三）以扩容升级为重点，做大做强现代服务业

金融机构存贷款余额超过1.5万亿元。推动20家上市重点企业股改培育，新增上市企业2家。集聚发展数字文化等新型业态，文旅产业增加值超过200亿元。打造临空物流产业集聚区，完善空港型国家物流枢纽功能。鼓励传统企业拓展线上销售渠道。建成运营合景泰富悠方、森活大融城等商业综合体，加快居然之家等商贸项目建设，推动西南国际汽贸城6个品牌4S店建成开业。打造统景国际温泉度假区，加快龙兴古镇升级改造，建成开园金紫山石头房子文创园。大力发展“五夜经济”，大力发展大健康、养老、家政等服务业，建成运营法治科技园一期。

（四）以改革开放为关键，增强发展动力活力

加快推进重点领域改革。打造“升级版”营商环境，探索实施“一业一证”改革，新增市场主体3.7万户，“四上”企业100家，“一件事一次办”事项达到100件以上。深化自贸区试点改革，开展国企改革三年行动，推动农村集体产权制度改革。务实推进川渝高竹新区经济区与行政区适度分离改革。加强对外合作和协同联动。推动铁路枢纽东环线及机场支线建成投用，完成川渝高竹新区国土空间规划报批，加快建设川渝大道，建成渝邻快速路主体工程。助推龙兴足球场馆建成投用，将悦来国际会展城建成会展总部基地。推进中新大数据智能化产业示范基地建设，推动临空经济示范区核心区建设，加快长河、白鹤片区基础开发。支持保税贸易做大做强，实现进出口总额2000亿元。大力开展招商引资，完成合同投资额900亿元、到位资金额210亿元。务实推进与云阳县对口协同发展。

（五）以城乡融合发展为方向，促进城乡品质提升

推动9号线二期建成运营，提速建设14条主干道、68条次支道路、6座城市立交和11个停车场，加快推进两江大道北延伸段、碑口水

库等项目。实施花卉园等7个片区老旧小区改造和双龙湖等8个片区雨污分流治理，新建公园游园4个，新增城市绿地100万平方米。有序推进农村人居环境整治，建设9个居民新村。推动村集体经济发展，健全防止返贫动态监测和帮扶机制，持续巩固拓展脱贫攻坚成果。

（六）以人民需求为根本，着力保障和改善民生

强化优质教育资源供给，联动市级平台加快学校建设，新建幼儿园6所、中小学4所。建成投用新中医院，开工建设区妇幼保健院、区二院等迁建项目，推动区医院创建“三甲”。盘活存量楼宇资源，大力发展智慧养老、居家养老，优化托育服务供给。加强重点群体就业帮扶，强化困难群体救济救助，兜牢民生保障底线。稳步推进碳达峰碳中和，推进国家“两山”实践创新基地项目建设，持续改善生态环境。

（七）以安全稳定为底线，建设更高水平的平安渝北

毫不松懈抓好疫情防控，筑牢“外防输入”防线，抓好“内防反弹”工作，守好重庆“空中门户”。全力维护社会和谐稳定。严厉打击“黄赌毒”、电信诈骗等突出违法犯罪活动，深入推进“治重化积”专项行动，矛盾纠纷化解率达到90%以上，高质量完成市域社会治理现代化试点工作。防范化解金融风险，严格控制新增政府隐性债务。创建国家安全发展示范城市。

（执笔人：樊文宇）

巴南区

巴南区人民政府办公室

一、2021年发展回顾

实现地区生产总值963.4亿元，同比增长8.3%。工业总产值实现1050.4亿元，增长12.8%。工业实现增加值266.4亿元，增长11.7%。一般公共预算收入51.4亿元，下降5.1%。金融机构人民币存款余额1153.9亿元、增长11.8%，金融机构人民币贷款余额1060.1亿元、增长14.6%。建成区面积增至105平方公里。巴南战略地位不断提升，市政府制定出台《重庆国际生物城总体规划》，将重庆国际生物城上升为市级战略，赋予巴南“做大做强我市生物医药产业，打造经济重要增长极和新动力源，建设长江流域具有影响力的国际生物城”重要使命。

（一）国际生物城快速发力

布局建设取得里程碑式突破，50平方公里总体规划通过市规委会审议，被确定为全市生物医药唯一的重点关键园区；收获系列市级“定制”重大政策红利，实施“三年建设行动计划”。博唯生物预防性新疫苗等16个项目签约落地，宸安生物等10个项目建成投用。临床试验阶段创新药物16个，在全市占比超六成。口服紫杉醇等7个产品进入三期临床，在全市占比近七成。

（二）主导产业支撑有力

工业经济提质增效，规上工业企业277家。规上工业总产值871.0亿元、增长19.9%，工业投资100.7亿元、增长33.1%，高技术制造业实现产值249.8亿元、增长22.5%，战略性新兴制造业实现产值317.6亿元、增长25.1%。汽车整车实现产值57亿元，增长121.9%。液晶面板实现产值124.2亿元、增长71%。消费品工业实现产值123.4亿元、增长12.3%，6家企业入选市级重点培育品牌试点示范项目。第三产业持续活跃，社会消费品零售总额486亿元、增长20%。规上服务业实现营业收入504.6亿元，增长28.5%。京东集群完成销售额760.5亿元，增长26.9%。数字经济营业收入600亿元，增长25%。不断推进大健康产业规划布局，以生物医药产业为核心，全面实施大健康产业三年行动计划。康复辅具产业园建设有序推进，纳入国家综合创新试点项目。

（三）创新资源加速聚力

科学技术支出1.6亿元，增长0.8%。市场主体增加到9.8万户。引育科技型企业3717家、总量跃居全市第二位，获评国家级高新技术企业160家。新增市级新型研发平台1个、市级重点实验室2个，惠科金渝获批国家企业技术中心。重庆市大数据成果转移转化中心落户巴南，美莱德药物安全评价研究中心、上海交大数字医学联合技术中心、都创药物研发服务平台建成投用。国际免疫研究院在研原创项目13个。惠科电子产值突破200亿元，长安铃耀重振百亿级企业雄风，建设工业、大江集团整合兵装集团资源加快转型，宗申集团成功孵化大排量摩托车、航空发动机等重大新品，美利信成长为5G通信结构件龙头企业。环重庆理工大学双创生态圈落地转化项目40余个。重庆理工大学科技园入选国家大学科技园，能研理工研究院及孵化企业产值过亿元。成功举办首届长江国际免疫治疗峰会、第二届重庆国际生命科学高峰湖人才峰会。

（四）开放活力持续加强

实际利用外资金额2.9亿美元，增长44.5%。实现进出口总值181.5亿元，增长5.1%。其中，出口131.6亿元、增长12.3%；进口49.8亿元、下降7.6%。重庆公路物流基地获批纳入中国（重庆）自由贸易试验区首批联动创新区。西部陆海新通道运营效率逐步提升，利用GMS直通车牌照开通从重庆到老挝万象的直达班车，新开通到吉尔吉斯斯坦的中亚线路。线路覆盖中南半岛、拓展至中亚。重庆跨境公路班车全年开行3269车次、货值19.92亿元，分别增长26%、55%。南彭B保实现进出区货值约114.08亿元，增长128%。东盟商品集采城开业，实现销售额23.5亿元。与成都温江区携手合作，联动花木进出口园区，被列为成渝地区双城经济圈非毗邻地区示范。

（五）城市建设提速发展

全社会固定资产投资613.0亿元，增长4.5%。铁路东环线等项目加快推进。高速公路通车里程178公里，密度居中心城区第一位。渝黔高速复线通车，南环立交改造、渝南大道D段南段一期初通，打通城区“断头路”9条，完成一批消堵保畅项目。完成棚户区改造944户，完成老旧小区改造提升20万平方米、新开工面积67.8万平方米。新大江水厂一期投用，新铺设燃气管线12公里，新建雨污管网58公里。打造智能化应用场景19个，新建5G基站1096个。积极创建国家文明城区。茶花广场获央视、网民齐点赞，融汇半岛酒店建成运营，巴滨路绿色滨江长廊展现新魅力。成功举办春季郁金香展、金秋菊花季，南温泉、西流沱滨江旅游区获评4A级景区。

（六）农村发展全面进步

国家城乡融合发展试验区建设有序推进。完成“四好农村路”建设100公里。新开行公交线路6条，优化调整公交线路7条，增加2条公交线路运力。全面建成并投入使用姜家接龙片区82个农村客运招呼站，涉及7个镇街、18条线路，建成投用渝南公交枢纽、云篆山公租房首末站。天星寺别花山房等40家民宿接待游客22.89万人次，市民周末出游增添新热点。持续提升农村人居环境，打造“最美庭院”166户、“最美院落”17个。完成户厕改造862户，维护整治一批小场镇生活污水处理设施。所有村居实现光纤及4G全覆盖。观景口、龙岗水库建成投用，高洞子水库下闸蓄水，新增库容1.72亿立方米。

（七）社会民生保障得力

一般公共预算支出98.3亿元、增长0.6%，其中，一般公共服务支出14.7亿元、增长32.8%。城乡居民可支配收入44569元，增长8.8%。人均预期寿命升至79.24岁，居全市第二位。城镇新增就业2.68万人，高校毕业生年底就业率90.1%。社会办养老机构增至30家，新增社区居家养老服务设施33个。新增幼儿园14所，幼儿园公办率、普惠率分别达到58.9%、84.4%。新建明晨小学等4所学校。融智学院获批转设重庆财经学院，重庆五一职业技术学院晋升高等院校。公共文化设施达27.5万平方米，增长

39.6%。村医群体中执业助理医师及以上职称所占比重是全市平均水平的两倍。区精神卫生中心扩建投用。区残疾人康复中心建成。常态化推进新冠肺炎疫情防控，完成疫苗全程接种 104.84 万人。全年空气质量优良天数为 308 天。

二、发展中存在的问题

一是优势产业集群尚处于培育成长期，产业链供应链还不完善，科技创新支撑能力仍需加强。二是城乡建设与人民对美好生活的向往还有差距，基础设施还不完善，农业农村现代化水平不高，城乡融合发展任重道远。三是发展环境还需优化，“放管服”改革有待深化，生态文明建设、民生保障、基层治理能力还需提升。

三、2022 年发展思路

全年经济社会发展主要目标是：地区生产总值增长 5.5% 以上，规上工业增加值增长 10% 以上，社会消费品零售总额增长 15%，全社会固定资产投资完成 600 亿元，一般公共预算收入增长 3%，全体居民人均可支配收入增长 7.2%。社会事业与经济建设协调发展。

（一）聚焦兴业营城，构建产城融合新格局

全力打造长江流域具有影响力的国际生物城。打造具有国际水准的医药研究和产业转化平台。编制国际生物城总体规划、控制性详规。落实生物科技成果转移转化示范地若干措施。全面实行国际生物城“三年行动计划”。完成工业投资 60 亿元，引进重点生物医药项目 20 个。设立院士工作站和海智工作站。创新中心、国际人才公寓主体完工。推进国际生物城医院建设。

（二）聚焦科技创新，厚植提质发展新优势

全社会研发投入增长 20%。持续培育全区双创生态，高水平建设环理工大双创生态圈。科技型企业突破 4000 家，高新技术企业突破 180 家，有研发机构规上工业企业达到 120 家。加快能研理工研究院建设，加快智慧农机研究院等 3 个项目落地。支持数引网构建以汽摩产业链交易为核心的产业互联网，建成腾龙 5G 数据中心，数字经济营业收入突破 700 亿元。靶向出台支持科技创新若干措施，加大对创新主体、研发活动、成果转化、平台建设的支持力度。制定“揭榜挂帅”实施方案，实施“菁英计划”等重大人才项目。建立科技创新重点指标监测体系，实施动态管理，优化创新服务。

（三）聚焦实体经济，跨上产业升级新台阶

净增规上企业 20 家，培育市级专精特新中小企业 20 家、国家“小巨人”企业 3 家。经济园区完成工业投资 30 亿元，大江科创城实现产值 300 亿元。公路物流基地实现交易额 1100 亿元以上，新增规上限上企业 40 家。北京新发地、汽摩智能制造产业园等 5 个项目开工，霍氏百利威、申通等 6 个项目建成投运。促进龙洲湾、李家沱商圈扩容升级。提升万达广场、旭辉等商业综合体的交互便捷性。推动首创奥莱丰富业态。大力发展服务业，增加值增长 5.5%。做靓“古镇、温泉、巴县老院子、美丽乡村”文旅品牌。

（四）聚焦合作共赢，扩展开放发展新能级

新引进项目 100 个，到位资金 300 亿元，落地开工率 70% 以上。打造“资本 + 创新 + 产业”新引擎，利用大数据智能化手段为招商赋能。实现进出口额 145 亿元，实际利用外资 1 亿美元以上。聚焦生物医药、新一代信息技术、智能制

造、新能源和汽摩核心零部件等产业，引进项目55个，到位资金135亿元。经济园区新引进项目15个，到位资金45亿元。深化中建科技西南总部落地合作。持续深化“放管服”改革，深入推进“互联网+政务”建设，叫响“巴实办”政务服务品牌。与温江区携手共促成渝地区双城经济圈发展。推进与丰都县对口合作。

（五）聚焦城市更新，塑造山水之城新气质

突出强核提能级、扩容提品质，围绕东部生态之城和南部人文之城定位，优化“一区五城”、滨江城区空间规划，深入推进城市提升和城市更新。全力助推交通“大动脉”，打通“五城”“断头路”，畅通城区“微循环”，推进“四网融合”建设。推动国际生物城等片区实施综合开发。高质量实施“两江四岸”项目，做靓城市名片，全面打造滨江活力之城。实施33个老旧小区改造。全面推进国家文明城区创建。统筹推进智慧城市规划、建设与管理，拓展商贸文旅、乡村振兴、交通管理、生态环保等智能化应用。

（六）聚焦乡村振兴，开创城乡融合新局面

加快推进农业农村现代化，深入实施乡村建设行动。促进粮食稳定生产，着力提高特色高效农业发展水平。多措并举保障“米袋子”、丰富“菜篮子”，实现蔬菜产量53.5万吨、水产品2.2万吨。强化品种品质品牌建设，大力提升农业综合效益和竞争力。大力发展“智慧农业”，打造科技示范主体5个、示范基地3个。深入推进农村一二三产业融合发展，推进巩固脱贫攻坚成果同乡村振兴有效衔接。持续推进乡村建设行动。全面推动城乡融合发展改革试点，促进城乡要素资源双向流动。

（七）聚焦生态环保，做靓绿色发展新底色

加大污染防治力度。巩固城市黑臭水体治理成效，实现长江入河排污口监测溯源全覆盖，全域水质达标率100%。开展农村居民聚居点污水处理设施改造，推进黑臭水体排查整治。加强生态保护修复。严格执行“河长制”及网格化管理，严格落实长江“十年禁渔”。加快花溪河、一品河、黄溪河综合整治。加快绿色低碳发展。持续完善绿色制造体系，新创建市级绿色工厂2个、节水型企业3家，单位地区生产总值能耗下降3%。深入实施绿色生活创建行动，城市生活垃圾回收利用率超过40%。

（八）聚焦民生福祉，促进社会建设新发展

促进高校毕业生、农民工等重点群体就业创业，实现城镇新增就业2.42万人。五大保险持续稳定扩面。深化社会救助综合改革。推进教育优质均衡发展，有力推动“双减”。推进国家健康促进区建设。办好世界举重锦标赛等重大赛事。全力建设安全发展型城市。大力防范和化解金融、房地产等重点领域风险，严厉打击电信网络诈骗犯罪。全面完成国家市域社会治理现代化试点任务，推动网格化管理与基层治理有效融合。全面落实“外防输入、内防反弹”要求，毫不松懈抓好常态化疫情防控。着力办好民生实事。建成滨江星城小学等学校4所。完成路侧停车位智能化改造5500个。新建城市公厕9座、改建6座。

（执笔人：胡太原）

长寿区

长寿区人民政府办公室

一、2021年发展回顾

初步核算，全年地区生产总值866.3亿元，按可比价计算，比上年增长9.7%。其中，第一产业增加值63.9亿元，增长7.4%；第二产业增加值527.9亿元，增长10.1%；第三产业增加值274.5亿元，增长9.6%。人均地区生产总值12.5万元。全年财政收支中，收入合计116.8亿元，增长28.0%；其中辖区税收57.4亿元，增长17.5%。一般公共预算收入合计54.0亿元，增长28.9%；其中税收收入小计26.8亿元，增长12.9%；非税收入小计27.2亿元，增长49.9%；国有资本经营预算收入13.0亿元，增长360.9%；政府性基金预算收入合计49.8亿元，增长7.0%。支出合计149.4亿元，增长2.4%；其中一般公共预算支出合计87.9亿元，增长22.3%；国有资本经营预算支出3.0亿元，增长36.2%；政府性基金预算支出合计58.5亿元，下降18.5%。

全年实现农林牧渔业增加值63.9亿元，增长7.4%。实现农业总产值97.9亿元，增长4.5%。粮食播种面积90.4万亩，产量33.05万吨；谷物播种面积53.3万亩，产量25.93万吨；豆类播种面积15.0万亩，产量1.795万吨；折粮薯类播种面积22.04万亩，产量5.31万吨；蔬菜及食用菌播种面积21.94万亩，产量38.08万吨；瓜果类播种面积2.04万亩，产量3.6万吨；油菜籽播种面积8.8万亩，产量1.2万吨。全年生猪出栏57.72万头，增长24.6%；全年猪肉产量4.54万吨，增长29.4%；年末生猪存栏36.2万头，增长15.8%；全年牛出栏5033头，增长2.2%；年末牛存栏1.19万头，增长1.6%；全年家禽出栏1089.1万只，下降2.8%；全年禽肉产量1.67万吨，下降2.6%；全年禽蛋产量6.1万吨，增长3.7%。完成整区农村集体产权制度改革试点任务，220个村股份经济合作联合社取得集体经济组织法人资格，并完成挂牌、雕刻公章、开设银行账户。新认证“两品一标”农产品9个，本土农特产品线上销售额5.03亿元。

工业增加值441.1亿元，增长10.8%，占全区地区生产总值的50.9%。轻工业产值239.05亿元、重工业产值1175.2亿元。规上工业企业280户，与上年持平；实现总产值1414.2亿元、增长28.2%，两年平均增速15.2%；其中长寿经开区规上工业总产值1099.2亿元、增长29.9%；长寿高新区规上工业总产值300.3亿元、增长22.3%；战略性新兴制造业实现总产值282.7亿元，增长28.3%；高技术产业实现总产值94.9亿元，增长24.4%。规上工业营业收入1392.6亿元，增长32.0%；利润总额113.6亿元，增长150.5%；工业税金28.8亿元，增长17.4%；收入利润率8.16%，提高3.86个百分点。生铁产量674.5万吨，增长5.7%；粗钢产量799万吨，与上年持平；钢材产量686.6万吨，减少7.6%；精甲醇产量160.7万吨，增长0.8%；合成氨产量13.4万吨，增长3.1%；冰醋酸产量39.7万吨，减少12.6%；合成纤维聚合物产量14.1万吨，下降3.4%；轮胎产量619.5万条，减少6.2%；发动机产量1485.5万千瓦，减少24.1%；家具产量459.3万件，增长43.2%；变压器产量473.3万千伏安，减少22.5%；印制电路板产量13.7万平方米，增长17.7%。全年规上工业能源消耗总量1061.1万吨标准煤，增长5.4%，其中，规上工业用电87.5亿度，增长15.1%；规上工业用煤756.7万吨，增长5.8%；规上工业用天然气24.5亿立方米，下降0.4%；规上工业用热力2367.6万吉焦，增长4.7%。

2021年实现建筑业增加值86.7亿元，同比增长6.7%，占全区地区生产总值的10%。房屋施工面积3011.4万平方米，增长2.5%，本年新开工面积995.4万平方米，增长6.1%；房屋竣工面积1014.4万平方米，减少0.3%，竣工房屋价值139.3亿元，减少1.7%。

全年公路运输客运量426.3万人次，下降15.8%；公路运输旅客周转量21635.8万人公里，下降16.2%；公路运输货运量11140.9万吨，增长17.8%；公路运输货物周转量845721.2万吨公里，增长10.3%。全年水路运输客运量7.31万人次，增长114.4%；水路运输旅客周转量130.89万人公里，增长275.0%；水路运输货运量273.46万吨，增长0.27%；水路运输货物周转量573926万吨公里，增长0.25%。

全年完成固定资产投资总额294.9亿元，增长11.1%，其中工业投资160.1亿元，增长10.1%；房地产开发投资33.6亿元，增长8.8%。房地产施工面积269.9万平方米，减少0.9%；房地产新开工面积77.5万平方米，减少24.5%；房地产竣工面积66.9万平方米，减少16.2%；商品房销售面积82.6万平方米，下降9.7%。

2021年外贸进出口总额92.6亿元，下降5.7%；外资总额2.51亿美元，增长24.47%。

全年共引进招商引资项目117个，引资额714亿元，其中工业项目引资额428亿元（市外），战新产业引资额263.5亿元。招商引资项目中，100亿元级项目1个，10亿元级项目21个，1亿元级项目61个。

全年社会消费品零售总额308.3亿元，增长23.2%；批发业销售额879.5亿元，增长23.3%；零售业销售额187.4亿元，增长18.1%；住宿业零售额16.5亿元，增长20.5%；餐饮业零售额31.8亿元，增长27.9%。

全区旅游接待游客923万人次，增长34.13%；旅游接待收入81.2亿元，增长41.52%。

年末，金融机构本外币存款686.9亿元，增长1.6%；其中住户存款527.1亿元，增长9.8%（住户存款中，活期存款129.0亿元，增长8.9%；定期及其他存款398.1亿元，增长10.1%）；非金融企业存款98.3亿元，下降22.3%；广义政府存款61.3亿元，下降5.4%。金融机构本外币贷款486.0亿元，增长12.5%；其中住户贷款172.1亿元，增长5.5%（住户贷款中，短期贷款41.3亿元，增长25.1%；中长期贷款130.8亿元，增长0.5%）；非金融企业及机关团体贷款313.8亿元，增长16.7%。

二、发展中存在的问题

统筹贯彻新发展理念的能力还不够，产业结构需持续优化，高端创新要素集聚不足；承载中心城区重大功能布局不够，生态环境容量和质量亟待提高；城乡区域发展不平衡，镇域经济、农村集体经济偏小偏弱；保民生还存在不少弱项，教育、医疗、文化等公共服务供给存在结构性矛盾；政府工作与发展所需、群众所盼还有差距等。

三、2022年发展思路

2022年计划完成地区生产总值920亿元、

增长7%左右，社会消费品零售总额增长15%，一般公共预算收入55.6亿元、增长3%，居民人均可支配收入3.9万元、增长8%。

一是做强产业链壮大集群。实现规上工业总产值1500亿元。做大特色基地强链，加快川维BDO一体化项目落地，开工神龙腾达高端金属材料等项目15个，投产双象超纤等项目8个，新材料产值突破300亿元。聚焦优势产业固链，推动钢铁冶金、综合化工、装备制造产业链纵向延伸、横向耦合，开工EVOH树脂等项目30个，投产望变电气智能成套电气设备等项目20个，新增产值50亿元。培育前瞻产业壮链，加快建设同方电子等项目3个；开工投产美力斯、凯林制药等项目10个，推动健康产业向高端化、品牌化方向升级，新增产值10亿元。育强龙头企业带链，推动重钢产能有序释放、川维化工满产运行、巴斯夫扩产增效，以链主带动全链提能，新增规上企业15家，培育专精特新、小巨人、隐形冠军企业10家，纳入上市培育库企业10家。

二是提升价值链优质效。加快腾退“两高”低产项目，靶向引进智能制造、高端装备、新材料新能源等项目，实现战新产业产值300亿元，申报国家级战略性新兴产业集群。实施智改技改，完成重钢环保节能改造等项目75个，推动5家企业“机器换人”，争创智能工厂1家、数字化车间5个。实施品牌塑造，瞄准“高精尖”领域，用好PVA等核心技术攻关成果，延展高新技术、高附加值产品，新增市级以上新产品10个、知名品牌5个，提升“长寿制造”美誉度。

三是做大做强特色农业。农业总产值增长8%。保障粮食安全和重要农产品有效供给，实施农田宜机化改造，建成高标准农田5.1万亩，粮食综合生产能力稳定在36万吨以上，存栏蛋鸡570万只以上、出栏生猪57万头以上，创建国家级健康渔业养殖示范区。延伸“果、渔、畜、菜”产业链，大力发展冷链物流、定制配送、“智慧农业+中央厨房”等新业态、新模式。新增“两品一标”和市级以上名牌农产品20个，新建“一村一品”示范村5个。

四是发展全域旅游。加快旅游多业融合、全域发展，接待游客数、旅游收入分别增长15%、10%。推动长寿湖创建国家级旅游度假区，开工法国PVCP太阳季水趣乐园等项目，加快东西岸环湖路景观带、环湖生态休憩线建设，发展一批高端垂钓中心、露营基地、水上运动项目。高品质打造明月山、黄草山人文农旅体验区，加快万顺温泉、黄草山特色民宿群等项目建设，构建城市森林氧吧。提档升级古镇“风情街”、菩提山业态，净化菩提寺环境，以业态聚人气、增名气。推动河街印象怀旧街区、三倒拐文博街区、长江旅游码头前期工作。打造特色乡村旅游带，启动“农业迪士尼”主题公园建设，丰富长寿慢城业态，布局一批亲子研学、农耕体验、运动健身等体验性、沉浸式项目，带动发展一批“田园精品”。

五是培育康养经济。发展“体养”经济，持续办好“四大品牌”赛事，创办一批冬泳、滑水、皮划艇等特色赛事，常态开展登山、徒步、瑜伽等全民健身运动，打造体育强区。壮大“药养”产业，搭建药材种植、医药研发及代工平台，发展医美抗衰、保健养生等特色产品。塑造“食养”品牌，开发“长寿果”“长寿鱼”等绿色有机产品，发展营养食品、功能性食品、药食同源产品等健康食品，打造绿色康养食品基地。培育“文养”业态，挖掘儒释道文化渊源，开发祈福祈寿等体验式康养项目，打造以文净心、以文修身、以文化人的独家产品。

六是坚持创新驱动。经开区争创国家级双创示范基地，全面投用高新区中科未来城，建设生命科学公共服务平台，引进高校合作项目2个，推动京东物流产业学院落地开工。鼓励企业与科研院所联建重点实验室、研发中心，支持康普化学申报市级博士后工作站、2家以上企业突破性技术纳入市级技术创新项目库，新培育高新技术企业30家、科技型企业100家。深入实施全民科学素质行动，高标准建设高端人才公寓，新增顶尖人才（团队）5个、引进高层次人才120人、研发人员超过4300人。支持70家以上企业获得知识价值信用贷款，推动10项以上科技成果在长转化应用，全社会研发投入占地区生产总值比重达3%。

七是壮大数字经济。点燃数字经济发展“新引擎”，数字产业增加值增长20%以上。实施数字新基建行动，新建5G基站200座，建设分散式充电桩160个，实现城区及场镇千兆光纤全覆盖。加快数字产业布局，建设高新区数字产业园，引进一批物联网、大数据、云计算、5G应用等企业，联手阿里巴巴等企业拓展复合型“北斗+”集成业态，助推信创产业链集聚发展、两端延伸。推广数字应用，依托同城双活数据中心汇集整合数据资源，打造全市重要区域性数据中心，加快智慧城市、数字园区、远程医疗、线上教育等“数字+”“智能+”场景应用，让“数字”为发展赋能。

八是构建大开放格局。促进内畅外联，加快两江新区至长寿快速通道项目建设，开工长寿湖旅游大道，力推渝宜高铁长寿段启动建设，开展市域铁路C7线、广涪柳铁路、长垫梁开货运铁路、渝宜高速公路长梁段加宽项目前期工作，改造骨干道路75公里。高标准打造长寿港，加快推进港口码头整合提升，开工兴港大道等7个港口提升项目，投用新恒阳码头及罐区，推进川维、重钢、渝巴铁路进港进园，优化海关监管功能。加快专业市场建设，全面投用汽贸城、智慧物流中心，三科农商城完成全面招商。开工钢材综合市场，建立钢材价格发布中心。拓展外经外贸，完成外贸进出口额60亿元、实际利用外资2亿美元。

九是营造大投资氛围。加大招商力度，突出“大、新、链、智”，引进一批行业领先、技术尖端、低耗高产、强链补链项目，推动数字经济、总部经济、文旅康养、特色农业实现招引新突破，合同引资600亿元，战新产业引资占工业引资的40%以上。狠抓投资放量，统筹推进市级重大项目28个、区级重大项目300个，按季举办项目“三集中”活动，完成固定资产投资350亿元。抢抓新增可再生能源和原料用能不纳入能耗总量的重大机遇，推动18个排队候建项目快批快建。建立完善项目动态调整、定点联系、考核考评等机制，扩容项目“资金三池”，争取上级资金、政府债券资金25亿元以上，确保项目储备充足、落地见效。

（执笔人：赵宇）

江津区

江津区人民政府办公室

一、2021年发展回顾

2021年，江津区全年实现地区生产总值1258亿元，增长8.4%。其中，第一、第二、第三产业增加值分别增长6.9%、7.1%、10.8%，固定资产投资、社会消费品零售总额、进出口总额分别增长6.4%、25.9%、28.8%。全年签约产业项目232个，协议引资额超1000亿元。城乡居民人均可支配收入分别达到45160元和23933元。

（一）产业发展稳中有进

一是工业经济提质增效。全年实现工业增加值556.1亿元，增长10%，占全区地区生产总值的44.2%。年末全区共有规模以上工业企业493家，比上年末净增62家。武骏光伏封装材料、和友光能材料等开工建设，东方雨虹、山鹰纸业等建成投产。实施85个智能化改造项目，排全市第1位；新增重庆市智能工厂6个、数字化车间14个，新增总量均居全市第2位。新增上云企业138家，获评国家级专精特新“小巨人”企业8家。战略性新兴产业产值占规上工业总产值比重达24%，较2020年提高2个百分点。规上工业产值达1601.4亿元，其中，消费品工业、装备制造业、汽摩产业、材料产业分别实现产值497.6亿元、368.9亿元、277亿元、303.9亿元，分别增长27.9%、9.1%、1.7%、22.8%。二是服务业发展势头强劲。全年实现社会消费品零售总额408.4亿元、增长25.9%，批发业商品销售额745.3亿元、增长39.4%，零售业商品销售额262.2亿元、增长33.2%。交通运输、仓储和邮政业增加值33.8亿元，增长14.3%；住宿和餐饮业增加值16.5亿元，增长19.4%；金融业增加值53.1亿元，增长3.9%；房地产业增加值59.8亿元，增长4.5%；其他服务业增加值150亿元，增长7.9%；农林牧渔服务业增加值1.6亿元，增长11%。培育限额以上商贸企业102家，新增规上服务企业22家。电商交易额突破147亿元、增长18%。获评全市唯一的国家商品市场优化升级试点区县。聂荣臻故里成功创建国家4A级旅游景区，江津科技馆成功创建国家3A级旅游景区，江津区文化馆获评国家一级馆，先锋镇保坪村获批全国乡村旅游重点村。三是特色农业发展壮大。全年实现农林牧渔业增加值128.8亿元，比上年增长7%，总量保持全市第一；实现农林牧渔业总产值182.3亿元，增长8.6%。全年粮食产量64.1万吨，蔬菜产量106.5万吨，生猪出栏79.2万头、存栏50.5万头。鹤山坪农业公园、郎家红色美丽村庄初显形象，建成市级美丽宜居乡村14个、绿色示范村16个。全国首创“花椒银行”，推动椒农增收4.5亿元，成功创建国家地理标志产品保护示范区、江津国家花椒现代化产业园，现代农业园区获评国家农业科技园区，白沙工业园获评全国农村创业创新园区。土地确权颁证工作通过市级验收，全国农民合作社质量提升整区试点通过市级评估。

（二）改革创新推进顺利

国资国企、公共资源交易监管等重点改革深入推进，科投集团获得AA+主体信用评级，成立国科股权投资基金，综保区PPP项目落地实施。重大项目代办制获评市优化营商环境十佳案例，成功设立全国社会信用体系建设示范区。西部（重庆）科学城江津园区管委会挂牌成立，团结湖科创中心竣工投用。西部食谷获评国家级科技企业孵化器，多赢创嘉获评国家级众创空间。中冶赛迪、梯联智能分别通过市级重点实验室、市级新型研发机构认定。知识价值信用贷款累计超11亿元。科技型企业达1482家、高新技术企业达280家，居主城新区第一位。农村“三变”改革试点扩面率达30%。成为全市首批唯一以“优秀”等次通过深化农村土地确权颁证工作验收区县。

（三）内陆开放高地建设加快

珞璜港改扩建工程有序推进，国际多式联运集装箱中转场站建成投用，物流枢纽铁水联运工程入选市级多式联运示范工程。成功开行重庆首班通用机械定制专列，珞璜港至上海港集装箱班轮开启首航。西部陆海新通道江津班列累计开行230列，共到发11493个标箱。开放经济持续发展。新培育益海嘉里、五信机械两家年进出口额破亿元的大型外贸企业，大力发展贸易新业态，服务贸易额突破2亿美元。全区实现进出口总额277亿元、增长28.8%，实际利用外资2.8亿美元，跨境电商交易额2.6亿元。

（四）城乡建设协同发力

城市品质持续提升，圣泉寺公园、圣泉湖湿地公园等项目开工建设，双福北节点景观提升工程建成投用，实施老旧小区改造12万平方米，新增城市绿地83.5万平方米，垃圾分类覆盖26.8万户居民，城市生活垃圾无害化处置率100%。轨道交通5号线跳磴至江津段上线试运行，江津至大学城公交开通。全区城镇化率达到60.68%，较2020年提高0.52个百分点。实施“四好农村路”100公里、入户道路323公里，改造无害化卫生厕所1662户。贾嗣创建为市级卫生镇。雨仙湖、大碑湖水库竣工，鹅公水库稳步推进。扎实推进脱贫攻坚与乡村振兴有效衔接，脱贫成果持续巩固。

（五）双圈建设走深走实

编制完成《泸永江融合发展示范区总体方案》《川南渝西融合发展试验区总体方案》，泸永江融合发展示范区首次领导小组会议在江津举办。有序开展长江流域生态保护联合执法行动，组建泸永江绿茶技术创新联盟、成立川南渝西大数据产业联盟。“合江·江津（珞璜）”新材料产业园成功纳入首批成渝地区双城经济圈产业合作示范园名单。合江·珞璜新材料产业园、江津·开州产业合作示范园挂牌启动，塘河至合江白鹿省际公交常态运行。

（六）生态环境持续改善

国开行长江经济带及三峡环保水环境治理PPP项目有序推进，李市小溪、白沙驴子溪等19个项目完工，长江干流排污口整治加快，新改建污水处理站54座，国控、市控考核断面水质全部达到并优于水域功能要求。实施“三线一单”分区管控，全面落实长江“十年禁渔”，零容忍打击生态环境违法行为。加快“两岸青山·千里林带”建设，完成营造林任务7.4万亩，森林覆盖率达到52%。积极推进“双碳”工作，编制江津区2030年前碳达峰行动方案和“十四五”碳达峰工作方案，率先落地绿色金融财政激励政策。强化节能降碳，能耗双控和碳强度下降目标全面完成。城区空气质量优良天数保持在 291 天以上。

二、发展中存在的问题

疫情和外部环境存在诸多不确定性，经济稳增长难度依然较大，做好“六稳”“六保”工作任务艰巨。产业结构仍处于深度调整期，人均 GDP 不足、产业层次不高、创新能力不强；城乡区域发展不平衡，基础设施建设不完善，城市管理不精细；人民群众在教育、医疗、就业、住房、养老等方面还有急难愁盼的事情亟待解决，生态环境治理仍然面临不少问题；政府自身建设还需进一步加强，营商环境与市场主体、人民群众的期待还有差距。

三、2022 年发展目标及思路

2022 年，全区经济社会发展主要预期目标是：地区生产总值增长 6.5%；工业增加值增长 7%，固定资产投资增长 7%，社会消费品零售总额增长 13%，进出口总额增长 12%；一般公共预算收入增长 5%；城镇新增就业 2.4 万人，调查失业率控制在 5.5% 以内；城乡常住居民人均可支配收入分别增长 7.5% 和 9%；节能减排降耗完成上级下达任务。重点做好八方面工作：一是全力稳住经济基本盘。坚持稳字当头、稳中求进，坚定不移抓项目促投资、抓招商增后劲，提升投资有效性，增强消费带动力，保持经济运行在合理区间。二是全力提升产业能级。坚持集群发展，强化数字赋能，推进产业基础高级化、产业链现代化。三是全力提升创新引领力。加快推进西部（重庆）科学城江津片区建设，积极构建产业创新体系，着力推动“科、产、城、人”深度融合，全力建设产业创新基地。四是全力推进改革开放。坚定不移推动改革再出发，加快融入开放大格局，为江津发展提供更优机制、拓展更广空间。五是全力推进乡村振兴。牢牢把握稳住农业基本盘的总要求，突出抓好粮食安全、耕地保护和巩固拓展脱贫攻坚成果等重点任务，扎实推进乡村发展、乡村建设、乡村治理，努力开创“三农”工作新局面。六是全力提高城市品质。市民对美好生活的向往无止境，城市提升工作无穷期，要对标重庆中心城区，更加精准地抓好提升工作，优化高质量发展空间载体，让城市功能更完善、特色更鲜明、品位更高端。七是全力促进绿色转型。坚持铁腕治气、重拳治水、科学治土，深入打好污染防治攻坚战，用环境治理留住“绿水青山”，用绿色发展赢得“金山银山”。八是全力保障和改善民生。滚动实施一批重点民生实事，持续补齐民生短板，让全区人民享有品质生活、感受发展温度、拥有归属认同。

（执笔人：谢雨轩）

合川区

合川区人民政府办公室

一、2021 年发展回顾

2021 年，是党和国家历史上具有里程碑意义的一年，也是合川发展进程中不平凡的一年，面对多点散发疫情风险和较大经济下行压力，合川区坚决贯彻落实党中央、国务院决策部署和市委、市政府工作要求，在区委的坚强领导下，团结依靠全区干部群众，坚定信心，沉着应对，综合施策，扎实做好“六稳”工作、落实“六保”任务，疫情防控成果持续巩固，经济发展稳中有进，社会大局和谐稳定，较好实现了“十四五”良好开局。全区实现地区生产总值 973.88 亿元、增长 0.2%，全社会固定资产投资 408.41 亿元、增长 0.6%，一般公共预算收入 66.33 亿元、增长 57.45%，城乡常住居民人均可支配收入分别达到 43094 元、22435 元，分别增长 8.1%、10.1%。

（一）做优做强实体经济

坚持夯实基础、做大总量、优化结构，实体经济发展质量效益稳步提升。三次产业结构优化为 11.2∶38.5∶50.3。工业经济转型升级。北汽银翔司法重整成为全国首例拯救汽车整车全价值链经典案例，北汽瑞翔新车上市销售，实现产值 8656 万元。网络安全产业基础不断夯实，与工信部网安中心、中国信通院建立战略合作关系，网络安全产业城成功创建市级重点关键产业园，中国工业互联网安全大赛永久落户合川。医药健康产业园集聚制药、器械等医药健康企业 43 家。新材料产业坚实起步，核心企业中科润资产业基地（一期）建成投用，中国气凝胶材料产业创新发展大会永久落地合川。现代农业有效提升。农业总产值达 164.7 亿元。获评粮食安全考核优秀等次，粮食总产量、生猪出栏量、水产品产量均保持全市第一。成功创建重庆市 100 亿级农产品加工示范园区，新增全国“一村一品”10 个，新认证“两品一标”农产品 30 个。成功举办优质特色农产品“上海・合川”周活动，促进渝江源橄榄油、香脆椒、春皇蜂蜜等 70 余个优质农产品顺利进入上海市场。现代服务业提质发展。逐步优化商贸结构和业态，新培育限上商贸企业 29 家，核心商圈营业面积达 100 余万平方米，会展经济、农村电商等消费带动能力持续提升。钓鱼城遗址申遗和创建国家 5A 级景区稳步推进，全区游客接待量、旅游综合收入分别同比增长 15.5%、65.4%。金融机构增至 60 家，存贷款余额总额达 1784 亿元、增长 23%。

（二）持续增强发展动力

坚持改革推动、开放带动、创新驱动，高质量发展动能加速转换集聚。

重点改革持续深化。供给侧结构性改革有序推进，盘活闲置厂房 8.6 万平方米，助力企业降低用电成本 1.54 亿元。“放管服”改革不断深化，全程网办事项占比 86%，落实减费降税 33 亿元，新培育市场主体 1.2 万户，新培育限上商贸企业 29 家。农业农村改革持续深化，第二轮农村土地承包到期后再延长 30 年全国试点全面完成，“三变改革”实现资源变资产 82147 亩、资金变股金 3473 万元、农民变股东 11.3 万人。国资国企改革持续推进，产业公司市场化运行质量不断提升。对外开放不断扩大。招商引资新签约项目 128 个，实际利用外资 1.2 亿美元，外贸进出口总额 19 亿元、增长 40%，外贸进出口总额同比增长 43%，获评国家外贸转型升级基地。创新动能加速聚集。国家高新区创建有序推进，智慧园区建设获评全市新型智慧园区建设十大优秀案例，推动建成希尔安药业国家企业技术中心，新增市级企业技术中心 12 个，新培育高新技术企业 19 家、科技型企业 175 家，柔性集聚院士 4 人、国内外高端人才 48 人，引进产业高层次人才 70 人，项目团队 6 个，培养人选“重庆英才计划”2 人。

（三）加快推进协同发展

坚持从全局谋划一域、以一域服务全局，主动融入成渝地区双城经济圈建设和重庆“一区两群”协调发展。合作机制不断完善。加快推进合广长协同发展示范区建设，两地省（市）政府批复并印发示范区建设方案。会同两江新区等 8 个市内区县和四川省广元市等 8 个市县签订《共建成渝地区双城经济圈制造业协同发展区合作协议》。携手北碚区、广安市及其下辖岳池、武胜两县等联合编制“十四五”生态环境保护规划，并对编制成果互认。融合基础持续巩固。以促进川渝边界地区政务优化为切口，加快实现政务服务“跨省通办”，在区行政服务大厅和与四川接壤的镇街设置“跨省通办”“川渝通办”综合窗口，采取“全程网办”“异地代收代办”的模式，实现“川渝通办”210 项、西南五省“跨省通办”148 项、“全国通办”74 项，共办结“通办”事项 2.3 万余件；办理川渝两地养老保险关系互转 1321 人次、资格互认 2020 人次。协同联动更加有力。强化与周边城市合作，与广安正式开启成渝地区双城经济圈建设公共资源交易平台一体化战略合作，与遂宁、广安共办创业大赛，开展创业讲座、沙龙，与遂宁、内江共同举办川渝毗邻地区第二届技能人才暨农民工技能交流大赛，协调广安及北碚、铜梁、潼南等地开展生态环境联合督查、交叉检查。

（四）统筹推进城乡建设

突出环境要素的基础性、支撑性作用，全力补齐城乡环境硬件短板，科学统筹推进城乡一体化发展。交通建设成效显著。合长、合安高速建成通车，合璧津高速（合川段）主体工程完工，草龙路等 16 个干线公路项目顺利完工，农村公路建设完成 182 公里。渝西高铁（达州方向）选址清平镇设合川东站。嘉陵江利泽航运枢纽一期主体工程完工，渠江航道整治香龙护岸工程已完成总工程量的 40%，预计 2022 年建成投用。城市品质加快提升。完成白鹿山立交改造、东渡大桥病害整治，高阳人行天桥、白鹿山 C 支路等市政道路建成投用。新建海绵城市 3.2 平方公里，新建排水管网 8.9 公里，智慧管网争取到位中央资金 2000 万元。先后建成蒲家沟生活垃圾填埋场渗滤液处理厂、餐厨垃圾处理厂、建筑垃圾消纳场，新、改建公厕 8 座，拆除违法建筑面积 9591 平方米。实施坡坎崖绿化美化 12 万平方米，实施文峰塔公园、赵家渡水生态公园等城区公园提质改造。三江水质总体保持 II 类，森林覆盖率达 35.6%。乡村建设扎实推进。严格落实“四个不摘”要求，抓实巩固拓展脱贫攻坚成果同乡村振兴有效衔接。全区农村卫生厕所普及率达 85%，建成农村生活垃圾分类收运系统，双槐、三汇等 9 个镇街垃圾中转站正式运行，1000

人以上常住人口农村聚居点集中式污水处理设施基本实现全覆盖，建成农村25户以上集聚区生活污水处理设施32个。全区6个村被命名为“国家森林乡村”，71个村获评市级美丽宜居村庄、数量居全市第一。

（五）不断改善民生福祉

坚持以人民为中心的发展思想，用心用情用力做好民生事业各项工作，不断提高群众获得感、幸福感。18件重点民生实事和79件党史学习教育“我为群众办实事”事项完成年度目标。教育事业提质提速。久长街小学重建等4个项目建成投用，新增学位4500余个。组建12个中小学教育集团，43所学校参与，集团化办学覆盖率达32%。新增市级名校长工作室2个、班主任工作室2个、乡村名师工作室1个，参加全国职业教育技能大赛实现金牌零突破。稳妥实施“公参民”问题整改，严格落实“双减”政策。卫生事业全面进步。区内就诊比例达86%。建成全市首家综合性健康科普馆，区人民医院被确定为重庆市血液内科医疗质控中心区域分中心，公共卫生工作成为合川品牌。合川健康促进工作经验入选《全国健康促进县（区）案例精选》。成功通过2021年国家卫生区复审，基本公共卫生服务绩效考核获得全市第二名。文体事业持续繁荣。区文化馆获评国家一级馆，参加市级以上体育赛事获30金28银34铜。成功举办市第二届龙舟公开赛、双龙湖垂钓大赛等体育赛事，成功接旗第二届巴蜀合唱节和市七运会。古镇古迹文旅二日游线路入选全国推介线路，钓鱼城遗址申遗被列为国家文物局“十四五”规划重点培育项目。社会保障有力有效。城镇新增就业2.3万人，10400名脱贫人员实现就业，高校毕业生就业率达90%，促进重点群体就业创业工作获市政府通报表扬。累计发放各类救助金3.5亿元，城乡基本养老保险、基本医疗保险参保率均保持在95%以上，低保、特困等困难群体应保尽保。

（六）全力维护安全稳定

统筹发展和安全，努力营造平安稳定、和谐有序的社会环境，建设更高水平的平安合川。疫情防控有力有序。坚持“外防输入、内防反弹”，慎终如始抓好疫情防控，开展全区大规模核酸检测应急演练，累计接种新冠疫苗108.3万人、244.7万剂次。全区无新增确诊病例、疑似病例和无症状感染者。社会治理深入推进。完善立体化信息化治安防控体系，推动扫黑除恶长效常治，刑事案件、侵财案件、盗窃案件数量持续下降。市域社会治理现代化综合管理考核系统获评2021年全国政法智能化建设智慧治理创新案例。深入实施“红细胞·微治理”工程，矛盾纠纷调解成功率达99%。风险防范扎实有效。保持打击非法集资高压态势，案件化解率达67.1%。政府债务率保持在绿色区域。房地产市场运行总体平稳。安全生产平稳可控。聚焦道路交通、建设施工等重点行业领域，深入开展大排查大整治大执法，经营性生产安全事故起数、死亡人数分别下降30%、8.7%。妥善应对洪峰过境，实现人员零伤亡。统筹推进地灾防治、森林防火、食品药品监管等工作，群众获得感、幸福感和安全感不断增强。

二、发展中存在的问题

发展不平衡不充分问题比较突出、不协调不适应问题亟待解决。一是传统产业比重大，新兴产业、特色产业还处于起步阶段，产业转型升级任务艰巨繁重。二是科技创新对产业发展的支撑引领能力不强，“高精尖”人才短缺，营商环境需要进一步优化，发展内生动力不足。三是收支矛盾突出，财政运行长期处于“紧平衡”状态。四是民生领域欠账较多，基础设施不完善，教育、医疗、生态环境等方面与群众期盼还存在较大差距。

三、2022 年发展思路

2022 年是实施“十四五”规划的关键一年，是党的二十大和市第六次党代会的召开之年，做好 2022 年的发展工作意义重大。2022 年的主要预期目标是：实现地区生产总值增长 5% 左右，规模以上工业增加值增长 8.5% 左右，固定资产投资增长 5% 左右，社会消费品零售总额增长 5% 左右，一般公共预算收入增长 1% 左右，全体居民人均可支配收入增长 8% 左右。将重点抓好以下六项工作：一是持续提升工业能级。大力实施“123456”工业经济倍增计划，滚动开展僵尸协议、企业及项目清理，深入开展“四个一批”活动，加强企业培育，培优主导产业，提升保障能力，夯实高质量发展基础。二是持续发展现代服务业。提质发展文化旅游业，同步推进钓鱼城遗址申报世界文化遗产和创建国家 5A 级景区，升级发展商贸服务业，积极发展电商物流业，增强经济发展动力。三是持续提升城市品质。加速交通互联互通，加快城市有机更新，推动城市管理提质，持续巩固全国文明城区、国家卫生区创建成果。四是持续推进乡村振兴。做优现代农业，抓好稳产保供，做强精深加工，深化品牌创建，改善农村条件，提速建设国家城乡融合发展试验区。五是持续优化生态环境。加强生态保护修复，打好蓝天、碧水、净土“三大保卫战”，推动绿色低碳发展。六是持续改善民生福祉。提升教育质量，优化健康服务，加强社会保障，维护平安稳定，切实增强群众获得感、幸福感、安全感。

（执笔人：张虎勇）

永川区

永川区人民政府办公室

一、2021年发展回顾

2021年，在市委、市政府和区委的坚强领导下，永川区坚持以习近平新时代中国特色社会主义思想为指导，主动服务和融入成渝地区双城经济圈建设和“一区两群”协调发展，统筹疫情防控和经济社会发展，统筹发展和安全，扎实做好“六稳”“六保”工作，实现了“十四五”良好开局。全年GDP增长9.4%；规上工业增加值增长11.8%；固定资产投资增长11%，工业投资增长10.2%；社会消费品零售总额增长21.3%；一般公共预算收入增长8.3%，税收收入增长12.5%。

（一）扎实推动高质量发展，产业动能不断增强

工业经济加快发展。牢固树立“工业强区”理念，大力实施工业倍增计划，引进长城汽车西南智能制造中心、新明珠西南绿色智能生产基地、新领先医药等项目302个，合同引资756亿元。星星冷链、环球锦标建材仓储物流中心、自嗨锅等74个项目开工建设，蜂巢发动机、蜂巢变速器、西南木材加工交易中心（一期）等66个项目建成投产。长城汽车产销两旺，全国每4辆皮卡就有1辆为永川造。高新区产业转型升级工作获国家四部委真抓实干成效明显通报表扬。汽摩智造创新型产业集群入选全国2021年度创新型产业集群试点。服务业稳步发展。重庆云谷·永川大数据产业园引进中国人民大学文创产业园、爱奇艺、科大讯飞等企业70家，从业人员超过1.9万人，建成全国最大的先进影像制作中心、西南最大的数据处理交付基地和西南服务外包示范基地。全国首条L4级自动驾驶公交线路开启商业化运营。智慧交通、智慧医疗成为全市样板。成功举办“2021中国科技影视峰会”。商贸消费恢复增长，引进海底捞、京东旗舰店等渝西首店8家，批发、零售业销售额分别增长35.7%、20.6%。乐和乐都慢生活庄园建成投用，茶山竹海提档升级，松溉古镇改造开街，全区旅游收入和接待人次分别增长17.9%和13.2%。金融业存贷款规模达到1630亿元，存贷比达到80.7%。现代农业提质发展。粮食生产持续稳定，“米袋子”“菜篮子”供应保障充足有力。茶叶、食用菌、名优水果等特色产业质效不断提升，建成全市最大的名优茶、食用菌和早熟梨生产基地，永川秀芽、永川豆豉获“2021中国特色旅游商品大赛”金奖。

（二）统筹抓好乡村振兴和城市提升，城乡面貌大幅提升

乡村振兴扎实推进。脱贫攻坚与乡村振兴有效衔接，乡村振兴局正式挂牌。黄瓜山村成为市级乡村振兴示范村。加强乡村建设，整治“蓝顶棚”19万平方米、农村公路临水临崖隐患101公里，整治提升场镇人居环境35万平方米，改造农村户厕5000户，建成示范清洁院落200个。

成渝地区首个乡村振兴国家级专家服务基地在永揭牌。城市提升持续推进。完成国土空间总体规划修编基础工作。启动科技生态新城建设、智慧湖全球招标设计。龙马大道正式通车，中交世通大厦主体完工，会展中心加快建设，城市夜景焕新升级。改造老旧小区241个，整治城市“痛点”7处，三河汇碧片区旧貌换新颜。持续深化“大城三管”，改造城市道路100万平方米，治乱拆违20万平方米，治理提升坡坎崖60万平方米。智慧城市运营管理中心建成投用。新型城镇化综合试点经验全国推广。

（三）纵深推进改革开放创新，动力活力不断迸发

开放发展势头强劲。永川综合保税区成功获批并开工建设。国家服务业扩大开放综合试点、服务贸易创新发展试点相继落户，获批建设重庆（国家）自贸试验区联动创新区。中新国际肿瘤医院开诊运营。长城汽车远销50多个国家和地区。实现进出口总额57.7亿元，增长51.2%。创新能力不断增强。西南大学生物技术产业园、重庆交大永川研究院相继签约，新增科技型企业250家、高新技术企业40家、市级以上科技平台11个。OLED柔性显示屏激光高频切割装备等5个科研项目在永转化。新入选重庆英才13人，集聚国家级、市级高层次人才202人。农业科技园区等5个园区入选全国农业创业园区。重点改革持续深化。深化“放管服”改革，56项证明事项实行告知承诺，111个政务服务事项实现跨省通办，174项川渝通办事项全网通办，“一网通办、一窗综办”事项达780项。市场主体突破10万户。扩面提质农村“三变”改革，试点村达42个，15.7万名农民变股东。率先在全国实现区级行政复议机构“立、审、诉”分离。率先在全市完成区县经营性国有资产集中统一监管和全民所有制企业改革。“诚信永商”建设步伐加快。

（四）用心用情办好民生实事，社会事业全面发展

疫情防控有力有效。全面落实疫情防控常态化措施，稳步推进新冠疫苗接种工作。教育事业加快发展。实验小学建成投用，中山小学完成搬迁。全面落实“双减”政策，课后服务实现义务教育学校全覆盖。西部职教基地纳入教育部、重庆市职教共建内容，重庆文理学院申硕成功，签约重庆电子工程职业学院永川校区、雅迪现代制造技术职业学院，职教中心（一期）主体完工，大中专院校达17所、在校学生15.8万人。医疗水平不断提升。新妇幼保健院建成投用，渝西区域医疗中心、重庆血液中心永川分中心开工建设。区域医学影像中心、心电诊断中心实现基层服务全覆盖。获评全国创建“智慧医保”创新应用示范区。文体事业稳步发展。永川图书馆新馆、玉屏书院、城市书房24小时图书馆建成投用。成功举办“2021永川马拉松”等重要赛事活动。圆满承办市六运会、市残运会，实现了“两个运动会同样精彩”目标。社会保障持续增强。“一门受理、协同办理”社会救助改革经验被全国推广。深入开展“我为群众办实事”活动，精心办好20件民生实事，一批群众“急难愁盼”问题有效解决。河长制、双创、公立医院改革等工作获得国务院督查激励表彰。生态环境不断改善。开展提升污水“三率”专项行动，持续巩固临江河治理成效，长江干流和小安溪、九龙河流域水质不断提升、稳定达标。协同推进环保五大行动，主要污染物排放显著降低，全区空气质量优良天数达到323天。安全稳定形势向好。建成投用社会矛盾纠纷联调中心。成功创建全国信访工作“三无”区。扎实推进安全生产专项整治三

年行动，抓好安全监管常态化“十条措施”，有力守护人民群众生命财产安全。

二、发展中存在的问题

一是产业能级有待提升，战略性新兴产业支撑力不强，产业集群还缺乏科技型龙头型企业支撑；二是城市功能和城市品质需不断完善和提升；三是城乡区域协调发展任务还很重；四是一些深层次体制机制障碍尚未得到有效破解；五是开放创新平台作用发挥得还不够充分；六是生态环境还比较脆弱；七是基础设施和公共服务还存在不少短板；八是安全监管和社会治理能力还需进一步加强；九是干部能力水平与高质量发展要求还有诸多不适应。

三、2022年发展思路

2022年是党的二十大和市第六次党代会召开之年，是实施“十四五”规划关键之年，做好各项工作十分重要。要坚持以习近平新时代中国特色社会主义思想为指导，全面贯彻落实党的十九大和十九届历次全会精神，进一步增强“四个意识”、坚定“四个自信”、做到“两个维护”，自觉落实“两个确立”，弘扬伟大建党精神，统筹推进“五位一体”总体布局，协调推进“四个全面”战略布局，立足新发展阶段，完整、准确、全面贯彻新发展理念，积极融入和服务新发展格局，坚持稳中求进工作总基调，以推动高质量发展为主题，以深化供给侧结构性改革为主线，以改革创新为根本动力，以满足人民日益增长的美好生活需要为根本目的，贯彻实施永川“2235”总体发展思路，聚焦成渝地区双城经济圈建设和“一区两群”协调发展，统筹疫情防控和经济社会发展，统筹发展和安全，推动各项事业发展再上新台阶，奋力谱写永川高质量发展、高品质生活新篇章。

（一）实施产业能级提升行动，加快构建具有核心竞争力的现代产业体系

着力构建“5+3”产业体系，加快推进汽车摩托车、电子信息、智能装备、智能家居及材料、特色消费品等五大支柱产业提质发展，积极推动生物医药及大健康、新能源、民用航空等三大新兴产业集群发展。做强数字影视产业，培育人工智能产业，升级服务外包产业，力争数字经济产值突破350亿元。提质发展首店经济、平台经济、潮经济，加快打造兴龙湖夜间经济核心区。加快建设会展中心，建成投用中交世通大厦，打造成渝地区会展名城。

（二）实施产城景融合发展行动，加快打造近悦远来的美好城市

支持重庆文理学院建大，积极筹建重庆技术大学，加大优质院校引进力度，深化产教融合，促进职教学生留永就业，打造“产城职创”融合发展样板城市。全面提档升级乐和乐都，促进松溉古镇内涵发展，扩大茶山竹海对外影响，支持石笋山景区改造提升。以泛黄瓜山片区为核心，打造“都市慢生活”乡村休闲旅游度假区。推动凤凰湖产业园向南延伸、港桥产业园向北拓展，力争新拓展园区面积4平方公里。统筹做好生产、生活、生态空间布局，启动滨江城镇规划编制工作，打造美丽公园城市，建设生活品质之城。

（三）实施城乡融合发展行动，加快形成各美其美、美美与共的城乡格局

推动“双百”区域性中心城市建设，完成国土空间总体规划修编工作，统筹老城、新城、科

技生态新城发展，实施三年提质改造计划，加强科技生态新城基础设施建设，加快推进城市更新。推进美丽乡村建设，发展壮大名优茶、食用菌、特色水果、调味品作物等产业集群。全面落实粮食安全责任制。实施种业振兴行动和“千年良田”工程，大力发展农产品加工业。实施场镇环境提升工程，持续推动卫生镇、美丽场镇、美丽家园创建。加快城乡融合发展，促进三教镇、板桥镇和三教产业园融合发展，推动朱沱镇、松溉镇和港桥产业园一体化发展，打造沿江经济示范带。扎实推进国家城乡融合发展试验区九大类25项改革试点。审慎开展农村宅基地制度改革，加大闲置宅基地及农房开发利用力度。

（四）实施开放创新发展行动，加快建设区域性开放高地

封关运行永川综合保税区，推进重庆（国家）自贸试验区联动创新区建设，积极创建海峡两岸产业合作区，推动中德产业园、中新互联互通合作项目特色发展。抢抓RCEP生效机遇，推进服务业扩大开放综合试点，加快发展外贸新业态新模式。高水平建设永川国家高新区，推动高新区实体化、一体化运行，促进高新区和园区深度融合。积极争取市级审批权限向高新区下放。强化落实助企纾困政策，深化土地资源利用改革，稳妥实施委托用地审批权改革试点，建立政府投融资决策联席会议制度。

（五）实施绿色低碳发展行动，加快建设山清水秀的美丽永川

制定实施重点领域碳排放碳达峰实施方案，鼓励和引导重点用能企业加大节能增效力度。推广装配式建筑、绿色建材和钢结构住宅，稳妥开展分布式光伏发电开发试点。落实河长制，持续抓好临江河流域管护，完成大陆溪流域湾凼段整治。强化工业、交通、扬尘等领域污染整治，空气质量优良天数达到315天以上。强化土壤污染调查、管控、治理和修复，持续加强农业面源污染防治。全面落实长江“十年禁渔”。持续做好中央和市级环保督察、卫片执法、“绿盾”行动等反馈问题整改工作。落实林长制，扎实开展森林资源“四乱”突出问题专项整治。

（六）切实保障和改善民生，加快建设共建共享的幸福永川

加大企业稳岗减负政策落实力度，分类帮扶高校毕业生、退役军人、农业转移劳动力、残疾人等重点群体稳定就业。推进学前教育普及普惠发展、义务教育优质均衡发展、普通高中教育示范提质发展。支持区中医院与江苏省中医院共建国家区域医疗中心，建成渝西区域医疗中心，加快建设中新国际肿瘤医院（二期）、重庆血液中心永川分中心、渝西精神卫生传染病救治中心。启动美术馆、科技馆建设，提档升级群众文化艺术馆、文化艺术中心。倡导全民阅读，建设“书香永川”。办好全国第四届老运会气排球比赛、永川马拉松、“中国杯”茶山竹海定向越野、市第二届智力运动会等赛事活动。

（执笔人：刘剑桥）

南川区

南川区人民政府办公室

一、2021 年发展回顾

2021 年，南川区以习近平新时代中国特色社会主义思想为指导，认真落实中央各项决策部署和市委、市政府工作要求，科学把握新发展阶段，完整、准确、全面贯彻新发展理念，积极融入新发展格局，紧紧依靠全区广大干部群众，团结一致、沉心静气，实干有为、奋斗有成，以扎实的工作实绩向建党 100 周年献礼，经济社会发展稳中加固、进中提质，实现“十四五”顺利开局起步。

（一）经济社会发展在常态化疫情防控中加快恢复

坚持统筹兼顾、协调推进，盯牢关键环节，强化日常调度，严格落实常态化疫情防控措施，切实巩固防控成果，牢牢守住南川一方净土。坚决落实中央和全市部署，以超常规力度开展疫苗接种，全面筑牢免疫屏障。与此同时，坚持疫情防控和经济恢复两手抓，全力做好“六稳”工作，落实“六保”任务，尽最大努力对冲疫情影响。不折不扣落实系列支企政策，真金白银稳市稳岗、助企纾困，普惠小微贷款、民营企业贷款分别增长 29%、21%。经过一年稳扎稳打、靶向发力，全区经济发展“稳”的基础不断加固，“进”的动能持续增强，GDP 突破 400 亿元大关、增长 8.7%，增速连续 20 个季度高于全市平均水平。完成固定资产投资 181.6 亿元、增长 10.5%，社会消费品零售总额达到 211 亿元、增长 24.3%，完成一般公共预算收入 24.3 亿元、增长 3%，城乡居民人均可支配收入分别增长 8.2%、10.3%。

（二）融入成渝地区双城经济圈和同城化发展迈出坚实步伐

坚持从全局谋划一域、以一域服务全局，加快融入成渝地区双城经济圈、“一区两群”协调发展战略，区域协作进一步“升温”。渝湘高铁、渝湘高速复线、西环高速加快建设，开工建设南川至江津输气管道，基础设施互联互通水平进一步提高。与广元、乐山缔结为友好城市，巴蜀文化旅游走廊自由行首发成功，建立南川—武隆协同发展机制，不断扩大朋友圈。成功举办首届中国健康产业发展大会、国际山地旅游日世界遗产名山（金佛山）峰会，对外展示的空间进一步放大。积极承接外部产业转移，努力提升协同配套水平，全年签约项目 95 个，协议引资 727 亿元。

（三）高质量发展态势持续上行

把做大做强实体经济作为主攻方向，综合施策、精准发力推动经济平稳运行。投资消费拉动有力，145 个重点项目累计完成投资 306 亿元，23 个市级重点项目超额完成年度任务。完成工业投资 77 亿元、增长 28.1%，鸿路三期、吉鑫二期等 29 个工业项目按期投产，工业经济多点支撑格局加速构建。旅游市场持续火爆，大观原点开放运营，东街入选重庆新地标前十强，金佛山景区获评首批国家级文明旅游示范单位，金佛山大环线入选国家体育旅游精品线路。新型消费异军突起，电商交易额突破33亿元，餐饮住宿、批发零售保持高位增长。农业基础更加稳固，主要农产品量足价稳，获评全国首批农业现代化示范区创建区县，南川方竹笋获得国家农产品地理标志登记保护，新发展国家级农业产业化龙头企业1家。高新区创建全面启动，新增“四上”企业39家，新培育国家高新技术企业13家、市级科技型企业180家，全社会研发投入增长11.4%。

（四）群众生活品质进一步提升

69件民生实事全面兑现。完成老旧小区改造12个，新建商品房132万平方米，销售121万平方米。国卫复审顺利通过。累计整治高层建筑可燃雨棚6.3万个、外墙防护网2.5万个。5G基站实现城区全覆盖，新增城市停车泊位2.3万个。新建“四好农村路”200公里，改造乡镇雨污管网42公里、农村卫生厕所3000户，超50%行政村开展垃圾分类示范创建，建成市级“美丽宜居乡村”7个，乡村环境更加宜居。大力推进就业创业，开展大规模职业技能培训3.1万人次，新发展返乡创业实体1357户，发放创业担保贷款8485万元，城镇新增就业1万余人。环境质量持续改善，严控“两高”项目准入，高标准完成先锋氧化铝尾矿库问题整改。严格落实“双减”政策，课改示范区建设扎实推进，南川中学分部投入使用。竣工人民医院儿科楼，妇幼保健院迁建即将完工。新建市级示范社区养老服务中心2个。积极举办群众性体育赛事活动，市六运会创历史最佳成绩。有效应对各类突发事件和自然灾害，妥善处理社会矛盾纠纷，安全生产形势持续向好，社会大局和谐稳定。

二、发展中存在的问题

对标市委、市政府要求、对比周边区县发展水平，南川还远没有走出困难期，前进途中还存在系列亟待解决的问题：经济总量偏小、产业支撑力不强、城市能级较低、要素制约加剧，发展不平衡不充分问题依然突出，民生领域和社会事业还存在短板，防范化解各类风险压力仍然较大。

三、2022年发展思路

2022年是党的二十大召开之年，是进入全面建设社会主义现代化国家、向第二个百年奋斗目标进军新征程的重要一年。全区经济社会发展的主要预期目标是：GDP增长7%左右，规上工业增加值增长7%，固定资产投资增长9%，社会消费品零售总额增长10%，一般公共预算收入增长4.9%，全体居民人均可支配收入增长7.5%左右，其中农村居民人均可支配收入增长9%左右。重点抓好持续用力释放内需潜能、着力提升工业经济质效、加快推动旅游提档升级、精心描绘乡村振兴画卷、巩固提升城市能级品质、大力推动改革开放创新、擦亮绿色发展生态本底、聚焦短板增进民生福祉、牢牢守住风险防控底线等方面的工作，紧密地团结在以习近平同志为核心的党中央周围，在市委、市政府的坚强领导下，只争朝夕、不负韶华，勠力同心、实干担当，加快建设同城化发展先行区，奋力谱写新时代南川高质量发展、高品质生活新篇章，以优异成绩迎接党的二十大和市第六次党代会胜利召开。

（执笔人：杨子亿）

綦江区

綦江区人民政府办公室

一、2021 年发展回顾

2021 年，是綦江发展进程上具有特殊意义的一年。按照全面淘汰煤炭产能决策部署，綦江坚持生命至上、生态优先，坚决扛起政治责任，果断关闭辖区所有煤矿，延续近百年的采煤史画上句号。面对产业结构深度调整、民生保障沉重压力、安全稳定多重挑战，綦江担当作为、真抓实干，着力做好常态化调度、针对性补强，有效稳住基本盘、打开新局面。全年地区生产总值增长 3.2%，固定资产投资增长 17%，其中工业投资增长 32.4%，社会消费品零售总额增长 15.2%，全体居民人均可支配收入增长 8.5%。主要经济指标中，固定资产投资、工业投资增速均高出全市平均水平，经济运行整体呈现后劲充沛、结构优化、前景向好的态势。

（一）把准战略定位，在全局中谋一域、作贡献

一是高位规划布局。市政府批准《綦江—万盛一体化发展规划》《綦江万盛一体化发展国土空间专项规划》，綦江自改革开放以来首次成为全市重要战略支点。高起点编制交通、产业等专项规划和城市设计。二是紧密联动协同。深化与万盛经开区的党政联席会议制度，互派 20 名干部交流挂职，清单化推进 103 项重点事项，统一 18 项财政事权保障标准。三是项目扎实推进。携手万盛经开区与 29 家银行签订合作备忘录，授信额度达 1170 亿元。与中铁建等央企建立战略合作关系。签约引进规模 1 万人的重庆电讯职业学院（綦江校区）。总投资 100 亿元的中新・豪立国际温泉康疗小镇落地开工。

（二）加力创新驱动，在发展中壮体量、提质量

一是增强创新动能。接续推进国家高新区创建，新入库科技型企业 587 家，新获批高新技术企业 40 家，成功创建国家小微企业创业创新示范基地。超 57% 的规上工业企业成立研发机构。科技创新活跃指数稳定保持全市前 8 位。二是引进创新资源。集中签约总投资 70 亿元的 4 所高等院校，重庆移通学院（綦江校区）正式开学。成功举办 2021 年信息安全与数据灾备技术产业高峰论坛。成立国家级研发平台分支机构 4 个，获批重点实验室等高端研发机构 6 家。三是转化创新成果。綦江传动成功创建中国老科协首个工业企业科技示范基地，获批市级制造业创新中心。荆江半轴、海塑建材等 5 家企业成为国家级专精特新“小巨人”。国内首套铁路机车 1∶1 制动动力实验台落地调试。40 余家企业入驻传綦智慧数据谷。天海星大健康产业园一期建成投用，“蓝剑唯怡”“大斌家”等知名企业入驻投产。

（三）优化产业格局，在变局中开新局、谱新篇

一是优化主导产业。积极适应全面淘汰煤炭

产能的重大调整，建成页岩气井16口，蟠龙抽水蓄能电站一期引水系统全部贯通。优化工业经济发展目标、思路和路径，靶向发力铝及铝精深加工、装配式建筑、精细化工、高端装备制造、食品健康、电子信息及新能源新材料。二是拓宽承载平台。在北渡、桥河、通惠三个组团基础上，新增安稳组团、扶欢组团、永桐新城组团。安稳新型建筑智能建造产业园正式挂牌，关坝—扶欢循环经济产业园通过专业化工园区现场评审认定，永城—南桐现代制造产业园签约引进28个项目。三是繁荣文旅产业。东溪古镇旅游线路提质优化，横山国家级旅游度假区创建取得新进展。王良同志纪念馆正式开馆，电影《王良军长》全国公映。建成长征国家文化公园綦江主体区8个子项目。

（四）深化改革开放，在合作中聚资源、促共赢

一是营商环境更加优化。持续深化“放管服”改革，1361项依申请事项纳入区行政服务中心一窗综办。“模拟审批”改革经验做法被国务院内刊采用推广。行政审批服务和便民服务事项100%按时办结。仅用33个工作日协助正大集团完成项目建设前期手续。建成投用全市首个园区级分布式能源站，为入驻企业降低综合用能成本20%。二是渝黔合作走深走实。与桐梓县共同开展教育、医疗、社保等跨省通办便民服务，与习水县共同加强跨省协作客运管理。完成安习高速可研评审。三是开放渠道不断延展。全面融入成渝地区双城经济圈建设，綦江、自贡携手入围首批20个川渝合作示范园，参与共建川南渝西融合发展试验区。成功引进总投资20亿元的存储芯片生产基地等61个项目，正式合同额达362亿元。

（五）坚持城乡共美，在统筹中抓振兴、促提升

一是有机更新推动城市提升。以创建全国文明城区为引领，城市基础设施更完善、生活环境更宜居。綦江北互通建成投用，城区向北延伸12公里。转关口大桥通车，40公里环城大道全线贯通。綦江客运中心建成投用。完成綦河两岸2.7公里滨河步道改造提升。累计改造老旧小区48个、145万平方米，改造棚户区4414户。全面整治230栋无水高层建筑。二是产业先行引领乡村振兴。市级乡村振兴示范村正式开园。市级现代产业园建设成效明显，“325”现代山地特色产业获得长足发展。集中打造萝卜、辣椒标准化生产示范基地2万亩，带动发展10万亩。正大集团100万头生猪养殖及精深加工一体化项目有力推进。国家级农业龙头企业、国家地理标志农产品同步实现“零突破”。黄沙中型水库验收蓄水，福林中型水库加快建设，藻渡大型水库通过水利部审查。

（六）回应群众期盼，在服务中办实事、见实效

一是实行高标准民生保障。常态化推进疫情防控，疫苗接种“应接尽接”，全年始终保持“零确诊”。全面开行石壕、东溪等7镇公交线路，群众出行更加便捷。城镇新增就业1.2万人。医共体“三通”建设工作全面启动。区人民医院通过“三甲”复评，区中医院成功创建三级中医院。改扩建中小学8所，陵园小学通惠校区等建成投用。完成9所小区配套幼儿园普惠性认定。4所红军学校授牌。社区居家养老服务实现城区全覆盖，农村养老服务工作在全市交流经验。医保参保率保持在95%以上。二是营造高品质生活环境。城区空气质量优良天数超87%。区内国

控考核断面水质稳定保持Ⅱ类标准。三峰垃圾焚烧发电项目正式投产。全国首批水美乡村示范项目基本建成。总投资23亿元的綦河流域水环境综合治理PPP项目开工建设。稳妥应对8次自然灾害，无人员因灾伤亡。生产经营性安全事故起数、死亡人数“双下降”。中联办交办“治重化积”“清仓见底”化解（转化）率达99%。村（居）民委员会换届全面实现书记、主任“一肩挑”和一次性选举成功。

二、发展中存在的问题

与此同时，发展中仍然还存在一些突出问题和短板。一是发展能级不高，经济总量小、支柱产业弱、专精特新少、大型龙头企业缺，在主城都市区发展竞争中相对落后。二是创新能级不高，高端人才及高等教育支撑力不足，科技研发能力不强，创新产业尚不能完全替代传统支柱产业。三是城市能级不高，綦河防洪标准低，基础设施和公共服务水平与支点城市的定位不匹配。四是交通能级不高，川黔铁路、渝黔高速运力趋于饱和，融入轨道上的都市区缺乏硬支撑，对西部陆海新通道的综合服务能力偏弱。

三、2022年发展思路

全区经济发展预期目标是：地区生产总值增长6.5%，固定资产投资增长15%以上，社会消费品零售总额增长10%，一般公共预算收入增长5%，全体居民人均可支配收入增长7%。

（一）聚焦“稳中求进”，夯实经济大盘平稳运行的基础

一是项目建设要提速放量。围绕固定资产投资三年倍增目标，抓策划、抓争上、抓前期、抓调度，强化重大项目的投资拉动作用。开工建设藻渡大型水库、安习高速公路。完成蟠龙抽水蓄能电站一期、福林中型水库大坝主体工程。新建装机规模10万千瓦的风力发电站，引入光伏发电项目。二是消费市场要企稳回暖。推进西部陆海新通道渝黔综合服务区建设。开工建设重庆红军长征纪念馆。提质打造高山避暑康养产业，完善东溪古镇“吃住行游购娱”产业链条。三是保市场主体要见行见效。新增市场主体1.1万户，新增专精特新“小巨人”5个。新增上规企业15家、上云企业10家。

（二）聚焦“招商建设”，夯实工业翻番的基础

一是整链推进铝及铝精深加工产业。确保再生铝产能规模达100万吨，建成友利森二期等项目，推动铝精深加工向高端迈进。二是加快发展装配式建筑产业。全力引进龙头企业，构建1000万吨水泥、1000万吨精品骨料及1000万立方米装配式建筑部品部件的产业体系。三是稳步启动精细化工产业。启动关坝—扶欢循环经济产业园拓展区前期工作。实现化工企业签约落地“零突破”。四是持续壮大装备制造产业。支持一批项目建成投产，形成年产3万辆以上改装车、5万辆以上摩托车整车的生产能力。五是提质打造食品健康产业。推动功能性食品、火锅调味料等产业成链成群，园区产值超30亿元。六是精心培育电子信息产业。争取交通银行全国数据中心落户綦江，高标准完成重庆市政务云同城灾备中心建设任务。

（三）聚焦“国高创建”，夯实高质量发展的基础

一是持续提升创新能级。新培育科技型企业400家以上、高新技术企业20家以上。科技研

发投入占地区生产总值的比重达2.5%。二是加速科技成果转化。实施市级以上科研项目20项，登记科技成果70项，推动更多科技成果从实验室转移到生产线。三是营造良好创新生态。再引进2~3所高校。加快国家级、市级创新创业孵化平台集聚。新培育市级以上研发机构15个。

（四）聚焦“品质提升”，夯实战略支点城市的基础

一是启动建设永桐新城。完成永桐新城各专项规划。加快推进永庆路等交通基础设施工程。加快完善电力、燃气、通信等基础设施。启动渝南职教城等院校建设。加强永丰河流域环境治理。二是有序推进城市更新。结合防洪保安全，启动下北街片区等防洪及连片老旧小区改造提升项目。全面完成代家岗片区等区域城市更新及老旧小区改造。整体提升高铁综合体站前广场品质。三是不断提升城市管理水平。以创建全国文明城区为统揽，深化“大城三管”，健全“马路办公”长效机制。

（五）聚焦“产业和人居环境”，夯实乡村振兴的基础

一是做强园区提升种植业。完成10万亩高标准农田建设，集中化、规模化、特色化发展10万亩优质稻、10万亩萝卜、10万亩辣椒等产业基地。二是龙头牵引壮大养殖业。加快推进正大集团100万头生猪养殖及精深加工一体化项目、重庆农投1万头奶牛养殖基地及天友乳业加工项目建设，发展“安稳山羊”30万只、肉兔120万只和特色水产1万亩。三是夯基固本推进乡村建设。升级改造产业路130公里，建设“四好农村路”200公里。建成市级美丽宜居乡村30个以上。

（六）聚焦“防范化解风险”，夯实社会大局安全稳定的基础

一是常态化抓好疫情防控。保持指挥体系激活状态。做好重点场所和公共场馆疫情防控。备齐隔离场所。确保疫苗接种“应接尽接”。二是坚决维护社会和谐稳定。持续推进扫黑除恶斗争常态化。加强基层社会治理，严防重大公共安全事件发生。做好自然灾害防灾减灾救灾工作，持续实现生产经营性安全事故起数、死亡人数双下降。三是着力保护生态环境安全。实行河长制，区内国控考核断面水质稳定保持Ⅱ类标准。扎实推进林长制，新增林地5万亩。加强大气污染防治，空气质量优良天数达325天。

（七）聚焦“群众急难愁盼”，夯实高品质生活的基础

一是切实保障底线民生。城镇新增就业1.2万人以上。城乡居民基本养老保险、医保参保率持续巩固在95%以上。二是全面保障教育供给。确保学前教育公办率达52%、普惠率达90%。建成投用2所小学、1所幼儿园，缓解城区大班额问题。建成3所智慧校园。三是提升保障医疗健康服务。加快国家区域医疗中心建设。建成区中医院二期，启用新疾控中心，迁建重庆市医科学校。创建三甲中医院、市级美丽医院、国家级和市级重点专科。

（执笔人：牟万英）

大足区

大足区人民政府办公室

一、2021年发展回顾

一年来，我们认真贯彻落实党中央、国务院决策部署和市委、市政府工作要求，立足新发展阶段，完整、准确、全面贯彻新发展理念，融入新发展格局，积极抢抓成渝地区双城经济圈建设和全市“一区两群”协调发展重大战略机遇，立足“桥头堡”城市定位，统筹推进常态化疫情防控和经济社会发展，攻坚克难、锐意进取，成功应对各类风险挑战，经济社会发展持续稳中向好，取得了来之不易的成绩。

（一）经济发展势头良好

全年实现地区生产总值800.3亿元、增长10.3%，增速列全市第2位；实现规上工业总产值830.1亿元、增长21.1%，规上工业增加值增长13%，工业经济运行综合指数、新增规上企业数量均列全市第1位；完成全社会固定资产投资359.5亿元、增长12.3%，其中工业投资162.3亿元、增长16.4%；完成一般公共预算收入46亿元、增长8.5%，其中税收收入17.3亿元；社会消费品零售总额305.1亿元、增长25.6%；农业增加值增长14.5%；城乡居民人均可支配收入34600元、增长9.6%。50户重点企业产值增长27.5%，盛泰光电、足航钢铁产值分别突破50亿元、100亿元。新引进通润曳引机等核心零部件配套企业5家，形成电梯产业完整链条。围绕17条产业链图谱精准招商，签约项目300个，到位资金200亿元、增长39.9%。

（二）文化旅游加速升级

大足石刻文化公园建设全面启动，聘请清华大学完成战略规划编制，十里荷棠·山湾时光、红岩重汽博物馆建成投用，大足石刻游客服务中心主体竣工。聘请单霁翔担任文旅发展总顾问，4K电影《大足石刻》、8K球幕电影《天下大足》、MV《宝顶之巅》完成拍摄，纪录片《大足石刻：石头上的世界》在央视热播，大足石刻首次进入国家统编历史教材，大足石刻博物馆晋升为国家一级博物馆。实现旅游总收入150亿元、增长22.4%，旅游综合服务满意度列全市前三，获评中国体育旅游精品景区，成功创建市级旅游度假区、市级文化产业园、市级全域旅游示范区。

（三）城乡融合步伐加快

着力提升城市品质。城市建成区面积扩大至54平方公里，城镇化率达到61%。初步完成空间分区规划、大足石刻文化公园新城策划，投入67.7亿元实施城市品质提升项目72个，投用智慧大足运行管理中心，昌州古城提档升级，吾悦广场商业综合体开业迎客，新（改）建五星大道、佛都大道等城市道路25.7公里，新增城市绿地35万平方米，实现城区生活垃圾分类全覆盖。深入实施乡村振兴战略。新（改）建“四好农村路”100公里，农村电网升级改造253公里，新建农村天然气管道2075公里，实施农村饮水安全巩固提升工程、铺设供水管网136.9千米，新建高标准农田9万亩、节水灌溉示范农田6万亩，农产品加工产值达到97亿元，获评全国县域农业农村信息化发展先进县。持续巩固拓展脱贫攻坚成果，坚守“两不愁三保障”底线，无一人返贫或新致贫。

（四）创新动能持续增强

国家高新区创建上报国务院审批，国家杂交水稻工程研究中心重庆分中心落户大足，“禾下乘凉”巨型稻试种成功，“互联网＋智慧养老”入选全国样本，建成全国首条页岩气开采油基钻屑资源化综合利用生产线，发布全国首个消防无人机地方标准，艾诺斯电源获中国专利优秀奖，五金工业互联网平台入选全国典型应用案例。新增市级企业技术中心8家、科技平台11家、科技型企业200家、高新技术企业26家。重点领域改革扎实推进，绿色金融改革试点成效明显，发放全国首笔“废弃电子产品处理基金”补贴专项贷款，绿色金融贷款余额增长63%。农村集体经营性建设用地入市改革经验被全国推广，小型水库管理体制改革获评国家样板区县。积极融入成渝地区双城经济圈建设和全市“一区两群”协调发展，成功争取成渝中线高铁设立大足石刻站，大足至璧山市域铁路被纳入《成渝地区双城经济圈多层次轨道交通规划》，大内高速（重庆段）建成通车，完成资大文旅融合发展示范区、大安特色农业园区等合作平台总体方案编制工作，完成与忠县对口协同发展年度任务。

（五）社会民生保障有力

“我为群众办实事”实践活动扎实开展，完成16件重点民生实事，五金文化公园、八角庙农家超综合体等12个重点民生项目投用。新增城镇就业12297人，应届高校毕业生就业率保持在90%以上，脱贫人口就业11431人。区人民医院顺利通过三级甲等综合医院复评，区中医院晋级三级中医医院，探索建立“互联网＋医共体”模式。海棠中学等14所学校完工投用、新增学位12450个，全面开展课后服务，学生参与率97.4%，学前教育普惠率达97.9%。发放各类救助金2.8亿元，惠及群众6.4万人。安全生产与自然灾害防治工作成效明显，未发生较大及以上生产安全事故和自然灾害事件。常态化疫情防控成果持续巩固，累计全程接种新冠疫苗72.3万剂次。环境质量持续改善，国控、市控断面水质全部达标，城区空气优良天数达333天。办理行政复议案件151件。虚心听取意见建议，务实办理人大代表建议224件、政协提案209件，切实把建议提案汇聚的民意民智转化为工作实绩。全力支持纪检监察机关监督执纪。畅通群众监督渠道，受理“12345政务服务便民热线”办件11389件，办结区长信箱及群众来信1232件。持续推进“放管服”改革、优化政务环境，落实“四减”任务，行政许可事项承诺时限压缩比达84.5%，65项“一件事一次办”套餐线上线下同步运行。

二、发展中存在的问题

一是经济总量相对较小，科技创新能力有待提高，环境容量压力较大，发展质效与高质量发展要求还有一定差距。二是中心城区规模偏小，城市发展辐射力、吸引力和城乡融合发展水平还需进一步提升。三是世界级旅游资源的价值转换不够，文旅融合还不充分，旅游产品相对单一，配套服务能力不强。四是税收规模偏小，财政收支平衡压力较大，政府债务管控有待加强，民生领域还有不少短板。五是政府服务水平、行政效能与打造一流营商环境目标还有差距。

三、2022年发展思路

拿出“开局即是决战，起步就要冲刺”的奋斗姿态，坚持稳中求进工作总基调，统筹疫情防控和经济社会发展，统筹发展和安全，继续做好“六稳”“六保”工作，聚焦“国际文旅名城、特色产业高地、城乡融合示范”三篇文章，聚力“改革创新、招商引资、项目建设”三大抓手，奋力实现“产业发展、城市提升、乡村振兴”三点突破，加速推动经济社会高质量发展，以优异成绩迎接党的二十大胜利召开。

（一）聚力稳增长，加速推动经济高质量发展

一是全力推动招商引资。聚焦重点企业，突出招大招优招强，大力实施“产业链”招商、专业化招商，不断提升招商质效。二是全力加快项目建设。坚持以项目论英雄，突出“大抓项目、抓大项目”。聚焦主导产业、文化旅游、“两新一重”、城市更新、民生补短板等领域，强力推进项目建设提速提质提效。三是全力优化营商环境。强化助企纾困，深入落实各项减税降费政策，优化涉企金融服务和能源供给，切实降低企业税费和融资、用能等成本，缓解企业生产经营困难，千方百计把市场主体保护好、发展好。

（二）聚力国际文旅名城建设，加速推动“文旅+”融合发展

一是加强保护研究与传承。加快建设大足石刻数字博物馆，启动大足石刻学院筹建工作，举办中国石窟寺保护传承利用发展大会。二是加快发展全域旅游。整合全域资源要素，推动“五在大足”融合发展。强化协同发展，推进资大文旅融合发展示范区建设。三是提升文旅营销水平。采取整合宣传营销经费、打造文旅IP、实施“N个一”计划、深化与知名媒体合作、实施“四百工程”等举措，努力提升知名度和美誉度。

（三）聚力特色产业高地建设，加速做大做强工业经济

一是提升园区服务能级。强化集约节约用地，盘活闲置土地，提升“亩产”效益；强化要素保障，优化能源、环保等基础设施。二是提升产业链现代化水平。深化产业链图谱梳理分析，加快推动五金、汽摩、智能、静脉、锶盐、文创等重点产业补链强链延链，做大做强产业集群。推进产业基础再造，强化重点企业保链稳链，推动产业链供应链整体优化升级。三是提升数字赋能水平。推进传统企业智能化改造、数字化转型，推广应用五金标识解析二级节点，引导企业“上云上平台”。

（四）聚力改革开放创新，加速释放发展动力活力潜力

一是强化创新催生新动力。培育创新主体，加快智能制造产业研究院和检测中心建设，推动成立五金产业研究院，建立“大足五金”团体标准，推广“大足锻打刀”技术标准。二是深化改革激发新活力。完成国企改革三年行动任务，推动国有企业瘦身健体、提质增效、转型发展。加快推进数字乡村、婚俗改革等国家级改革试点，高质量完成全国城市医疗联合体建设、医保支付制度等改革试点。深化国家城乡融合发展试验区建设。三是优化开放释放新潜力。全力做好成渝中线高铁项目建设，力争重庆中心城区至大足轨道交通开工建设，开工成渝高速（大足段）扩能改造项目。

（五）聚力增强城市吸引力，加速提升城市功能品质

一是以高水平规划引领城市发展。完成“多规合一”的国土空间分区规划，开展绿地系统、综合交通、公共服务等专项规划编制工作。二是以高质量建设提升城市功能。开工建设宝顶山至北山快速通道和天宫河公园。持续推进老旧小区和棚户区改造，不断提升群众获得感、幸福感和安全感。开工东部供水中心、三角山水厂，完工水丰 110KV 输变电工程。三是以高标准管理彰显城市魅力。深入开展“马路办公”，持续抓好道路两侧、闲置地、坡坎崖绿化美化。

（六）聚力生态美、产业兴、百姓富，加速推进乡村全面振兴

一是壮大农业特色产业。提档升级隆平五彩田园、棠香人家等乡村振兴示范点。推进大安农业园区建设，加快创建国家现代农业产业园、农村产业融合发展示范园、农业科技园。二是推进乡村建设治理与服务。实施“小镇焕新”工程，推动“点上出彩、线上成景、面上清爽”。推进水源建设、流域河库连通和农村饮水安全提升工程，加快渝西水资源配置工程建设。三是巩固拓展脱贫攻坚成果。持续抓好“三落实一巩固”，坚决防止返贫致贫。

（七）聚力天蓝、地绿、水清，加速推进生态改善绿色发展

一是打好污染防治攻坚战。加快城区污水处理厂提档升级、双桥园区污水处理厂扩容等项目建设，开工清溪水务污水处理厂扩建项目，提升农业面源污染防治成效，确保国控、市控考核断面水质持续达标。持续提升城区空气质量。二是强化生态保护修复。加快推进濑溪河综合治理，开工窟窿河综合治理、小流域水土保持综合治理等项目，完成中敖至龙岗、棠香至智凤段生态保护修复。全面推行林长制，开展农村“四旁”、闲置空间植绿增绿行动，持续推进国家储备林建设。三是培育绿色低碳新动能。研究制订碳达峰碳中和实施意见和行动方案，严格实行能耗“双控”，坚决遏制“两高”项目盲目发展。

（八）聚力满足美好生活需要，持续增进民生福祉

一是健全社会保障体系。全力稳就业、保就业，保障重点群体的更加充分更高质量就业。推进国家 DRG 医保支付方式改革。加快优抚医院建设。二是优化公共服务供给。加快推动双路幼儿园扩建、海棠高中等 11 个项目主体竣工，力争卫生技师学院开工建设。深化医药卫生体制改革，加快紧密型医共体“三通”建设。完工投用区人民医院综合楼、区二院迁建工程。办好环龙水湖半程马拉松赛事。三是筑牢安全发展底线。创新基层社会治理，做好矛盾纠纷排查化解，建设更高水平的平安大足。强化融资总额管控，加快存量债务化解，坚决遏制新增隐性债务。落实常态化安全监管“十条措施”，扎实做好自然灾害防治。持续做好疫苗接种，筑牢常态化疫情防控防线。

（执笔人：王子强）

璧山区

璧山区人民政府办公室

2021年璧山区地区生产总值增长10.4%，固定资产投资增长14.8%，社会消费品零售总额增长23.2%，一般公共预算收入实现53.1亿元。

一、2021年发展回顾

（一）以创新发展理念为指引，现代产业加速成型

科技创新成效初显。挂牌西部（重庆）科学城璧山片区管委会，创新生态社区入驻创新团队50家、孵化专利技术等科技成果252项，举办第二届“双高”赛、重庆高校百名教授璧山行等创新活动20场。新增市级创新平台24个，市级重点实验室实现“零”的突破，康佳获评全市第七个市级制造业创新中心，黄葛树智能传感器研究院获评市级新型高端研发机构。工业经济持续上行。引进嘉陵特装、恒渝电子等项目73个，开工中科曙光、华道生物等项目31个，投产中车恒通、中南高科等项目54个。培育拟上市企业23家，创造全市首例国资并购上市公司案例。全国首个“创客中国”专精特新中小企业产业园落户，新增专精特新“小巨人”企业14家。发布“璧山造”新材料、新产品100余项，青山获“市科技进步奖”一等奖、自主研发变速器获评世界十佳。规模以上工业增加值增长16.7%、工业企业利润增长8%。现代服务业量质齐升。引进云栖蓝谷康养小镇、古德里酒店等项目33个，开工建设爱琴海购物公园、儿童教育综合体等项目18个。秀湖公园获评4A级景区，时光故事影视小镇投入运营，汽车露营公园成为全市首个五星级汽车自驾运动营地。新增限额以上批零住餐企业30家。数字经济快速发展。完成玉泉湖国家级数字文创产业园策划方案。成立西部（重庆）互联网科技公司，直播电商基地建成投用。成功接入中新（重庆）国际互联网数据专用通道，国家量子通信骨干网“成渝干线”正式贯通。引进易平方网络科技运营平台等数字产业项目8个，71个项目实现智能化改造，新建5G基站530个。现代农业强基固本。建成高标准农田2.3万亩，完成璧北万亩土地宜机化整治。新认证市级名牌农产品7个，打造果蔬标准园10个，完成璧山清水鱼、璧山番茄、璧山血橙、登云坪脐橙地理标志证明商标申报，成功创建特色农产品优势区、百亿级农产品加工示范园区。农产品网络销售额达到3亿元。

（二）以协调发展理念为指引，城乡融合稳步推进

巩固拓展脱贫攻坚成果同乡村振兴有效衔接。保持主要帮扶政策总体稳定，完善返贫动态监测和帮扶机制，动态解决“两不愁三保障”突出问题和饮水安全问题，无返贫致贫现象。投入2730万元实施有效衔接项目29个，帮助1937名脱贫群众返岗复工。脱贫户年人均纯收入提高到1.6万元以上。农村人居环境不断改善。实施“五清理一活动”专项行动，推进农村厕所革命，

农村生活污水处理设施覆盖率达到88.6%、实现500人以上农村居民聚居点全覆盖。成功创建中国美丽休闲乡村1个、全国乡村治理示范村1个，建成农村生活垃圾分类示范村105个、绿化示范村37个。农业农村改革稳步推进。完成集体产权制度改革，“三变”改革扩面，新增3个全域试点镇、26个试点村。10万元以上农业项目财政补助资金全部纳入股权化改革，集体经济经营性收入5万元以上村占比达到85%。“三社”融合扎实推进，15个镇街供销社和126个农村综合服务社全面建成。

（三）以绿色发展理念为指引，城市品质持续提升

城市空间拓展优化。深化国土空间规划编制，推进“多规合一”，完成玉泉湖、曙光湖片区控规修编和“四山”管控区规划优化。争取用地指标7463亩，实施征地拆迁7991亩，供应土地4175亩，处置闲置土地2035亩。城市形象更加靓丽。制定城市规划、滨水临山规划、民用建筑和城市管理管控导则。新建“微客厅”10个，提质景观节点20处，美化“坡坎崖”195处，新增城市绿地面积60万平方米。建成生态停车场6个、海绵城市项目16个，升级改造璧南河滨河步道10公里，云巴慢行系统一期投用。商品房销售面积达到320万平方米。城市治理更加精细。深入开展“大城三管”，坚持“马路办公”，整改占道经营、市政设施损坏等问题2万余个，整治病害突出路面8万平方米，治理违法建设4.4万平方米。智慧停车管理系统建成投用，2万余个停车位实现数字化管理。持续开展城区交通秩序综合整治，整治乱占消防通道行为2283起，建筑垃圾、渣土违规运输倾倒行为得到有效遏制。生态环境持续改善。深入实施排污许可制，环境监管制度更加健全。启动“无废城市”建设，全面完成生态环保督察反馈问题整改。建立渝西地区空气污染应急联动机制，查处涉气环境违法行为264起。新建污水处理设施8座，城市集中式饮用水水源地水质达标率达100%。在全市率先实行“智慧林长制”，实现对85%的森林资源智能化监测，森林覆盖率达到47.2%。

（四）以开放发展理念为指引，区域发展活力迸发

高水平编制全区“十四五”规划。在全市率先建立统一的规划体系，精心编制全区“十四五”规划纲要和47个区级专项规划，将70余个项目纳入市级规划。积极融入成渝地区双城经济圈建设。举办第二届川渝民营企业家合作峰会、成渝数字文创产业峰会，与成渝地区11个城市牵手合作。成立成渝地区高校创新创业促进会，整合17家高校、企业、孵化平台资源，实现人才、科技、就业等信息互通共享。设立“川渝通办”窗口，193个事项实现同标准办理、结果互认。现代交通体系更趋完善。启动建设成渝中线高铁、渝昆高铁，璧铜线、合璧津高速、金凤隧道加快实施，轨道交通27号线、渝遂高速复线、永璧高速开工建设。东林大道南北延展，黛山大道北延线完成初步设计。升级改造普通干线公路40公里，实现村村通客车。对外开放水平不断提升。哥伦比亚、缅甸、坦桑尼亚驻华大使来璧参访，成功举办第五届“一带一路”青少年创客营与教师研讨闭幕活动、重庆市外国领馆春季运动会。设立海关综合服务窗口，外贸企业通关更加便利。经西部陆海新通道运输集装箱量增长1倍，居全市第5位。

（五）以共享发展理念为指引，民生事业全面进步

民生实事落地见效。新增城市生活馆20个、农超融合超市2个，改造农贸市场4个。新改

建公厕10座，建成垃圾分类收集厢房50个、生活垃圾分类两网融合点100个。改造60栋老旧建筑消防设施，拆除整治高层建筑可燃雨棚600户、防盗网5500户。新增安保工程40公里。金剑山森林步道建成投用。课后服务、青少年心理咨询室实现中小学校全覆盖。创新推出“出生一件事”，出生办理事项实现全程网办。在全市率先实现镇街依申请办理事项“全区通办”。社会保障愈发有力。城镇新增就业2.1万人，开展职业技能培训1.2万人，发放创业担保贷款8794万元。发放低保金4300万元、特困人员保障金5585万元、临时救助金613万元，惠及群众1.6万余人。建成镇街养老服务中心3个、农村养老服务点29个。社会事业有序推进。新增公办幼儿园5所，永嘉实验小学开学招生，大路中学、职教中心二期改扩建工程完工，成功创建全国智慧教育示范区培育区。人民医院传染病区改扩建工程投用，中医院有序搬迁过渡，成功创建全国健康促进区。成功举办市中小学生艺术展演、乡村艺术集、“双百”艺术展等活动。风险防范更加牢固。综合执法办案中心投用，消防指挥中心主体完工。常态化开展扫黑除恶，暴恐事件零发生。全民反诈深入推进，立案量下降19%。严厉打击非法集资，处置涉案资金2.1亿元。实施“治重化积、清仓见底”行动，化解矛盾纠纷215件。严格落实安全生产“十条措施”，未发生较大及以上生产安全事故。

二、发展中存在的问题

与此同时，发展中仍然还存在一些突出问题和短板。一是产业结构仍需优化，二是优势资源未能共建共享，三是企业经营成本过高，四是云巴产业集群发展不理想。

三、2022年发展思路

地区生产总值增长8%左右，规模以上工业增加值增长10%，固定资产投资增长8%，一般公共预算收入增长5%，社会消费品零售总额增长9%，实际利用外资达1.5亿美元，进出口总额增长8%，全体居民人均可支配收入增长8%。单位地区生产总值能耗、主要污染物总量减排等约束性指标完成市里下达目标任务。

（一）大力培育创新平台和主体

加强创新平台建设，推动中科曙光先进数据中心建设全国一体化大数据中心国家枢纽节点、空间太阳能电站实验基地建设无线输能大型综合实验平台，支持康佳光电技术研究院建设市级技术创新中心、争创国家制造业创新中心，积极培育大江动力建设国家企业技术中心，支持比亚迪、青山建设市级制造业创新中心，支持红宇建设市级重点实验室，新增创新平台25个以上。加强孵化平台建设，创建国家级孵化载体2家，引进培育新型研发机构5家，在孵团队达到500个，孵化面积达到30万平方米。强化企业创新主体地位，支持企业开展“卡脖子”技术“揭榜挂帅”，靶向突破高性能集成电路、高端芯片等领域共性关键技术和关键工艺，新增科技型企业250家、高新技术企业30家，有研发机构的规模以上工业企业占比达到50%，全社会研发经费投入占比提高到3.3%。

（二）推动制造业能级提升

积极支持传统产业升级改造，发展壮大新兴产业，推动制造业实现“三个转型”。向高端化转型，实施企业梯次培育计划，力争新增上市企业2家、进入市级科创板上市培育库企业2家，新增规模以上工业企业30家以上，新培育专精特新“小巨人”企业10家。发展个性化定制、网络协同制造等产业新业态，引进工业设计、总集成总承包服务型企业2家。向智能化转型，实施智能化改造项目50个，建成智能工厂、数字化车间10个，实现200家企业上云上平台。向绿色化转型，积极做好碳达峰碳中和工作，创建绿色工厂2家、节水型企业2家。启动绿色新型材料产业园建设，引进装配式建筑、新型建材等项目4个。规模以上工业总产值突破千亿大关，战略性新兴产业、高技术制造业产值占比均达到35%。

（三）发展现代都市农业

推动农业标准化，建设高标准农田6万亩，土地宜机化整治3000亩，实施果蔬绿色标准化种植3000亩。推动农业产业化，大力发展观光农业、休闲农业、色彩农业，规划建设3平方公里绿色农产品加工产业园，打造城乡融合示范片区。积极推动传统花卉苗木产业升级，加快建设西部（重庆）花卉苗木产业园，启动花木大道建设，推动花木变景观、田园变花园。推动农业品牌化，培育“云雾花涧”美丽乡村品牌，积极发展菲油果、金丝皇菊等特色高附加值农产品，大力提升清水鱼、儿菜、葡萄、樱桃、番茄等农产品的品牌知名度。加快农村电商发展，新建农村物流点20个，农产品网络销售额超过3.5亿元。严格落实粮食安全行政首长责任制，抓好重点农产品稳产保供，推进种质资源库生物基地建设。

（四）推动城乡协调发展

持续巩固拓展脱贫攻坚成果，严格落实“四个不摘”要求，健全返贫动态监测和帮扶机制，确保不发生规模性返贫致贫。积极推进国家城乡融合发展试验区建设，深化“三社”融合，探索农民自愿有偿退出农村宅基地制度，“三变”改革试点村覆盖率扩大到35%。深入推进“万企兴万村”行动，70%以上村集体经济经营性收入超过10万元。强化以工补农、以城带乡，推动城乡设施和公共服务一体化供给。统筹璧南、璧北涉农区域规划编制，强化村镇规划与乡村振兴有效衔接。

（五）建设美丽宜居乡村

实施农村人居环境整治提升五年行动，打造璧北25平方公里农村人居环境示范片。扎实开展村庄清洁行动和“五清理一活动”专项行动，健全生活垃圾收运处置体系，大力推进生活污水治理和农村厕所革命，卫生厕所普及率达到93.5%。持续开展农村房屋安全隐患排查整治，坚决遏制乱占耕地建房。加快农村基础设施建设，实施安保工程40公里，启动危桥改造8座，新建农村生产生活便道50公里，“组组通”公路硬化率实现100%。实施农村电网改造380公里，农村天然气管道覆盖率提高到95%。

（六）提升政务服务水平

积极推广运用“渝快办”，优化“全区通办”“审批代办专员”机制，探索“群众点单、服务上门”新模式，打造“一次都不跑”政务服务品牌。提升数字政务服务能力，行政许可网上办理率提高到85%。持续精简行政审批，全面推行证明事项服务、涉企经营许可事项告知承诺制。以“出生一件事”为切入点，推出入学、身故等联办事项服务，构建自然人全生命周期政务服务链。持续用好“企业吹哨、部门报到”“企业之家”名片，打通政企交流“堵点”，精准服务企业发展。

（七）激发市场主体活力

全面落实市场准入负面清单制度，清理各

类显性和隐性壁垒。深化“证照分离”改革，常态化开展“双随机、一公开”监管，健全信用承诺制度和信用联合奖惩机制。开展区长质量管理奖评选，力争获得市长质量管理奖。用好中小微企业“担保增信”机制，做大“八大资金池”规模，扩面惠及企业。健全公平竞争审查制度，严厉打击价格欺诈、虚假宣传等违法违规行为。积极推进税收征管体制改革，全面落实减税缓税降费惠企政策。新发展市场主体9000户。

（八）推进重点领域改革

持续深化“放管服”改革，严格落实优化营商环境条例。深化投融资改革，探索REITs、TOT等新型投融资模式，撬动更多社会资本参与，做到项目池、资金池、资源要素池“三协同”。持续推进“抓项目稳投资”专项行动，加强项目策划储备和前期工作，推动有效投资持续放量。深化国资国企改革，建立以经济效益、国有资产保值增值、科技成果转化为主的国有企业分类考核机制，大力推动商业类国有企业市场化、实体化经营发展。深化高新技术产业研究院授权经营改革，提升两山、绿发、国隆公司资产规模、资产质量和投融建能力，绿发公司信用评级力争达到AA+。推动公共资源交易改革，完善政府投资管理办法，严厉打击围标、串标等违法违规行为。

（九）大力发展开放型经济

全面融入共建“一带一路”、长江经济带发展和西部陆海新通道建设，加快培育内陆开放新优势。规划航空物流园，启动无水港建设，保税仓建成投用，打造区域性物流中心。深度参与成渝地区双城经济圈建设，举办成渝轴线联盟年会等活动，推进“一区两群”对口协同发展。大力开展产业链招商、资本招商、以商招商、应用场景招商，注重本地招商，支持区内企业扩产扩能，力争引进100亿级项目1个、50亿级项目3个，签约项目合同投资额达到700亿元、到位资金200亿元以上。抢抓RCEP发展新机遇，举办首届中缅（重庆）投资贸易洽谈会，积极参加进博会、智博会、西洽会等重要展会，帮助企业开拓国际市场，助推更多“璧山造”走出国门。引进外资项目4个，新增进出口企业5家。

（执笔人：曹龙）

铜梁区

铜梁区人民政府办公室

铜梁区位于重庆西部，处于渝西地区中心，与合川、永川、大足、璧山、潼南等区接壤，距重庆主城40公里，到成都2小时车程，是成渝地区双城经济圈中轴线上的节点城市和重庆主城都市区的重要组成部分，是重庆深化川渝毗邻地区合作的桥头堡城市，是国际主义战士邱少云的故乡和蜚声中外的铜梁龙文化的发祥地。全区区域面积1340.47平方公里，现有耕地505平方公里（75.75万亩），其中稳定耕地面积487平方公里（73.05万亩）；辖23个镇、5个街道，266个村、4050个村民小组，67个社区居委会、552个居民小组。区政府驻巴川街道。2021年末，全区总人口84.55万人，其中，城镇人口40.33万人。常住人口城镇化率62.85%，比上年提高2.85个百分点。

一、2021年发展回顾

2021年是党和国家历史上具有里程碑意义的一年。面对百年变局和世纪疫情，铜梁区坚持以习近平新时代中国特色社会主义思想为指导，认真落实党中央决策部署和市委、市政府工作要求，统筹疫情防控和经济社会发展，统筹发展和安全，全力推进稳增长、促改革、调结构、惠民生、防风险、保稳定工作，持续巩固稳中向好的发展势头，实现了“十四五”良好开局。全年实现地区生产总值704.5亿元，比上年增长8.3%；人均地区生产总值突破10万元；实现工业增加值272.72亿元，增长9.5%；完成固定资产投资总额392.8亿元，增长10.8%；社会消费品零售总额实现276.52亿元，增长25.7%；实现一般公共预算收入40亿元、增长15.4%；银行业金融机构人民币存贷比达71.7%；全体居民人均可支配收入36533元，增长8.8%，经济发展质量和效益进一步提升。

（一）工业质量效益持续提升

引进工业项目67个，总投资391.4亿元。新开工工业项目49个，竣工投产26个。总投资20亿元的爱玛科技西南制造基地一期建成投产，达产后可实现年产值100亿元。规模100亿元的制造业转型升级基金落户铜梁。全区规模以上工业企业366家，实现总产值693.80亿元，增长12.3%。其中，大中型工业企业33家，实现总产值178.63亿元，增长14.2%。三大主导产业支撑有力，实现产值550亿元，增长16%，电子信息、装备制造、健康美妆产业产值分别增长21%、15%、19%。产业转型升级加速推进，实施智能化改造项目63个，完成技改项目备案123个，建成市级数字化车间18个、市级智能工厂2家，新增市级企业技术中心5家，战略性新兴产业、高新技术产业、数字经济规上工业企业产值分别增长18.7%、16.9%、18.9%。全区规模以上工业企业营业收入增长11.3%，营业利润增长5.2%，资产负债率52.3%，产销率达97.6%。全区工业用电量、用气量分别增长20%、40%。新增页岩气钻井51口，页岩气年产量突破1.5亿立方米。

（二）现代农业发展势头良好

全区实现农业总产值98.10亿元，比上年增长9.8%；农业增加值65.40亿元，增长10.7%。粮食生产总体稳定，完成高标准农田建设和宜机化改造6.4万亩，全年粮食播种面积82.90万亩，产量35.50万吨。蔬菜种植面积36.10万亩，增长3.6%；蔬菜产量77.30万吨，增长4.5%。生猪出栏47.09万头，增长32.2%；家禽出栏1808.77万只，增长4.4%。水产品产量3.95万吨，增长4.1%。水果种植面积11.5万亩，产量10.93万吨。加快培育农业品牌，新增市级以上认定或评选的农业品牌13个，总数达56个；新增绿色食品64个，总数达270个。加强农业主体培育，新认定区级龙头企业10家，总数达179家；土桥镇成功创建国家级农业产业强镇。加快延伸农业产业链价值链，新引进农业加工项目6个，培育壮大本土电商品牌，农产品电商销售额达4.8亿元。农村“三变”改革持续深化，试点村占比达20%。新型农村集体经济不断壮大，新发展集体经济项目72个，全年村社集体经济经营收入达6500余万元。

（三）现代服务业稳步发展

丰富现代服务业业态，协信星光天地顺利开业，集中开展汽摩购销展、川渝特色商品展等大型系列消费促进活动，拓展消费新场景，提升假日消费、旅游消费，发展夜间经济，有力刺激消费回暖向好。龙城天街商圈业态不断丰富，成功引进多家知名品牌入驻，商圈总营业额达9亿元。深化文旅融合发展，获评“中国民间文化艺术之乡”，全面唱响“周末到铜梁”，高标准打造西郊花语悠游谷、少云故里等一批优质乡村旅游项目，发展旅游民宿57家。土桥镇和六赢村获评全国乡村旅游重点镇、村，南城街道黄桷门村、土桥镇庆林村和河水村获评“重庆市乡村旅游重点村”。成功举办中华龙狮大赛、原乡风情马拉松、安居端午龙舟赛等主题赛事活动和土桥荷文化旅游节等12场次精品乡村旅游节会，全年接待游客1500万人次，实现旅游综合收入85亿元。

（四）融入成渝地区双城经济圈建设取得新成效

加快主城都市区桥头堡城市建设，全面对接融入重庆中心城区一体化发展。推动铜梁大足协同发展，“大铜新区”建设总体方案报市政府审核。加快推进区域性快联通道建设，成渝中线高铁在铜设站并启动建设，城轨快线璧铜线、渝遂复线高速全线开工，铜安高速建设加快，合璧津高速基本完工，全力推进铜梁至两江新区快速通道前期工作，铜梁城区至新机场高速完成前期研究并积极争取纳入全市高速公路路网。铜梁至中心城区实现公交化运行，加速融入主城都市区“半小时通勤圈”。进一步深化川渝合作交流，联动区（市）县22个，签订各类合作协议37个。成功跻身川南渝西融合发展平台，川南渝西融合发展试验区建设总体方案已上报国家审批。积极融入巴蜀文化旅游走廊建设，与成都、自贡等11个地区成立龙文化旅游联盟。推动公共服务共建共享，梳理“跨省通办”事项210项，办结业务8973件，推动川渝服务便利化。强化创新资源对接，依托环成渝高校创新生态圈，推动涪江流域科创走廊建设。

（五）城市品质明显提升

科创新城规划有序推进，重庆第二师范学院、重庆科技学院、重庆医药高等专科学校正式签约。淮远新区建设加快，基础设施持续完善，乡逢路、乡恋路等5条道路建成通车，书香路综合管廊主体结构全面建成。城市更新扎实推进，改造老旧小区16个，启动民主路片区棚户区改造。城市治理加快提升，“大城三管”持续深化，常态化开展“马路办公”和数字中心巡查，建成全市首个城管大数据库及城市管理执法智慧警务综合管理系统。整治小区违法建筑1.1万平方米。城市功能更加完善，建成生活垃圾焚烧发电厂，污水处理厂三期建成投用，新建、改造城镇雨污管网70公里，新增公共停车位1417个，新改建城市公厕10座，建成投用晏滨路社区体育公园，新增城市绿地60万平方米。圆满完成国家卫生区复审。新基建加快推进，新建成5G基站344个，总数达1484个，新铺设光纤1500公里，累计达4万余公里。

（六）乡村振兴全面提速

镇村面貌持续改善，人居环境持续提升，有序推进平滩、大庙、太平等小城镇建设，开通城区至土桥、庆隆公交客运。渝西水资源配置工程全面开工，同心桥水库建设顺利推进。实施农村饮水安全工程，新建供水管网380公里。实施1万亩农业水价改革项目，建设灌溉管道60公里。完成国省道升级改造32公里，硬化乡村振兴泥结石路330公里。完成农村薄弱电网改造项目33个。强化示范引领，完成六赢村市级乡村振兴示范村建设。建成乡村振兴车间49个，提供就业岗位1500余个。美丽乡村建设加快，改造农村危房171户，排查整治农村房屋安全隐患16万户，完成农村改厕3600户，建成农村公厕15座。成功创建全国乡村治理示范村镇。全面启动国家城乡融合发展试验区建设。全面推行农村人居环境整治“积分制”，获评全国村庄清洁行动先进区县。

（七）改革开放稳步推进

重点领域改革持续深化，结合实际推出特色改革34项，营商环境、城市管理等7项工作获市政府督查激励。营商环境持续优化，设立19个“无差别”综合窗口，实现552项事项“一窗综办”。深化商事制度改革，开办企业时限压缩至2小时以内。推行政务服务智能“秒办”，实现公共场所卫生许可等125件事项上线运行。扎实推进社会信用体系改革，成功创建全国信用体系建设示范区。开展投融资体制改革，建立“项目池、资金池、资源要素池”平衡调度机制，独立工矿区转型升级产城融合PPP项目落地实施。全面完成区属国有企业公司制改革。推进企业上市，OTC挂牌企业和新三板挂牌企业分别达16家和4家。提升经济开放度，全年外贸进出口额12.53亿元，实际利用外资6461万美元。参与重庆市中西部国际交往中心建设，落实“外资企业行政管家服务”制度，实行出口农产品生产基地备案制度。引进新加坡叶水福集团冷链物流等外资项目。

（八）科技创新加快推进

国家农业科技园区顺利通过科技部验收。深入实施科技企业成长工程，建立高新技术企业培育库，新培育科技型企业253家，总量达到793家；新培育国家高新技术企业35家，有效期内高新技术企业达到130家。实施“博士直通车”等科研项目116项。新引进国家级、市级创新平台3个，建成市级以上研发平台14个，累计建成各级研发平台107个。果之王园艺研究院被评为市级新型研发机构，实现我区市级新型研发机构的零突破。“近悦远来”人才环境持续优化，引进急需紧缺人才943名。科技创新生态持续优化，用好用活知识价值信用贷款风险补偿基金，

95 家企业获得贷款 1.73 亿元。全社会研发投入经费支出占地区的比重达到 2.2%，科技创新指数提升至 63.7%，顺利通过国家知识产权试点城市验收。

（九）生态文明建设不断加强

坚持生态优先绿色发展，严格落实“河长制”，开展“三率”专项行动，完成新一轮区级河流“一河一策”方案编制工作，“五个一律”治污模式列入全市典型案例。市级重要水功能区、城市集中式水源地水质达标率 100%，琼江、小安溪地表水断面全部达到地表水Ⅲ类水质要求。推动减污降碳协同增效，空气环境质量优良天数达 324 天，$PM_{2.5}$ 年均浓度为 38 微克 / 米 ^{3}。噪声环境功能区全部达标。持续开展“清废行动”，全面推行生活垃圾分类，土壤环境质量总体稳定。启动实施“林长制”，在全市率先探索“林长 + 检察长”协作机制。生态治理成效显著，加快污水处理设施提档升级，建成投用城市污水处理厂三期扩建工程，技改升级镇级污水处理厂 24 个，新建工业污水处理厂 2 个，建成农村生活污水集中处理设施 68 个。城市生活污水集中处理率达 98% 以上，生活污水处理达标率达 100%。科学治理农村面源污染，治理水产养殖尾水 6886 亩，打捞清运河（江）面漂浮垃圾 7600 吨。新改建垃圾压缩站 10 座，建成投产年处理能力 2 万吨污泥肥料厂 1 座。实施国土绿化提升工程，治理水土流失面积 5 平方公里，完成矿山生态工程修复 15.3 公顷，完成营造林建设 9.7 万亩，成功创建绿色示范村 17 个，森林覆盖率达到 48%。建成区新增绿地面积 60.01 公顷，建成区累计绿地面积 1697.90 公顷。推进节能降耗，规模以上工业综合能源消费量 55.51 万吨标准煤，产值能耗强度 0.08 吨标准煤 / 万元。

（十）社会民生持续改善

就业创业稳中有进，持续开展“把老乡留在老家”专项行动，强化创业帮扶，促进城镇新增就业 1.4 万人。城乡居民收入稳步提高，城镇、农村常住居民可支配收入分别达到 45972 元、23303 元，分别增长 8.3%、10.3%。教育更加优质均衡，“双减”政策全面落地，妥善处理重庆巴川中学“公参民”问题，金砂小学、职教中心三期工程建成投用。公共卫生体系不断完善，区中医院整体迁建、医疗健康区域信息平台及卫生应急系统提升工程等项目加快推进。深入实施健康中国铜梁行动。安全有序推进新冠疫苗接种，加快构建全民免疫安全屏障。全面优化养老服务体系，率先在全市全覆盖式建设农村互助养老点，建成敬老院 2 所、社区养老服务中心 10 个。累计帮扶各类困难群众 2.4 万人次。全面完成 25 件民生实事。深入推进“党建扎桩、治理结网”工程，健全矛盾纠纷三级排查化解体系，建成社会治理大数据应用联合实验基地，社会治理能力有效提升。实施全民反诈，推动扫黑除恶常治常效，“村村见警”警务模式被全国推广，社会治安环境持续优化。打造智慧化典型应用，建成全市首个生态宜居及防灾减灾救灾大数据平台。安全生产形势稳定向好，食品药品安全基础持续巩固。

二、发展中存在的问题

经济总量不大，工业支撑能力不强，产业能级不高，市场主体培育和发展不充分，稳定增长的造血功能不足，总体上还处在新一轮发展动能培育转换、产业优化转型升级的关键阶段。城区和场镇的集聚辐射、综合承载能力还不强。公共服务供需不平衡，群众普遍关心的就业难、就学难、就医难、出行难、停车难等问题还不同程度地存在。

三、2022 年发展思路

坚持以习近平新时代中国特色社会主义思想为指导，深入贯彻习近平总书记视察重庆重要讲话和系列重要指示批示精神，坚定落实“两个确立”，坚决做到“两个维护”，立足新发展阶段、贯彻新发展理念、融入新发展格局，抢抓成渝地区双城经济圈建设和重庆主城都市区发展的重大机遇，坚定不移大抓工业、大抓产业、大抓实体经济、大抓开放发展，持续强化城镇提升和乡村振兴、污染防控和生态文明建设、民生保障和民生改善、风险防控和社会治理，奋力打造产业高地、文旅胜地、宜居美地和民生福地，加快建设重庆西向发展桥头堡，努力争当成渝中部崛起“排头兵”，以实干实绩谱写铜梁高质量发展新篇章。全年经济社会发展的主要预期目标是：地区生产总值增长 7.5% 左右，固定资产投资增长 8%，社会消费品零售总额增长 12%，一般公共预算收入增长 10%，外贸进出口总额增长 12%，常住人口城镇化率达到 64.5%，城镇调查失业率控制在 5.5% 以内，全体居民人均可支配收入增长 9%。

（执笔人：王刚）

潼南区

潼南区人民政府办公室

一、2021 年发展回顾

2021 年，我们深学笃用习近平新时代中国特色社会主义思想，认真落实党中央、国务院和市委、市政府决策部署，统筹推进疫情防控和经济社会发展，全力以赴做好“六稳”“六保”工作，经济恢复态势更加稳健，高质量发展动能更加强劲，实现了“十四五”良好开局。全年地区生产总值 539.35 亿元，增长 9.5%；固定资产投资 259.77 亿元，增长 15.1%；社会消费品零售总额 303.72 亿元，增长 17.3%；一般公共预算收入 23.32 亿元，增长 15.0%；全体居民人均可支配收入 31944 元、增长 8.9%。

（一）产业发展量质并举

工业经济提质增量，新增规上工业企业 10 家，智能化改造项目 36 个，建成 5G 基站 405 个，入选市级专精特新企业 3 家，获批国家两化融合贯标认证企业 8 家，数字经济增长 15%；巨科环保被评为重庆技术创新示范企业。现代农业提质增效。获批全国农业科技现代化先行区，粮食产量稳定在 37.6 万吨，蔬菜产出 219 万吨，生猪出栏 75 万头，农产品精深加工产值突破 100 亿元，“潼南绿”双福运营中心投入使用。服务业提质增速。设立中国银行分支机构，嘉年华购物公园等建成投用，“爱尚潼南”系列节会成功举办，六养优品、潼掌柜等电商平台线上交易额突破 50 亿元。

（二）改革创新深入推进

重点改革扎实推进，4619 项依申请类政务服务事项全部上网运行，《行政许可案卷评查制度》获评市级法治政府建设示范项目。深入推进农村集体产权制度改革，清理资产 27 亿元。全面落实全市促进生产经营稳定发展 27 条政策措施，为企业减税降费 1.5 亿元，降低企业用电成本 1760 万元。制定创新发展配套政策 7 个，发放知识价值信用贷款 1.3 亿元，新增高新技术企业 18 家，成立南昌大学重庆研究院，建成市级研发平台 8 个。檬泰生物获得全市首批“揭榜挂帅”项目支持。“数字潼南”被编入国家《政府数据供应链白皮书 2.0》。招商引资成效明显，签约亿元级工业项目 65 个，其中十亿级项目 10 个。

（三）发展机遇奋力抢抓

成渝地区双城经济圈建设走深走实，新开通公交化列车 3 对，双江航电枢纽工程一期围堰合龙，5 家企业纳入“成渝氢走廊”，高新区入选首批成渝地区双城经济圈产业合作示范园区，跨省医疗结算、公积金异地贷款等 210 项事项“川渝通办”。遂潼一体化发展起势见效，率先获批遂潼川渝毗邻地区一体化发展先行区。遂潼涪江创新产业园筹委会挂牌成立。联合招商集中签约项目 13 个、总投资 153 亿元。对口协同发展有序推进，与彭水共建产业协作园区，签约落户粮油精深加工等项目，帮助销售农特产品1126万元，定点推送就业岗位2890个，发布彭水火棘产业科研项目26个。

（四）基础短板加快补齐

城市提升有力有效，改造老旧小区67个，建成公租房318套，新增城市绿地33万平方米，依法处置闲置土地600亩，拆除违法建筑26万平方米。落实“五长”9900名，智能化改造车位5636个，新增生活垃圾分类示范点60个。乡村振兴全面启动，出台巩固衔接政策53项，低保兜底脱贫户4166人。46个村试点推广乡村治理积分银行，获评市级“一村一品”示范村12个。市级乡村振兴示范村柏梓郭坡村顺利开园，塘坝天印村入选中国美丽休闲乡村，崇龛明月社区获评全国乡村旅游重点村。城乡融合步伐加快。制定城乡户口迁移办法、农村集体经营性建设用地入市管理办法，开出全市首本“微耕田园”流转交易鉴证书。融合发展示范园创建经验成为全国样板。

（五）生态防治系统实施

生态屏障加快构筑，完成“两岸青山·千里林带”营造林7000亩，森林资源“四乱”查处率100%。启动建设铜车坝水库，治理水土流失12平方公里，管控湿地7万亩。完成土地整治7.2万亩，新增耕地6300亩。污染治理切实有效，累计巡河5.7万公里，整治非法搅拌站95个，污水“三率”达到95%以上。涪江获评市级美丽河湖，智能美丽航道全市先行先试。绿色发展全面推进。严控“两高”项目，汇达柠檬被评为国家级绿色工厂，中防德邦、凌峰橡塑被认定为市级绿色工厂，3家企业被纳入重庆碳排放权交易市场。完成水产养殖尾水治理3.8万亩，畜禽粪污综合利用率达到95%。

（六）民生实事落地落实

民生实事有效实施。22件市区两级民生实事全部完成。学前教育普惠率达到99.3%，公办幼儿园占比63.2%，位居全市前列。改扩建供水管网200公里、雨污管网58公里，新改造电力线路648公里，建设城镇燃气管网70公里。民生保障持续加强。新增城镇就业1.2万人，居民人均可支配收入达到3.19万元。区人民医院创三甲一期基本建成，区中医院晋级三级医院，区妇幼保健院通过“二甲”复评。资助困难群体医保参保9.1万人，6.8万人纳入“两病”门诊用药保障。农民工工资支付工作获得A级评价。社会治理水平显著提升。政法队伍教育整顿有序推进，全民反诈专项行动成效明显，化解信访积案226件。建成全市首个未成年人关爱保护基地、市级青少年法治教育基地。

二、发展中存在的问题

面对经济下行压力，潼南区经济社会保持稳定健康发展，但是仍然存在一些不足。一是经济总量不大，财税实力较弱，支撑经济稳定增长的基础还不牢。二是产业能级不高，链条化较弱，支撑集群化发展的龙头企业还不多。三是改革创新不足，经济发展的含金量、含新量、含绿量较弱，支撑高质量发展的动能还不强。四是城乡建设、公共服务、社会民生、风险防范还面临不少短板弱项。

三、2022年发展思路

2022年，是党的二十大召开之年，是“十四五”发展的关键之年，我们将坚持以习近平新时代中国特色社会主义思想为指导，全面贯彻落实党的十九大和十九届历次全会精神，坚持稳字当头、稳中求进工作总基调，按照全区“1356”总体部署，扎实推动高质量发展之路越走越宽广，确保潼南经济实现量的合理增长和质的稳步提升，以优异成绩迎接党的二十大胜利召开。

（一）锚定发展目标，全面发力“四件大事”

1. 聚焦城市提质，打下“双五十”中等城市坚实基础

坚持推进以人为核心的新型城镇化，持续实施城市提升行动，城区面积扩大至35平方公里。高质量完成国土空间规划、“五城”控制性规划，加快推进金福片区、两桥片区开发，启动3个棚户区、38个老旧小区改造，建设330套保障性租赁住房。建成雨污管网50公里。新增城市绿地25万平方米。纵深推进“大城三管”“马路办公”“五长制”，新增生活垃圾分类示范点77个、示范村14个。

2. 聚焦工业强区，打下千亿级高新区坚实基础

全面实行“链长制”，加快建链补链延链强链。完成遂潼涪江创新产业园等9个专项规划，开工建设碚圣医药、阿尔特汽车等项目，新增规上工业企业20家，工业投资增长12%以上。加强与重庆大学、西南大学、市内外科研院所的合作，推动科技成果转化，支持企业创建国家级孵化器，建成南昌大学重庆研究院市级研发机构，新增众创孵化平台2个、孵化器面积10万平方米。实施重点企业提升行动，新培育科技型企业100家、高新技术企业20家、市级专精特新企业2家。实施技术改造项目20个、“机器换人”项目15个，规上工业产值增长12%以上，战略性新兴产业增长15%以上。

3. 聚焦乡村振兴，打下双百亿产业集群坚实基础

深入推进“五个振兴”，严格落实粮食、生猪、蔬菜三张清单，保持产量产能稳定；坚决遏制耕地“非农化”、防止“非粮化”，建设高标准农田7.8万亩。加快发展柠檬精深加工，柠檬产业链产值突破60亿元。推进渝绵优质蔬菜生产带建设，新增“两品一标”10个，蔬菜产业链产值达到50亿元以上。全面实施乡村建设行动，新建燃气管网40公里，新改建农村电网400公里，建成“四好农村路”200公里。全面实施农村人居环境整治巩固提升五年行动，改厕500户，新建村级污水处理站6个。支持壮大集体经济，农村“三变”改革试点村覆盖率达到30%以上。扎实推进乡村治理，50%以上的行政村实行积分制。

4. 聚焦消费升级，打下“周末到潼南”城市营销品牌坚实基础

精心编制“周末到潼南”品牌打造实施方案，创建市级涪江休闲旅游度假区。策划建设“医养”“食养”“动养”系列项目，开发生态观光、休闲采摘、农事体验系列乡愁乡念旅游产品，推进“渝西快乐老家”“蔬食记”旅游项目建设，新增乡村自驾游营地5个以上，打造共享农场20个、共享农庄200个，创建市级乡村旅游重点村2个。高质量办好柠檬节、菜花节、蔬菜节、龙舟赛、马拉松等特色节会，举办全市非遗购物节暨老字号博览会。实施“巴渝新消费”八大行动，推动灯饰、家居等专业市场特色发展，培育汽车、信息服务、文体娱乐、电子商务等消费热点。新增规上服务业企业、限额以上商贸企业各20户以上。接待游客1300万人次以上，旅游综合收入85亿元以上，商品销售额增长15%以上。

（二）直面发展难题，全面攻坚“四大战役”

1. 坚决打好招商引资攻坚战

坚持把招商引资作为“一号工程”，全年签约合同金额700亿元以上，新签约亿元级工业项目100个以上，十亿级工业项目15个以上。精准摸排头部企业、专精特新企业，精心编制“招商图谱”，扎实开展小分队招商、产业链招商、以商招商、线上招商。实行项目准入部门会审制度，修订签约落地服务流程规范，搭建行政审批“绿色通道”，打通项目“招、落、服”堵点。

2. 坚决打好项目建设攻坚战

抓住重大项目“牛鼻子”，谋划市域快线璧铜线延伸至潼南，推动重庆至遂宁城际铁路、汉南泸铁路、双江特大桥等项目前期工作，适时启动建设通用机场。健全区级领导联系重点项目机制，集中精力推进207个区级重大项目建设，力争有效投资达到273亿元以上。加强项目论证包装，深化项目策划储备，争取资金不低于40亿元。优化项目服务，严格实行首问负责制。

3. 坚决打好征地拆迁攻坚战

高质高效破解征地拆迁“老大难”问题，完成征地拆迁4.5平方公里，全力保障28个重大项目建设。储备工业用地不低于5000亩，供应高新区工业用地不低于1500亩、住宅用地不低于1000亩，完成土地出让收入35亿元。集中攻坚征收一批，统筹推进首开区、双江航电枢纽等项目征地报批和拆迁安置，完成铜车坝水库、华电热电联产等项目征拆。扫尾清零拆迁一批，集中力量完成重庆电力高专潼南校区、坤煌食品园二期等项目零星拆迁。预备启动征拆一批，统筹做好遂潼涪江创新产业园、渝遂高速扩能等项目征拆前期工作。

4. 坚决打好营商环境攻坚战

全面落实重庆建设全国营商环境创新试点城市部署要求，持续深化“放管服”改革。探索推行工程建设项目“清单制＋告知承诺制”审批服务，水电气办理时限均压减20%以上。强化“互联网＋政务服务”，打造“潼服务·家温度”政务服务品牌，行政许可网上办理率提高到80%以上。建立企业反映问题“直通车”，切实解决项目建设堵点、难点、卡点问题。创新监管方式，鼓励柔性执法，探索推行“免罚清单”制度。健全银政企常态化联席制度，制造业、普惠小微企业贷款增速均达到20%以上，存贷比均达到70%以上。

（三）挖掘发展潜力，全面拓展“四大领域”

1. 更实举措加快改革开放

深入推进成渝地区双城经济圈建设，加快渝遂高速扩能，启动建设潼安大道，加快建设铜安高速，成立涪江流域科创联盟，启动建设遂潼涪江创新产业园。成立西南大学乡村振兴潼南研究院，共建全国农业科技现代化先行区。探索遂潼政务服务联办模式，共建人力资源服务产业园。联合开展生态环境监测执法，推动涪琼两江跨界流域联防联控。加快对口协同发展，与彭水共建“飞地”园区。深入推进重点领域改革。完成国企改革三年行动任务，提高国有资本回报率。全面加强预算绩效管理，兜牢“三保”底线。深入推进对外开放合作。依托中新互联互通平台，扩大柠檬、蔬菜等优势产品出口。积极开展服务业扩大开放综合试点，争创中国（重庆）自贸区联动创新区。开展“优质外企进潼南”行动，全年外贸进出口总额增长10%以上，实际利用外资2000万美元以上。深入推进物流体系建设，启动建设智慧物流园区，加快建设“潼南绿”冷链物流城市配送中心，完善农村电商配送网络。

2. 更严标准保护生态环境

强化环境综合治理。全面完成中央第二轮环

保督察反馈突出环境问题整改，开展污染物控制和重点行业废气深度治理，提高大气污染防治水平。加强机动车噪声污染防治，创建市级安静小区2个。强化生态保护修复。严格落实河长制，加快建设涪江流域水环境综合治理项目，治理水土流失8平方公里，创建琼江市级示范河流。全面推行林长制，持续开展大规模国土绿化行动，实施“两岸青山·千里林带”营造林1.72万亩，创建国家森林城市。强化绿色低碳发展。稳妥推进“双碳”行动，坚决遏制“两高”项目盲目发展。实施可再生能源替代行动，深度挖掘天然气、水电、氢能内部潜力。加快低效闲置用地再开发再利用，创建3家市级绿色工厂。

3. 更大力度改善社会民生

优先发展教育事业。落实义务教育学校“双减”政策，强化学生心理健康教育、基本生存能力培育，持续创建国家义务教育优质均衡区。启动建设职教中心，引进1所高等职业院校，加快建设重庆电力高专潼南校区。推进健康潼南建设。加快建设区人民医院创三甲二期工程，完成智慧医院建设，持续培育名医名科，创建市级重点专科1个。兜牢基本民生底线。健全就业创业扶持体系，支持高校毕业生、农民工返乡就业创业，新增城镇就业1.1万人以上。压实农民工清欠主体责任，建设工资支付诚信体系。建成5个镇级养老服务中心、9个村级互助养老点。持续推进全民参保计划，城乡基本养老保险、医保参保率保持在95%。办好特殊教育、社区教育和老年大学。持续推进未成年人保护，做好农村留守儿童、困境儿童、空巢老人、残疾人等群体关爱救助。

4. 更高水平筑牢安全屏障

牢固树立总体国家安全观，提高防范和抵御安全风险能力。防范重点领域风险。坚持外防输入、内防反弹，加强全民疫苗接种，健全疫情防控长效机制。多渠道筹集化债资金，坚决防范债务风险。强化政府性融资担保服务功能，帮助企业纾困解难，防范企业流动性风险。科学把握供地规模和节奏，防范房地产领域风险。创新社会综合治理，构建智能化治安防控体系，规范化建设综治中心、群众来访接待中心，提升基层治理水平。常态化开展扫黑除恶专项斗争，深入推进全民反诈专项行动。升级改造公共法律服务三级平台，畅通援助便民绿色通道。严守安全生产底线，强化消防救援能力，持续实施安全生产专项整治三年行动，深入推进安全生产大排查大整治大执法，坚决防范较大及以上事故发生。

（执笔人：李玲）

荣昌区

荣昌区人民政府办公室

一、2021 年发展回顾

2021 年，我们坚持以习近平新时代中国特色社会主义思想为指导，坚决落实市委、市政府和区委决策部署，统筹疫情防控和经济社会发展，坚持稳中求进工作总基调，做好“六稳”“六保”工作，把握新发展阶段，贯彻新发展理念，融入新发展格局，推动高质量发展，被国务院第三次表彰为“落实有关重大政策措施真抓实干成效明显地方”，经济发展继续保持全市第一方阵，以实干笃行向党的百年华诞交上了一份精彩的荣昌答卷。全年完成地区生产总值 813.5 亿元、增长 9.4%；第一、第二、第三产业分别增长 8.8%、9.8%、9.0%；成固投 305 亿元、增长 11.4%；社零总额 288 亿元、增长 25.6%；一般公共预算收入 32 亿元、增长 5.5%，城乡居民人均可支配收入分别达到 43850 元、22138 元，分别增长 8.3%、10.5%。

（一）成渝地区双城经济圈建设推动有力

川渝合作重大项目加速实施，双昌产业大道加快建设，大内高速荣昌段建成通车，川南渝西综合物流园入选全市首批多式联运示范工程。荣昌高新区纳入首批产业合作示范园区，编制完成《川南渝西融合发展试验区总体方案》，印发实施《内江荣昌现代农业高新技术产业示范区总体方案》。毗邻合作持续深化，开展“川渝国企内江—荣昌行”活动，举办成渝双城铁人三项赛、巴蜀文化旅游走廊商品展。

（二）科技支撑引领不断强化

获批建设国家生猪技术创新中心、国家区域性种业创新基地，将国家畜牧科技城纳入西部（重庆）科学城“一城多园”建设，市政府印发《国家生猪技术创新中心建设实施方案》，上线运行国家生猪大数据中心“生猪检疫区块链电子签章”。华森制药入选全市唯一国家技术创新示范企业，蓝洁净水成为国家级专精特新“小巨人”企业。引进粤港澳大湾区科创服务中心、浙江大学、四川大学、电子科技大学、吉林大学等一大批科研团队并成立研究中心。出台支持科技创新 21 条财政金融政策，新增高新技术企业 20 家、市级科技型企业 298 家，新认定两化融合贯标示范企业 11 家。

（三）产业发展水平持续提高

构建消费品、电子信息、生物医药、智能装备和农牧高新产业体系，获评全国工业稳增长和转型升级成效显著市（州）。新签约项目 271 个、合同额 803 亿元，乔丹体育、国祥空调等 150 个亿元以上项目成功落户。德力玻璃、煌上煌食品等 102 个项目开工建设，惠达卫浴、华兴玻璃等 60 个项目建成投产。工业支撑强劲，对经济增长贡献率超过 46%。国家体育消费试点城市建设有力，中国四大名陶展、重庆好礼旅游商品大赛·外事礼品展、体育消费季等活动蓬勃开展。

（四）重点领域改革扎实有效

创新项目投融资模式，首批城市发展机会清单释放投资约255亿元。吸引社会投资52亿元，首次实施了荣昌南环高速、生活垃圾焚烧发电厂、镇街污水收集处理厂网一体PPP项目。国企改革三年行动成效明显，完成公司制改革，组建农牧集团。1380项政务服务实现“最多跑一次”，“一网通办率”达100%。帮助企业融资26.2亿元，减税降费6.28亿元。公共资源交易节支9.43亿元，工程项目节支率达18.9%。

（五）乡村振兴战略纵深推进

巩固拓展脱贫攻坚成果同乡村振兴有效衔接，携手市畜科院共建全国农业科技现代化先行区，入选全国首批农业现代化示范区、全国水系连通及水美乡村建设试点区，高标准承办全国畜牧渔业工作会议。西部特色农产品加工园纳入全市国际农产品加工产业园总规。推动荣昌猪全产业链高质量发展，建成琪金荣昌猪育肥场、天兆楼宇种猪场。河包镇入围全国“一村一品”示范镇。黄桷滩现代农业产业园、三奇湖优质粮油产业园建设有序推进。

（六）城市功能品质显著提升

积极推进全国文明城区创建。编制完成《国土空间分区规划（2020—2035）》。迎宾儿童游乐公园和社区体育公园开工建设，玉带河生态文化公园入选全市首届十大生态保护修复案例。开展场镇品质提升三年行动。改造老旧小区145.4万平方米，亮化美化道路、街面18.8万平方米，新增（改造）公园等绿地56万平方米，一批市政干道建成通车。完成城市污水处理厂三期扩建，改造雨污管网60.2公里。

（七）污染防治攻坚成效明显

开展能耗“双控”行动，推动大气污染、水污染从“治标”到“治本”转变。实施大气污染防治攻坚“1+13”方案，优良天数改善率排考核组第三，超额2天完成全市年度考核任务；$PM_{2.5}$平均浓度下降11.4%，改善率排考核组第一。出台濑溪河、大清流河流域综合治理“1+13”方案，实施流域横向生态保护补偿，开展提升污水“三率”专项行动。建成土壤综合防治示范区。

（八）社会民生事业不断进步

疫情防控精准有效，新冠疫苗实现“应接尽接”。重庆城市管理职业学院来荣办学，新增公立幼儿园6所。有力推进区人民医院创三甲，加快实施区中医院迁建、区妇幼保健院二期等项目。举办全民健身跑等体育赛事131场。安富街道入选中国民间文化艺术之乡。荣膺平安中国建设示范区县、全国信访工作“三无”区县，入围全市首批国家食品安全示范城市创建名单，万灵派出所获评“平安中国建设先进集体”。

二、发展中存在的问题

与此同时，发展中仍然还存在一些突出问题和短板。一是经济总量不大，新兴动能不足，产业结构不优，现代服务业和农业现代化水平不高；二是城市能级不高，城市品质仍需提升，城乡发展不协调，农村基础设施有待完善；三是生态环保形势依然严峻，实现“双碳”目标任重道远；四是教育、医疗、文化、体育等社会事业还存在短板；五是少数干部担当意识、斗争精神还不强，服务能力、专业水平需持续提升。

三、2022年发展思路

深学笃用习近平新时代中国特色社会主义思想，全面贯彻落实中央经济工作会议精神，立足新发展阶段、贯彻新发展理念、构建新发展格局、推动高质量发展，统筹疫情防控和经济社会发展，统筹发展和安全，深化对经济工作规律性的认识，积极应对当前经济增长面临的需求收缩、供给冲击、预期转弱三重压力，坚持稳字当头、稳中求进，在战略上更加主动、在战术上更加精准，注重稳定经济大盘、稳住社会大局，注重保市场主体、保民生改善，持续做好“六稳”“六保”工作，保持平稳健康的经济环境、国泰民安的社会环境、风清气正的政治环境，以实干实绩迎接党的二十大和市第六次党代会胜利召开。

（一）全力稳住经济发展基本盘

积极扩大有效投资。谋划推动一批重大项目，加快在建工程进度。持续发布城市机会清单，探索推进基础设施REITs试点项目，推广PPP模式，更好撬动社会资本参与投资。促进消费升级扩容。启动荣昌北站TOD综合开发项目规划建设，加快建设国家体育消费试点城市，谋划开展促销活动，激发城乡消费。激发市场主体活力。持续开展“百名干部进企业”活动，落实助企纾困政策，千方百计保市场主体。分类分层支持引导“个转企”“微升小”“小升规”，加快培育“四上”企业。

（二）全力推进成渝地区双城经济圈建设

推动川南渝西融合发展。协同编制《川南渝西融合发展试验区发展规划》，携手共建川南渝西教育共同体，推动人力资源服务产业园辐射川南渝西。推动交通设施互联互通。推进主城至荣昌市域快轨、成渝高速扩能、南大泸铁路等前期工作。加快荣昌南环高速建设。推动重大合作项目。建好现代农业高新技术产业示范区，加快建设“双昌”合作园，争取濑溪河流域一体化综合治理示范工程。

（三）全力打造国家畜牧科技城

打造全国生猪种业发展高地。建设国家区域性种业创新基地，建设猪遗传资源活体保存库，支持荣昌猪种业公司发展。打造全国生猪技术创新高地。加快建设国家生猪技术创新中心，建成生猪全产业链技术创新联盟、生猪全程智能养殖科研与示范基地。打造全国农牧高新产业高地。建好农牧特色国家高新区。建设西部特色农产品加工产业园，组建荣昌猪产业联盟。打造全国畜牧科研人才高地。实施“十百千万”生猪产业科技人才培育计划，建设荣昌猪全产业链技术创新团队和人才培养基地。

（四）全力促进产业优化升级

加快产业补链成群。坚持工业立区、工业强区不动摇，实行专业招商、资本招商，引育一批“链主”企业、龙头企业、上市企业。每季度举办集中签约、集中开工、集中投产活动。推进产业数字化转型。建设生猪数据运营中心，推动建立全国性数据采集体系。开展上云上平台专项行动，推动“5G+工业互联网”示范应用。推动服务业高质量发展。加快川南渝西综合物流园建设，建成公共型保税仓库。建设一批特色商业、美食街区。

（五）全力深化重点领域改革

深化财税金融改革。推进预算管理一体化改革，加强政府债务管理和风险防控。实施税收征管数字化升级，推进发票电子化。深化国资国企改革。打好国企改革三年行动收官战，建立国有企业投资负面清单，控制融资规模、优化融资结构、降低融资成本、防控融资风险。持续优化营商环境。发布“零跑腿”清单，推动高频服务事项全程线上办理和线下异地办理，推行工程建设项目技术审查与行政审批适度分离。

（六）全力提升城市功能品质

优化城市功能布局。实施城区交通缓堵促畅三年行动，启动香国大道南延段、学院路等道路建设，完成虹桥客运枢纽站主体工程。推动城市有机更新。建成迎宾社区体育公园和儿童游乐公园。实施安置小区品质提升三年行动。提升城市管理水平。深化“大城三管”,“马路办公”常态化，建成投用智慧城市综合运营服务中心。

（七）全力推动乡村全面振兴

提高农业质效。建好国家农业现代化示范区，加快黄桷滩现代农业产业园、三奇湖优质粮油产业园建设。全面开工荣昌猪产业集群项目。改善乡村面貌。全面推动场镇品质提升三年行动，开展农村人居环境示范村建设。促进农民富裕富足。大力培育新型农业经营主体，拓展农产品线上销售渠道。

（八）全力推进生态文明建设

持续推动铁腕治污。抓好中央生态环保督察“回头看”反馈问题整改工作，确保国考市控断面水质稳定达到Ⅲ类标准，空气质量优良天数达到300天以上。加快补短板。实施好渝西水资源配置工程，推进镇街污水收集处理厂网一体项目，完成生活垃圾焚烧发电厂项目（一期）。全面推进绿色发展。出台《碳达峰碳中和行动方案》，编制完成“绿水青山就是金山银山”实践创新基地规划和实施方案，推进国家森林城市中期建设。

（九）全力满足美好生活需要

加强就业和社会保障。促进重点人群就业和失业人员再就业，做好退役军人服务保障，推广智慧养老信息平台。优先发展教育事业。巩固义务教育“双减”成果，建成投用黄金坡初高中、桂花园小学新校区、棠悦府幼儿园等。加快建设健康荣昌。持续推进区人民医院等创三甲。整体搬迁区中医院，投用区妇幼保健院二期、残疾人康复中心。繁荣发展文体事业。迁建荣昌陶博物馆，打造特色文化街区。每月开展全民健身跑活动，举办成渝双城马拉松和铁人三项赛等体育赛事150场以上。

（十）全力提高社会治理能力

科学精准做好疫情防控。坚持外防输入、内防反弹，强化监测预警、社区排查，加强高风险岗位人员、重点场所管控，持续推进疫苗接种。加强基层基础建设。推进三级综治中心规范化和便民纠纷站点建设，通过市域社会治理现代化试点验收。营造安全稳定环境。防范打击电信网络新型违法犯罪，深化信访“治重化积”专项行动。持续开展安全生产专项整治三年行动，坚决遏制较大以上事故发生。

（执笔人：张从亮）

开州区

开州区人民政府办公室

一、2021年发展回顾

2021年，开州区坚持以习近平新时代中国特色社会主义思想为指导，以党史学习教育为契机，“不驰于空想，不骛于虚声”，以实干待时机，以快干育先机，立足抓紧抓早，务求有质有效。全年开州区地区生产总值达到600.27亿元，增长10.2%，居“两群”地区第二位。一般公共预算收入30亿元，增长18.7%；社会消费品零售总额380.32亿元，增长30.2%；固定资产投资189.89亿元，增长14%；全体居民人均可支配收入28522元，增长10%。城乡居民收入比由2016年2.34∶1缩小到2.17∶1，居区域前列。荣获国家知识产权试点城市、国家级返乡创业试点区等30多项国家级、市级殊荣。年末全区金融机构各项存款余额809.03亿元，比上年增长6.7%；各项贷款余额442.45亿元，增长6.9%。

（一）持续强推重大规划，铺展“第一要素”新画卷

科学编制“十四五”规划纲要和16个重点专项规划，紧密衔接“经济圈”“万达开”“万开云”重大战略及市“十四五”规划。力促23个重大交通项目进入市“十四五”规划纲要、市综合交通运输“十四五”规划，万达开全国性综合交通枢纽公布，渝西高铁通过可研审核待批复，成达万高铁开展初设，达（开）万铁路扩能改造开展预可研，开城高速赵家至谭家段通车，巫云开高速建设提速，万州至开州南雅高速开工，开梁高速“两评一案”通过三地行政评审。力推“万达开”7个规划方案出台，6个创建目标纳入上位规划，19个骨干项目、34个重大事项互动推进，合作平台“三地三级”机制高效运转，六大功能平台提速推进，举办万达开系列重大活动。力挺“万开云”同城化多点突破，力求从国土空间规划中寻支撑、留空间，突出浦里新区70平方公里中期愿景，跳蹬水库编制“两评一案”，突出“以水四定”优势。万开快速通道建成通车，长沙至万州城际公交率先开行。

（二）持续推进产业发展，勾勒“第一要务”工笔画

现代农业凸显精度，增加值达到89.95亿元、增长7.5%。获批创建农产品质量安全区等8项“国字号”，推动50亿元级市级农产品加工示范园建设，三峡中药材种植博览园开园迎客，渝东北最大晚熟柑橘良繁场竣工投用，市级龙头企业数量跃居全市第一，新增全国“名特优新”、“两品一标”产品16个，“禾下乘凉稻”等特色农产品喜迎丰收。特色工业赫显力度，增加值达到127.34亿元、增长11.6%。四大主导产业集聚壮大，规上工业增加值增长14.1%。企业新投产58家、上规26家、上云107家。上市企业即将“破零”，25家企业完成智改，10家企业获评国家“专精特新”、重点“小巨人”等称号，税收超千万元企业10家以上。建设数字经济产业园、

智慧园区5G融合等一批引领性项目，高水准举办重庆智博会首届“开州论坛”。浦里新区先后建成标准厂房120万平方米，入驻企业270多家。创建市级高新区达到“以认促建”条件。第三产业彰显强度，增加值达到279.88亿元、增长12.1%。获创国家电商进农村综合示范区升级版，汉丰湖夜市区纳入市级夜间经济示范区。渝东北农副产品物流商贸城开业运营，标准化综合检测检验催生新业态，网络零售额增长30.8%。成功创建4A级景区1个、3A级景区2个。开州故城三期主体完工，雪宝山音乐营地建成开放，“四季旅游”丰富多彩。民生银行开业运营，金融涉农贷、普惠信贷全面提升。

（三）持续统筹城乡两个基本面，张扬“第一空间”大写意

城镇建设提质提速。“多规合一”国土空间规划体系初步形成。山水公园城市“近悦远来”。商品房销售117万平方米，排渝东北第二。高铁新区、丰乐片区征地拆迁全面推进。丰泰、大丘、盛山片区日渐成型。中心城区有机更新，北滨路全线贯通，迎宾大道扩建投用，开州大桥、凤凰梁大桥、观音山隧道有序推进，开州故城下穿道、举子园至木桥湾景观提升等项目主体完工。浦里新区骨架拉开，长沙、赵家、临港征地拆迁成效突出，“三横五纵”路网等16个标志性项目进展较快，赵家人才孵化基地等项目主体竣工。一批旅游、商贸特色小镇崭露头角。智慧城市开启新境界。农村基础设施提速补短。改造干线公路93公里，建设“四好”农村路248公里，安装防护栏240公里。双石岗、水竹沟水库下闸蓄水，建成供水工程12处，完成流域治理、河堤护岸15.2公里。改造农网126公里，5G网络覆盖城区和场镇。乡村振兴步伐加快。“五个振兴”全面推进，一批示范镇、示范村各具特色。全面消除“空壳村”。大进脱贫攻坚与乡村振兴有机衔接试点扎实有效，满月市级乡村振兴重点帮扶乡镇、赵家周都全国红色美丽村庄初见成效，竹溪市级乡村振兴示范镇村全新开园。

（四）持续深化改革开放创新，奏响“第一动力”最强音

坚定不移吃“改革饭”、走“开放路”、打“创新牌”，构筑新时代开州发展战略优势。办理人大代表议案建议179件、政协提案建议254件。重点改革持续深化。接稳兜住21项国家级改革试点。农村集体产权制度改革成为全国试点典型，“建售联”产业扶贫模式、“四统四分五联”新型经营机制成为全国创新案例并推广。供给侧结构性改革成效突出，为企业减税降费1亿多元、帮助获贷27亿元。新增市场主体1.4万户，“证照分离”全覆盖，政务服务中心搬迁投用，实现“三集中三到位”，56个高频服务事项“一件事一次办”，1076个政务服务事项“掌上办”，478个便民服务事项“一窗综办”。投融资改革取得突破，按“四个顺序”筹措发展资金，向上争资增长17.5%，到位地方政府债券资金23亿元创历史新高。区属国企完成公司制改革。农村“三变”改革扩面至1/3行政村，新增基层供销社市级示范社3个。对外开放不断扩大。进出口总额增长26%。季度“三集中”活动、乡情招商、招商推介等取得实效，引进项目130个、合同引资307亿元，66个项目落地开工，63个项目建成投产。招商热力指数、经济活跃度指数、营商环境市级考核排名居渝东北前列。创新驱动加力提速。与高校合建产业技术研究院，搭建“开智网”促进科技成果转化，发放知识价值信用贷款1.6亿元，新增高新技术企业15家，建成市级研发机构38个，新获专利授权1743件。

（五）持续践行“两山论”“两化路”，激扬“第一本底”主旋律

反馈问题立行立改。第一轮中央、市级环保督察反馈问题年度整改任务扎实推进，铁峰山国家森林公园违建整改攻坚取得阶段性成果。污染防治力度加大。蓝天碧水净土保卫战富有成效。新建城镇污水管网 243 公里，完工 10 个场镇雨污分流，城区污水处理厂三期投运，辖区流域水质总体保持Ⅲ类。推进 30 个村生活垃圾分类示范。淘汰烧结砖瓦轮窑等落后产能，万元 GDP 能耗下降 3.3%。生态屏障更加牢固。生态系统生产总值（GEP）方面彰显比较优势。营造林 30 万亩，森林覆盖率达到 55.9%。流域横向生态补偿全覆盖。661 名河长、120 名护渔员、1178 名林长守护着每一条河流、每一片林区。城区空气质量优良天数达 353 天，列 29 区第一名。汉丰湖被评为重庆美丽河湖，汉丰湖消落带生态系统修复入选全市首届生态保护修复十大案例。小江流域获批全国第二批流域水环境综合治理与可持续发展 18 个试点之一。生态优势转化为发展优势，通过实现生态产品价值增强绿色发展新动能。

（六）持续增进民生福祉，绽放“第一目标”幸福花

“我为群众办实事”19 件民生实事、42 个重点民生事项兑现落实。社会事业加快发展。文峰、大丘、明月小学，以及大丘幼儿园、临江二幼建成招生；新时代教育评价改革深入推进，金融资源支持教育发展开辟新路；“双减”工作落实落地，人民群众教育获得感明显提升；义务教育质量监测 93 项指标均居全市第一，职教中心、巨龙职校被纳入全市 50 所“双优”项目学校。疫情防控战略成果巩固拓展，基本公共卫生服务提标增效，区人民医院新增市级区域重点学科 3 个，区中医院升为三级中医医院，大进、满月卫生院迁扩建项目完工；医保基金统筹有力，异地就医直接结算覆盖所有乡镇，获评国家优秀医保智能监控示范点。文体惠民活动惠及 400 万人次。基本民生保障有力。建成乡镇养老服务中心 15 个，改造乡镇敬老院 12 家。城乡低保、特困供养、临时救助等兜底保障有力。退役军人服务保障工作步入全市前列。创业担保贷款发放量排名全市第一。社会治理成效明显。依法治区深入实施，深化“枫桥经验”重庆实践。完成乡镇和村（居）委换届。全民反诈等专项行动纵深推进，常态化推进扫黑除恶斗争，信访减量态势向好，“治重化积”化解量排全市第一。在渝东北率先推行货运行业安全托管服务，实施常态化安全监管“十条措施”，常务会定期调度督办，生产安全事故起数、死亡人数、因灾损失“三下降”，关面地灾转移避险列为国家应急管理部典型案例。深入开展城区停车秩序提升行动，新划定停车位 1150 个，高层建筑消防整治受到好评，一批群众操心事、烦心事得到解决。重点领域风险可控，实现刑事案件和治安案件“双下降”、人民群众安全感和满意度“双提升”。

二、发展中存在的问题

全区发展不平衡不充分问题依旧突出，扩大投资、提振消费需要付出更大努力；产业能级不高，链主企业不多，创新能力不强，经济稳定增长基础还不牢；生态环保任务艰巨，基础设施短板不少，民生领域、公共服务还有欠账；财政供给人员多，财政收支平衡压力大；需深化“放管服”改革，优化营商环境，加强风险防控。

三、2022年工作安排

2022年是全国上下喜迎党的二十大召开之年，是新一届区政府班子履职尽责的起步之年，是奋进“一极两大三区”目标的关键之年。做好2022年政府工作，必须坚持以习近平新时代中国特色社会主义思想为指导，全面贯彻党的十九大和十九届历次全会精神，扎实落实中央、市委、区委经济工作会议精神，进一步增强“四个意识”、坚定“四个自信”、做到“两个维护”，弘扬伟大建党精神，坚持以经济建设为中心和“稳字当头、稳中求进”工作总基调，立足新发展阶段，完整、准确、全面贯彻新发展理念，积极融入新发展格局，全面深化改革开放，坚持创新驱动发展，推动高质量发展，坚持以供给侧结构性改革为主线，统筹疫情防控和经济社会发展，统筹发展和安全，继续做好“六稳”、“六保”工作，保持经济运行在合理区间，保持社会大局稳定，以实际行动把区第十五次党代会确定的目标落实到位，保持平稳健康的经济环境、国泰民安的社会环境、风清气正的政治环境，以优异成绩迎接党的二十大胜利召开。全区经济社会发展的主要预期目标是：围绕建设“一极两大三区”，在“生态美、产业兴、百姓富、动力强”上求实效，地区生产总值预计（下同）增长7%左右，一般公共预算收入增长2%左右，税收收入增长7%，固定资产投资增长8%，社会消费品零售总额增长8%，全社会研发经费支出占GDP比重提高到1.7%，城镇新增就业7500人，全体居民人均可支配收入增长8%，森林覆盖率达56.4%，辖区流域水质总体保持Ⅲ类以上，完成生态环境约束性指标任务。

（执笔人：刘叶）

梁平区

梁平区人民政府办公室

一、2021年发展回顾

2021年，梁平区深学笃用习近平新时代中国特色社会主义思想，全面落实习近平总书记对重庆作出的重要指示要求，在市委、市政府坚强领导下，统筹疫情防控和经济社会发展，统筹发展和安全，认真做好“六稳”“六保”工作，各项事业取得新的成效，实现了“十四五”良好开局。GDP实现549.4亿元，增长10.1%，规上工业增加值增长13.5%，固定资产投资增长14.1%，社会消费品零售总额增长30.6%，一般公共预算收入增长32.2%，存贷款余额792亿元，增长8.2%，存贷比达到55.5%；城镇、农村常住居民人均可支配收入分别增长9.2%、11.3%。

（一）科技创新加速产业集聚

把制造业高质量发展放到更加突出位置，坚持科技引领，推动工业经济扩量提质。在“两群”区县率先创建市级高新区，建设高新区科技企业孵化园、科创中心等创新创业平台。“璧山高新区梁平协同创新发展园”落地建设，与电子科大等3个国家重点实验室共建梁平分室。工业园区面积拓展至13平方公里，入园企业增至345家，工业总产值达518亿元，工业增加值近200亿元。着力做大做强集成电路、食品加工、新材料三大主导产业，积极培育智能家居、通用航空和能源（天然气、页岩气）等特色产业，推动产业集聚集群发展，三大主导产业产值分别增长38%、31%、18.1%，国家高新技术企业达81家，“专精特新”企业12家，培育引进研发机构47家；平伟实业获评全市五个“灯塔工厂”揭榜企业之一，科创板上市取得实质性进展。渝每滋食品、乐仁汽车等46个工业项目投产投用，工业投资增长10%；智能化改造项目23个、数字化车间13家；400家企业“上云上平台”，数字经济增加值增长30.8%。

（二）“产城景”融合凸显城市品质

坚持以产兴城、以城促产、产城融合，以提升城市品质为导向、以城区更新为抓手，统筹生产生活生态空间布局，优化城市组团，推进城市扩容提质。城市规模达到30平方公里、32万人，城镇化率提高到51.5%。建成投用科技馆、档案馆等一批功能性项目，贯通水东大道等主次干道9条。国家园林县城顺利通过复查验收，人均公园绿地面积达20.3平方米；双桂湖国家湿地公园成为首批国家青少年自然教育绿色营地；增绿提质130公顷，通过创建小微森林、小微湿地、小微景观丰富城市内涵。实施旧改65万平方米，改造提升梁山城区道路16公里、人行道18公里；深化城市细管、智管、众管，新增公共停车位1.1万个，整治乱停乱放、乱搭乱建、占道经营成效明显，城市秩序进一步规范。深耕产城景融合，推动双桂湖、双桂堂、滑石寨、赤牛城等重要节点景区融入城市，大力发展康养经济、假日经济。

（三）乡村振兴保持全市前列

坚持农业农村优先发展，按照“五个振兴”总要求，分层分类推进乡村振兴。脱贫攻坚成果持续巩固，同乡村振兴有效衔接。获批全国农业现代化示范区、全国主要农作物生产全程机械化示范区。扛牢“粮、猪、菜”保供产业主责，建成高标准农田66万亩，粮食、蔬菜产量分别达35.7万吨、65万吨，生猪出栏65万头。农业产业化加快推进，“柚竹渔”特色产业产值突破40亿元，千年良田、数谷农场、梁平柚海、龙溪渔歌、农业奥特莱斯等农文商旅融合项目为乡村振兴增光添彩，农业产业化龙头企业达216家。创成百里竹海市级旅游度假区，竹山镇获评全国乡村旅游重点镇，举办长江三峡晒秋节、柚博会等节庆活动，乡村旅游综合收入增长17%。农村人居环境、乡村治理工作荣获市政府督查通报表扬。“渔米路”入选全国十大最美农村路。

（四）区域协同迈入崭新阶段

实施更大范围、更宽领域、更深层次对外开放，区域协同发展开创新局面。认真贯彻落实成渝地区双城经济圈战略，围绕打造践行“两山”理念新范例，携手川渝七区县，推动明月山绿色发展示范带成为川渝毗邻地区合作共建区域发展10个功能平台之一，《明月山绿色发展示范带总体方案》获川渝两省市审定实施，完成项目投资30亿元。集中精力办好自己的事情，同心协力办好合作的事情，共同谋划推进项目建设，推进生态环保共建共治，提升基础设施互联互通水平，加快产业协同发展，深化旅游产业融合发展，推动公共服务便利化，打造区域协作的高水平样板。梁平至开江高速公路、梁平开江现代高新特色农业合作示范园等一批重点项目加快建设，长垫梁铁路、达万铁路扩能改造前期工作加快推进；川渝东北七区县组建文旅发展联盟，共建巴蜀文化旅游走廊。

（五）深化改革激发内生动力

获批全国宅基地制度改革、农民合作社质量提升整区推进试点区，农村改革工作经验获国务院大督查通报表扬。持续实施国企改革三年行动，市场化转型改革、投融建一体化改革成效明显，资产总额增至619亿元。开展“营商环境法治建设年”行动，1123项依申请类服务事项实现“全程网办”，1303项实现“最多跑一次”，“互联网＋督查”满意率居全市前列，政府信息公开工作列全市第一。引进平芯电子、东方希望等招商项目148个，新增市场主体1.2万户。引进建设银行和民生银行在梁设立支行。落实减税降费政策，精准出台助企纾困10条措施，支持企业加快发展。举办各类展会150场次，商业业态更加丰富，市场活力进一步提升。

（六）生态文明建设加快推进

坚决贯彻“共抓大保护、不搞大开发”方针，坚定不移走以生态优先、绿色发展为导向的高质量发展新路子。实施全域治水，全面落实河（湖）长制，完善城乡污水收集处理设施，龙溪河PPP项目、亚行生态项目有序推进，建成管网390公里，城镇雨污分流实现全覆盖，改扩建污水处理厂9个，启动普里河流域生态环境综合整治，六条主要河流出境水质稳定达标或优于水域功能要求。双桂湖获评重庆市“美丽河湖”，被评选为全市生态保护修复十大案例。完成国家战略储备林10万亩，在全国率先开展松材线虫病防治与马尾松林改培试点，森林覆盖率达47.3%，城区空气质量优良天数稳定在335天以上，荣获“中国天然氧吧”称号。探索生态产品价值实现形式的梁平实践得到国家“推长办”充分肯定。

（七）民生保障更加坚实有力

坚持以人民为中心的发展思想，着力解决人民群众最关心、最直接、最现实的利益问题，不断增进民生福祉。深入开展“我为群众办实事”活动，55 件民生实事全部完成，民生支出占一般公共预算支出的比重在 80% 以上。城镇新增就业 7000 余人，城镇登记失业率 3.3%，低于全市平均水平 2.2 个百分点。新改扩建学校 7 所、新增学位 3500 个，义务教育“双减”工作落地见效。妇女儿童医院正式接诊，区疾控中心迁建工程快速推进，完成基层医疗机构改造提升工作。投用养老服务中心 20 个、养老服务站（点）310 个。城乡居民养老保险、基本医疗保险参保率稳定在 96% 以上。完成 G318 仁贤至屏锦段扩宽改造和“四好农村路”215 公里、安保工程 300 公里。

（八）安全稳定底板筑得更牢

树牢安全发展理念，统筹发展和安全，提高防范抵御风险能力。坚持“外防输入、内防反弹”总策略，落实“四早”要求，压实“四方”责任，慎终如始抓好疫情防控，疫苗接种超过 119.4 万剂次，无新增确诊病例。深化落实安全监管“十条措施”，持续开展城乡结合部“五小”场所、燃气油气等重点领域大排查大整治大执法，全力除隐患防事故，安全生产事故起数同比下降 25%。推进平安梁平建设，打赢打好扫黑除恶和禁毒专项斗争，群众安全感指数稳居全市前列。

二、发展中存在的问题

全区经济总量偏小，产业规模不大，服务业发展不充分，城镇化进程滞后，综合实力仍与发达地区有差距。创新能力不适应高质量发展要求，改革开放任务仍然艰巨，生态环保任重道远，民生保障存在短板，社会治理还有弱项，营商环境还需久久为功，少数干部思想不够解放、争先意识不足、视野不够宽广。

三、2022 年发展思路

坚持以习近平新时代中国特色社会主义思想为指导，坚持党的基本理论、基本路线、基本方略，深入贯彻党的十九大和十九届历次全会精神，扎实落实习近平总书记对重庆系列重要指示要求，进一步增强“四个意识”、坚定“四个自信”、做到“两个维护”，弘扬伟大建党精神，把握新发展阶段、贯彻新发展理念、融入新发展格局，坚持稳中求进工作总基调，按照区第十五次党代会要求，以解放思想为先导，以推动高质量发展为主题，以深化供给侧结构性改革为主线，以改革创新为根本动力，以满足人民日益增长的美好生活需要为根本目的，以全面从严治党为根本保证，牢记殷殷嘱托，践行初心使命，认真落实“生态优先当示范、绿色发展当标杆”要求，以建设明月山绿色发展示范带为契机，着力推进新型工业化、新型城镇化、农业农村现代化、旅游产业化，确保高水平承接沿海地区和主城都市区的产业转移、承接生态功能区的人口转移，为在梁平社会主义现代化建设新征程上谱写新篇章而不懈奋斗。

全区经济社会发展主要预期目标：GDP 增长 7% 左右，固定资产投资增长 10% 以上，社会消费品零售总额增长 10% 以上，规上工业增加值增长 8% 以上，一般公共预算收入增长 3% 以上，其中税收收入增长 7% 以上，居民收入与经济增长基本同步。

重点抓好以下工作。一是扎实抓好“两新一重”项目建设，深入实施“抓项目稳投资”专项行动，建立“揭榜挂帅”机制，实施区级重点项目 228 个，持续扩大有效投资。二是扎实抓好工业倍增行动，以创建国家高新区为抓手，以科技创新为引领，做大做强集成电路、食品加工、新材料三大主导产业，积极培育智能家居、通用航空和能源（天然气、页岩气）等特色产业。建立主导产业“链长”工作机制，聚力招大引强、成龙配套、科技赋能。积极发展产业基金、绿色金融等新兴金融业态，加快推进平伟伏特科创板上市。三是扎实抓好城市扩容提质，坚持特色化、差异化布局，促进产城景融合、城乡融合发展，科学规划建设新城区，推动城市有机更新，数字赋能城市品质，建设宜居宜业宜游的重庆郊区新城。四是扎实抓好乡村全面振兴，坚决扛稳粮食安全政治责任，严格落实耕地保护硬措施，做好生猪、蔬菜、水产禽类等主要农产品保供稳价，巩固拓展脱贫攻坚成果同乡村振兴有效衔接，扎实推进乡村建设，加快推进农业农村现代化。五是扎实抓好文化旅游升级，做精百里竹海、万石耕春等景区品质，特色化、差异化发展中华·梁平柚海、龙溪渔歌等乡村旅游景点，策划“百万青少年进田园、柚园、竹园”等品牌活动，高水平办好丰收节、晒秋节、国际柚博会等节会，持续提升梁平旅游影响力。六是扎实抓好改革开放推进，坚定不移推进重点领域改革，实行更高水平开放，完善交通物流体系，用活明月山绿色发展示范带、长垫梁绿色经济走廊、璧山高新区梁平协同创新发展园区等发展平台，持续优化开放环境，加快建成川渝东北最具活力的发展前沿和开放高地。七是扎实抓好污染防治和生态建设，打好蓝天、碧水、净土保卫战，常态长效推进生态环境问题整改，加强生态环境综合治理，落实碳达峰碳中和行动，坚定不移走以生态优先、绿色发展为导向的高质量发展新路子。八是扎实抓好社会民生改善，大力发展就业、教育、医疗、文体等事业，持续办好市、区级重点民生实事，确保民生投入只增不减、惠民力度只强不弱、惠民实事只多不少。九是扎实抓好发展要素保障，积极向上争取财政性资金和中央预算内投资项目，引导社会资本投资重点产业、重点领域；强化用地保障，合理编制年度用地计划；强化人才保障，努力用优质高效服务吸引人才、留住人才、用好人才。十是扎实抓好安全发展底板，毫不放松做好疫情防控，加强基层社会治理，加强道路交通、建筑施工、消防、燃气、矿山、生产经营等重点领域监管，坚决防范和遏制较大及以上安全事故发生。

（执笔人：首汉东）

武隆区

武隆区人民政府办公室

一、2021年发展回顾

武隆区坚持以习近平新时代中国特色社会主义思想为指导，认真落实中央决策部署和市委、市政府工作要求，科学把握新发展阶段，完整准确全面贯彻新发展理念，积极融入新发展格局，统筹推进疫情防控和经济社会发展，统筹抓好发展和安全，实现GDP 262.1亿元、增长7.8%，工业增加值59.9亿元、增长7.4%；固定资产投资86.8亿元、增长3.3%；一般公共预算收入15.8亿元、增长18.1%；社零总额136.8亿元、增长21.7%；城乡居民人均可支配收入分别达44194元、17175元，分别增长9.1%、11%。居民消费价格涨幅0.6%。年初制定的各项目标任务总体完成，“十四五”开局良好。

（一）强化经济运行调度

稳投资，开展重点项目“四晒一比”，重点项目完成投资66.5亿元，向上争资39.6亿元。稳消费，出台十八条政策措施，开展“爱尚重庆·遨耍武隆”等活动，消费持续回暖。稳企业，深化“走访服务民企”等活动，为企业减税降费2亿元以上，新增市场主体5433户、“四上”企业26家，民营经济增加值占比达61%。攻难关，“五大专项治理”初见成效，重点项目征拆迅速推进，白马航电枢纽项目创半月内大规模搬迁奇迹。战灾害，成功应对6次暴雨和朱家塘地灾等自然灾害险情，实现“零伤亡”。守底线，禁增量化存量，政府隐性债务零新增；“三公”经费只减未增，切实兜牢“三保”底线。防疫情，干部群众接续苦战，防范多轮新冠肺炎疫情输入风险，守牢了常态化疫情防线，为经济社会发展创造了良好条件。

（二）加快推进旅游国际化试点

推动市级印发《关于加快推进武隆旅游国际化的实施意见的通知》，区级出台系列配套文件。城区喀斯特文化休闲中心主体完工，乌江博物馆前期工作有序推进。仙女山树顶漫步、博象美术馆等项目投入运营；阳光童年等8个文旅项目加快建设；亚高原训练基地启动前期工作。白马山高端文化休闲度假小镇加快建设，G353改造接近尾声，天下鹊桥景区等项目启动招商。“官桥·云村”等乡村旅游项目加快建设。芙蓉江、归原小镇获评4A级景区，顺利举办国际百公里越野赛等活动，全区接待游客、综合收入均增长10%以上。

（三）持续推动产业转型升级

生态工业稳步发展，白马货运码头等项目建成；穗通汽车整车生产资质完成工信部审查及公示；页岩气新开发38口井；苕粉基地等7个项目投产或试投产，恒泰石材（一期）等3个项目加快建设，完成罡阳机械等智能化改造项目7个，建成5G基站684座。规上工业总产值、增加值分别增长8%、7%。现代服务业日益壮大，中堆坝商圈逐步成型，五洲国际、新天地夜间经济区、金马广场、白马仙街等升级打造。电商交易额58亿元、增长20%，银行存贷款余额增长2%，服务业增加值增长10.3%。现代山地特色高效农业优化调整，重点发展武隆山羊、高山果蔬、高山茶叶、桑等主导特色产业，“一环两园”加快建设，粮食、生猪、蔬菜等稳中有增，苕粉、茶叶等加工业提质发展，农业增加值增长4.8%。

（四）全面促进改革开放创新

改革有成效，国家、市级各项改革任务深化落实，30项自主改革任务扎实推进。国有企业改革加快推进，重构“3+1”发展格局，持续培育隆畅公司上市。深化财税改革，预算绩效目标全程全覆盖管理，专项治理“跑冒滴漏”，税收增长16.1%。“营商环境深化年”见实效，“一降四减”提升了企业开办效率，成功纳入全国文化和旅游市场信用经济试点地区。创新有进步，启动国家农业科技园区建设；引进急需优秀人才280人，搭建绿色智库平台4个、签约专家160人；建立北京中科老专家技术中心武隆工作站；高山蔬菜研究所建成投用，新培育专家大院等创新主体6个。培育高新技术企业4家、科技型企业27家，R&D经费预计增长20%以上。开放有拓展，仙女山机场开通航线7条，渝怀铁路开跑“绿巨人”，高铁高速航道等大通道加快构建。中新合作达成一批项目意向，“打造武隆喀斯特文旅品牌”“实施白马航电枢纽工程”等纳入《成渝地区双城经济圈建设规划纲要》，与两江新区、南川、涪陵合作取得积极进展；新培育外贸企业8家，实现进出口总额2.1亿元、增长52.7%。招商签约金额314.1亿元，到位投资65亿元。

（五）持续推进美丽城乡建设

空间总规初步完成，专项规划编制有序推进。纳入市级城乡融合发展先行示范区试点，城镇化率达50.96%。城市品质持续提升，中心城区龙山公园入口等22个项目建成投用，北滨路堤防、渝怀二线客运交通枢纽等项目加快建设，碧桂园等5个房地产项目推进开发，南滨路等5个老旧小区抓紧改造。仙女山片区建成污水管网等基础设施项目3个，仙女天街等16个休闲度假项目加快建设，集中供暖（一期）、农服中心（二期）有序推进。羊角古镇旅游商贸小镇、川江纤夫文化古镇推进打造。凤来新城完成概念性规划编制，平凤公路改造、付家大湾基站完工投用，武两高速、姜家溪水库开工。基础设施不断完善，完成S204江口至浩口等9个交通项目、推进11个前期项目；沙河水库等6个重点水源工程推进建设，江南水厂等3座规模水厂开工建设。城市管理更加精细，“马路办公”解决问题9738个，建成立体停车库、公厕、微公园、背街小巷改造等“七大工程”项目30个，查处“两违”5168平方米。

（六）全力推进乡村振兴

巩固拓展脱贫攻坚成果同乡村振兴有效衔接，在全市率先建立“1+7”防贫干预机制，“两不愁三保障”问题动态清零。整合涉农资金4.36亿元、安排项目318个。聚焦“1+3+10”重点帮扶乡村，以点带面推进乡村振兴，建成示范村点60个。水利部、东西部协作、市委政法委帮扶集团、市级民主党派、涪陵区帮扶持工作续推进。精准落实“五个振兴”要求，实现农产品加工业产值20亿元、电商销售额达1.5亿元。培训职业农民460人，仙女山荆竹村被纳入全市以工代赈示范区。开展农民丰收节等活动，打造“一村一品”文化活动品牌5个。新建“四好农村路”102公里，农村水厂提质改造8处，基本消除农村低压变电区；完成农村人居环境综合整治项目23个，创建美丽庭院123户，5个村入围重庆市美丽宜居村庄。农村集体经济组织收入均超5万元。规划实施沧沟乡“五大振兴”项目68个，已启动22个、完工2个。

（七）持续优化生态环境

深入实施五大环保行动，生态环境保护督察反馈问题整改全面完成，河（湖）长制全面落实，沿江散乱污企业全部关闭，乌江等主要河流水质均达到Ⅱ类，集中式饮用水水源地水质达标率100%，回收废弃农膜406.6吨。深入推进“两山”转化，落实“三线一单”，呵护好“两江四山”、世界自然遗产地和自然保护地。全面推行林长制，启动实施乌江“两岸青山·千里林带”工程，营造林10万亩，治理水土流失50平方公里，修复废弃矿山15.6公顷。推进碳达峰碳中和工作，单位GDP综合能耗持续下降，生活垃圾焚烧发电厂提前一年建成投用，绿色信贷增长36.5%，绿色发展实践论坛成功升格为部市级举办。

（八）持续增进民生福祉

就业和社会保障得到强化，新增城镇就业5170人，发放社保待遇13.3亿元、社会救助1.37亿元。着力创建国家学前教育普及普惠区、国家义务教育优质均衡区，完成职教中心改扩建等项目，推进实验中学迁建前期工作，普高优生率提升至21.7%。加快“智慧医疗”、医共体“三通”建设，疾控中心业务综合楼建成投用，妇幼保健院儿科大楼顺利推进。爱国卫生、全民健身运动深入开展。深入落实总体国家安全观，扫黑除恶、全民反诈、禁毒、信访维稳等重点工作深入推进，集中攻坚久建未完楼盘，较大以上生产安全事故零发生。27件市区级民生实事按计划实施，完成投资2.4亿元。全区人民获得感、幸福感、安全感持续提升。

二、发展中存在的问题

武隆发展中还存在一些困难和问题：经济总量不大、产业结构较单一，一二三三产业融合发展不足；文旅产业提升压力不小，实现旅游国际化任重道远。生态工业量小质弱、短板明显。现代服务业体量偏小、支撑乏力；投资结构不优，推动高质量发展缺乏重大产业项目拉动；财政收支矛盾突出，政府债务较重；城市建设、教育医疗、公共服务等领域民生短板依然突出；治理能力现代化水平有待提升；少数公职人员思想观念和工作作风跟不上新时代发展要求，担当作为、执行能力还需增强等。对此，要直面问题，采取措施，务实有效地加以解决。

三、2022年发展思路

2022年是党的二十大召开之年，是新一届政府工作开局之年，做好全年工作意义重大。预期目标是：地区生产总值、固定资产投资、规上工业产值、社零总额分别增长6%、5%、8%、10%以上；一般公共预算收入、常住居民人均可支配收入分别增长2%、8%左右；城镇新增就业3800人；常住人口城镇化率达52%左右；居民消费价格指数在103%以内；节能减排情况优于市级下达任务。重点抓好以下十个方面的工作。

（一）强力推进旅游三次创业

高水平编制旅游“三次创业”规划。仙女山积极创建世界级旅游景区，仙女山国家级旅游度假区力争打造为世界级旅游度假区。做大珠三角、长三角、京津冀、大湾区等城市群来华外籍游客市场。提升国际户外运动公开赛、国际百公里越野赛等品牌赛事的影响力，高水平举办国际大地艺术节、仙女山露营音乐季等活动。

（二）狠抓投资促增长稳实体

科学编制和推进重点项目“五个一批”。开展“四晒一比”，打好重点项目季度冲锋战。实施重点项目 92 个、完成投资 82 亿元。完成市区两级交通建设投资 100 亿元，水利投资 2.7 亿元。落实领导干部包联企业制度和国家新的组合式减税降费政策，建立助企纾困常态化调度机制。

（三）优化调整产业结构

加快生态工业延链成群发展，规上工业增加值增长 7% 以上。实施生态工业企业“链长制”。加快现代服务业高质量发展，实现服务业增加值增长 6%、社零总额 150 亿元以上。加快现代山地特色高效农业升级发展，集中连片优化调整布局，新增高山果蔬 5.85 万亩、茶树 1.5 万亩、桑 1.5 万亩，山羊存出栏分别增长 11%、10% 以上。加强品种品质品牌建设，强化板角山羊、渝东黑山羊等品种资源保护利用，新培育“两品一标”农产品 30 个，启动碗碗羊肉“百村万店”工程。

（四）持续提升城市品质

大力推动国土空间总体规划获批。推动城旅融合，加快渝湘高速出口门户片区改造和白杨坪示范街区、苏家河沿线景观等项目建设；加快半山城区、高铁小镇等项目策划及招商。加快中心城区城市更新，推进 13 个老旧小区改造、7 个房地产项目开发，实施复烤厂、铁厂坡等片区开发。推进凤来新城开发建设。坚持“大城三管”和“马路办公”。优化乡镇场镇建设管理投入机制，分批推进基础设施、风貌改造。

（五）全面推进乡村振兴

深化巩固拓展脱贫攻坚成果同乡村振兴有效衔接，加强防贫返贫监测，防止规模性返贫和新的致贫。统筹资金 4.7 亿元、实施乡村振兴项目 320 个。提升整治农村人居环境，开展大墓、“豪华墓”、“活人墓”专项治理。强化“1+3+10”重点帮扶乡村，加快打造以沧沟乡为重点的后坪、火炉等东北片乡村振兴示范带。稳步推进农业农村改革。

（六）强化科技支撑作用

加大创新基础投入，R&D 经费增长 20% 以上。用好绿色发展研究智库等载体，推动建设蚕桑、茶叶等院士成果转化基地。加快国家级农业科技园区创建。探索科技成果转化、候鸟工作站等机制创新，选派市、区级科技特派员 130 名以上。

（七）全面深化改革开放

深化乡镇财政体制改革，深化治理“跑冒滴漏”。推进国有企业“去三闲”“提三效”“三增”“两减”。加快推进航线、轨道、航道等开放通道建设。加强成渝地区双城经济圈、“一区两群”等合作。建立“链长”招商责任制，招商签约 230 亿元、到位资金 55 亿元以上。对接世行评价标准，落实营商环境创新试点 100 项改革任务。

（八）有序做好“双碳”工作

深入打好污染防治攻坚战，国考断面水质优良比例达到 100%，空气质量优良率 96% 以上。落实好河（湖）林长制，森林覆盖率达到 67.2%。制定碳达峰碳中和实施意见、碳达峰总体行动方案，落实“三线一单”硬约束。探索碳排放权抵押交易、质押贷款、生态银行等碳金融业务创新。

（九）统筹推进共同富裕

强化就业和社会保障，登记失业率控制在

3% 以内，养老、医疗保险参保率保持在 95% 以上。实施教育事业发展四年提升计划，深化教育教学改革，推进“双减”落地落实。

（十）坚决守住安全稳定底线

全面贯彻落实总体国家安全观，深入打好防范化解重大风险攻坚战，持续深入开展安全生产大排查、大整治、大执法，争创市级市域社会治理现代化试点合格城市，毫不松懈地抓好疫情防控常态化工作。

（执笔人：陈怡）

城口县

城口县人民政府办公室

一、城口县基本概况

城口地处大巴山南麓腹心地带，重庆市最北端，集“老、边、山、穷”于一体，因踞三省门户名“城”、扼四方咽喉称“口”，素有“九山半水半分田”之称。全县辖区面积3292.4平方公里，辖2个街道、10个镇、13个乡，共有31个社区、173个行政村，537个基层党组织。县政府驻葛城街道。2021年末总人口25.15万，汉族占99.6%，少数民族占0.38%；常住人口19.75万，其中城镇人口8.13万，乡村人口11.62万。因地理位置特殊、自然资源富集、生态气候良好、红色民俗文化厚重，有中国生态气候明珠、中国老年人宜居宜游县、大中华最佳绿色生态旅游名县、中国天然富硒农产品之乡、国家生态原产地产品保护示范区、全国森林旅游示范县、全国蜂业优秀之乡等称号。

（一）地理位置特殊

城口地处渝川陕三省市结合部，与陕西安康四个县、四川两个县市以及本市的两个区县接壤，是长江三峡腹地与大西北的重要连接点，在重庆的区域经济发展中具有对接南北、传递东西的独特区位优势。重庆直辖以来，城口先后实现“8小时重庆”“4小时重庆”，全县行政村通畅、撤并村通达实现100%。G69银（川）百（色）高速城口至开州段即将全线贯通，渝西高铁（途经城口）即将开工。随着交通瓶颈的突破，城口将融入全国全市快捷交通网络，成为连接长江三峡腹地与大西北最便捷之地。

（二）自然资源富集

已探明各类矿产30余种。锰矿已探明可开采量6200万吨，属全国五大矿区之一。钡矿保有储量6100万吨，居亚洲之首。煤炭、页岩气、海百合化石等的储量丰富，有“中国西部矿都”之称。有集雨面积100平方公里以上的河流14条，淡水资源30亿立方米，是南水北调重要水资源战略储备库。珍稀动植物资源繁多，有各类植物3571种，国家一、二级保护植物77种，曾世界自然保护联盟宣布灭绝的崖柏首次在城口被发现；有各类动物1278种，其中一级保护动物5种，二级保护动物38种，是全国17个生物多样性重点保护地区之一。

（三）生态气候良好

城口地处秦岭以南、长江以北的中国南北气候过渡带，最高海拔2686米，最低海拔481米，属亚热带季风湿润气候，全年平均气温14.3℃，平均相对湿度79%。全县有湿地6.2万亩，林地446.7万亩，森林358万亩，活立木蓄积量达1650万立方米，森林覆盖率72.5%，县城空气质量优良天数常年保持在350天以上，有“天然氧吧”之称。建有大巴山国家级自然保护区、九重山国家森林公园和巴山湖国家湿地公园3个国家级保护区，有“中国生态气候明珠”称号。

（四）红色民俗文化厚重

城口县是重庆市第一个被地方红军解放的县城、第一个迎来红军主力部队的县、第一个打出地方红军旗帜的县，是重庆市唯一成建制建立了苏维埃政权的革命老区。李先念、徐向前、王维舟等老一辈无产阶级革命家曾在城口留下战斗的足迹。当年5万多人的城口县，有5000多人参加革命，3000多人参加红军和游击队，500余人参加长征。城口老腊肉制作工艺、土法造纸、城口漆器等民间技艺被列入市级非物质文化遗产，钱棍舞、锣鼓、山歌等民俗文化丰富多彩，享有“中国钱棍舞之乡”的美誉，被文化部评为“中国民间文化艺术之乡”。

二、2021年发展回顾

2021年，城口县坚持以习近平新时代中国特色社会主义思想为指导，深入贯彻习近平总书记对重庆提出的营造良好政治生态，坚持“两点”定位、“两地”“两高”目标，发挥“三个作用”和推动成渝地区双城经济圈建设等重要指示要求，在县委、县政府的坚强领导下，坚决贯彻落实中央、市委决策部署，做好“六稳”工作，落实“六保”任务。面对多点散发的新冠肺炎疫情，坚持人民至上、生命至上，开展核酸检测23.2万人次，接种疫苗39.9万剂次，接种率居渝东北第一，得到市政府主要领导高度肯定。面对突如其来的暴雨洪灾，科学预警、精准调度，紧急避险转移群众3267人，安置受灾群众2004人，第一时间抢修基础设施，做好受灾群众过渡安置和倒房重建，积极组织社会各界捐助捐建，成功应对“六十年最重”洪涝灾害。面对经济转型的重重压力，态度坚决、精准施策，31家锰矿、电解锰、煤矿、小水电站平稳关停，财政供养人员待遇足额兑现，民生事业、重点领域资金需求得到有效保障，全县经济社会稳定向好。2021年，城口县实现地区生产总值60.64亿元，同比增长6.6%；固定资产投资37.67亿元，同比增长6.8%；财政一般公共预算收入4.61亿元，同比增长4.7%；社会消费品零售总额27.01亿元，同比增长9.2%；城乡居民人均可支配收入分别增长8.8%和10%，全面完成了年初确定的目标任务。

（一）发展成效更可持续

聚焦成果巩固。围绕“两不愁三保障”，健全防止返贫动态监测和帮扶机制，坚决守住不发生规模性返贫底线。注重脱贫产业后续管护培育，拓宽就业创业渠道，脱贫群众家庭人均纯收入同比增长19.6%。聚焦产业兴旺。实施乡村特色产业提升行动计划，编制乡村产业规划，制定7项产业扶持政策，规范提升农民合作社159家、家庭农场311家，龙头企业带动就业2.2万户，特色产业覆盖90%以上的脱贫户及监测对象。聚焦生态宜居。持续开展清洁家园、美丽乡村建设行动，创建县级生活垃圾分类示范村80个、市级示范村3个，农村生活垃圾有效治理率达98%，农村生活污水治理率达58.3%，农村卫生厕所普及率达71%。聚焦乡风文明。建设新时代文明实践所（站、点）549个，打造村（社区）示范点320个，8万余户主动参与文明实践。多形式开展乡风文明宣讲活动，播放《城口县脱贫攻坚纪录片》，举办“百图看城口·百年铸辉煌”系列图片展，全面展示脱贫攻坚生动实践。聚焦治理有效。健全党建引领，自治、法治、德治相结合的治理体系，建立“县乡村组”四级网格体系，落实县领导包乡镇（街道）机制，推动7300余名党员干部下沉网格服务，“三单三感”“四育四尊”经验做法被全市推广。聚焦生活富裕。健全脱贫人口利益联结机制，村集体经济组织累计收入达2707万元。精准开发公益性岗位5832个，累计培育就业帮扶车间12个。实施以工代赈项目33个，吸纳就近就地务工1214名。实施消费帮扶行动，建成消费帮扶专馆专区19个，实现消费帮扶1.4亿元，直播带货销售帮扶产品500万元。

（二）城市形象崭露新姿

大力度推进城市建设。启动城市重点建设项目24个，滨河公园路完成70%的形象工程进度，新（改）建市政道路8公里。名豪、碧桂园、明浪御府等房地产项目加快推进，建成商品房19.7万平方米，新开工8万平方米。新建城市管网20公里，新建停车场2个、新增停车泊位80个，新（改）建公厕6座。改造升级红军公园，提档升级土城老街，完成坡坎崖绿化美化项目5个，改扩建城市公共绿地3.5万平方米，实施城区边角地增绿补绿1.2万平方米，人均公园绿地面积10.5平方米。精细化推进城市管理。积极推进生活垃圾分类，启动再生资源回收利用体系建设。常态化开展“马路办公”，交办督办并整改突出问题107个。强力推进城区交通市容综合整治，查处城区电动车违法行为1200余起，规范店招店牌和广告牌510个，整治违法建筑3400平方米，整治可燃雨棚和突出外墙防护网7045户。

（三）生态产业提速发展

山地特色效益农业稳步发展。大力推进“两种两养”乡村特色产业发展，新培育龙头企业2家，有效期内“两品一标一名牌”132个，粮食播种面积和产量分别稳定在37.6万亩和8.7万吨以上，农业总产值达21.6亿元、增长8%，农业增加值增长6%。绿色工业不断壮大。中广核一期光伏项目投产、二期开工，清洁能源装机容量达39万千瓦、产值3亿元。编制“大巴山药谷”发展规划，汇达核桃、希尔安药业项目投产。规模以上工业增加值增长4%，绿色工业产值占比提高到75%。服务业提质增效。培育规模以上服务业企业2家，新增限额以上商贸企业6家，服务业增加值实现35.2亿元。建立农村电商三级综合服务体系，建成电商产地集配中心2个，培育电商市场主体94家，新增物流线路6条，建设网货生产基地2个，打造网红产品10个，电商销售额实现3.7亿元。亢家寨旅游景区投入试运营，厚坪龙盘集群片区建成投运，北屏“问山”系列山地文旅项目开门迎客，接待游客430余万人次。发展环境不断优化。推进20项成渝地区双城经济圈建设年度重点任务、21项城宣万平台合作事项、33项渝东北三峡库区城镇群建设任务。开设“一件事一次办”“跨省通办”“川渝通办”线下服务专窗，建设24小时自助政务服务专区，推行“帮办代办”制度，新增市场主体2510家。建立招商引资“五个一批”全生命周期管理项目库机制，招商引资协议资金39.6亿元、实际到位资金5亿元。科技创新动力增强。引进国家“三区”科技人才15名、市级科技特派员54名，转化应用科技成果3项。深化产学研合作，新建1个专家大院、1个工程技术研究中心、1个企业技术中心。发放知识价值信用贷款1440万元、种子基金210万元，新增高新技术企业2家、科技型企业17家，全社会研发投入占地区生产总值的比重达0.23%。生态质量持续提升。编制大巴山生物多样性保护与利用系统工程规划，建设国家储备林20万亩，完成森林指标交易4.6万亩。完成国土绿化13.5万亩，治理水土流失25平方公里，建成绿色矿山7个。森林覆盖率达72.5%，空气质量优良天数达到361天，生态环境质量综合指数在全市十个重点功能区中连续11年保持第一的位置。

（四）民生福祉更加厚重

民生实事逐项落实。投入资金1.7亿元，完成15件重点民生实事。实施农村公路生命防护工程321公里，改造老旧小区14.5万平方米，建成乡镇养老服务中心7个，改造居民小区供电设施12个，整治规范校外培训机构23家，全覆盖开展学前和义务教育阶段课后服务，完善6所幼儿园功能配套，建成县心理健康和家庭指导服务中心。社会事业加快发展。与育才中学合作办学并开工，建成投用任河小学、修齐一小及职教中心养老和家政服务实训基地等重点项目6个，序时推进巴山小学、复兴小学及幼儿园改扩建项目。积极推进教育评价改革，出台“双减”二十条措施。加快推进县人民医院改扩建、县妇幼保健院迁建、县荣誉军人优抚医院改建工程，建成县体检中心。社会保障更加有力。大力发展劳务经济，开展职业技能培训3200人次，发放创业担保贷款9305万元，扶持671人自主创业，新增城镇就业2045人，促进8.6万人转移就业。资助5.8万名特殊困难群众参加城乡居民医保，1.3万名高血压、糖尿病患者纳入“两病”用药门诊保障。城乡低保、特困供养、重残等特殊群体实现“应保尽保”。平安建设扎实推进。办理历史遗留房地产项目不动产登记65户，处理拖欠农民工工资案35件，有效防范各类风险交织发酵。实行县领导包企和“一矿一专班”工作机制，妥善化解淘汰锰行业落后产能矛盾问题。深化信访问题专项治理，信访问题化解率达96.6%，第一批“治重化积”案件清零。强力整治治安乱象，严厉打击违法犯罪行为，防范新型网络电信诈骗。落实安全生产“十条措施”，整治高层建筑消防安全隐患，强化道路运输、食品药品等领域安全监管，群众安全感指数保持在98%以上。

三、发展中存在的问题

一是经济总量小，内生动力弱，产业体系短板突出，传统产业动能不足，新兴产业刚刚起步，科技创新能力薄弱，绿色低碳转型任务艰巨。二是交通瓶颈制约依然突出，“内畅外联”的交通体系还未完全形成，土地、物流、能源等要素成本偏高。三是社会事业还有明显短板，资金筹集调度异常艰难，城市规划建设管理相对滞后，城乡公共服务水平仍然不高。四是社会投资意愿不强，投资服务便利化程度低，营商环境有待进一步优化。五是生态环境较为脆弱，自然灾害易发频发，生态治理修复任务艰巨。六是政府自身建设还需加强，部分公职人员大局意识、学习能力、专业素养等有待提升，个别部门服务发展的方式有待改进。

四、2022年发展思路

2022年城口县经济社会发展主要预期目标是：地区生产总值增长6%左右，固定资产投资增长7%左右，一般公共预算收入增长3%左右，社会消费品零售总额增长6%左右，城乡居民人均可支配收入分别增长7%和9%左右，城镇调查失业率控制在5.5%以内，单位地区生产总值能耗、主要污染物排放等约束性指标控制在市级下达的目标内。

（一）在培育经济增长动能上开创新局面

坚持做大规模与优化结构互动并进，不断提升产业能级、质量和效益，加快构建结构优化、附加值高的生态产业体系，全力推动“三谷”建设，大力做实工业园区，实施“企业成长计划”，增强科技创新引领能力，全面打响招商“攻坚战”、促进消费升级，实现有质量、高效益、可持续的发展。

（二）在彰显城乡发展品质上开创新局面

强化城乡统筹、城乡互补、城乡融合，大力培强“龙头”、壮大“躯干”、激活“细胞”，提升城市发展品质，巩固拓展脱贫攻坚成果，深入推进农文旅融合发展，全面推进乡村振兴，促进城乡更加均衡。

（三）在构建生态文明体系上开创新局面

坚定不移地践行“绿水青山就是金山银山”理念，努力探索绿水青山转化为金山银山的有效路径，推动生态资源价值转化，让山体更安全、水体更洁净、大气更清新。

（四）在提升区域发展价值上开创新局面

主动融入新发展格局，推动成渝地区双城经济圈建设，做好“融”的文章；构建“外联内畅”交通网络体系，加快“同”的步伐；深化“放管服”改革，强化要素保障能力，实施互利共赢的开放战略，增强投资拉力，发展更高层次的开放型经济，推动区域优势互补、共同发展。

（五）在保障和改善民生上开创新局面

践行“人民至上”初心，聚焦解决群众“急难愁盼”问题，保持财政资金70%以上用于民生，办好重点民生实事，推进社会事业发展，提高社会保障水平；抓好常态化疫情防控，夯实安全稳定根基，提升群众获得感、幸福感、安全感。

（六）在加强政府自身建设上开创新局面

坚持把党的政治建设贯穿于政府自身建设全过程，加强政治建设，落实全面从严治党要求；深化重点改革，强化作风建设，推进依法行政，全面提升政府执行能力和治理效能。

（执笔：董鍵）

丰都县

丰都县人民政府办公室

一、2021 年发展回顾

过去一年，我们立足新发展阶段，贯彻新发展理念，融入新发展格局，坚定不移推动高质量发展，经济社会发展稳中向好、稳中加固，实现了“十四五”良好开局。丰都成功入选“2021 中国领军智慧城市”，获准创建国家现代农业产业园、国家电子商务进农村示范县升级版，获批国家外贸转型升级榨菜基地，成功与墨西哥瓜纳华托市缔结友好城市。

——综合实力明显提升。2021 年预计地区生产总值达 360 亿元，年均增长 8%。累计完成固定资产投资 697.7 亿元，年均增长 12.6%。社会消费品零售总额实现 211.3 亿元，较 2016 年增长 79.8%。一般公共预算收入实现 23.9 亿元，年均增长 7%。城镇、农村常住居民人均可支配收入分别达 39881 元、17470 元。

——脱贫攻坚全面胜利。始终把脱贫攻坚作为第一民生工程，累计投入财政资金 80 余亿元，推动 95 个贫困村全部出列、1.9 万余户 8.1 万余名群众脱贫，“两不愁三保障”全面托底，绝对贫困问题得到历史性解决。高质量通过国家普查验收，全市产业扶贫、消费扶贫等现场会在丰召开，扶贫小额信贷经验成为全国典型，成效考核在全市 4 次获“好”等次。

——主导产业持续壮大。现代畜禽产业基地基本成形，引育国家级龙头企业 7 家，肉牛存出栏量领跑全市，建成西南片区最大蛋鸡孵化中心。绿色建材、食品加工、清洁能源产业集群初步形成，工业总产值实现 236 亿元、年均增长 9.8%。旅游产业蓬勃发展，新增 4A 级景区 2 个，莲花洞村入选全国乡村旅游重点村。

——城乡面貌大幅改善。龙河新城拔地而起，峡南溪片区初具规模，长江二桥、火车站客运枢纽换乘中心、城市综合商圈、龙河东滨江公园建成投用，北岸棚户区改造基本结束，建成商品房、保障房 485 万平方米，县城建成区达 20 平方公里，城镇化率提升至 51.2%。提升改造国省干线公路 428 公里，建成“四好农村路”2922 公里，行政村、撤并村、自然村通畅率均达 100%。农村自来水普及率达 86%，整治提升农村危旧房 5.5 万户，易地扶贫搬迁 1773 户 7369 人。生态环境持续改善，城乡污水集中处理率分别达 95%、86%，森林覆盖率提高到 52%，空气质量优良天数年均达 334 天，建成国家级、市级示范乡村 36 个，三建乡绿春坝村入列“中国十大最美乡村”。

——重点改革推进有力。政府机构改革顺利完成。圆满完成国防动员和后备力量调整改革任务。国企改革取得积极进展，80 家县属国企重组为 11 家。“放管服”改革累计承接下放事项 117 项，取消行政审批事项 170 项，非行政许可审批彻底终结。政务服务“一窗综办”改革在全市率先完成，效能水平跃居渝东北片区第一。全面完成 312 个村集体产权制度改革，三建乡“三变”改革成为全市经验。

——民生福祉不断增强。城镇新增就业5.7万人。新建、改扩建校舍18.3万平方米，城区“大班额”问题得到缓解。人民医院新院区建成投用，药品、医疗耗材加成全面取消，群众基层就诊率保持在90%以上。医疗保险、养老保险参保率均稳定在95%以上，年均救助困难群众超15万人次。城乡公共文化服务体系实现全覆盖，文化馆、图书馆成功创建国家一级馆，“巾帼夜校”成为国家公共文化示范项目。打赢疫情防控阻击战，扫黑除恶专项斗争深入开展，连续4年获评全市安全生产先进县。

2021年，重点抓了七个方面的工作。

（一）坚持抓巩固、促衔接，脱贫成果有效拓展

开展防返贫监测帮扶，累计识别“三类”对象1334户3617人，标注风险消除868户2385人，巡视、督查反馈问题全面销号。多渠道帮助脱贫人口外出务工就业3.5万人、开发公益性岗位安置2495人，完成消费帮扶销售1.5亿元，新增扶贫小额信贷8889.7万元、累计获贷率居全市第一。清理扶贫项目资产34.4亿元。完成水利定点帮扶投资3.9亿元，到位援助资金6964万元，枣庄市、市人大帮扶集团、巴南区、荣昌区帮扶力度持续加大。编制完成全县及栗子乡乡村振兴“十四五”规划，制定落实42项衔接政策，统筹实施涉农项目568个6.5亿元，新增“三变”改革试点村37个。

（二）坚持建集群、提质量，工业产业不断壮大

投资20亿元的固废处置项目动工在即，投资9亿元的PC构件项目顺利开工，投资8.5亿元的绿岛源建材廊道项目全线贯通。牛肉精深加工项目建成投产，光明食品技改扩能项目开工建设。栗子湾抽水蓄能项目启动建设，回山坪、五洞岩2个风电项目并网发电，风电装机容量占全市的1/4，乌杨110千伏输变电工程竣工投运，仁沙镇页岩气实现勘探利用。金籁电子等15家企业完成智能改造。预计工业增加值实现80.7亿元，同比增长12.5%。

（三）坚持固根基、扬优势，现代农业稳健发展

建设高标准农田4万亩，粮食、蔬菜产量分别达33万吨、15万吨，“米袋子”“菜篮子”保障有力。肉牛存出栏分别达15.5万头、8.5万头。生猪存出栏分别达38万头、50万头，新建成2个存栏5000头智慧种猪场。孵化雏鸡5000万羽、出栏肉鸡800万羽、产蛋5.9亿枚，建成投产存栏20万羽蛋种鸡场2个、年产25万吨饲料厂1个、年出栏100万羽肉鸡养殖小区1个、肉鸡代养场204个。

（四）坚持补短板、强配套，文化旅游持续繁荣

新增公共文化空间7个、县级非遗项目11个，丰都麻辣鸡斩获中国特色旅游商品大赛金奖。完成小官山展陈等项目20个，名山景区登上央视《记住乡愁》栏目。南天湖国家级旅游度假区新增轨道滑车、天湖瑶池等项目，投用游客中心、停车场等配套设施，获评“武陵山十佳人气景区”。名山、雪玉洞、南天湖入选“武陵山十大旅游精品线路”。武平镇雪玉山社区获评重庆市乡村旅游重点村。全年旅游接待人次、综合收入分别达2300万人次、115亿元，同比增长均超过23%。

（五）坚持扩能级、优品质，城乡发展更加协调

高铁新区启动前期工作，峡南溪、瓜草湾

44万平方米安置房建成交房，新增商品房60万平方米。全面建成公路港一期，丁庄截污干管全线贯通，新建、改建城市公厕7座，新增停车位4500个。完成老旧小区改造10.2万平方米，拆除城区违法建筑1.2万平方米，分类处置生活垃圾13.9万吨。改造安宁至横梁等干线公路77公里，建成“四好农村路”172公里。龙兴坝中型水库下闸蓄水，王家山、沱沱坝、三岔溪小型水库建成投用，梨子坪水库工程荣获中国水利最高奖“大禹奖”。

（六）坚持护生态、筑屏障，绿色本底愈发厚实

全面落实市级总河长令，龙河获评重庆市“美丽河湖”，国务院新闻办发布会高度肯定龙河“河长制”工作。完成10个乡镇集中式饮用水水源地规范化建设。开展碧溪河流域综合治理，国控市控考核断面水质均达到或优于Ⅲ类标准。长江“十年禁渔”全面落实。推进化肥农药减量增效行动，测土配方施肥技术覆盖率达95%。全面推行林长制，完成“两岸青山・千里林带”营造林1.7万亩。生态修复废弃矿山180亩，创建市级绿色矿山4家。

（七）坚持办实事、增福祉，社会民生保障有力

新增普惠性幼儿园3所，教育资助7.1万人次。“双减”工作扎实推进，课后服务受益学生5.4万人。城镇新增就业6125人，发放创业担保贷款1.1亿元。中医院住院楼主体完工，健康扶贫医疗基金救助3744人次，新增“两病”保障5.9万人。升级改造乡镇敬老院2个，新建乡镇养老服务中心9个。常态化抓好疫情防控，接种新冠疫苗109.6万剂次。

二、发展中存在的问题

当前，全县经济社会发展中存在的问题主要表现在：经济总量不大、结构不优，产业规模偏小、链条不全、能级不高，科技创新能力有待提高，城镇建设管理、城乡协调发展水平还需提升，债务消解压力较大，民生保障与群众期盼还有差距，少数干部的担当精神、实干本领、服务意识不强。

三、2022年发展思路

2022年经济社会发展的主要预期目标是：地区生产总值增长6.5%左右，固定资产投资增长10%，社会消费品零售总额增长12%，城镇、农村常住居民人均可支配收入分别增长8%、9%，单位生产总值能耗、减排降碳等约束性指标完成上级下达目标任务。

重点抓好九个方面的工作。

第一，全力以赴攻坚重大项目。抓项目就是抓发展，谋项目就是谋未来。要牢牢抓住重大项目建设“牛鼻子”，集中力量打响项目攻坚战，激活发展动力源。

第二，锲而不舍建设绿色工业基地。工业兴，脊梁挺。坚定不移把工业作为举旗产业，奋力推动工业集聚大发展。

第三，毫不动摇打造国际知名文化旅游目的地。大兴旅游“二次创业”，推动景区旅游向空间旅游、休闲度假游转变，不断提升丰都旅游现代化、国际化水平。

第四，一以贯之巩固脱贫成果推进乡村振兴。弘扬伟大脱贫攻坚精神，加快推进乡村振兴，建设宜居宜业、景美人和的美丽乡村。

第五，乘势而上建设国家农业现代化示范区。丰都产业的根基在农业，农业的出路在现代

化。要立足山地农业地理特征和资源禀赋，突出“五化”“四优”，提升农业质量效益和竞争力。

第六，抢抓机遇推进郊区新城建设。城市让生活更美好。聚焦城市“六态”，加快打造让居者自豪、来者依恋、闻者向往的时尚之都、活力之城。

第七，坚定不移深化改革开放。改革出动力，开放添活力。要敢闯敢试、敢于碰硬，向顽瘴痼疾开刀，向改革开放要生产力。

第八，持之以恒推进降碳治污增绿。人不负青山，青山定不负人。坚决落实碳达峰、碳中和部署，咬定目标、久久为功，筑牢长江上游重要生态屏障，助力建设山清水秀美丽之地。

第九，用心用情保障和改善民生。民生是幸福之基、和谐之本。要践行以人民为中心的发展思想，尽力而为、量力而行，持续提升民生保障水平，全力促进共同富裕，维护社会和谐安宁。

（执笔人：陈柳潼）

垫江县

垫江县人民政府办公室

一、2021年发展回顾

2021年，是党和国家历史上具有里程碑意义的一年，垫江县坚持把党的建设贯穿于政府自身建设全过程，认真开展党史学习教育，扎实推进各类巡视、审计和督查反馈问题整改，精心谋定各项发展规划，积极应对国内外复杂形势和新冠肺炎疫情影响，着力加快恢复性增长、推动高质量发展，地区生产总值增长9.3%；14个市级重点建设项目、118个县级重点建设项目强力推进，固定资产投资增长12.3%，居全市前列；一般公共预算收入增长7.9%，税收增长10.1%；全体常住居民人均可支配收入增长10.2%，居全市第一位；银行贷存比71%，创历年最高；社会消费品零售总额增长28.1%；外贸进出口总额4亿元，居渝东北第二；招商引资到位资金96亿元，成为渝东北唯一获得市政府督查考核激励区县；市场主体新增8776户，总量达到6.4万户。总体上看，"十四五"发展实现良好开局起步。

（一）产业转型升级

工业提质增效。规上工业总产值198.9亿元、增长21.3%，工业税收增长47.83%，其中兴发金冠等4家企业年纳税超过5000万元。国家级专精特新"小巨人"企业新增4家，累计5家，总量居"两群"第一。140亿元级高新区产业PPP项目签约开工，成为全市首个市级高新区"以认促建"试点，成功创建全国县城产业转型升级示范园区。农业特色发展。新增垫江晚柚1.5万亩，实施规模化生猪养殖项目26个，粮食产量达到41万吨，蔬菜产量居渝东北第二位。创建"两品一标"9个，农业科技进步贡献率达65%，创成市级农业科技园区，获评新一轮国家级杂交水稻制种基地。现代服务业提档升级。渝东国际农贸城、汽贸城等专业市场加快建设，巴谷·宿集获评全市唯一国家首批甲级民宿。全年接待游客700万人次、综合收入45亿元，分别增长33.1%、52%；社零总额271.8亿元、增长28.1%。

（二）全面深化改革开放

深化重点领域改革。持续深化"放管服"改革，"垫小二"企服平台成为"渝商在线服务平台"全市首个试点、入选2021年全市大数据智能化应用十大"智慧政务"精选案例。有序推进国有企业改革三年行动，整合现有77家县属国企，启动组建渝垫、兴垫、高投、鼎发四大集团公司。持续推进农村"三变"改革，新增农村"三变"改革试点村99个，"三社"融合提速发展。推动区域协同发展。举办共建明月山绿色发展示范带党政联席会第三次会议和"明月山绿色发展示范带农特产品联展"等节庆展会，与川渝毗邻区县签订合作协议34份、达成合作事项371项，联动推动合作项目10个。扩大更高水平开放。招商签约项目138个、亿元级项目73个，完成市对县年度目标任务的107%，引进世界500强、央企、上市公司投资项目7个；实施“垫商回归”计划，返乡投资占比升至35.5%，招商“三率”稳居渝东北前列。不断发展开放经济，外贸进出口总额预计4亿元，成功获批中国（重庆）自贸试验区联动创新区。

（三）促进城乡融合发展

城市建设扩容提质。改造棚户区、老旧小区3.62万平方米，新建小游园23个，新增绿地面积94.23万平方米，建成城市道路12条，县城“六纵六横”干道基本建成。东部新区完成投资20亿元，三合湖湿地公园基本建成，城市博览中心、旅游集散中心、优质教育基地主体完工。乡村振兴全面推进。市级重点帮扶乡镇大石乡工作高位开局，砚台镇入围第十一批全国“一村一品”示范村镇，沙坪镇入围2021年国家级农业产业强镇。龙滩水库建成蓄水，农村自来水普及率达92%。深入开展农村人居环境整治，完成农村厕所改造5100户，垃圾收集和无害化处理率分别达97%、100%，新增全国美丽休闲乡村2个，获评全国农村生活垃圾分类和资源化利用示范县。城乡融合速度加快。68公里南部快速通道和G243复线全线通车，111公里明月山内槽旅游健康道路和龙溪河产业道路全线贯通，通组公路通达率和行政村通畅率、通客车率均达100%，获评全市城乡融合发展先行示范区。

（四）夯实发展绿色本底

生态质量持续改善。实施城乡雨污管网建设132公里，污水集中处理率分别达99.65%、87.5%，全年空气质量优良天数比例达90%，主要河流断面水质稳定在Ⅲ类以上。生态屏障不断筑牢。明月山、宝鼎山、迎风湖、长寿湖等自然保护地监管有力，受污染地块安全利用率达95%以上，新增营造林16万亩，森林覆盖率达46%。绿色发展成效显现。建成全市首个绿色智能装配式建筑产业园，兴发金冠获评全市首批国家级绿色工厂，清理整治“两高”项目17个，实施技改项目53个，技改投资增长177%，战略性新兴产业占比10%，万元GDP能耗下降3.1%。

（五）提高人民生活品质

强化社会保障。新增就业完成年度计划128%，常住居民人均可支配收入增速高于GDP增速，基本养老和医疗保险综合参保率稳定在95%以上，全县低收入群体实现应保尽保、应救尽救。推进社会事业。教育改革、“双减”行动扎实推进，回收回购小区配套幼儿园5所，城区“大班额”基本消除，实验中学朝阳校区（二期工程）建成投用，义务教育就近入学比例达到100%。万人卫生机构床位数79.5张，居渝东北前列，连续十年90%以上大病不出县。全面推进县社会福利院和24所乡镇敬老院公建民营改革，完成67个村级互助养老点建设。加强和创新社会治理。常态化疫情防控有力有效，本土病例零发生，疫苗接种“应接尽接”，全人群全程接种率达92.5%。“系统性区域性金融风险防范”考核连续3年居全市第一；连续56个月未发生较大及以上生产安全事故，群众安全感指数达99%以上。

二、发展中存在的问题

同时，发展中仍然存在一些突出问题和短板。从外部看，百年变局和世纪疫情交织叠加，经济增长面临需求收缩、供给冲击、预期转弱三重压力，宏观环境严峻复杂，不确定性增多。从内部看，产业集聚、产业支撑不足；大型企业、优质企业不多；城市能级、城市品位不高；人口吸引力、消费集聚力不强；财政承压能力、发展环境容量受限。

三、2022 年发展思路

2022 年，是党的二十大和市第六次党代会召开之年，也是新一届政府开局之年，做好全年政府工作意义重大。垫江将高举中国特色社会主义伟大旗帜，坚持以习近平新时代中国特色社会主义思想为指导，全面贯彻党的基本理论、基本路线、基本方略，深入贯彻党的十九大和十九届历次全会精神，紧紧围绕县第十五次党代会确定的目标任务，统筹推动城市化、农产品主产、农文旅融合“三个功能区”发展，全力攻坚高新区、东部新区、明月山乡村振兴示范带、交通物流枢纽“四大工程”建设，细化落实发展质量、城市能级、治理效能、生活品质、党建水平“五大跃升”目标，积极融入主城都市区、建好区群联结点、打造产业新高地，奋力建设生态美、经济强、百姓富现代化新垫江。经济社会发展的主要目标是：地区生产总值 510 亿元、增长 6.5% 左右，固定资产投资增长 8% 左右，社会消费品零售总额增长 7.5% 左右，一般公共预算收入增长 6.8% 左右，全体常住居民人均可支配收入增长 7.5% 左右，居民消费价格涨幅控制在 3% 以内，城镇调查失业率控制在 5.5% 以内，万元 GDP 能耗和主要节能减排指标达到国家约束性要求。

（一）着力培育壮大产业集群

以高新区建设为主抓手，着力建平台、引项目、招企业，聚力打造智能装备、新材料、消费品、医药健康和数字产业“4+1”产业集群，切实做强工业、做优特色农业、做大现代服务业、做实数字经济，探索设立产业引导基金，抓好产业链供应链延链强链，培育县域最具集聚效应、规模经济和竞争优势的强链产业集群。

（二）着力提升城市品质内涵

发挥东部新区开发“龙头”作用，着眼城市“塑文”“找魂”，充分挖掘垫江城市的差异性、独特性，推进城市文化、绿化、彩化、亮化，打造涂鸦街区、文化长廊和特色游园，推动老旧小区、棚户区改造，有序投放商住用地，构建城市综合管理服务平台，落实“门前三包”和“五长制”，常态化开展“马路办公”，提高城市精细化管理水平，有效提升城市形象。

（三）着力全面推进乡村振兴

以明月山乡村振兴示范带建设为引擎，严格落实“四个不摘”要求，巩固脱贫攻坚成果，推进大石乡乡村振兴示范点建设，大力发展优质粮油、绿色蔬菜、健康畜禽、特色水果、道地中药材等特色农产品，有序发展山居民宿等产业，加速推进乡村高标准农田、四好农村路、永安水库等建设，加快农业高质高效、乡村宜居宜业、农民富裕富足步伐。

（四）着力联动区群协调发展

以交通物流建设为着力点，疏通城市“大动脉”、拓展大交通，主动对接消费大市场，融入经济双循环，推动交通基础设施和商贸物流枢纽建设，接轨都市圈消费设施、消费习惯、消费场景，创新引入共享、定制、体验和“智能 +”等开放经济新模式，构建以通道物流经济发展联动区域、支撑经济社会大发展局面。

（五）着力深化改革开放创新

坚持把深化改革贯穿于政府工作全领域全过程，深入推进“放管服”改革、国有企业改革、

“三变”改革，优化“垫小二”企服平台“一站式代办、全周期服务”，深化中国（重庆）自由贸易试验区联动创新区建设，落实外商投资准入前国民待遇加负面清单管理制度，不断加强区域协同联动，激发创新活力，增强发展动力。

（六）着力改善生态环境质量

学好用好“两山”理论，走深走实“两化路”，实施全面节约战略，统筹把握碳达峰碳中和，全力攻坚污染防治，实施生态修复，深入开展国土绿化，做实长江十年禁渔“后半篇文章”，大力发展绿色产业、倡导绿色生活，促进经济社会发展全面绿色低碳转型。

（七）着力夯实社会民生短板

坚持以人民为中心的发展思想，积极回应群众期盼，全力做好普惠性、基础性、兜底性民生工作，推动教育公平优质均衡发展，加快提升健康服务水平，深入实施全民参保计划，全面提升社会保障水平，不断增进民生福祉。

（八）着力筑牢风险防控底线

深入践行总体国家安全观，统筹安全和发展，严格落实常态化疫情防控措施，持续抓好市域社会现代化治理，扎实开展各类专项行动，加强金融、房地产等重点领域风险监管，严格落实安全监管“十条”措施，坚决守住安全稳定底线。

（执笔人：刘思琴）

忠县

忠县人民政府办公室

一、2021年发展回顾

2021年，是全面实施“十四五”规划的开局之年。这一年，忠县坚持以习近平新时代中国特色社会主义思想为指导，全面贯彻落实党中央、国务院决策部署和市委、市政府工作安排，统筹推进疫情防控和经济社会发展，扎实开展党史学习教育，从百年党史中汲取智慧力量，坚持“双特”发展思路，高水平打造“三峡库心·长江盆景”，加快建设“一地一城三区”，着力抓特色产业、抓重点项目、抓招商引资、抓营商环境、抓民生保障、抓疫情防控、抓安全稳定，经济社会发展持续向好。全县实现地区生产总值488.55亿元、增长10%；实现社会消费品零售总额251.44亿元、增长30.8%；财政一般公共预算收入完成20.35亿元、增长5.8%；全体居民人均可支配收入31064元、增长10%。

（一）坚持创新引领，培育壮大高质量发展新动能

以科技创新为载体推动创新发展，加快构建现代产业体系。一是做大特色工业。加快创建市级高新技术开发区，引导企业“上云用数赋智”，培育壮大新能源、生物医药、智能装备、资源加工四大特色产业集群，特瑞新能源被认定为国家级专精特新“小巨人”企业，天地药业入选全市“双百”企业、主要产品国内市场占有率位居前三，新润星形成5000台高端数控机床产能，宇豪光学医学镜头国内市场占有率位居前列，海螺水泥入选全市重点发展的33条产业链“链主”企业，忠润能源二期2022年投产后将成为西南地区最大LNG工厂，全县战略性新兴制造业、高技术制造业产值占规上工业总产值的比重分别达49.3%、52.8%，工业增加值首次突破百亿大关。二是做强现代山地特色高效农业。依托柑橘产业国际协同创新中心，累计发展柑橘等现代山地特色高效农业87.5万亩，建成50万头生猪产业一体化项目，农产品加工产值同比增长近20%。三是做优现代服务业。聚焦数字产业化，建成重庆数字产业职业技术学院一期，培育壮大电子竞技等产业，数字经济增加值增长14.5%；积极发展电子商务，1.18平方公里“忠州商圈”已具雏形，“柑橘网”交易额突破40亿元。聚焦产业数字化，加快发展智慧旅游等新模式，成功举办“2021长江三峡马拉松线上赛”等活动，全县旅游接待人次、综合收入分别达1156.45万人次、61.29亿元，分别增长14.9%、19.2%。

（二）坚持协同协作，全力促进城乡区域联动发展

统筹推进城市提升和乡村振兴，积极融入成渝地区双城经济圈建设和“一区两群”协调发展，以一域发展为全市增光添彩。一是推进城乡融合。围绕国家新型城镇化建设示范和市级城乡融合发展先行示范，推动忠州老城有机更新，加快乌杨新区、临港新城、水坪新城内涵式发展，

全面形成“一江两岸四片区”城市空间格局，20公里城市滨江画廊徐徐展开，城市建成区扩大至27平方公里，城镇化率提高至50%。推动巩固拓展脱贫攻坚成果同乡村振兴有效衔接，全面消除集体经济“空壳村”，磨子乡市级乡村振兴示范点建设加快推进。二是推进协调联动。主动融入成渝地区双城经济圈建设，与四川成都、广安和垫江、梁平等地携手打造交通一体化融合发展先行示范区、西部数字经济（电竞）产业高地，依托新生港建设多式联运物流基地、沿江滚装运输中心；深化“区群”协同发展，与大足开展“景区共建”，与大渡口联手打造重庆小面全产业链园区。三是推进合作示范。深入贯彻落实敏尔书记调研忠县指示精神，围绕“一年定规划、两年搭框架、三年有形象、五年初见效”工作目标，统筹江城与江村、山水与人文等要素，推动产城景、农文旅深度融合，与万州、石柱联手打造“三峡库心·长江盆景”，建设“两群”绿色协同发展示范区。目前，汉阙广场建成开放、“三峡留城·忠州老街”开市迎客，忠石沿江旅游公路等项目加快推进。

（三）坚持生态优先，切实守护一江碧水、两岸青山

以创建国家生态文明建设示范区为抓手推进绿色发展，进一步夯实绿水青山生态本底。一是坚决打好污染防治攻坚战。一体推进治山、治水、治气、治城，统筹开展“四源齐控”（交通、扬尘、工业、生活等大气污染源）、“三水共治”（水污染治理、水生态修复、水资源保护）、“一查两治”（土壤详查、受污染地块治理、危险废物治理），成功创建为全国农村生活垃圾分类治理示范县，长江干流忠县段及主要支流水质均稳定达到Ⅱ类标准，空气优良天数达342天，$PM_{2.5}$平均浓度下降10%，未发生重特大突发环境事件和生态破坏事件。二是加强生态系统保护和修复。启动30万亩国家储备林基地建设，打造“千里樱园·万亩樱花”，完成“两岸青山·千里林带”建设2.62万亩。实施国土绿化提升行动，新增水土流失治理面积12.96平方公里，完成矿山生态修复8.86公顷，累计完成营造林50.32万亩，全县和长江两岸森林覆盖率分别达到52%和70%。三是倡导绿色生产生活方式。落实招商引资项目落地环评预审制度，大力发展清洁生产、循环经济，升级改造天然气净化厂等重点企业，100MW光伏电站项目纳入全市第二批“碳惠通”生态产品，万元GDP能耗下降2.9%，绿水青山向金山银山转化的通道不断拓宽。

（四）坚持扩大开放，积极塑造区域竞争合作优势

以建设库区开放高地为引领推动开放发展，形成改革开放新局面。一是畅通开放通道。建成新生港1~5号多用途泊位并正式开港运营。新生港铁路专用线纳入国家规划，渝万高铁忠县段及站场即将启动建设，加快推进广垫忠黔铁路、梁忠石高速、通用机场等项目前期工作。完成新生港物流园区规划，前港中仓后园、铁公水联运的区域节点型综合物流园区建设稳步推进。二是优化开放环境。深入推进国家营商环境创新试点城市建设，加快打造市场化、法治化、国际化营商环境。坚持“四上”企业直通车等制度，深入开展民营企业服务走访活动，着力收集解决企业困难问题，为企业减负3.6亿元，推动新发展市场主体8050户。三是招引开放主体。创新招商模式，聚焦珠三角、长三角、京津冀等重点区域，大力开展情怀招商、产业链招商，全年引进项目134个，协议引资305亿元。金沙河年加工100万吨小麦等8个10亿级项目签约落地，忠县农批安全食品智慧城等44个项目开工建设。

（五）坚持共建共享，不断为群众创造高品质生活

以共同富裕为目标推动共享发展，加强普惠性、基础性、兜底性民生建设，财政民生支出稳定在65%以上，人民群众获得感、幸福感、安全感显著增强。一是持续巩固拓展脱贫攻坚成果。严格落实“四个不摘”要求，保持“两不愁三保障”政策总体稳定，持续推进实施就业帮扶、消费帮扶、易地扶贫搬迁后扶等工作。健全防止返贫监测和帮扶机制，持续监测918户2396人脱贫不稳定户、边缘易致贫户和突发基本生活严重困难户，落实针对性帮扶措施，坚决守住防止返贫底线。二是扎实做好常态化疫情防控。深入贯彻落实习近平总书记关于疫情防控的系列重要指示精神，坚持人物同防、闭环严防、关口细防、横向联防、社会谨防，坚决守住“外防输入、内防反弹”底线，全县未出现新增确诊病例、疑似病例和无症状感染者。安全有序推进新冠疫苗接种，累计完成新冠疫苗接种120万剂次、全程接种超50万人。三是稳步发展社会事业。扎实做好高校毕业生、农民工、退役军人等重点群体就业工作，城镇新增就业6245人。协调发展各类教育，“忠义忠州·现代教育”区域品牌特色持续彰显。不断提升医疗水平，县域内就诊率稳定在90%以上，基层首诊率保持在65%以上。不断完善社会保障体系，实施临时救助2717人次、发放救助资金1117.5万元，城乡居民基本养老、医疗保险参保率维持在95%以上。四是不折不扣抓好安全稳定。深入开展安全生产与自然灾害防治“百日行动”，抓好防汛抗旱和地灾防控等工作，圆满完成建党100周年大庆安保任务，全年未发生较大及以上生产安全责任事故。加强和创新基层治理，深化“枫桥经验”忠县实践及矛盾纠纷大调解体系建设，扎实开展“治重化积、清仓见底”专项工作，常态化推进扫黑除恶斗争，全县社会大局和谐稳定。

二、发展中存在的问题

同时，全县经济社会发展中还存在不少困难和挑战，需要在今后的工作中努力克服和解决。一是经济底子还比较薄，产业结构还不够优，企业自主创新能力还不强；二是城乡发展不够协调，重大基础设施建设相对滞后，对外交通条件有待进一步改善；三是财政收入不足、负担较重，医疗、养老等公共服务离群众期待仍有一定差距，一体化发展还不够均衡；四是少数干部担当精神、专业水平和解决实际问题能力与新时代发展要求还有差距，工作作风还需要进一步转变。

三、2022年发展思路

2022年，是新一届政府的开局之年，是“十四五”承上启下的关键一年。这一年，将喜迎党的二十大，迎来市第六次党代会和重庆直辖25周年，做好各项工作意义深远、责任重大。2022年全县经济社会发展的主要预期目标是：地区生产总值增长6.5%左右，工业增加值增长11%左右，固定资产投资增长2%左右，社会消费品零售总额增长13%以上，一般公共预算收入增长10%以上，全体居民人均可支配收入增长7.5%左右。主要约束性指标是：长江干流忠县段水质满足水域功能要求，$PM_{2.5}$平均浓度控制在35微克/米^{3}以内，新增城镇就业6000人以上，粮食产量稳定在40万吨以上，居民消费价格涨幅控制在3%以内，单位地区生产总值能耗下降2.9%左右。

第一，围绕协同协调再发力，稳步打造“三

峡库心·长江盆景”。聚焦“两年搭框架”目标，着力推项目、强宣传、做品牌，力争早出形象。

第二，围绕延链补链再发力，做大做强绿色工业。完善工业园区功能，提升科技创新能力，推动绿色工业规模化、集群化发展。

第三，围绕提档提质再发力，培育壮大现代服务业。积极完善产业布局，优化消费环境，提升消费品质，不断培育壮大现代服务业。

第四，围绕宜居宜业再发力，精心扮靓特色江城。深入推进以人为核心的新型城镇化，统筹抓好城市路面、坡面、街面、立面、屋面建设管理，着力提升城市品质。

第五，围绕富民兴民再发力，持续推进乡村振兴。坚持农业农村优先发展，推动巩固拓展脱贫攻坚成果同乡村振兴有效衔接，努力促进农业高质高效、乡村宜居宜业、农民富裕富足。

第六，围绕动力活力再发力，全面深化改革开放。着力增强改革实效，大力提升开放能级，积极融入成渝地区双城经济圈建设及“一区两群”协调发展。

第七，围绕“两山”理论、“两化路”再发力，加强生态文明建设。学好用好“两山”理论，走深走实“两化路”，坚持生态建设和治理并重，坚决筑牢长江上游重要生态屏障。

第八，围绕共建共享再发力，保障民生增进福祉。加快完善公共服务体系，持续办好民生实事，不断提升民生保障水平，开创共建共治共享新局面。

（执笔人：谢娟）

云阳县

云阳县人民政府办公室

一、2021 年发展回顾

2021 年，云阳坚持以习近平新时代中国特色社会主义思想为指导，在市委、市政府的坚强领导下，立足新发展阶段，深入贯彻新发展理念，积极融入新发展格局，加快推动高质量发展，着力发挥在成渝地区双城经济圈中的“节点作用”，加快推动“五地一支撑”建设，经济社会发展态势良好。实现地区生产总值 528.1 亿元，位居全市各县之首，增长 9.6%；全社会固定资产投资 257 亿元，增长 15.3%；社会消费品零售总额 386.7 亿元，增长 29.3%；城乡居民人均可支配收入达到 24674 元，增长 9.8%。

（一）围绕开局育新，全力抓规划落实

一是推动成渝地区双城经济圈建设规划落地。坚持对标定位找方位、对标规划做计划，建立双圈工作调度和区县对口协同发展机制，细化 27 个方面 114 项具体任务，加快融入万达开川渝统筹发展示范区建设。二是推进万开云同城化方案落实。构建三级调度机制，实施同城化重大政策、重大项目、便捷服务 45 项，开通万云城际公交，实现医保通办，启用“旅游一码通”，开展首次生态环保联合巡查，完成首轮医保监督服务合作，万云、开云快速通道建设加快推进。三是抓好“十四五”规划落地实施。围绕“战略定规划、规划定项目、项目定资源”，精心编制实施全县“十四五”规划纲要和 15 个县级专项规划，储备重大项目 648 个、总投资 2765 亿元。

（二）围绕提质增效，全力抓产业培育

一是持续强化工业支撑。深入推进“千亿工业”高质量发展，举办工业“周三大讲堂”，细化工业产业链全景图谱和重点招商地区产业分布图，签约工业项目 156 个、投资 173.3 亿元，培育工业企业 1149 家、规上工业企业 15 家，在全市率先获批 5.6 平方公里中小企业集聚区。实现工业增加值 98.6 亿元。精准保障产业链供应链，精准落实惠企纾困政策，让利各项税费 9000 万元。二是持续深化农业攻坚。新建育种育苗基地 4 个、现代化种猪繁育基地 2 个，新建和提质增效标准化农业产业园 3.8 万亩。扩面深化农村“三变”改革，涉农集体经济经营性收入平均达 15 万元。三是加快发展现代服务业。岐山草原成功创 4A，旅游综合收入增长 18.3%，大健康标志性项目完成投资 18 亿元，大数据企业签约 15 家。推动消费升级，成功举办首届“天生云阳 · 金秋节”，滨江购物中心开街，批零销售额分别增长 22.9%、26.2%，住餐营业额分别增长 29.4%、35.6%。

（三）围绕统筹融合，全力抓城乡发展

一是全面强化城市建设管理。围绕“强筋壮骨、舒筋活血、画龙点睛、精神饱满”，实施城市提升实事 155 件。实施老旧小区改造 16 个

7776户、棚户区改造20个250户，新建污水管网29公里，新增停车泊位2000个。北部新区地下综合管廊、柏杨湾农贸市场建成投用，新建天然气管道160公里。消除城市“第五立面”蓝屋顶12.8万平方米，完成外环智慧照明“一盏灯”建设，绿化坡坎崖12处、提质街头绿地20处，建成区绿地率达44.3%。“亮街入库”行动深入开展。二是全面推进乡村振兴。严格落实“四个不摘”要求，保持政策总体稳定，巩固拓展脱贫攻坚成果。以“两园四带”示范带动现代产业发展，水果、中药材等5个特色农业产业集群总产值达120亿元。行政村生活垃圾治理率达100%，农村卫生厕所普及率达82%，创建市级绿色示范村8个。三是加快基础设施建设。实施“抓项目稳投资”专项行动，154个重点项目完成投资195亿元，其中工业投资增长4.9倍、基础设施投资增长51%。组建专班强力推进抽水蓄能项目。江龙高速、巫云开高速分别完成投资53亿元、15亿元。

（四）围绕活力激发，全力抓改革创新

一是深化改革开放。组建农高集团、云畅集团。实施预算一体化改革。开展营商环境“自评自查自改月”活动。开展营商环境数字化治理，升级服务非公经济平台3.0版。推进工业园区项目承诺制、审批代理服务试点。工程建设项目审批制度改革实现事项、材料、时间“三个减半”。建立集中统一公共资源交易平台。新培育进出口主体6家，进出口总额增长12%。二是推动科技创新。加快建设万开云科创走廊、小江科创城。推动市级高新区“以认促建”。培育科技型企业90家。发放商业价值信用贷款4000万元、知识价值信用贷款4500万元。与高校、科研院所签订合作协议61项，“上云”工业企业152家，实施智能化和技改项目20个。恐龙化石科考研学院正式成立。入选“科创中国”市级试点城市。三是强化招商引资和市场主体培育。大力实施全员招商，签约项目546个、到位资金87.3亿元。实施市场主体高质量发展行动计划，新增市场主体1.5万户、企业4790家。

（五）围绕绿色低碳，全力抓生态保护

一是积极推进减排降碳。制定碳达峰碳中和工作方案，开展碳源、碳汇底数调查，优化产业、能源、交通运输、用地“四个结构”，加强用能监测预警和管理调度，完成能耗强度和总量“双控”年度目标任务。二是加大减污治污力度。深化蓝天、碧水、净土三大保卫战，整治销号“散乱污”企业611家，升级改造农村污水处理厂15座，完成长江入河排污口采样监测168个，空气质量优良天数达352天，长江水环境质量全面达标。三是加强生态保护修复。完成第三次国土调查。实施水土流失综合治理51.7平方公里。完成营造林24.9万亩，义务植树300万株，松材线虫病疫木除治23.8万亩。

（六）围绕品质生活，全力抓民生改善

完成年度民生实事19件。清单化实施党史学习教育“我为群众办实事”60件。新增城镇就业6530人，减免企业社保费1590万元，发放养老保险待遇27.6亿元。北城小学、海峡小学附属幼儿园、实验幼儿园紫金园区开学招生。县特殊教育学校成功申办十二年制特殊教育学校。推进“两部一馆一专区”医防融合改革，推进“三通”医共体建设。居民医保“应保尽保”，288种药品集中带量采购，价格平均降幅达50%以上。兜底保障全面覆盖，发放低保金、特困供养金3.7亿元。实施临时救助4900人次2100万元。实施农村妇女“两癌”免费筛查2.9万人次。夯实交通、社区、企业等重点防控面，推进疫苗接

种应接尽接，疫情防控有力有效。统筹发展和安全，安全生产与自然灾害防控呈现“两杜绝、四下降、两向好”良好态势，社会矛盾妥善化解，社会大局和谐稳定。

二、发展中存在的问题

面对高质量发展的新要求和人民群众对高品质生活的新向往，云阳发展还面临诸多挑战。一是产业发展能级仍然不高，传统产业拉动不足，新兴产业支撑有限，链条产业较为缺乏，科技创新能力还不足，改革开放深入不够。二是市场主体支撑高质量发展能力仍然不足，总量不够大、质量不够优，招商引资效益不够高，营商环境有待持续优化。三是基础设施和民生领域短板仍然明显，城乡发展仍不平衡，交通水利设施有待提升，教育、医疗、文化等公共资源配置不均衡。

三、2022 年发展思路

高举中国特色社会主义伟大旗帜，坚持以习近平新时代中国特色社会主义思想为指导，深入贯彻落实党的十九大和十九届历次全会精神，弘扬伟大建党精神，全面贯彻习近平总书记对重庆提出的系列重要指示要求，统筹推进“五位一体”总体布局，协调推进“四个全面”战略布局，坚持稳中求进工作总基调，立足新发展阶段、贯彻新发展理念、融入新发展格局、推动高质量发展，促进共同富裕，统筹疫情防控和经济社会发展，统筹发展和安全，坚持生态优先、绿色发展，着力发挥云阳在成渝地区双城经济圈中的“节点作用”，主动融入万达开川渝统筹发展示范区建设，加快推动万开云同城化发展，紧紧围绕“六个显著提升”，突出抓好“十个提能升级”，奋力谱写全面建设“五地一支撑”现代化云阳新篇章，以优异成绩迎接党的二十大和市第六次党代会胜利召开。全县经济社会发展的主要预期目标是：地区生产总值增长 7% 以上，一般公共预算收入增长 6% 以上，全社会固定资产投资增长 13% 以上，社会消费品零售总额增长 13% 以上，城乡居民人均可支配收入增长 8% 以上。

（执笔人：王波）

奉节县

奉节县人民政府办公室

一、2021 年发展回顾

2021 年，实现地区生产总值 372 亿元，增长 8.4%；完成固定资产投资 255 亿元，增长 10%；社会消费品零售总额 120.7 亿元，增长 28.1%；一般公共预算收入 16.2 亿元，增长 5.1%；城乡居民人均可支配收入达到 24078 元、增长 9.8%。

（一）优化营商环境，市场主体蓬勃发展

扎实推进市场主体培育三年行动计划，新增市场主体 13827 户、“四上”企业 150 户、限上个体户 203 户，市场主体占全市的比例从 2.1% 增至 2.5%，居渝东北片区第 3 位。开展川渝营业执照异地“办、发、领”一体化服务，“川渝通办”“异地同标”工作取得实质性进展。出台“干部服务企业‘四到’十六条”“支持返乡入乡创业促进乡村振兴十三条”等惠企政策，节约企业融资成本 4500 万元，落实减税 5.6 亿元。新增制造业企业 136 家、规上工业企业 15 家，园区新入驻企业 26 家、总产值突破 34 亿元。民营经济增加值达到 243 亿元、占 GDP 的比重在 65% 以上。

（二）扩大有效投资，项目建设稳步推进

按照“五年规划、三年滚动、一年计划”的工作节奏，完善 2022~2024 年滚动规划项目库。实施投资提振行动，278 个重点项目完成投资 150 亿元，策划储备未来 3 年重点项目 402 个。争取上级转移支付资金 55.3 亿元、债券转贷收入 13.4 亿元。康乐互通建成通车，奉建高速、G42 奉节互通改造、白龙寺隧道进展顺利。野茶水库顺利开工。菜籽坝抽水蓄能电站前期工作加快推进，开工 6 个光伏项目，4 个风电项目并网发电。深度发力招商引资，签约项目 190 个、到位资金 60.9 亿元。

（三）抓好三项行动，乡村振兴有序铺开

严格按照中央、市委总体部署，坚持“四个不摘”要求，保持劲头不松、力度不减、节奏不变的状态，开展“两不愁三保障”回访排查和巩固情况“回头看”工作，动态清零销号问题，顺利通过全市巩固拓展脱贫攻坚成果考核评估。整合涉农资金 7.9 亿元，实施项目 373 个。新选派乡村振兴驻村工作队队员 418 人。产业提升、乡村建设、基层治理“三项行动”扎实开展，市级乡村振兴重点帮扶乡鹤峰乡示范建设加快推进。58 个就业帮扶车间吸纳 1157 人“家门口”就业。创成市级“一村一品”示范村 13 个，永乐镇大坝村、安坪镇三沱村上榜全国乡村特色产业亿元村，荣获“全国休闲农业重点县”称号。

（四）深化文旅融合，文旅产业加快发展

白帝城・瞿塘峡国家 5A 级景区创建工作有序推进，三峡原乡成功创建 4A 级景区，“壮美三峡・安逸乡村”入选全国“建党百年百条精品红色旅游线路”，“夔州木雕”列入第五批国家级非

遗名录。迷宫河景区开园迎客，“赤甲1号”水上巴士开启城市夜游模式。出台《奉节县全域旅游发展奖励补助办法》，积极融入长江三峡旅游一体化和“奉巫巫城旅游金三角”发展。成功举办第五届“中国·白帝城”国际诗歌节和第三届中国·重庆奉节橙博会，持续提升奉节的美誉度、影响力。全年接待游客、购票游客、过夜游客、旅游综合收入分别达到2285.6万人次、156万人次、131万人次、118.5亿元，分别增长11.7%、24.6%、19.0%、16.1%。

（五）强化科技引领，创新活力加速释放

建立高新技术企业培育库，开展点对点培育服务，新培育科技型企业80家、高新技术企业5家、创新平台14个，万人发明专利拥有量达到4.35件，成功引进百度、罗普特等行业领军企业，落地大数据、人工智能等项目5个。围绕脐橙、生物制药、玻璃加工、新材料、中药材等产业技术方向，新增市级科技企业孵化器1个、市级企业技术研发中心12个，新增市级科普基地1个、县级科普基地7个，全县企业技术研发中心、众创空间、“星创天地”等创新平台总数达50个。新增发放知识价值信用贷款1.8亿元，引导发放商业贷款3740万元。出台《奉节县科技创新激励扶持办法（试行）》，为172家企业兑现科技创新激励扶持资金1253万元。35家规模工业企业完成“两化”融合建设。创成全国油橄榄产区科技创新示范区。

（六）增进民生福祉，人民生活持续改善

扎实开展“我为群众办实事”实践活动，投入1.6亿元完成10件市级民生实事。新增城镇就业7020人，发放低保金、医疗救助金、助学金2.8亿元。新建养老服务中心9个、村级互助养老点61个，提升改造敬老院15个，新增养老床位500张。县人民医院新院区整体搬迁投用，县中医院迁建工程主体完工，三星级及以上村卫生室达到50%。全面落实“双减”政策，完成5所学校智慧校园建设，升级69所校园设备，高考本科录取率达到46%，职教中心创成全市高水平职业技术学校，奉节中学成为清华大学“优质生源基地”。“民生之声”满意度达到96.2%。

二、发展中存在的问题

目前，奉节正处于爬坡上坎的关键阶段，仍然面临不少困难和不足：经济总量偏小、产业能级不高，科技创新支撑能力偏弱；生态保护、安全生产、基础设施、公共服务存在短板，社会治理能力还需提高；政府系统干部的工作作风和执行能力还需要进一步加强。

三、2022年发展思路

2022年是党的二十大召开之年，也是新一届政府的开局之年，做好各项工作意义重大。全县将着眼五年、立足当下，大力实施“九项行动计划”，努力开创奉节发展新局面。2022年全县主要预期目标是：地区生产总值增长7%左右，固定资产投资增长10%左右，社会消费品零售总额增长13%左右，一般公共预算收入增长8%左右，全体居民人均可支配收入增长9%左右。

（一）实施乡村振兴行动计划

巩固拓展脱贫成果。加强脱贫人口动态监测帮扶，防止规模性返贫和新的致贫。开发公益性岗位2000个以上，建设就业帮扶车间5个以上。提质增效现代农业。完成国家现代农业产业园创建工作，打造脐橙、蚕桑、茶叶、中药材、油橄榄、优质粮油等6条特色农业产业链。第一产业

增加值增长6%以上。全面推进乡村建设。集中力量打造“两带三镇九村”试点示范，扎实开展“五清理一活动”行动，创建县级美丽村庄示范村50个、美丽庭院300户，农村卫生厕所普及率达到70%。

（二）实施生态工业提速行动计划

抓重点产业。加快发展清洁能源，开工建设菜籽坝抽水蓄能电站。持续发展壮大眼镜产业，新入驻园区眼镜企业50家以上。工业增加值突破43亿元。抓配套保障。提档升级草堂组团、康乐组团，规划布局以楼宇经济为主的高铁生态城新兴产业集聚区，持续开展“三百人才助工业”行动。抓招商引资。坚持全生命周期服务理念，全面做好要素保障，全年招商引资项目协议投资300亿元以上。

（三）实施文旅融合发展行动计划

擦亮品牌吸引游客。创建白帝城·瞿塘峡5A景区，高水平办好“诗歌节”“橙博会”“编剧年会”等节会活动，围绕“三峡门户”“中华诗城”“中国天然氧吧”等亮点开展营销宣传，提升奉节的知名度、美誉度和吸引力。优化服务方便游客。延伸“吃住行游购娱”链条，全面做好拥抱“高铁时代”准备。建设智慧旅游服务平台，打造“一部手机游三峡”。引进2家旅行社、2家连锁酒店、20家民宿客栈，培育品牌餐饮店30家。丰富业态留住游客。打好“三峡牌”“生态牌”“人文牌”，升级“巅峰双峡”“奉宜奉”、县城至瞿塘峡等精品游线，打造“三峡凉都”品牌，建设夔州阴沉木“非遗村”，文化旅游产业增加值达到20亿元。

（四）实施现代服务业升级行动计划

加快发展商贸物流业。加快爱琴海购物中心、高铁时代城商业综合体建设，打造奉节味、三峡情的“不夜城”。建设西部新城电子商务产业园，引进培育现代仓储物流、住餐等现代服务业企业650家以上，电商交易额达到57亿元。加快发展金融业。持续深化政银企合作，新引进金融机构1家，存贷款余额达到800亿元。开展“1+5+N民营小微企业和个体工商户金融服务港湾”行动，为企业提供一站式、便捷化的金融服务。加快发展大数据产业。规划建设低碳数字产业园，投用10万平方米大数据产业楼宇，引进示范性、带动性强的企业5家，培育数字产业衍生企业20家。

（五）实施城市品质提升行动计划

加快城镇建设。突出江城山城特色，推动生态工业园区、白帝城·瞿塘峡、三峡之巅组团式发展，促进产城景互动融合。城镇化率达到53%。推动城市更新。加快建设高铁生态城，开工建设市民广场、科技馆、体育场、游泳馆等公共基础设施，绿化美化坡坎崖30万平方米。加强精细管理。以创建全国县级文明城市为抓手，常态化开展“马路办公”。启动新型智慧城市“智能中枢”项目，推进城市建成区数字化管理全覆盖。

（六）实施生态文明建设行动计划

深入打好污染防治攻坚战。严控农业面源污染、交通污染，加强扬尘和露天焚烧等领域管控。全面遏制污水偷排直排乱排，确保“一江五河”水质持续稳定达标。全面加强生态治理。统筹山水林田湖草系统治理，打好长江流域“十年禁渔”持久战，新增营造林12万亩，治理水土流失45平方公里，修复废弃矿山360亩，森林覆盖率达到63.5%。加快推进节能降碳。充分利用“双碳”政策红利，探索推进排污权、用能权、用水权、碳排放权的市场化交易。全面推行城市生活垃圾分类。倡导简约适度、绿色低碳生活方式。

（七）实施改革开放创新行动计划

大力推进科技创新。新培育科技型企业50家、高新技术企业5家，培育市级创新平台2个以上。常态化开展“青少年科技创新县长奖”评选、“科技特派员下乡”等活动。加快重点领域改革。加快推进赤甲集团“旅游+脐橙”双主营业务上市工作。农村“三变”改革试点范围扩大到30%以上的行政村，新增40个集体经济年收入超10万元的村。不断扩大对外开放。完成G42奉节互通改造，开工巫奉利高速公路县城至公平段、夔门港一期工程。争取设立长江水上绿色综合服务区。新增出口品类5个以上，进出口总值增长10%左右。

（八）实施保障和改善民生行动计划

加强民生保障。城镇新增就业1万人以上，发放创业担保贷款1亿元以上。城乡居民养老保险参保率达到95%以上。优化民生供给。巩固和扩大义务教育“双减”成果，办好“夔门乡村振兴学院”，加快三江初中迁建工程、辽宁小学西部新区分校建设。加快县人民医院“三甲”创建，提档升级乡镇敬老院3个。办好民生实事。统筹实施10件重点民生实事，着力解决人口“一老一小”、住房“一旧一危”、就业“一生一困”、交通“一堵一安”等问题。

（九）实施统筹发展和安全行动计划

抓实安全生产。深入推进安全生产专项三年行动，各类生产安全事故死亡人数下降5%。抓牢社会稳定。严格落实常态化疫情防控措施。扎实推进“治重化积”专项工作，信访总量下降5%。常态化推进扫黑除恶斗争，刑事案件发案起数下降5%。抓好基层治理。持续推进“四访”“公示公开六个一”“新时代文明实践积分银行”等创新举措，打造50个“平安乡镇”“平安村社”，创建100个“平安校园”“平安医院”“平安景区”“平安企业”。

（执笔人：杨棚）

巫山县

巫山县人民政府办公室

2021年，面对复杂多变的形势，巫山县始终坚持以习近平新时代中国特色社会主义思想为指导，深入贯彻习近平总书记对重庆提出的营造良好政治生态，坚持“两点”定位、“两地”“两高”目标，发挥“三个作用”和推动成渝地区双城经济圈建设等重要指示要求，坚持稳中求进工作总基调，以深化供给侧结构性改革为主线，以改革创新为根本动力，以满足人民日益增长的美好生活需要为根本目的，统筹发展和安全，经过奋力追赶，经济加快恢复、稳中向好，实现经济行稳致远、社会安定和谐。

一、2021年发展回顾

（一）经济运行稳中向好，生态产业加快发展

实现地区生产总值208.79亿元，同比增长9.4%。固定资产投资总额同比增长10.0%。社会消费品零售总额同比增长29.3%。一般公共预算收入11.76亿元，增长5.4%。城乡常住居民人均可支配收入分别达37706元、13511元，分别增长9.1%、11.1%。金融机构存贷款余额为476.94亿元。综合来看，发展的环境越来越好，发展的动力越来越足，群众的腰包越来越鼓。旅游服务业加快恢复，大昌古镇开街迎客，“三峡之光”惊艳亮世，一条“光影画廊”绽放峡江两畔。下庄、安静、白坪村入选“建党百年红色旅游百条精品线路”，成功举办第十五届国际红叶节，2200万人次相约巫山，旅游综合收入达96亿元。“1+3+2”现代山地特色高效农业持续发展，建成阿里巴巴数字乡村产地仓，认证绿色食品26个，“巫山鸡蛋”评为全国名特优新农产品，农业增加值增长5.5%。加快实施生态康养，基本完善哨路组团水电气路等设施，基本齐全吃住娱购等配套。工业增加值同比增长7%，青山头、红椿（邓家）风电并网发电。走出了生态产业化、产业生态化的绿色发展新路径。

（二）脱贫成果巩固拓展，乡村振兴稳步推进

严格落实“四个不摘”，健全防止返贫致贫监测帮扶机制，为2716名监测对象购买“防贫返贫保险”，守住不发生规模性返贫底线。打造中央单位定点帮扶、东西部协作“升级版”。下庄、摩天岭、小三峡、神女峰等特色产业发展区加快建设，19个安置点所在村创建“一村一品”示范村。健全“1+4+1”治理体系，重拳整治农村无事酒，实施农村环境连片整治6个，竹贤乡下庄村创建全国乡村治理示范村。乡村振兴的美好蓝图正一步步变为现实。

（三）改革创新不断深化，实体经济焕发生机

国有企业改革三年行动深入实施，实现97家企业公司制改革。创建绿色金融改革创新示范点，发放绿色信贷20亿元。完成政务服务中心搬迁，“一网通办”全面推行。建成创新示范园区3个，培育国家高新技术企业2家、市级科技型企业10家。减税降费5.1亿元，民营经济贡献

税收达73.4%。招商引资签约项目14个、资金316.2亿元。利用外资实现“零突破”，排名渝东北首位。经济发展正形成质量变革、效率变革、动力变革。

（四）生态质量全面提升，山川大地尽展新颜

第二轮中央环保督察反馈意见年度任务圆满完成，生态环境部西南督查局现场督查给予充分肯定，矿山生态修复案例全市推广。完成五里坡违建问题整改。建设“两岸青山·千里林带”21.9万亩，治理水土流失66平方公里。扎实推进水环境综合治理，实施雨污管网63公里，集中式饮用水源水质达标率达100%。噪声、土壤等环境质量达优良标准，空气质量优良达标358天。“绿水青山就是金山银山”实践创新基地通过市级核查。五里坡成功申遗，成为重庆第三个世界自然遗产地，山水颜值在保护中提升、在提升中擦亮。“一江碧水、两岸青山”成为最靓丽的底色。

（五）区域发展协同推进，城乡环境更加宜居

龙江新区、早阳组团加快建设，红叶广场、烟雨公园建成投用，桂花大桥、白子溪大桥、宁江大道东段全线贯通。宁江渡生态公园靓丽展现，成为新的网红打卡地。工贸园区汽车销售专业市场开市运营，物流配送中心、网端仓储开仓纳物，15家电商企业入驻物流园。深化城市管理“七大工程”，背街小巷、人行步道改造提升，全面开展树枝修剪、鲜花布展，城市环境更加靓丽。城市通道加快拓展，开通武汉、成都、杭州等航线，郑万高铁静态验收，两巫高速一期全线贯通，楚阳至竹贤等旅游公路建成投用，龙潭沟至金科城、二郎庙道路即将通车。乡镇各美其美，环境美化亮化，产业各具特色，一批特色小镇加快建设。城市让生活更美好，乡村让人们更向往。

（六）品质生活持续改善，社会民生持续提升

17件民生实事全面完成。落实困难群体参保资助12.8万人次，发放民政对象生活保障金2.2亿元。中硐桥水库建成引水，农村饮水管网入户全覆盖。改造天然气管道48千米，建成5G基站190个。“双减”工作扎实开展，五项管理、课后服务、培训机构治理有序推进。完成医疗救助5.7万人次，完成3岁以上目标人群新冠疫苗接种41万人，辖区常住人口接种率98.7%。成功处置各类地质灾害，安全事故起数、死亡人数同比下降分别为21.4%、17.9%。推进“平安巫山”建设，获评“平安中国建设示范县”，现场接受授牌表彰，受到习近平总书记的亲切会见。信访按期办结率100 %。八类案件、侵财案件、可防性案件同比下降分别为17.9%、19.3%、25.4%，毒品问题重点整治通过国家线上验收评估。人民群众的获得感、幸福感、安全感不断提升。

二、发展中存在的问题

同时，发展中仍然存在一些突出问题和短板。一是巫山集大农村、大山区、大库区于一体，县域经济总量偏小，产业体系还需进一步完善。二是生态环保压力依然较大，实现发展和保护“双赢”还需下深功夫。三是干部队伍市场创新和改革意识还不强，市场在资源配置中的决定性作用发挥还不充分。

三、2022年发展思路

2022年，是新一届政府的开局之年、实施“十四五”规划的关键一年。做好2022年经济工作：坚持稳字当头、稳中求进，完整、准确、全面贯彻新发展理念，服务和融入新发展格局，统

筹疫情防控和经济社会发展，统筹发展和安全，做好“六稳”“六保”工作，稳定经济大盘、稳定社会大局。2022年全县经济社会发展的主要预期目标是：地区生产总值增长7.5%左右，固定资产投资增长7%左右，社会消费品零售总额增长11%左右。一般公共预算收入增长7%左右，税收增长7%。全体居民人均可支配收入增长9%左右。

为此，我们将重点抓好以下九方面的工作：一是突出扩大内需战略基点，着力稳定经济发展基本盘。精准扩大有效投资，确保58个重点项目投资121.8亿元；全力抓好消费促进，消费稳定扩容。二是突出绿色生态最靓底色，着力绘就美丽巫山新画卷。深入打好污染防治攻坚战，空气质量优良率达98%以上。持续提升生态系统质量。实施“两岸青山·千里林带”建设，营造林9.15万亩，森林覆盖率64%，实施水土流失综合治理25平方公里。加快推动绿色低碳发展。三是突出农业农村优先发展，推动乡村振兴迈出新步伐。努力拓展农村美、产业兴、百姓富。壮大农村特色产业，农村人均可支配收入达1.5万元以上。四是突出生态产业量质齐升，加快构建现代化产业体系。高质量发展生态农业。稳定产业种植规模，优势特色品种覆盖率95%。高质量发展生态旅游。创建巫峡·神女国家5A景区，办好第十六届国际红叶节、第四届李花节，培育“高铁游”产品，发挥“三峡之光”品牌效应，打造网红城市，购票游客、过夜游客、综合收入均增长20%。高质量发展生态康养。唱响“巫山云雨”国际康养品牌，创建市级康养旅游度假区，力争成为全域森林康养试点建设县，拓展在上海、广州、武汉、成都等城市的营销渠道。五是突出基础设施补齐短板，切实筑牢坚实的发展根基。加快交通网络互联互通。巫山机场新开通航线3条以上，通车郑万高铁，建成通车巫山至大昌高速，新改建国省道12公里、农村公路100公里。加快现代物流多式联运。构建航空物流通道，新增货船15艘，货运船舶载重量达40万吨，水路货运增长43.3%，公路货运量达400万吨。同时，加快完善各类设施。六是突出改革开放创新引领，不断聚集经济发展新动能。全面深化改革创新，全面激发创新活力，全面提升开放水平。围绕文旅康养、现代物流、农业加工、高铁旅游等开放型产业，签约项目300亿元以上，资金到位率30%以上、新签约项目开工率70%以上。全面优化营商环境，解决好用能、物流、融资等困难，强化人财物、水电气等保障。七是突出山水之城独特魅力，持续推动新型城镇化建设。推动城镇环境更加宜居，推动城镇管理更加精细，城区绿化率达37.2%。八是突出保障民生增进福祉，努力创造更高品质新生活。用坚实保障托举幸福。用公平教育护航成长。用优质医疗守护健康。用品质文化涵养文明。九是突出强化平安巫山建设，扎实推进治理能力现代化。筑牢安全稳定屏障，高质量完成安全生产专项整治三年行动，持续强化交通、消防、建筑、食药等安全整治。着力提升社会治理效能，推广“三事分流”，深化“三社”联动，推动政府治理、社会调节、居民自治良性互动。

（执笔人：范鹏程）

巫溪县

巫溪县人民政府办公室

一、2021 年工作回顾

全年实现地区生产总值 120.8 亿元、增长 6.7%，完成固定资产投资 80.13 亿元、增长 8.4%。全年财政一般公共预算收入完成 73905 万元、同比增长 0.9%。其中，税收收入 29558 万元、下降 1.6%；非税收入 15095 万元、增长 41.5%。各类金融机构存款余额 2171243 万元、同比增长 5.26%，年末各项贷款余额 1724954 万元、同比增长 18.23%。三次产业结构调整为 22.2∶23.0∶54.8。社会消费品零售总额 648059.8 万元、同比增长 29.1%。城乡居民人均可支配收入分别为 30852 元、12313 元，同比分别增长 8.8%、10.7%，人民生活水平不断提高。

（一）着力推进城市提升和乡村振兴，城乡一体化发展进程加快

巩固拓展脱贫攻坚成果同乡村振兴有效衔接。坚决守住不发生规模性返贫底线，消除返贫风险 866 户 2671 人。整合资金近 6 亿元、实施衔接项目 668 个。4.3 万名脱贫群众稳定就业，助销农产品 1.5 亿元，脱贫群众稳定增收。发放小额信贷 6690 万元，建成普惠金融到村基地 133 个。构建“四圈一带”产业布局，培育涉农主体 68 家，乡村产业提质增效。建成大美乡村示范片 4 个、美丽宜居村庄 13 个、美丽庭院 2405 个。基层干部队伍建设切实加强。乡村振兴重点帮扶镇（乡）、村工作开局良好。“万企帮万村”取得实效，水利部定点帮扶、泰安·巫溪东西部协作、市政府办公厅帮扶集团结对帮扶，以及渝中·巫溪对口协同发展扎实有效。

城镇品质持续提升。改造城市棚户区和老旧小区 62 万平方米，海成·云溪别院、天跃渝府等商住小区全面建成，公租房累计配租近 7000 户。巫镇高速入城连接道 AC 线建成通车，“两馆一宫”、马镇坝殡仪馆主体完工，白马大道、物流园区等骨干路网加快建设。城市公厕、街头绿地、人行道路、雨污管网等市政设施不断完善。全国文明城市、国家卫生县城、国家园林县城创建成果持续巩固。文峰等特色小城镇建设扎实推进。

基础设施不断完善。郑万高铁巫溪支线接轨工程即将建成，巫溪至奉节铁路完成预可研；巫云开、两巫高速完成投资 7 亿元，巫镇高速形象进度达 60%；古路互通至西坪快速连接道等道路建成通车；巫神路三期（清水桥至大九湖段）前期加快推进；新改建农村公路 105 公里、安装防护栏 260 公里，行政村、撤并村通畅率达 100%。治理中小河流域 10 公里；实施饮水安全巩固提升工程 80 处；建成高标准农田 8.8 万亩，土地开发整理 6000 亩，农村建设用地复垦 1300 亩、地票交易 3.4 亿元。改建农村配电网 170 公里，塘坊 110 千伏变电站完工；开工建设奉节至巫溪天然气长输管道，新增天然气用户 5000 户；建成移动基站 247 个。

（二）着力推进绿色产业发展和生态环境改善，绿色本底不断夯实

绿色产业健康发展。生态农业提质增效。粮食产量稳定在23.9万吨以上，蔬菜、马铃薯、中药材、特色经果种植面积近100万亩，生猪出栏60万头。市级名牌农产品达到10个，农产品加工产值增长15.6%。农业增加值预计增长5.8%。绿色工业蓄势向好。育才教育装备、双东石材达产达效。新分水河电站下闸蓄水，双流、黑沟电站建成投产。智能化改造项目加快实施。华电、华能等光伏能源项目积极推进。规上工业总产值预计增长9%。文旅产业势头强劲。重点景区加快建设，红池坝汉阙湿地、红池云乡、兰英挂壁天路备受青睐；大宁古城整体开发、夏布坪国际康养度假区启动规划。成功举办首届长江三峡非遗龙舟邀请赛、文旅网络宣传月等系列活动，旅游知名度不断提升。红池坝镇九坪村、通城镇龙池村获评市级乡村旅游重点村。商贸经济加快恢复。新增限额以上商贸企业5家。商业街区活市旺市，夜间经济繁荣发展。展示展销活动持续开展。电商进农村综合示范创建扎实推进，电商交易额28亿元。

生态环境持续优化。全面推行“林长制”，持续开展国土绿化行动，完成营造林14.4万亩，收储林地40万亩，横向生态补偿交易2万亩，非国有林生态赎买2600余亩。持续打好污染防治攻坚战，全面完成主要污染物总量减排任务。县内主次河流水域功能稳定达标，城区空气质量优良率达90%以上，农村生活垃圾行政村有效治理率达98.6%，土壤环境质量保持稳定，整改销号环保督察反馈问题128个，生态环境质量持续向优。

（三）着力推进改革开放创新，发展动力活力不断释放

深化重点领域改革。纵深推进96项县级重点改革任务，10项改革举措在国家主流媒体报道。“渝快办”“跨省通办”“全域通办”“互联网+政务服务”全面落实，行政审批事项全程网办率达92.5%。农村土地承包经营权确权登记64.9万亩。“三变”改革试点村扩至69个，通城镇、红池坝镇改革试点整体推进；“三社”融合发展深入实施。新高考改革方案全面落地，教育评价、集团化办学扎实推进。财税金融、国资国企、医药卫生等领域改革深入推进。

大力推进开放创新。创新动能不断提升，登记科技成果16个，推广运用先进适用技术32项，万人有效发明专利拥有量2.93件，居渝东北片区第二。开展马铃薯新品种繁育攻关，推广应用高产高效集成技术，承办国家级现场观摩会。设立知识价值信用贷款风险补偿基金，帮助企业获贷1000万余元。开放合作纵深推进，与山东泰安、渝中区协同发展不断深化，同周边区县、毗邻地区合作交流不断加强。对外招商签约项目5个、投资额55.6亿元。

（四）着力保障和改善民生，群众获得感、幸福感、安全感不断增强

社会事业不断进步。先锋小学、白马小学一期工程建成投用。教育惠民政策精准落实。教育质量大幅提升，高考重本上线725人，上线率超全市平均水平。县职教中心成功申报市中职“双优”建设学校。县中医院正式搬迁，红池坝镇、天元乡卫生院建成投用；跨省异地就医联网结算全面推广。开展文化惠民活动1300余场，县博物馆获评市级爱国主义教育基地，红三军标语遗址命名为市级党史学习教育基地，“巫溪嫁花”入选第五批国家非遗名录。

社会保障不断加强。城镇新增就业3332人，调查失业率控制在5%以内。发放创业贷款1.1亿元、社保待遇11.2亿元。医保参保率达99%。

根治欠薪有力有效，成为市级创新执法优化服务试验区。城乡低保、特困供养标准逐步提升，兑现民政救助及补贴1.5亿元。失能特困人员集中照护中心加快建设，养老服务体系不断健全。民生实事扎实办理，惠民举措有效落实。

社会大局平安稳定。打好防范化解重大风险攻坚战，政治、经济、金融等领域风险有效管控。筑牢疫情防控防线，毫不放松抓好常态化疫情防控，新冠疫苗接种基本实现“应接尽接”。严格落实安全生产责任制，无较大及以上事故发生；成功应对“8·23”“8·29”自然灾害，实现了“零死亡”。社会治理扎实有效，信访形势平稳向好，文峰镇三宝村、古路镇观峰村获评全国民主法治示范村。扎实开展政法队伍教育整顿。圆满完成建党100周年大庆等重要节点安保维稳任务。

二、发展中存在的问题

城乡基础条件仍有短板，区位劣势尚未根本改变，破解交通瓶颈仍需持续用力。产业规模小、层次低，工业经济基础薄弱，科技创新能力不足，市场主体抗风险能力弱，现代产业体系尚未形成。财源税源不足，收支矛盾凸显。

三、2022年发展目标

2022年，全县经济社会发展的总体思路是：以习近平新时代中国特色社会主义思想为指导，深入贯彻党的十九大和十九届历次全会精神，全面贯彻习近平总书记对重庆所作重要讲话和重要指示批示精神，大力弘扬伟大建党精神，坚持稳中求进工作总基调，立足新发展阶段，完整、准确、全面贯彻新发展理念，积极融入和服务新发展格局，围绕县第十四次党代会明确的“128”总体思路和“1235”奋斗目标，坚持以供给侧结构性改革为主线，全面深化改革开放创新，统筹疫情防控和经济社会发展，统筹发展和安全，推动高质量发展、创造高品质生活，奋力谱写新时代巫溪绿色崛起新篇章，以优异成绩迎接党的二十大和市第六次党代会胜利召开。主要预期目标是：地区生产总值增长6.5%以上；财政一般公共预算收入增长3%，其中，税收收入增长6%；固定资产投资增长8%以上；社会消费品零售总额增长11%；全体居民人均可支配收入增长8%。

重点抓好以下工作：一是全力保持经济平稳增长。积极扩大有效投资，计划实施重点项目153个，年度投资120亿元，推进重大交通、水利、城市建设、生态产业、乡村振兴、社会事业等项目建设。持续促进消费升级扩容，千方百计增加居民收入特别是低收入群体收入，增强消费能力。不断激发市场主体活力，全面落实减税降费政策，做好企业服务，解决企业实际困难。二是全力巩固拓展脱贫攻坚成果同乡村振兴有效衔接。持续巩固脱贫成果，健全防返贫动态监测和帮扶机制，做好农村低收入人群常态化帮扶工作，坚决防止发生规模性返贫。加强东西部协作、定点帮扶、对口协同发展。有序推进乡村振兴，全力推进市级乡村振兴重点镇通城镇各项工作，一体打造市、县乡村振兴试点示范。持续改善农村人居环境，着力补齐基础设施和公共服务短板。三是全力提升生态环境质量。筑牢长江上游重要生态屏障，统筹山水林田湖草沙冰系统治理，深入实施国土绿化行动，全面推行“林长制”，加强自然保护地监管，接续推进长江“十年禁渔”，强化生物多样性保护。打好污染防治攻坚战，持续改善空气质量，深化水资源、水环境、水生态治理，大力整治土壤污染，加强生态保护修复。有序推进碳达峰碳中和，扩大碳排放交易规模，争取气候投融资试点落户巫溪，推动经济社会全面绿色转型发展。四是全力推动高质量发展。把生态旅游作为第一支柱产业来培育，启动红池坝景区国家旅游度假区、5A 级景区创建，唱响“逍遥巫溪”旅游品牌，力争全年接待游客 1000 万人次、旅游综合收入 53 亿元以上。大力发展绿色工业，打造“清洁能源、环保建材、现代医药、绿色食品、特色轻工、新材料”六大产业，推进盐卤资源开发，规上工业总产值增长 15%。推动现代特色山地高效农业提质增效，严守耕地红线和粮食安全底线，建设一批现代农业产业园，着力打造一批重点农业产业，推动农业“接二连三”，农产品加工业产值达 3.7 亿元以上。大力发展现代服务业，提质核心商圈、特色街区，打造“城市便民生活圈”，构建内畅外联的物流网络，加快建设渝陕鄂川边贸物流中心。五是全力推动城乡区域协调发展。抓好城市有机更新，完成大宁古城整体开发规划，优化马镇坝组团功能，规划建设凤凰水城，巩固全国文明城市创建成果，加快建设“森林之城、宁静之城、灵动之城”。大力改善以交通为重点的城乡基础设施，巫镇高速完成总工程量的 80% 以上，巫云开、两巫高速完成总工程量的 10% 以上；开建巫神路三期（清水桥至大九湖段）；统筹推进城乡基础设施和公共服务体系建设。六是全力积聚高质量发展新动能。持续深化行政审批、要素保障、医药卫生、国资国企、民营经济、财政金融等重点领域改革。持续优化营商环境，深化“放管服”改革，全面推行“渝快办”，积极营造稳定、公平、透明、可预期的营商环境。全面融入推动成渝地区双城经济圈建设和“一区两群”协调发展，推动更深层次改革、更高水平开放、更大力度创新，开启“全民招商”，加快建设渝陕鄂川边区改革开放重要门户。七是全力创造高品质生活。加快补齐民生领域短板，做好就业和社会保障工作；深入推进“双减”工作，办好人民满意的教育；推进等级医院创建，不断提升医疗卫生服务能力。持续开展“我为群众办实事”实践活动，组织实施一批民生实事。更好统筹发展和安全，推动扫黑除恶常态化，深入推进“枫桥经验”巫溪实践；抓好常态化疫情防控，坚决遏制重特大安全事故、减少一般性事故发生，强化防灾减灾、应急救援能力建设，有效应对各类自然灾害。八是全面加强党的建设。坚持把讲政治作为第一位的要求，树牢“四个意识”、坚定“四个自信”、做到“两个维护”，维护“两个确立”，确保在政治上、思想上、行动上同以习近平同志为核心的党中央保持高度一致；全面彻底干净肃清孙政才恶劣影响和薄熙来、王立军流毒，肃清邓恢林流毒影响，持续营造良好政治生态。持续深化理论武装，持之以恒深学笃用习近平新时代中国特色社会主义思想，不断巩固拓展党史学习教育成果；坚持新时代好干部标准，着力打造忠诚干净担当的干部队伍；树牢“大抓基层、抓实基层”鲜明导向，推动基层党组织全面进步、全面过硬。持之以恒正风肃纪反腐，力戒形式主义、官僚主义，保持惩治腐败高压态势，一体推进不敢腐、不能腐、不想腐。

（执笔人：徐鹏）

石柱土家族自治县

石柱县人民政府办公室

一、2021 年发展回顾

2021 年，实现地区生产总值 186.5 亿元、增长 7.8%；规上工业产值 75.3 亿元、增长 16.2%；一般公共预算收入 10.8 亿元、增长 5.9%；社会消费品零售总额 97.4 亿元、增长 17.7%；全体居民人均可支配收入 27735 元、增长 9.5%。

（一）“有效衔接”扎实推进

守住“巩固”底线。严格落实“四个不摘”要求，持续巩固“两不愁三保障”及饮水安全成果。建立“三项防范机制”，坚决守住不发生规模性返贫底线。持续强化产业、就业、消费帮扶，脱贫群众实现稳定增收，农村居民人均可支配收入达到 17000 元、增长 10%。抓好“拓展”任务。登记确权扶贫项目资产 32.3 亿元，加强扶贫项目资产监管运营。整合安排财政涉农资金 7.47 亿元，实施项目 702 个。争取中核集团、山东淄博、市委宣传部帮扶集团、南岸和綦江等各类帮扶资金 1.2 亿元。落实“衔接”举措。建立乡村振兴领导体系、工作体系，制定实施巩固拓展脱贫攻坚成果同乡村振兴有效衔接“十四五”规划，出台乡村振兴 27 条政策举措，以桥头镇为代表的“1+3+9”乡村振兴重点帮扶格局基本形成，以中益乡为重点的乡村振兴示范带、以西沱镇为中心的沿江乡村振兴示范片建设取得积极进展。

（二）康养产业提质增效。提质现代山地特色高效农业

严格落实粮食安全行政首长责任制。加强农业“三品”建设，新建、续建有机农业示范基地 41 个，新增“全国名特优新农产品”2 个、绿色食品认证 8 个，新评定市级名牌农产品 9 个，实现农业总产值 56 亿元、增长 12.6%。发展壮大绿色生态工业。新签约工业项目 9 个，合同引资 122.1 亿元。完成工业投资 13.5 亿元。新培育规上企业 10 家。工业园区 B 区标准厂房二期、金彰新时代一期投入使用，工业大道即将建成。成功创建“重庆市康养消费品产业园”。升级康养休闲旅游业。冷水国际康养旅游度假区高水平策划有序推进。黄水国家级旅游度假区创建取得较快进展。第五届康养大会成功举办。广寒宫、秘境黄水等景区开门迎客。全年接待游客 1715 万人次，创旅游综合收入 127.8 亿元。加快发展商贸流通业。康德中央大街、石柱新天地等核心商圈功能持续提升。渝东南综合物流园开工建设。“国家电子商务进农村综合示范升级版”通过中期评估，成功创建市级农商互联示范县，实现电商交易额 38.2 亿元、增长 14%。

（三）城乡融合步伐加快

提速推进重大基础设施建设。石黔高速公路全线通车。渝利铁路沙子动车站建设有序推

进。G351国道石柱段建成通车。体育馆至万寿山公路基本建成。广忠黔铁路、渝宜高铁、万黔高铁、梁忠石高速公路、石彭高速公路前期工作加快推进。黄水通用机场纳入《重庆市民航发展“十四五”规划（2021—2025年）》。崔家坪水库、擦耳岩水库、万宝风电、七曜山玉龙风电全面开工建设。有序推动城市品质提升。开展城市综合治理“四大行动”，持续推进“马路办公”，有效解决城市管理重点难点问题63个。改造老旧小区9个、棚户区1.2万平方米。建成城市公园2个、地下人行通道3处。治理坡坎崖4万平方米。实施街头绿地提质项目8个，新增绿地面积8万平方米。深入实施乡村建设行动。新建“四好农村路”235公里，实施“安保工程”100公里。完成农村饮水安全巩固提升工程53处。新建高标准农田2.7万亩、产业便道60公里。建成农村污水处理设施149个，改造农村厕所2525户。新增市级传统村落4个。

（四）发展活力持续增强

深化重点改革。大力开展营商环境专项治理，行政许可事项审批提速84.5%，开通政务服务“石柱—利川”跨省通办69项，办理“川渝通办”事项1029件，新增市场主体5006户。制定实施国企改革49项具体举措。深化投融资体制改革，策划实施水环境综合治理和城市更新基础设施PPP项目。深化农村“三变”改革、“三社”融合，63%的村集体经营性收入超过5万元。推动科技创新。出台支持科技创新28条政策措施，全社会研发投入占GDP比重达到0.9%，万人有效发明专利3.7件。新培育国家高新技术企业2家、科技型企业20家，实现战略性新兴制造业产值23亿元。提升开放水平。编制完成“三峡库心·长江盆景”专项规划，策划实施项目52个，完成投资8.35亿元。新增外贸企业3家。实现外贸进出口总额5亿美元、增长39.4%。新签约招商项目18个，合同引资157.2亿元，到位资金34.8亿元。

（五）生态治理成效明显

持续打好污染防治攻坚战。全面完成85项污染防治攻坚战目标任务。新建城乡污水管网13.5公里，城镇生活污水集中处理率达到96%，河流出境断面水质达标。土壤环境质量、声环境质量保持稳定。强化生态保护修复。编制实施“十四五”生态环保规划。创新建立“智慧林长”和山林警长制，森林“四乱”整治成效明显。启动建设“两岸青山·千里林带”工程。完成营造林15.7万亩、退耕还林整改提升16.8万亩。治理水土流失39.8平方公里。完成长江流域石柱段渔民退捕上岸任务。生态环保督察问题整改有序推进。推动绿色低碳发展。实施碳达峰行动，完成温室气体排放清单编制工作。大唐火电成功获评市级“能效领跑者”，西南水泥完成碳排放超量交易15.3吨。淘汰老旧柴油车216辆，投放新能源公交车20辆。创建市级垃圾分类示范县，建成市级生活垃圾分类示范村134个。

（六）民生福祉不断增进

促进就业创业。抓好重点群体就业，落实就业补助资金2461万元，发放创业担保贷款1.35亿元，开发公益性岗位4216个，新增城镇就业超过4000人。强化社会保障。城乡居民养老、医疗保险参保率均稳定在95%以上。发放社会救助资金1.2亿元，惠及3.4万人。提高教育水平。启动南宾中学应急迁建工程。新建、改建幼儿园50所，公办幼儿园占比达到60%，学前教育普惠率达到91.3%。义务教育阶段学生入学率、巩固率均保持为100%。落实“双减”政策，取缔违规校外培训机构 26 家。全面取消普通高中择校费。改善医疗条件。建成南宾街道社区卫生服务中心、县中医院感染病区改造项目。“三通”改革试点成效明显。医疗机构与养老服务机构签约实现全覆盖。县域内就诊率达到 91%。人均期望寿命达到 77.46 岁。繁荣文体事业。县文化馆获评国家一级馆。《秦良玉》成为全市唯一入选第九届中国京剧艺术节的剧目。黄水铁人三项公开赛升级为国家 A 级赛事。扎实开展“我为群众办实事”实践活动。20 件重点民生实事总体完成，55 件重点民生事项取得积极成效，“为科技工作者办实事 20 条”有序推进。

（七）风险防控有力有效

持续抓好疫情防控。全力提升平急转换能力，严格落实常态化防控措施，圆满完成疫苗接种阶段性任务，全年无新增病例，疫情防控成果持续巩固。强化财税金融平稳运行。千方百计增加财税收入、兜牢“三保”底线。完成税收收入 7.8 亿元、增长 3.8%。立项争资 60 亿元、增长 8.3%。银行机构存贷款余额 553.7 亿元、增长 15.4%，存贷比达到 92.7%。落实安全生产责任制。持续深化安全监管“十条措施”，事故起数、死亡人数均得到有效控制。打好防汛抗旱“两线作战”硬仗，防范应对区域性暴雨 7 次、洪涝灾害 15 次，防灾救灾减灾能力不断提升。提升基层治理能力。深入推进“全民反诈”专项行动，打掉电信诈骗犯罪团伙 16 个，抓获犯罪嫌疑人 118 人。刑事案件发生率下降 5.5%。扎实开展依法治访，成功创建全国“三无”区县，中联办交办的 127 件“治重化积”案件全部报结。依法完成全县 242 个村（社区）“两委”换届选举。国防动员和后备力量建设取得新成绩，民兵建设考评进入全市第一方阵。

二、发展中存在的问题

同时，发展中仍然还存在一些突出问题和短板。一是处于欠发达阶段、属于欠发达地区的基本县情没有改变，县域经济总量偏小，发展质量有待提升；二是推进巩固拓展脱贫攻坚成果同乡村振兴有效衔接任务艰巨，统筹城乡发展任重道远；三是改革开放的力度、深度、广度仍然不够，创新活力不强，营商环境有待优化；四是财政收支平衡压力较大，社会民生事业还有不少短板；五是维护社会稳定面临新情况新挑战；六是少数单位和干部离勇于担当、狠抓落实的要求还有差距。

三、2022 年发展思路

2022 年，经济社会发展主要预期目标是：地区生产总值增长 7% 左右，规上工业增加值增长 12%，全社会固定资产投资增长 8% 以上，社会消费品零售总额增长 8%，一般公共预算收入增长 5% 以上，全体居民人均可支配收入增长 8%，全面完成市上下达的节能减排降碳任务。

（一）扎实推进巩固拓展脱贫攻坚成果同乡村振兴有效衔接

保持帮扶政策总体稳定，用好用活“1353”动态监测处置办法，持续巩固“两不愁三保障”及饮水安全成果。大力发展乡村产业，实施特色种养业提升行动。加快推进乡村振兴示范区域建设。加强与中核集团、山东淄博、市委宣传部帮扶集团、南岸、綦江沟通对接。持续完善农村水电路气讯等基础设施，深入推进农村人居环境整治提升。

（二）不断夯实康养产业基础

提高特色农业效益，黄连、莼菜、辣椒“三

大拳头产业”分别实现综合产值15亿元、3亿元、5亿元，实现农业总产值62亿元、农产品加工产值11亿元。推动工业扩量提质，新增规上工业企业5家，实现规上工业产值85亿元。深化农文旅融合，全年接待游客1800万人次，创旅游综合收入135亿元，旅游业增加值增长7%。加快商贸服务业发展，培育百万级网店50家以上，实现电商交易额40亿元以上。

（三）加快提升城镇功能品质

推动常住人口城镇化率达到60%。高质量编制《石柱县国土空间总体规划（2021—2035）》。开工建设城市更新基础设施PPP项目。启动“智慧石柱”城市大脑平台建设。加快推进广忠黔铁路、石彭高速公路、梁忠石高速公路、渝宜高铁石柱东站等项目前期工作，建成投用渝利铁路沙子动车站，完成黄水通用机场可研审批并启动招商工作。完成基础设施投资30亿元以上，带动完成全社会固定资产投资110亿元以上。

（四）持续深化改革开放创新

深化与西南大学、西南政法大学、市农科院等高校、科研院所合作，争取渝东南科创基金落户石柱。全面推进预算管理一体化建设，完成国企改革三年行动任务。深度融入成渝地区双城经济圈建设和市域“一区两群”协调发展，高水平打造“三峡库心·长江盆景”。新培育外贸企业3家以上，实现外贸进出口总额5.5亿美元、增长10%。围绕产业链精准招商，实现到位资金50亿元以上。全面落实减税降费政策，深化落实助企纾困政策，新增市场主体4500户以上。

（五）全面推动绿色转型

打好污染防治攻坚战，严控交通、扬尘、工业和生活污染，空气质量优良率稳定在95%以上。新增营造林18.6万亩，森林覆盖率达到63%。治理水土流失20平方公里。深化落实河长制、林长制。严格落实长江流域“十年禁渔”。全面落实“双碳”目标，实施减污降碳协同治理。优化产业能耗结构，严控“两高”项目发展。创建国家生态文明建设示范县。

（六）大力保障和改善民生

新增城镇就业3000人，发放创业担保贷款5000万元以上。完善城乡居民医疗、养老保险制度，使参保率稳定在95%以上。巩固和扩大义务教育“双减”成果。学前教育普惠率达到92%。启动县中医院三级中医院创建，创建全国慢性病综合防控示范区、县人民医院三级综合医院。完善三孩生育配套支持措施。办好铁人三项公开赛等精品赛事。举办第四届民族体育运动会。投资2.35亿元，办好办实18件重点民生实事。

（七）更好统筹发展与安全

坚持“外防输入、内防反弹”防控策略，推进新冠疫苗“应接尽接”。狠抓税源培植和税收征管，严格落实政府债务管控要求，加强金融风险监测预警和防范化解。强化交通、建筑、危化、矿山、旅游、消防等重点领域隐患整治，坚决杜绝较大及以上生产安全事故发生。深化新时代“枫桥经验”石柱实践，全面推广“贵和”“和美”工作法。常态化开展扫黑除恶斗争。深入推进“全民反诈”行动。提升双拥优抚水平，争创“全国双拥模范县”。

（执笔人：马跃）

秀山土家族苗族自治县

秀山土家族苗族自治县人民政府办公室

一、2021 年发展回顾

2021 年，秀山县实现地区生产总值 340.9 亿元，增长 8.0%；工业增加值 93.8 亿元，增长 6.9%；固定资产投资 184.7 亿元，增长 12.5%；社会消费品零售总额 236.7 亿元，增长 17.3%；一般公共预算收入 14.3 亿元，增长 29.7%；居民人均可支配收入 25945 元，增长 9.6%；县内金融机构存贷款余额分别达 271.1 亿元和 335.1 亿元，分别增长 4.2% 和 9.4%。

（一）脱贫成果持续巩固，乡村振兴开局良好

健全防止返贫动态监测和帮扶机制，为 7 万人购买"巩固脱贫保"。整合涉农资金 5.2 亿元，其中用于产业发展资金 2.7 亿元，推动 26 个乡村振兴重点帮扶和先行示范乡镇、村（社区）加快发展，着力打造"一心两镇三带"乡村振兴示范体系。深化开展中央单位定点帮扶、东西部协作、"一区两群"对口协作，就业帮扶、消费帮扶等工作有力有效。"富民贷"等新兴金融产品助力农业发展，新增产业基地 4.5 万亩、"两品一标"农产品 75 个、重庆市名牌农产品 6 个，培育新型农业经营主体 56 家。全国山银花产业发展联盟在秀山成立，中国（重庆）山银花研究院落户秀山，茶叶市场开业运营，山银花、茶叶产值分别增长 23.5%、25.0%。现代农业科技展示馆建成运营，成为农旅融合的新地标。数字乡村联防联控平台覆盖 196 个行政村，梅江镇兴隆坳村入选全国乡村治理示范村。粮油播种面积稳定在 100 万亩。永丰堰、巨丰堰世界古灌溉遗址申报进展顺利。

（二）工业园区加快建设，绿色工业提质增效

建成区面积拓展至 4.6 平方公里，16 万平方米标准厂房、万吨级污水处理设施完工投用，职工公寓、道路、管网、能源等配套设施建设有序推进，园区承载能力不断提高。引进华踏体育、秀深产业园等工业企业 33 家，入园企业增至 106 家，产业集中度达 94%。国泰康宁正式落户，填补了秀山成药的空白。浙江玉环汽配产业园入驻企业达 27 家。强化生产经营要素保障，为企业节约物流成本 30.0%，招工稳工 6000 余名。唐人神、众鑫电子、天粒新材料、常隆袜业、雅格美天家具等 17 家企业建成投产，现代中医药、食品加工、电子信息、新材料产值分别增长 156.0%、30.7%、32.2%、8.9%，新增规上工业企业 17 家，工业增加值增长 13.0%。新增科技型企业 22 家、"专精特新"企业 3 家，申报高新技术企业 9 家，完成智能化改造项目 3 个，规上工业企业综合能耗下降 1.1 万吨标准煤，制造业结构加快优化。

（三）商贸物流扩容增量，电子商务提档升级

奥特莱斯运行良好，爱情海城市广场、中昂商业综合体、凤凰外滩商业综合体加快建设，城区商圈服务功能进一步完善。西部陆海新通道武

陵山班列正式开通，联通全球106个国家、311个港口。新开通秀山至贵阳快递专线，韵达快递分拨中心辐射至周边13个区县。快递进村共同配送中心运行良好，城乡双向物流配送成本下降20%。冷链物流中心一期建成投用，常态化开行秀山至广州、重庆冷链物流班车，冷链货运供不应求。铁路集装箱货场启动扩能改造，物流园区公铁联运优势彰显，获评“重庆多式联运示范工程”，园区货物到发量增长10.7%。建成投用渝东南首个保税仓库，海关办事处高效运行，本地直接出口实现“零”突破。直播电商成为电商新的增长极，跨境电商破题发展，电商业态日益丰富，上行快递突破3000万件。

（四）重点景区加快建设，文旅产业突飞猛进

洪安边城景区游客服务中心、刘邓纪念广场、老街房屋修缮加固等项目建成投用，三省风情街安置房建设进入扫尾阶段，成功创建国家4A级旅游景区。川河盖景区宋家索道站服务区、污水处理厂、梳子山环盖游步道等项目建成投用，楠木特色民宿开工建设，王家坪游客中心、银河天街工程建设稳步推进。凤凰山景区商业业态优化升级，“四方秀城”项目落户西街。大溪湿地公园、清溪龙凤花海等乡村旅游持续走热。苗族羊马节入选国家非遗，刘邓大军挺进大西南司令部旧址成为全国爱国主义教育示范基地。积极参与全市“非凡城市打卡巴渝美景”联动，重庆卫视“周末找耍事”节目“川河盖景区专场”播出反响良好，“书中边城·画里秀山”文旅品牌影响力、美誉度不断提升，接待游客数、旅游综合收入分别增长15.9%、20.0%。

（五）基础设施日益完善，城市品质不断提升

县城建成区面积达22.8平方公里。凤凰隧道顺利建成，凤凰大道全线贯通，中心城区再添一条主干道。凤鸣路、郊白支路、雷家河滨江路建成通车，黄杨大道北段连通外环线、南段延伸至人民银行。碧桂园、锦城府、逸江苑等高品质住宅相继开盘。改造棚户区1005户，55个老旧小区完善了功能、提升了颜值。完成供水管网改造67公里、“一户一表”改造826户。新建停车场7个、新增停车位1000个，付家院片区城市更新、滨江河堤公园健身步道升级改造正式启动。常态化开展“马路办公”，数字化城管平台运行良好，“大城细管、大城众管、大城智管”持续深化。着力提升城市绿化、美化、亮化水平，全面整治不规范户外广告，拆除违建1.3万平方米，新增绿地31万平方米，县城照明设施亮灯率达98.6%。渝湘高铁黔江至吉首段完成可研编制，秀印高速完成工可审批，通用机场完成初步选址，“一环三射”畅联城乡。平邑大型水库被纳入国家规划，桐梓水库土地房屋征收工作顺利推进，马西水库大坝枢纽工程开工建设。电力、能源、通信等设施加快完善。

（六）改革创新全面深化，发展动能加速集聚

持续深化“放管服”改革，更新发布政务服务权力清单5109项，政务服务事项审批时限压缩率达84.2%。210项川渝高频政务服务事项实现“跨省通办”，与张家界、湘西、铜仁、怀化、恩施、黔江签订政务服务“四省（市）七地跨省通办”协议，协同确定首批“跨省通办”事项75项。国企改革落地见效，“3+1”国企集团组建完成，资产总额近600亿元。农村土地确权颁证、集体产权制度改革整县试点全面完成，“三变”改革试点范围逐步扩大，集体经济“空壳村”彻底消除。瞄准重点产业、重点区域精准招商，签约项目36个，到位资金30.3亿元。新增外贸进出口经营备案企业4家，外贸进出口总额增长10.0%。高质量举办了第十届武陵山商品

交易博览会、第二届金山银山文化旅游节、首届中国（重庆·秀山）山银花节，吸引了全国各地的客商。

（七）污染防治精准发力，生态环境持续改善

有序推进淘汰锰行业落后产能工作，24家锰矿山、8家电解锰企业全部退出。聘请中国环境科学研究院进行技术指导，深入推进锰渣场污染治理。加强道路扬尘治理和建筑施工管理，城区空气质量优良天数355天，$PM_{2.5}$浓度同比下降4.2微克/米^3。深化落实河长制，235条河流、46座水库纳入常态监管，国控市控断面水质稳定达标，集中式饮用水水源地水质达标率100%，梅江河获评重庆市美丽河湖。新建污水管网31公里，改造雨污合流管网19.8公里，城镇生活污水集中处理率分别达96%、86%，城市生活污水收集率达60%以上。全面推进林长制，实施营造林8.5万亩，森林资源有效管护。农用地土壤污染防治试点工作顺利推进。积极推进垃圾分类工作，建成垃圾分类投放点920个，城镇生活垃圾无害化处理率100%，垃圾焚烧发电项目建成投用。与酉阳签订第二轮横向生态补偿协议。积极落实碳达峰碳中和行动工作部署，督促企业完成年度碳排放履约。

（八）社会事业统筹发展，民生福祉保障有力

城镇新增就业3819人，居民人均可支配收入增长9.6%。办理农民工工资投诉案件116件，为473名农民工追回工资453.6万元。基本养老、医疗保险参保率均稳定在95%以上。耗材、药品集中带量采购为群众减少医药费用3617万元，医保定点医院跨省异地就医实现全覆盖。扩大学前普惠教育资源供给，新建幼儿园5所，实施秀山一中、职教中心等学校升级改造，学前教育普惠率、义务教育巩固率、高中教育入学率分别达92.3%、100%、92.0%，积极开展中小学课后延时服务，“双减”政策全面落实。县域医共体建设持续推进，医疗卫生服务水平不断提升，县域内就诊率达90%以上。建成国家级名医工作室3个，接种新冠疫苗95万剂次，疫情防控有力有效。建成13个乡镇养老服务中心、62个农村互助养老服务点。扎实推进农村“厕所革命”，改造卫生厕所1100座。协调开通秀山至重庆动车专列，升级改造环城联网公路、龙池至川河盖、石堤至海洋、石耶至天星坡等公路207公里，发放首批网约车经营牌照30个。

（九）平安建设纵深推进，社会大局和谐稳定

大力推进立体化治安防控体系建设，严厉打击各类违法犯罪活动，扫黑除恶专项斗争成效明显，群众安全感指数上升6.3个百分点。完善矛盾纠纷多元化解机制，落实领导包案制度，信访总量平稳下降。“八五”普法全面启动，“一村（社区）一法律顾问”覆盖145个村居，办理法律援助案件747件，为困难群众挽回经济损失940万余元，公共法律服务体系加快完善。深入开展城区交通秩序整治百日攻坚行动，查处各类交通违法行为8万余起，道路通行效率提高23%，交通拥堵现象明显缓解。扎实开展安全生产“百日攻坚行动”，围绕10个重点行业领域37个重点难点问题，狠抓各类问题排查整改，2021年以来未发生较大以上事故，安全生产形势持续向好。

二、发展中存在的问题

一是经济总量偏小，产业结构不优，科技创新能力不足，新旧动能转换还需进一步提速；二是城市功能不够健全，管理还有诸多短板；三是就业、就学、就医还存在一定困难，应急管理、

社会治理、平安建设还存在薄弱环节，生态环境保护任重道远；四是政府系统工作人员的担当精神、专业水平和解决实际问题能力有待进一步提高。

三、2022 年发展思路

2022 年全县经济社会发展的主要预期目标是：地区生产总值增长 7.0% 左右，工业增加值增长 7.2% 以上，固定资产投资增长 12.0% 以上，社会消费品零售总额增长 17.0% 以上，一般公共预算收入增长 4.8% 以上，居民人均可支配收入增长 8.3%。节能减排等约束性指标完成市上下达任务。

重点实施好以下七大行动。一是实施“乡村振兴”行动。聚焦五个振兴，促进农业高质高效、乡村宜居宜业、农民富裕富足。二是实施“工业强县”行动。持续完善产业链条、优化产业生态，加快创建市级高新区。三是实施“商旅扩能”行动。发挥商贸物流优势，促进文旅农旅商旅深度融合，做大做强服务业。四是实施“城市提升”行动。加快完善城市功能，推进互联互通，把秀山建成令人向往的城市。五是实施“动能变革”行动。更好发挥改革和开放相互促进作用，不断激发经济社会发展新动能。六是实施“民生改善”行动。加大民生投入，大力发展民生事业，让广大人民群众共享发展成果。七是实施“平安建设”行动。树牢安全理念，强化责任落实，确保社会大局和谐稳定。

（执笔人：曾羽龙）

酉阳土家族苗族自治县

酉阳土家族苗族自治县人民政府办公室

一、2021年发展回顾

2021年，酉阳县坚持以习近平新时代中国特色社会主义思想为指导，深入贯彻党的十九大和十九届历次全会精神，全面贯彻习近平总书记对重庆提出的系列重要指示要求，认真落实中央部署及市委要求，立足新发展阶段、贯彻新发展理念、融入新发展格局，锚定“成为一面旗帜，用好两个宝贝，把握三大要领，抓实四件大事”“1234”战略目标，全力以赴抓落实，全县疫情防控成果持续巩固，经济发展保持良好态势，社会大局保持和谐稳定，如期全面建成小康社会，高质量发展取得新成效，实现了“十四五”良好开局。全年实现地区生产总值212.5亿元，增长6%；一般公共预算收入15亿元，增长64.1%；社会消费品零售总额达到99亿元，增长18%；城乡常住居民人均可支配收入分别为32774元、12887元，分别增长8.8%、10.9%。

（一）构建现代产业体系，全面提升发展质量

学好用好“两山”理论、走深走实“两化路”，用好生态和人文两个宝贝，推动一二三产业融合发展。一是做优山地农业。构建以油茶为主导的“1+9+X”山地农业产业体系，创建国家级农业科技园，建成10万亩油茶产业带1个、万亩级油茶高产示范基地10个，青花椒万亩以上乡镇10个、茶叶等万亩产业区8个；新增“两品一标”产品9个、重庆名牌农产品5个，“花田贡米”成功创建“重庆优质气候农产品”，“酉阳茶油”入选国家知识产权局重点联系指导名录，1200余种农产品卖出好价钱。二是做大生态工业。引进新型材料、食品加工等项目11个；油茶、茶叶、青花椒、中药材、轻工业制品、建材、塑料制品加工等7条重点产业链有序推进，初步形成绿色食品、医药健康、新型材料、新型能源、时尚服装五大工业集群。27家农产品加工企业入驻园区，4家企业成功申报市级“专精特新”企业。实现规上工业产值24亿元，增长26.5%。三是做精全域旅游。桃花源景区入选武陵山十大精品景区，叠石花谷“高速＋旅游”开放式服务区建成投用，获评“2021年全国县域旅游发展潜力百佳县”。打造乡村旅游示范点19个、多元素“地域”产品10个，车田乡成为全市唯一入选“2021年世界旅游联盟—旅游助力乡村振兴典型案例”，花田乡何家岩村、南腰界镇南界村入选市级乡村旅游重点村。关石矿、开文矿，育菖蒲、成诗集，转非遗、织苗绣，陆续上市100款文创产品，推出民宿600余处、特色美食60道、时尚消费品600种。接待游客数、旅游综合收入分别达2000万人次、85亿元，分别增长33.3%、39.3%。四是做强商贸物流。与京东合作建设智能供应链物流港中心，在区域品牌推介、中药材互联网结合等领域进行首批创新型应用；与老挝签订意向协议，建设辐射周边200公里的进出口综合保税仓，打造东南亚国家进

出口产品集散中转地。新增对外贸易主体6户，预计实现进出口总额30亿元，增长27%。大力发展农村电商，实现电商交易额71.6亿元，增长18.3%；农产品上行交易额13.2亿元，增长23.4%。

（二）全面推进乡村振兴，扎实推动共同富裕

深入学习贯彻习近平总书记关于乡村振兴战略的重要论述，严格落实“五级书记”抓乡村振兴要求，坚持“农民主体、市场运营、规划先行、品牌引领、治理同步”工作思路，做实政府搭台、市场运作、农民主体、企业参与“四大抓手”，以花田为中心，分层分类推进乡村振兴，努力打造乡村振兴新旗帜。一是巩固拓展脱贫攻坚成果。严格落实“四个不摘”，投入资金8.9亿元，实施乡村振兴项目787个，优化调整驻村工作队134个。对全县易致贫户、脱贫不稳定户加强动态监测，对脱贫人口全口径开展“回头看”，坚决守住不发生规模性返贫底线。推动巩固拓展脱贫攻坚成果同乡村振兴有效衔接，强化产业、就业、消费帮扶，加大易地扶贫搬迁后续扶持力度，落实7500万元扶持脱贫户、边缘户发展到户产业，完成消费帮扶3.7亿元。二是打造花田乡村振兴示范。高起点制定花田乡乡村振兴规划，推动花田及周边5个乡镇联动发展。以贡米、油茶、乡村旅游为主导，整乡实施“三变”改革，新增市场主体77户，回引人才35名，累计建成贡米基地1万亩、茶叶基地7000亩；花田菖蒲盖农旅融合示范区核心景观基本成型，首批吸纳26户农户开办民宿。打造何家岩村共富乡村示范，中国农大、腾讯在花田乡实施共富乡村121户。何家岩村入选第二批全国乡村治理示范村。三是充分发挥资本助推作用。开展“三回、三讲、三干”，掀起“百企、百技、百业”进村热潮，130多家企业进驻乡村、发展产业，110多名科技工作者深入一线、在地指导，140多种新业态全面布局、全面落地。落实乡村振兴40项具体任务，培育致富带头人68名，回引年轻人返乡创业540多名。扩面实施农村“三变”改革100个村，创建市级“一村一品”示范村镇13个。农民经营性收入占比达37%，比全市高3个百分点。

（三）大力推动城市更新，积极融入发展大局

坚持从全局谋划一域、以一域服务全局，牢固树立“一体化”理念，强化“一盘棋”思想，集中精力办好自己的事情，齐心协力办好合作的事情。一是推进新城建设。把桃花源新城建设作为融入区域发展的重要支撑，采取国际招标方式，高标准完善10平方公里桃花源新城规划。召开桃花源城市更新誓师大会，依法启动新城土地房屋征收。酉州高级中学、桃源·新宸等项目加快推进，力争新城“两年成型、四年成城”，建成宜居宜业宜游的全国著名旅游县城。二是推进互联互通。渝湘高铁黔江至吉首段已纳入成渝地区双城经济圈规划研究项目，正积极争取纳入国家规划。酉永高速小坝至菖蒲盖大通道前期工作加快开展；酉彭高速公路建设顺利推进；建设“四好农村路”205公里。加快桃花源水库等在建重点水源工程建设，启动戏沙湖大型水库前期论证。三是推进区域共建。分年度制定实施计划，成渝地区双城经济圈建设涉及的8项重点任务均有力有序推进，多批次赴四川等地开展招商对接活动。深化江北·酉阳对口协同发展，落实帮扶资金5068万元。与长安汽车公司签署乡村振兴定点帮扶合作协议，助力茶油销售，带动全年销售茶油9000余万元。推动组建武陵山文旅发展联盟，参加“2021·中国武陵文旅峰会”，唱响文旅融合发展“协奏乐章”。

（四）扎实推进改革创新，切实增强发展后劲

深入实施创新驱动发展战略，稳妥推进各领域改革，经济发展动力活力全面增强。一是加快推进国企改革。落实全市国企改革三年行动实施方案，按照“聚焦主营、剥离存量、优化增量”工作思路，推进桃花源旅投集团投融资模式改革创新试点，剥离债务35.5亿元，剥离资产58亿元，分流人员119人。同步推进增资扩股，完善公司管理架构。改革后的旅投集团资产负债率从59%下降至31%，聚焦旅游主业，实现全面市场化，启动上市培植。同时，全面展开53家县属国企战略性重组，组建实体型、成长型、盈利型一级公司10家。二是深入推进科技创新。制定实施《关于深入推动科技创新支撑引领高质量发展的决定》，设立5000万元科技发展专项资金，建立总规模1亿元的科技型企业知识价值信用贷款风险补偿基金，168家科技型企业累计获知识价值信用贷款2.5亿元。搭建创新平台，实施科研项目14个，累计培育国家级众创空间1家、市级以上科普示范基地3个。着力提升企业研发能力，新培育国家高新技术企业3家、市级科技型企业30家。

（五）持续优化营商环境，全面激发市场活力

深入贯彻落实全市优化营商环境大会精神和《重庆市优化营商环境条例》，打造“酉服务”品牌，打造市场化、法治化、国际化营商环境。一是提升政务服务水平。开办“酉诉即办”平台，对群众有求必应、有诉即办，群众反映事项办结回复满意率达100%。深化“放管服”改革，细化改革措施150条，推动政务服务网上办、就近办、马上办。建立市管领导干部联系“四上”企业、部门和乡镇领导联系个体户工作机制，惠及民营市场主体4664家。二是大力开展招商引资。完善“1+4+39+1”招商引资工作体系，建立县乡村三级联动招商引资机制，举行全民招商动员暨招商引资项目集中签约活动，逐月进行招商热力调度。共签订正式合同33个，合同金额66.3亿元。三是全面激发市场活力。落实惠企纾困政策，新增减税降费6780.5万元，惠及纳税人5000余户次。实施中小企业培养工程，累计培育“四上”企业168家。新增市场主体6560户，增长14.7%。

（六）加强生态文明建设，打造生态宜居范例

深学笃用习近平生态文明思想，坚定贯彻“共抓大保护、不搞大开发”方针，推动生态美、产业兴、百姓富有机统一，建设山清水秀美丽之地。一是筑牢生态屏障。有序推进生态保护红线评估调整，优化调整生态保护红线面积1530.14平方公里，实施“三线一单”环境管控。完成营造林任务12.5万亩，全县森林覆盖率达63.65%。二是加强污染防治。对高山深山实施“人房双减”，对种植养殖实施“药肥双控”，对“2江36河”全面落实“河长制”，完成农药化肥减量14吨。县城空气环境质量优良天数达361天，位列全市第一。主要河流断面水质均达到功能区水质标准。淘汰锰行业落后产能企业5户。三是推进绿色发展。积极发展水电、光伏等清洁能源，装机容量120万千瓦的戏沙湖抽水蓄能项目纳入全市能源发展“十四五”规划。获批整县屋顶光伏项目开发试点县。与中林投合作，启动30万亩国家储备林建设。与璧山区签订横向生态补偿协议，协议资金5000万元。

（七）坚持以人民为中心，倾力改善民计民生

认真做好普惠性、基础性、兜底性民生建设，人民群众获得感、幸福感、安全感全面增强。一是实施“七大专项整治”。征求全县1万多人意见建议，针对性开展城区环境、农村环

境、全域清欠、交通秩序、房地产领域、干部队伍作风、校园周边安全等七大专项整治，一批群众关心、长期存在的顽疾得到有效解决。城区200万平方米商品房已完成办证6400余户；消化各类欠款10亿元；新建投用城区公办幼儿园5所。二是提升公共服务水平。着力打造西部教育强县，完工项目115个，抓实“双减”工作，实现义务教育均衡发展、高中教育优质发展，高考特殊资格上线人数达1702人；与30余家企业签订合作协议，深化产教融合。完成县精神病医院整体搬迁，县中医院迁建项目、县疾控中心实验大楼主体完工，村卫生室标准化建设覆盖率达100%。三是维护社会和谐稳定。圆满完成建党100周年大庆安保维稳任务，常态化开展扫黑除恶斗争，持续推进平安建设和风险防范，连续两年获评先进区县。深入开展安全生产专项整治三年行动，实现自然灾害“零伤亡”、连续65个月较大及以上安全事故“零发生”。落实常态化疫情防控措施，加大疫苗接种力度，全年新冠肺炎疫情零发生。

二、2022年发展思路

2022年，酉阳县将以习近平新时代中国特色社会主义思想为指导，全面贯彻习近平总书记对重庆提出的系列重要指示要求，认真落实市第六次党代会决策部署，立足新发展阶段、贯彻新发展理念、融入新发展格局，统筹疫情防控和经济社会发展，统筹发展和安全，继续做好“六稳”“六保”工作，奋力落实“1234”战略目标，扎实推动酉阳高质量发展、创造高品质生活迈上新台阶。

（一）全面推进乡村振兴

加强对脱贫不稳定户、边缘易致贫户、突发严重困难户、低收入人口的监测和帮扶，深入推进巩固拓展脱贫攻坚成果同乡村振兴有效衔接，坚决守住不发生规模性返贫底线。按照成为一面新旗帜的要求，精准落实“五个振兴”，打造乡村发展、乡村建设、乡村治理先行示范；按照分层分类原则，统筹实施产业发展、基础设施等各类项目，形成优势互补的区域发展格局。

（二）加快推动城市更新

抓紧抓实桃花源城市更新，确保如期完成土地房屋征收，拉开城市骨架，展示城市形象。加快老旧小区改造，推进城市功能名片建设，营造宜居宜业宜游良好环境，实现“颜值”“气质”双提升。开展乡村宜居搬迁试点，引导高山农民下山、富裕农民进城、城市资源下乡，推动人口集中居住、土地集中流转、环境集中整治、产业集中打造，促进城乡融合发展。

（三）发展壮大生态工业

培育绿色食品、医药健康、新型材料、新型能源、时尚服装“五大产业”。推动旅游休闲食品、绿色康养食品、中医药保健等产业向园区聚集，建设市级健康食品产业基地、中药材产业发展示范基地和“定制药园”。完善工业园区功能，抓好“专精特新”企业培育发展，积极推动工业企业上云、上规、上市。

（四）做大做强特色产业

建好国家级农业科技园，发展“一村一品”，构建以油茶产业为主导的“1+9+X”山地农业产业体系。加大农产品加工企业培育力度，贯通产加销、融合农文旅，培育国家级、市级农业龙头企业，持续抓好“两品一标”申创工作，把农产品加工做出泉涌态势。

（五）砥砺深耕文旅融合

树牢以文促旅、以旅彰文理念，围绕“乌江画廊、武陵风光、生态康养”三大主题，打造全域旅游升级版，推动旅游从门票经济向产业经济迭代升级。聚焦龚滩古镇国家级旅游度假区创建、河湾山寨国家4A级景区创建等重点工作，把品牌做响、业态做新、服务做优、市场做大，吸引更多游客到酉阳寻找“诗和远方”。

（执笔人：向玉猛）

彭水苗族土家族自治县

彭水苗族土家族自治县人民政府办公室

一、2021年发展回顾

2021年，我们坚持以习近平新时代中国特色社会主义思想为指导，深入贯彻习近平总书记对重庆提出的系列重要指示要求，坚决贯彻落实党中央国务院决策部署和市委、市政府工作要求，从容应对百年变局和世纪疫情，深入践行新发展理念，更好统筹发展和安全，蹄疾步稳推动高质量发展，凝心聚力创造高品质生活，奋力夺取疫情防控和经济社会发展“双胜利”，实现“十四五”良好开局，以优异成绩庆祝建党100周年。

（一）经济质量持续提升

经济保持平稳较快增长，全年实现地区生产总值270.1亿元、增长7.9%，增速排渝东南第二位。扩大内需成效明显，完成固定资产投资100.2亿元、增长9.2%，增速位居渝东南第三；社会消费品零售总额139.9亿元、增长26.5%，增速位居渝东南第一；商品房销售面积46.9万平方米、增长15.4%，增速位居渝东南第二。质量效益稳步提升，一般公共预算收入13.6亿元，城镇常住居民人均可支配收入36815元、增长9%，农村常住居民人均可支配收入14857元、增长10.9%。

（二）生态产业提质增效

文旅融合持续深化，圆满举办第十届“一节一赛”、第五届渝东南生态民族旅游文化节和2021年中国原生民歌节开幕式，蚩尤九黎城入选武陵山十大精品旅游线路，善感乡周家寨村入选第二批市级乡村旅游重点村，我县连续三年入选全国县域旅游综合实力百强县。生态工业不断发展壮大，水电、建材、包装饮用水、矿产品深加工等传统产业量质提升，新招引5个工业项目落地园区，实现规模以上工业总产值50.4亿元、增长7.4%。生态农业提质发展，新增农业产业化龙头企业4家，有效期内“两品一标”产品达80个。商贸流通快速恢复，实施农商互联项目18个，新增限额以上商贸企业9家，实现电子商务交易额50亿元、网络零售额20.1亿元。

（三）乡村振兴扩面提质

巩固拓展脱贫攻坚成果，严格落实“四个不摘”要求，强化“六访六帮”工作机制，动态清零“两不愁三保障”问题，常态化监测帮扶边缘易致贫户、脱贫不稳定户、突发严重困难户等三类人群1741户6381人。构建“1+3+8+1”乡村振兴重点帮扶体系，完成乡村振兴示范建设系列规划，精准实施111个重点帮扶项目，示范带动作用初步显现。突出抓好乡村“五大振兴”，落实“1+6”产业发展系列政策，实施乡村产业“321”工程，全县村级集体经济经营性收入突破1600万元，巴渝民宿“共享共建”模式获评重庆乡村振兴十大示范案例。用活用好各类帮扶资源，深化东西部协作、中央单位定点帮扶和市内对口协同发展，到位帮扶资金1.2亿元、实施项目58个，完成消费帮扶5235万元。提速提档乡村建设，新续建农村公路443公里，完工农村饮水巩固提升项目42个。持续深化农村改革，实施农村建设用地复垦2074亩、交易地票1796亩，清产核资农村集体资产40.5亿元，所有脱贫村和98.6%的行政村均有农民专业合作社带动。

（四）产城景融合步伐加快

高质量编制县域国土空间总体规划，加快构建“一心两带三片区六重点多节点”城乡发展格局，城市建成区面积拓展到19.5平方公里，城市常住人口达24万人。扎实推进城市提升行动，常态运行夜游乌江项目，竣工投用新城市民中心广场，完成南门洞节点改造和乌江两岸滨江步道景观提升，有序实施两江大桥维修加固、新城市政道路建设等37个重点项目。不断加强城市综合管理，深化“大城三管”“马路办公”工作机制，配套建设城区停车位4200个，破解城市管理顽疾工作获全市通报表扬，顺利通过国家园林县城复查验收。加快基础设施互联互通，渝湘高铁、渝湘复线高速彭水段等交通项目提速实施，火车站新站台建成投用，城区、集镇和景区实现5G网络有效覆盖。积极融入区域发展大局，与四川省西昌市、阆中市开展文旅协作共建，同永川区、潼南区共建共享“对口协同发展产业园区”，对接实施援助项目16个，协同招引落地企业4家。

（五）新的动能加速生成

持续深化“放管服”改革，全面推行线上“一网通办”、线下“一窗综办”，依申请类政务服务事项承诺办结时限压缩85.8%。大力培育民营实体，全年新增减税降费1.8亿元，帮助中小微企业融资贷款65.2亿元，新培育市场主体6661户。稳步推进国企改革，健全企业法人治理结构，注销45家、改制3家全民所有制企业。扎实开展招商引资，全年签约招商项目46个、计划投资295亿元，其中正式合同项目24个、总投资57.4亿元。加速释放创新潜能，选派市级科技特派员40名、国家“三区”科技人才13名，引导企业申报科技项目17个，推广应用新技术新品种10项。

（六）生态环境不断优化

始终突出生态环境保护首要任务，全面落实河长制、林长制和长江“十年禁渔”，扎实推进郁江彭水段创建市级示范河流，乌江、郁江国控断面水质常年达到或优于国家地表水Ⅱ类标准，县城空气质量优良率97.8%，阿依河获评“2021年重庆市美丽河湖”，摩围山景区入选首批国家青少年自然教育绿色营地。加强生态环境保护与修复，完成各类营造林23.3万亩，治理水土流失30平方公里，实施10个国土综合整治项目和27个地质灾害治理项目。持续开展城乡环境综合治理，完工36个行政村环境连片综合整治项目，推进186个行政村生活垃圾分类试点，规范运行32座乡镇垃圾中转站，乡镇和村级污水处理设施出水水质稳定达一级B标。落实最严格的水资源管理制度，成功创建县域节水型社会。

（七）民生福祉稳步提升

城镇新增就业4732人，发放创业担保贷款2亿元，农民工返岗复工率达99%。公办在园幼儿占比达52.3%，课后服务实现义务教育学校全覆盖，校外培训机构全面整治规范，青少年心理健康核心知识知晓率达60%以上。竣工中医院新城迁建项目，分级诊疗基层首诊率保持在70%以上，县域内就诊率提升至90%以上，门诊、出院均次费用处于全市较低水平。建成民族民间文化传承、罗家沱苗歌传承等基层文化活动基地

12个，完成县级文物保护单位“两线”划定74处，开展流动文化服务进基层1500余场次，广播电视信号覆盖率达100%。城乡居民低保覆盖3万余人，特困供养3268人，医疗救助11.6万余人次。启动运营社会福利中心，社区养老服务覆盖率达90%。

（八）社会大局和谐稳定

慎终如始抓好疫情防控，严格落实“外防输入、内防反弹”防控措施，全县无确诊、疑似病例和无症状感染者，新冠疫苗接种有序推进。深入开展安全生产专项整治三年行动，有效应对10次洪涝灾害和37起地质灾害险情，全年未发生较大及以上生产安全事故和自然灾害亡人事故。全面加强社会治安防控，全县刑事案件、电信网络诈骗案件发案率分别下降7.2%、38.6%，群众安全感指数稳步提升。扎实开展“治重化积、清仓见底”专项行动，信访事项及时受理率、按期办结率均达100%。强化债务限额管理和预算管理，严禁无资金来源随意上项目，严禁新增政府隐性债务，政府债务风险总体可控。全面加强食品药品、特种设备安全监管，油电气供应稳定安全有保障。

二、发展中存在的问题

同时，发展中还存在一些困难和问题。一是百年变局和世纪疫情交织叠加，外部环境更趋严峻复杂，保持经济平稳较快增长面临挑战；二是发展后劲较为乏力，产业实体支撑不足，科技创新有待加强，市场主体集群化品牌化程度不高；三是基本公共服务还有薄弱环节，离市场化、法治化、国际化的营商环境要求还有差距，推进区域协调发展任重道远；四是深化改革、提升效能、转变作风仍需持续加力。

三、2022年发展思路

2022年，彭水自治县坚定不移以习近平新时代中国特色社会主义思想为指导，深刻认识“两个确立”的决定性意义，进一步增强“四个意识”、坚定“四个自信”、做到“两个维护”，全面贯彻党的十九大、十九届历次全会精神和习近平总书记对重庆提出的重要指示要求，深入宣传贯彻市第六次党代会精神，弘扬伟大建党精神，坚持稳中求进工作总基调，立足新发展阶段，完整、准确、全面贯彻新发展理念，积极融入和服务新发展格局，全面深化改革开放，坚持创新驱动发展，推动高质量发展，统筹疫情防控和经济社会发展，统筹发展和安全，继续做好“六稳”“六保”工作，持续保障和改善民生，保持经济运行在合理区间，保持社会大局和谐稳定，以优异成绩迎接党的二十大胜利召开。

紧扣市委、市政府关于彭水“建设民族地区产城景融合发展示范区、打造重要的生态康养和休闲运动基地、建成具有民族特色的国际知名旅游城市”的目标定位，加快建设具有民族特色的生态特色宜居城、生态旅游目的地、生态产业发展区、生态文明示范县，不断推动经济质量提升、城市形象提升、乡村面貌提升、生活品质提升、人文素质提升、对外影响提升。力争2022年实现地区生产总值增长7.5%左右，规模以上工业总产值增长11%，固定资产投资增长9%，社会消费品零售总额增长10%，一般公共预算收入增长6.7%，城镇和农村常住居民人均可支配收入分别增长9%、10%，常住人口城镇化率提高2个百分点，粮食产量稳定在32万吨以上，节能减排降碳等约束性指标完成市级下达任务。

（执笔人：喻旭）

第六编　附录

2021年重庆经济和社会发展要事选登

2021年1月

1月1日　川渝高竹新区、遂潼川渝毗邻地区一体化发展先行区获批设立。

渝西水利总部和中电建路桥西南总部项目落户科学城。

1月2日　2020年重庆空气质量优良天数达333天，同比增加17天。

1月3日　新年第一天重庆农特产品线上卖得火。

1月4日　成渝地区双城经济圈建设启动一年来，几乎每天都有新的合作项目诞生。

元旦期间，重庆消费市场活跃，零售额同比增长13.5%。

1月5日　2020年重庆引导691家民企领头“三变”改革。

1月6日　重庆3年投资4200亿元，建设九大交通基础网络。

果园港2021年首班西部陆海新通道铁海联运班列开行。

1月7日　遂潼川渝毗邻地区一体化发展先行区获批，对成渝地区中部崛起形成重要支撑。

1月8日　重庆高新区直管园范围内博士后科研工作站已有22个。

1月9日　55.4亿！重庆超额完成消费扶贫年度任务。

1月10日　西部（重庆）科学城要建“生命芯谷”。

1月11日　重庆启动大数据标准化体系建设。

1月12日　总投资约456亿元！陶家隧道黄桷坪长江大桥等九个重点工程开工。

2020年重庆补助58.8亿元救助困难群众基本生活。

1月13日　重庆市政府赋予11个经济发达镇306项区县级行政权力。

川渝20家车企牵手，签下8亿元订单。

1月14日　北碚区发挥“三区叠加”独特优势，扎实推进“一城四地”建设。

1月15日　重庆智能产业同比增长12.8%，两化融合指数居中西部第一。

重庆压减37个市级部门2021年预算9.5亿元。

1月16日　开启新征程！两江新区瞄准两大定位两大目标。

1月17日　重庆：33万脱贫人口吃上“旅游饭”。

1月18日　438家接种单位开通在线预约服务，重庆实现疫苗管理全过程可追溯。

1月19日　渝企拿到我国首张“中药肥料”市场准入证。

1月20日　重庆高新技术企业达到4000家。

1月21日　重庆“智慧名城”建设提速，汇聚数字经济企业 1.85 万家。

2020 年重庆合同引资 1.46 万亿元。

1 月 22 日 “十三五”以来，重庆引进和培育新型研发机构 142 家。

重庆高新区入选“科创中国”新增试点城市。

1 月 23 日 2020 年重庆市进出口总值逆势创新高。

稳岗就业扎实有力，2020 年我市逾 76 万劳动力外出务工。

1 月 24 日 推动“一区两群”协调发展，激发重庆高质量发展新动能。

1 月 25 日 2021 年重庆力争开工轨道交通 198 公里。

1 月 26 日 2021 年市级财政投入将超过 30 亿元支持两江四岸核心区整体提升。

重庆造新能源汽车赛力斯 SF5 上市。

1 月 27 日 重庆 2020 年实际利用外资 100 亿美元。

华为携手拓维在渝建设物联网创新中心。

1 月 28 日 2021 年全市将完成500个乡镇（街道）和园区应急机构规范化建设。

六大措施促进外地人员留渝就业。

1 月 29 日 重庆“十四五”开放目标定了。

1 月 30 日 城轨快线15号、27号线2021年开建，重庆西站将开行轨道快慢车。

1 月 31 日 “村村旺”2020 年交易结算额破 50 亿元。

2021 年 2 月

2 月 1 日 重庆装备制造规模以上企业 2020 年总产值首次突破 2000 亿元。

重庆出台市级高新区认定和管理修订办法。

2 月 2 日 在渝央企外地员工纷纷响应号召“就地过年”。

2020 年重庆社零总额增速位居全国前列。

2 月 3 日 万州区两江新区携手推进十个方面合作。

2 月 4 日 “十四五”重庆金融工作重点任务确定，推动共建西部金融中心，建设内陆国际金融中心。

1687 亿元！2020 年重庆跨境人民币结算量居中西部第一。

2 月 5 日 2020 年重庆软件产业收入同比增长 17.1%。

2 月 6 日 2020 年重庆与中东欧 17 国进出口总额近 200 亿元。

重庆银行登陆 A 股。

2 月 7 日 重庆已投入30亿元发展住房租赁市场。

重庆保税港区 2020 年进出口总额列全国 14 个保税港区首位。

2 月 8 日 “十三五”时期重庆国有资产规模增长 66%。

渝北成重庆首个地区生产总值突破 2000 亿元的区县。

2 月 9 日 渝黔高速扩能项目万盛平山产业园特大桥全线贯通。

重庆市财政筹集 2 亿多元资金，为市外户籍员工发放“留岗红包”。

2 月 10 日 重庆列入 ETC 智慧停车试点城市。

做好防控，就地过年。

2 月 11 日 重庆市级重大项目完成投资超年度计划近两成。

2 月 12 日 “当代愚公”毛相林登上央视春晚，巫山下庄村民在家齐喝彩。

2 月 13 日 “就地过年”新耍法，重庆传统商场纷纷开启“云逛街”。

2 月 14 日　江北区近 9 个月 3 家企业成功 IPO。

2 月 15 日　全员留渝不停工，温馨礼包过好年——果园港春节期间生产忙。

2 月 16 日　“打卡巴渝美景”成了新春出游指南。

2 月 17 日　“当代愚公”毛相林获评感动中国 2020 年度人物。

突破 1.5 亿元，重庆春节档电影票房创新高。

2 月 18 日　两江新区加快建设内陆开放门户。

“十三五”重庆单位 GDP 能耗预计下降超 16%。

2 月 19 日　川渝两地实现税款跨省电子缴库。

2 月 20 日　“十三五”全市规上工业总产值达到 2.27 万亿元。

2 月 21 日　重庆成为西部地区首个办理化学药品首次药品进口备案的口岸城市。

2 月 22 日　高新区与黔江区签订对口协同发展协议。

2 月 23 日　全国首批省级知识产权综合业务窗口，重庆业务受理窗口开通运行。

2 月 24 日　西部（重庆）科学城“一业一证”改革在全市推广。

2 月 25 日　西部（重庆）科学城开年首月完成招商引资 270 亿元。

2 月 26 日　重庆从六方面开展交通强国建设试点。

2 月 27 日　大渡口 27 个项目集中开工，总投资 153 亿元。

2 月 28 日　重庆市检察院知识产权检察办公室揭牌。

两江新区抢抓牛年“开门红”。

2021 年 3 月

3 月 1 日　中国—匈牙利共建“一带一路”优先合作项目清单发布。

“十三五”重庆向民族地区投入专项扶贫资金近百亿元。

3 月 2 日　关于重庆市 2020 年国民经济和社会发展计划执行情况及 2021 年计划草案的报告。

3 月 3 日　1089 亿元！重庆 33 个重大项目集中开工。

3 月 4 日　2020 年全市 97 家企业直接融资近 3000 亿元。

3 月 5 日　重庆代表团提交全团建议，进一步加大对西部陆海新通道建设支持力度。

重庆定位为国际性综合交通枢纽城市，8 条高铁将途经重庆。

总投资 643 亿元，渝北 399 个项目集中开工。

3 月 6 日　合川一季度重点建设项目集中开工，40 个项目总投资近 108 亿元。

3 月 7 日　2021 年重庆脱贫人口外出务工将不低于 76 万人。

投入 7.2 亿元！重庆 2021 年将培训逾 50 万人次。

3 月 8 日　重庆市举行纪念“三八”国际妇女节 111 周年大会。

3 月 9 日　川渝居民 115 项业务可两地通办。

3 月 10 日　重庆高新区启动实施产业链“链长制”。

3 月 11 日　重庆建立知识产权保护联席会议制度。

3 月 12 日　全市市场主体总量突破 300 万户。

3 月 13 日　科学城力争 2021 年秋季新增 9 所学校 2 万个学位。

3 月 14 日　抗击新冠肺炎疫情专题展在重庆科技馆开展。

1~2 月果园港国家物流枢纽吞吐量同

比增长 38.5%。

3月15日 推动“三育两带”打造高素质基层队伍。

重庆 2020 年直播带货带动销售额破百亿元。

3月16日 重庆第九批援藏专技干部今日进藏。

3月17日 1~2 月重庆外贸进出口增长七成实现“开门红”。

重庆高新区建成市级以上企业研发机构 132 个。

3月18日 重庆到 2035 年建成全国智慧气象发展引领区。

3月19日 川渝跨界毗邻地区携手打造 2 小时应急救援圈。

2021 年重庆跨境公路车次、国际标箱个数同比增长约 200%,货值同比增长约 330%。

3月20日 国家先进计算产业中心（重庆）项目落户璧山。

科学城新增一人工智能人才培养平台，计划 3~5 年培养 200 余名高端专业人才。

3月21日 合川广安长寿共建环重庆中心城区经济协同发展示范区。

重庆 2021 年将新建 5G 基站 2.1 万个。

3月22日 重庆“十三五”新增水土流失治理面积 7935 平方公里。

3月23日 1~2 月重庆经济实现“开门红”，规模以上工业增加值同比增长 56.7%。

3月24日 重庆财政专项扶贫资金绩效考核获全国“优秀”。

3月25日 重庆产业链供应链调查重庆环保产业在西部实现“三领先”。

3月26日 成渝地区启动工业互联网一体化发展示范区建设。

3月27日 重庆联手腾讯培养 1 万名高新技能人才，重点面向高校毕业生、企业职工、退役军人等。

3月28日 重庆 2021 年计划供应国有建设用地 14457 公顷。

3月29日 川渝版权项目集中签约暨数字版权推介活动在渝举行。

3月30日 重庆“三变”改革 2021 年将扩大试点范围。

重庆消费品工业强链补链蓄势待发。

3月31日 川渝高竹新区首次集中签约，引资上千亿元，涉及装备制造、职业教育等多个领域。

2021 年 4 月

4月1日 三匹马协同创新中心揭牌，助推重庆打造智能汽车产业生态。

重庆自贸试验区挂牌四年来发展成效显著。

4月2日 长寿 90 个项目集中签约、开工，投产达产后年产值将达 894 亿元。

4月3日 四川雅安携 70 余项目来渝寻求合作。

4月4日 到 2025 年重庆农村自来水普及率达 85%。

重庆市慈善总会 5 年帮扶贫困人口 123 万人次。

4月5日 2021 年重庆将推动实施 1250 项智能化改造项目。

4月6日 两江新区全力打造高质量发展引领区。

重庆高新区谋划打造“科学城的会客厅”。

4月7日 重庆高新区及成都高新区将携手打造文创精品 IP。

4月8日 2020 年重庆金融系统为实体经济让利

逾 200 亿元。

4 月 9 日 2021 年重庆新开工装配式建筑力争超过 1500 万平方米。

重庆在深交所成功发行地方政府债券 372.7 亿元。

4 月 10 日 中国—上海合作组织数字经济产业论坛花落重庆。

4 月 11 日 中国商业积分联盟链落地重庆。

4 月 12 日 川渝两地建立首批 16 个中小学协同发展共同体。

4 月 13 日 国家农村产业融合发展示范园创建名单公布，重庆又有 3 个示范园入选。

4 月 14 日 重庆市发改委与市工商联将合作共建欧洲重庆中心。

重庆汽摩行业业绩整体上扬。

4 月 15 日 重庆已出台 120 多个政策文件推进优化营商环境。

4 月 16 日 重庆市政府与海螺集团签署战略合作协议。

4 月 17 日 重庆庆祝建党 100 周年优秀影片展映启动。

大数据智能化赋能，重庆经济高质量发展。

4 月 18 日 一季度西永微电园规上工业总产值超 562 亿元。

万达开三地签署网信合作协议，助力成渝地区双城经济圈建设。

4 月 19 日 全国畜牧总站与荣昌区共建国家级生猪大数据中心。

30 余位院士来渝纵论产业发展大趋势。

4 月 20 日 重庆打造“升级版”驻村帮扶队伍。

4 月 21 日 开门红！一季度重庆 GDP 同比增长 18.4%。

4 月 22 日 重庆高新区一季度 GDP 同比增长 30.8%。

重庆临空经济示范区智能终端年产值达 398.6 亿元。

4 月 23 日 重庆出台 17 条举措完善人才“塔尖”“塔基”政策。

鲁渝协作向全方位多层次跃升。

4 月 24 日 创新发力，驱动重庆产业链加速“锻长补短”。

4 月 25 日 郑万高铁云阳站预计年底完工。

4 月 26 日 重庆一季度城镇新增就业 16.26 万人。

重庆蝉联“中国城市夜经济影响力十强城市”榜首。

4 月 27 日 川渝携手打造“世界范”文化旅游走廊。

4 月 28 日 重庆一季度合同利用外资额同比增长 48.32%。

4 月 29 日 重庆知识产权创新百强企业 77 家为高新技术企业。

4 月 30 日 重庆出台 23 条硬举措，加快建设国家重要先进制造业中心。

2022 年 5 月

5 月 3 日 国家“西电东送”重点项目前置工程在渝开工。

5 月 5 日 重庆加速“补链成群”多个市级重点项目“五一”不停工。

5 月 6 日 重庆主要商圈和重点监测商贸企业“五一”揽金逾 124 亿元。

5 月 7 日 西部（重庆）科学城建设加速推进。

5 月 8 日 重庆加快培育发展住房租赁市场。

5 月 9 日 川渝两地 2020 年规上企业实现营收 6.8 万亿元。

5 月 10 日 发展消费品工业，重庆应在名优特产上狠下功夫。

5月11日 沙坪坝区土主撤镇设街道，中欧班列零公里所在地将建成三大中心。

5月12日 重庆人口占全国比重10年增长0.12%。

5月13日 10个“科企联合体”助重庆打好种业“翻身仗”。

5月14日 重庆人均GDP仍居全国第八，继续领跑中西部。

5月15日 西南五省“跨省通办”工作全面进入实操推进阶段。

5月16日 重庆2021年1~4月，外贸进出口2459.1亿元。

5月17日 科技创新，正成为重庆高质量发展的主动力。

5月18日 重庆市与中国科学院共建汽车软件创新研究平台。

5月19日 重庆科创投集团成立科创投资领域再添“航母”。

5月20日 重庆市数字经济人力资源服务产业园成立。

5月21日 重庆广阳岛智创生态城建设按下“快进键”。

5月22日 中国（重庆）—印度尼西亚投资贸易文化旅游合作洽谈会举行，2021年1~3月重庆与印尼进出口额同比增长76.4%。

5月23日 重庆41家茶企255个茶产品亮相中国茶博会。

5月24日 第三届西洽会圆满闭幕，签约项目359个总金额3578.2亿元。

5月25日 1~4月重庆市规模以上工业增加值同比增长26.6%。

5月26日 主城新区将成为制造业高质量发展增长极。

5月27日 重庆垃圾分类将有法可依。

5月28日 重庆科研机构组团牵手川渝企业，20个科技项目集中签约。

5月29日 重庆新增10家新型高端研发机构，主要集中在汽车、智能制造等领域。

5月30日 重庆市绿色有机地标产品总数达3234个。

5月31日 国家顶级节点（重庆）标识注册量达到6.31亿。

2021年6月

6月1日 1~4月重庆一般公共预算支出1446.6亿元。

6月2日 重庆自贸试验区“试验田”结出“创新果”。

6月3日 优化营商环境，打出改革“组合拳”，重庆为企业减负超1000亿元。

6月4日 抢抓数字经济发展新机遇，川南渝西地区首个大数据产业联盟成立。

6月5日 西部（重庆）科学城建设加速推进，交通骨架已基本成网。

6月6日 沪渝携手创新助推区域高质量发展。

6月7日 2021年行业营收目标2500亿元，重庆软件行业“蓄势待发”。

6月8日 联手推进产业链补链成群，川渝共抓产业协作“一条链”。

6月9日 川渝共建基础设施“一张网”，67个合作共建重大项目已开工56个。

6月10日 川渝加快建设具有全国影响力的科技创新中心。

6月11日 聚焦产业链升级助力畅通“双循环”。

6月12日 千家展商参展，共绘人文锦绣，第七届西旅会暨2021年重庆文旅会启幕。

6月13日 重庆市九龙坡布局氢能产业链3~5年建成“西部氢谷”。

6 月 14 日　10 万人次观展，撬动文旅消费 8200 万元，第七届西旅会暨 2021 年重庆文旅会闭幕。

高新区 66 家企业实施智能化改造，企业平均生产效率提高 70% 以上。

6 月 15 日　重庆推进区县域医共体“三通”建设。

6 月 16 日　全市约 20 亿平方米城乡房屋建筑需调查。

6 月 17 日　中新互联互通项目与区县合作共建拉开帷幕。

6 月 18 日　重庆市两江新区加快建设高质量发展引领区、高品质生活示范区。

6 月 19 日　重庆科教兴市和人才强市行动计划实施成效显著。

6 月 20 日　“6 · 18”数据凸显重庆新经济活力十足。

6 月 21 日　“三线建设”成为重庆现代化进程中的重要助推器。

6 月 22 日　重庆市中新项目管理局携南岸及重庆经开区开建国际合作示范区。

6 月 24 日　2021 年 1~5 月全国国有企业营业总收入 282164.4 亿元。

6 月 25 日　1~5 月重庆外贸进出口 3047.7 亿元。

“十三五”时期重庆累计减税超 155 亿元年均增速达 45.4%。

6 月 26 日　重庆第二批 40 家“知识产权综合保护联系点”挂牌。

6 月 27 日　开州区全面推进乡村振兴现代农业蓬勃发展。

6 月 29 日　重庆发布 13 条措施助力小微企业发展。

6 月 30 日　5 月重庆金融机构本外币存款余额 44735.1 亿元。

2021 年 7 月

7 月 1 日　1~5 月重庆市规上工业增加值同比增长 22.1%。

7 月 2 日　重庆取消 68 项涉企经营许可事项。

7 月 3 日　重庆综合科技创新水平指数和区域创新能力排名全国第七。

7 月 4 日　“国家队”和头部企业在渝加码区块链公共基础设施网络建设。

7 月 5 日　上半年重庆市重要农产品生产形势持续向好。

7 月 6 日　重庆出台市级行政事业单位国有资产处置办法。

上半年西部（重庆）科学城江津园区新开工 54 个项目吸引资金 360 亿元。

7 月 7 日　川渝两地首个乡村振兴国家级专家服务基地揭牌。

7 月 8 日　超 1000 万吨增长 55.8% 重庆果园港国家物流枢纽货物吞吐量创历史新高。

7 月 9 日　西部（重庆）科学城上半年新开工 50 个项目。

7 月 10 日　两江新区与武隆区签署战略合作框架协议。

7 月 11 日　江津区二季度招商引资集中签约揽金 202 亿元，京东科技拟投资打造数字城市。

7 月 12 日　川渝地区首个文旅部重点实验室在渝揭牌。

7 月 13 日　重庆公布 2021 年传统村落保护发展项目建设计划，补助资金 8570 万元。

7 月 14 日　40 家引进类研发机构与本地创新主体结对共建。

7 月 15 日　2021 年重庆计划改造 831 个老旧小区，已开工 484 个。

7 月 16 日　碳中和数字技术创新中心落户西部

（重庆）科学城。

1~6 月重庆市天然气供用总量为 59.20 亿立方米，同比增长 15%。

7 月 17 日 重庆出台 24 项举措推动“万开云”半小时经济圈。

7 月 19 日 合川区上半年累计引进项目 76 个协议投资 411.6 亿元。

2021 年上半年重庆累计帮扶 76.5 万脱贫人口就业。

上半年江津区规模工业产值 721 亿元，同比增长 24.1%。

7 月 20 日 上半年重庆 GDP 同比增长 12.8%，全市经济运行呈现稳中加固、稳中向好态势。

7 月 21 日 实施 8 类 532 个重大项目重庆“引擎”力量。

7 月 22 日 自 2011 年获准开展碳排放权、排污权交易试点以来，重庆碳排放权交易额达 1.8 亿元。

7 月 23 日 川渝失业保险实现无障碍转移接续。

7 月 24 日 上半年重庆开工老旧小区改造项目 484 个，完成棚户区改造 1.1 万户。

7 月 25 日 重庆上半年 24.2 万户市场主体获得普惠小微贷款逾 470 亿元。

7 月 26 日 上半年重庆社会融资规模增量达 3869.34 亿元。

7 月 27 日 上半年重庆跨境贸易和直接投资人民币结算金额达 516.1 亿元，居中西部第一。

7 月 28 日 重庆打造首个视觉影像文化产业园。

7 月 29 日 重庆普惠小微信用贷款上半年 24.2 万户市场主体获贷 470 多亿元。

7 月 30 日 重庆力争 7~9 月完成年度招商引资总额的 40%。

2021 年 8 月

8 月 2 日 上半年重庆利用外资 48.2 亿美元，同比增 20.1%。

8 月 3 日 上半年 GDP 十强城市榜出炉：重庆居第五位。

8 月 4 日 重庆发布制造业高质量发展“十四五”规划。

8 月 5 日 重庆本月起全面推行行政复议体制改革。

8 月 6 日 2 万余户渝企获贷超百亿元。

重庆成为内陆地区重要整车进口口岸。

8 月 7 日 重庆将从七个方面推进“双减”工作。

8 月 8 日 重庆确定 10 个市级婚俗改革实验区。

8 月 9 日 重庆离岸服务外包合同额上半年同比增长 68.7%。

8 月 10 日 发布技术需求清单，重庆加速 33 条重点产业链“补链强链”。

8 月 11 日 重庆重要数字经济园区产业规模超 8000 亿元。

8 月 12 日 重庆推动战略性新兴产业产值迈上万亿级台阶。

8 月 13 日 总投资超 167 亿元，重庆东站站房及综合交通枢纽即将启动建设。

8 月 14 日 重庆大数据智能化发展，工业互联网企业“上云”开辟新赛道。

8 月 15 日 大数据智能化助推发展工厂，经智能化改造后平均产值增长 46.8%。

8 月 16 日 重庆“十四五”将新建 100 个智能工厂 700 个数字化车间。

8 月 17 日 “十三五”期间累计建成 4.9 万个 5G 基站，区块链超级节点落户重庆。

8 月 18 日 2021 年 1~7 月重庆市城镇新增就业 49.85 万人，同比增长 26.8%。

8月19日 “抓项目稳投资”专项行动见效，7月重庆投资和工业双双提速。

8月20日 重庆·宁夏经贸合作线上签约11个项目，签约总额超78亿元。

2021年以来西部（重庆）科学城共签约项目100个，总投资超1000亿元。

8月21日 1~7月重庆城镇新增就业49.85万人。

8月22日 重庆出台推动机器人产业高质量发展方案，四年内产业销售收入突破800亿元。

8月23日 国家地方共建硅基混合集成创新中心和重庆（两江新区）国家级车联网先导区在渝揭牌。

8月24日 “十三五”重庆工业增加值能耗下降16.6%。

2021年重庆两化融合发展水平达60.7%。

8月25日 重庆携手上合组织国家建设国际智慧旅游景区。

8月26日 2020年重庆碳排放强度较“十二五”末累计下降超22%。

重庆连出5个方案推动制造业高质量发展。

8月27日 “1+9”项合作协议签署，助力成渝地区双城经济圈大数据协同发展。

8月28日 川渝年底前将实现115个事项跨省通办。

8月30日 渝东北三峡库区城镇群深入推进“抓项目稳投资”专项行动。

8月31日 重庆区县借力智博会推进数字经济快速增长。

西部（重庆）科学城北碚园区已签约近30个项目。

2021年9月

9月1日 11个交通运输高频事项实现川渝跨省通办。

9月2日 重庆834家企业1~7月获转贷资金79亿元。

9月3日 重庆经西部陆海新通道“运”了22万标箱，货值400亿元。

9月4日 重庆江北嘴博士后创新创业园揭牌，全区博士后科研工作站已达31家。

9月5日 1~7月重点外资企业获贷款828.5亿元。

9月6日 1~7月重庆新增中小企业9.6万家。

9月7日 700多家专精特新企业助重庆制造业高质量发展。

9月8日 企业所得税汇算清缴数据显示，2020年重庆为高新技术企业减税超30亿元。

9月9日 上半年重庆市36个区县青年人才净流入。

9月10日 重庆创新推出两项信贷产品，定向用于支持科技型企业发展。

9月11日 重庆连续18年参展东盟博览会，5年内重庆与东盟货物贸易额将超200亿美元。

9月12日 重庆发布农业农村现代化“十四五”规划。

9月13日 渝东南武陵山区城镇群全力实施“抓项目稳投资”专项行动。

9月14日 重庆上半年为小微企业减免所得税近20亿元。

9月15日 重庆市与哥伦比亚麦德林市签署建立友好城市关系谅解备忘录。

9月16日 知识价值信用贷款改革试点四年，近7000家渝企获贷逾200亿元。

9月17日 区块链企业抢滩落户重庆。

9月18日 重庆首次制定城市更新规划负面清单。

9月19日 科学元素加速汇聚，西部（重庆）科学城已聚集市级以上研发机构294个。

9月20日 1~8月重庆进出口总值超5000亿元。

9月21日 时代楷模王红旭的崇高精神激励全市广大干部群众。

9月22日 中秋小长假文旅市场平稳有序，重庆A级景区共接待游客432万人次。

9月23日 截至8月全市投资同比增长8.9%,29个区县和开发区增速超10%。

9月24日 川渝共同打造全球物贸产业领先服务体系。

成渝两地6家高校机构“牵手”，推动科技成果转化资源共建共享。

9月25日 重庆巨型稻首次收割，测产亩产近500公斤。

9月26日 新型全自动导航胶囊机器人在渝发布上市。

9月27日 重庆国创轻合金研究院挂牌，西南铝汽车轻量化生产线投产。

9月28日 2021年1~8月重庆与台湾进出口额达437.63亿元。

9月29日 首届重庆大学生乡村振兴创意大赛启动。

9月30日 重庆渝北区“十个带头”激起党员干部干事创业激情。

2021年10月

10月1日 重庆十八梯开街首日吸引10万人次“打卡”。

10月2日 重庆合川区33个重点项目集中开工，项目总投资近78亿元。

10月3日 “十四五”时期重庆规划投资社会治理重大项目94个。

10月4日 前三季度重庆陆海新通道班列开行数量超上年全年。

10月5日 国际化智能化引领重庆国庆消费潮流。

10月7日 重庆国庆消费市场人气旺。

10月8日 重庆北碚发展工业互联网赋能企业“智造”。

10月9日 重庆涪陵页岩气田累计产量突破400亿立方米。

10月10日 中新（重庆）国际中小企业产业园在渝成立。

10月11日 8.7万家渝企上“云”实现提质增效。

重庆合川打造千亿级国家网络安全产业基地。

10月12日 重庆2021年起开展高标准农田新增耕地指标交易。

重庆2020年投入研发经费526.79亿元。

10月13日 重庆与新加坡签约37个项目。

10月14日 重庆万州机场旅客吞吐量再破100万人次。

江津区集中签约67个项目，引资231亿元。

10月15日 巴南打造千亿级国家生物医药产业集群。

潼南围绕“两大基地”提升绿色制造业能级。

10月16日 2021年重庆动态调整行政权力事项，113项审批效率大幅提高，企业办事更加方便。

10月17日 川渝合作共建重大项目，前三季度完成年度投资741.4亿元。

10月18日 到2025年重庆内陆开放高地基本

建成。

10 月 19 日 川渝两地开展成渝地区双城经济圈建设决策部署落实专项督查调研。

10 月 20 日 重庆出台推动产业园区高质量发展意见。

10 月 21 日 第二届成渝地区双城经济圈商会合作峰会在资阳举行。

万州加快建设“一区一枢纽两中心”。

10 月 22 日 重报圆桌会 I 实现生态美产业兴百姓富有机统一。

10 月 23 日 首届中国（重庆）广阳湾绿色低碳发展高峰会在渝举行。

10 月 24 日 2021 年重庆已完成消费帮扶近 48 亿元。

10 月 25 日 垫江打造川渝东部数字经济创新高地。

10 月 26 日 “十四五”全市将建 18 座垃圾焚烧发电厂。

10 月 27 日 重庆市绿色贷款余额超 3300 亿元。

10 月 28 日 重庆市将于 2025 年初步形成绿色低碳循环发展的经济体系。

10 月 29 日 前三季度全市一般公共预算收入 1675.8 亿元。

10 月 30 日 以国家城乡融合发展试验区建设为引领，推动全市城乡融合发展。

10 月 31 日 1~9 月重庆跨境人民币结算量 1514.4 亿元。

2021 年 11 月

11 月 1 日 重庆 3 区县入选全国第三批社会信用体系建设示范区。

11 月 2 日 “创客中国”中小企业创新创业大赛总决赛在渝闭幕。

11 月 4 日 专家学者建言重庆市推进城市更新和基层治理。

11 月 5 日 重庆持续巩固脱贫攻坚成果，聚力推动乡村振兴。

重庆加快营造国际一流营商环境。

11 月 6 日 进博会上重庆签署 24 项贸易和投资协议。

到 2025 年重庆应急管理体系将实现“五大提升”。

11 月 7 日 川渝探索建立环评“白名单”机制和区域性碳排放权交易市场。

11 月 8 日 成渝地区双城经济圈教育协同发展十大行动计划公布。

11 月 9 日 进博会上重庆企业获 10.5 亿美元订单。

11 月 11 日 重庆蔬菜搭上“电商快车”卖向全国。

11 月 12 日 重庆在全国首推“税港通”服务。

11 月 13 日 2021 年 1~9 月川渝制造业实现营收 5.6 万亿元。

11 月 14 日 重庆公布培育建设国际消费中心城市实施方案，将建成 2 个世界级商圈。

11 月 15 日 2021 年 1~9 月，川渝汽车及电子产业实现两位数增长。

11 月 16 日 重庆出台 17 项措施助企纾困。

11 月 17 日 重庆市丰都县与墨西哥瓜纳华托市缔结友好区市。

11 月 18 日 第十四届中国—拉美企业家高峰会签署 18 项合作协议。

11 月 19 日 重庆出台 23 条政策“干货”，提升制造业产业链供应链现代化水平。

11 月 20 日 促消费，重庆江北发放超千万元礼券。

11 月 21 日 重庆出台 5G 应用“扬帆”行动计

划，3年内建成60个应用标杆场景。
2025年重庆技能人才总量达到500万人。

11月22日 2021重庆英才大会闭幕，引进紧缺急需人才3319名、项目407个。

11月23日 重庆2025年基本建成内陆开放高地和国际消费中心城市。

11月24日 2021年1~10月重庆规上工业增加值同比增长13%。

11月25日 重庆绿色信贷余额超4100亿元。

11月26日 重庆入选营商环境创新试点城市。

11月28日 重庆建设高标准农田，助推乡村振兴。

11月29日 中国石化在渝首座光伏发电站建成。

2021年12月

12月1日 重庆入选空港型国家物流枢纽。

12月3日 “十四五”重庆将改造老旧小区住宅4.35万栋。

12月4日 重庆探索经济区与行政区适度分离成效初显。

12月5日 重庆农业农村数字化水平达40.3%，到2025年将新增200个智慧农业试验示范基地。

12月6日 重庆渝北将充分发挥临空、临水、临铁优势，加快建设“四个大区”打造标杆城区。
1~10月重庆工业利润1436.6亿元，同比增长48.8%。

12月7日 一二三产业联动发展，“绿色引擎”让重庆秀山产业驶上快车道。

12月8日 重庆:新挂牌10个市级创业孵化基地，4300万元投向创业项目。

12月9日 重庆已建成10个制造业创新中心。

12月10日 5年内重庆数字经济规模有望达万亿级。
渝川贵滇陕五省市航运企业达成19个省际合作项目，促进各地产业、文化、旅游等领域深度合作。

12月14日 2025年重庆基本建成职业教育强市和技能型社会。

12月18日 中新（重庆）大数据智能化产业示范园区揭牌成立。

12月19日 重庆原18个深度贫困乡镇实现消费帮扶2.65亿元，比2020年总金额增加5000多万元。
成渝签署5个合作协议推进“双核”发展能级提升。

12月21日 重庆成立推动成渝地区双城经济圈建设智库联盟。

12月22日 重庆将建设国家级区块链发展先导区。
重庆市区块链协会挂牌，已吸引120余家行业领军企业加入。

12月25日 2025年成渝初步建成西部金融中心。

12月26日 “爱尚重庆”上千场活动助力消费升温，1~11月重庆社零总额同比增长20.3%。

12月27日 重庆2021年渔业经济总产值预计较上年增长6.1%。
西部（重庆）科学城加快打造重要科技创新策源地。

12月28日 川渝高竹新区管理机构揭牌。

12月29日 重庆市供销合作社与重报集团携手助推农产品“出村进城”。

12月30日 重庆“税银互动”累计为超11万户企业授信415亿元。
国家工业互联网标识解析顶级节点（重庆）接入企业达1933家。

2021年直辖市及西部省（区）经济发展统计比较

表1　地区生产总值

地　区	地区生产总值（亿元）	三次产业增加值（亿元）			人均地区生产总值（元）	构成（地区生产总值=100）			指数（上年=100）				
		第一产业	第二产业	第三产业		第一产业	第二产业	第三产业	地区生产总值	第一产业	第二产业	第三产业	人均地区生产总值
直辖市													
北　京	40269.6	111.3	7268.6	32889.6	183980	0.3	18.0	81.7	108.5	102.7	123.2	105.7	108.5
天　津	15695.0	225.4	5854.3	9615.4	113732	1.4	37.3	61.3	106.6	102.7	106.5	106.7	107.0
上　海	43214.9	100.0	11449.3	31665.6	173630	0.2	26.5	73.3	108.1	93.5	109.4	107.6	107.9
重　庆	27894.0	1922.0	11184.9	14787.1	86879	6.9	40.1	53.0	108.3	107.8	107.3	109.0	107.8
西部地区													
内蒙古	20514.2	2225.2	9374.2	8914.8	85422	10.8	45.7	43.5	106.3	104.8	106.1	106.7	106.6
广　西	24740.9	4015.5	8187.9	12537.5	49206	16.2	33.1	50.7	107.5	108.2	106.7	107.7	106.9
四　川	53850.8	5661.9	19901.4	28287.6	64326	10.5	37.0	52.5	108.2	107.0	107.4	108.9	108.0
贵　州	19586.4	2730.9	6984.7	9870.8	50808	13.9	35.7	50.4	108.1	107.7	109.4	107.3	108.0
云　南	27146.8	3870.2	9589.4	13687.2	57686	14.3	35.3	50.4	107.3	108.4	106.1	107.7	107.5
西　藏	2080.2	164.1	757.3	1158.8	56831	7.9	36.4	55.7	106.7	107.3	99.1	111.8	106.1
陕　西	29801.0	2409.4	13802.5	13589.1	75360	8.1	46.3	45.6	106.5	106.3	105.6	107.3	106.3
甘　肃	10243.3	1364.7	3466.6	5412.0	41046	13.3	33.8	52.8	106.9	110.1	106.4	106.5	107.3
青　海	3346.6	352.7	1332.6	1661.4	56398	10.5	39.8	49.6	105.7	104.5	106.5	105.4	105.4
宁　夏	4522.3	364.5	2021.6	2136.3	62549	8.1	44.7	47.2	106.7	104.7	106.6	107.1	106.1
新　疆	15983.6	2356.1	5967.4	7660.2	61725	14.7	37.3	47.9	107.0	107.9	106.7	106.9	106.3

注：表中数据为初步核算数。

表 2　居民消费价格分类指数

（上年 =100）

地　区	总指数	食品烟酒	衣着	居住	生活用品及服务	交通通信	教育文化娱乐	医疗保健	其他用品及服务
直辖市									
北　京	101.1	100.5	99.8	101.1	99.7	105.1	100.9	99.8	99.5
天　津	101.3	101.3	97.8	100.7	101.0	104.7	103.4	100.0	97.8
上　海	101.2	100.5	99.5	101.1	100.7	104.0	102.7	98.9	100.9
重　庆	100.3	97.8	101.4	100.4	100.7	104.7	101.7	99.6	97.3
西部地区									
内蒙古	100.9	100.5	99.2	100.5	99.8	104.0	101.0	100.3	99.4
广　西	100.9	98.8	101.0	100.8	100.4	102.7	103.7	102.4	99.7
四　川	100.3	98.0	99.8	100.3	100.6	104.1	100.9	101.9	100.1
贵　州	100.1	97.7	99.3	100.0	99.7	103.9	101.3	100.4	100.2
云　南	100.2	98.4	99.7	100.2	99.6	103.6	100.7	100.1	100.0
西　藏	100.9	100.5	100.7	100.2	99.8	103.8	100.4	100.8	99.2
陕　西	101.5	101.4	100.5	101.9	100.3	102.9	102.9	99.3	101.0
甘　肃	100.9	100.3	100.0	101.1	100.3	103.8	100.6	100.2	100.5
青　海	101.3	100.1	101.0	101.3	99.9	103.7	102.0	102.2	98.8
宁　夏	101.4	101.5	99.0	100.8	100.7	104.1	101.5	101.7	98.5
新　疆	101.2	100.7	102.0	101.2	100.4	104.5	99.9	100.2	99.3

表 3　居民人均消费支出构成

单位：元

地　区	消费支出	食品烟酒	衣着	居住	生活用品及服务	交通通信	教育文化娱乐	医疗保健	其他用品及服务
直辖市									
北　京	43640.4	9306.6	2104.4	16846.7	2559.7	4226.8	3348.0	4285.7	962.5
天　津	33188.4	9138.4	1872.0	7519.5	1940.6	4390.4	3372.5	3747.6	1207.5
上　海	48879.3	12604.5	2086.9	16136.8	2248.1	5626.2	4709.9	3877.9	1589.1
重　庆	24597.8	8154.5	1708.3	4490.3	1682.5	3049.8	2601.4	2325.8	585.2
西部地区									
内蒙古	22658.3	6298.8	1641.0	4532.6	1214.7	3488.4	2543.7	2354.7	584.5
广　西	18087.9	5825.2	710.2	3697.6	1058.7	2473.1	2283.9	1752.8	286.3
四　川	21518.0	7549.0	1315.4	4035.5	1387.6	2807.4	1891.9	2071.9	459.3
贵　州	17957.3	5553.7	1162.2	3461.8	1097.7	2678.0	2247.7	1368.2	387.9
云　南	18851.0	5963.9	959.3	3954.0	1005.6	2837.7	2059.0	1700.1	371.3
西　藏	15342.5	5459.9	1294.4	3622.5	975.8	2104.9	768.0	781.4	335.4
陕　西	19346.5	5331.6	1264.6	4401.5	1267.1	2284.2	2110.7	2264.6	422.2
甘　肃	17456.2	5217.7	1217.3	3706.0	1068.0	2215.4	1893.8	1761.4	376.6
青　海	19020.1	5850.2	1358.7	3580.2	1119.0	3108.7	1627.5	1938.1	437.8
宁　夏	20023.8	5446.5	1370.1	3693.1	1203.1	3378.5	2273.2	2126.6	532.5
新　疆	18960.6	5739.3	1320.6	3598.3	1149.6	2707.7	1664.4	1990.7	789.9

表 4 农林牧渔业总产值及指数

年份 地区	绝对数（亿元）					指数（上年 =100）				
	农林牧渔业总产值	# 农业	# 林业	# 牧业	# 渔业	农林牧渔业总产值	# 农业	# 林业	# 牧业	# 渔业
直辖市										
北 京	269.5	123.0	88.8	46.3	4.4	102.8	111.3	91.5	111.3	103.5
天 津	509.3	258.4	9.5	142.5	80.9	102.1	101.8	52.7	109.8	99.9
上 海	268.9	144.9	8.7	45.3	47.7	93.3	95.5	57.7	98.9	86.7
重 庆	2935.6	1759.9	168.1	804.2	138.2	109.2	104.9	116.0	116.4	105.1
西部地区										
内蒙古	3815.1	1879.6	94.1	1755.3	29.8	105.1	104.8	106.1	105.4	102.7
广 西	6524.4	3690.7	538.1	1437.6	555.1	109.2	106.4	107.6	119.0	102.6
四 川	9383.3	5089.5	408.4	3305.3	327.8	107.5	105.0	105.4	111.1	105.1
贵 州	4692.0	3123.7	319.8	959.0	69.8	109.2	108.8	107.9	110.2	114.6
云 南	6351.8	3441.5	497.3	2113.3	112.4	110.4	107.8	105.5	115.0	102.7
西 藏	255.3	115.3	4.0	129.3	0.3	105.6	107.1	104.2	104.4	154.4
陕 西	4313.4	3035.6	100.0	917.8	35.0	106.7	104.0	113.7	114.6	105.8
甘 肃	2439.5	1623.2	32.8	619.9	2.0	111.3	106.4	103.4	127.8	102.3
青 海	528.5	204.7	13.2	298.6	4.1	104.5	104.7	111.4	104.1	106.8
宁 夏	759.8	412.7	11.4	280.7	25.0	104.8	100.9	108.0	110.8	105.4
新 疆	5143.1	3489.0	79.1	1265.7	35.9	108.8	107.3	107.9	113.0	113.7

注：表中绝对数按当年价格计算，指数按可比价格计算。2003 年起总产值包括农林牧渔专业及辅助性活动产值。

表 5　货物进出口总额

单位：亿元

地　区	按收发货人所在地分			按境内目的地和货源地分		
	进出口	出　口	进　口	进出口	出　口	进　口
直辖市						
北　京	30436.1	6122.6	24313.6	10189.0	3317.8	6871.2
天　津	8567.7	3875.8	4691.9	10305.5	3705.7	6599.7
上　海	40604.7	15713.4	24891.4	39053.4	13077.5	25975.9
重　庆	7999.8	5167.7	2832.1	7046.2	4666.1	2380.1
西部地区						
内蒙古	1236.5	478.1	758.5	1857.6	627.0	1230.6
广　西	5931.7	2938.8	2992.9	6469.4	1954.2	4515.2
四　川	9520.6	5708.6	3812.1	9178.0	5349.7	3828.3
贵　州	654.1	487.1	167.0	659.5	471.1	188.4
云　南	3145.3	1766.7	1378.6	2664.5	1254.0	1410.4
西　藏	40.2	22.5	17.6	40.7	26.2	14.6
陕　西	4752.1	2563.3	2188.8	4398.9	2482.1	1916.7
甘　肃	491.9	96.9	395.0	496.7	139.7	357.0
青　海	31.7	17.1	14.7	25.9	20.2	5.7
宁　夏	213.9	174.7	39.2	301.2	248.0	53.2
新　疆	1569.2	1272.1	297.1	2237.2	1156.8	1080.4

表6 社会消费品零售总额

单位：亿元，%

地区	2020		2021	
	社会消费品零售总额	比上年增长	社会消费品零售总额	比上年增长
直辖市				
北 京	13716.4	-8.9	14867.7	8.4
天 津	3582.9	-15.1	3769.8	5.2
上 海	15932.5	0.5	18079.3	13.5
重 庆	11787.2	1.3	13967.7	18.5
西部地区				
内蒙古	4760.5	-5.8	5060.3	6.3
广 西	7831.0	-4.5	8538.5	9.0
四 川	20824.9	-2.4	24133.2	15.9
贵 州	7833.4	4.9	8904.3	13.7
云 南	9792.9	-3.6	10731.8	9.6
西 藏	745.8	-3.6	810.3	8.7
陕 西	9605.9	-5.9	10250.5	6.7
甘 肃	3632.4	-1.8	4037.1	11.1
青 海	877.3	-7.5	947.8	8.0
宁 夏	1301.4	-7.0	1335.1	2.6
新 疆	3062.5	-15.3	3584.6	17.0

表 7　规模以上工业企业新产品开发及生产情况

单位：项，万元

地　区	新产品开发项目数	新产品开发经费支出	新产品销售收入	
				# 出口
直辖市				
北　京	15199	6066577	82529591	20891453
天　津	16501	2880824	48140869	7661020
上　海	24859	10765301	105748814	13650361
重　庆	19752	4904174	69951788	14289567
西部地区				
内蒙古	3645	1492892	16554915	1020564
广　西	10139	2173118	30334971	2095620
四　川	26218	5720504	61387535	5674694
贵　州	5381	1054368	10207676	485708
云　南	5801	1374209	12055832	194551
西　藏	78	20691	54323	
陕　西	11553	3524257	38113676	3608914
甘　肃	2039	540833	7662666	384461
青　海	387	168851	1714617	3012
宁　夏	2076	558709	5400468	212501
新　疆	1810	771845	5820921	345084

表 8　规模以上工业企业研究与试验发展 (R&D) 活动及专利情况

地　区	R&D 人员全时当量（人年）	R&D 经费（万元）	R&D 项目数（项）	专利申请数（件）	# 发明专利	有效发明专利数（件）
直辖市						
北　京	41496	3135144	8864	28221	15589	70538
天　津	49404	2512635	13279	18952	5928	26326
上　海	93966	6983293	16059	41431	16786	66509
重　庆	83845	4245267	19797	22240	7362	24388
西部地区						
内蒙古	15433	1547744	3750	7722	2725	6847
广　西	28508	1370239	7748	11641	4878	14995
四　川	95650	4801710	26645	41236	14847	48898
贵　州	26717	1210567	5893	8372	3850	9357
云　南	28234	1764956	6811	9467	2996	11021
西　藏	266	24782	96	100	31	227
陕　西	50997	3196867	8327	16285	6708	24226
甘　肃	12547	642948	2201	4645	1526	4842
青　海	1626	138488	441	1354	467	1224
宁　夏	10930	517577	2448	3935	1346	3397
新　疆	8995	541819	1778	5181	2008	5670

编纂说明

由重庆市人民政府办公厅主管，重庆社会科学院、重庆市人民政府发展研究中心主办的《重庆经济年鉴》，是一部全面介绍重庆经济发展状况的大型工具书，极具史存性、实用性和工具性。2022 年卷为《重庆经济年鉴》的第二十二卷。

一、本卷《重庆经济年鉴》的特点

本卷年鉴总体结构上由“特载、部门经济运行与管理、产业发展、开发区与园区建设、区县经济、附录”共六编组成。

二、本卷《重庆经济年鉴》的稿件来源

本卷年鉴主要收录了市第五届人民代表大会第四次会议上的部分文献，其他文稿、数据、图表等主要来自市级有关部门、各区县政府，部分开发区与工业园区，围绕重庆经济社会热点难点开展的专题研究成果。

三、本卷《重庆经济年鉴》编纂的有关技术性说明

（一）本《年鉴》以编为单位进行编纂。每编大体反映一项相对独立的经济内容；编以下不设章、节；本卷共六编。

（二）本《年鉴》侧重对重庆市 2021 年度经济运行状况的反映，这与其他类型的年鉴有明显的区别。为了突出经济内容，本书对文化、教育、体育、卫生等社会发展方面的内容未专设编目。文中涉及社会事业发展方面内容的，根据具体情况，作了适当保留。

（三）本《年鉴》表现形式大体采用专题文章。文章体例大致是：年度主要状况及分析、存在的问题、发展展望。“特载”、专题研究、“附

录”等编目，则未作统一的体例要求。

（四）本《年鉴》中的统计数据，截止到2021年底，个别内容则稍作延伸。统计资料来源于重庆市统计公报、市统计局和国家统计局。另外，有必要指出的是，因统计口径的不同，有关部门和各区县（自治县）所用数据与“统计公报”中的数据不尽一致，采用时请予注意。

（五）本《年鉴》有关材料，系相关单位、部门所撰写，所用技术术语、专业名词、名称以稿件提供单位为准。不属于专业用语的，从习惯。

（六）根据年鉴因承相袭的惯例，本年度反映上年度的内容。2022年卷《重庆经济年鉴》也从这一惯例。

2022年卷《重庆经济年鉴》的编辑工作，得到了重庆市各部门、各单位、各级领导及广大读者的热情支持，在此深表谢意。另外，尽管编辑部的同志在编纂过程中尽了最大努力，但因时间紧、内容多、来稿渠道广，加之编辑部水平能力有限，本卷《重庆经济年鉴》存在疏漏，热忱希望得到读者的指正。

《重庆经济年鉴》编辑部

二〇二二年十二月

图书在版编目(CIP)数据

重庆经济年鉴. 2022 / 刘嗣方主编. -- 北京：社会科学文献出版社, 2023.1

ISBN 978-7-5228-1156-7

Ⅰ. ①重… Ⅱ. ①刘… Ⅲ. ①区域经济-重庆-2022-年鉴 Ⅳ. ①F127.719-54

中国版本图书馆CIP数据核字（2022）第225627号

重庆经济年鉴·2022

主　　管 / 重庆市人民政府办公厅
主　　编 / 刘嗣方

出 版 人 / 王利民
组稿编辑 / 梁艳玲
责任编辑 / 吴　敏
责任印制 / 王京美

出　　版 / 社会科学文献出版社（010）59367127
地址：北京市北三环中路甲29号院华龙大厦　邮编：100029
网址：www.ssap.com.cn
发　　行 / 社会科学文献出版社（010）59367028
印　　装 / 三河市东方印刷有限公司

规　　格 / 开　本：889mm×1194mm 1/16
印　张：34.75　字　数：821千字
版　　次 / 2023年1月第1版　2023年1月第1次印刷
书　　号 / ISBN 978-7-5228-1156-7
定　　价 / 498.00元

读者服务电话：4008918866